파워 실전 바둑

파워 실전 바둑

❷ 파워 초반 경영법

– 판의 방향을 잡고 정도를 걷는
초반 50수까지의 해법

삼호미디어
samho MEDIA

머리말

기초공사가 부실하면 결코 좋은 건물을 지을 수 없습니다. 바둑에서도 초반 포석이 건실하지 못하면 국면을 마음껏 주도해 나갈 수 없음은 불문가지입니다.

그런데 간혹 전투에 너무 비중을 둔 나머지, 포석을 등한시하는 아마추어분들을 볼 때면 안타까운 마음을 금할 수 없습니다. 포석이 바둑에서 차지하는 수순상의 비중은 7~8분의 1밖에 안 되지만, 내용상의 비중은 거의 절반이라고 해도 과언이 아닙니다. 포석이 엉성하고 제멋대로이면 자연히 칼날을 쥐고 싸우는 것만큼 불리한 여건에서 중반전을 치르게 되고, 자칫 시종 힘 한번 못 써본 채 밀리는 바둑이 되기가 십상입니다.

포석 실력을 배양시키는 첩경은 무엇보다도 인식의 전환입니다. 포석을 그저 적당히 돌을 늘어놓는 과정으로 치부해왔던 생각부터 바꾸어야 한다는 것입니다.

이 책은 바로 그런 아마 중급자들을 위해 기획되었습니다. 포석은 계산보다는 주로 감각이 지배하는 영역입니다. 그런 만큼 처음에는 방향을 잡을 수 있는 매뉴얼이 필요할 것입니다. 이 책은 그런 분들을 위한 포석의 지침서가 될 것입니다.

다행히 포석은 감각이라고 해도 확실한 이론이 있으며 그런 이론을 뒷받침할 많은 실전이 존재합니다. 여기에 착안해서, 포석을 보다 체계적으로 익히는 데 도움이 되도록 크게 '이론편'과 '실전편'으로 나누고 각 장을 특성에 따라 세분화하였습니다. 그리고 각 장마다 체계적으로 내용을 실어 전체적인 이해력을 높이도록 힘썼습니다.

먼저 이론편으로 들어가서, 1장에서는 포석의 지침이 될 만한 수칙과 금기사항을 실전 예를 들어가며 22개의 격언별로 구성했습니다. 2장에서는 상황에 걸맞는 적절한 정석 활용 방법을 실었습니다. 3장에서는 모양의 확장과 수비, 그리고 삭감의 기본 요령을 간략히 제시했습니다.

다음 실전편에 들어가서, 1장에서는 아마추어 포석의 맹점을 중·고급자들의 실전을 들어 집중 해부했습니다. 그리고 2장에서는 실전장면을 자료 삼아 포석상의 쟁점들을 짚어보았습니다.

이와 함께 특히 아마 중급자들이 범하기 쉬운 포석상의 속수들을 '부록'으로 엮어 흥미를 더하도록 노력했습니다.

이 책은 이론과 실전을 병행해 다양한 관점에서 접근한 만큼 학습의 효과가 배가되리라 믿습니다. 그동안 늘 포석에서 밀려 힘 한번 써보지 못하고 눈물을 삼켜야 했다면, 이 책을 섭렵해 이제부터 자신만의 당당한 바둑을 펼쳐 보시기 바랍니다.

| 차례 |

1..이론편

1 초반 22계명

제1조 부분에 치우치면 대세를 잃는다 ·············15

제2조 근거 없는 돌을 만들지 말라 ·············19

제3조 노림이 있는 벌림은 크다 ·············23

제4조 2선은 패망선 ·············27

제5조 4선을 밀어주는 것은 악수 ·············31

제6조 등 뒤를 밀어주지 말라 ·············35

제7조 중복, 편재되지 말라 ·············39

제8조 고저장단을 맞추어라 ·············43

제9조 남의 집이 커보이면 진다 ·············47

제10조 집모양은 입체적으로 넓혀라 ·············51

제11조 집 지키는 데 급급하지 말라 ·············55

제12조 한 수로 큰집 되는 곳은 서둘러라 ·············59

제13조 모양의 분계선은 대세의 급소 ·············63

제14조 세력을 집으로 만들지 말라 ·············67

제15조 뒷문 열린 곳을 키우지 말라 ·············71

제16조 작은 것은 버리고 큰 곳으로 ·············75

제17조 상대 두터운 곳에 가까이 가지 말라 ·············79

제18조 부분적 손해를 보더라도 선수를! ·············83

제19조 일방가, 자작가를 피하라 ·············87

제20조 큰 곳보다는 급한 곳이 우선 ·············91

제21조 1석2조를 찾아라 ·····················95

제22조 갈라지는 행마는 금기 ·····················99

2 정석의 올바른 활용

1형 화점 정석① – 견실한 수비 ·····················105

2형 화점 정석② – 주도권을 잡는 착상 ·············109

3형 화점 정석③ – 양수겸장의 협공 ·············113

4형 화점 정석④ – 양걸침 반격 ·····················117

5형 화점 정석⑤ – 공격적 발상 ·····················121

6형 화점 정석⑥ – 능동적 구상 ·····················125

7형 소목 정석① – 돌의 방향 ·····················129

8형 소목 정석② – 주문을 거부하다 ·············133

9형 소목 정석③ – 축을 이용한 반발 ·············137

10형 소목 정석④ – 견실한 세력견제 ·············141

11형 외목 정석 – 편재를 피하다 ·····················145

12형 고목 정석① – 함정을 피하는 걸침 ·············149

13형 고목 정석② – 세력을 살리는 역습 ·············153

14형 3·三 정석 – 걸침과 어깨짚기의 배합 ······157

15형 탈정석 – 배석을 살리는 임기응변 ·············161

3 확장, 수비, 삭감의 급소

1형 모양 확장의 감각 ·····················167

2형 벌림의 간격과 높낮이 ·····················171

3형 벌림의 가치 ·····················175

4형 효과적 수비 ·········· 179

5형 돌의 안정과 세력견제 ·········· 183

6형 유연한 세력 분산책 ·········· 187

7형 임기응변의 역걸침 ·········· 191

8형 귀 수비의 기본 수법 ·········· 195

9형 중앙 삭감의 깊이 ·········· 199

10형 모양의 완성과 파괴 ·········· 203

11형 공수겸용의 대세점 ·········· 207

12형 곤마냐 두터움이냐 ·········· 211

13형 봉쇄의 상용수법 ·········· 215

14형 막는 방향이 관건 ·········· 219

15형 공격적 감각 ·········· 223

2 ·· 실전편

1 아마의 포석 맹점

1형 스스로 망가뜨린 중국식 ·········· 231

2형 소화불량이 된 유행정석 ·········· 237

3형 방향착오가 부른 비극 ·········· 243

4형 가려운 곳을 긁어주다 ·········· 249

5형 고분고분 받다 밀리다 ·········· 255

6형 공허한 멋부림 …………………………… 261

7형 우형의 맞대결 …………………………… 267

8형 쓸데없는 이단젖힘 손바람 ………………… 273

9형 잘못된 세력작전 ………………………… 279

10형 이삭줍기와 대세점 ……………………… 285

2 **프로의 포석**

1형 능률적 벌림의 모색 ……………………… 293

2형 효과적인 세력 분산책 …………………… 299

3형 빠뜨릴 수 없는 수순 …………………… 307

4형 2선 포복을 강요한 순발력 ……………… 313

5형 능률적인 자리잡기 ……………………… 319

6형 근거의 급소 ……………………………… 325

7형 '조훈현 포진'을 둘러싸고 ………………… 331

8형 사소취대의 날일자 씌움 ………………… 339

9형 기선을 제압한 강타 ……………………… 347

10형 대세의 급소 …………………………… 353

11형 허를 찌른 저공비행 …………………… 359

12형 최신정석의 행마 공방 ………………… 365

13형 효율적인 3·三 처리 …………………… 373

14형 다가섬을 유혹하는 손짓 ……………… 379

15형 세력을 파괴한 임기응변 ……………… 385

16형 3·三의 취약부를 찌르다 ……………… 391

17형 어깨 삭감의 모델형 …………………… 397

18형 철벽을 무력화시킨 경쾌한 비상 ·············· 403

19형 2보 전진을 위한 보신책·············· 407

20형 대세점이 된 유연한 벌림 ·············· 413

<table>
<tr><td>부록</td><td>

포석 클리닉
</td></tr>
</table>

테마 01 쌈지 뜨지 말고 대해로! ·············· 421

테마 02 강한 곳에서는 넓게 ·············· 423

테마 03 약한 곳에서는 좁게 ·············· 425

테마 04 아무리 말뚝을 박아도~ ·············· 427

테마 05 세워주는 것은 금물 ·············· 429

테마 06 홈링에서는 강하게! ·············· 431

테마 07 새털처럼 가볍게~ ·············· 433

테마 08 습관성 '패 기피증' ·············· 435

테마 09 축은 미리미리 따내라 ·············· 437

테마 10 초반부터 웬 끝내기? ·············· 439

테마 11 모양이 좋아야 좋은 포석 ·············· 441

테마 12 요석은 반드시 살려라 ·············· 443

테마 13 폐석을 움직여 망하다 ·············· 445

테마 14 손따라 두면 당한다 ·············· 447

테마 15 머리를 얻어맞다니요? ·············· 449

테마 16 살려주고 이긴다 ·············· 451

테마 17 잡고도 망한다 ·············· 453

테마 18 집을 지어 드립니다? ·············· 455

테마 19 할 일 다한 돌은 버려라 ·············· 457

테마 20 2보 전진을 위한 1보 후퇴 ·············· 459

이론편

1

1장

초반

22계명

포석에서 가장 중요한 것은 우선 전 판을 폭넓게 내다보는 대세관과 돌의 능률을 극대화시키는 혜안이라고 하겠다. 그러기 위해서는 포석을 보다 원리적, 기리(棋理)적으로 이해하는 것이 중요하다.

이 장에서는 포석에서 유의해야 할 원칙과 수칙, 그리고 금기사항을 22개의 격언별로 나누어 알기 쉽게 풀어보았다. 이해도를 높이기 위해 주로 중급자들의 실전장면을 예로 들었으며, 유사형도 곁들여 제시했다.

사실 이 22계명만 올바로 반상에 구현해 낼 수 있다면 거의 1급 이상의 포석감각을 지녔다고 해도 무방할 것이다.

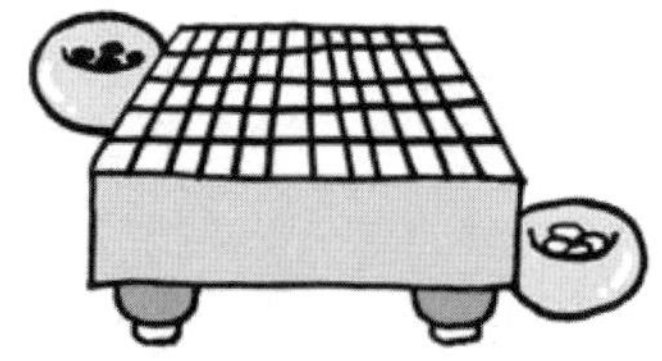

부분에 치우치면 대세를 잃는다

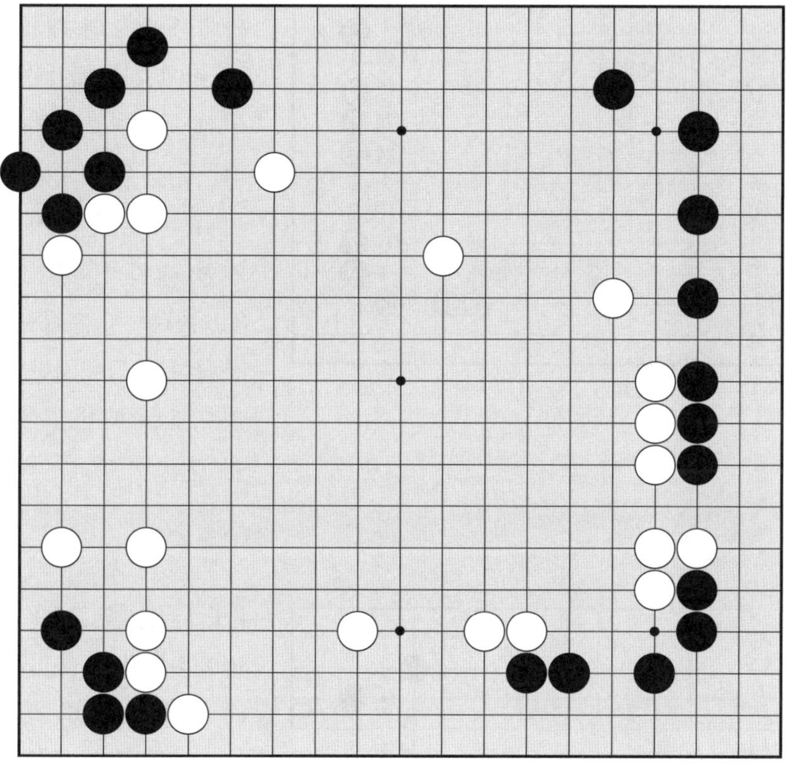

　초반 포석에서 가장 중요한 것은 대세관, 즉 부분적인 이해득실 이전에 판 전체와의 균형과 조화가 우선돼야 한다는 것이다.

　포석이 막 끝난 장면인데, 한눈에 보기에도 백이 단연 활발해 보인다. 아니, 승부가 거의 끝났다고 해도 과언이 아닐 정도. 그런데, 이렇게 되기까지 흑은 한번도 악수를 둔 적이 없다. 잘못 둔 수가 없는데도 크게 뒤진 포석이 된 것은 바로 대세를 도외시한 채 부분의 이해에만 얽매였기 때문이다.

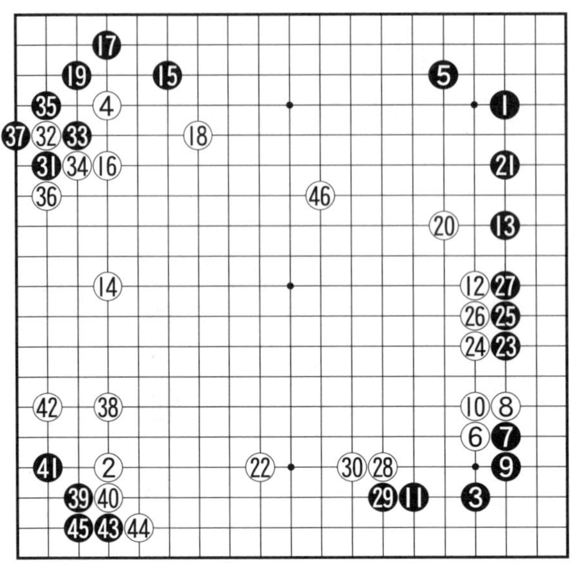

1도

1도 (부분에 치우치다)

장면도가 나오기까지의 수순으로 1급들의 실전이다. 흑은 멋진 수를 더 많이 두었으나 대세관 결핍 탓에 전투에 이기고도 전쟁에 진 결과가 되었다. 흑21은 보통은 정수이나, 지금은 대세를 외면한 대완착. 흑23과 흑31, 39는 부분적으로는 통렬한 수들이지만, 전국적으로는 백세를 강화시켜 준 이적수.

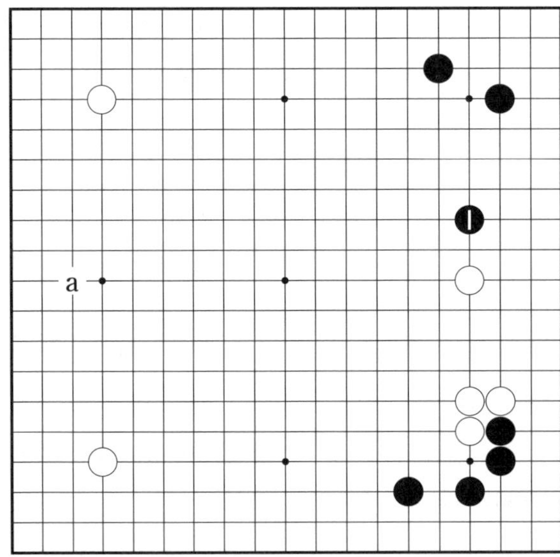

2도

2도 (균형을 고려)

먼저 경과도 흑13은 매우 좋은 수지만, 다소 실리에 치우친 수. 흑1로 높게 다가서는 것이 백의 세력작전을 견제한다는 점에서 더 좋았다. 아예 a에 갈라쳐 백의 대모양을 사전에 방지하는 것도 유연한 호착이다.

이처럼 판 전체와의 균형을 고려하는 대승적 발상이 중요하다.

3도 (주문을 거부)

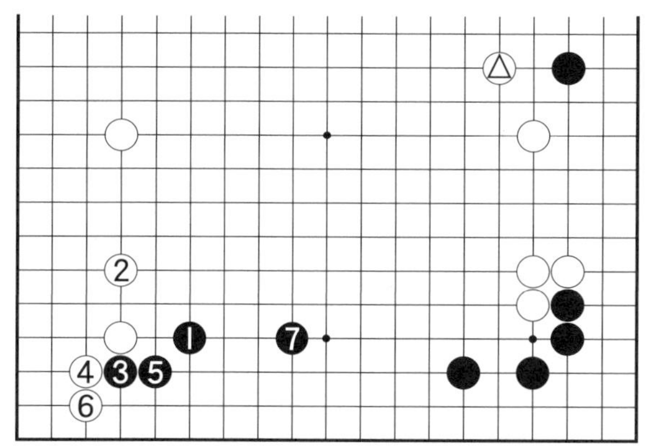

△의 모자씌움(경과도 백 20) 때 흑은 실전처럼 고분고분 받아줄 것이 아니라 흑1로 백세 확장을 견제하며 하변을 도모하는 능동적 발상이 필요하다.

4도 (좌변 침입이 시급)

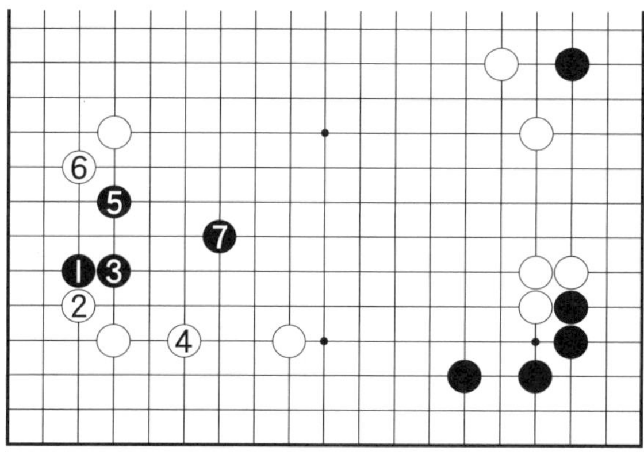

경과도 흑23으로는 좌변 쪽에 침입 겸 걸침하여 좌변 백세의 입체화를 방지하는 것이 시급했다.

흑7까지 좌중앙 백 모양을 깨고 나면 흑도 실리가 충실하여 충분한 형세이다.

5도 (흑의 마지막 기회)

경과도 흑31은 부분적으로는 큰 끝내기지만, 소탐대실. 역시 흑1 정도로 좌변 쪽에 낙하산을 투입하는 것이 급선무였다. 결국 너무 실리를 밝히다 4귀생을 하고도 망한 포석이 되었다.

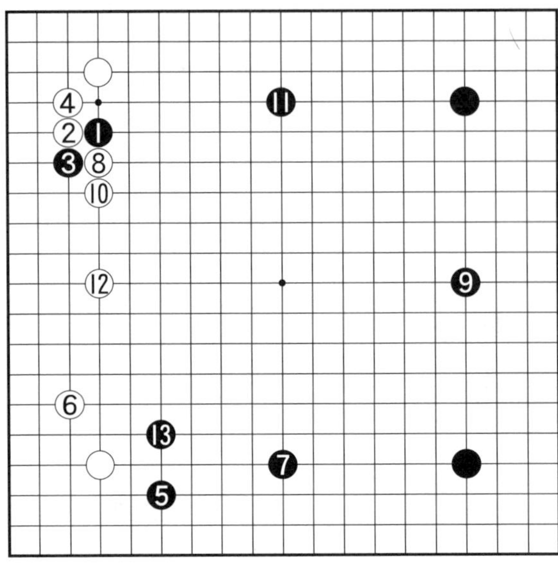

6도

6도 (유사형)

역시 1급들의 실전 예이다. 흑1의 걸침에 백2, 4로 붙여끌자 흑5, 7로 손을 돌린 것은 발빠른 작전인데, 이때 즉각 백8, 10으로 끊어 잡은 것이 너무 부분에 집착한 완착이다.

백12까지 좌변에 이상형을 구축했지만 흑7, 9, 11, 13의 대세점을 모조리 빼앗겨 백이 크게 뒤진 포석이 되고 말았다.

7도

7도 (전체를 보는 눈)

6도 백8로는 이렇게 우변을 갈라쳐(백1) 흑의 모양 확산을 미연에 방지하는 것이 유연한 대세점이다. 다음 흑2~4로 정석을 펼치면 백5로 귀의 실리를 완전하게 만들어 전혀 불만이 없다.

이처럼 초반에는 전체를 보며 유연하게 대세점을 찾아나가는 것이 제1의 덕목이다.

근거 없는 돌을 만들지 말라

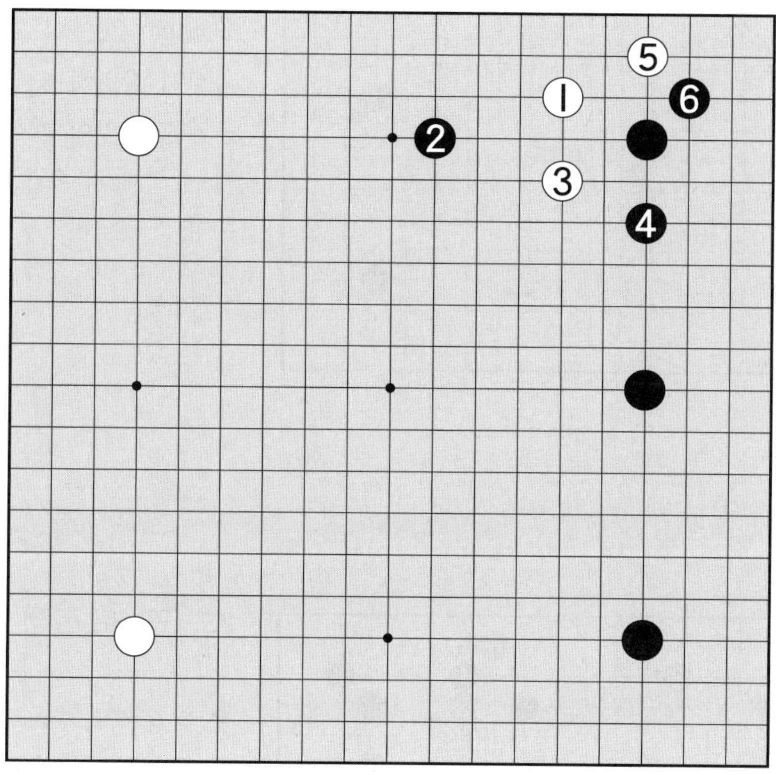

　돌에 근거가 없다면 당연히 미생마. 초반부터 미생마가 쫓기게 되면 상
대에게 많은 대가를 지불해야 하니 대세를 그르치기 십상이다.
　이번에는 아주 쉬운 문제이다. 백1의 걸침에 흑2로 높게 협공하여 정석
이 이루어지고 있는데, 다음 백의 절대점은 어디일까?

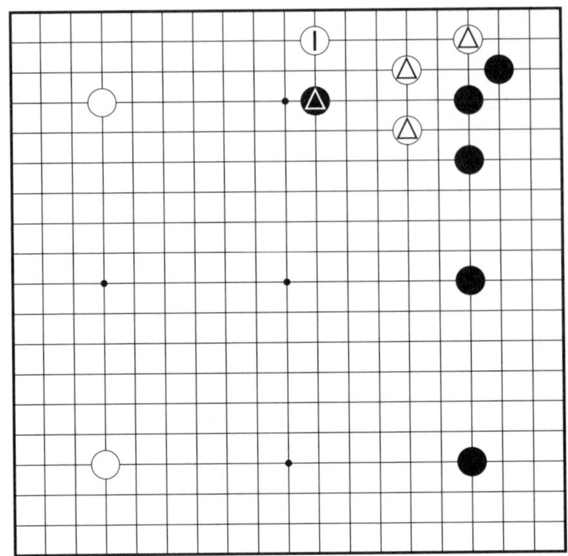

1도

1도 (근거의 절대점)

당연히 백1. 일견 저위로 치우친 완착 같지만, 절대 그렇지 않다.

백1은 △들의 근거를 확실히 장만하면서 ▲의 근거를 빼앗아 폐석화시키는 절대의 요소인 것이다.

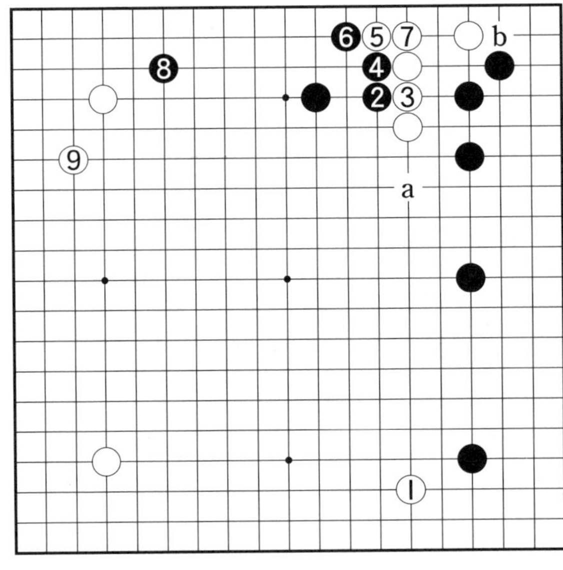

2도

2도 (곤마로 전락)

백1로 딴청을 피우는 것은 당장 흑2, 4로 근거를 박탈당해 일거에 곤란해진다. 흑4, 6을 선수로 당해 상변을 흑 천지로 만들어주는 것이 너무 쓰라리다.

게다가 차후 a쪽이 봉쇄되면 백b로 궁색하게 살아야 하지 않은가. 일찌감치 곤마를 만들면 이렇게 피곤해진다.

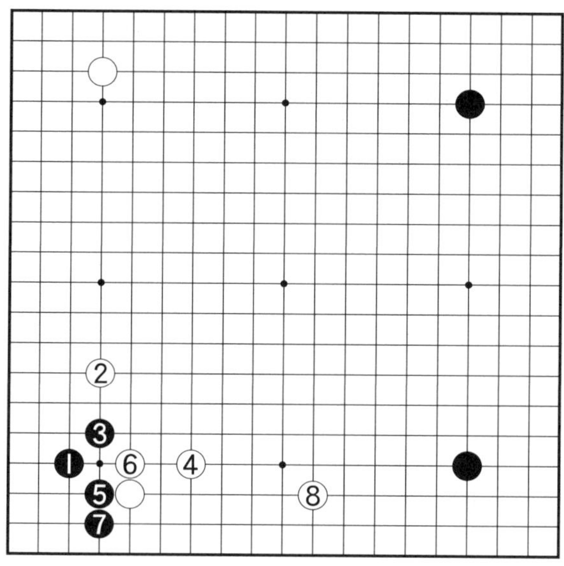

3도

3도 (유사형 1)

외목에 흑1로 걸치자 백2로 협공해 이하 백8까지는 필연의 수순으로 일명 '사카다(坂田榮男) 정석'.

여기서 포인트는 바로 흑5, 7. 이 수들은 단순히 귀의 실리 차지의 의미보다는 근거 확보의 뜻이 더욱 강하다.

그런데~

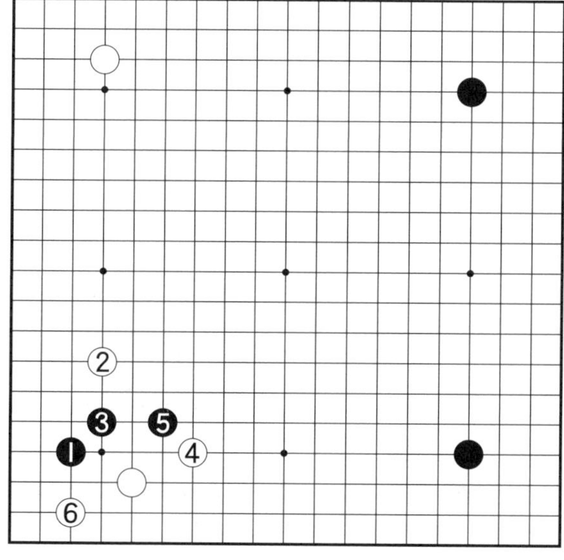

4도

4도 (안방을 빼앗기다)

반사적으로 흑5에 뛰어나가는 것은 당장 백6을 당해 곤란. 졸지에 흑은 안방 실리와 근거를 동시에 빼앗긴 채 허공을 유랑하는 곤마 신세가 된 것이다.

이래서는 백에게 하변 쪽에 막대한 실리를 허용하면서 대세를 그르칠 우려가 매우 높다.

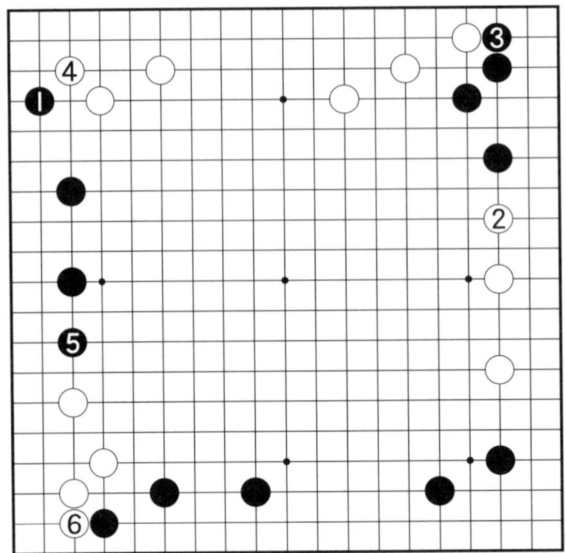

5도

5도 (유사형 2)

프로의 실전 예이다. 백 2 때 흑3은 일견 한가한 끝내기에 불과한 것 같지만, 실은 절대의 수비. 흑5 때 백6도 같은 맥락이다. 만약 이 수를 생략하면~

6도

6도 (근거의 급소)

실리로는 흑1로 좌상귀를 파는 것이 물론 더 클지 모른다. 그러나 백2를 당하는 순간, 흑은 응수가 곤란하다. 다음 흑a로 막는 것은 백b 이하 부호 순으로 훑으며 넘어가 ▲들이 졸지에 뿌리 없는 미생마가 되는 것. 그렇게 되면 흑은 일방적으로 몰리며 양쪽에서 막대한 대가를 지불할 것은 불문가지.

노림이 있는 벌림은 크다

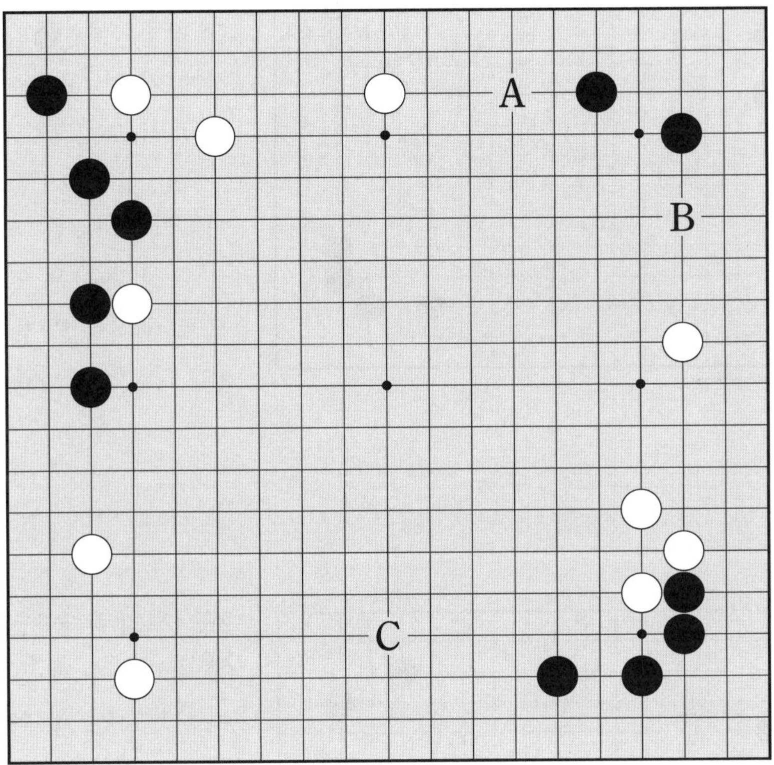

　벌림에는 여러 가지 종류와 유형이 있지만, 다음의 노림을 기약하고 있다면 넓고 좁음을 떠나 전략적으로 가치가 매우 높은 벌림이 된다. 바로 이런 곳이 포석상의 '요소'가 된다.

　프로들의 실전 예. 흑백이 서로 견실한 포진을 펼쳤는데, 백의 다음 한 수가 쉽지 않다. A~C 가운데 어디로 벌리는 것이 최선일까?

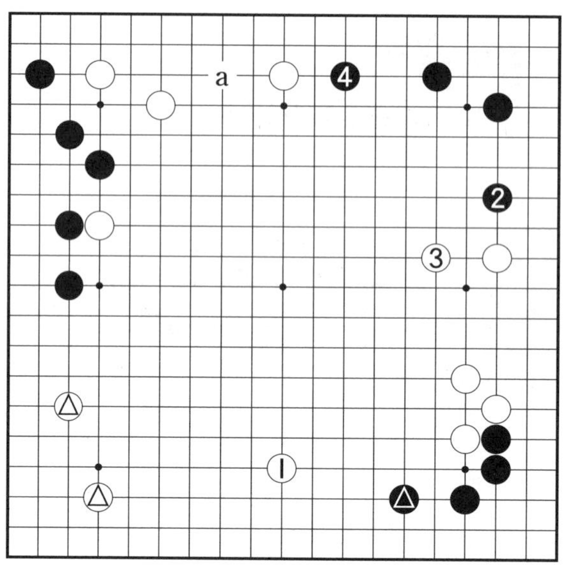

1도

1도 (방향착오)

겉보기에는 △ 굳힘의 발전성을 키우는 백1이 가장 커 보인다. 그러나 실은 방향착오. ▲가 견실하게 가로막고 있어 백1은 보기보다 크지 않다.

흑2, 4의 요소를 거푸 허용해 백 불만. 흑2, 4로 우상 흑진은 크게 집으로 굳어졌으며, 다음 a의 약점마저 남았다.

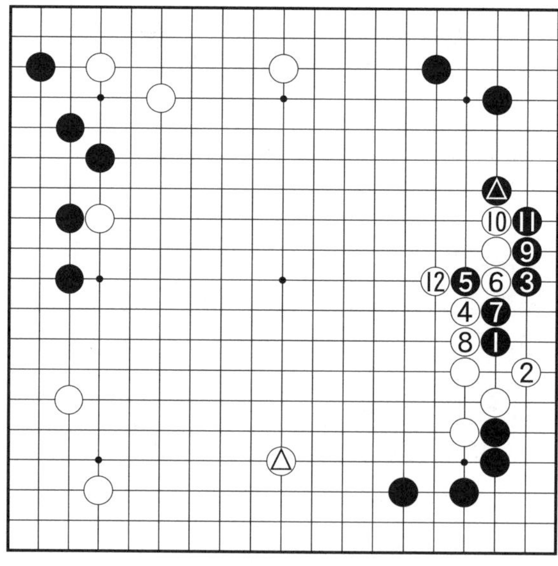

2도

2도 (흑의 후속수단)

▲의 다가섬에 만약 백이 손뺀다면 흑1의 침입이 통렬하다. 이하 흑11까지 실리를 도려내며 넘어가서는 백은 실리의 손실이 크다. 따라서 1도 백3은 어쩔 수 없는 보강.

결국 원죄는 ▲를 허용한 △에 있다는 말인데~

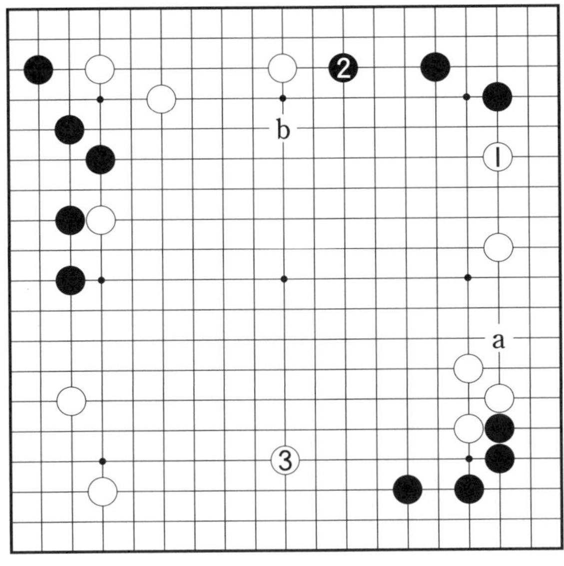

3도

3도 (1석2조의 벌림)

따라서 여기서는 백1이 좁지만 놓칠 수 없는 요소. 우변 백진을 확장하며 우상귀 흑진의 엷음을 노리는 절호점이다.

　a의 약점이 자동 소멸된 것도 백의 자랑. 흑2가 불가피할 때 그때 백3(혹은 b)으로 벌려도 늦지 않다. 벌림의 크기는 이처럼 넓이만으로 좌우되는 것이 아니다.

4도

4도 (백의 후속수단)

백1 때 흑이 2를 차지하고 버티는 것은 백3을 선수로 당하는 것이 너무 쓰라리다. 흑4의 수비는 절대. 이 수를 게을리 하다가는 당장 백a로 붙여 귀에서 크게 수가 난다. 백3으로 b의 허점이 저절로 사라진 데 주목하라. 백1은 이 같은 통렬한 후속 수단을 내포하고 있기에 크다는 것이다.

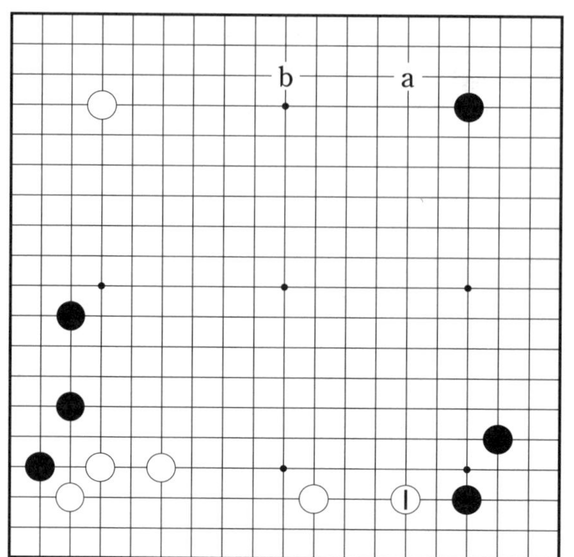

5도

5도 (유사형)

두고 싶은 곳이 많은 초반. '그런데 하필이면 왜 옹졸하게 백1의 두칸 벌림이냐'고 할지 모르지만, 이 수는 현 국면 제1의 큰 곳이다. 일견 a의 걸침이나 b의 전개가 더 커 보이지만, 결코 그렇지 않다. 왜냐하면~

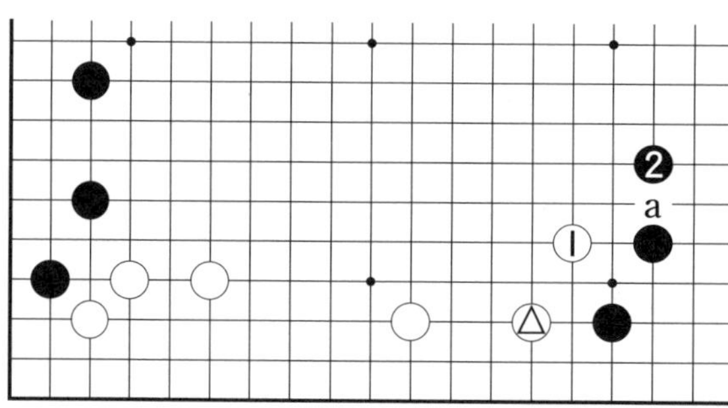

6도

6도 (백의 후속수단)

백△는 백1의 씌움을 기약하고 있기 때문. 하변 백진을 넓히며 흑의 발전성을 저지하는 1석2조. 흑2의 수비를 생략하면 백a의 봉쇄가 통렬하다.

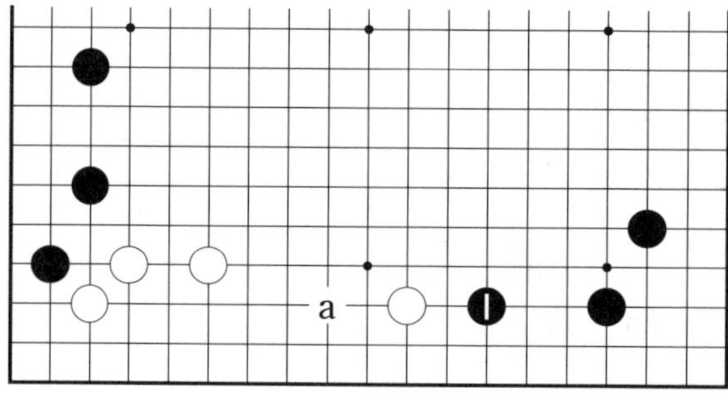

7도

7도 (흑의 노림)

반대로 흑1을 당하는 것과 비교하면 쉽게 알 수 있다.

이제 우하 흑집은 굳어졌으며 백진에는 a의 허점이 남지 않았는가.

2선은 패망선

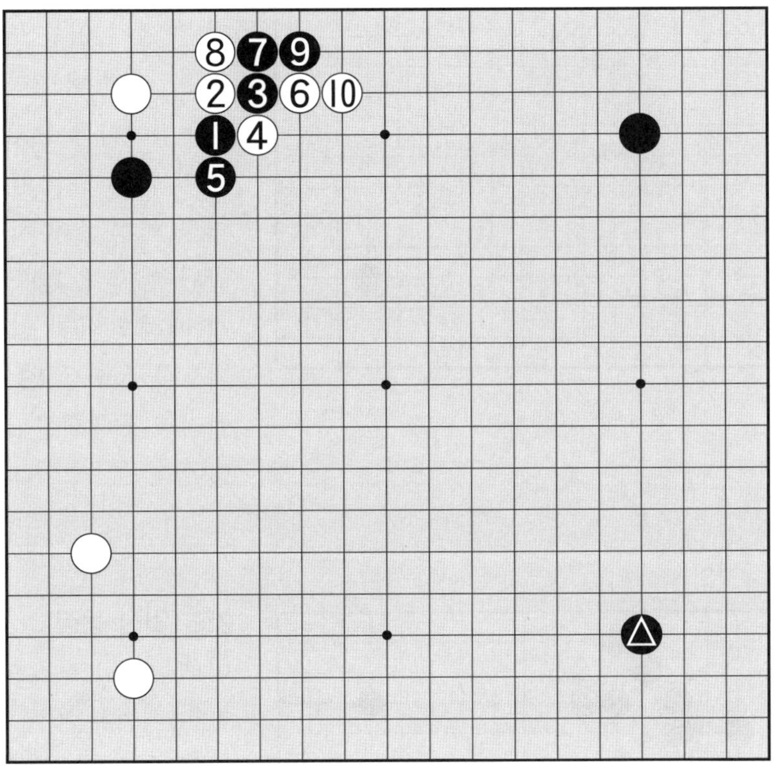

　'2선은 패망선'이라는 말은 익히 알려진 대표적 격언이지만, 막상 중저급자의 실전에서는 무심히 2선을 박박 기다 망하는 경우가 곧잘 등장하여 보는 사람을 안타깝게 하곤 한다. 2선 포복은 특히 초반 단계에서는 절대 금기사항이다.

　고목 변형정석의 하나인데, 흑3 때 백4, 6으로 되감아 친 것은 다소 무리수. 그렇다면 백10까지는 필연인데, 다음 멋진 흑의 응징수단이 있다. 힌트는 ▲.

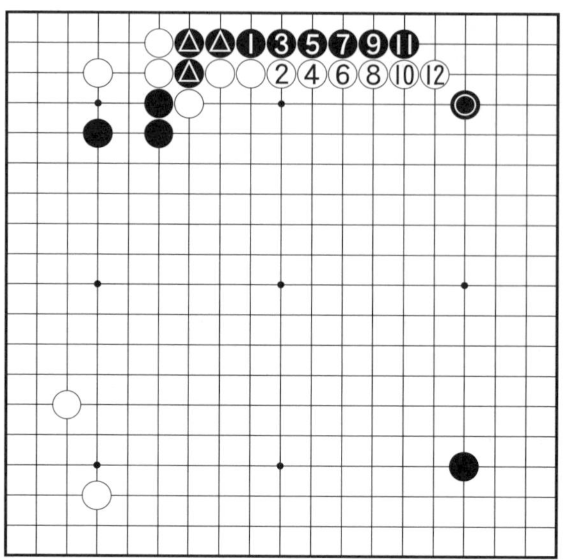

1도

1도 (패망의 낮은 포복)

'하는 수 없지' 하고는 ▲ 석점을 살리기 위해 흑1 이하로 2선을 기는 것은 생각 없는 속수의 전형. 이하 백12까지 무려 8번이나 낮은 포복을 하며 백에게 막강한 세력을 허용하여 바둑도 끝난 셈이다. ◉도 어느새 폐석화되지 않았는가. 결국 흑은 ▲ 석점 살리려다 대세를 그르친 꼴이다.

2도

2도 (멋진 응징)

이때는 흑1로 끊고 3으로 밀어가는 것이 꼭 익혀두어야 할 타개의 맥점이다. 다음 흑a와 b의 양축이 맞보기가 되어 오히려 백이 곤혹스러운 모습(▲가 축머리).

이렇게 간단한 맥점이 있음에도, 반사적으로 패망의 낮은 포복을 하는 것은 얼마나 미련한 일인가.

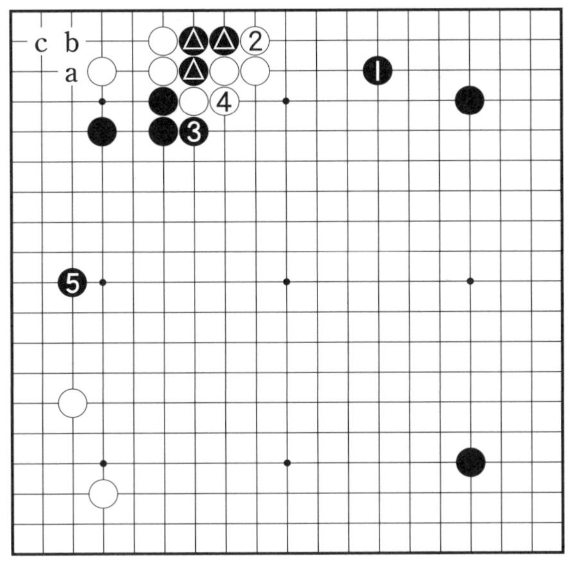

3도

3도 (흑의 차선책)

만약 2도의 맥점을 모른
다면 차라리 흑1의 요소
를 선점하며 ▲들을 죽이
는 것이 2선을 기다 망하
는 것보다는 현명하다.

흑5로 벌리면 피해를
최소화한 모습. 좌상귀
는 훗날 흑a, 백b, 흑c
의 수단이 남아있다. 아
무튼 초반의 2선 포복은
절대 안 된다는 발상이
중요하다.

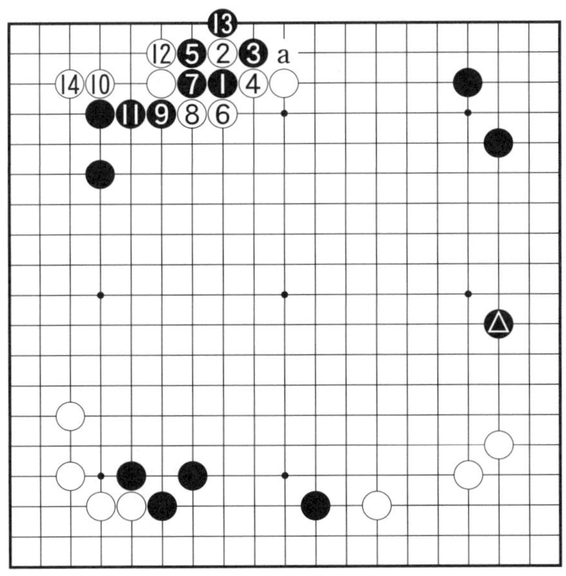

4도

4도 (유사형)

흑1로 뛰어들어 이하 백
14까지는 일련의 정석과
정. 다음 백a를 당하면
안 되므로 흑은 이곳 다
섯점을 수습해야 할 차
례인데, 과연 어떤 방법
이 좋을까? 참고로 ▲
가 복선이다.

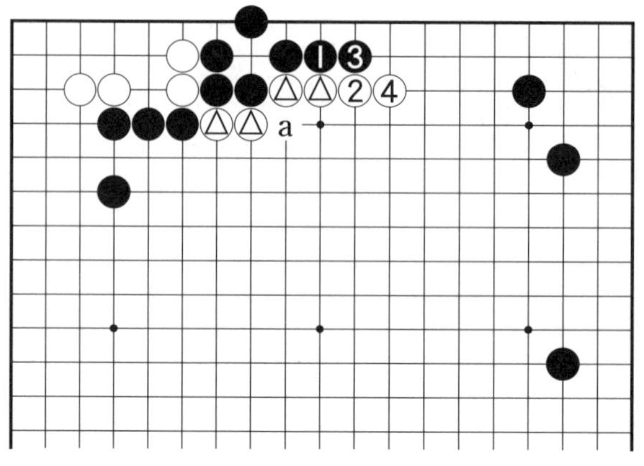

5도

5도 (최악의 2선 포복)

흑1, 3으로 박박 기는 것
은 최악의 선택.

　이제 a의 약점도 없어
지며 △들은 곤마가 아니
라 당당한 세력으로 변했
다. 당연히 백이 우세한
국면.

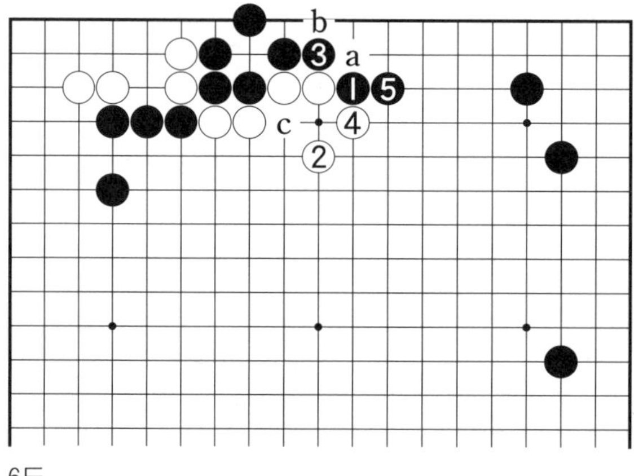

6도

6도 (멋진 맥점)

이때는 '2선 포복은 안
된다'는 생각부터 해야
한다. 그러면 흑1의 맥
점이 보일 수 있다. 흑5
까지 실리를 챙기며 공
격도 엿보아 흑 만족(백
2로 3은 흑a, 백b 다음
흑c로 끊겨 무리).

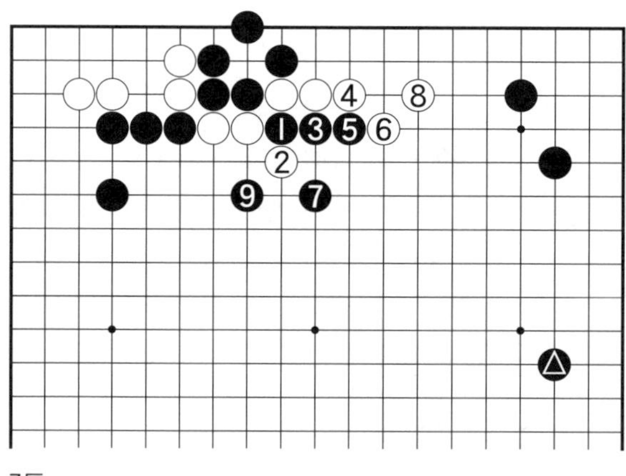

7도

7도 (최강의 반격)

축머리(△)가 유리하면
아예 흑1로 절단하는 수
도 성립한다. 이하 흑9
까지 요석 백 석점을 잡
아 흑의 대성공이다.

4선을 밀어주는 것은 악수

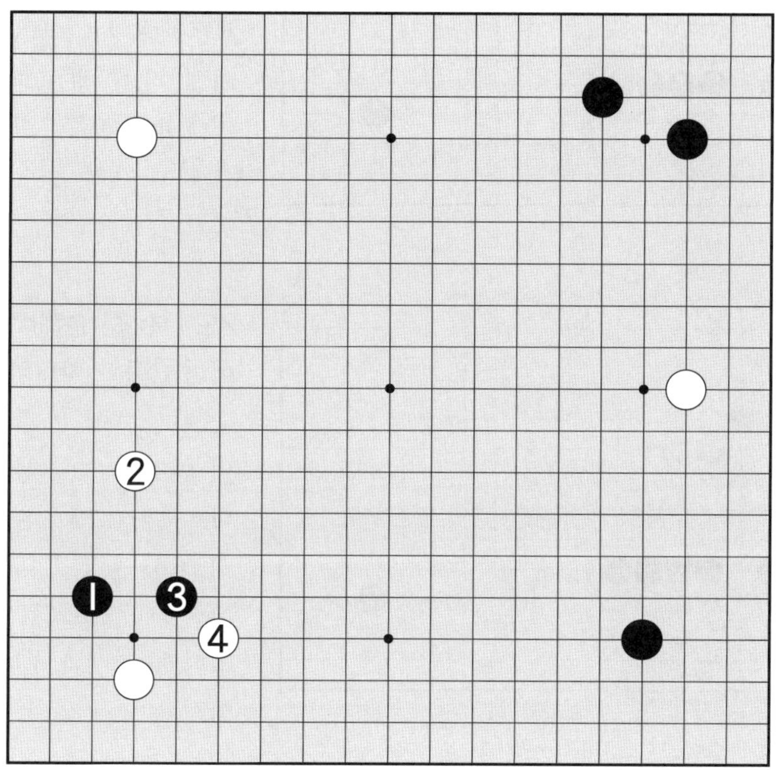

 2선을 기는 것이 패망의 길이라면 4선으로 늘어서는 것은 승리의 길이다. 그만큼 두툼한 실리와 세력을 얻을 수 있기 때문. 반대로 말하자면 상대에게 4선을 두도록 밀어 주어서는 불리하다는 것이다. 그런데, '하수님'들의 장기 중 하나가 바로 이 '4선 밀기' 아닌가.
 자, 백4 다음 여러분은 어떻게 두시겠는가?

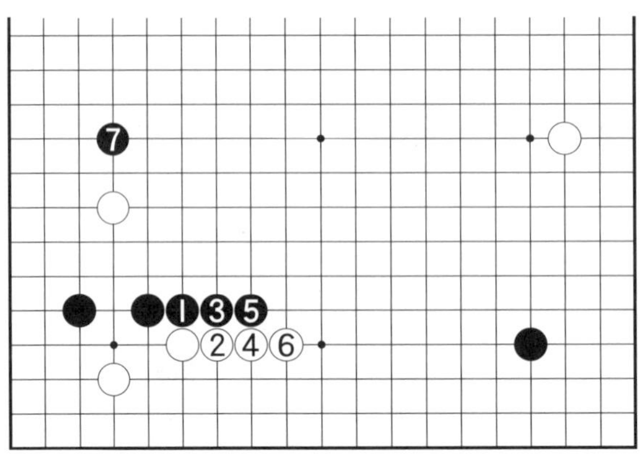

1도

1도 (이적수의 표본)

흑1~5로 죽죽 밀어나 가는 것이 중저급자들이 흔히 범하는 속수의 표본. 상대에게 막대한 실리를 거저 제공하는 이적행위이다. 흑7의 협공으로 대가를 찾으려 하겠지만~

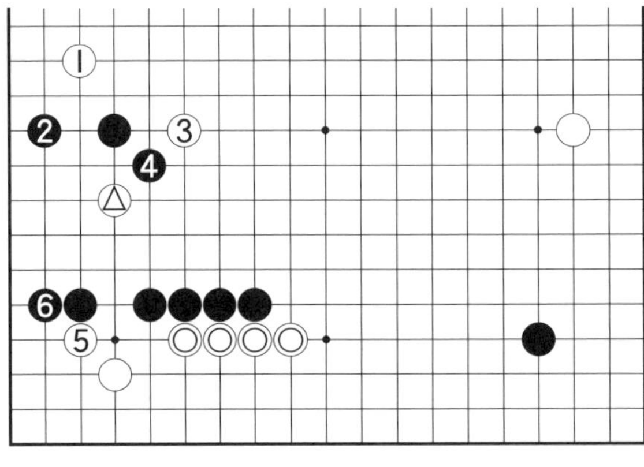

2도

2도 (흑, 큰 손해)

이미 ◎들로 막대한 이득을 취한 백은 ◬를 버리며 변신할 가능성이 높다. 백1, 3, 5로 이리저리 이용당하고 나면 ◬ 한점을 잡고도 남는 것이 없다. 따라서 4선 밀기는 역시 무모.

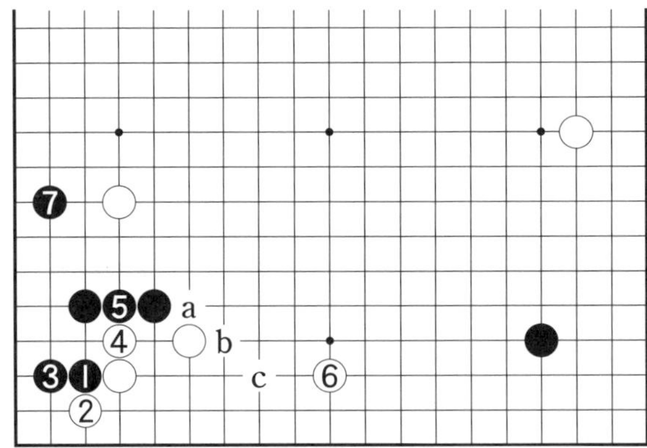

3도

3도 (정석)

그냥 흑1로 붙여 근거를 잡는 것이 현명한 태도. 흑7까지가 정석이다.

그런데, 여기서도 참지 못하고 흑a, 백b를 교환시키는 것은 c의 허점을 저절로 없애주는 대악수임을 유념하자.

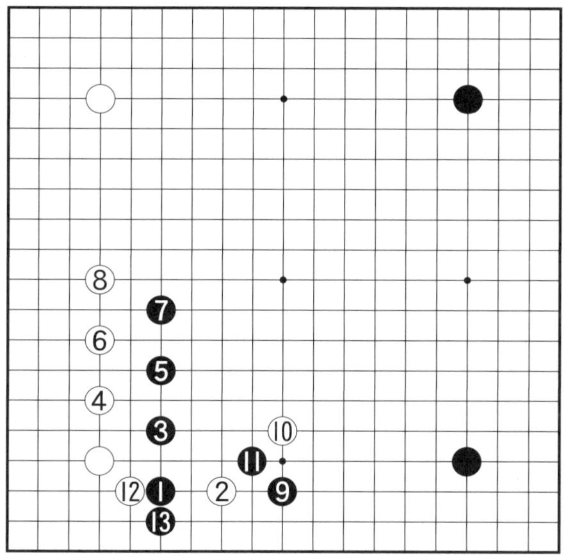

4도

4도 (유사형)

이번에도 하수들이 흔히 범하는 속수의 예이다. 백2의 협공에 반사적으로 흑3, 5, 7로 뛰어나가는 것은 백에게 4선의 큰 실리(백4, 6, 8)를 허용하는 대표적 손해수이다.

흑9의 협공으로 백2의 한점을 잡는다 해도 백10, 12로 활용 당하면 별 것이 없지 않은가.

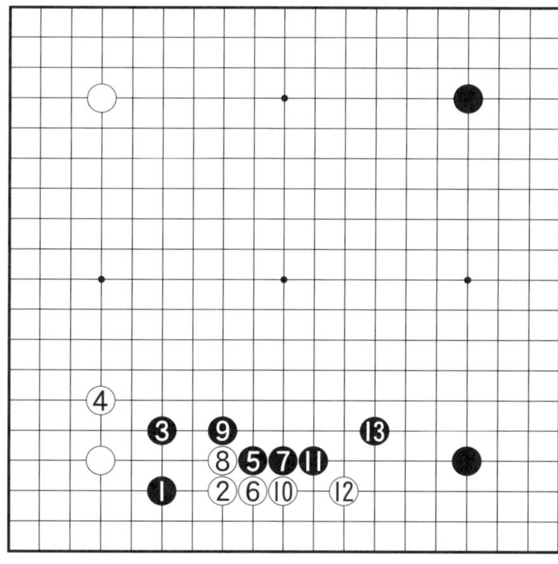

5도

5도 (세력지향의 정석)

흑이 세력작전을 펼치고 싶다면 흑3, 백4 다음 흑5로 씌워가는 것도 묘미 있는 착상이다.

그러면 이하 흑13까지 한발 앞서 나가며 세력을 쌓을 수 있지 않은가. 여기까지도 일종의 정석이다.

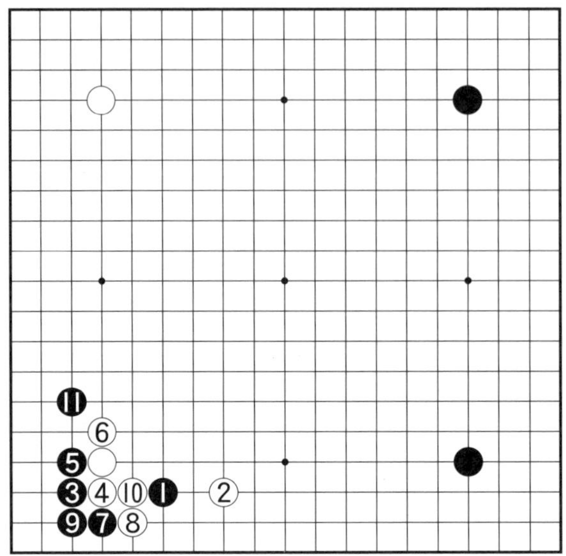

6도

6도 (간명한 정석)

백2 때 흑3으로 뛰어들면 이하 흑11까지 가장 간명한 정석이 된다.

이때 유념할 것은 흑5로 한번만 민 뒤 11로 뛰어둔다는 것이다. 즉, 뒤에서 미는 것이 아니라 한발 앞서 뛰어나간다는 발상이 중요하다.

그런데~

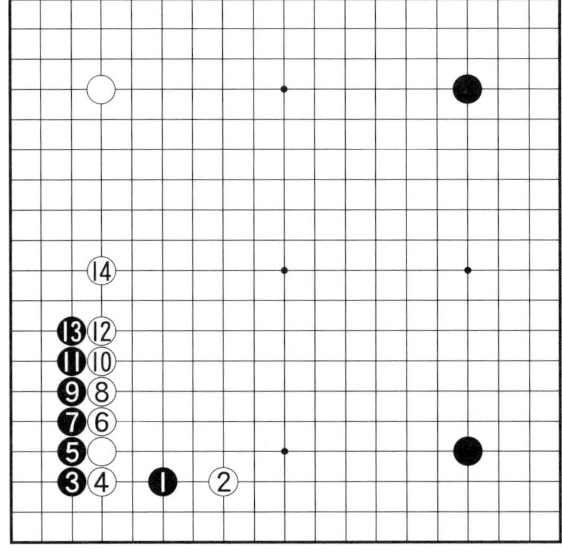

7도

7도 (유사형 4선 밀기)

백6 때 선수가 된답시고 흑7 이하로 사정없이 뒤를 밀어가는 것은 백에게 막강한 두터움을 제공하므로 큰 이적행위.

이처럼 3선에서 4선을 미는 것도 막강한 세력을 허용하므로 악수가 된다는 점을 유념하자.

등 뒤를 밀어주지 말라

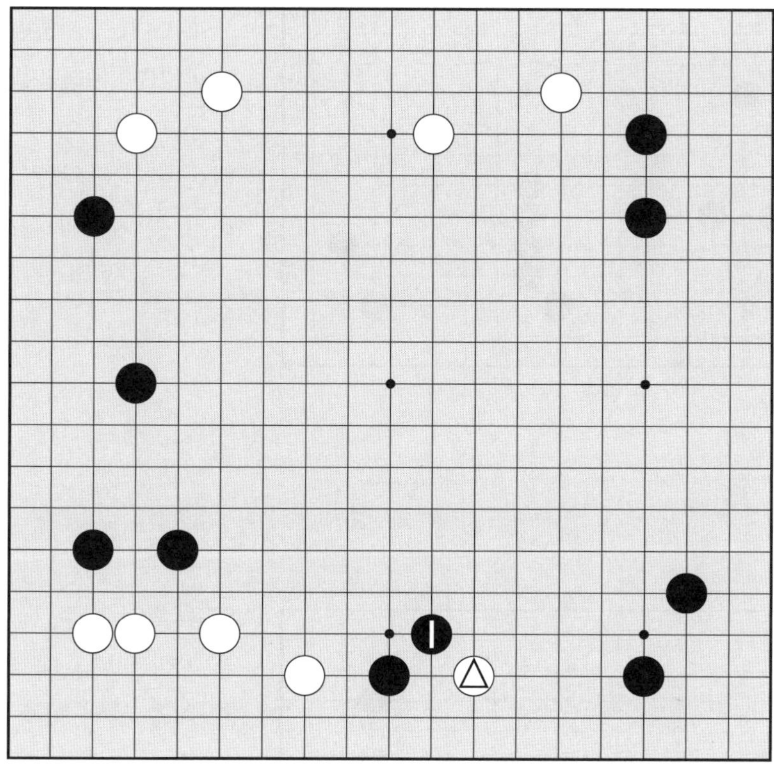

앞서 보았듯 상대의 등 뒤를 쫓아가며 미는 것은 나쁜 행마의 전형으로 대개 좋은 결과를 낳지 못한다. 그런데, 그것은 변쪽뿐 아니라 중앙 방면에서도 마찬가지이다.

△를 공략하고자 흑1로 씌워온 장면. 자, 이때 백의 타개 행마는 어떤 것이 좋을까?

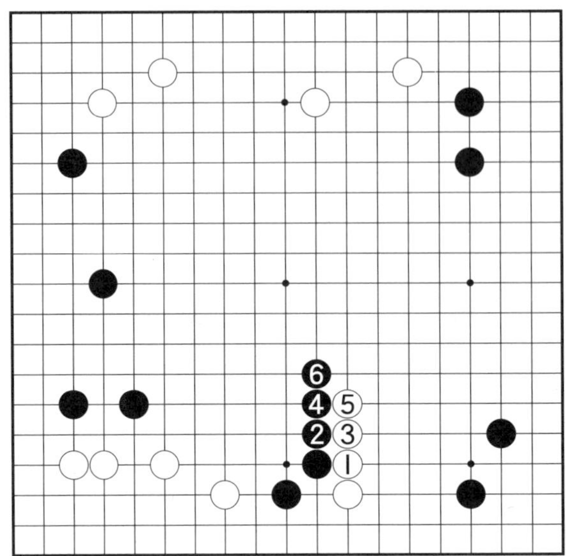

1도 (무거운 등 뒤 밀기)

백1~5로 묵묵히 밀어가는 것은 아둔한 '줄바둑 행마'의 극치.

흑2~6으로 한발씩 앞서 나가며 두터움을 쌓아 흑은 대만족이다. 반면 백은 아직도 탈출을 완수하지 못한 곤마 신세.

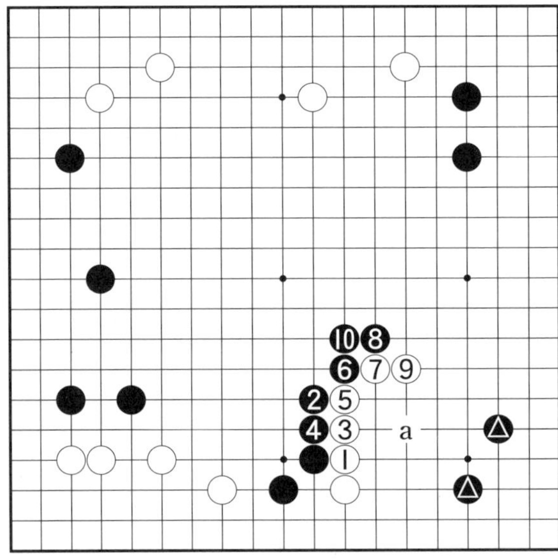

2도 (흑의 강수)

흑으로선 백5 때 흑6, 8로 이단젖혀 가는 강수도 유력하다. 이하 흑10까지 흑은 막강한 두터움을 쌓은 데 비해 백의 두터움은 ▲의 기착점에 의해 빛을 잃고 있어 크게 불만.

a의 급소도 노출되어 있어 백은 아직도 곤마이다.

따라서 백으로서는 보다 발빠른 행마가 절실하다. 흑4 때 백5로 뛰는 것이 가볍고 발빠른 행마이다. 다음 흑6의 추격에는 백7로 한발 앞서 훨훨 뛰어나가 활발한 모습.

1도가 걸어서 탈출하는 것이라면 이 그림은 뛰어서 탈출하는 형상이라고 할 수 있다.

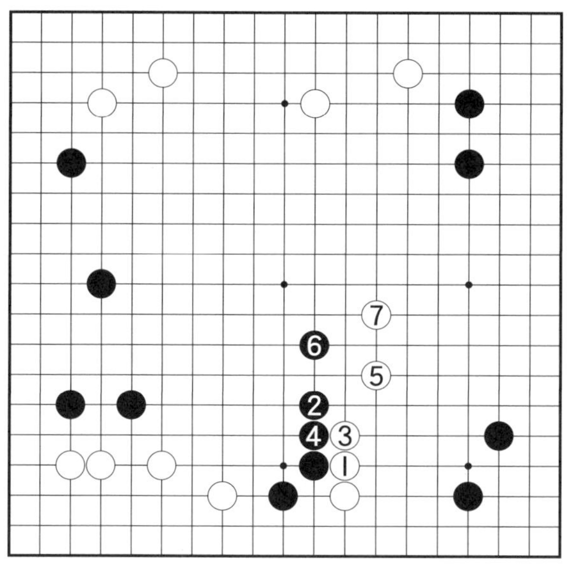

3도

4도 (경쾌한 별책)

a로 밀지 않고 백1로 뛰는 것도 경쾌한 행마이다. 역시 백3으로 한발 앞서 뛰어나가 탈출 성공(흑a, 백b, 흑c로 나와 끊는 것은 백d~백h로 △를 잡고도 ●가 다쳐 흑이 소탐대실).

어쨌든 상대의 등 뒤를 따라 밀지 않고 도리어 한발 앞서 진출한다는 발상이 중요하다.

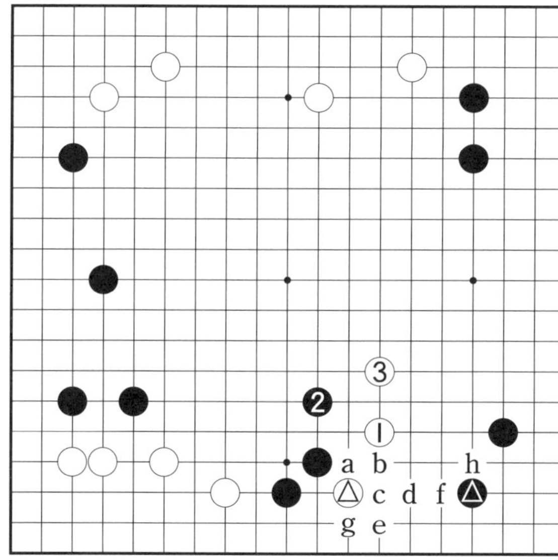

4도

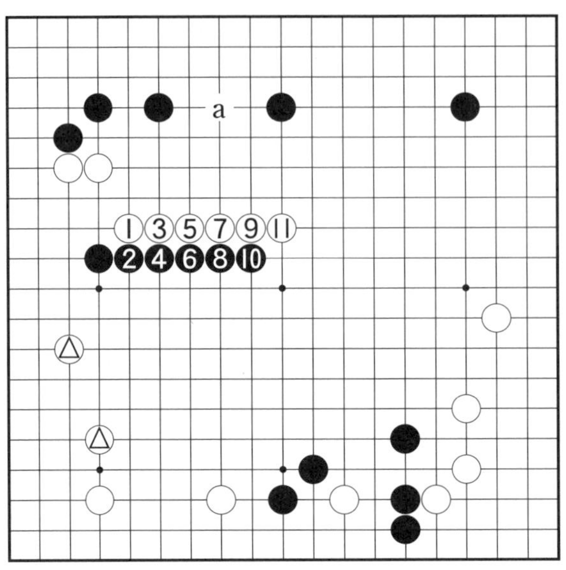

5도

5도 (유사형 - 줄바둑 행마)

백1로 씌워간 것은 타개와 공격을 겸하는 행마법인데, 이때 우직하게 흑2~10으로 죽죽 밀어가는 것은 무거운 행마의 극치. 백11까지 백의 곤마가 세력이 되면서 상변 흑진에 a의 허점이 노출된 반면, 백△의 견고한 탓에 중앙 흑세는 쓸모가 없다. 역시 뒤를 밀어서는 좋은 결과가 나오기 어렵다.

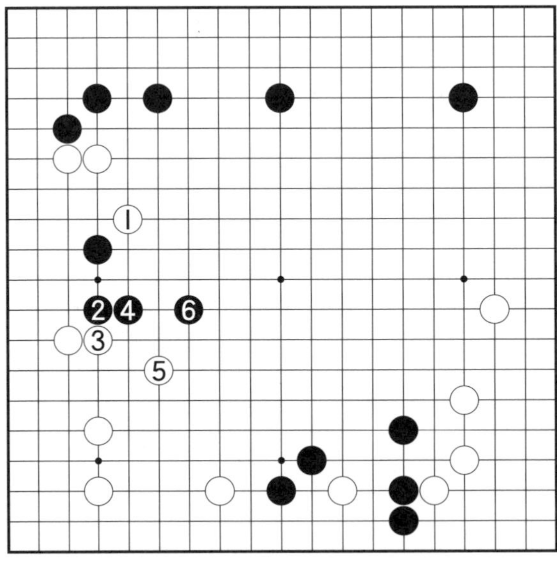

6도

6도 (경쾌한 뜀뛰기)

이 경우에는 흑2로 짚어가는 것이 멋진 행마.

백3으로 밀 때 그 반동을 이용하여 흑6까지 훨훨 빠져나가면서 백 석 점에 대한 반격을 노릴 수 있어 흑의 활발한 모습이다.

중복, 편재되지 말라

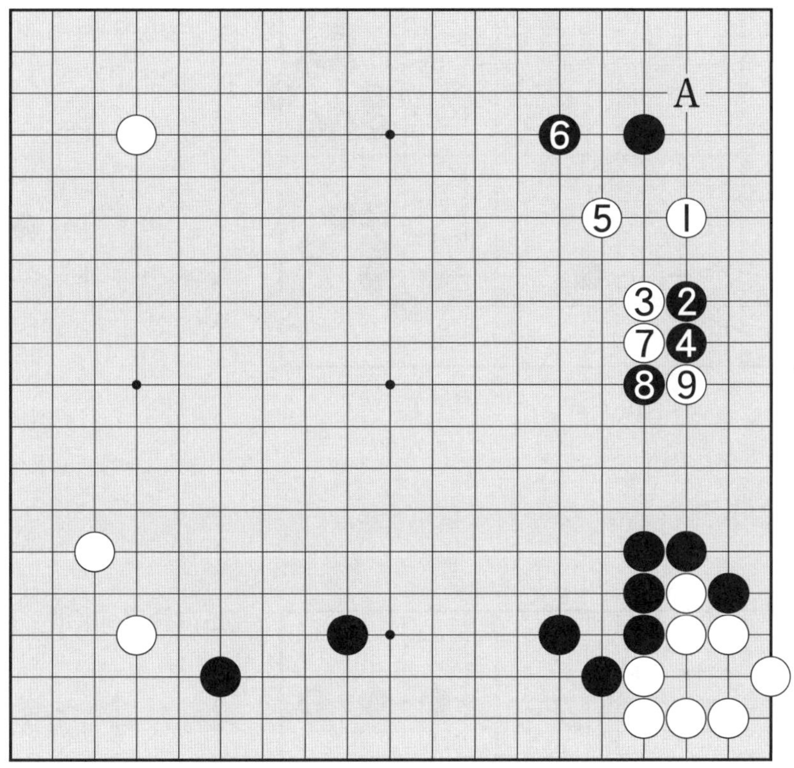

포석은 특히 돌의 능률성 여부가 그 우열을 좌우한다. 불필요한 돌들이 중복되거나 집모양이 한쪽에 편재되는 것은 비능률의 표본으로 뒤진 포석의 핵심적 원인.

흑2의 협공에 A로 들어가지 않고 백3, 5로 응수한 것은 우변을 흑집으로 만들어주지 않겠다는 적극전법. 다음 백7에 흑8은 기세인데, 문제는 백9로 끊어왔을 때이다. 자, 흑은 어떻게 응수하는 것이 우하쪽 세력을 살리는 길일까?

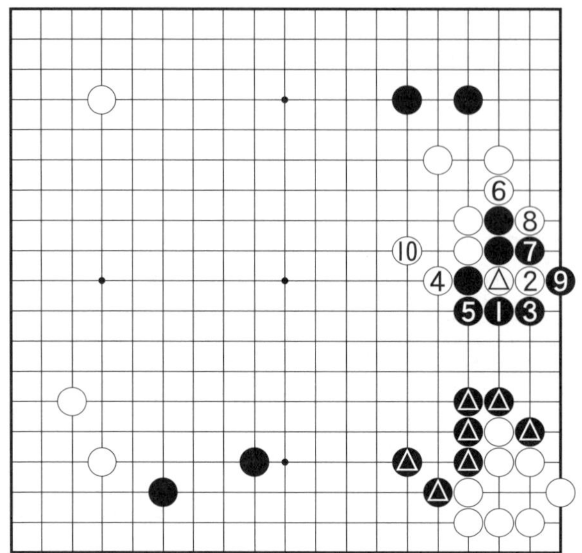

1도

1도 (중복의 극치)

덥석 흑1로 모는 것은 △에 걸려드는 수. 백2로 키우고 백4~8로 조이는 멋진 사석작전에 이어 백10으로 두텁게 안정하고 나면 흑은 두 점 잡고 망한 꼴이다.

우변 흑진이 ●의 세력과 중복의 극치를 이루고 있지 않은가.

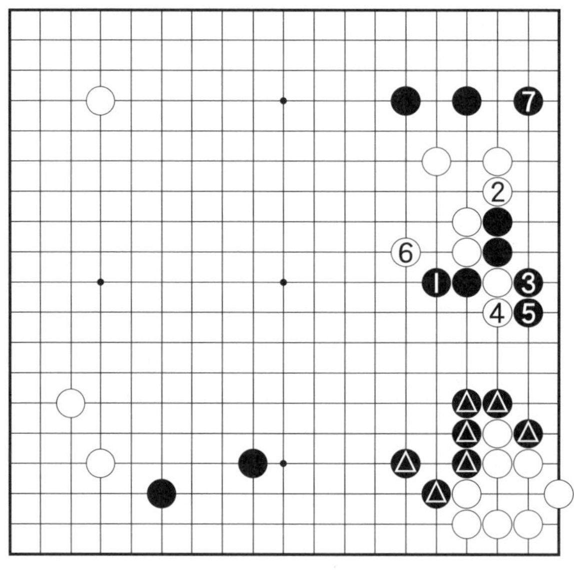

2도

2도 (중복 피하는 강수)

흑1로 뻗는 것이 주위 배석을 십분 활용하는 강수이자 정수이다. 다음 백2에는 흑3, 5로 버텨 백 두점을 크게 잡는다. 백6으로 틀을 잡을 때 흑7로 실속을 차리며 공격을 계속해 흑도 충분한 모습. 배경(●)을 이용해 중복을 피하며 백말을 압박하는 2중 효과를 기한 셈이다.

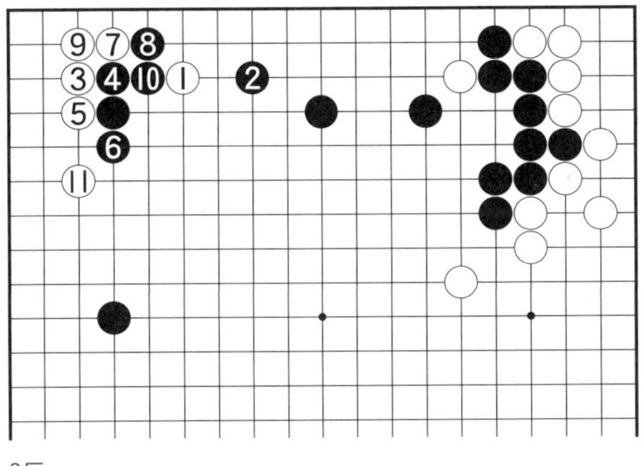

3도

3도 (유사형 1-중복의 표본)

중복된 모양은 특히 세력을 노골적으로 집으로 만들려다 생기는 경우가 많다. 백1의 걸침에 흑2로 협공한 것이 하수들이 흔히 범하는 이상감각. 백11까지 진행되고 나면~

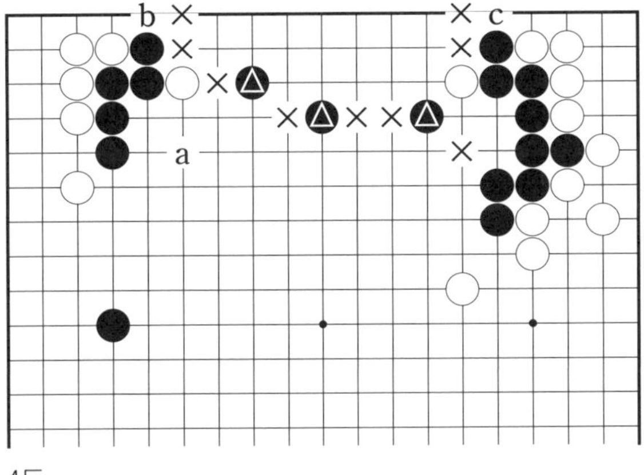

4도

4도 (실속이 없다)

상변 흑진이 상당히 중복되었음을 알 수 있다. ▲들 가운데 적어도 하나는 군더더기. 백a와 b, c가 선수인 점을 감안할 때 흑집은 ×선으로 24집에 불과. 양쪽에서 허용한 백 실리도 그에 못지않다.

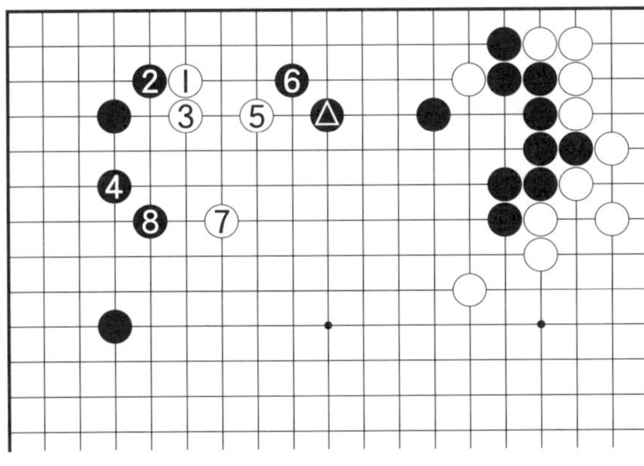

5도

5도 (공격적 자세)

백1에는 흑2, 4로 공격적인 자세를 보이는 것이 적절하다.

▲탓에 근거 없이 백5, 7로 허공을 맴돌 때 흑6, 8로 양쪽에서 실속을 챙기며 추격해 흑이 대세를 제압한 모습.

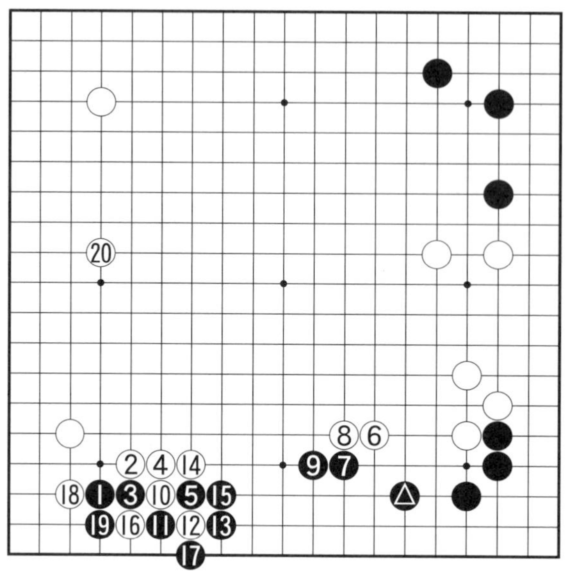

6도

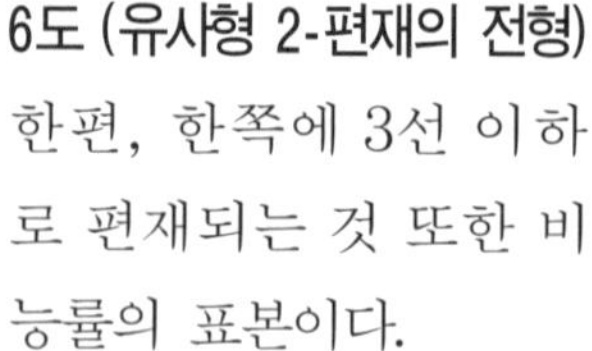

6도 (유사형 2-편재의 전형)

한편, 한쪽에 3선 이하로 편재되는 것 또한 비능률의 표본이다.

△가 낮게 자리잡은 상황에서 흑1로 걸쳐간 것이 무책. 백2, 4로 눌린 데 이어 백6∼흑19까지 철저히 이용당하자 하변 흑진은 편재, 중복의 극치가 되고 말았다. 과연 어디가 잘못되었기에 이토록 당했을까?

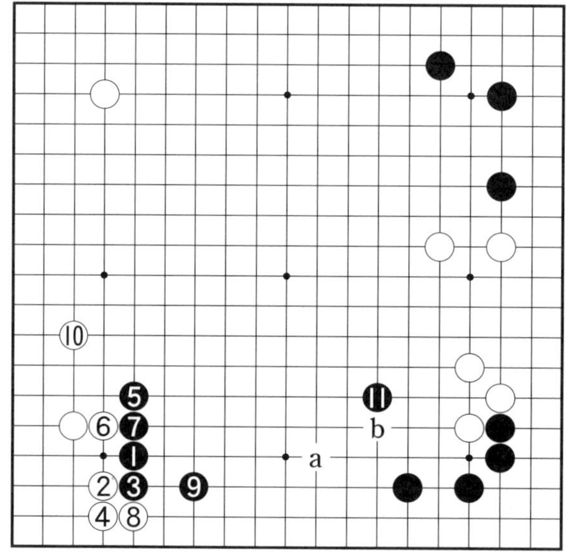

7도

7도 (편재 면하는 방법)

이때는 바깥쪽에서 흑1로 걸쳐가는 것이 주위 배석을 고려한 정수. 이하 백10까지 정석대로 되고 난 뒤 흑11의 대세점을 선점해 흑도 활발한 모습이다.

참고로 흑11로 a에 두어 집짓기에 급급하는 것은 백b를 선수 당해 다시 하변이 편재, 중복되니 유의.

고저장단을 맞추어라

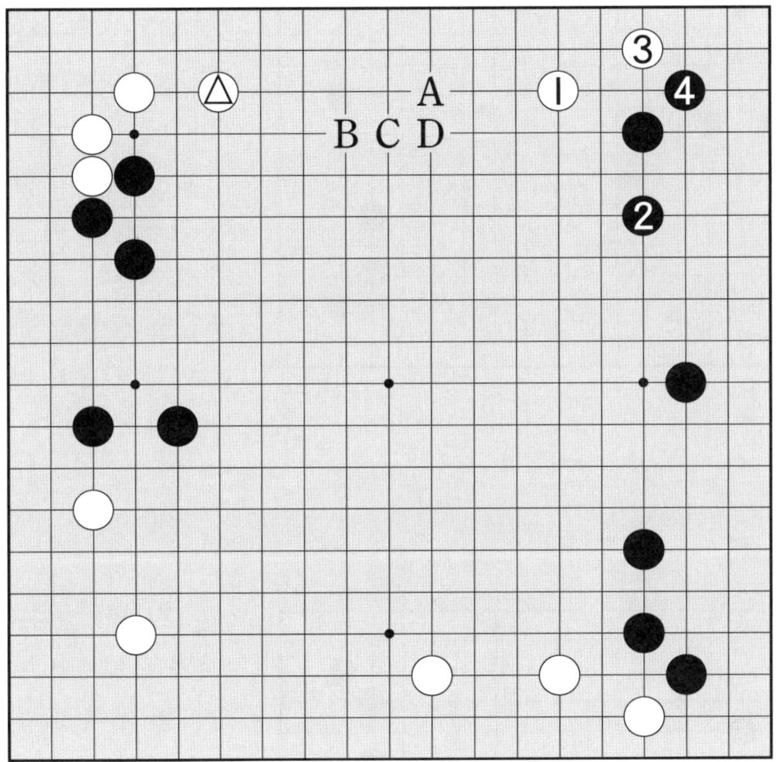

편재를 면하기 위해서는 굳힘과 벌림에 있어 3선과 4선의 고저균형과 적절한 넓이를 이루는 것이 바람직하다. 고저와 장단이 적절히 어우러질 때 능률적이고도 미학적 요소가 듬뿍 담긴 훌륭한 포석이 탄생하는 것이다.

상변 쪽에 백1로 걸쳐 흑4까지 진행된 장면인데, 백의 다음 한수가 중요하다. 자, A~D 가운데 과연 어디가 최선일까? 물론 △의 기착점을 고려해야 한다.

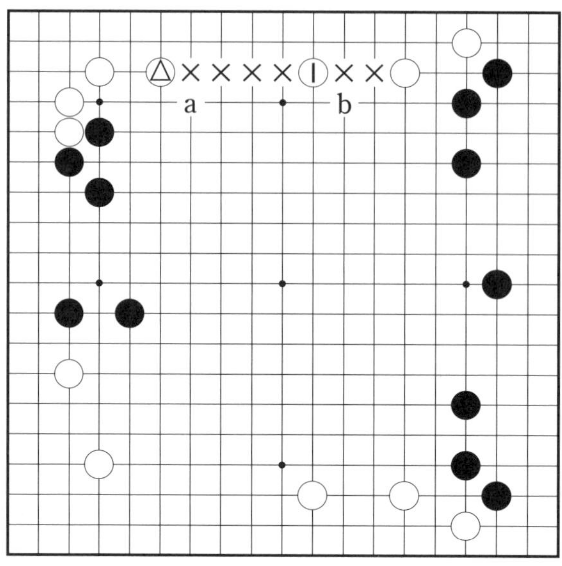

1도

1도 (편재)

백1로 두칸 벌리는 것이 부분적으로는 정수지만, 여기서는 △의 기착점을 고려하지 않은 대완착.

상변 백진이 모두 3선으로 낮게 편재되어 집으로도 별것이 없는 데다 발전성도 취약해 크게 불만이다. 흑a나 b의 삭감을 감안할 때 백집은 아무리 많이 나도 × 선에 그칠 것이다.

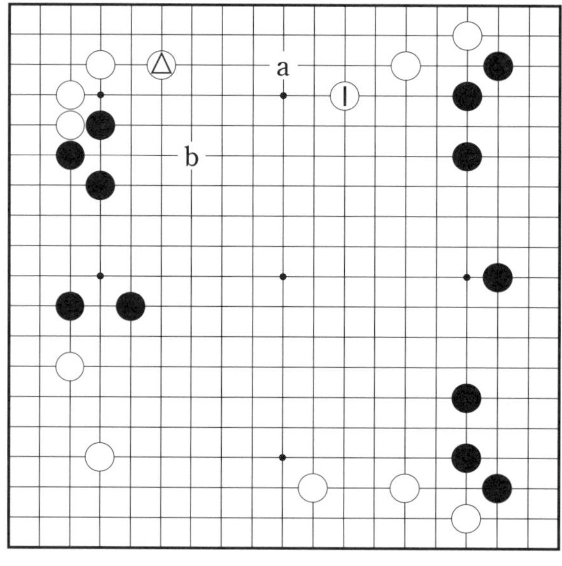

2도

2도 (적절한 고저균형)

백1의 날일자로 높게 구축하는 것이 △와의 균형을 고려한 적정점. 상변 쪽이 다소 넓어 보이지만, △가 강인하게 나와 있으므로 흑a의 침입은 그리 걱정할 필요가 없다. 장차 백b로 상변을 이상형으로 구축하는 자세가 그럴듯하다. 만약 그래도 상변 쪽이 허전하다면~

44 **이론편**

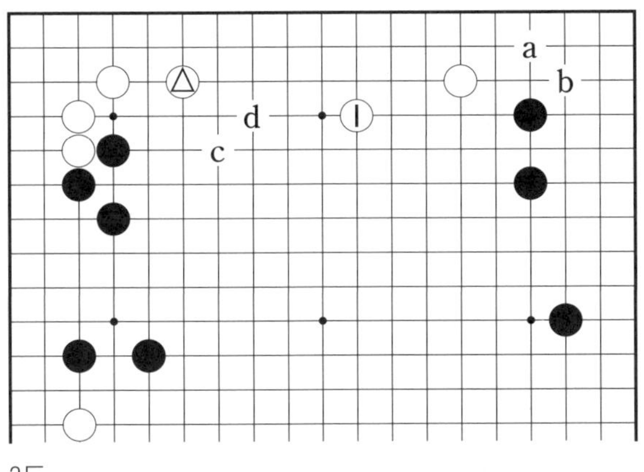

3도

3도 (백의 별책)

그냥 백1로 높게 벌리는 것도 유력한 일책. 역시 ⊿와의 고저균형과 장단을 고려한 벌림이다. 다음 흑c에는 백d가 제격. 백a, 흑b를 생략한 것은 3·三 침입여지를 남겨놓은 것이다.

4도 (장단이 틀렸다)

백1로 벌리는 것은 어정쩡한 하수의 감각으로 고저는 맞았으나 장단이 틀렸다. 흑a와 b의 양쪽 침입 여지를 남겨 상변은 완전히 집이 되기도 어려울 뿐더러 흑c, 백d를 가정한다면 ⊿가 중복된 모습.

4도

5도 (배석에 따라)

좌상쪽 기착점이 백⊿로 높게 되어있다면 이때는 백1로 낮게 두칸 벌리는 것이 고저의 균형을 맞추는 정수가 된다. 만약 이때도 백a나 b로 높게 벌리는 것은 장차 흑c나 d의 침입이 통렬해진다.

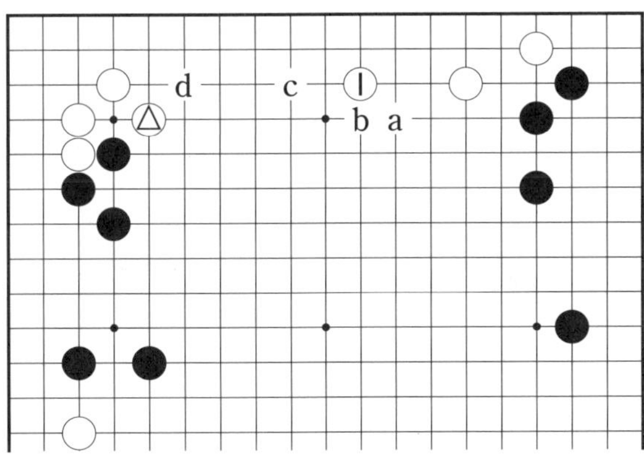

5도

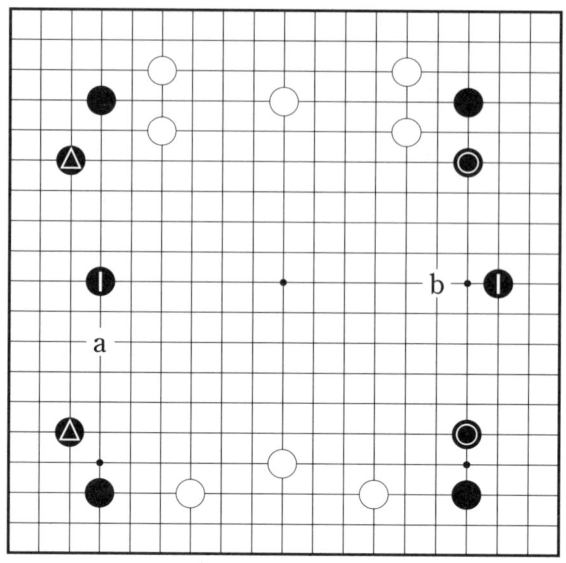

6도

6도 (유사형-고저균형)

귀에서 변으로 벌릴 때도 고저의 균형은 중요하다. ▲들로 낮게 굳혀진 좌변 쪽에서는 높은 전개가 적절하며, ◉들로 높게 굳혀진 우변 쪽에서는 낮은 벌림이 제격이다.

차후 각각 흑a나 b면 이상형으로 만들 수 있는 능률적 형태이다.

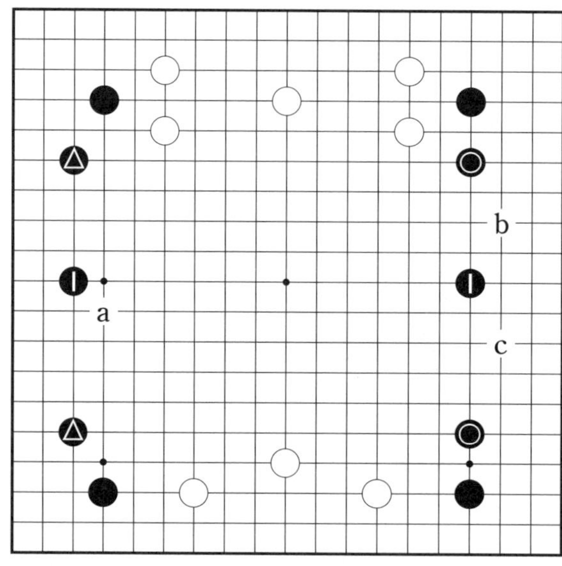

7도

7도 (편재와 공허)

그런데, ▲들과의 균형을 무시한 채 흑1로 3선에 치중하는 것은 옹졸한 발상. 백a로 삭감 당하면 낮게 편재된다.

반면, ◉가 높은데도 흑1로 4선을 고수하는 것은 다소 공허하다. b나 c 등의 허점을 여러 곳 남겨 이후 우변을 완전한 집으로 만들기가 어렵기 때문이다.

남의 집이 커보이면 진다

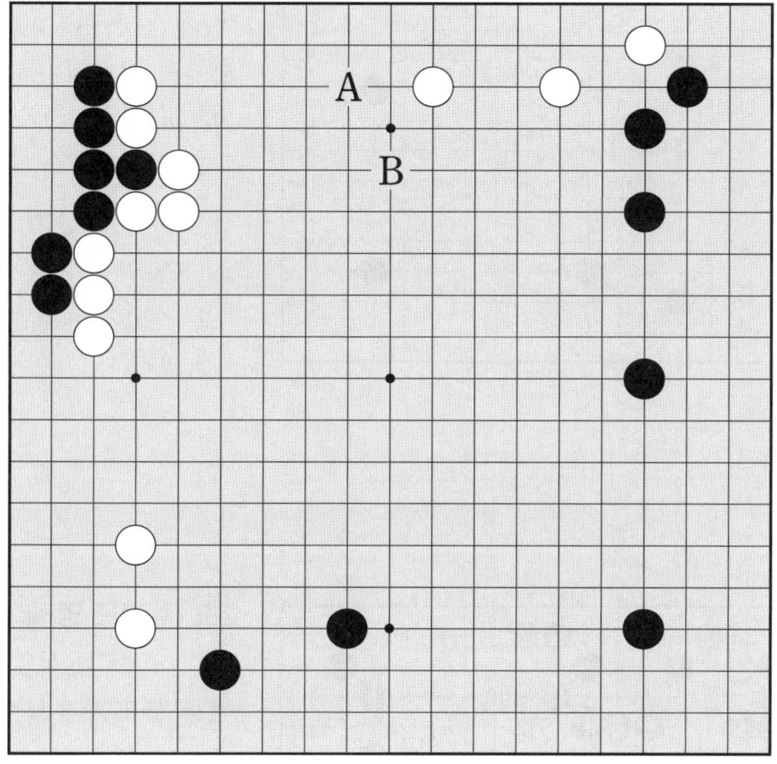

흑백의 집모양이 서로 대치하고 있을 때는 그 크기 판단에 따라 적정한 삭감작전을 펼치며 자신의 모양을 키워나가는 것이 현명하다. 상대의 집모양이 갖추어지기만 하면 섣불리 뛰어들고 보는 발상은 매우 위험하다.

우변 흑진과 상변 백진이 서로 모양 대결을 펼치고 있는 상황인데, 여기서 흑은 A와 B 가운데 상변 백진에 대해 어떤 태도를 보여야 할까?

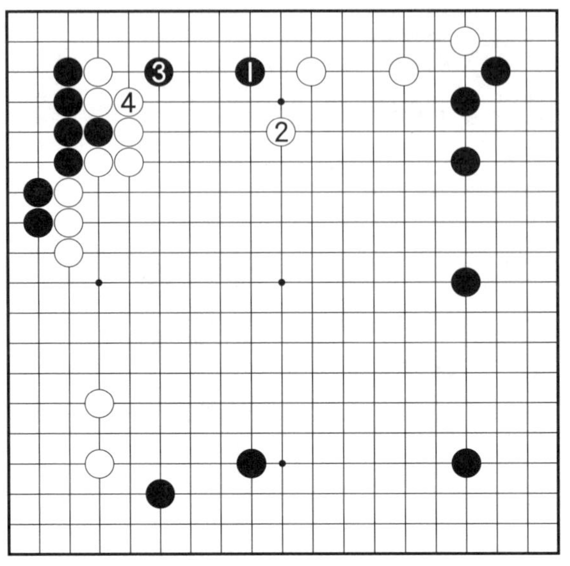

1도

1도 (무모한 침입)

흑1로 깊숙이 뛰어들어 백진을 통째로 깨자고 하는 것~, 이것이 바로 '남의 집이 커 보이는' 하수적 발상에서 나오는 과수이다.

백2로 봉쇄되어 매우 답답하지 않은가. 다행히 흑3이 선수여서 살 수는 있을 것 같은데…. 계속해서~

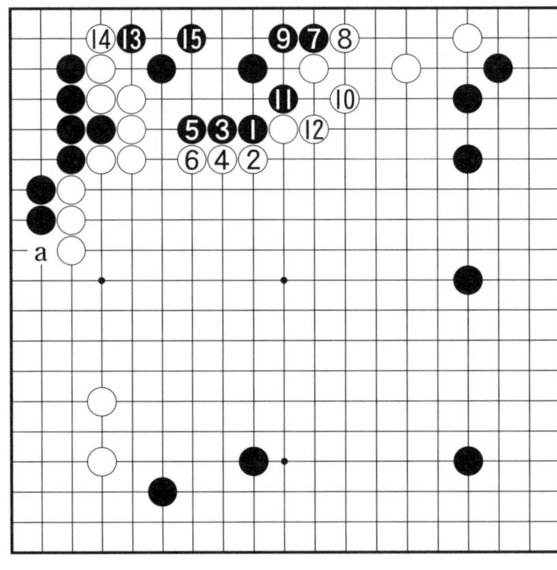

2도

2도 (깨고도 망하다)

흑1~15로 천신만고 끝에 완생해 부분적으로는 백진을 깨는 데 성공한 셈이다. 그러나 그 사이에 흑7, 13과 같은 이적수를 두어 백을 두텁게 해준 것이 더 큰 손해이다. 이제 백a도 절대 선수인데다 우변 흑진이 매우 엷어져 전국적으로는 백이 두터운 형세가 된 것이다.

3도 (대승적인 자세)

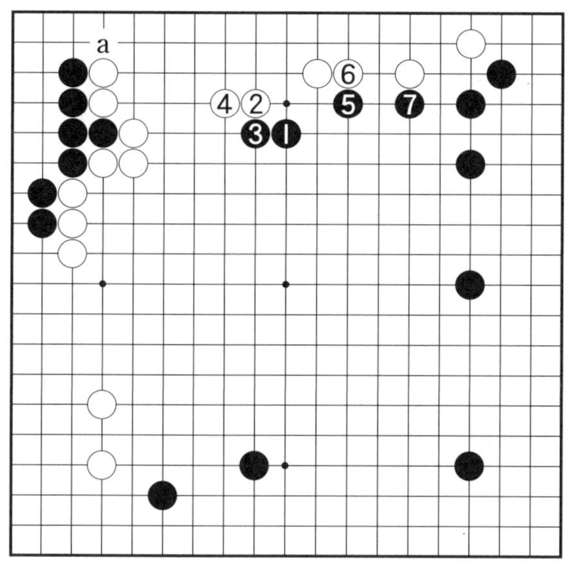

3도

이때는 흑1 정도로 삭감하는 것이 유연하고 대승적인 태도이다.

다음 백2로 받아준다면 흑3을 선수한 뒤 5, 7로 봉쇄하는 것이 안성맞춤으로 우중앙 일대를 입체화해 흑의 만족.

흑a로 젖혀있는 것이 선수여서 상변 백진은 보기보다 크지 않다.

4도 (백집은 크지 않다)

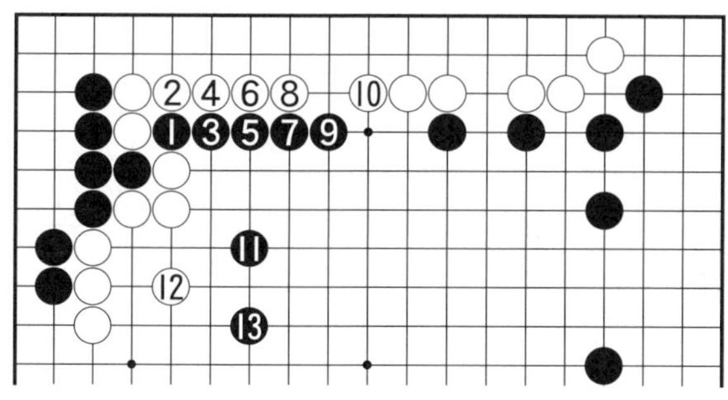

4도

그냥 흑1, 3 정도로 안전하게 삭감하는 것도 유력하다. 상변 쪽은 흑5로 끊어 잡는 수단이 남아 있기 때문이다.

5도 (백, 무리한 반발)

5도

참고로 흑1의 절단에 백2로 몰고나와 버티는 것은 무리. 흑13까지 좌중앙 일대가 초토화되고 만다.

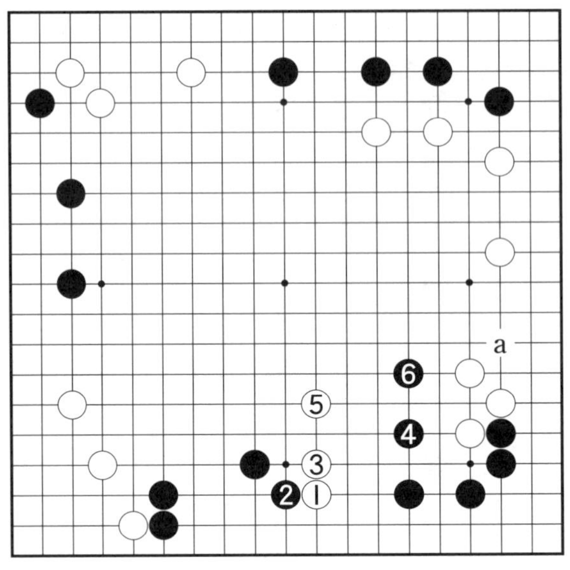

6도

6도 (유사형-무리한 침입)

우변 백진과 하변 흑진이 모양 대결을 펼치고 있는 장면인데, 백1로 불쑥 뛰어든 것이 하수적 발상.

흑6까지 하변 흑진을 깨는 것은 어렵지 않겠지만, 대신 a의 허점이 부각되는 등 우중앙 백진이 엷어지면서 부담스런 미생마를 남겨 백이 고전을 자초했다.

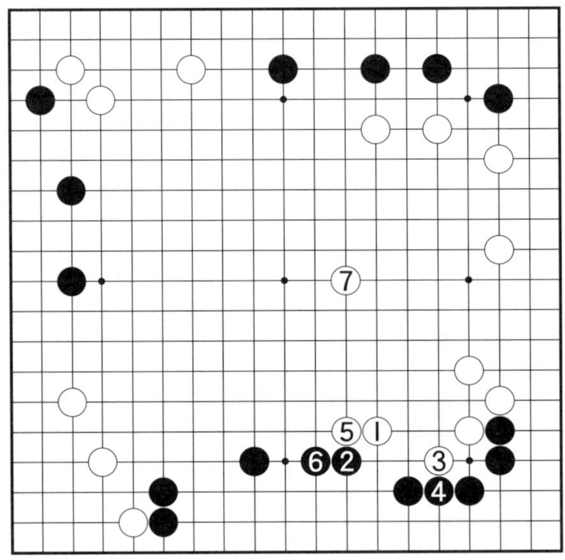

7도

7도 (유연한 태도)

이때는 백1로 뛰는 것이 백진 확장과 흑진 삭감을 겸하는 1석2조. 흑2로 받을 때 백5, 7로 우중앙을 최대한 넓혀 백도 충분한 국면이다.

이처럼 상대의 집모양을 지나치게 크게 보아 단번에 깨겠다는 발상에서 벗어나는 것이 대세를 잃지 않는 첩경이다.

집모양은 입체적으로 넓혀라

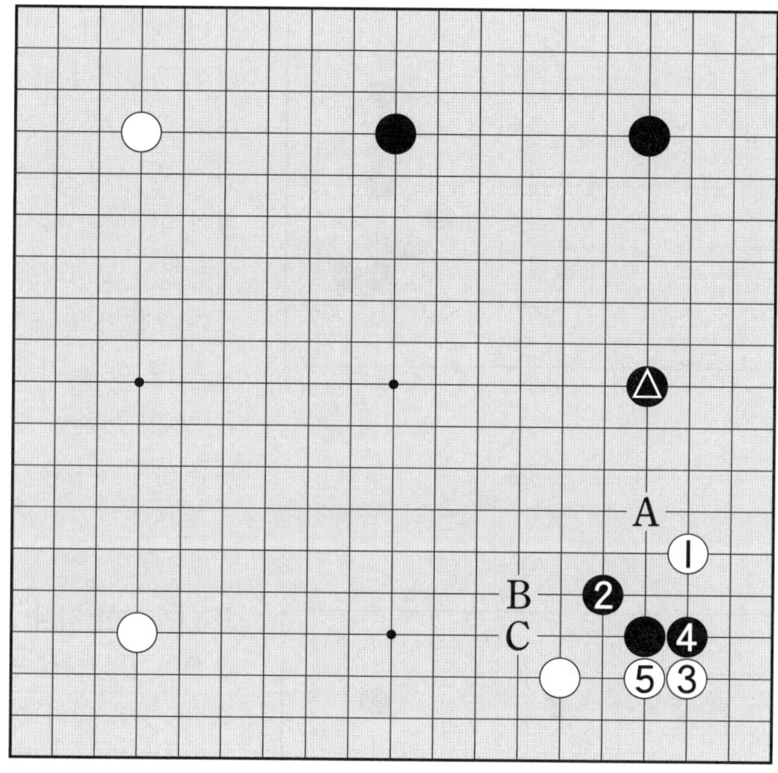

포석에서는 당장 '현금화'할 수 있는 실리보다도 발전성이 더욱 중요하다. 그런데, 뒷맛을 지나치게 의식한 나머지 옹졸하게 모양을 좁히다 도리어 손해를 자초하는 경우가 적지 않다.

백1의 양걸침에 흑2의 마늘모로 받아 백3으로 뛰어드는 수순은 특히 아마추어의 포석에서 너무나 많이 등장하는 장면이다. ▲를 살려 흑4로 막은 것은 올바른 방향인데, 문제는 백5 다음이다. 여러분은 평소에 A~C 가운데 어디에 두는가?

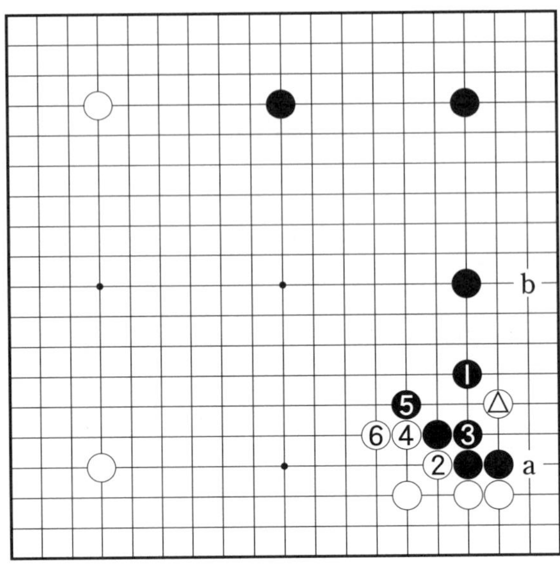

1도

1도 (하수의 발상)

흑1로 씌우는 것은 하수의 제일감. 이 수는 △ 한점을 확실히 가두겠다는 발상의 산물이지만, 너무 옹졸하여 낙제점을 면치 못한다. 백2~6을 선수 당하자 백 모양은 활짝 핀 반면, 흑 모양이 형편없이 쪼그라들고 말았다. 백a의 끝내기와 b의 활용 등을 감안하면 흑은 △ 한점을 잡고도 남는 것이 없다.

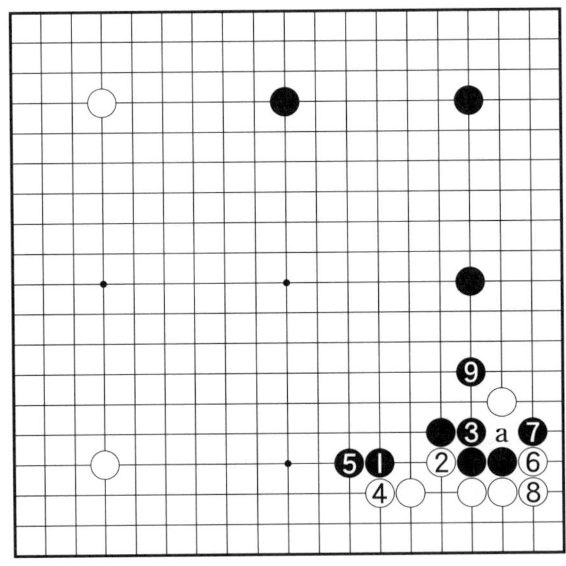

2도

2도 (호방한 확장)

옹졸한 발상에서 벗어나 흑1로 품을 넓혀 가는 것이 호방한 자세이다. 다음 백6, 8에는 흑9가 틀 (이 수로는 확실하게 a에 이어도 무방하다).

어쨌든 우중앙으로 한껏 팽창한 흑진의 규모가 오그라드는 1도의 그것과는 비교가 되지 않는다.

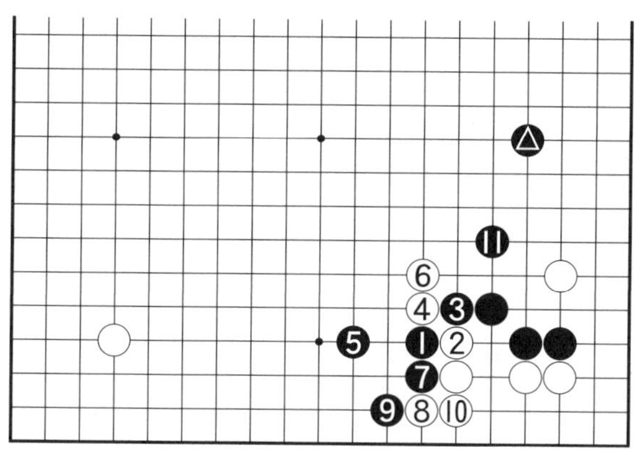

3도

3도 (전투는 흑 환영)

1도처럼 두는 배경에는 백2, 4의 도발에 대한 두려움이 담겨있을 것이다.

그러나 이하 이 전투는 양쪽이 급해져 백 무리. ▲가 있는 지금은 오히려 흑이 환영할 싸움이다.

4도 (무난한 확장)

그래도 만약 3도 같은 난전에 자신이 없다면 흑1로 한칸 뛰는 것이 무난하다. 백2에는 흑3으로 힘차게 비상해 역시 2도 못지않은 당당한 자세. 다음 백a에는 흑b로 ▲를 크게 삼킬 수 있다.

4도

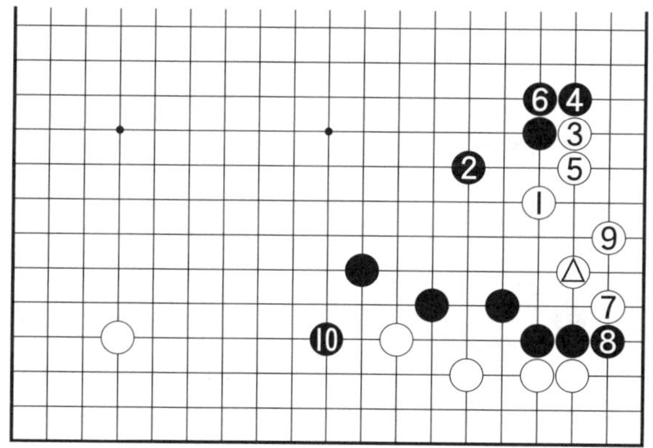

5도

5도 (무리한 움직임)

2도나 4도처럼 품을 넓혔을 때 ▲를 즉각 움직이는 것은 무리.

가령 백1~9까지 살 수야 있겠지만, 흑을 두텁게 해주며 이적수(백7)도 두어야 하니 오히려 백의 생불여사이다.

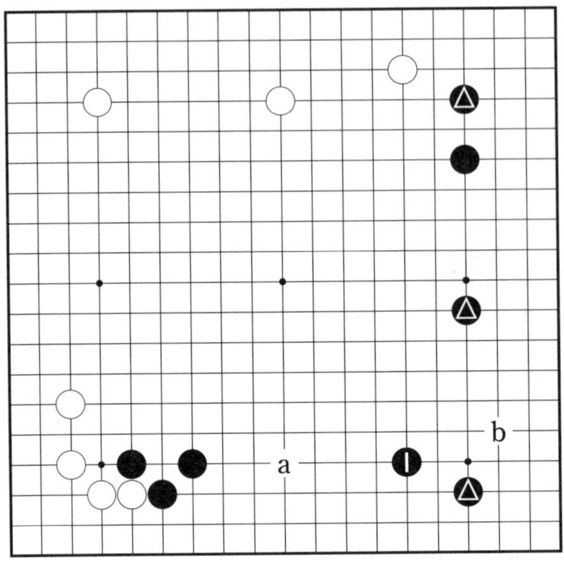

6도

6도 (유사형-입체화의 극치)

흑1은 하변-우변 일대를 입체적으로 구축하려는 적극적 착상으로 높은 중국식(△)의 효과를 극대화하려는 의도이다.

다음 백a면 이 돌을 공격하며 우변을 크게 지역화하고, 백b로 침입하면 역시 공격을 통해 하변 일대를 한껏 키우겠다는 책략이 담겨있다.

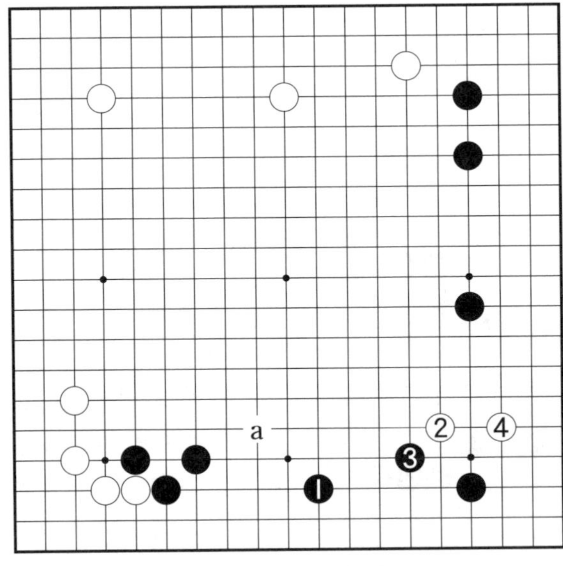

7도

7도 (평면적 구상)

상식대로라면 흑1로 전개하는 것이 정서. 그러나 이것은 백2의 삭감이 절호점이 되는데다 훗날 백a의 삭감도 선수여서 흑진이 낮게 고정되어 버린다. 이렇게 두어도 나쁜 것은 아니지만, 어쨌든 높은 중국식의 당초 의도를 제대로 살리지 못한 평면적 모양이 되어버린다는 점에서 미흡하다고 하겠다.

집 지키는 데 급급하지 말라

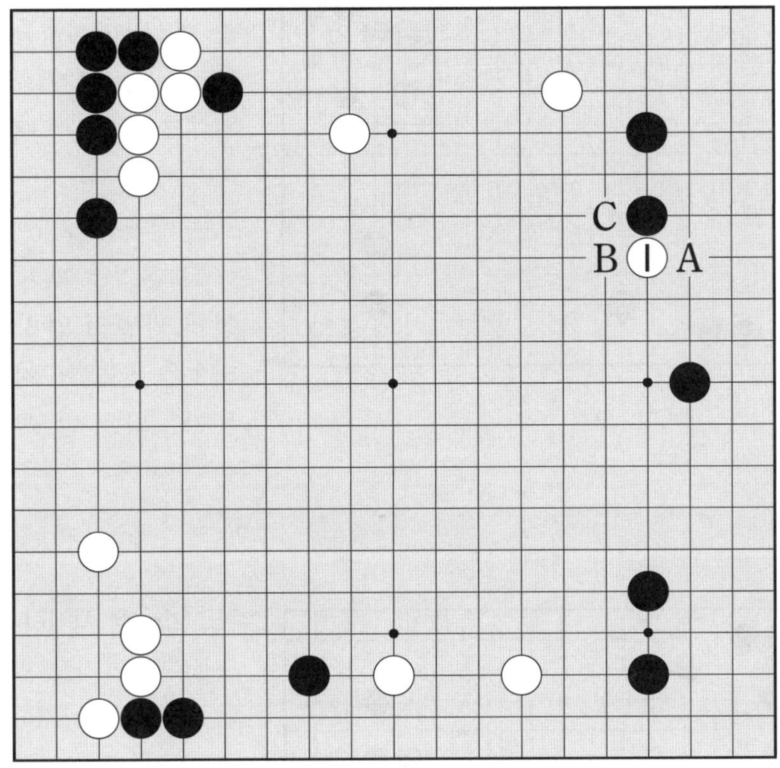

집모양은 어디까지나 모양일 뿐, 아직 완전한 '현금'이 아니다. 그럼에도 모양을 집으로 굳히기 위해 너무 수비적인 태도로 일관하는 것은 상대에게 그 이상의 대가를 허용해 뒤진 포석이 되기가 십상이다.

백1로 대뜸 붙여온 장면. 특히 상수가 하수에게 많이 구사하는 수법이지만, 결코 꼼수가 아니다. 우변 흑진이 입체화되는 것을 미리 방지하면서 흑의 응수를 묻는 고급전술. 자, 이때 흑은 A~C 가운데 어떤 태도를 보여야 할까?

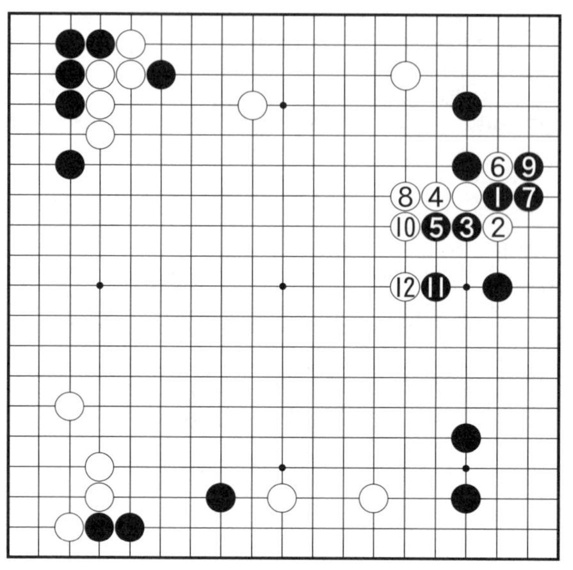

1도

1도 (집 짓고도 당하다)

우변을 집으로 사수하려면 당연히 흑1로 젖혀 받아야 할 것이다. 이때는 백2로 되젖히는 것이 맥점. 백12까지 흑은 소원대로 우변을 큰집으로 완성시켰으나 전체적으로는 실패한 모습이다.

그 대가로 백에게 완전히 싸발려 엄청난 두터움을 만들어주지 않았는가. '되로 받고 말로 준' 격이다.

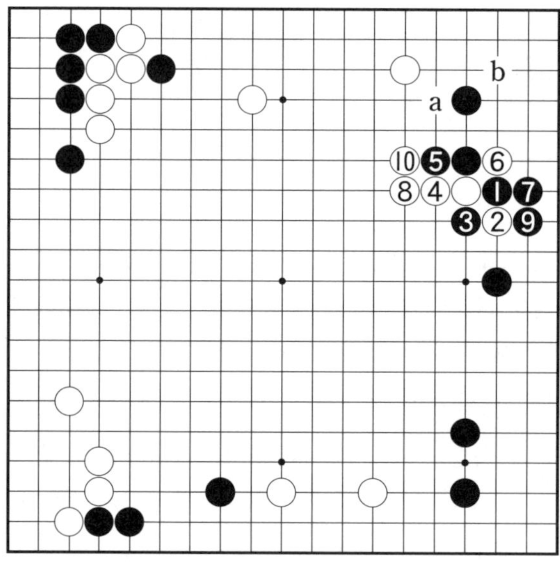

2도

2도 (소극적 자세가 문제)

흑5로 밀어가도 백10까지 결과는 대동소이. 백a가 선수여서 완전 봉쇄된 데다, 백b의 여지가 남아 우변 흑집은 생각보다 크지 않은 모양이다.

역시 흑1이 원죄. 지나치게 소극적 자세였기 때문이다.

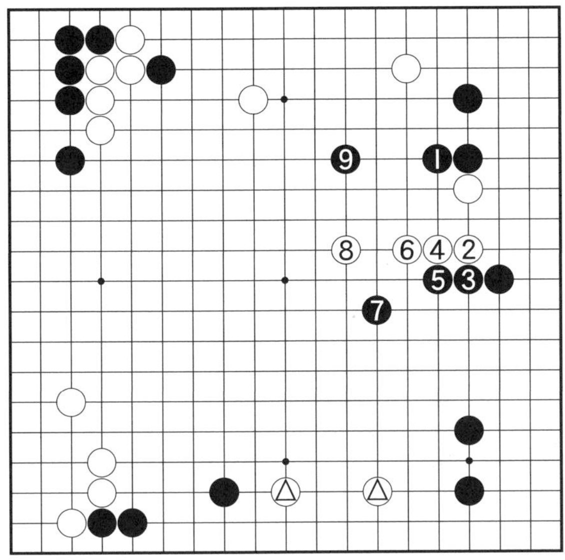

3도

3도 (당당한 자세)

흑1로 꼿꼿이 서는 것이 최강, 최선의 응수. 백2로 우변은 약간 다쳤지만, 대신 흑9까지 백말을 일방적으로 몰며 상하에서 이득을 챙겨 전혀 나쁘지 않다.

　이렇게 되면 백은 곤마의 부담에다 상변 백진도 매우 엷어진데다 멀리 하변 △들도 약해져 사방이 바쁜 모습이다. 적극적인 흑1의 반발이 성공한 결과.

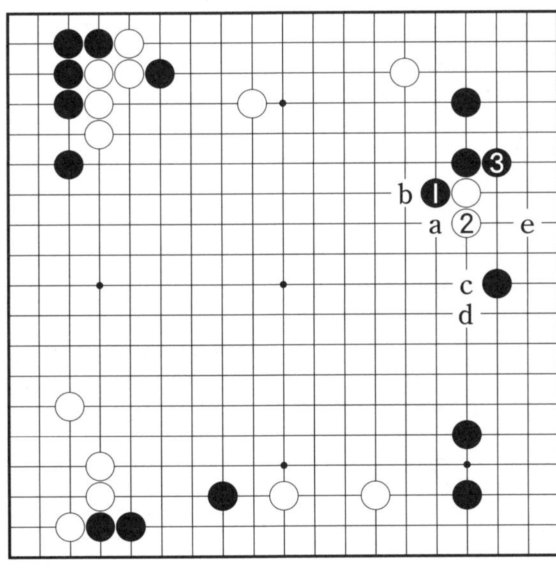

4도

4도 (흑의 별책)

흑1로 젖히는 것도 유력한 일책이다. 백2에 흑3으로 늘고나면 다음 백의 운신이 어렵다.

　백a에는 흑b로 늘어 상변이 엷어지고, 백c에는 흑d로 우변이 굳어진다. 흑은 여차하면 e로 넘어가는 수도 남아있어 실리로도 손해 본 것이 없다.

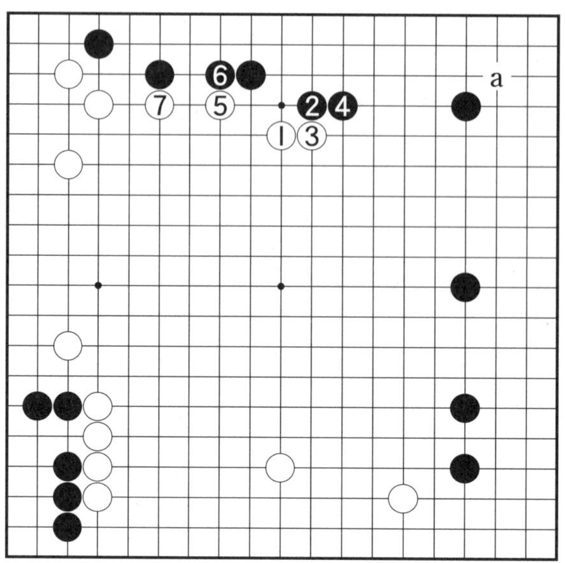

5도

5도 (유사형-소극적 자세)

백1로 가볍게 삭감해왔을 때 흑2로 받은 것은 일견 당연해 보이지만, 실은 대완착. 백3에 이어 백5, 7이 안성맞춤. 백은 이제 좌중앙 일대에 무한한 잠재성을 기약하게 되었다. 반면 흑진은 아직 a가 비어 있어 큰집이 되기가 어렵다. 백의 주문에 고분고분 따라준 흑2의 수비적 자세가 문제였다.

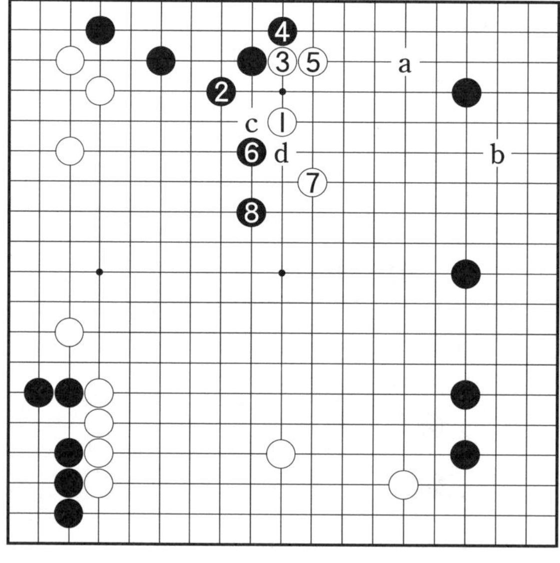

6도

6도 (주문을 거부)

이때는 흑2가 백의 주문을 거역하는 대세의 급소이다. 상변 쪽은 약간 깨지지만, 흑6, 8로 앞서 진출하며 제공권을 장악해 흑 호조.

또한 흑2로는 경우에 따라 흑c로 맞서는 것도 유력한 강수이다(다음 백6에는 흑d로 절단).

한 수로 큰집 되는 곳은 서둘러라

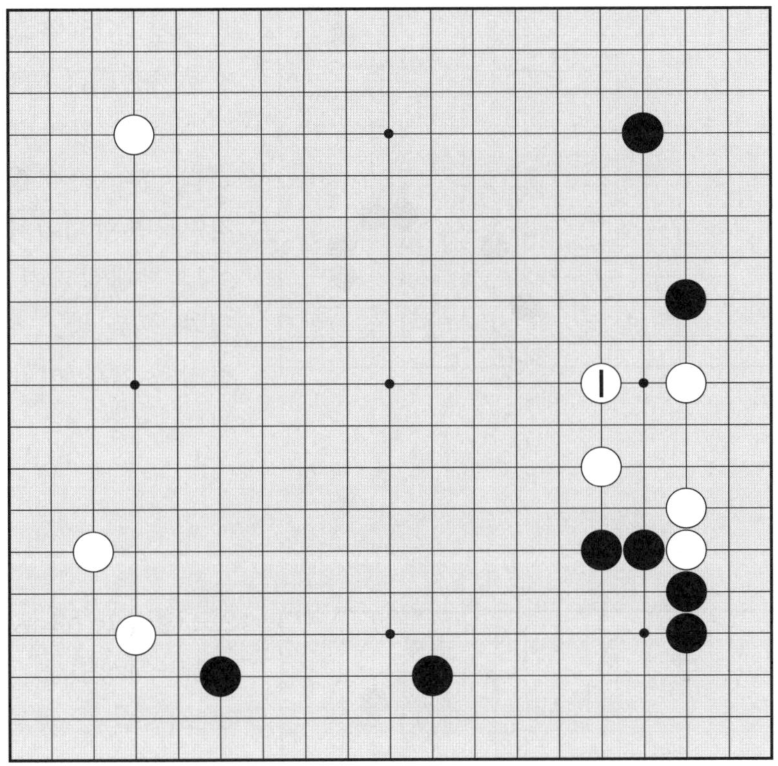

한 수를 투자하여 수십 집짜리 통집을 완성시킬 수 있다면 얼마나 좋을까. 이것은 억지로 집을 지키려다 그 이상의 대가를 지불하는 것과는 분명히 차원이 다르다. 그러므로 한눈에 보기에 큰집으로 굳어질 곳은 시급한 쟁탈의 요소가 된다.

미니중국식을 펼친 흑이 우변 백말을 공격하며 우하 일대에 대모양을 구축한 장면. 백1로 보강하자 흑에게 선수가 돌아왔는데, 이때 포석의 우위를 다질 수 있는 절호점이 있다. 어디일까?

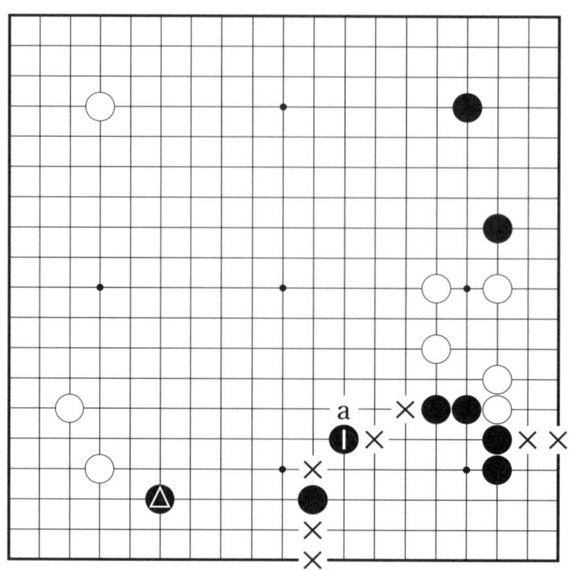

1도

1도 (35집짜리 통집 완성)

흑1(혹은 a)이 대모양을 단번에 지역화하는 화룡 점정의 절호점이다. 이 한수로 우하 일대는 최소한 30여집(×선 경계 기준)으로 완전히 굳어 졌다. 뿐더러 흑▲까지 감안하면 눈덩이처럼 불어날 잠재성까지 품고 있다. 이런 박스 형태의 큰집을 '통집'이라고 일 컫는다.

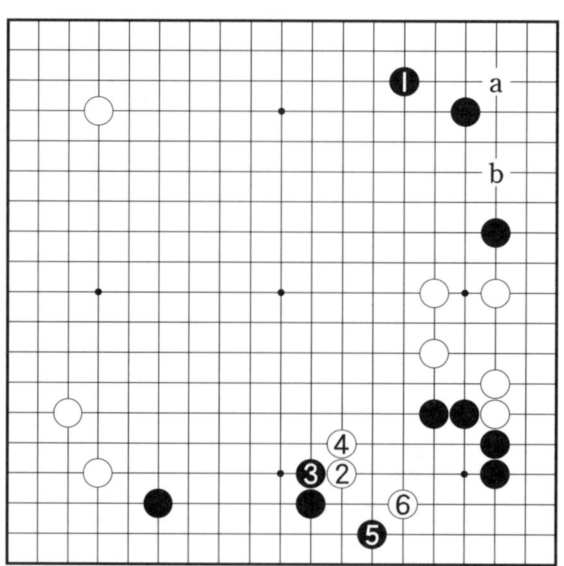

2도

2도 (한수에 무너지다)

흑1로 우상귀를 굳히는 것도 사실 큰 곳임에는 분명하다. 그러나 이곳 은 아직 a와 b 두 곳이 나 비어있어 완전한 흑 집이 되기에는 요원하 다. 당장 백2로 어깨짚 는 것이 기막힌 삭감점. 이 한수로 우하 흑진의 경계선이 삽시간에 무너 져 흡사 봇물 터진 격이 되고 말았다.

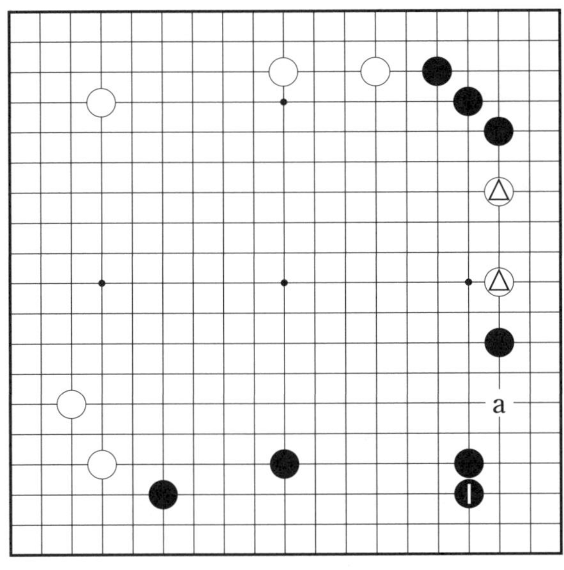

3도

3도 (유사형 1-통집의 철주)

화점포석에서는 특히 3·三이 실리의 급소이다. 본도의 흑1은 그 허점을 효과적으로 커버하며 통집을 완성시키는 백만 불짜리 철주(鐵柱)이다.

이제 우하 흑진은 35집짜리 대가로 90% 굳어졌다. 백a의 여지가 남아있기는 하지만, △가 약해 함부로 뛰어들기가 어렵다.

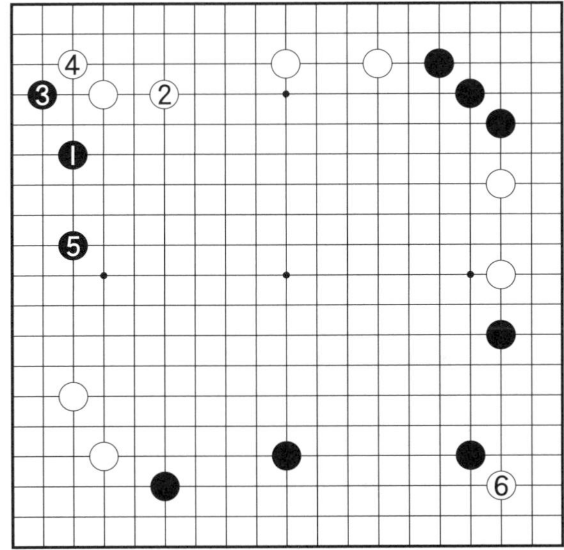

4도

4도 (한수에 파괴되다)

그런데, 이렇게 한수로 통집되는 곳을 외면하고 평범하게 흑1로 손을 돌리는 것은 자칫 선수를 빼앗겨 기회를 놓치게 될 우려가 높다.

백6의 침입을 당하게 되면 단 한수로 대모양이 파괴되는 것이다.

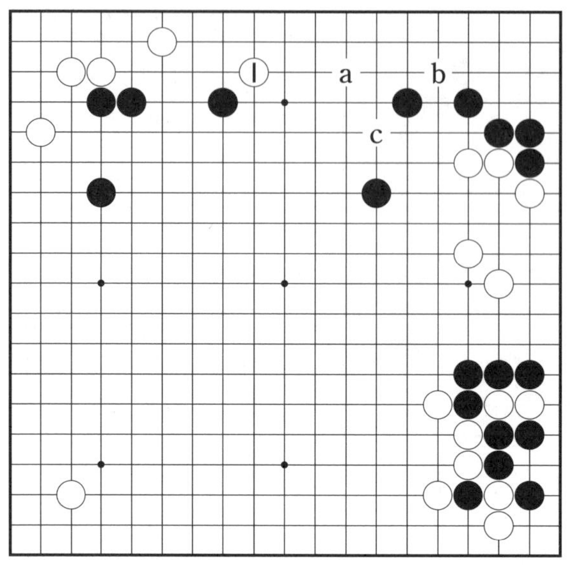

5도

반대로 한 수로 통집되는 곳은 상대의 입장에서도 서둘러야 한다.

백1은 만사를 제치고 달려갈 '오직 이 한수'에 해당한다. 이 한수로 이제 상변 흑진은 통집이 불가능할 뿐 아니라 a, b, c 등의 약점이 남아 볼품이 없게 되었다.

그런데 만약 이 수를 게을리 하면~

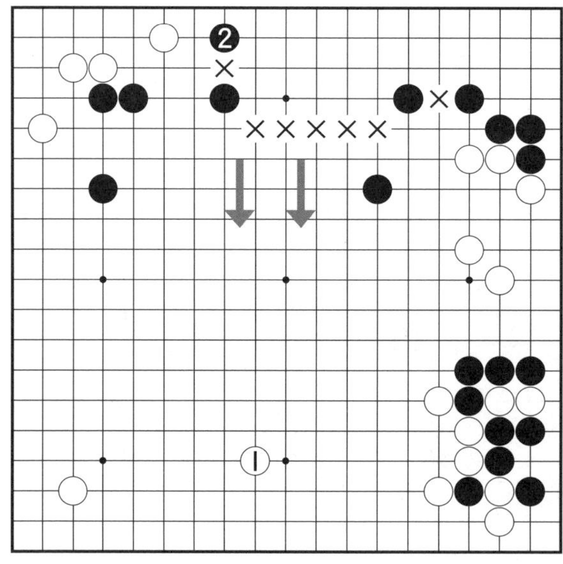

6도

6도 (한수로 통집)

백1도 큰 곳임에는 분명하지만, 지금은 다소 한가한 의미가 있다. 흑2, 이 단 한수로 상변 일대가 모조리 집으로 굳어지기 때문.

이제 우상 일대는 × 선을 경계로 물경 40집의 통집. 게다가 → 방향으로 더 불어날 발전성까지 뽐내고 있지 않은가.

모양의 분계선은 대세의 급소

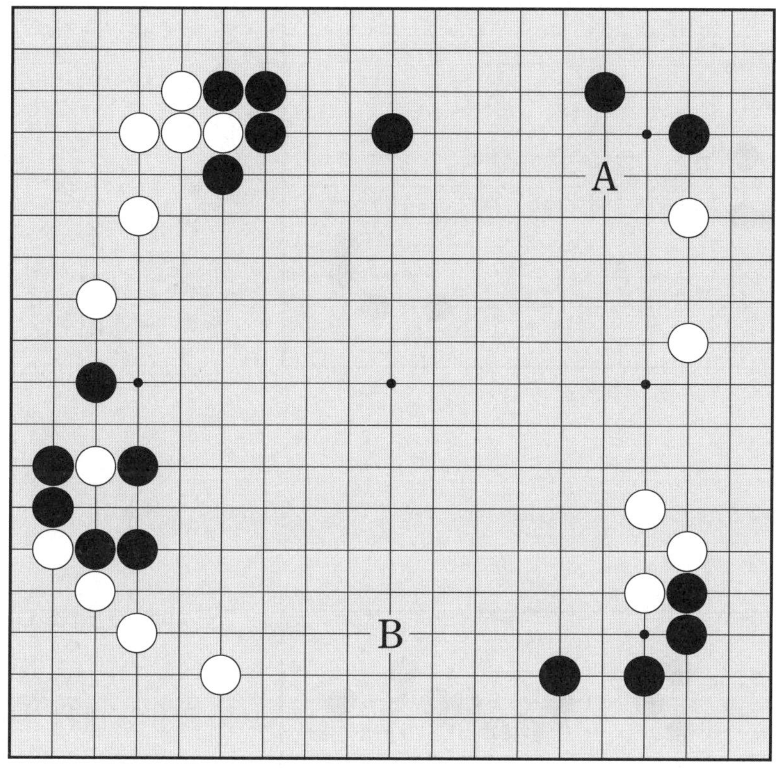

사방의 귀와 변이 거의 결정되어 포석의 막바지에 이르면 이른바 '대세점'이란 곳이 부각된다. 특히 쌍방이 모양 대결을 벌이는 지역에서는 그 분계선 주변이 대세점으로 되는 경우가 많다. 백마고지를 선점한 쪽이 전투에서 유리한 것과 마찬가지 이치.

귀중한 선수를 잡은 백이 단숨에 대세를 리드할 수 있는 대세상의 급소는 A, B 가운데 어디일까?

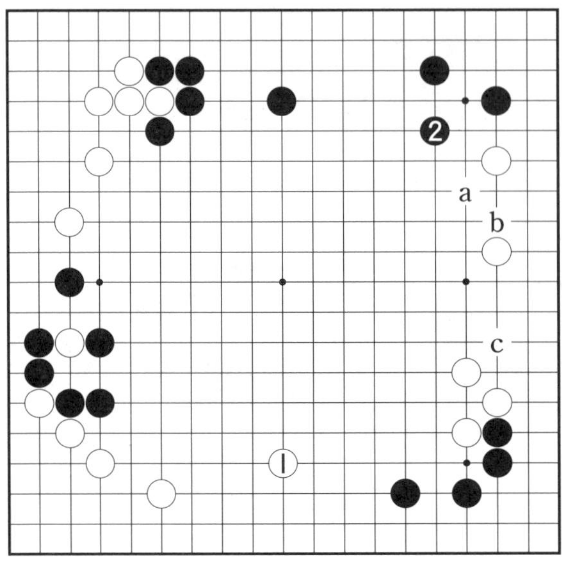

1도

1도 (방향착오)

마주보는 곳의 중앙인 백1이 일견 대세점 같지만, 실은 방향착오. 흑2를 당하는 순간 흑이 훌쩍 앞서는 국면이 돼버린다. 흑2는 상변 쪽 흑진을 공고히 넓히며, 우변 백진을 축소시키는 1석3조의 대세점이다. 이제 다음 흑a나 b, c 등의 수단도 노릴 수 있다.

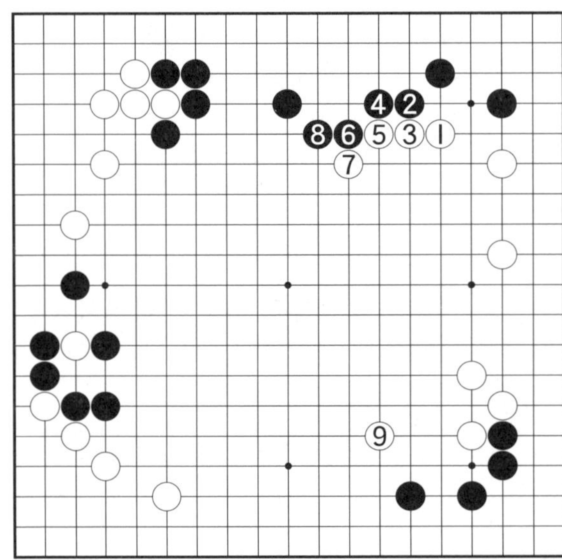

2도

2도 (백마고지의 대세점)

백1이 놓칠 수 없는 백마고지의 대세점이다. 역시 우변 백진을 최대한 확장하며 상변 흑진을 위축시키는 절호점. 흑2의 수비가 불가피할 때 백7까지 선수로 상변을 제한시킨 다음 백9까지 독차지해 백이 단연 활발한 국면. 대세점 한 방으로 일거에 우열이 갈리는 순간이다.

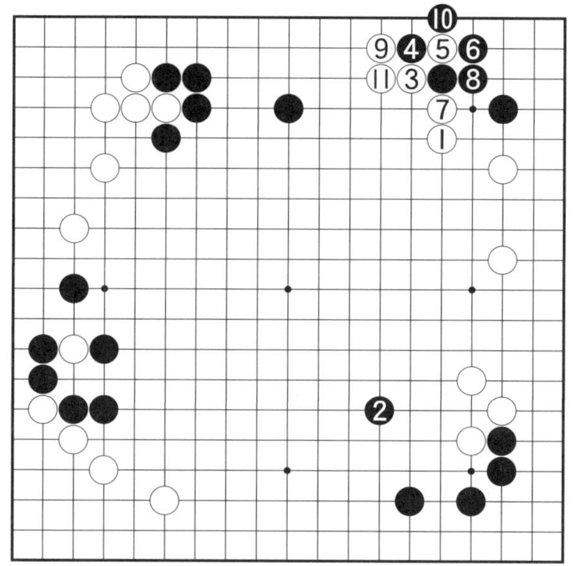

3도

3도 (백의 후속수단)

백1 때 흑2를 선점하며 버텨올 때는 백3의 압박이 준엄하다. 흑4에는 백5, 7의 맥점으로 이하 백11까지 상변 흑진을 초토화시켜 백의 대만족.

백1은 바로 이런 통렬한 후속수단을 준비하고 있기에 그 가치가 배가 된다.

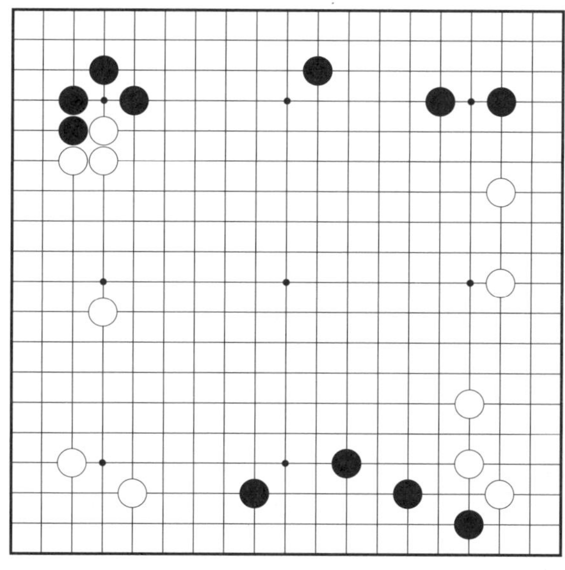

4도

4도 (유사형)

상변 흑진과 좌변 백진이 모양대결을 펼치고 있는 장면이다.

당연히 시선은 그 쪽으로 쏠리는데, 상변 흑진을 효과적으로 넓히는 수는 과연 무엇일까?

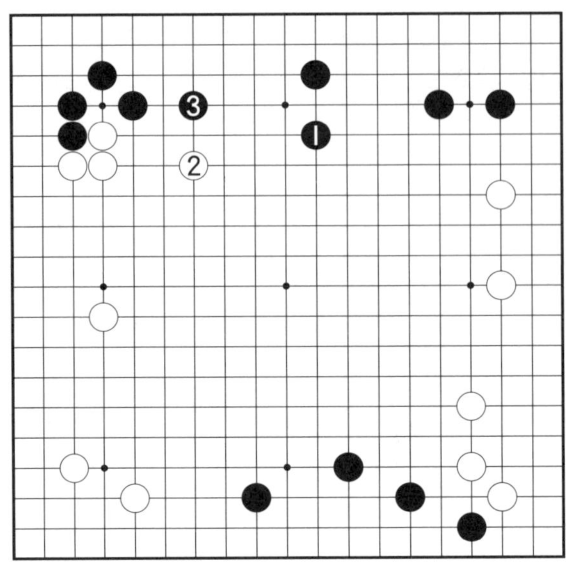

5도

5도 (수순누락)

흑1의 한칸 뜀은 부분적으로는 상변 흑진을 확장하는 호착. 그런데, 여기서는 다소 미흡하다. 백2를 당했기 때문이다.

흑으로선 그전에 빠뜨린 수순이 있는 것이다.

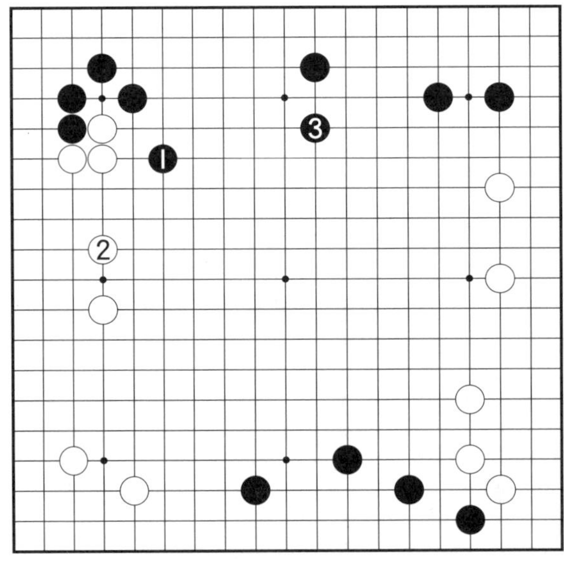

6도

6도 (백두산의 대세점)

흑1의 비상이 눈부신 대세점이다. 백2를 기다려 흑3이면 좌변 백진 제한과 상변 흑진 확장을 겸해서 완수할 수 있는 것이다.

그렇다고 흑1 때 백2를 손빼 상변 쪽으로 향하는 것은 흑2의 침공이 너무 통렬해 백이 견딜 수 없다.

세력을 집으로 만들지 말라

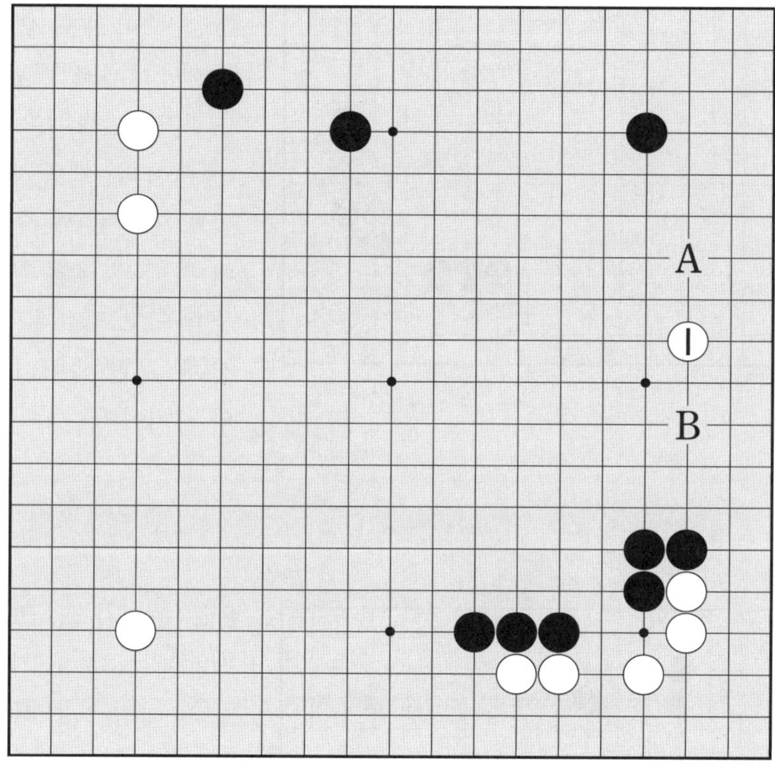

상대를 누르거나 싸발라 세력을 쌓는 것은 매우 호쾌하고도 신나는 일이다. 그런데, 문제는 그 다음. 상대에게 적지 않은 실리를 제공하며 쌓은 세력을 제대로 이용하지 못한다면 자칫 '껍데기 장사'에 그칠 공산이 크기 때문. 세력을 올바로 이용하는 비결은 무엇일까 알아보자.

백1은 흑의 대모양 확산을 방지하는 유연한 갈라침. 다음 흑의 대응이 주목되는데…, 우하쪽 세력을 제대로 살리는 다가섬은 A일까, B일까?

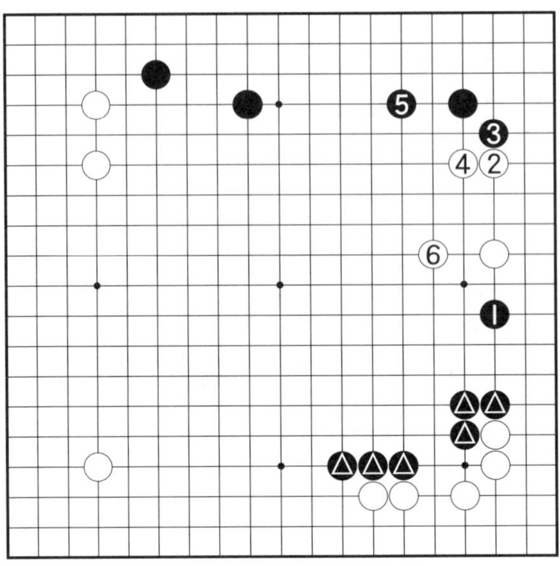

1도

1도 (방향착오)

흑1로 다가서는 것은 하수의 제일감. 이 수의 이유는 '우하 세력의 체면을 조금이라도 살리기 위해서'이겠지만, 불행히도 거꾸로 세력을 죽이는 길이다. 백2~6으로 쉽게 안정하고 나니 ●의 철벽은 거의 무용지물이 되고 말았다. '6립2전'에 그친 셈이니 중복의 극치이다.

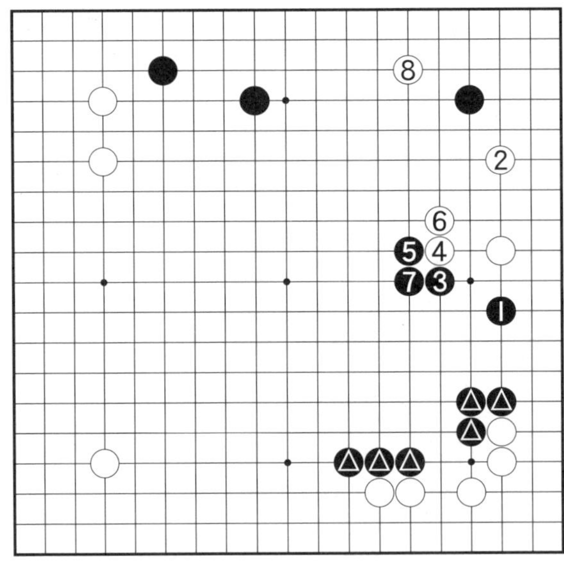

2도

2도 (손해가 더 크다)

백2 때 흑3으로 씌워 ● 들의 체면을 살리려 하는 것은 더욱 공허한 발상. 선수마저 빼앗겨 백8까지 허용하고 나면 흑은 득보다 실이 많은 결과이다. 이처럼 세력을 노골적으로 집으로 만들려는 발상은 상대에게 많은 대가를 지불해야 하기 때문에 큰 손해를 초래하게 된다.

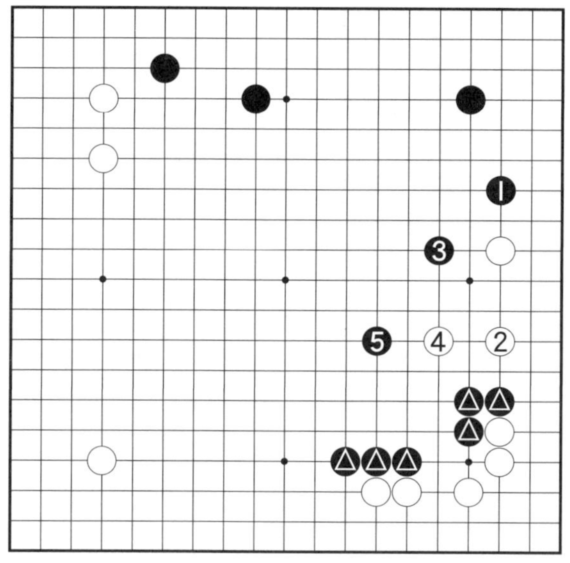
3도

3도 (세력은 공격에)

이때는 '세력은 공격에 이용하라'라는 격언대로 흑1쪽에서 다가서는 것이 올바르다. 상대의 약한 말을 나의 철벽 쪽으로 몰아넣는다는 원리.

이어 백2에는 흑3, 5로 호쾌하게 공격해 대세를 휘어잡을 수 있다. 흑3, 5가 통렬한 것은 바로 ▲의 든든한 배경 때문이다.

4도

4도 (세력에서 멀리)

따라서 백으로서도 공연히 철벽(▲) 쪽으로 다가서다 3도처럼 고생을 자초할 것이 아니라 가볍게 백2로 뛰어나가는 것이 현명하다. 그러면 흑도 a 혹은 b로 공격을 계속하며 상하에서 실속을 차릴 수 있다.

아무튼 세력을 억지로 집으로 만들려는 발상에서 벗어나는 것이 그 가치를 제대로 살리는 길이다.

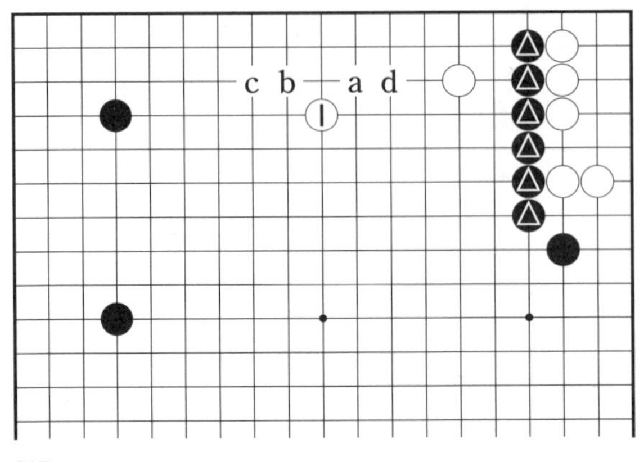

5도

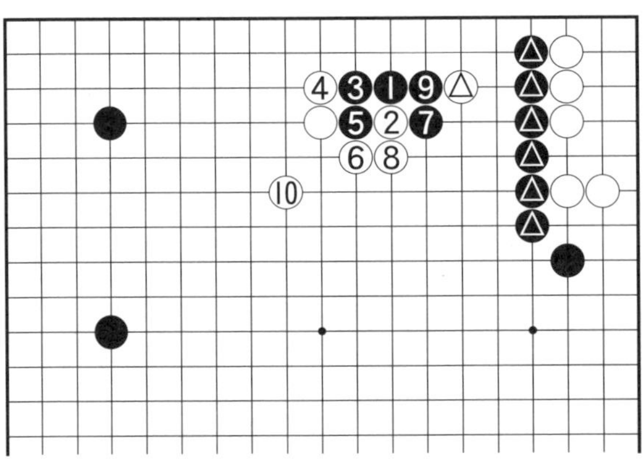

6도

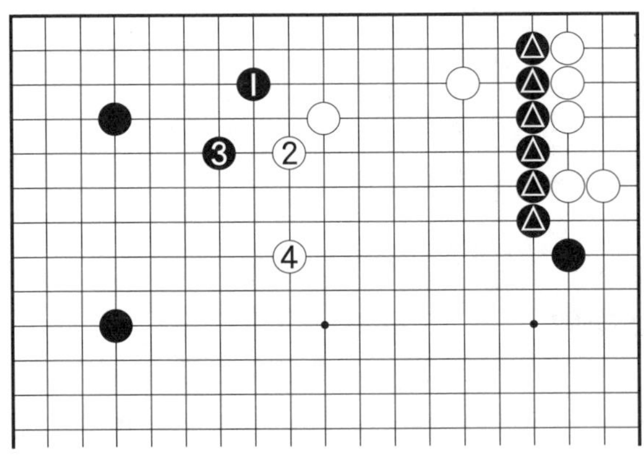

7도

5도 (유사형)

우상귀는 화점의 양걸침 정석에서 파생된 형태. 백1은 흑세를 의식한 경쾌한 호착이다. 이 수로 백a는 흑b를 당해 답답해진다. 이때 흑은 c, d 중 어디가 ●의 위력을 제대로 살리는 길일까?

6도 (중복을 자초)

흑1로 뛰어드는 것은 이 적수. 백2가 적절한 대응으로 이하 백10까지 흑은 고작 △ 한점을 잡으려다 백의 타개를 거들어준 결과. 심하게 중복되어 ●들의 체면이 말이 아니다.

7도 (세력 쪽으로 몬다)

흑1로 다가서는 것이 올바른 태도이다. 흑1은 ●를 배경 삼은 협공에 가깝다.

흑은 이 백말을 되도록 철벽(●) 쪽으로 몰아붙이는 구상을 하는 것이 현명.

뒷문 열린 곳을 키우지 말라

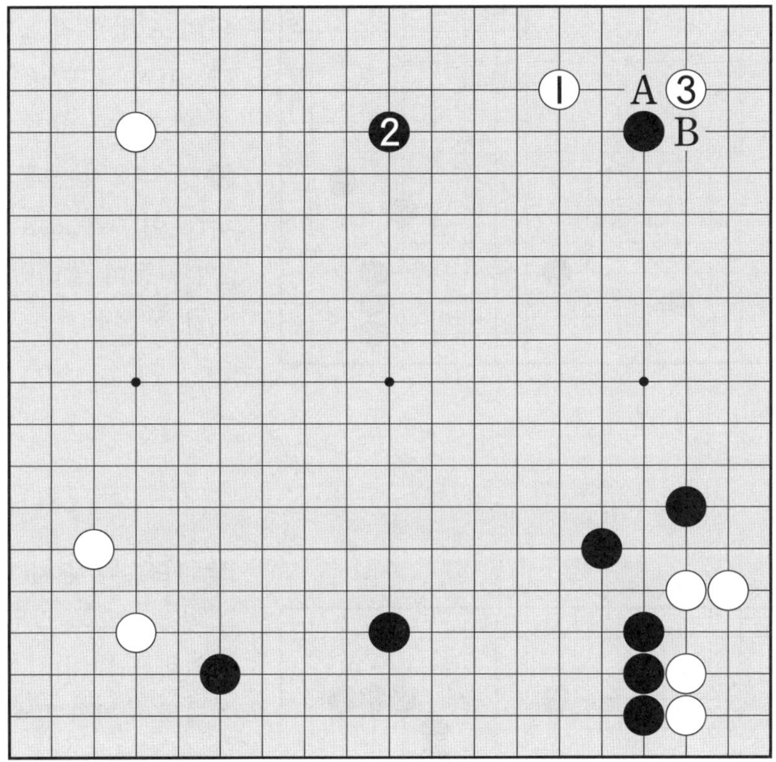

'뒷문'이 열려있어 집으로 만들기 어려운 모양을 확장하는 것만큼 어리석은 일도 없다. 흡사 '밑 빠진 독에 물 붓기'라고 할까. 당연히 '현금화'하기 쉬운 곳을 키워나가는 것이 능률적 포석을 펼치는 지름길이다.

흑2의 협공에 백3으로 파고든 장면. 자, 여기서 흑은 A와 B 가운데 어느 쪽으로 막는 것이 현명할까?

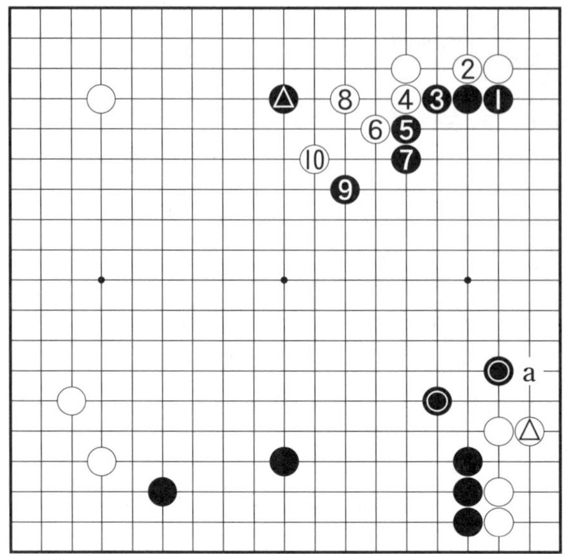

1도

1도 (방향착오)

◉의 기착점이 있으므로 흑1로 막는 것이 일견 당연한 것 같은데, 실은 의외로 방향착오가 된다. 이하 흑9까지 우변을 키우려면 자연스럽게 ▲가 약해지는데, 불행히도 이쪽은 △로 인해 a의 뒷문이 열려있지 않은가.

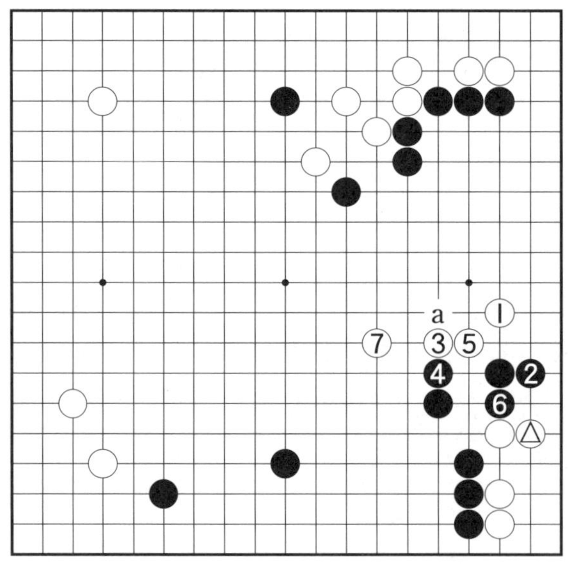

2도

2도 (침입의 여지)

우변은 백1로 침입하는 고약한 뒷맛이 남아있어 지역화 시키기가 어렵다. 흑2로 차단해보아도 백3~7로 가볍게 수습되는 모습(그렇다고 흑2로 a쪽에 봉쇄하면 △를 연결고리 삼아 백2로 가뿐히 넘어간다).

상변 쪽 손해를 감수하며 집중 투자한 우변이 이렇게 쉽게 파괴된다면 흑의 손해는 불문가지.

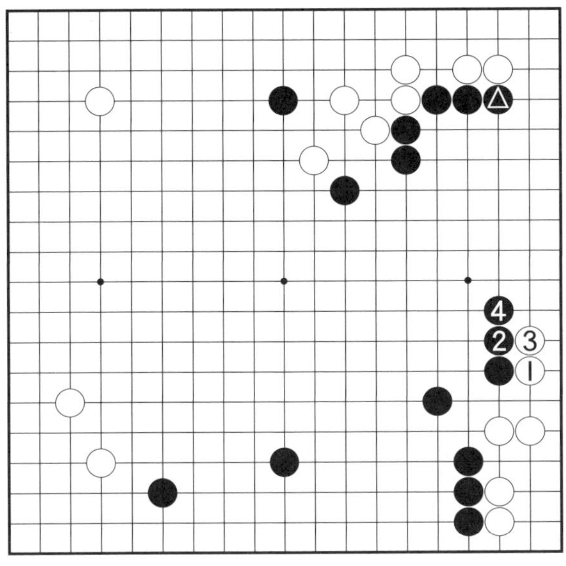

3도

3도 (막지 못한다)

또한, 힘들여 침입할 것도 없이 그냥 백1로 붙여 가기만 해도 흑은 응수가 곤란하다. 막지 못한 채 흑4까지 후수로 물러서서는 남는 것이 없지 않은가(백1이나 3의 수에 막았다가는 끊겨 곤란).

결국 뒷문 열린 곳을 키우고자 한 ▲에 원죄가 있다고 해야겠다.

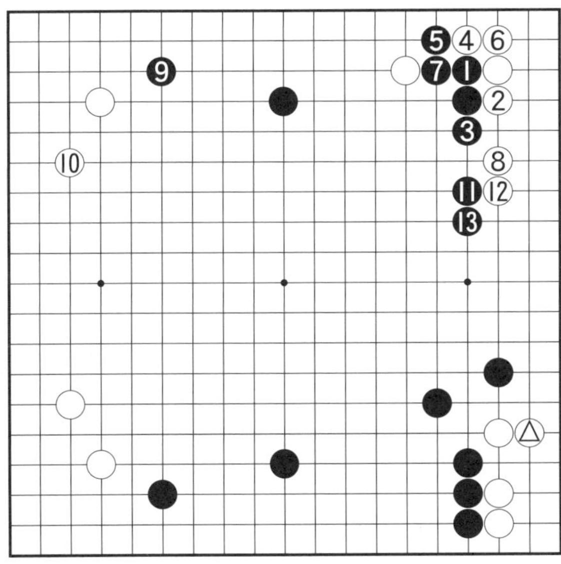

4도

4도 (올바른 방향)

따라서 상변 쪽으로 막는 것이 올바른 방향. 흑9~13으로 백을 우변으로 편재시키면서 상변-중앙-하변으로 연결되는 대모양 작전을 펼쳐 흑이 활발한 모습이다.

우변 쪽은 △로 인해 가치가 크게 떨어져있다는 점을 깨닫는 것이 포인트.

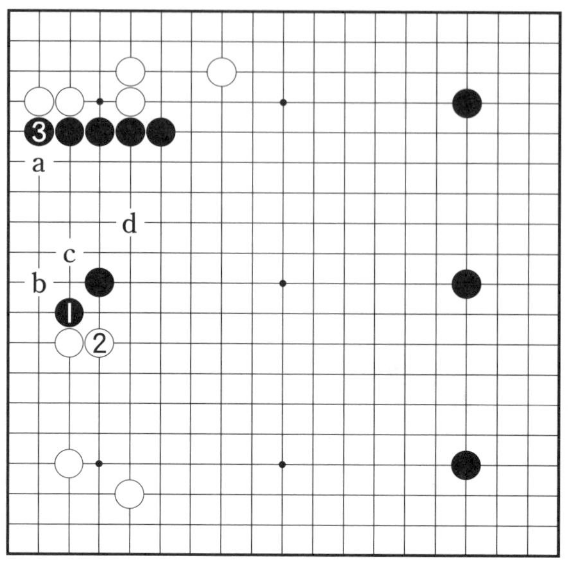

5도

5도 (유사형-이상감각)

양쪽의 뒷문이 열려있을 때는 어떻게 할까? 그때 는 아예 그곳에 집짓는 것을 포기함이 현명하다. a와 b 양쪽의 뒷문이 열렸음에도 흑1 같은 악수를 불사하면서까지 좌변에 집착하는 것은 어리석은 짓. 아직도 백c의 고약한 뒷맛이 남아있지 않은가. 백d 정도로 삭감하기만 해도 흑집은 보잘 것이 없다.

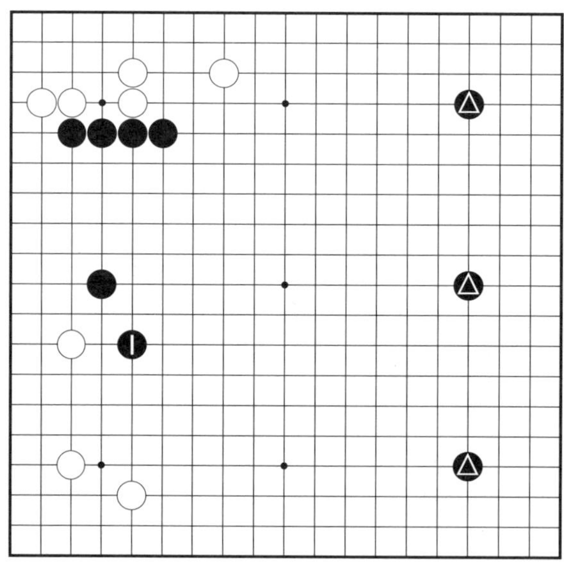

6도

6도 (열린 곳은 포기한다)

이때는 좌변을 과감히 포기한 채 흑1로 씌워 중앙을 도모하는 것이 좋다.

이렇게 되면 부분적으로는 다소 손해지만, 우변의 3연성(●)과 호응시키며 입체적인 중앙작전을 펼칠 수 있어 전혀 나쁘지 않다.

작은 것은 버리고 큰 곳으로

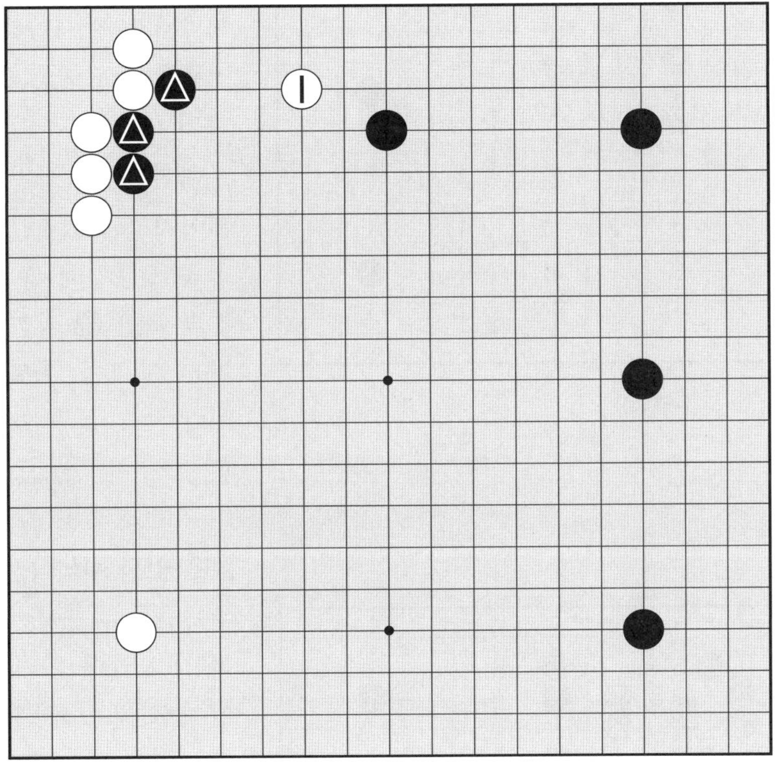

곳곳이 넓고 큰 곳이 산재한 초반에 사소한 돌 몇 점의 안위에 급급하는 것은 어리석다. 특히 그 돌들이 역할을 다한 것일 경우에는 더욱 그렇다. 그럼에도 폐석 몇 점을 살리려 발버둥치다 대세를 그르치는 경우가 얼마나 많은가.

백1로 침입해온 장면. ⬤ 석점을 은근히 위협하고 있음은 물론이다. 그런데, 사실 백1은 시기상조의 의문수. 백의 완착을 꾸짖는 흑의 멋진 대응은 무엇일까?

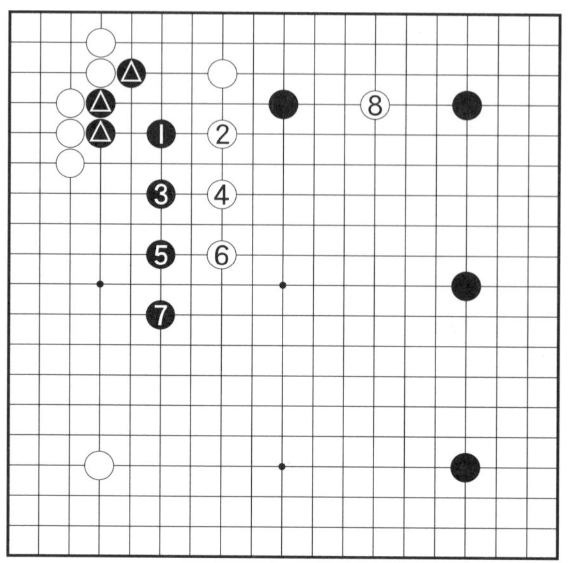

1도

1도 (소탐대실)

⬤들에 위협을 느껴 반사적으로 흑1로 보강하는 분이 있다면 아직 대세관에 문제가 있다.

　백2, 4, 6으로 추격당하자 어느덧 흑의 중심 무대인 우변, 상변 쪽이 엷어지고 말았다. 백8의 침공이 통렬해 흑 고전. 결국 흑은 ⬤ 석점 살리려다 대세를 그르친 격이다.

2도

2도 (멋진 사석작전)

흑1, 3으로 붙여뻗는 것이 사소취대의 기리에 입각한 대승적 태도이다. 이하 흑7까지 ⬤들을 과감히 버리면서 우중앙 세력을 강화시켜 충분하다. ⬤들은 세력의 겉껍질로 이미 역할을 다한 돌이며 a쪽의 뒷문도 열려있어 집으로의 가치도 없다.

　이 결과는 오히려 백이 소탐대실한 꼴이다.

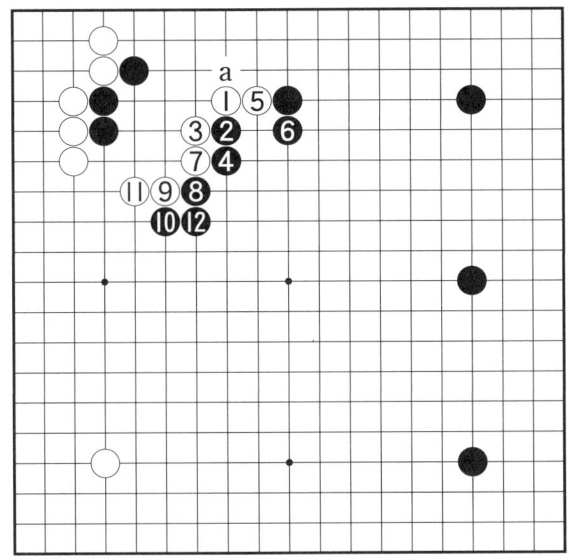

3도

3도 (사석작전 2)

백a가 아니라 백1로 높게 침공해올 때도 흑2, 4로 붙여뻗는 것이 좋다. 이하 흑12까지 석점을 버리며 외곽에 철벽을 만들어 흑의 대만족.

역시 대세를 중시한 훌륭한 사석작전이다.

4도 (백의 정수)

따라서 당초 백으로서도 성급하게 a쪽을 침입할 것이 아니라 유연하게 백1로 전개하며 우중앙 흑의 모양을 견제하는 것이 대승적 자세이다.

그러면 흑도 2로 계속 우중앙 쪽을 도모한다. 좌상쪽은 b의 뒷문도 열려있어 가치가 없으므로 눈길도 주지 않는 것이 좋다.

4도

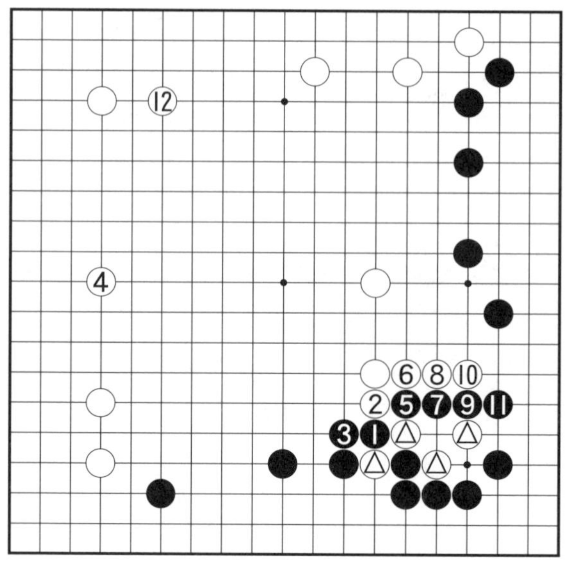

5도

5도 (유사형-사소취대)

상대가 잡으려는 돌을 계속 떨궈주는 사석작전으로 큰 곳을 선점한다면 쉽게 우위에 설 수 있다. 흑1에는 백2로, 이어 흑5에는 또 백6으로 버리는 '도마뱀작전'을 펼치며 계속 선수를 취해 백4, 12의 요소를 독차지한 백의 행보가 사소취대의 모범. 반면 흑은 폐석(△) 몇 점 떼어먹다 대세를 망친 꼴이다.

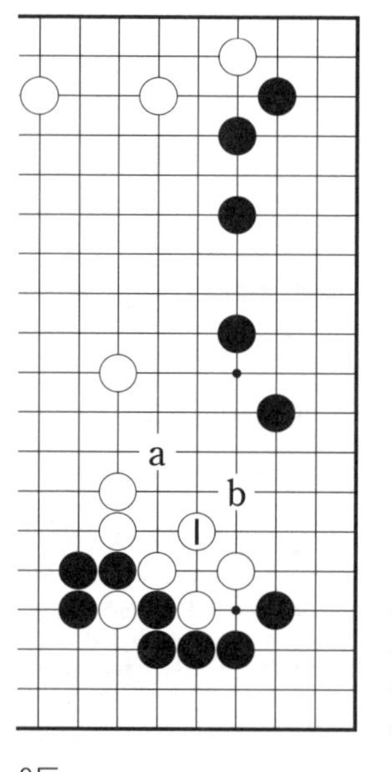

6도

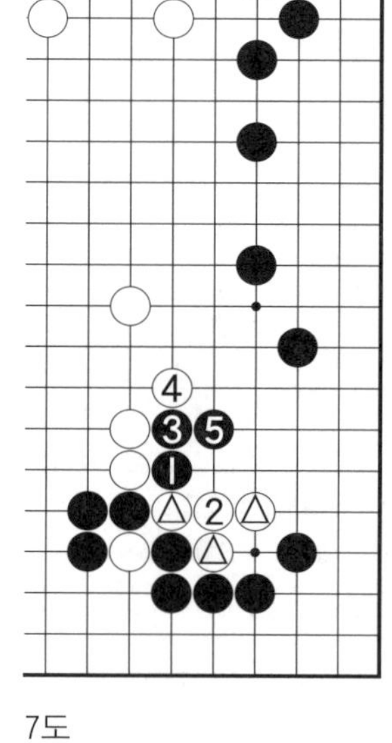

7도

6도 (가치가 작다)

5도 백4로는 백1로 보강하는 것이 부분적인 정수지만, 후수. 흑에게 큰 곳을 빼앗긴다. 게다가 차후 흑a나 b면 아직도 미생마.

7도 (무거운 소탐대실)

흑1 때도 △들에 연연해 백2의 이음은 무책. 흑5 다음 양쪽이 급해진다. 영락없이 꼬리를 살리려다 대세를 그르친 꼴이다.

상대 두터운 곳에 가까이 가지 말라

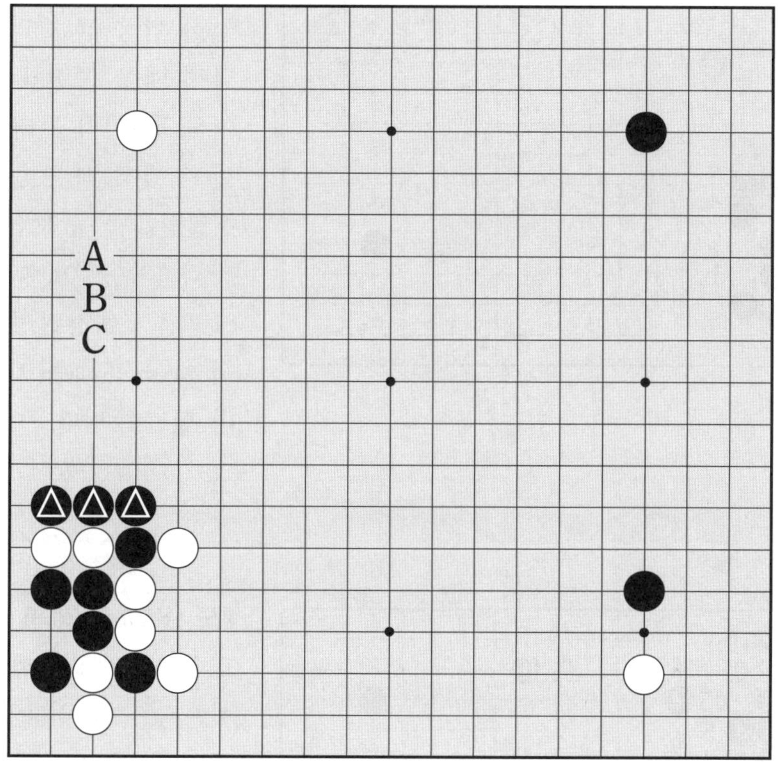

상대가 두터운 모양을 형성했을 때 그 발전성을 적절히 견제시키는 것은 매우 중요하다. 그런데, 그 위력을 과소평가한 채 너무 노골적으로 다가서다 화를 자초하는 경우가 적지 않다. 상대가 강한 곳에 가까이 가는 것은 계란으로 바위치기만큼이나 무모한 짓으로 대세를 그르치는 원인이 되는 것이다.

좌하귀에서 낯익은 소목정석이 일단락된 장면. 백이 ▲의 두터움을 견제하기 위해서는 A~C 중 어디쯤이 적당할까?

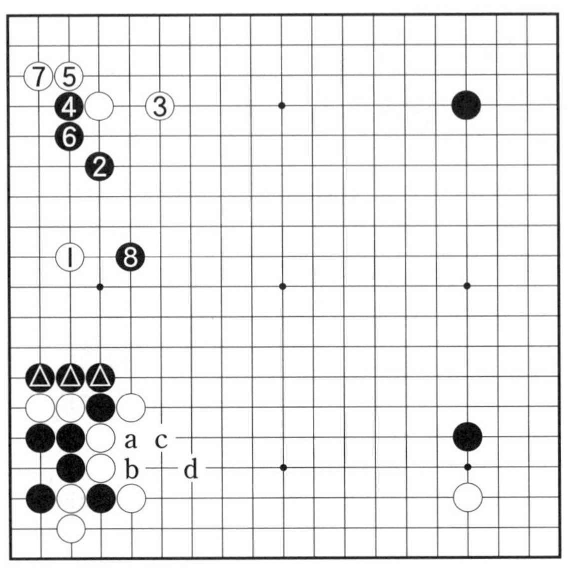

1도

1도 (무모한 다가섬)

백1까지 벌려가는 것은 ●들의 위력을 과소평가한 만용. 즉각 흑2의 준엄한 협공 겸 갈라침을 당해 매우 곤란해진다. 이하 흑8까지 두터운 흑세 속에서 백은 상당한 시달림을 받을 모습이다.

좌하쪽은 흑a, 백b, 흑c, 백d가 예정된 곳이라서 이곳 흑세는 보기보다 훨씬 두텁다.

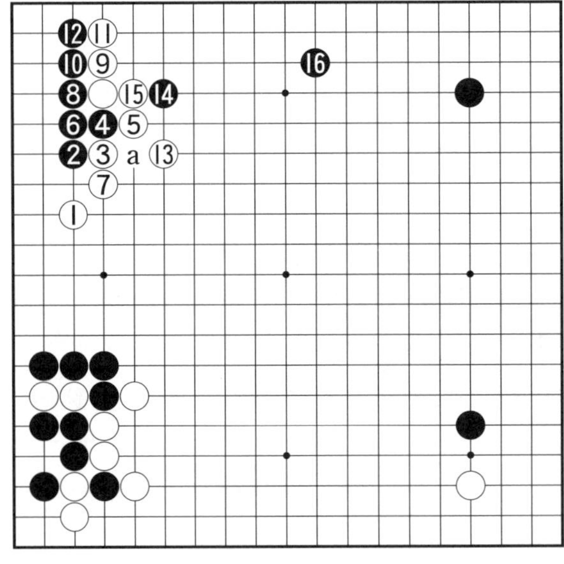

2도

2도 (역시 가깝다)

그렇다고 백1로 한발 좁히는 것도 역시 흑2의 치명적인 허점을 남겨 무리. 흑12까지 선수로 귀살이하고 나면 백이 실속 없는 모습(참고로 백13을 손빼면 흑a로 곤란).

공연히 상대 세력에 가까이 가다 허를 찔린 형국이다.

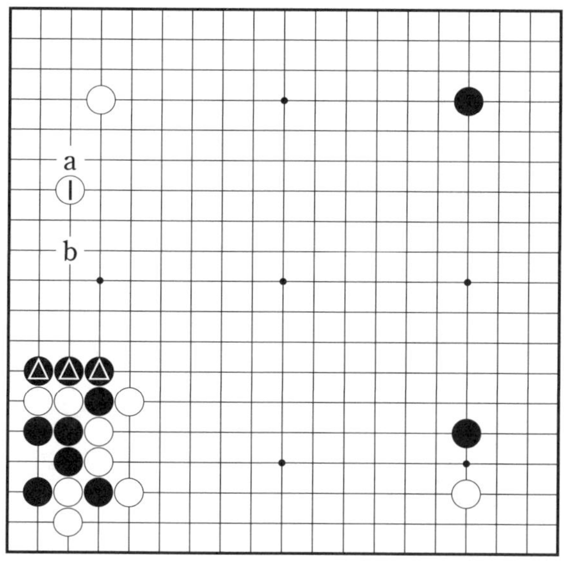

3도

3도 (적정한 견제)

백1 정도가 안전하게 흑세를 견제하는 적정선이다. 이 수는 귀굳힘까지 겸하는 1석2조. 이 수로는 좀 더 견고하게 a의 날일자로 굳히는 수도 유력하다.

이제 흑도 뒤늦게 b로 벌리는 것은 중복이므로 내키지 않는다. 따라서 백은 효과적으로 ▲의 발전성을 제한한 셈이다.

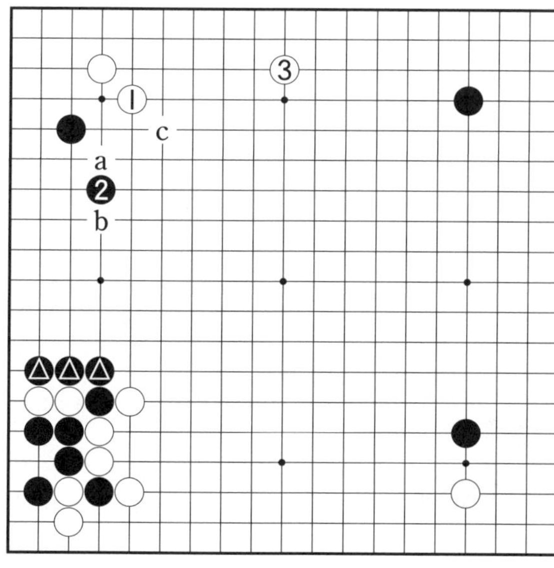

4도

4도 (응용형)

참고로 지금과 같은 배석이라면 백1의 마늘모가 흑세 팽창을 견제하면서 자신을 강화하는 침착한 호착. 흑2를 기다려 백3으로 벌리면 유연한 흐름이다(흑2를 손빼면 백a가 통렬). 백1로 b 따위에 협공하는 것은 ▲의 철벽에 가까이 가는 객기. 흑1이나 c의 반격을 당해 고전을 자초한다.

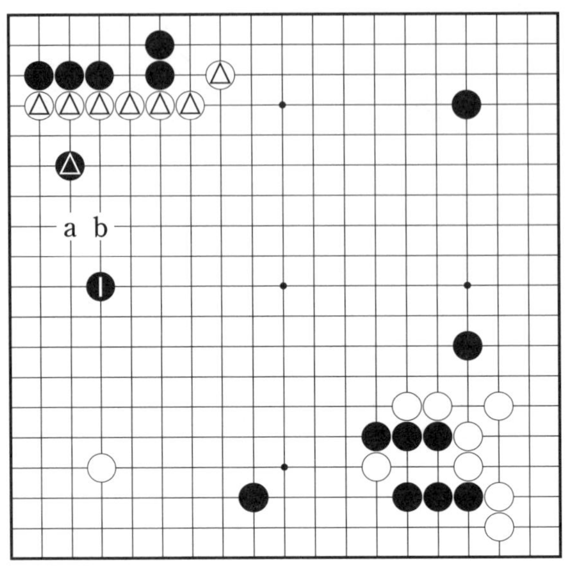

5도

5도 (유사형-가벼운 행마)

흑1은 다소 어정쩡한 수 같지만, △의 세력이 철벽으로 버티고 있는 지금 상황에서는 경쾌무비한 호착이 된다.

되도록 백세의 영향권에서 멀리 떨어지려는 발상으로 다음 백a에는 흑b로 △를 가볍게 처리하면서 좌변에 백세 팽창을 막겠다는 의도인 것이다. 그런데~

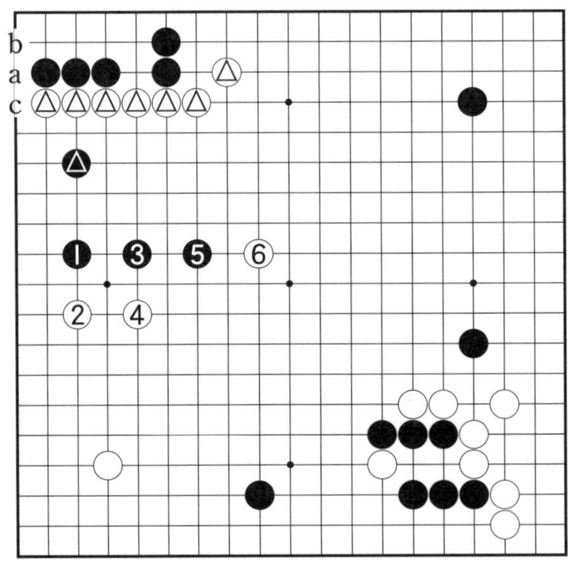

6도

6도 (고전을 자초)

'1립2전'에 따라 곧이곧대로 흑1로 벌리다가는 백2로 협공 당해 단번에 곤란해진다.

이하 백6까지 백의 일방적 공세에 시달리며 좌변과 상변 쪽에 많은 백집을 허용할 우려가 높다. 백a, 흑b, 백c가 절대 선수인 점을 감안하면 △의 두터움은 생각보다 훨씬 위력적이다.

부분적 손해를 보더라도 선수를!

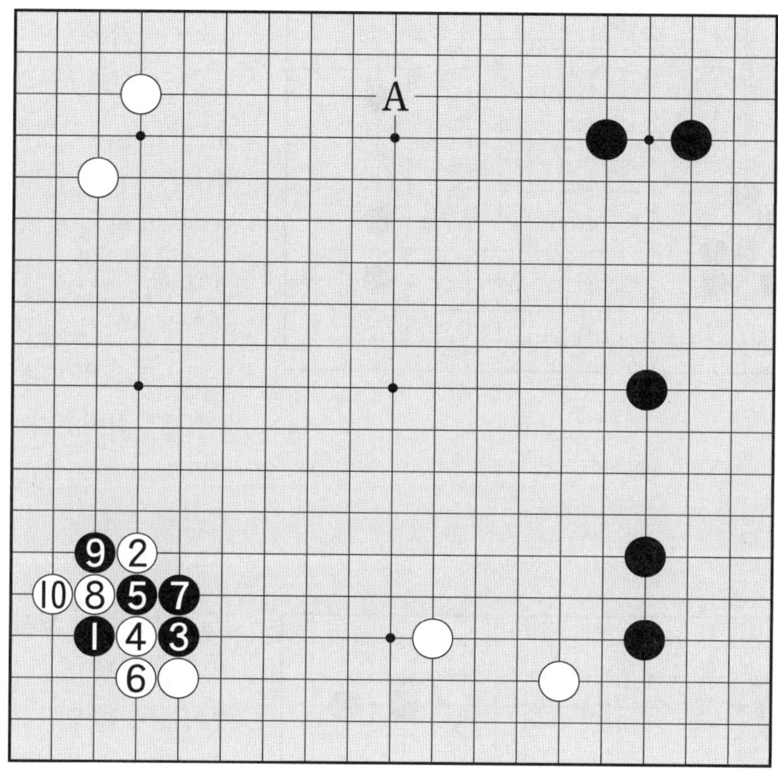

선수(先手)의 중요성은 특히 곳곳에 큰 곳이 즐비한 포석 단계에서 더욱 배가된다. 가령 한쪽에서 20집짜리 대마를 잡았더라도 선수를 빼앗겨 30집짜리 대세점을 허용했다면 전국적으로는 대세에 뒤지지 않겠는가. 따라서 약간의 손해를 감수하더라도 선수를 잡아 큰 곳을 선점한다는 발상이 중요하다.

좌하귀에서 낯익은 대사정석이 펼쳐지고 있다. 백10까지 일단락된 장면에서 흑은 이곳을 어떻게 처리해야 할까? 힌트라면 상변에 A라는 절대절명의 요소가 기다리고 있다는 사실이다.

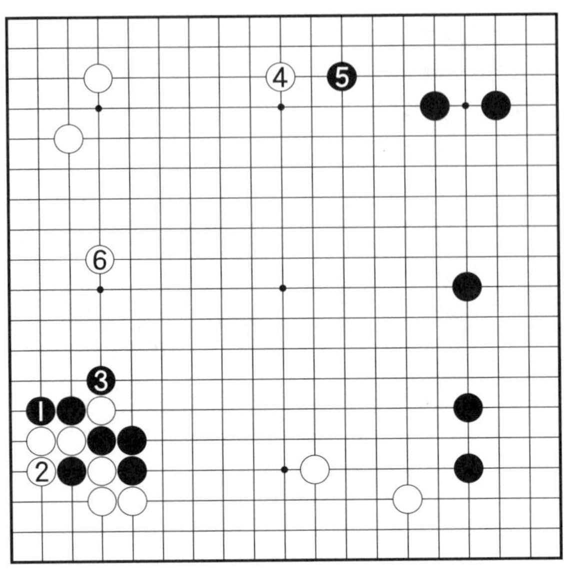

1도

1도 (후수의 대완착)

일단 선수가 된다고 생각 없이 흑1로 막는 것은 무책의 속수. 백2로 잡으니 흑3이 불가피.

결국 선수를 내주어 쟁탈의 요소인 백4에다 백6까지 빼앗기니 졸지에 흑은 발느린 포석이 되었다. 게다가 축머리 이용수단까지 남지 않았는가. 후수를 자초한 흑1이 대실착이었다.

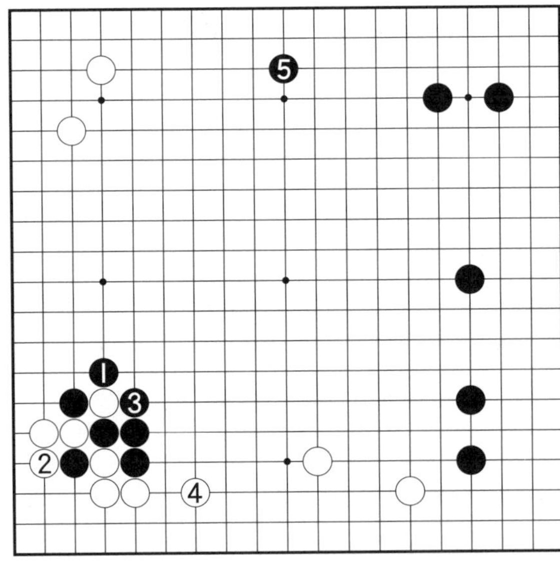

2도

2도 (선수 뽑아 요처 선점)

이때는 그냥 흑1로 잡는 것이 선수를 뽑는 비결이다. 흑3의 따냄까지 선수한 뒤 흑5로 향하는 것이 올바른 수순.

이로써 흑이 발빠름과 두터움을 겸비하게 되었다. 백4까지는 정석의 올바른 수순이기도 하다.

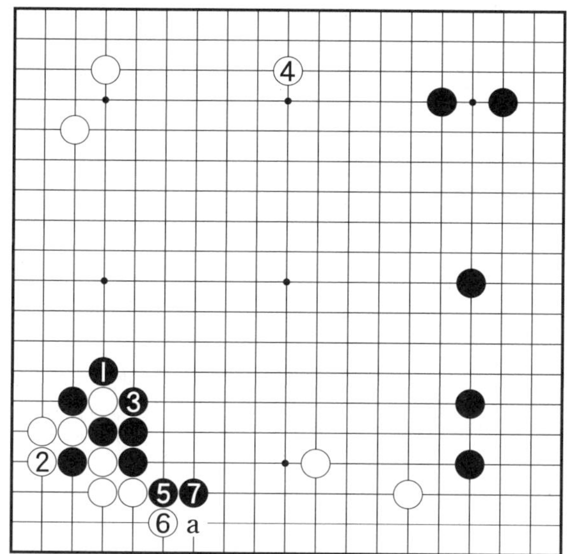

3도

3도 (흑, 두터움)

흑3 때 백이 4를 차지하고 버티는 것은 무리. 흑 5, 7로 압박당하는 것이 너무 아프다(흑7로는 a 의 이단젖힘도 가능).

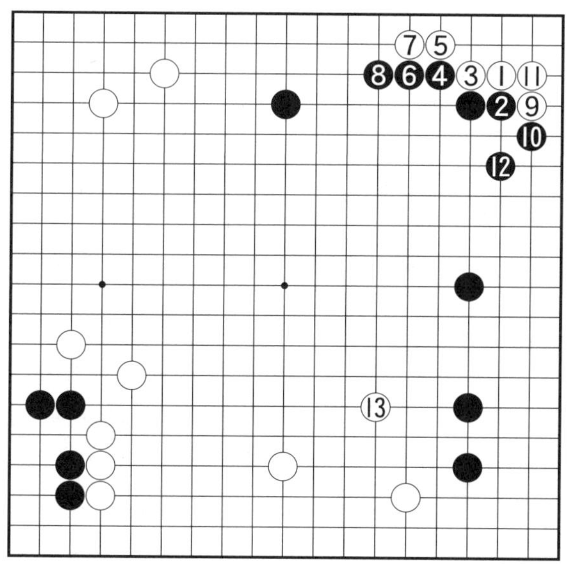

4도

4도 (유사형-후수정석)

백1로 뛰어들어 이하 흑 12까지는 너무나 낯익은 화점의 기본정석으로 부 분적으로는 아무 문제가 없다. 그런데, 지금 상황 에서는 흑이 후수를 잡 아 백13의 대세점을 빼 앗겼다는 점에서 다소 미흡한 것이다.

선수를 뽑을 수 있는 비결은 없을까?

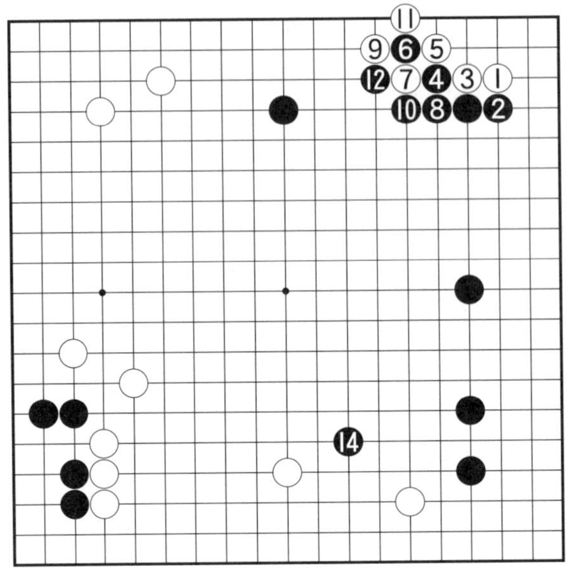

5도

5도 (선수정석)

꼭 선수를 잡아야겠다면 백3 때 흑4, 6으로 이단 젖히는 것을 생각할 수 있는 것이다. 백13까지 부분적으로는 4도에 비해 약간 손해지만, 선수를 취해 흑14로 향할 수 있어 흑의 의도가 관철된 모습. 흑4로는 7 자리에 날일자 씌운 뒤 백 6 때 손빼 14의 곳으로 향하는 것도 선수를 뽑는 일책이다.

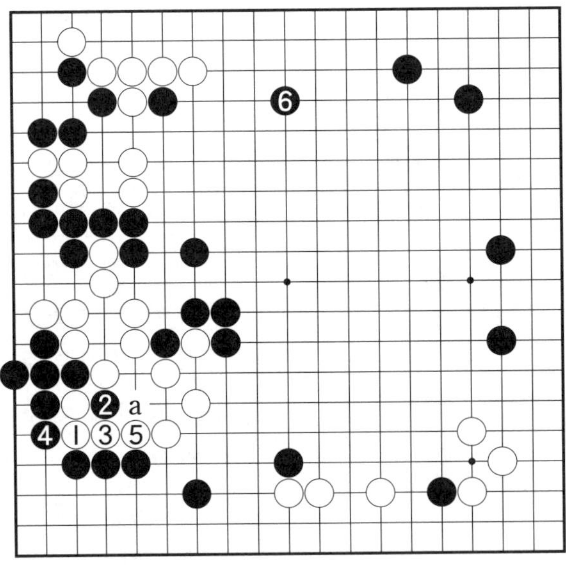

6도

6도 (실전 예)

이번에는 실전 예로 42기 국수전 도전2국의 한 장면이다.

흑a의 치중수단을 선수로 방비하고자 백1로 두어왔을 때 흑2가 순발력 넘치는 임기응변. 이 수의 의도는 손해를 감수하더라도 선수를 잡겠다는 뜻. 결국 요처인 흑6을 차지하여 단연 흑이 앞선 포석이 되었다.

일방가, 자작가를 피하라

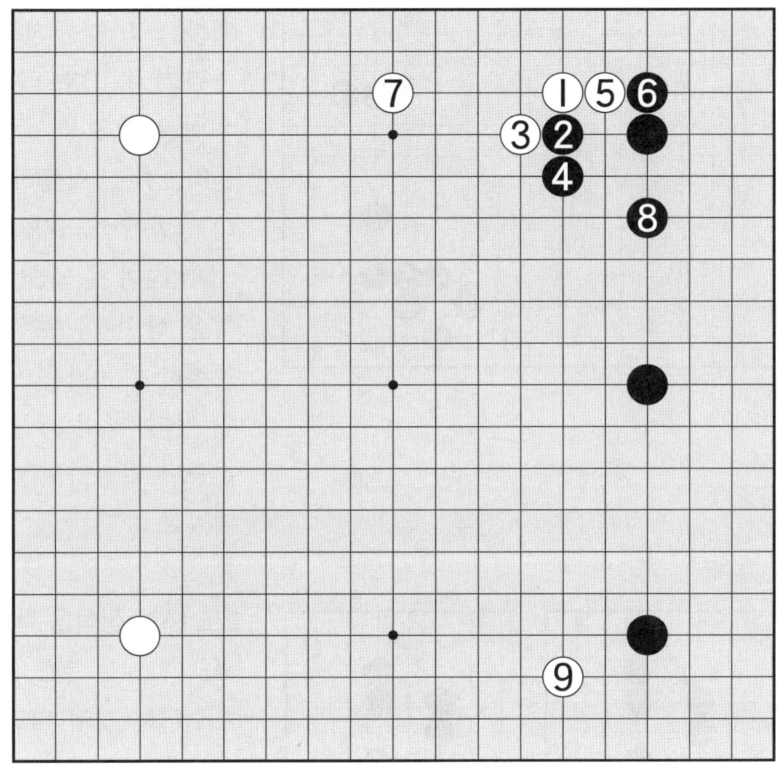

    '일방가(한 쪽에 편중된 집)'와 '자작가(혼자서 억지로 지은 집)'는 포석의 금기사항이다. 이런 식으로 집을 짓다 보면 상대에게 좋은 곳을 많이 빼앗기며 요리조리 이용을 당하기 때문. 보다 적극적인 자세로 판을 폭넓게 이용하는 것이 일방가, 자작가를 피하는 비결이다.

    이번에는 중급자들의 포석에서 흔히 나오는 장면을 예로 들었다. 우상귀에서 붙여뻗기 정석이 일단락된 뒤 백9로 우하귀 쪽에 걸쳐온 장면. 자, 여기서 흑은 어떤 정석을 택하는 것이 좋을까?

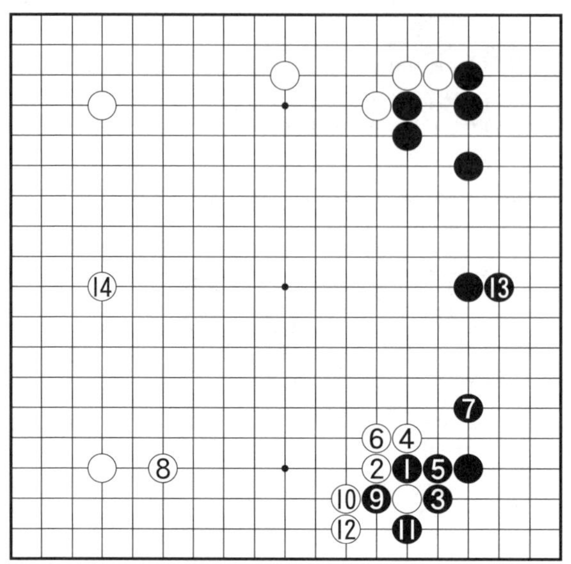

1도

1도 (일방가의 전형)

실전은 흑1, 3을 택했는데, 최악의 선택이었다. 선수를 빼앗겨 백8의 요소를 선점 당했기 때문. 게다가 흑13도 대완착. 우변을 집으로 굳혀 부분적으론 그럴듯하지만, 너무 발이 느리다.

백14까지 되고 보니 백은 상변-좌변-하변을 연결하는 폭넓은 모양이 된 반면, 흑은 우변에만 편중된 일방가의 전형이 되었다.

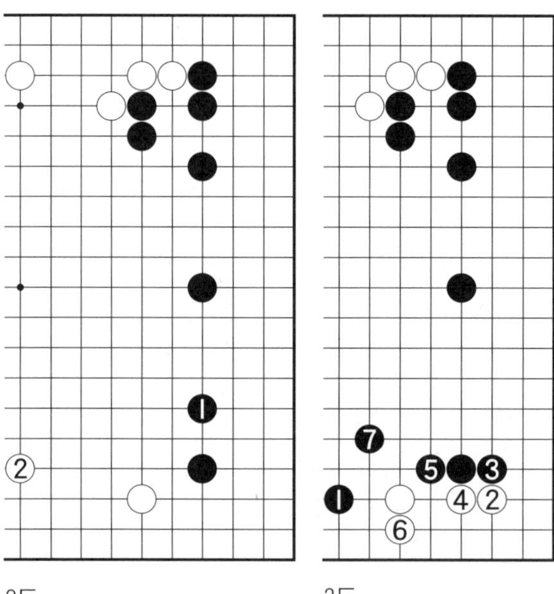

2도

3도

2도 (선수정석을 택해야)

1도 흑1로는 본도 흑1에 응수하는 것이 바람직했다. 백2 때 선수를 잡아 좌변을 갈라쳐 가는 것이 일방가를 면하는 상책.

3도 (모양 입체화)

또 후수정석을 택하려면 차라리 흑1로 협공하는 것이 좋다. 우중앙의 규모가 커 우변에 치우친 실전보다는 한결 낫다.

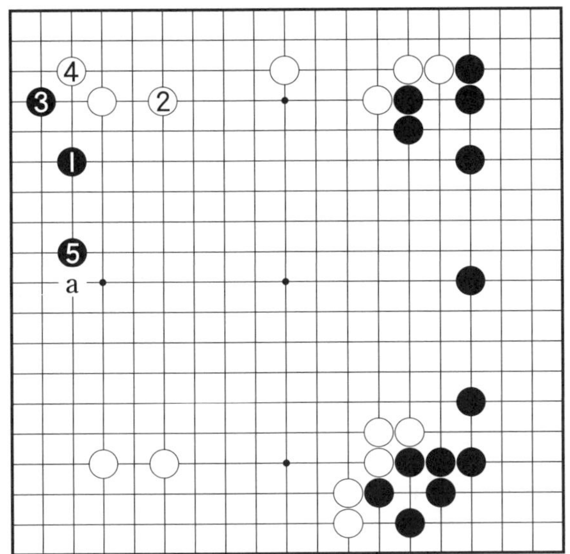

4도

4도 (일방가를 피하다)

1도 흑13 때가 마지막 기회. 이 수로는 한가하게 우변에 말뚝을 칠 것이 아니라 흑1로 걸쳐가든지 a에 갈라쳐 좌변을 도모할 곳이었다.

　실전은 우변만을 지나치게 중시하다 나머지 세 군데 좋은 곳을 백에 모조리 헌상한 꼴이다.

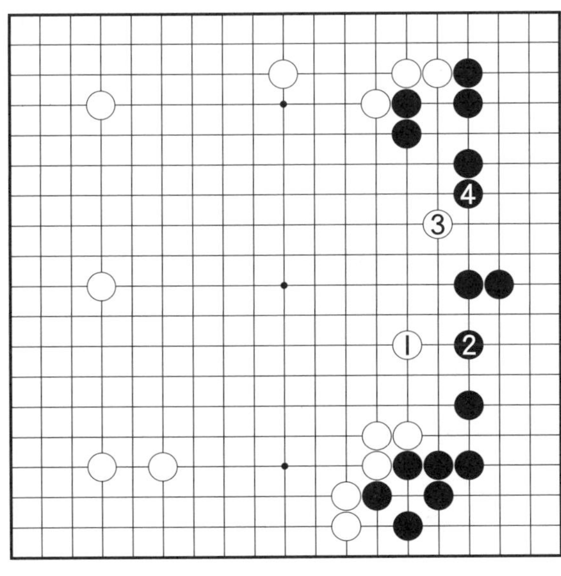

5도

5도 (발전성도 막히다)

우변을 집으로 만들기로 하다 보니 차후 백1, 3에는 흑2, 4로 고분고분 받을 수밖에 없지 않은가. 이로써 우변 흑진은 팽창할 잠재성도 막히게 되었다.

　이처럼 이리저리 이용당하며 발전성도 제한받기 때문에 일방가는 좋지 않다는 것이다.

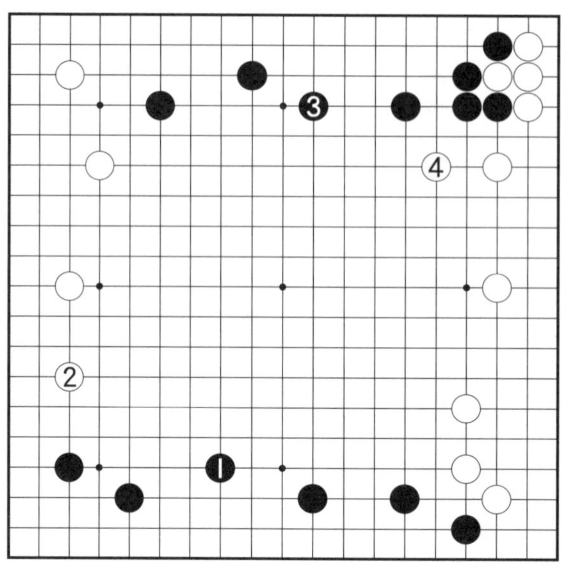

6도

6도 (유사형 - 자작가 표본)

흑1, 3은 일견 하변과 상변을 완전히 집으로 만드는 절호점 같지만, 실은 완착. 백2, 4의 요소를 잇달아 차지해 백이 리드한 포석이 되었다.

이렇게 소극적으로 자작가를 짓고 앉아서는 상대에게 요처를 모두 빼앗겨 발느린 포석이 되기가 십상이다.

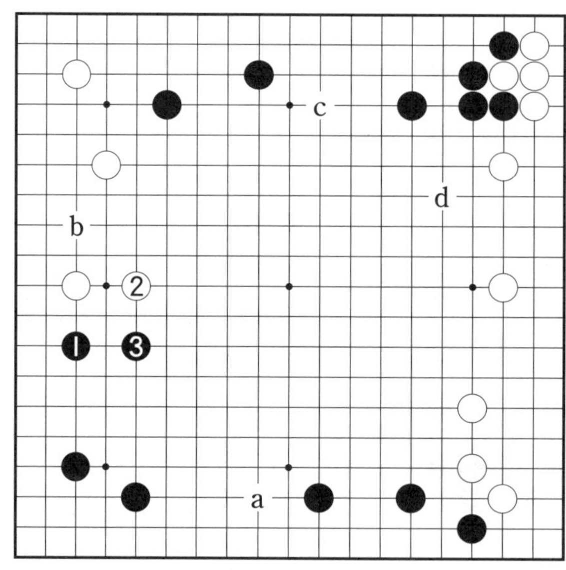

7도

7도 (적극적 자세 필요)

흑1로 품을 넓히는 적극적 자세가 바람직하다.

다음 백2에는 흑3으로 당당한 자세. 만약 백2로 a에 들어와 흑진을 깬다면 공격하면서 두터움을 쌓은 뒤 흑b로 들어가 백진을 깨면 된다.

또한 상변 쪽을 집으로 키우고 싶다면 c가 아니라 흑d로 비상하는 것이 좋다.

큰 곳보다는 급한 곳이 우선

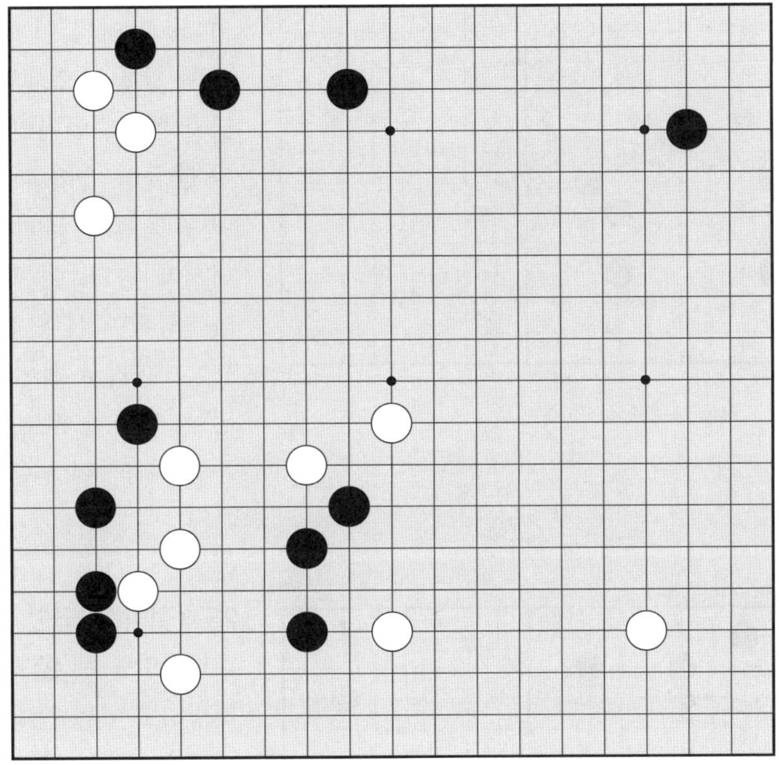

　목숨을 건 전투가 한창일 때 엉뚱하게 눈앞의 황금을 밝히는 것은 명을 스스로 재촉하는 일이다. 쌍방의 돌들이 가까이 근접한 공방전의 양상에서는 단 한수가 대세를 좌우할 수도 있다. 그러므로 이렇게 '급한 곳'이 있을 때는 제 아무리 큰 굳힘이나 벌림도 모두 논외의 대상이 되는 것이다.

　자, 이 장면에서 한 눈에 들어오는 흑의 '오직 이 한수'는 어디일까?

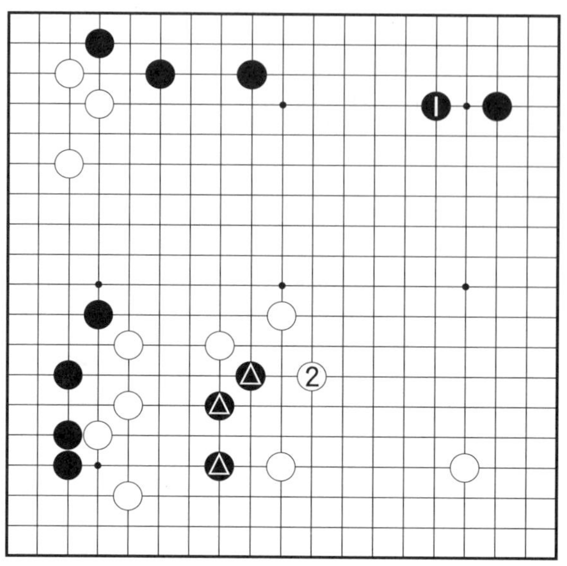

1도

1도 (한가한 '큰 곳')

크기로만 따진다면 흑1의 굳힘이 이론의 여지가 없는 반상 최대의 곳이다. 그러나 여기서는 일대 방향착오. 대세의 급소 백2를 얻어맞는 순간 ▲들의 숨이 턱 막히며 흑은 급전직하로 무너지게 된다. 이 흑말이 몸부림치며 산다 하더라도 그 대가로 하변과 우변에 막대한 백집을 허용할 가능성이 농후하다.

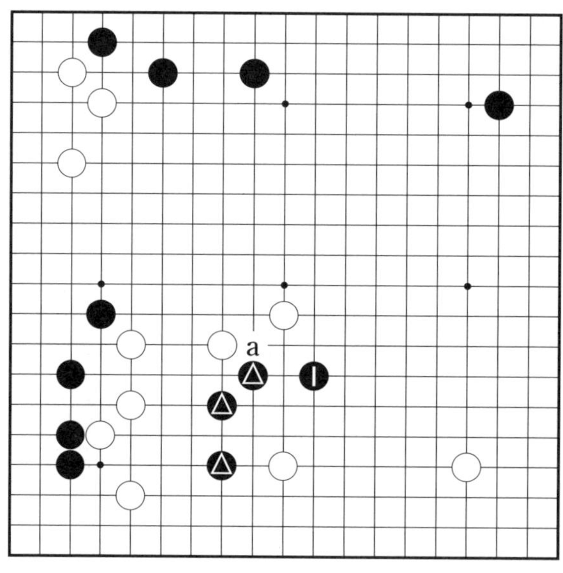

2도

2도 (절박한 '급한 곳')

흑1의 탈출~, ▲들이 공격당하고 있는 현재 상황에서는 이 수 외에 다른 수는 전혀 생각할 수 없다. 흑1은 결코 공배가 아니다. 이렇게 머리를 내밀고 나면 하변 백진의 엷음과 a의 단점 등을 노릴 수 있는 것이다.

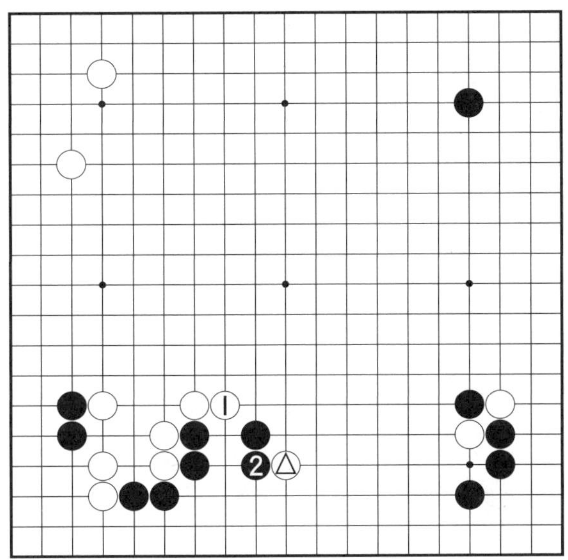

3도

3도 (유사형 1-절대보강)

백1로 늘어온 장면에서 흑2는 눈감고 두어야 할 절대점이다.

이렇게 튼튼하게 연결해놓으니 △가 저절로 폐석화되지 않았는가. 그런데~

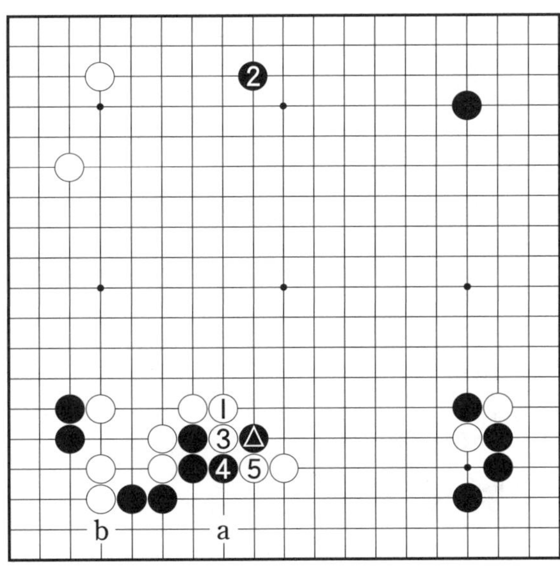

4도

4도 (흑, 무너지다)

백1 때 발빠르게 둔다고 흑2로 손을 돌리는 것은 파국을 부르는 망발. 백3, 5로 끊기는 순간 흑은 급전직하로 무너져 버린다. 갇힌 다섯점은 흑a와 b 등을 동원해 간신히 살 수 있겠지만, 그 사품에 요석 △가 좌사하면서 백을 매우 두텁게 해주어 흑이 이기기 힘든 바둑이 되는 것이다.

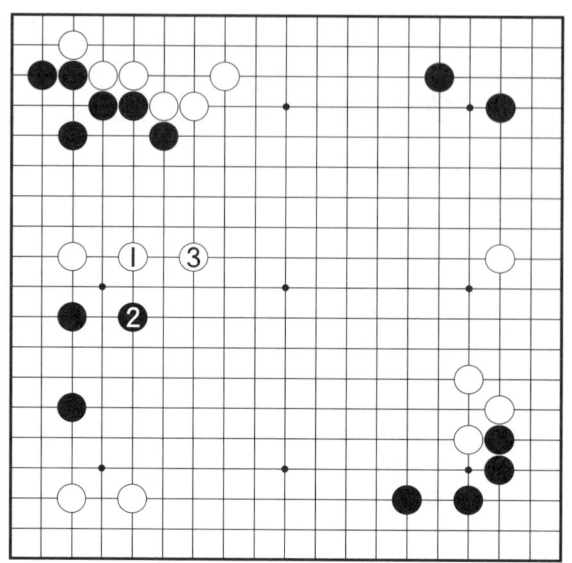

5도

5도 (유사형 2-시급한 진출)

큰 곳이 많은 상황에서 백1, 3으로 뛰는 것은 일견 한가한 공배처럼 보인다.

그러나 이 수들은 실제 한 수 이상의 가치가 있는 대세상의 급소이다. 흑2도 마찬가지 의미. 그럼에도 만약 백3을 손뺀다면~

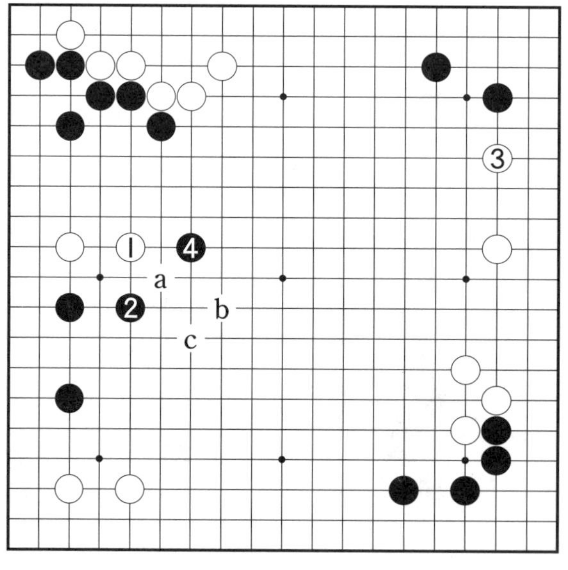

6도

6도 (통렬한 공격)

가령 백3으로 우변의 요처를 차지하는 것은 흑4의 모자를 얻어맞아 곤경에 처한다.

다음 백은 a로 옹색하게 나올 수밖에 없는데, 흑b(혹은 흑c)로 공격당하며 일방적으로 몰리는 신세가 되어 일거에 대세를 잃게 된다.

1석2조를 찾아라

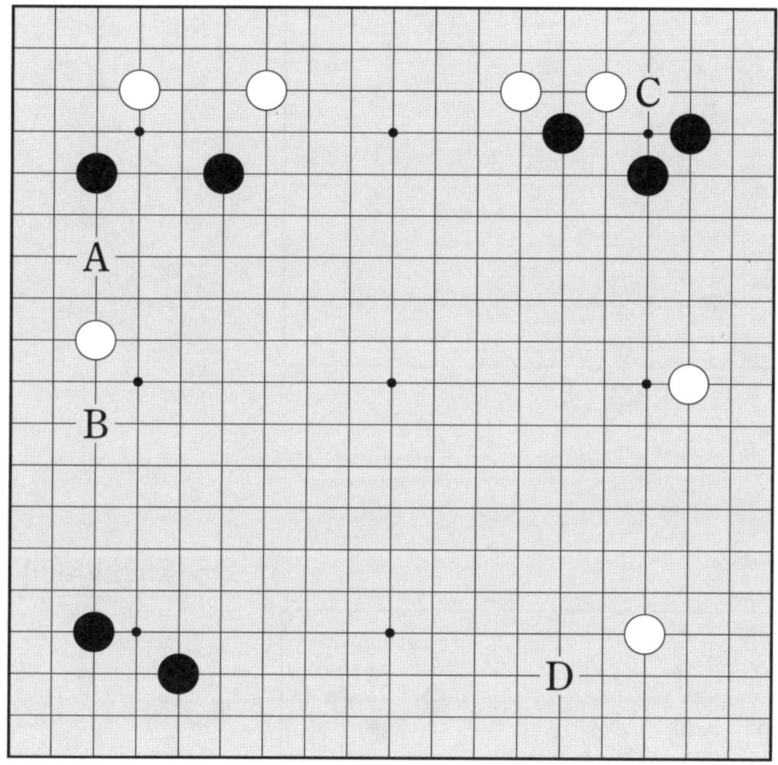

한 수로 두 가지 이상의 목적을 이룰 수 있다면 당연히 능률적인 행마가 될 수 있을 것이다. 특히 포석 단계에서는 이러한 '1석2조'의 착점을 잘 찾아나가는 것이 대세를 리드하는 지름길이다.

두고 싶은 곳이 많은 장면인데, 1석2조가 되는 흑의 다음 한수는 A~D 가운데 과연 어디일까?

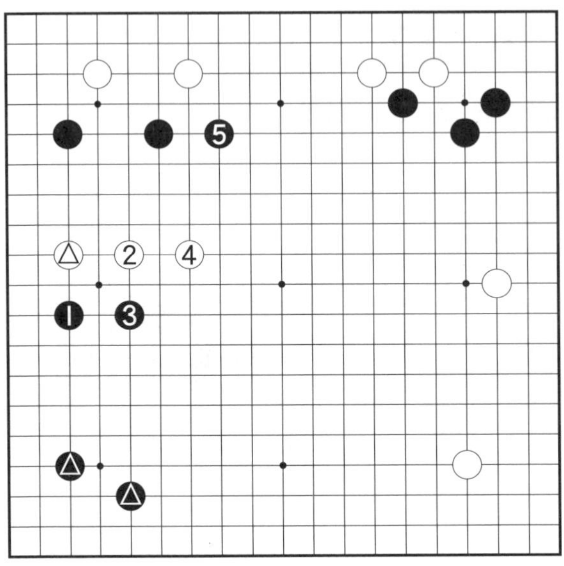

1도

1도 (공수의 요소)

흑1이 놓칠 수 없는 공수겸용의 요소.

군힘(△)의 발전성을 최대한 살리며 △에 대한 공격을 엿보는 1석2조인 셈. 이어 백2에는 흑3으로 추격하며 좌변을 확장한 뒤 백4를 기다려 자연스럽게 흑5로 곤마를 수습하는 흐름이 리드미컬하다.

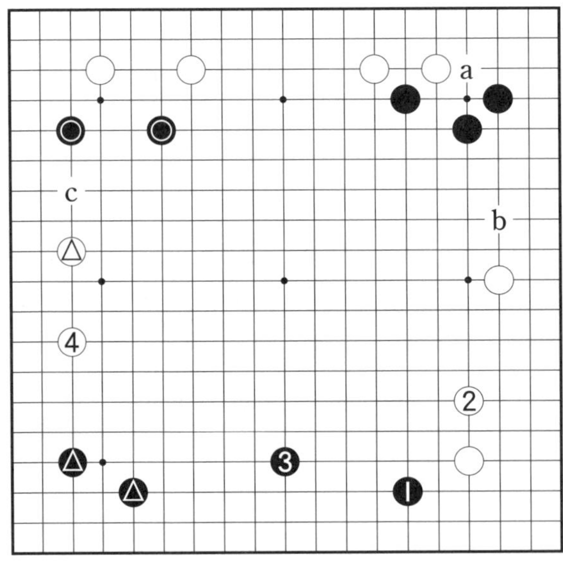

2도

2도 (단순한 의미)

크기로만 따지자면 흑1도 좌변에 못지않지만, 한 가지 뜻만 담고 있기에 미흡하다. 백4를 당하게 되면 △의 발전성이 퇴색하면서 △가 쉽게 안정한다. 그것은 곧 ●들이 더욱 약해진다는 사실을 의미한다.

a도 실리로는 큰 곳이지만 b와 맞보기여서 급하지 않으며, c는 너무 수세적인 완착이다.

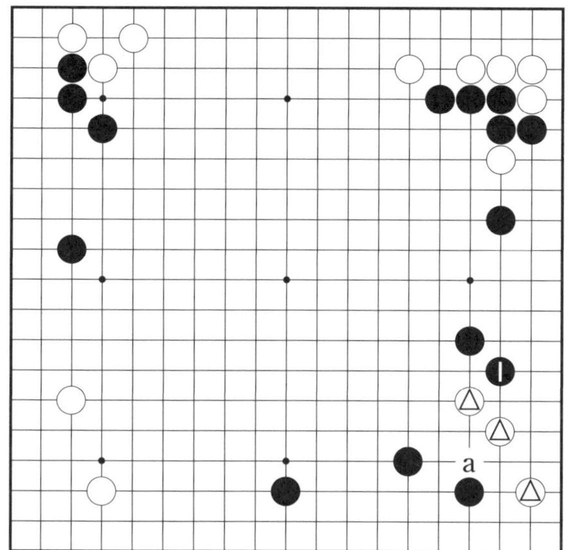

3도

3도 (유사형 1-공수겸용)

흑1은 일견 옹졸해 보이지만, 1석2조의 대세점이다.

우변 흑진을 집으로 굳히면서 △들의 근거를 위협하는 공수겸용의 뜻을 담고 있는 것이다. 다음 흑a가 흑1과 연관된 근거의 급소.

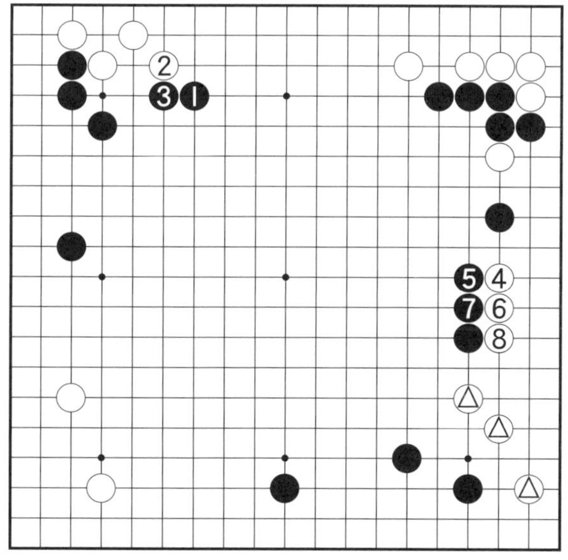

4도

4도 (늘어진 완착)

시급한 우변 쪽을 외면한 채 흑1 따위로 한눈을 팔다가 선수를 빼앗기게 되는 날이면 백4의 침입을 당해 곤란해진다. 흑5에는 백6, 8로 실리를 도려내며 △가 쉽게 안정되고 마는 것이다.

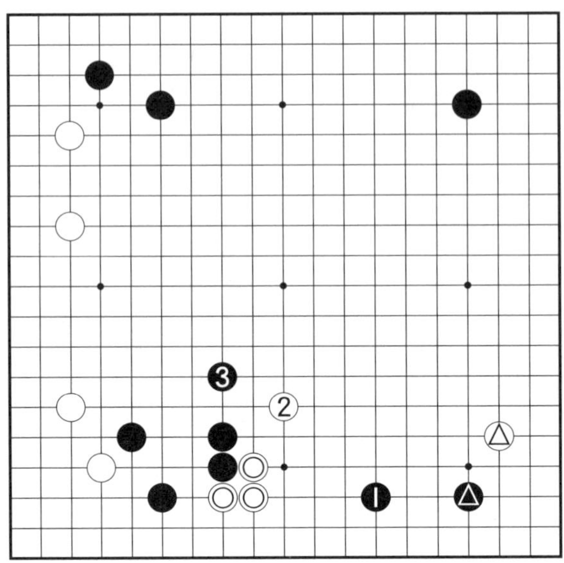

5도

5도 (유사형 2-양수겸장)

흑1의 두칸벌림은 일견 옹졸해 보이지만, 전략적 가치가 높은 다목적의 호착이다.

⬤의 안정은 물론 ◎들을 공격하는 척 백2를 유도하며 흑3으로 진출하는 흐름을 구하고 있는 것이다. △를 간접 공격하는 것도 물론이다.

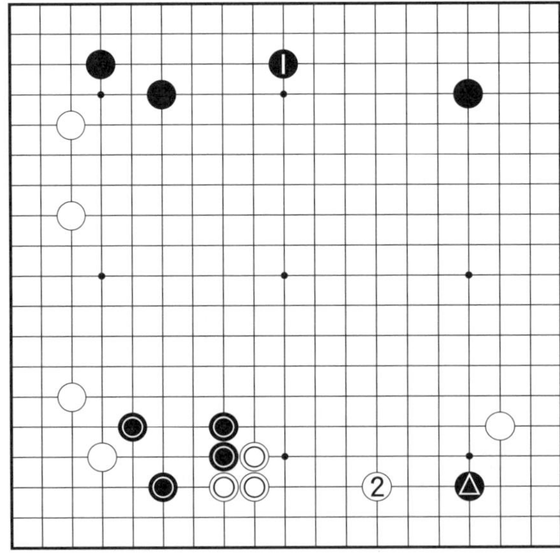

6도

6도 (1석2조 허용)

크기로는 흑1도 그에 못지않지만 집짓기의 한 가지 가치 밖에는 없는 점에서 미흡하다.

백2가 기막힌 절호점. ◎에서의 전개와 ⬤에 대한 압박을 겸하고 있지 않은가. 이로써 ◉들도 더욱 약해졌다는 사실에 주목하라.

갈라지는 행마는 금기

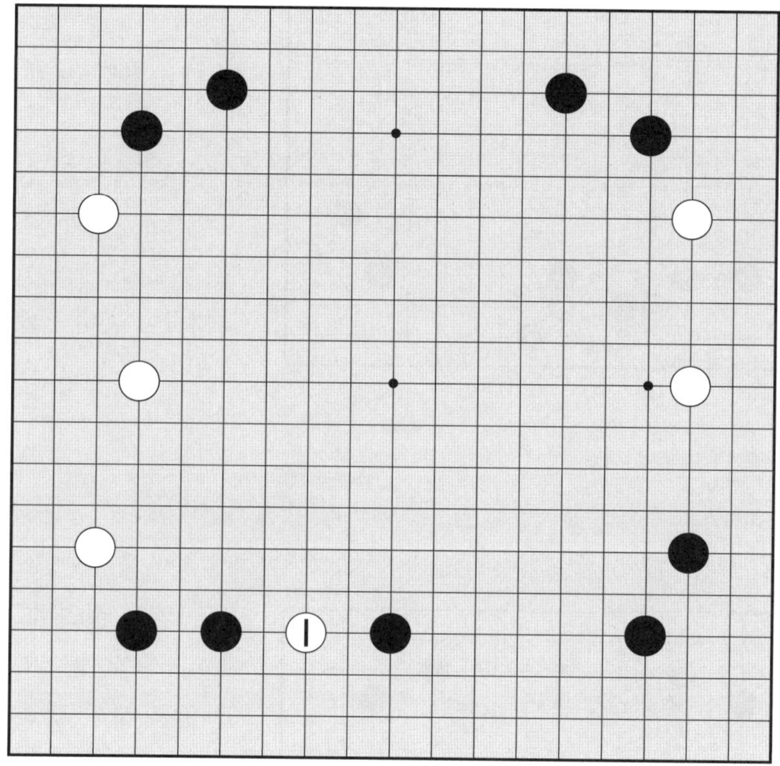

　쌍방의 돌들이 맞겨루는 접전의 양상에서 가장 금기해야 할 행마는 자신의 돌끼리 갈라지게 하는 속수이다. 특히 돌들이 엉성하게 놓여진 초반에 돌들이 갈라져서는 애써 늘어놓은 모양들이 일거에 붕괴하므로 치명적인 손상을 입게 된다.

　넉점 이상의 접바둑에서 자주 등장하는 형태이다. 백1로 뛰어든 것은 상수의 '흔들기 전법'. 이때 잘못 응수하는 경우가 의외로 많아 교재로 골라 보았다.

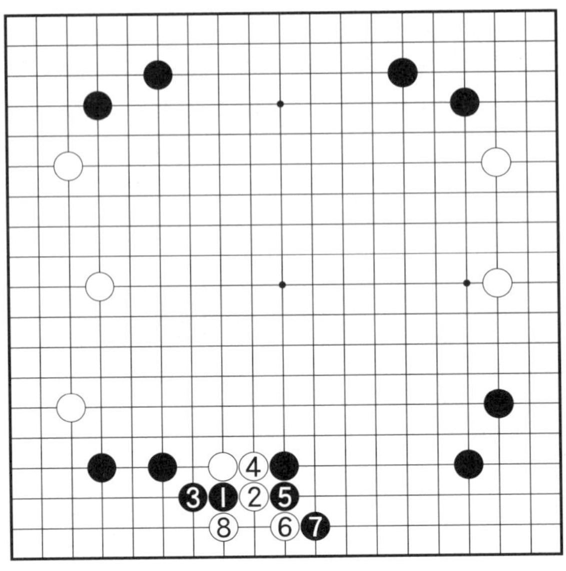

1도

1도 (하수의 단골 속수)

흑1, 3으로 붙여끄는 것
은 최악의 선택. 백4로
이으며 흑돌들이 갈라져
엄청난 손해. 흑5, 7이
면 백6, 8로 손해를 키
울 뿐이다.

　이런 형태를 일본식
표현으로 '형제싸움'이라
고 부르기도 하는데, 저
급자들이 흔히 범하는 대
표적인 속수, 악수의 행
마이다.

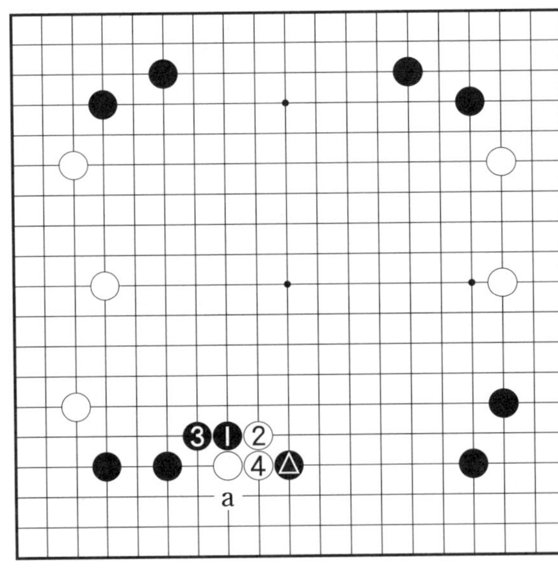

2도

2도 (역시 갈라지다)

흑1, 3으로 붙여끄는 것
도 갈라지는 것은 매한
가지.

　백4로 잇는 순간 포석
상의 요점인 ▲가 크게
다치며 하변이 무너지는
치명적인 손실을 입고 만
다(참고로 백2 때 흑4로
끊고 백3, 흑a면 넘어갈 수
는 있지만, 백에게 선수 빵
때림을 허용해 망한다).

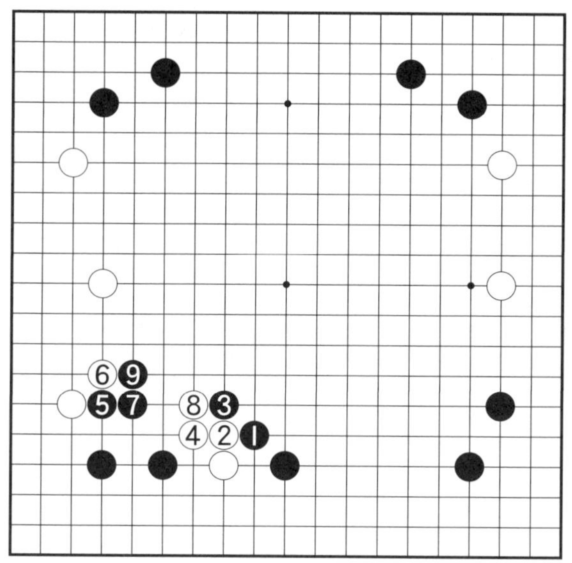

3도

3도 (최강의 공격)

이때는 흑1, 3이 최강, 최선의 응수이다. 백4에는 흑5로 양동작전을 펼치는 것이 익혀야 할 공격의 요령. 흑9에 이르면 백은 좌우가 급해져 응수가 두절된다.

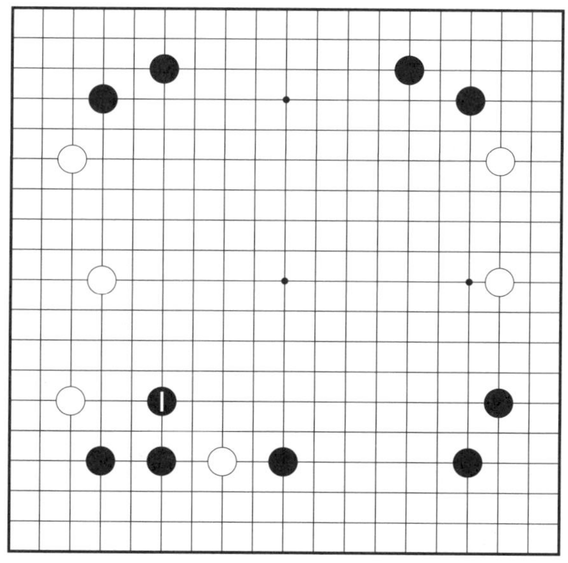

4도

4도 (무난한 차선책)

3도의 접촉전에 자신 없다면 그냥 흑1로 한칸 뛰어두는 것이 무난하다.

어쨌든 연결이 잘 안 되는 돌끼리 억지로 연결시키려는 것은 오히려 확실하게 갈라지는 우형을 자초한다는 점을 유념해야 한다.

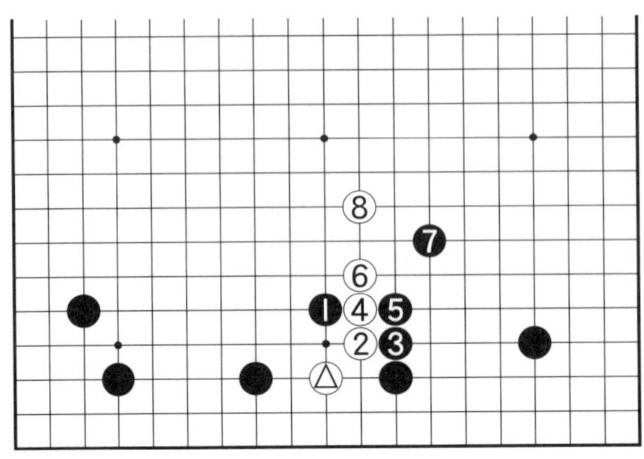

5도

5도 (유사형-갈라짐의 표본)

백△에 대해 흑1의 모자는 퇴로를 차단하는 좋은 공격수. 그런데, 다음 순간 흑3, 5로 밀어나가 흑돌끼리 갈라지게 만든다면 흑1은 오히려 대악수로 돌변하고 만다. 이럴 바엔 흑1로 씌우지 않느니만 못하다.

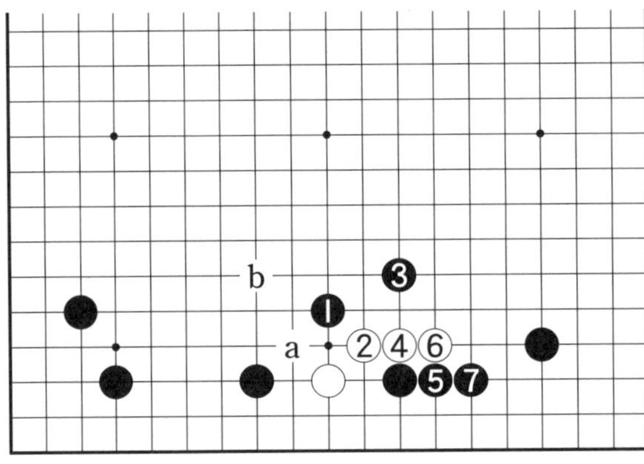

6도

6도 (날일자가 정수)

백2로 돌출할 때는 흑3으로 비스듬히 씌우는 것이 행마의 요령이다. 흑7까지 백을 게걸음 시키며 실속을 챙겨 공격의 효과가 충분하다. 백a에는 역시 흑b의 날일자가 제격.

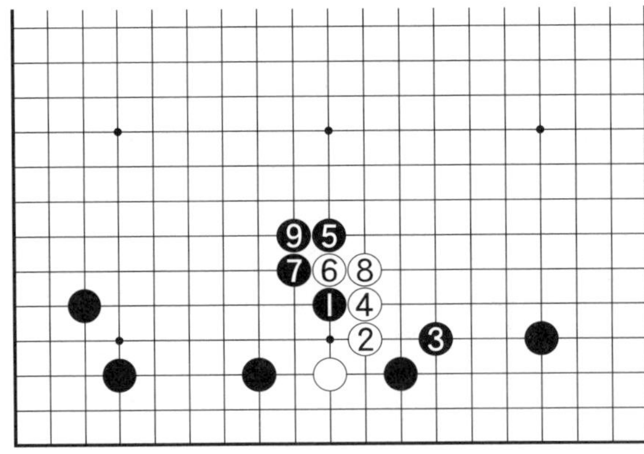

7도

7도 (마늘모 차선책)

날일자가 자신 없다면 백2 때 흑3의 마늘모로 응수하는 것도 유력하다.

백4에는 5가 틀로 이하 흑9까지 좌우에서 실리와 두터움을 챙겨 역시 흑이 흡족스럽다.

2장

정석의
올바른 활용

'어? 분명히 정석대로 두었는데, 왜 나쁘지?'

중급자들의 포석에서 흔히 일어나는 현상이다. 그것은 주위 배경을 감안하지 않은 채 아무 정석이나 되는 대로 구사했기 때문이다. 즉, 아무리 훌륭한 정석도 판 전체를 고려하지 않은 것이라면 오히려 포석을 불리하게 만들 수도 있다는 것이다.

정석은 포석의 한 축을 이루는 중요한 분야이다. 정석 자체를 공부하고 암기하는 것도 중요하지만, 전체 포석과의 상관관계 속에서 그것을 파악하고 상황에 걸맞는 정석을 선택, 구사할 수 있는 판단 능력도 그 이상으로 중요하다.

이 장에서는 적절한 정석활용 방법을 실전 예를 들어가며 제시했다. 화점포석이 주류를 이루고 있는 현대바둑의 특성을 감안하여 특히 화점정석에 중점을 두었다.

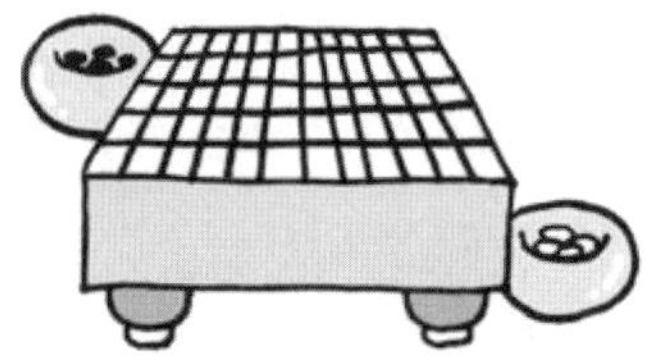

화점 정석 ① - 견실한 수비

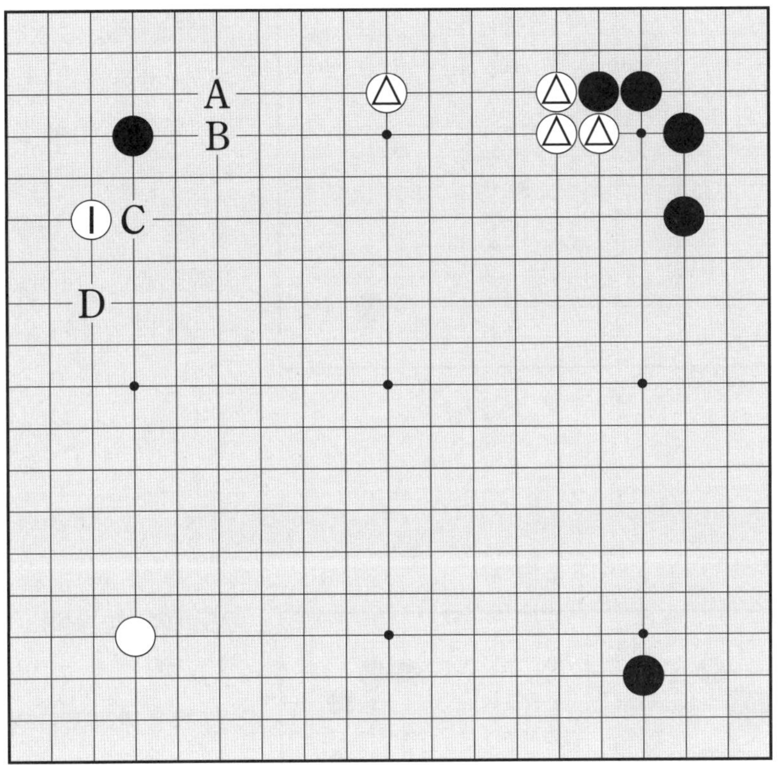

백1로 걸쳐온 장면.

우상귀 배석(△)을 고려한 최선의 응수는 A~D 가운데 어디일까? (흑 차례)

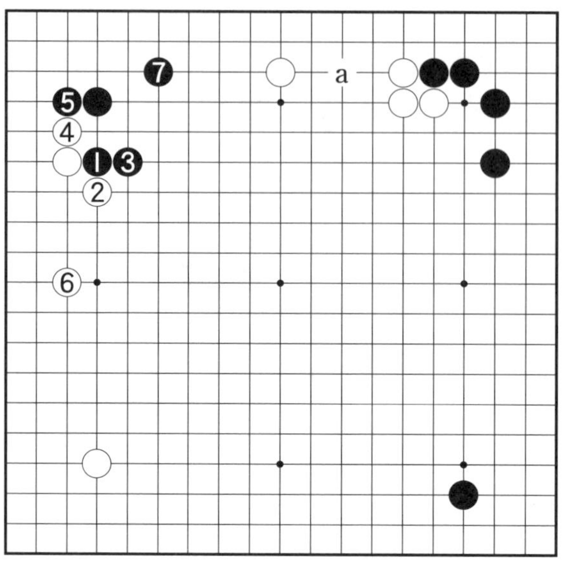

1도

1도 (흑의 아전인수)

먼저 중저급자들이 가장 애용하는 흑1, 3으로 붙여놓기를 검토해본다.

이때 백4, 6으로 평범하게 받아준다면 흑7까지 견실한 자세를 갖춘데다 훗날 a의 허점도 엿볼 수 있어 그런대로 둘 만한 모습. 다만, 흑이 후수라는 점이 약간 아쉽다. 그러나 이것은 흑 혼자만의 생각일 뿐~

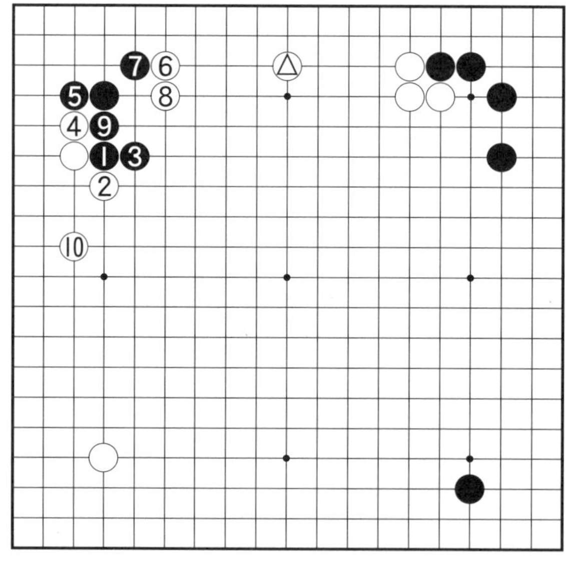

2도

2도 (백, 능률적)

흑5 때 백은 △의 배경을 이용해 백6의 변화구를 던져올 가능성이 높다. 그러면 이하 백10까지가 거의 필연인데, 좌우를 모두 처리한 백이 능률적 자세.

특히 상변 쪽은 기착점 △와 어우러져 제법 이상형을 갖추고 있어 백 만족. 따라서 흑1, 3은 부적절하다.

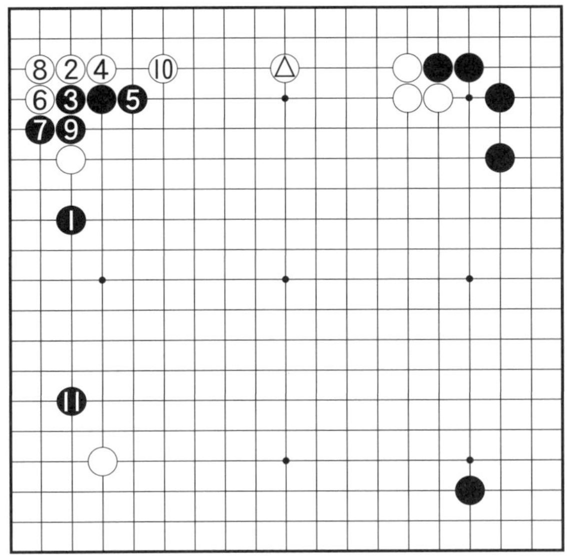

3도

3도 (백, 편재되다)

흑1로 협공하는 것은 어떨까. 만약 순순히 백2로 들어와만 준다면, 이하 흑9까지 선수로 마무리 짓고 흑11로 향해 흑도 충분하다.

부분적으로는 정석이지만, 백10으로 넘어간 자세가 △와 함께 3선에 편재된 점이 백으로선 불만이다.

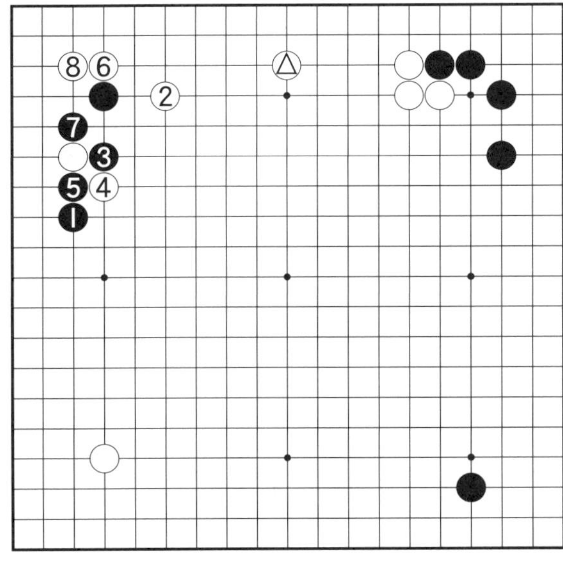

4도

4도 (백, 이상형)

흑1에는 백2로 양걸침하는 것이 이 경우 적절하다. 그러면 이하 백8까지가 유행정석.

이 결과는 귀의 실리가 큰 데다 △와 고저장단을 이룬 백의 자세가 이상적이어서 백의 만족이다. 따라서 흑1의 협공도 부적절하다는 결론이다.

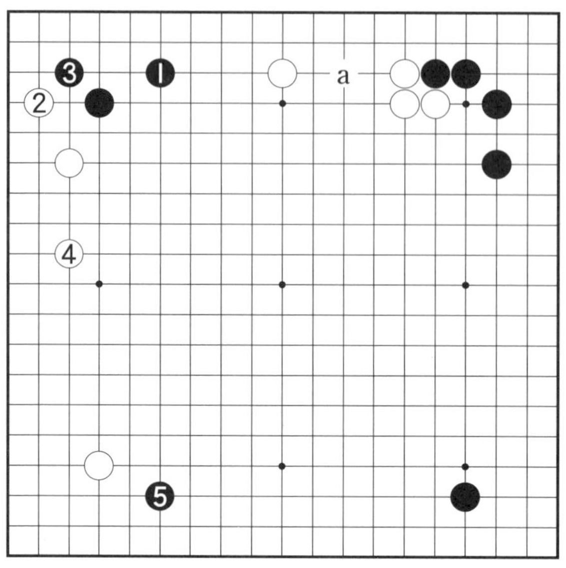

5도

5도 (평범 속의 최선)

흑1의 날일자가 가장 무난하면서도 적절한 응수. 백4까지 지극히 평범한 정석인데, 흑은 선수로 이쪽을 마무리 짓고 흑5로 향해 충분하다. 훗날 a의 허점도 은근히 노릴 수 있다.

이처럼 가장 평범한 수가 가장 좋은 수가 될 수도 있다. 평범 속의 진리라고 할까.

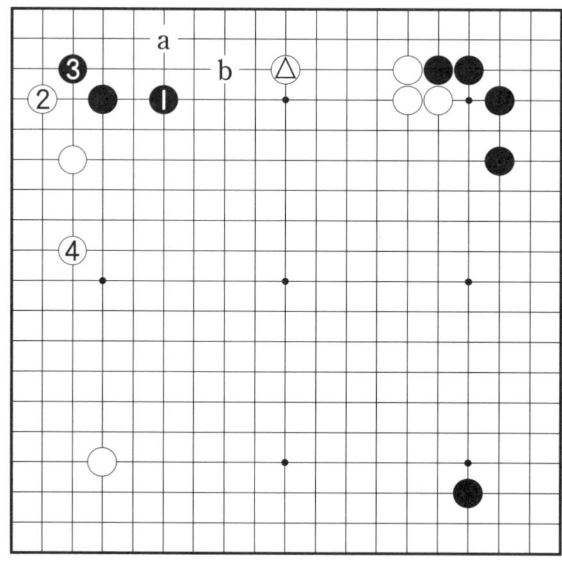

6도

6도 (뒷문이 열리다)

그런데, 흑1로 한칸 높게 받는 것은 △의 배석을 도외시한 무감각. 백4까지를 가정할 때 저절로 뒷문(a)이 위협받고 있는 것.

그렇다고 한 수를 더 들여 옹졸하게 b로 가일수하기에는 억울하지 않은가.

화점 정석 ② - 주도권을 잡는 착상

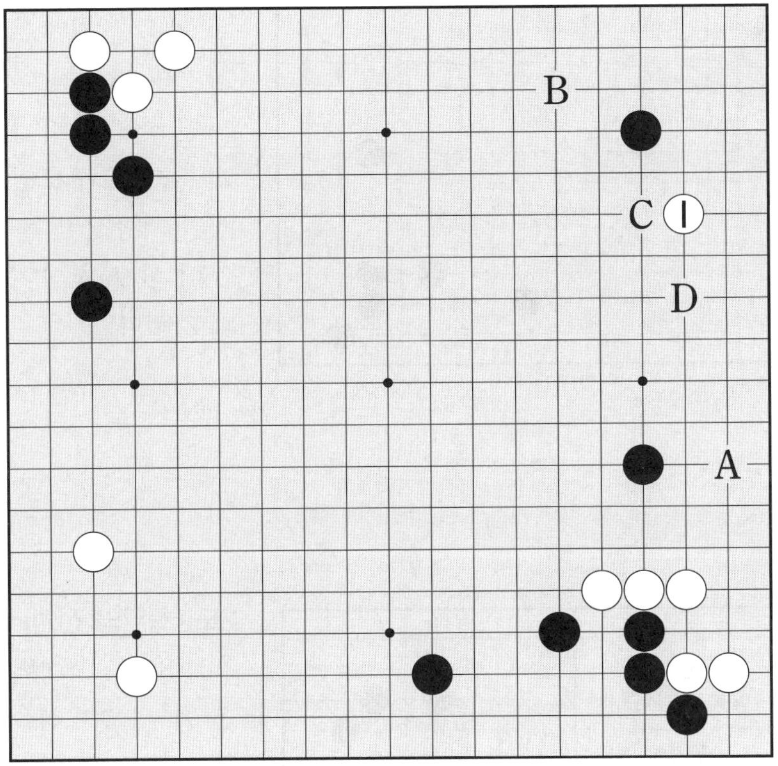

우하귀에서 소목정석 수순이 펼쳐지다 백A로 마무리 짓지 않고 돌연 손을 돌려 백1로 걸쳐간 장면. 백1은 상당한 책략을 품고 있다.

백의 책략을 분쇄하며, 국면의 주도권을 잡을 수 있는 흑의 응수는 B~D 가운데 어디일까?

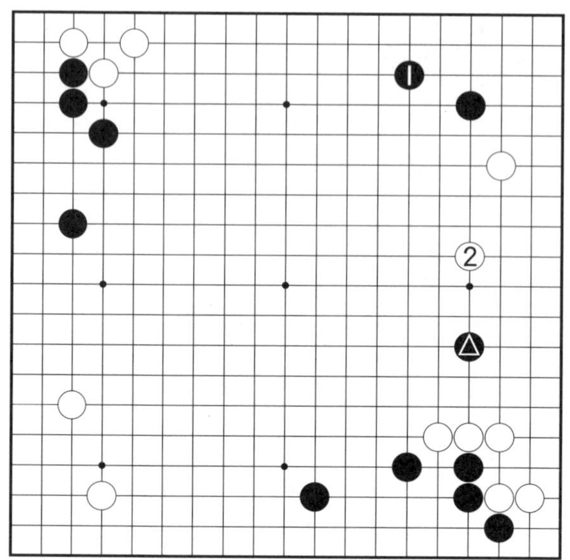

1도

1도 (백의 주문)

먼저 흑1의 날일자는 이 경우 너무 소극적이다.

백2가 벌림과 ◬에 대한 협공을 겸하는 양수겸장의 절호점. 이렇게 되면 선악을 떠나 백에게 국면의 주도권을 빼앗길 가능성이 높다. 이것이 바로 백의 주문이기도 하다.

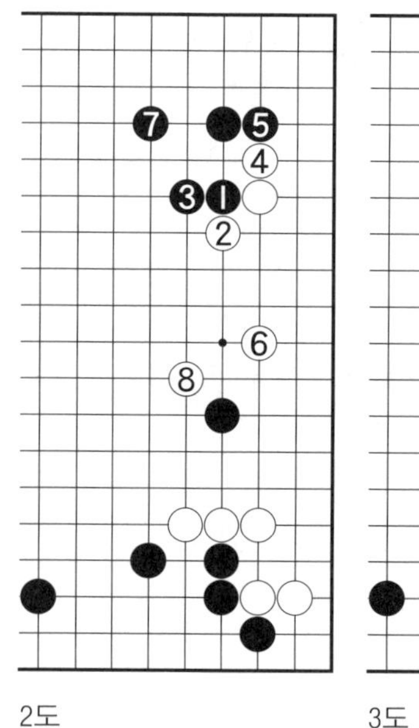

2도

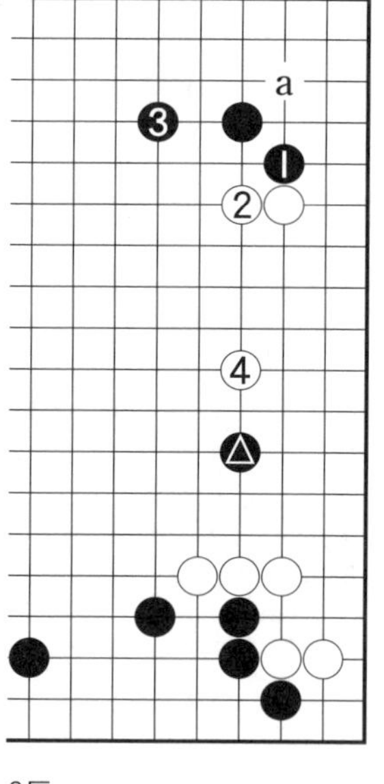

3도

2도 (최악의 선택)

흑1, 3으로 붙여뻗는 것은 백6의 절호점을 허용하는데다 후수마저 잡아 백8까지 당해 흑으로선 최악의 선택이다.

3도 (마늘모붙임은 이적수)

흑1의 마늘모붙임은 백을 튼튼하게 해주는 이적수로 논외. ◬를 더욱 약하게 했다는 점에서 감점이다. 더구나 a도 비어있지 않은가.

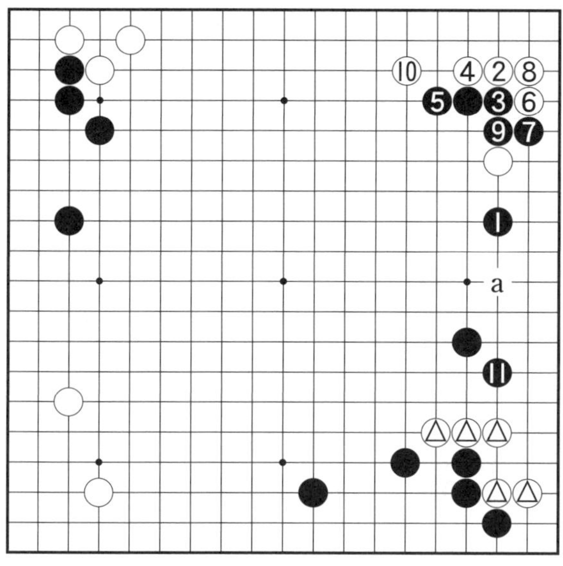

4도

4도 (적극적 착상-최선)

흑1의 협공이 여기서는 가장 적극적이면서도 최선이다. 만약 상식대로 백2로 들어온다면 이하 백10까지 실리를 내주면서 선수를 잡아 대망의 흑11을 차지해 흑이 활발한 모습. 흑11은 a의 침입여지를 없애 우변을 완성하면서 △의 근거를 위협하는 공수 겸용의 요소이다.

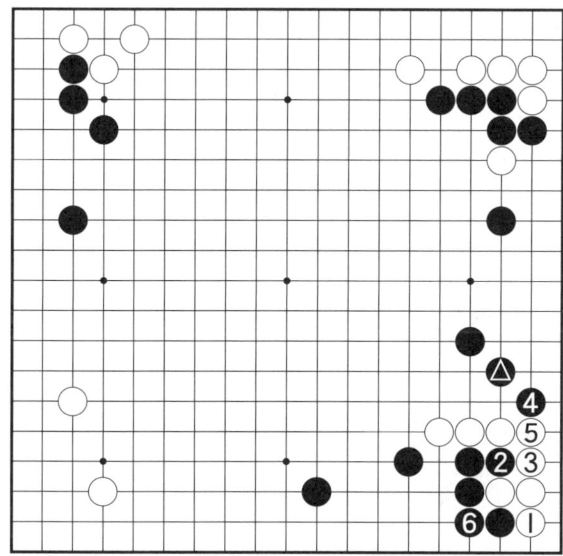

5도

5도 (흑의 후속수단)

사실 흑△가 놓이면 백으로선 상당히 곤혹스러워진다. 가령 백1로 근거장만을 서둘러도 흑4가 따끔한 선수 일침. 흑6까지 백은 흑에게 실속을 허용하고서도 아직도 미생마.

우상귀 흑의 정석 선택이 좋았다는 것은 바로 이러한 공격의 즐거움이 보장되었기 때문이다.

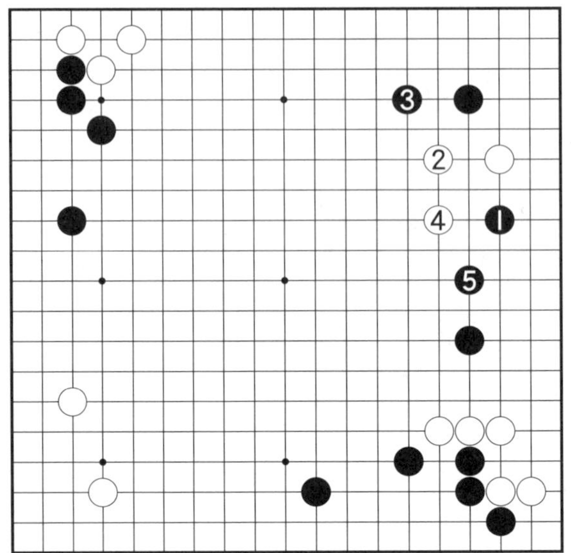

6도

6도 (흑, 만족)

5도가 싫다고 백2, 4로 반발하는 것은 실속 없는 속수이다.

흑은 3, 5로 양쪽에서 실속을 챙기는 반면, 백은 공배만 두고 있지 않은가.

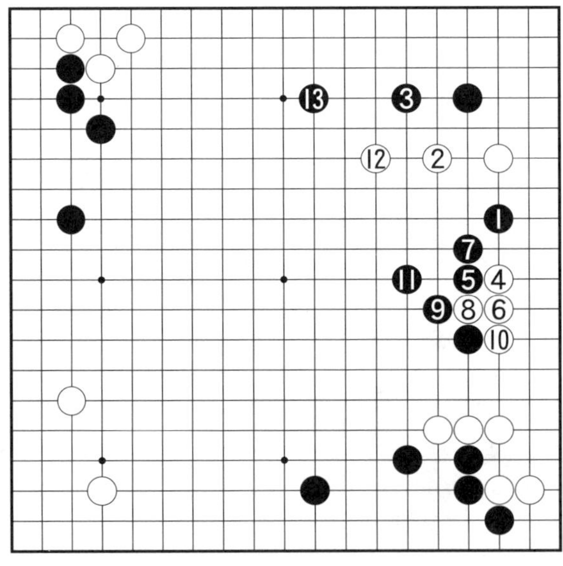

7도

7도 (백의 변화구)

따라서 백이 반발하려면 백2를 선수하고 다음 4로 뛰어드는 것이 유력하다.

흑5로 받는 정도인데, 백10까지 실리를 훑으며 우하 백말을 안정시켜 부분적으로는 백이 성공한 모습. 그러나 흑도 등을 두텁게 한 뒤 13까지 공격을 계속해 불만이 없다.

화점 정석 ③ – 양수겸장의 협공

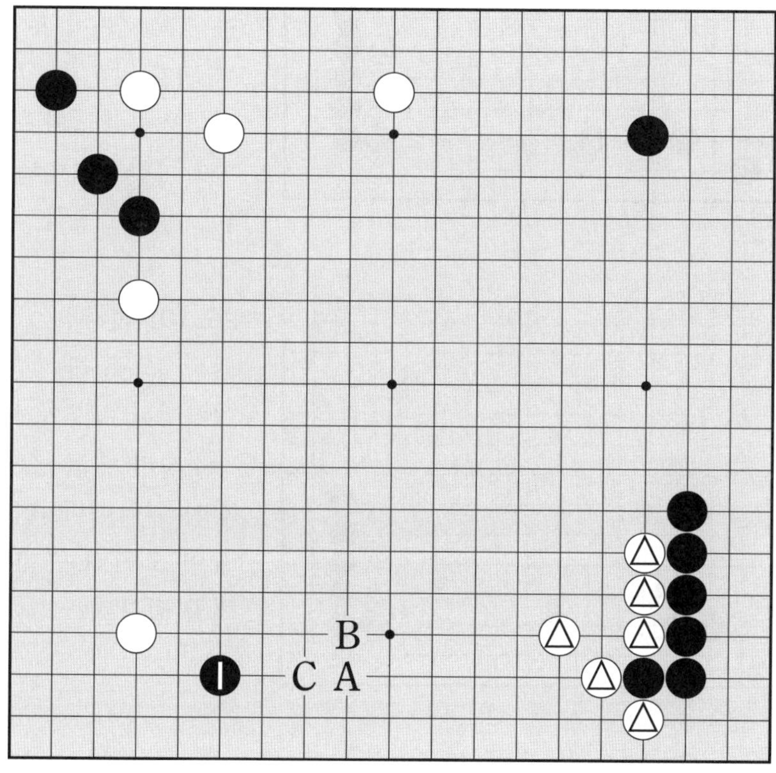

이번에는 적절한 협공방법에 대해 살펴보자. 흑1의 걸침은 적극적 자세. 사실 이 수로는 A에 갈라치는 것이 유연한 발상이다.

△의 세력을 적절히 이용하는 협공점은 A～C 가운데 어디쯤이 좋을까?

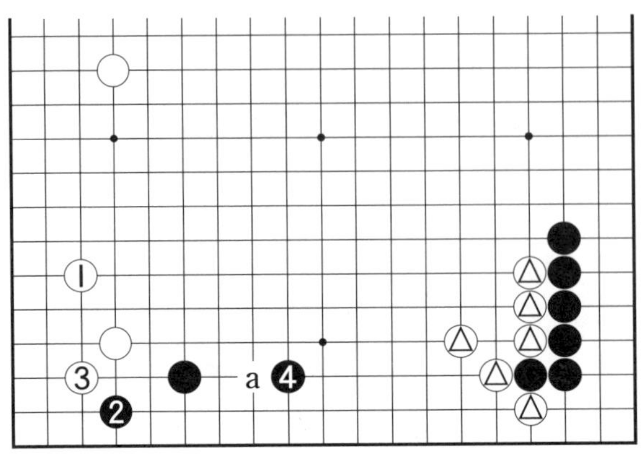

1도

1도 (소극적 완착)

백1로 받는 것은 너무 소극적인 자세로 완착. 흑2, 4로 쉽게 안정하고 나면 △의 세력이 무용지물이 되지 않은가.

흑2 때 백a의 협공이 꺼려지면 흑2로는 그냥 4에 벌려도 좋다.

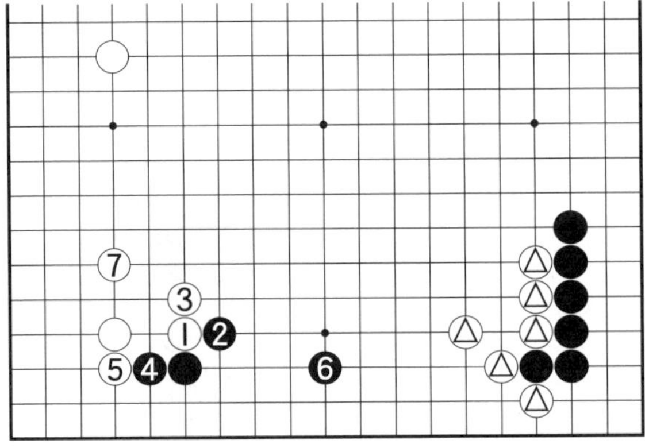

2도

2도 (이적행위)

백1, 3으로 붙여뻗기는 이적행위. 백7까지 흑을 안정시켜 주고 후수마저 잡아 최악이다. 이제 △들이 오히려 곤마로 전락할 위기다.

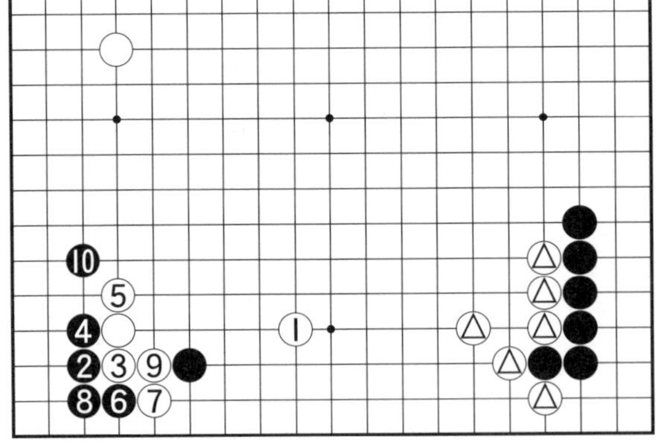

3도

3도 (무난한 협공)

△들의 가치를 극대화하기 위해서는 역시 협공이 어울리겠다. 먼저 백1의 두칸 높은 협공.

이때 흑2로 뛰어들어와 준다면 세력을 쌓으며 △와 호응시켜 만족스러운데~

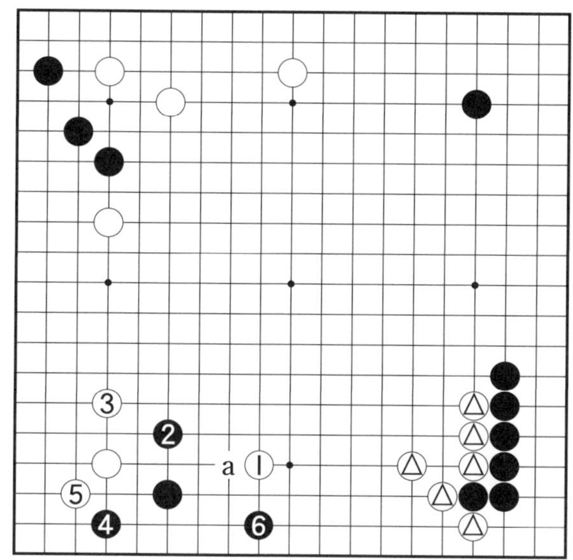

4도

4도 (유력한 흑의 반발)

백1에는 흑2∼6이 유력한 흑의 변화구이다. 흑이 이렇게 쉽게 안정하면 △들의 위력이 저절로 퇴색해 당연히 백 불만이다.

따라서 흑1의 높은 협공은 감각은 맞았으나 지점이 틀렸다. 흑a도 비슷한 맥락.

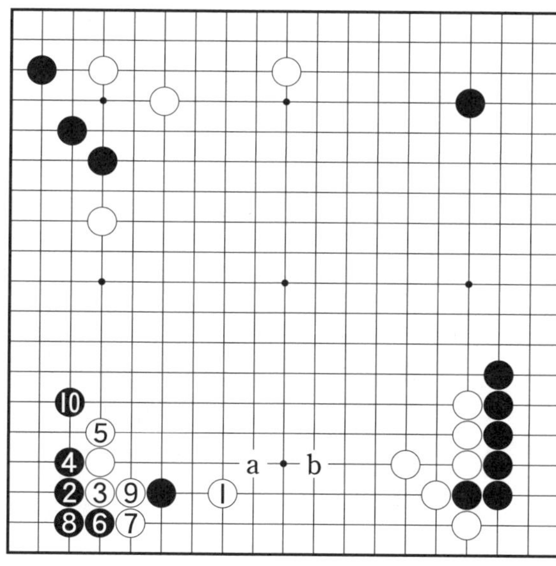

5도

5도 (삭감이 아프다)

그렇다면 가장 널리 쓰이는 백1의 한칸 낮은 협공은 어떨까.

흑10까지를 상정해볼 때 흑a의 절호의 삭감점을 남긴다는 것이 백으로선 다소 걸린다. 그렇다고 백b 따위로 옹졸하게 지키는 것은 중복된 자세라 억울하지 않은가. 그래서 백1은 약간 미흡.

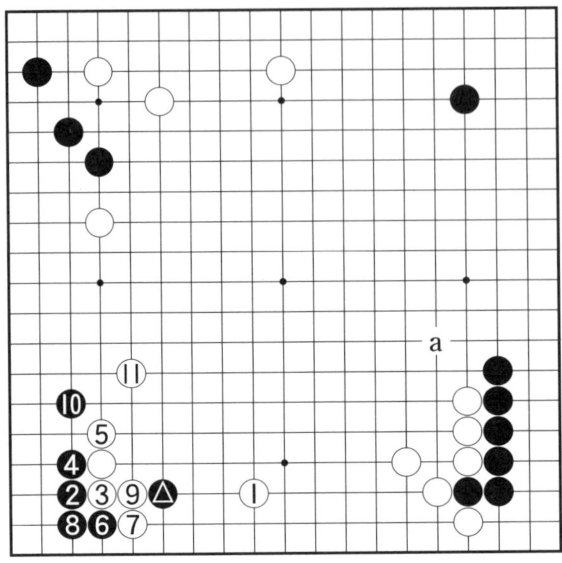

6도

6도 (임기응변의 협공)

이 경우에는 3도와 5도
의 장점들을 혼합한 백1
의 두칸 낮은 협공이 적
절하다고 하겠다. 백11
(혹은 a)로 하변 백진을
입체화하여 백이 활발한
모습. 백1의 협공은 간격
이 어정쩡한데다 ▲의 뒷
맛이 고약해 보통은 잘
쓰이지 않지만 이 경우엔
잘 어울리는 임기응변이
된 셈이다.

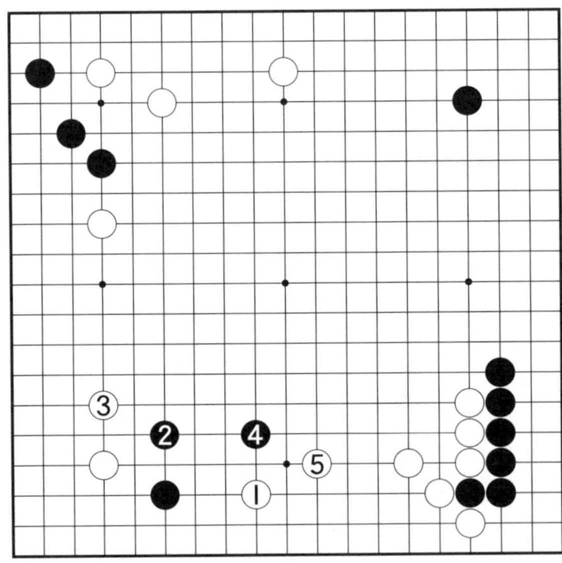

7도

7도 (백, 양쪽을 두다)

그렇다고 백1 때 흑이 백
세 확장을 꺼린 나머지
3·三에 들어가지 않고 흑
2, 4 등으로 전전하는 것
은 실속이 없어 흑 불만.
　백은 순순히 3, 5로 받
아주어도 양쪽에서 실속
을 챙긴 셈이어서 충분
하다.

화점정석 ④ - 양걸침 반격

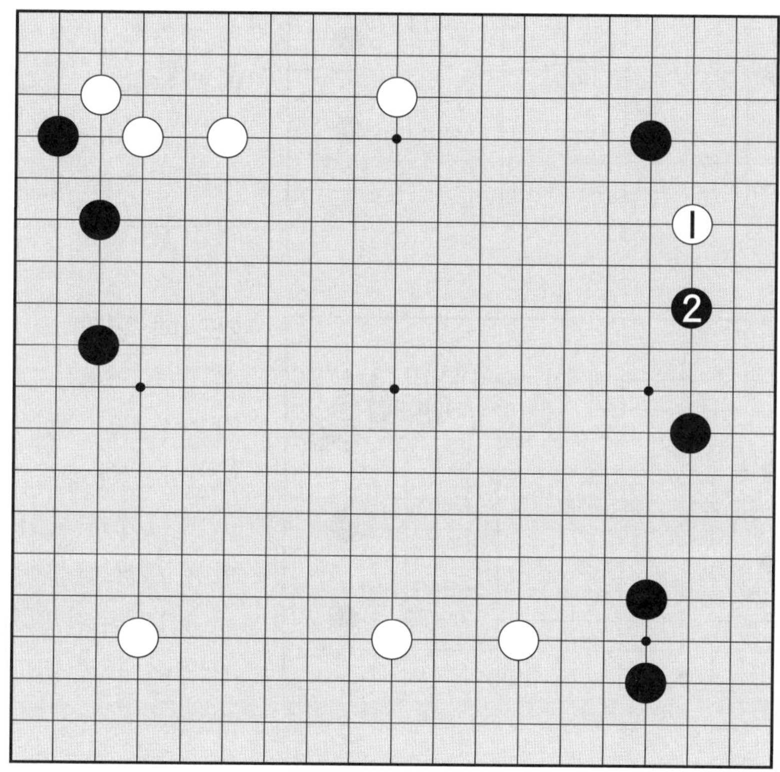

백1로 걸치자 흑2로 협공한 장면.

흑의 공세에서 가볍게 벗어나며 우변 흑진의 발전성을 제한하는 백의 효과적 대응책은 무엇일까?

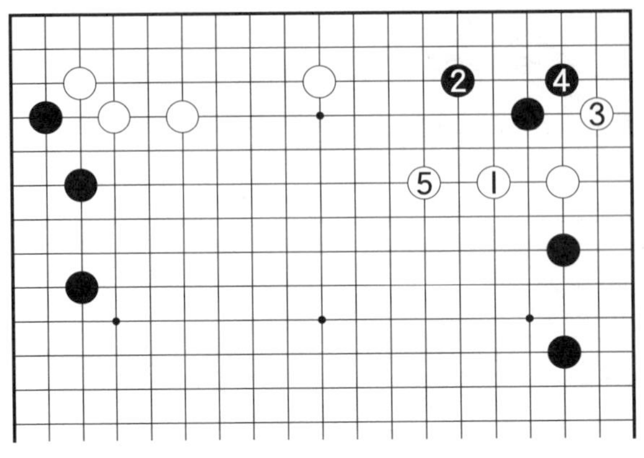

1도

1도 (속수의 전형)

조건반사적으로 백1, 5 로 뛰어나가는 것은 최악. 흑에게 실속을 모조리 넘겨준 채 자신은 공배만 두고 있는 격이다. 게다가 백3, 흑4도 귀살이의 여지를 스스로 없애는 악수.

2도 (백, 편재)

백1로 뛰어드는 것은 가장 상식적인 수법이지만, 여기서는 다소 무책이다.

백11까지 되고 보니 백은 △와 더불어 상변이 3선으로 편재되고 있지 않은가. 좀 더 책략이 필요하다.

2도

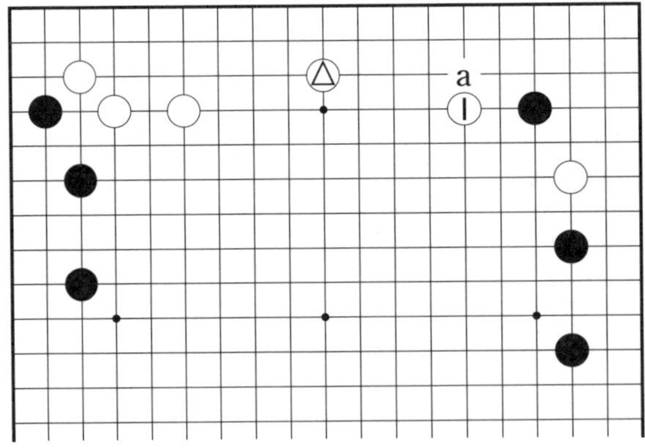

3도

3도 (적절한 양걸침)

이때는 백1의 양걸침이 재미있는 발상이다. 이 수로는 a에 양걸침하는 수도 가능하지만, △가 낮은 만큼 고저의 균형을 고려, 이렇게 높이는 것이 더욱 어울린다. 계속해서~

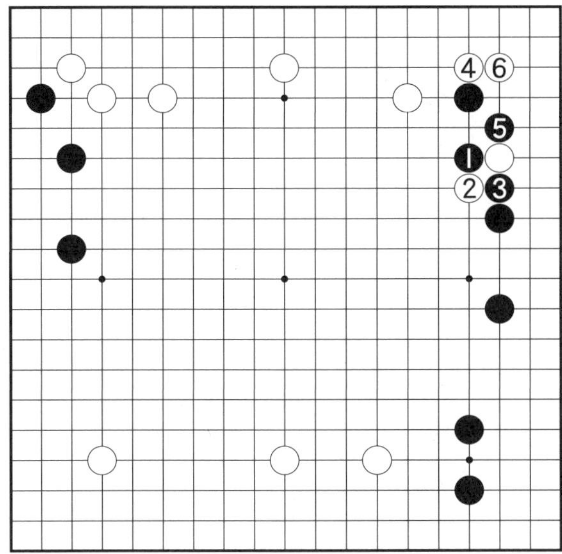

4도

4도 (신형정석 완결)

흑은 1로 붙이는 정도인
데, 이때 백은 2, 4, 6으
로 이어지는 수순의 묘
를 발휘하며 귀의 실리
를 도려낼 수 있다.

여기까지 최신형 정석
의 하나.

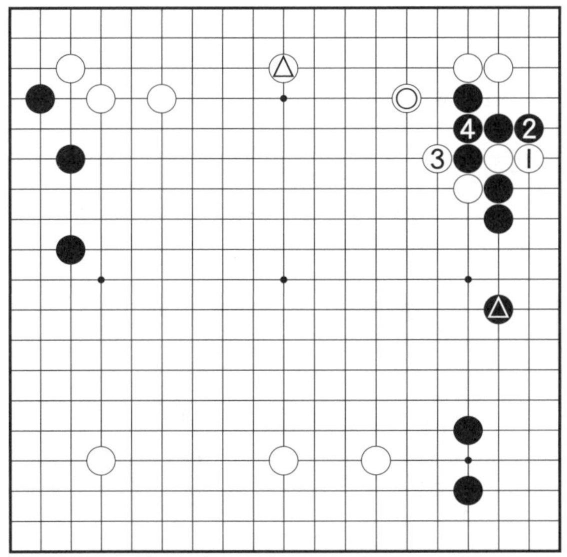

5도

5도 (백, 능률적 자세)

4도 이후 백의 후속수단
이다. 백1로 키운 뒤 3으
로 머리를 두들기는 것
이 우변 흑진을 제한시
키는 기분 좋은 선수활
용. 상변 백진은 △와 ◎
가 적당히 고저의 장단을
이루고 있는 반면, 우변
흑진은 ▲가 약간 중복된
모습이라서 백이 다소 활
발해 보인다.

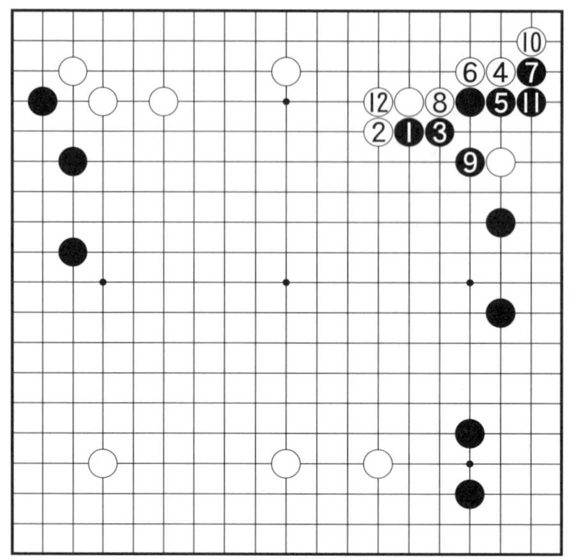

6도

6도 (백, 유리)

흑1로 붙여가는 것도 생각해볼 수 있다. 그러면 대략 백12까지가 정석의 수순인데, 이 결과는 귀를 독차지한 백이 우세한 절충.

물론 꼭 이대로 되란 법은 없지만, 어쨌든 백이 나쁜 결과는 좀처럼 나오지 않는다.

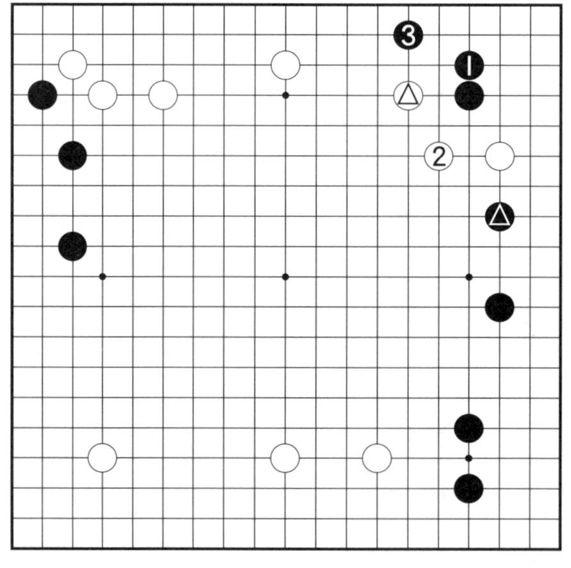

7도

7도 (흑의 반발)

△의 양걸침에 5도를 피하기 위해서는 흑1로 쌍점 서는 것이 정수. 그러면 백2, 흑3으로 쌍방 호각으로 일단락된다.

어쨌든 백으로서는 2도와 같은 흑의 주문을 피하며 ▲의 협공을 무색하게 만들었다는 점에서 만족이다.

화점 정석 ⑤ - 공격적 발상

정석의 올바른 활용

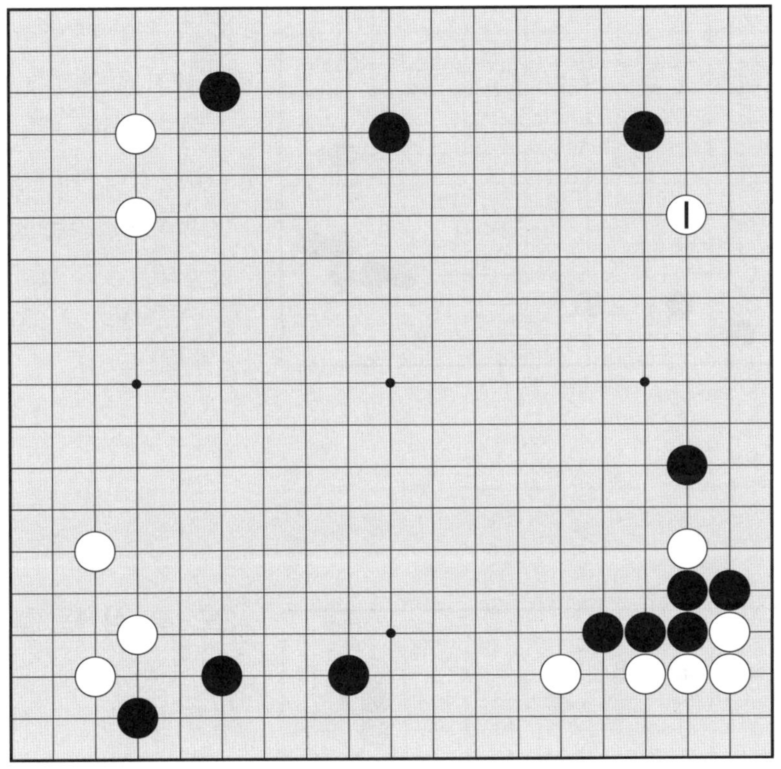

　백1로 걸쳐온 장면. 우변 흑세와 상변 흑진 등 주변 여건이 압도적으로 우세한 흑으로서는 뭔가 공격적인 착상을 하고 싶다.

　백의 걸침수를 압박하여 공격의 효과를 극대화시키는 정석 선택은 무엇일까?

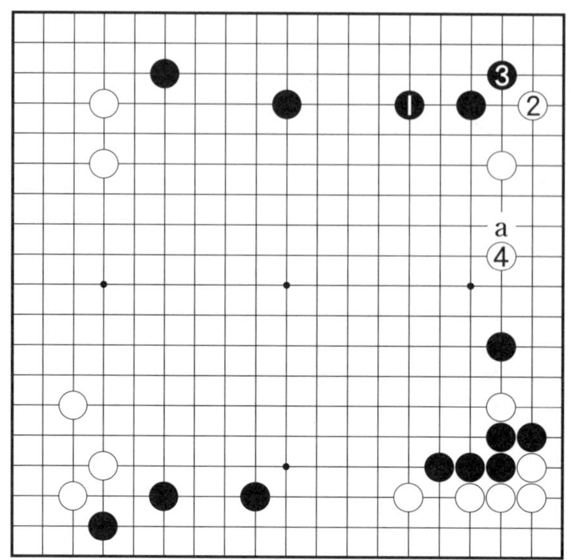

1도

1도 (흑, 완착)

흑1로 고분고분 받는 것은 늘어진 수. 백2, 4로 견고하게 안정하고 나면 흑은 우변 세력을 써먹을 데가 없어진다.

백으로서는 백2 때 흑a의 반격이 두려우면 그냥 백4로 벌리는 것도 무방하다.

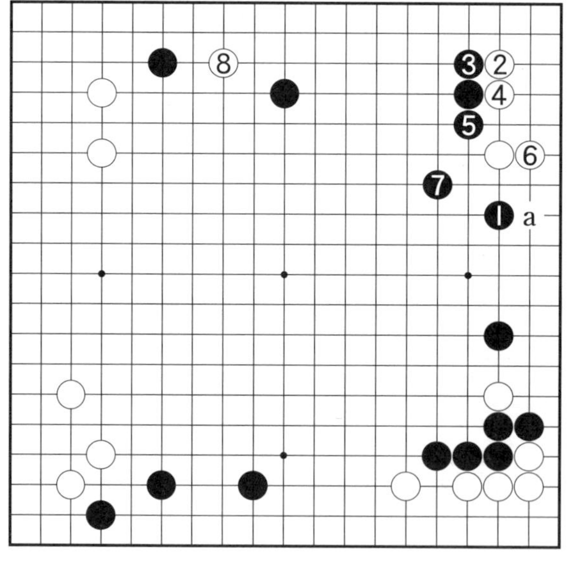

2도

2도 (흑, 싱거운 협공)

흑1로 협공하는 것이 제일감이지만, 여기서는 의외로 책략부족의 완착.

백2로 뛰어들어 이하 흑7까지 선수로 귀살이 하고 나면 흑이 싱거운 모습. 백8까지 당해 집부족 양상이 된다. a의 뒷문이 열려있는 것도 흑의 불만사항.

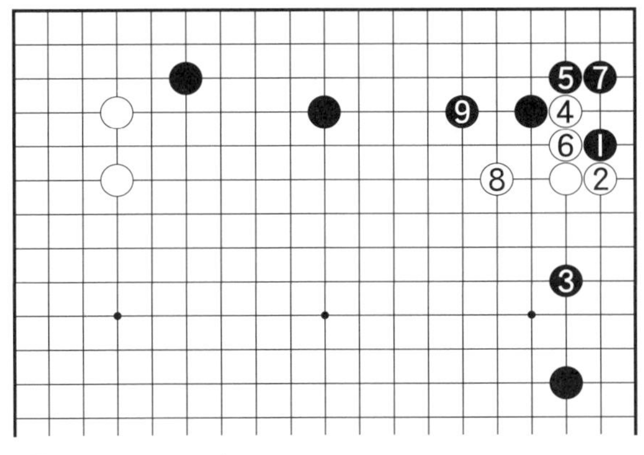

3도

3도 (흑의 주문)

흑1의 처진 날일자가 이 경우 재미있는 수법이다.

백2에는 흑3으로 백 말의 근거를 박탈, 공격 하면서 흑9까지 양쪽에 서 실속을 챙겨 흑이 즐 거운 모습.

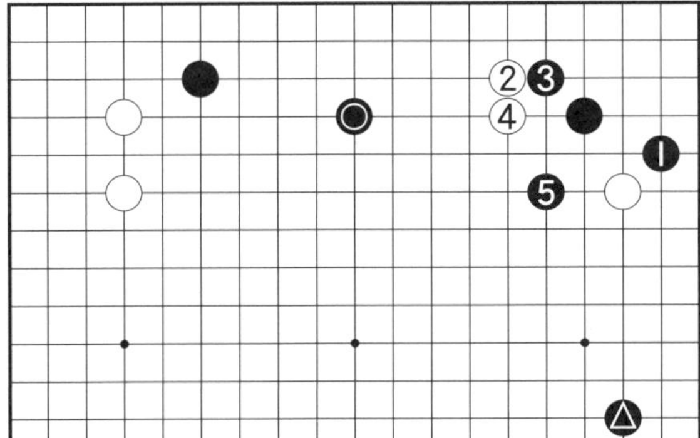

4도

4도 (백, 무리)

그렇다고 흑1 때 백2로 양걸침하는 것은 ▲와 ◉ 의 원군이 버티고 있는 지금 상황에서는 무모한 발상이다. 흑5까지 양곤 마가 되면서 백은 고전에 빠진다.

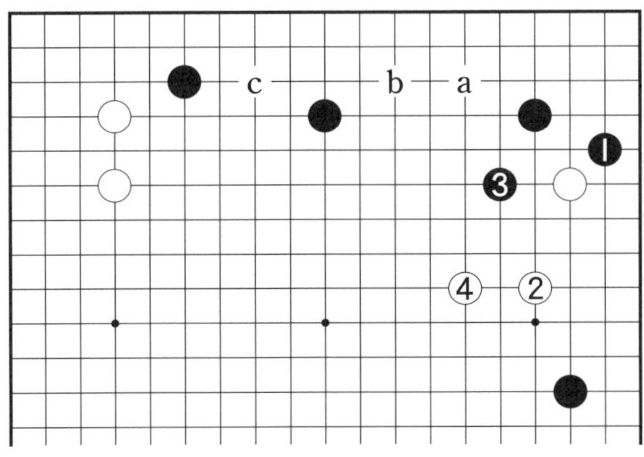

5도

5도 (백, 가벼운 행마)

백2가 흑의 예봉을 슬쩍 피해나가는 경쾌한 호착. 흑3에는 백4로 사정권에 서 훨훨 벗어난다. 상변 은 아직 a, b, c 등 허점 이 남아 이 그림이라면 백도 둘 만한 모습이다.

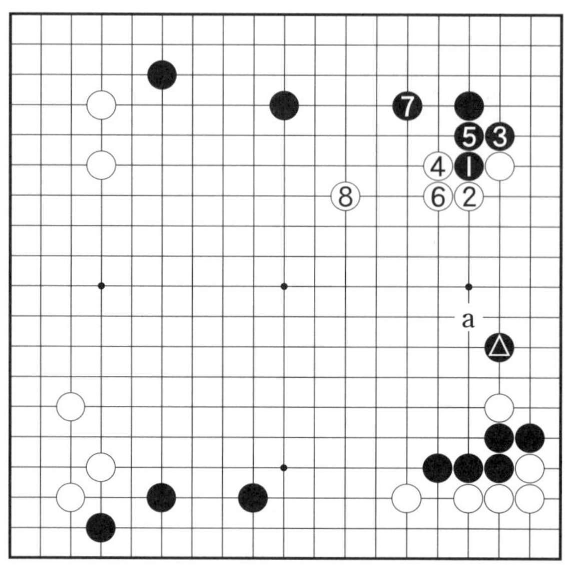

6도

6도 (흑, 최강의 공격수)

여기서는 흑1, 3으로 붙여막기가 실전적인 수법이다. 이 수는 단순히 실리를 탐하는 것이 아니라 백말의 근거를 빼앗아 무겁게 만들려는 공수겸용의 의미를 담고 있다.

△ 탓에 근거 잡기가 마땅치 않은 백은 8(혹은 a) 정도로 달아나야 하는데, 흑은 일단 실속을 차리면서 계속된 공격을 엿볼 수 있다.

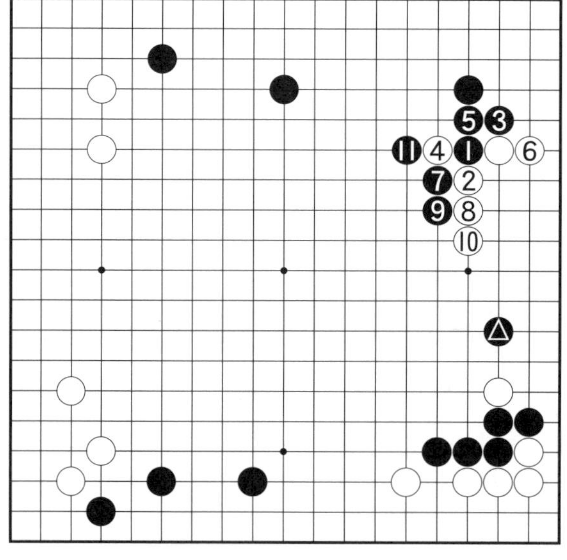

7도

7도 (백, 무책)

흑1, 3 때 보통이라면 백6이 상식적인 응수지만, 여기서는 흑7로 끊겨 곤란해진다. 이하 11까지 흑은 두터움을 얻고 있는 반면, 백은 △에 막혀 옹색한 자세.

모양이 나빠 좋지 않다고 하는 흑1, 3이 모처럼 가장 어울리는 장면이다.

화점 정석 ⑥ - 능동적 구상

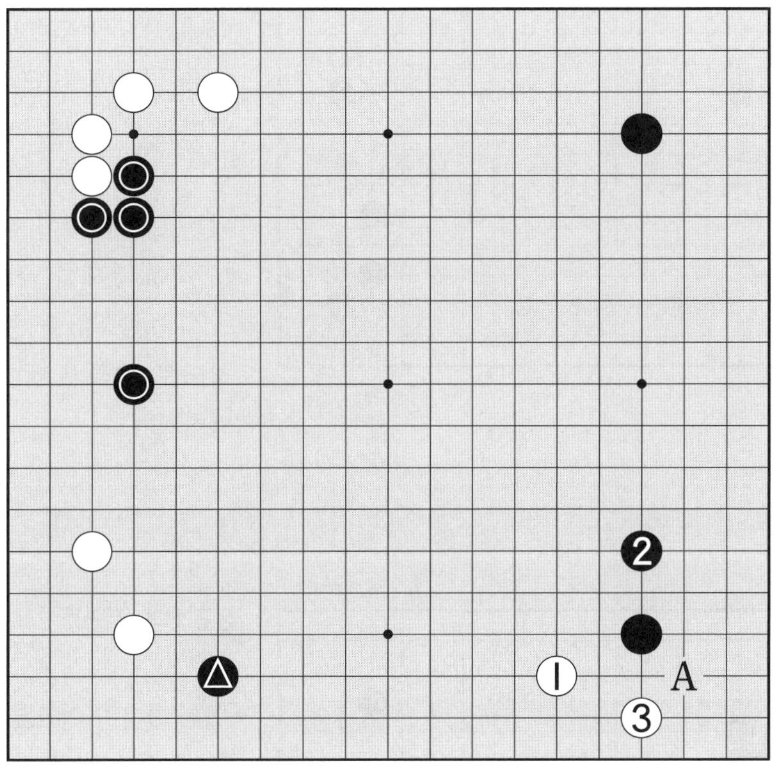

　이번에는 다소 어려운 책략이 내포된 정석 선택의 예를 살펴보자.

　백1로 걸쳐 3까지 진행된 장면. 상식적인 흑의 응수는 A이지만, 여기서는 왠지 그렇게 평범하게 받고 싶지 않다. ▲와 ◉의 기착점까지 의식한 흑의 능동적 구상은 무엇일까?

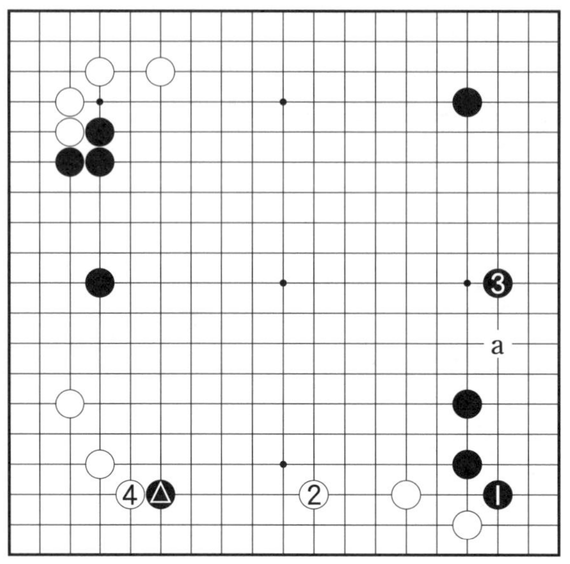

1도 (흑, 책략부족)

고분고분 흑1로 받는 것은 책략부족. 백2로 안정하자 자연스럽게 ▲가 약해졌다. 백4의 선제공격을 허용해서는 백에게 국면의 주도권을 빼앗긴 형국이다. 좌변 흑진의 뒷문도 열려있어 실리로도 백이 우세한 국면.

수순 중 흑3을 손빼 좌하귀로 향하면 백a가 통렬하다.

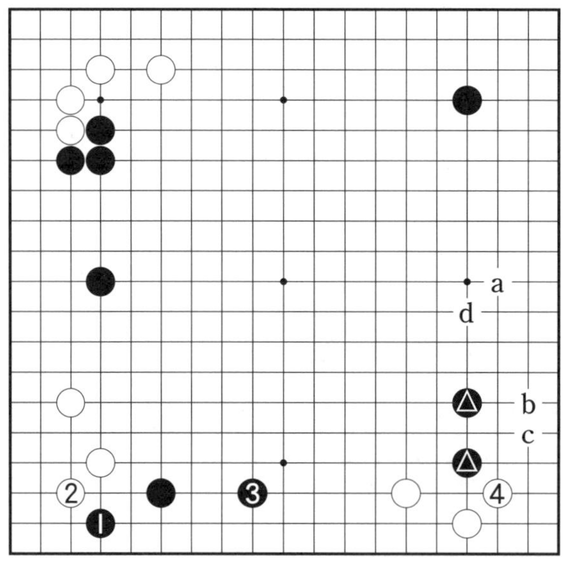

2도 (백, 유리)

그렇다고 손을 빼 흑1, 3으로 좌하귀 쪽으로 손을 돌리는 것은 백4가 워낙 큰 곳이어서 흑 불만. 다음 흑a면 백b나 c로 뒷문이 열려있다. 그렇다고 또 손을 빼자니 백d로 협공 당해 ▲들이 졸지에 곤마로 전락.

아무튼 백이 실속 있는 모습이다.

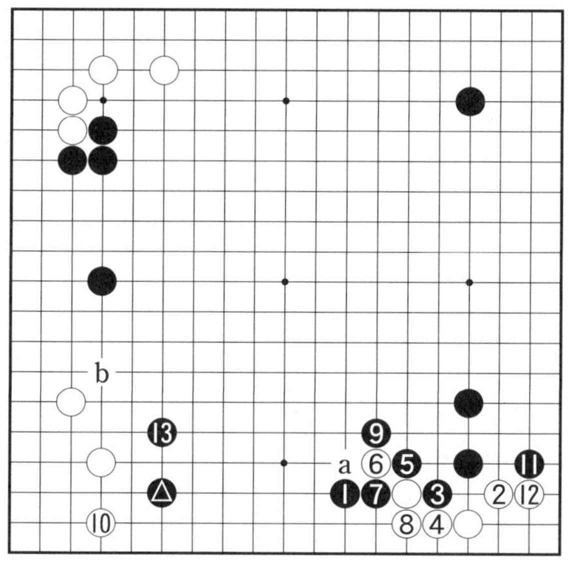

3도

3도 (능동적 구상)

흑1로 협공하는 것이 최선. 백2 때 흑3~9로 두터움을 쌓아 소기의 목적을 달성한다. 흑1은 a의 축머리가 유리하다는 것까지 염두에 둔 수법이다. 흑13으로 당당히 구축해 ▲의 가치가 비로소 살아나는 모양.

다음 흑b의 봉쇄가 기분 좋은 후속수단이다.

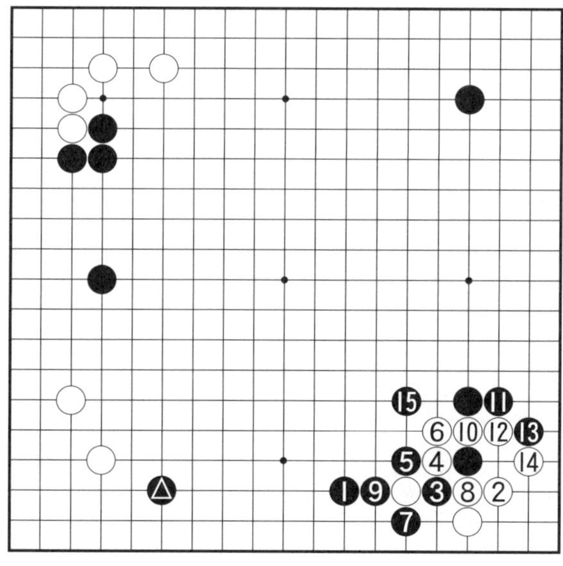

4도

4도 (흑, 두터움)

흑3 때 백4로 찝는 것이 유력한 반발이지만, 흑5 이하로 알기 쉽게 처리해 불만이 없다. 흑13, 15가 멋진 봉쇄의 맥점으로 흑은 우하 중앙 일대에 막강한 두터움을 쌓을 수 있다. 기착점 ▲와 좌변 흑진의 가치도 함께 살아나는 입체적 구도라고 하겠다.

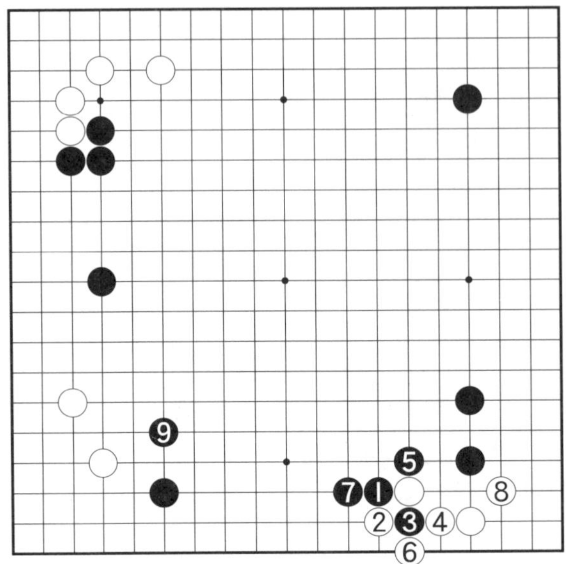

5도

5도

5도 (흑의 별책)

흑1로 옆구리에 붙여가는 것도 한번 시도해 볼 만한 실전적 수법이다.

　만약 이때 백2로 밑에서 젖힌다면 흑3으로 맞끊는 것이 맥점. 이하 흑7까지 선수로 봉쇄한 뒤 9의 대세점으로 향해 흑이 활발한 모습이다.

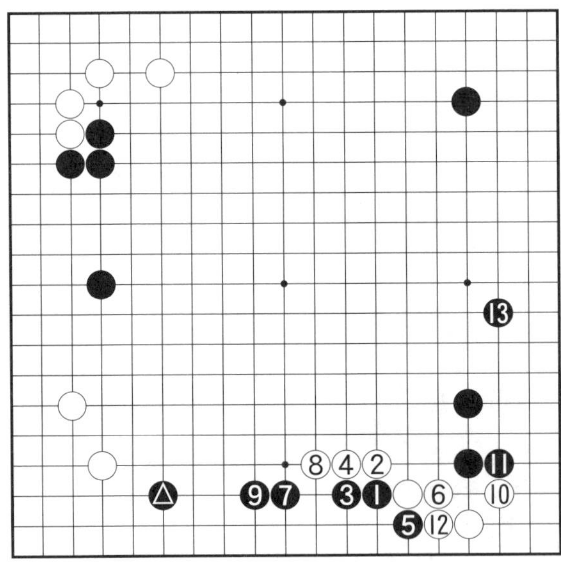

6도

6도

6도 (호각)

그러므로 지금은 백2로 위에서 젖히는 것이 정수. 그러면 이하 흑13까지가 정석화된 진행인데, 흑이 양쪽을 발빠르게 처리한 모습. ▲도 어느 정도 체면을 살릴 수 있게 되었다.

　다만 백도 귀를 차지한데다 중앙으로 머리를 내밀어 별 불만 없는 절충이다.

소목 정석 ① - 돌의 방향

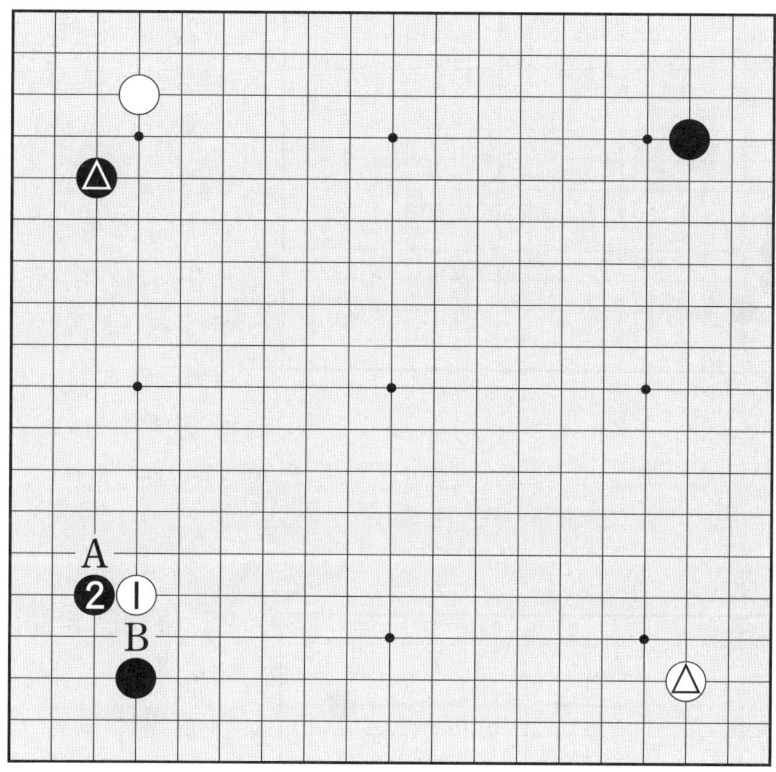

맞소목의 대각선 포진에서 자주 등장하는 장면이다.

백1의 걸침에 흑2로 붙여왔는데, 이때 백의 올바른 응수는 A일까? B일까? ⬤와 △의 배석을 염두에 두고 생각해보자.

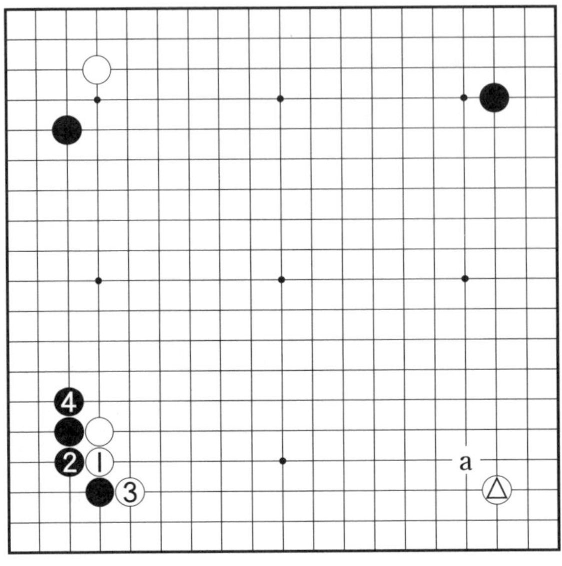

1도

1도 (방향착오)

백1로 치받는 것은 방향 착오로 흑4까지 백이 실속 없는 모습. 우하귀 3·三(△)의 자세가 낮은 점을 고려하지 않은 정석 선택이다. 즉, 여차하면 흑a로 짚어가는 수가 강렬해 백은 하변 쪽에 대모양을 펴기가 어려운 것이다. 만약 △가 a의 화점이라면 백1, 3도 유력한 선택이 될 수 있다.

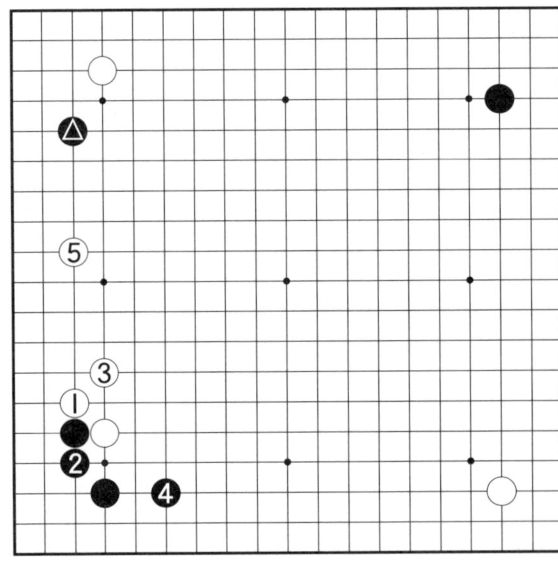

2도

2도 (올바른 방향)

따라서 백1로 젖히는 것이 올바른 방향. 흑2 때 백3으로 호구친 뒤 5로 벌리는 자세가 좋다.

이 수가 변의 전개와 △에 대한 협공을 겸하는 절호점이 되어 백이 능률적인 모습.

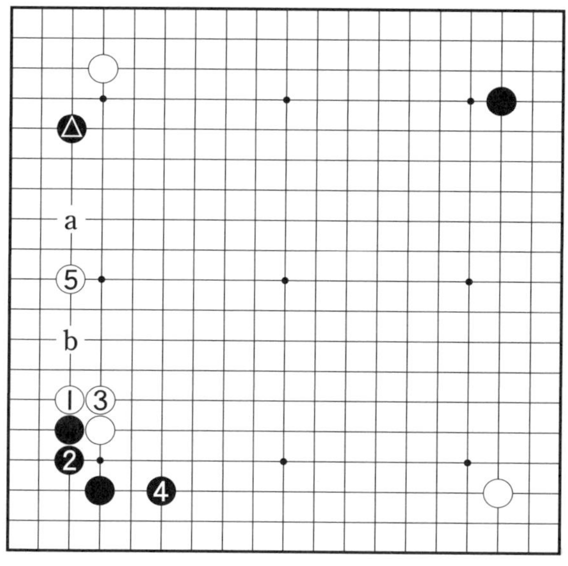

3도

3도 (백, 느슨)

원래 기본정석은 백3으로 잇고 5로 2립3전하는 것이지만, 여기서는 융통성이 부족한 완착. ▲에게 a로 근거를 잡을 여지를 제공하기 때문이다. 흑a가 오면 b의 허점도 부각되어 백이 미흡한 모습.

　이처럼 정석에서는 한 칸 차이가 중요하다.

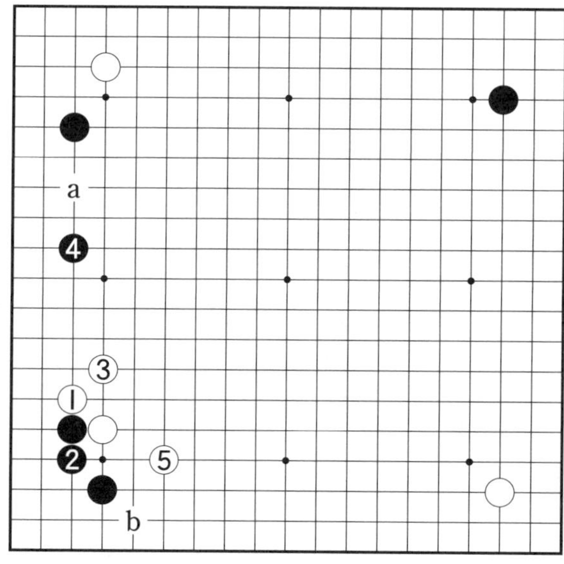

4도

4도 (흑의 변화구)

2도는 백이 능률적이므로 흑으로서는 백3 때 흑4를 선점하고 버티는 변화구를 던지는 것이 적극적 자세.

　그러면 백5로 씌워 중원을 장악하면서 a의 약점을 노려 백도 충분한 모습. 다음 백b도 선수여서 하변을 기약할 수 있다.

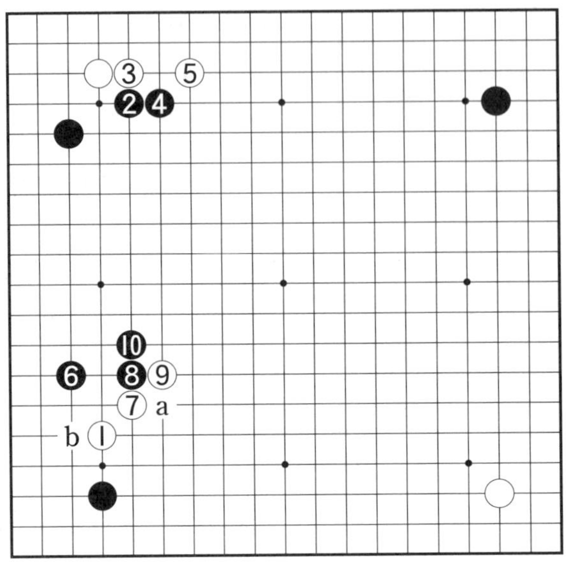

5도

5도 (흑, 능동적 구상)

흑으로선 당초 백1의 걸침에 2, 4로 벽을 쌓은 뒤 6으로 협공하는 것이 국면의 주도권을 잡는 능동적 자세였다. 다음 백7에는 흑8, 10으로 좌변을 크게 도모하여 흑이 활발한 모습. 백은 a의 단점 때문에 함부로 강수를 둘 수가 없다.

그럼에도 b로 붙이는 소극적 자세로 2도처럼 주도권을 상실한 것이다.

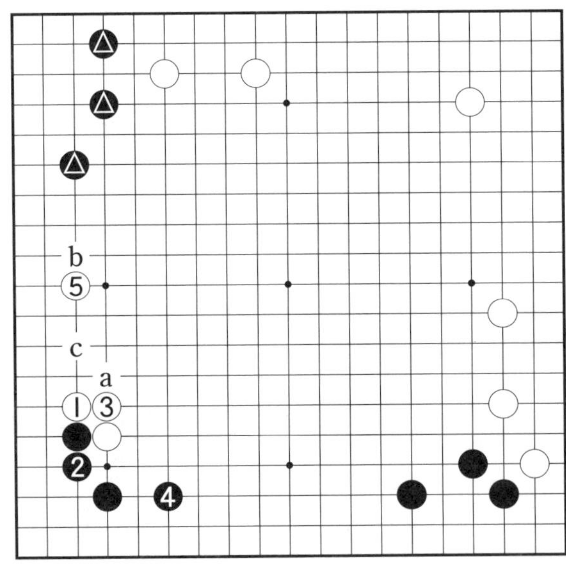

6도

6도 (상황에 따라)

2도, 3도와 관련하여~, 지금처럼 좌상귀 흑진(▲)이 견고한 형태일 때는 3도처럼 백3, 5로 꽉잇고 벌림이 현명하다. 여기서도 2도와 같이 a로 호구치고 b로 벌리는 것은 공연히 상대 강한 곳에 가까이 가는 격으로 흑c의 침입수를 남겨 불안해진다. 이처럼 정석에서는 상황에 따른 융통성이 중요하다.

소목 정석 ② – 주문을 거부하다

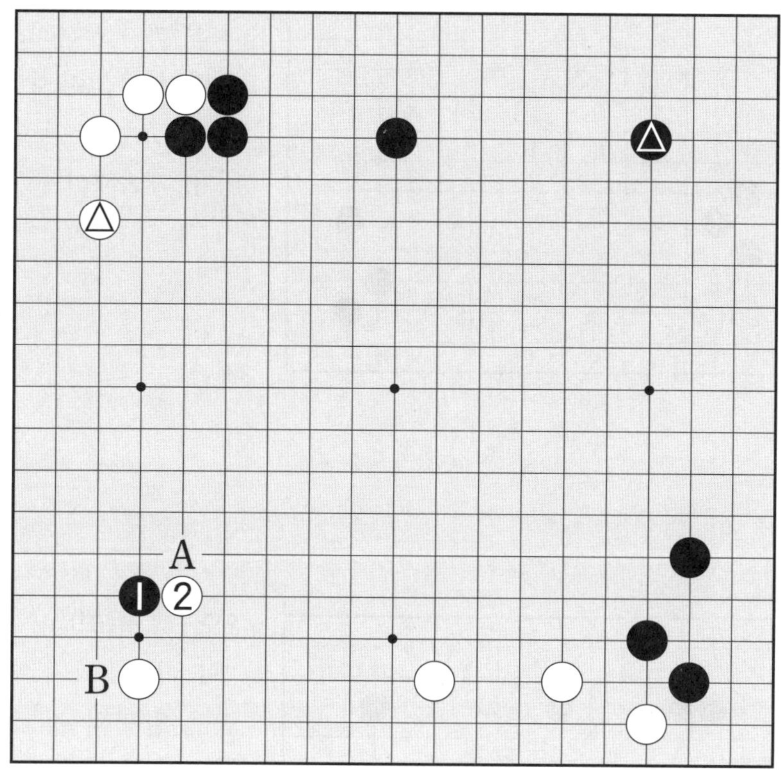

　흑1로 걸치자 백2로 붙여온 장면. 백2는 사실 상당한 책략을 품고 있기에 섣불리 응수하다가는 말려들기 십상이다.

　백의 주문을 거부하는 최선의 응수는 A, B 중 어디일까? △와 ▲가 복선이다.

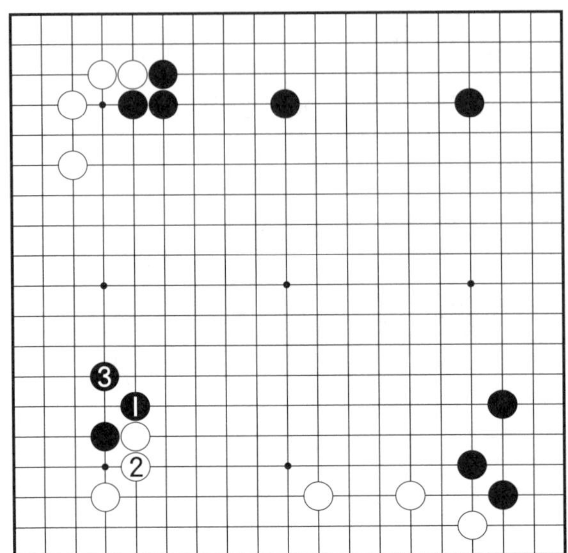

1도

1도 (백의 주문)

무심코 흑1로 젖히는 것은 백의 주문에 말려드는 무책.

흑3까지 부분적으로는 분명히 정석이지만, 전국적으로는 백이 능률적이다. 계속해서~

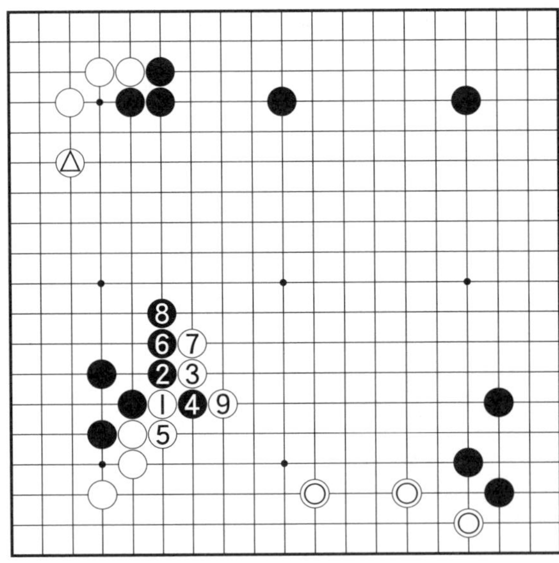

2도

2도 (백, 유리)

백1 이하 9까지 후속수순을 일단락 짓고 나면 그 우열이 확연해진다.

하변 백진은 중앙 백세와 우하쪽 ◎들이 잘 어우러져 이상형을 구축하고 있는 반면, 왼쪽 흑의 두터움은 강인하게 머리를 내민 △의 사두(蛇頭) 탓에 빛을 잃고 있지 않은가.

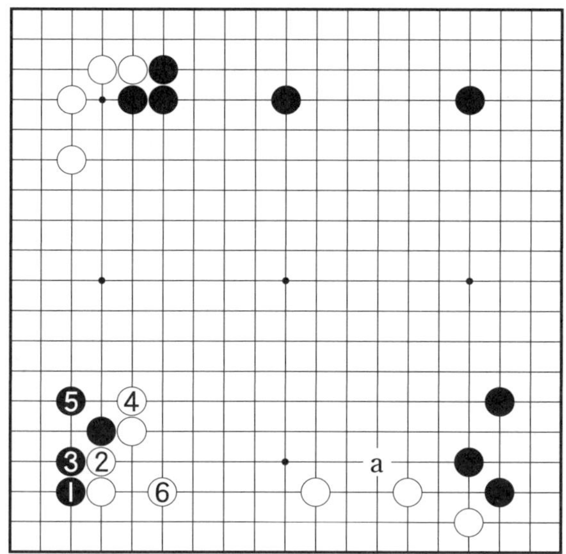

3도

3도 (주문 거부의 붙임)

흑1로 붙여가는 수가 백의 주문을 거부하는 최선의 대응이다.

이하 백6까지 흑의 실리가 큰 데 비해 하변 백진은 a라는 절호의 삭감점이 남아 불만스러운 모습. 주문을 거부하는 흑의 적극책이 돋보인다.

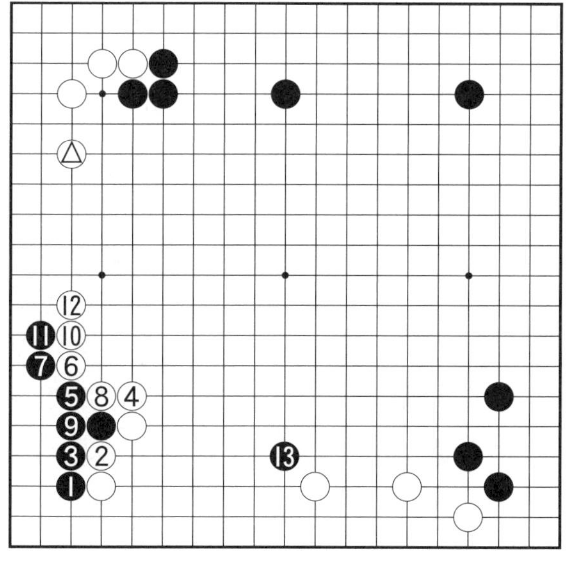

4도

4도 (백, 실속이 없다)

흑5 때 백6으로 붙여 12까지 두텁게 결정짓는 것도 정석의 하나지만, △가 낮게 포진되어 있는 지금 상황에서는 적절치 못하다. 게다가 후수.

흑13의 삭감이 안성맞춤이어서 기껏 쌓은 백 세력이 퇴색하는 것이다.

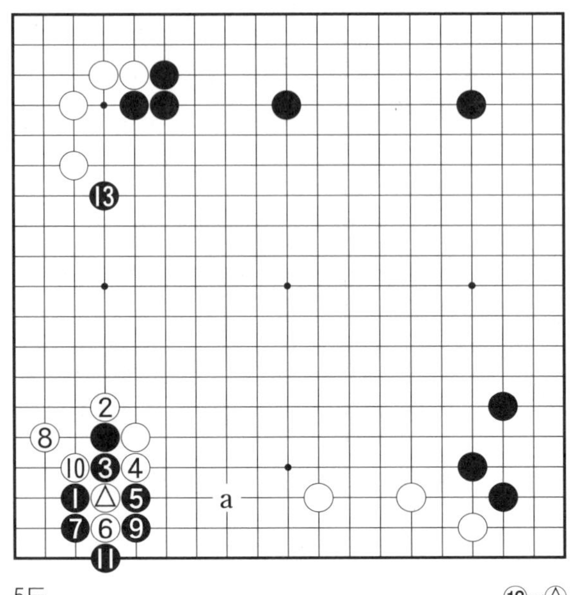

5도

5도 (역시 흑 만족)

흑1 때 백2로 젖히는 것도 가능한 수법.

그러나 여기서는 백12 다음 흑이 a에 두지 않고 절호점 13으로 짚어가는 임기응변이 좋아 백이 별무신통이다. 좌하 흑은 이미 완생이므로 걱정할 것이 없다.

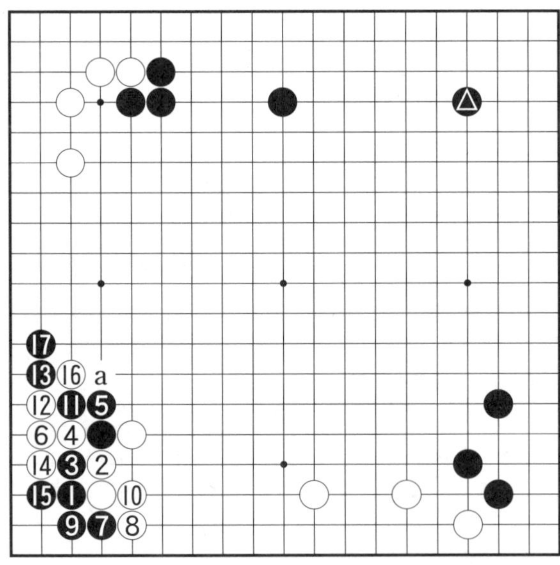

6도

6도 (축 관계가 변수)

흑1에는 백4, 6의 반발이 최강수. 지금은 다행히 우상귀 ● 덕분에 백a의 축이 안 되므로 백이 망한다. 그러나 이 축만 성립한다면 백4, 6의 강수로 흑이 전멸하므로 이때는 흑1의 붙임이 불가한 것이다. 이처럼 정석선택에서는 대각선 방향의 축머리 여부에 대해서도 면밀한 사전 검토가 있어야 한다.

소목 정석 ③ - 축을 이용한 반발

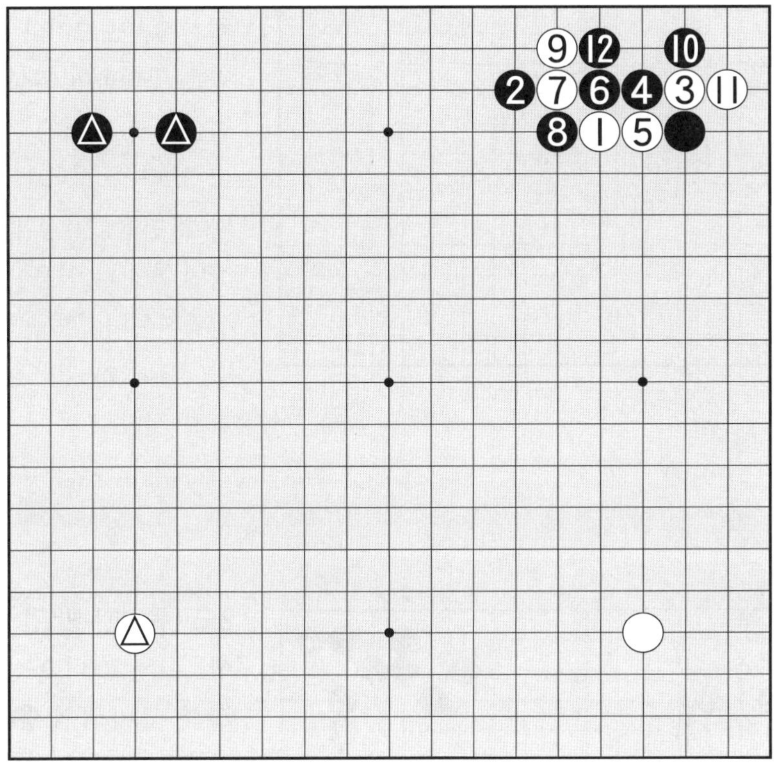

축머리 여부를 둘러싼 정석의 변형을 한 가지 더 살펴본다.

흑2의 협공에 백3으로 붙여 진행되는 수순은 웬만한 기력이라면 알 수 있는 중급정석. 그런데 이곳에 축의 변수가 숨어있는 것을 아는 사람은 그리 많지 않다.

자, 흑12 다음 백은 어떻게 두고 싶은가. ●, △와 연관지어 생각해보자.

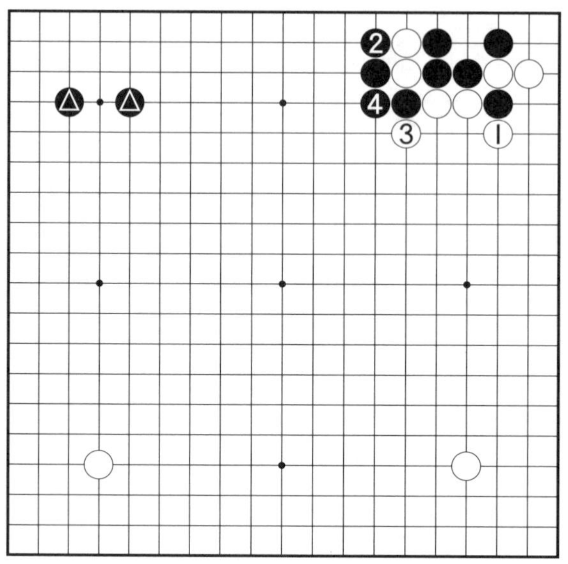

1도

1도 (백, 무책)

단순히 백1로 잡는 것은 정상적인 정석수순으로 부분적으로는 아무런 문제가 없다. 그러나 흑2로 잡은 두터움이 좌상귀 굳힘(△)과 멋지게 호응하고 있다는 점에서 백이 다소 미흡. 이렇게 되면 상변 흑진의 위용이 자못 위력적이니 만큼 백은 보다 적극적인 수단을 강구하고 싶다.

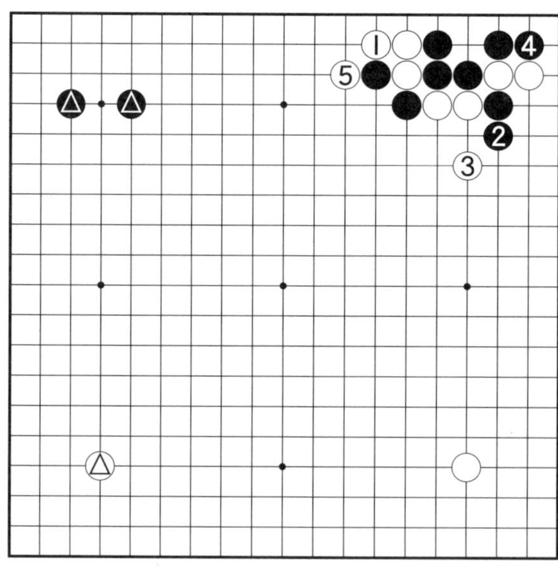

2도

2도 (유력한 반발)

백1로 밀고 나오는 수가 △의 축머리와 △의 기착점을 의식한 임기응변의 강수이다.

그러면 이제 흑도 2, 4로 귀를 잡는 것은 필연이며 백5도 당연하다. 계속해서~

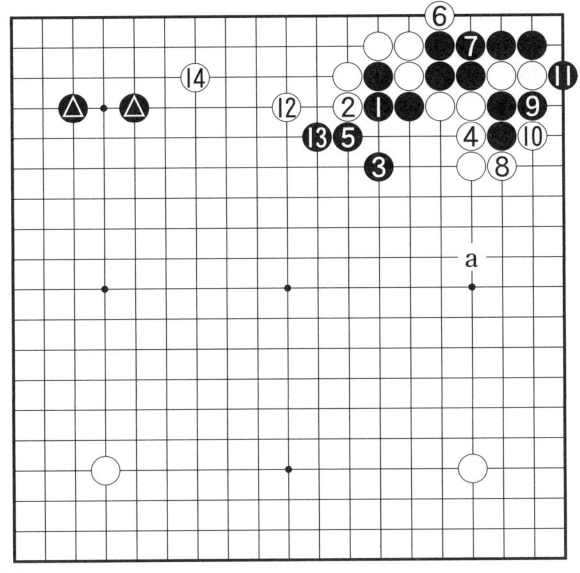

3도

3도 (백의 변화구 성공)

흑1에 백2로 밀어 이하 흑13까지는 거의 외길수순인데, 다음 백14가 백의 근거를 확실히 하며 △의 뒷문도 위협하는 1석2조의 절호점이어서 백의 의지도 관철된 모습이다. 흑으로선 기착점 △의 위력이 반감되었다는 점이 다소 아쉽지만, a로 협공하며 이쪽에서 대가를 구하는 수밖에 없게 되었다.

4도

4도 (백, 만족)

3도가 꺼려진다면 흑은 a에 잇지 않고 흑1 이하로 변화를 모색할 수도 있다.

그러나 이때 역시 백이 선수를 잡아 8의 절호점을 차지할 수 있어 불만이 없다.

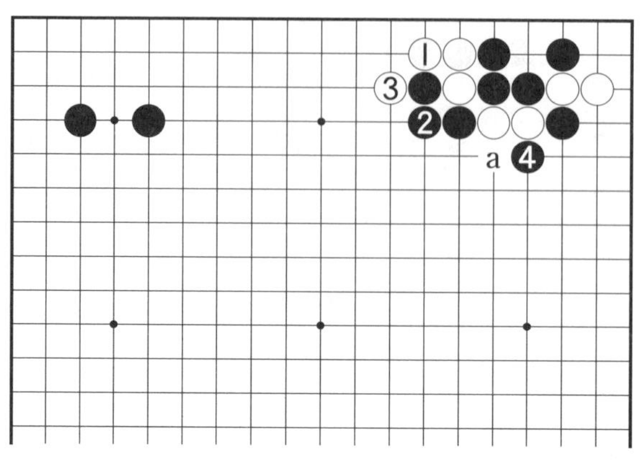

5도

5도 (축 관계)

백1의 강수는 지금처럼 흑4 다음 a의 축머리(좌하귀 백의 화점)가 유리해야 가능하다.

만약 축이 불리하다면 백은 끝장이 나고 말 것이니 말이다.

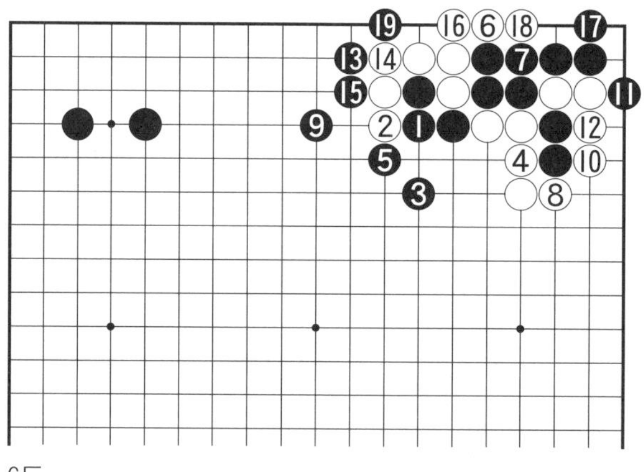

6도

6도 (흑의 함정수)

백이 또 한 가지 유의할 점은 백8 때 흑9로 씌우는 함정수이다. 이때 덥석 백10으로 잡는 것은 흑11을 허용해 이하 흑19까지 1수 부족으로 변의 백말이 잡히고 만다. 수순 중 흑17이 수상전의 묘수.

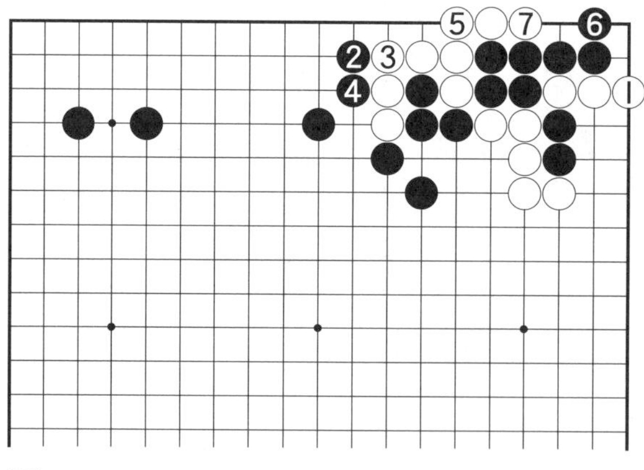

7도

7도 (함정수 분쇄)

그러므로 6도 백10으로는 본도 백1로 내려서는 수를 기억해야 한다.

그러면 이하 백7까지 거꾸로 백이 1수 빠른 수상전.

소목 정석 ④ - 견실한 세력견제

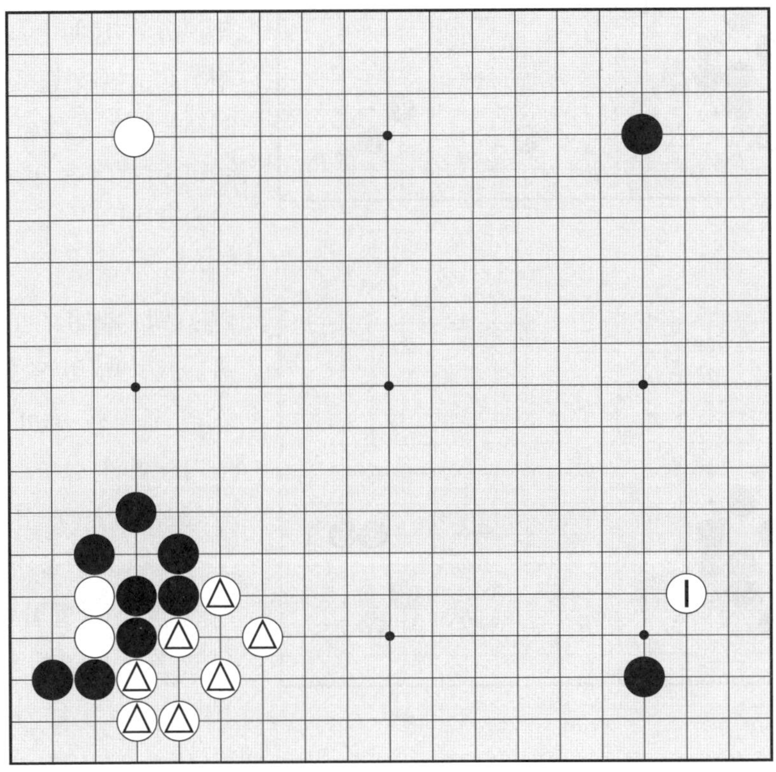

　좌하귀에서 작은 밀어붙이기 정석이 막 끝나고 백1로 걸쳐온 장면.

　이 수도 의식하면서 막강한 좌하 백세(△)를 효과적으로 견제하는 흑의 응수는 무엇일까?

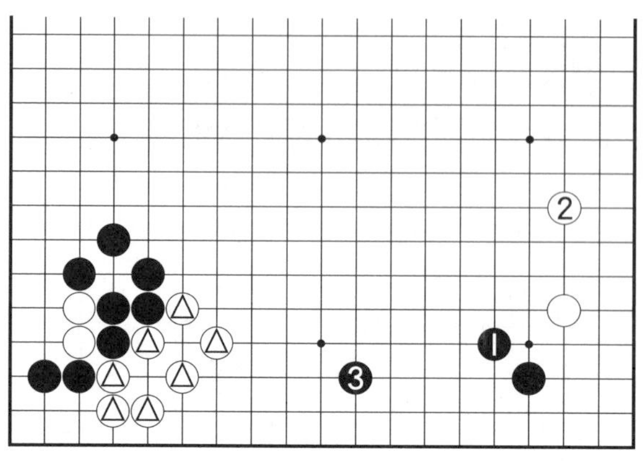

1도

1도 (흑의 아전인수)

흑1의 마늘모는 가장 견실한 응수이다. 이때 보통 때처럼 백2로 받는다면 흑3의 전개가 △의 발전성을 견제하는 1석2조가 되어 흑 만족이다. 그러나 이것은 흑 혼자만의 생각일 뿐~

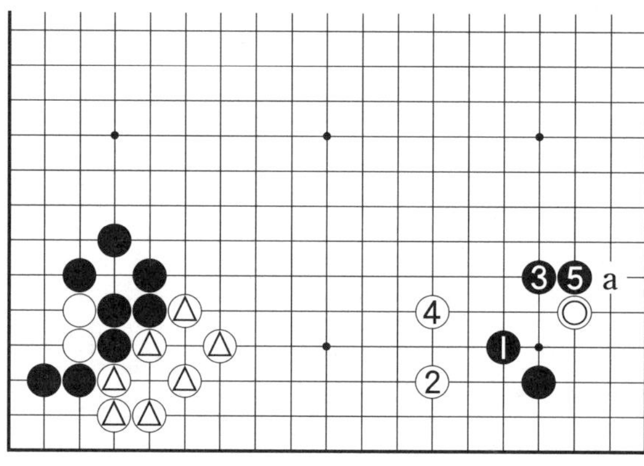

2도

2도 (백, 활발)

흑1에는 백2의 역협공이 △의 위력을 등에 업은 임기응변의 강수. 흑3에는 오른쪽을 가볍게 보고 백4로 하변을 입체화시켜 백이 활발한 모습. ◎는 흑5 다음에도 a로 젖혀 사는 수단이 남아 있다.

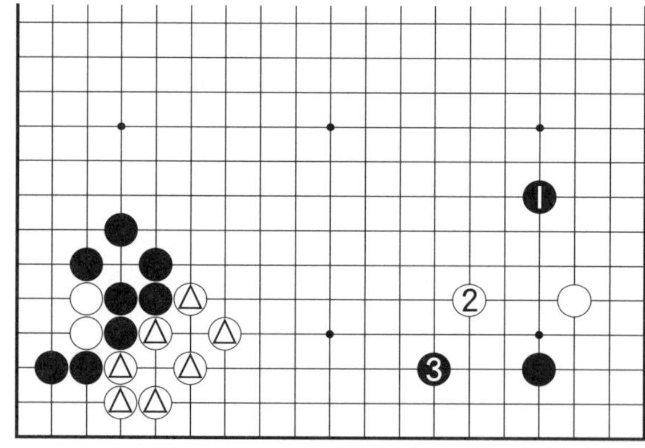

3도

3도 (백, 무책)

그렇다면 흑1의 협공은 어떨까?

이때 백2로 평범하게 응수하는 것은 백의 무책. 흑3을 불러 △의 발전성을 스스로 떨어뜨리는 이적수가 된다.

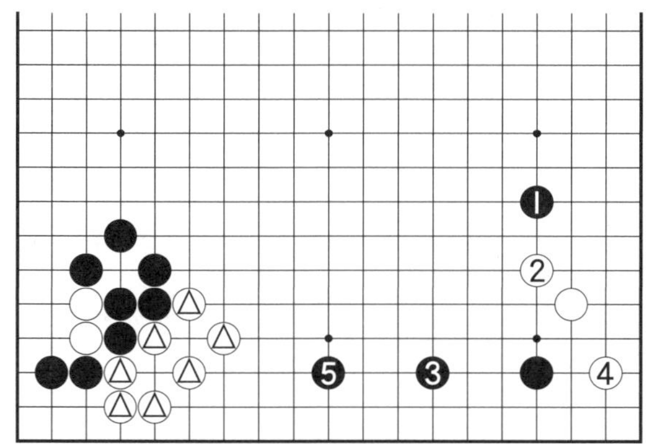

4도

4도 (백, 이적행위)

백2의 마늘모도 역시 흑 3을 불러 좋지 않다. 흑5 까지 자연스럽게 △의 가 치가 소멸되어 백이 크게 불만이다. 백으로선 △의 위력을 퇴색시키는 운석 은 피해야 한다.

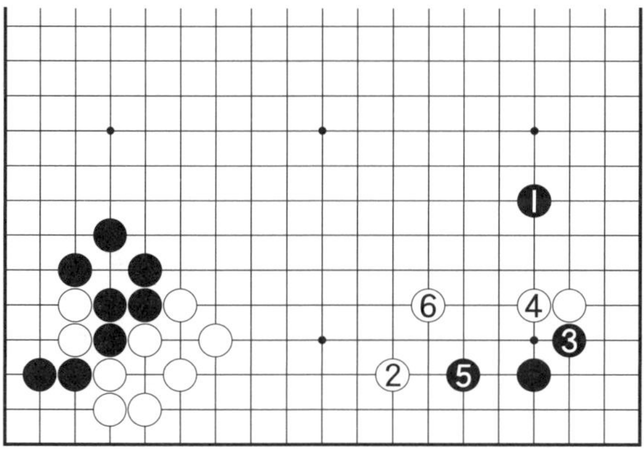

5도

5도 (유력한 역협공)

백2의 역협공이 왼쪽 백 세를 살리는 좋은 대응 이다. 흑3에는 이하 백6 까지 연결자세를 취하며 하변을 키워 백이 능률 적이다.

6도 (백, 양쪽을 두다)

백2 때 흑3으로 붙인다 면 백4로 끼우는 수가 맥 점. 이하 10까지 백은 귀 살이도 하고 하변도 키워 꿩 먹고 알 먹은 격이다.

결국 흑1의 협공은 부 적절하다는 결론에 다다 른다.

6도

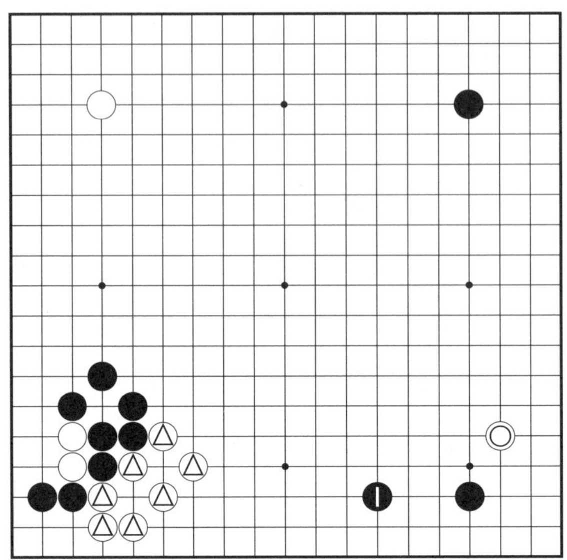

7도

7도 (흑의 최선)

여기서는 흑1로 가만히 두칸 벌리는 것이 최선. 이렇게 견실한 자세를 취하니 △의 위력이 저절로 반감되고 있지 않은가.

이렇게 해놓고 이제 ◎에 대한 공격을 엿보는 것이 현명한 태도이다.

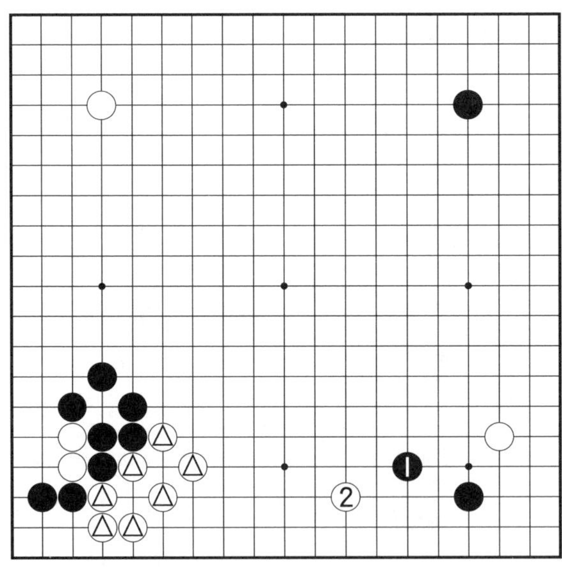

8도

8도 (흑, 곤란)

흑1로 자세를 높이는 것은 허점을 노출해 좋지 않다. △를 등에 업은 백2의 육박이 통렬하여 흑의 다음 행마가 어렵게 되었다.

상대의 세력견제를 위해서는 되도록 견실한 자세를 취하는 것이 효과적이다.

외목 정석 – 편재를 피하다

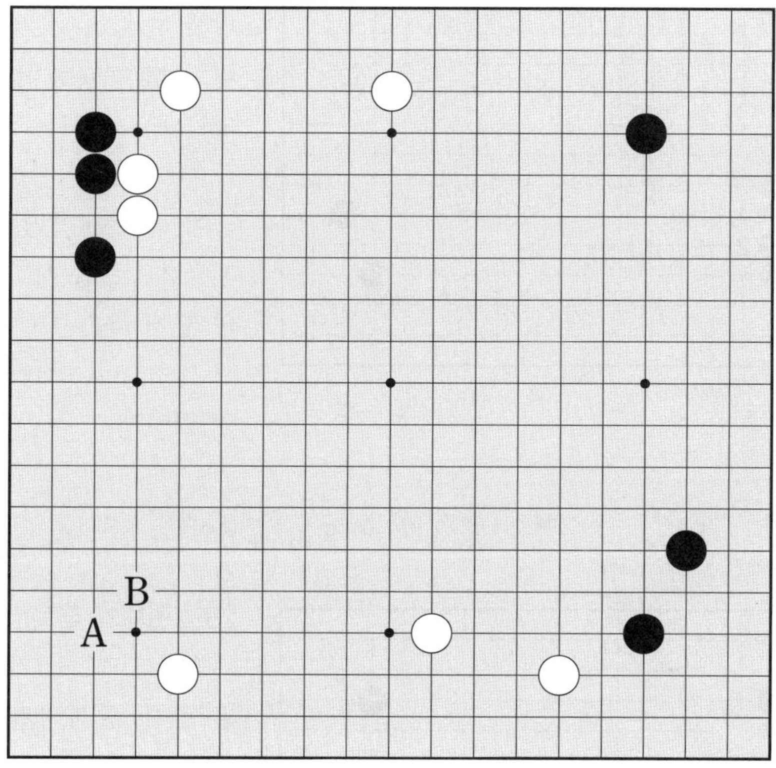

외목은 책략과 함정이 풍부하므로 걸침에 있어 특히 주의를 요한다.

전국적인 균형을 고려한 흑의 걸침수는 A일까? B일까?

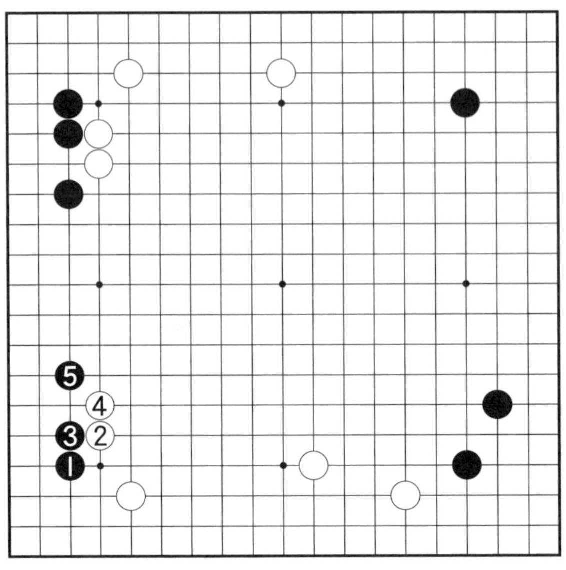

1도

1도 (부분에만 집착)

현명하게 흑1로 걸쳐 들어가는 것은 부분에만 얽매인 이상감각. 백2의 눌림을 당해 흑5까지 좌상귀와 같은 형태가 되고 말았다.

부분적으로는 실리가 좋아 별 문제가 없지만, 전국적으로 볼 때 좌상귀와 함께 좌변 쪽에 저위로 치우쳤다는 점이 문제인 것이다.

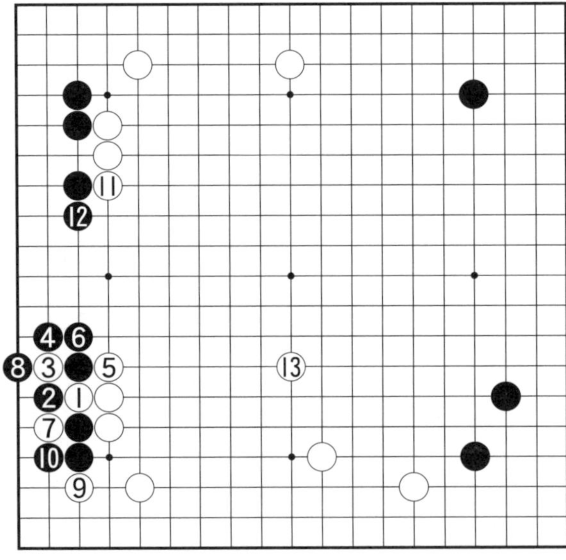

2도

2도 (편재의 극치)

계속해서 백1~9가 흑진을 편재, 중복시키는 상용수법. 이렇게 되고 보니 좌변은 편재와 중복의 극치를 이루고 있다. 반면 백13으로 구축된 하변 백진은 매우 능률적이고 폭넓은 모습.

결국 흑은 국부에만 치우친 정석 선택으로 대세에 크게 뒤지고 말았다.

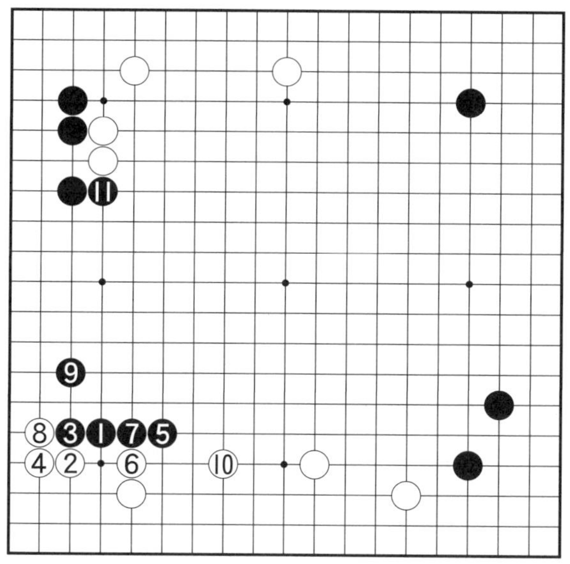

3도

3도 (대승적 태도)

따라서 여기서는 흑1로 바깥 걸침하는 것이 외목의 권도에 휘말리지 않는 길이다. 백2로 받는다면 10까지가 정석.

이 정석은 백이 실리가 커 부분적으로는 흑의 손해지만, 대신 선수를 잡아 대세점 흑11을 선점할 수 있어 전국적으로는 흑도 나쁘지 않다.

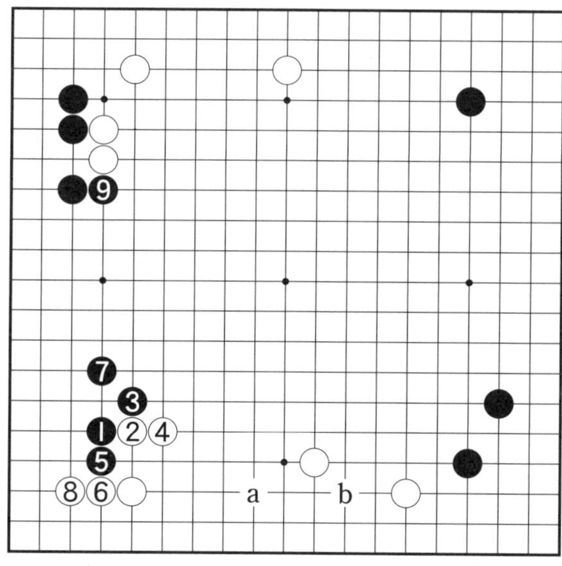

4도

4도 (간명한 처리)

흑1에 백은 하변을 중시하고자 2, 4의 변칙정석을 들고 나올 수도 있다. 그러나 이때 역시 간명하게 백8까지 처리한 다음 흑9로 향해 흑이 충분한 모습.

하변 쪽은 아직 a, b의 침입이 남아있다. 흑7도 보통은 8의 곳에 젖히는 것이 정석이지만, 부분에만 치우치는 수이다.

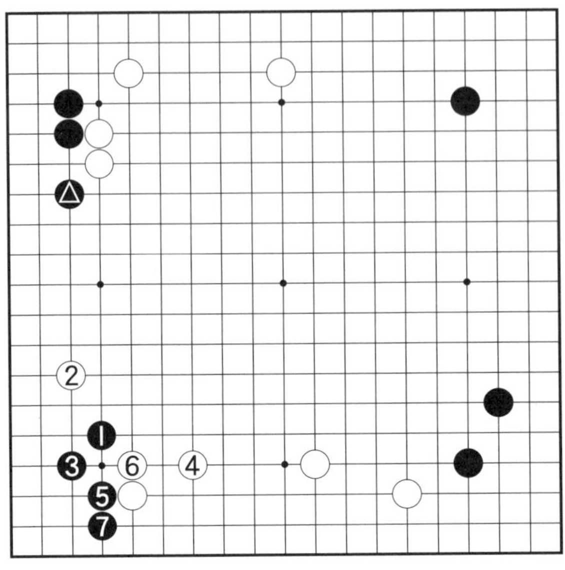

5도

5도 (백, 별무신통)

그렇다고 흑1에 백2로 협공하는 것은 좋지 않다. 흑7까지 알뜰하게 실리를 차지하며 안정하고 나면 백은 실리를 빼앗긴데다 백2가 불요불급한 자리에 놓여있어 백 불만이다.

　좌변은 ▲가 머리를 내밀고 있으므로 백의 입장에서는 가치가 없는 곳이다.

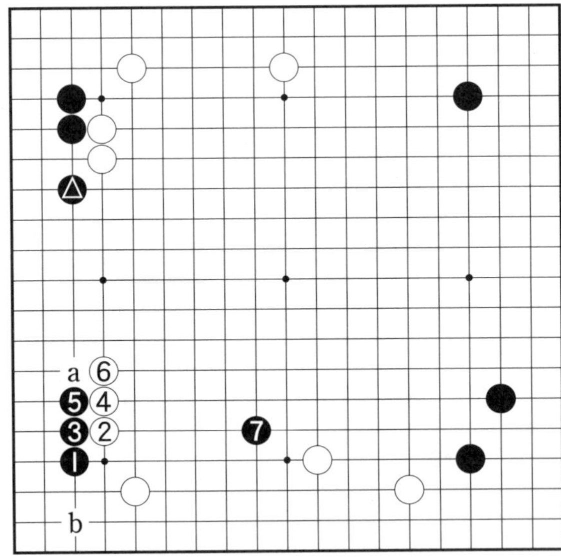

6도

6도 (흑의 차선책)

흑1로 안쪽 걸침을 하다 백2의 고압을 당했을 때라도 흑은 5까지 한번 더 밀어놓고 손을 돌려 하변 삭감에 나서는 것이 편재를 면하는 차선책이다.

　다음 백a에는 흑b로 살 수 있으며, 좌상쪽은 이미 ▲로 머리를 내밀며 견실한 자세를 하고 있어 걱정이 없다.

고목 정석 ① - 함정을 피하는 걸침

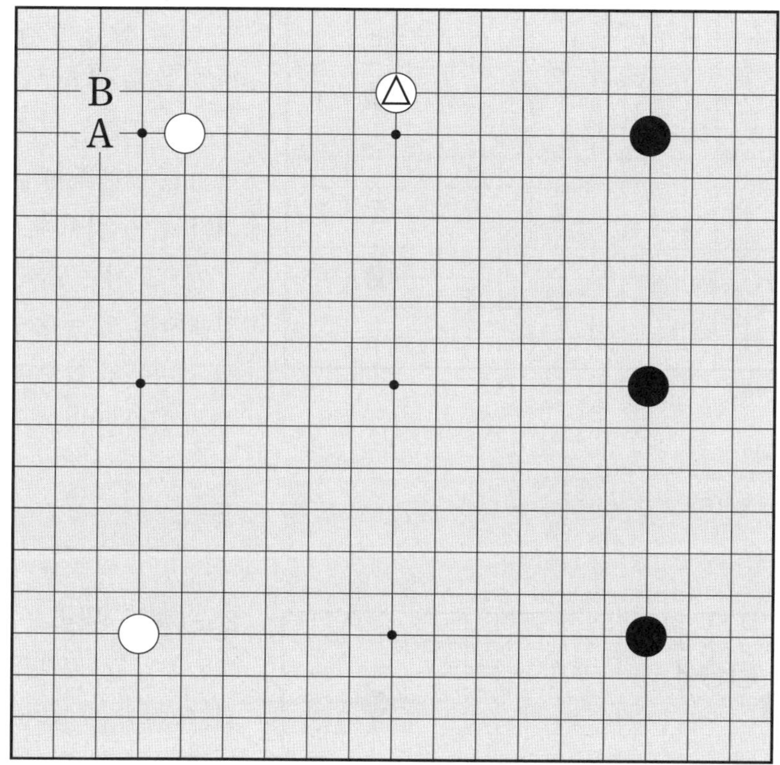

　고목 역시 실리에는 약한 대신 상당한 함정을 내포하고 있는 공격적인 착점. 평범하게 A로 굳히지 않고 △로 벌린 데는 책략이 실려 있다.

　그것을 극복하는 걸침은 A, B 가운데 어디일까?

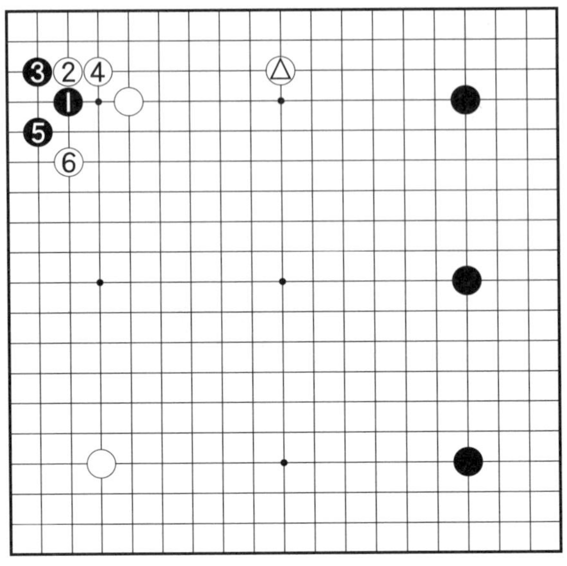

1도

1도 (백의 함정 1)

상식적인 걸침은 흑1. 그러나 △의 기착점이 있는 지금 상황에서는 자칫 백의 함정에 빠질 우려가 높아 위험하다.

가령 백2, 4 다음 6을 당해 주도권을 빼앗길 우려가 짙은 것이다.

백으로서는 △에 미리 전개되어 있는 모양이어서 얼마든지 강수로 나올 수가 있다.

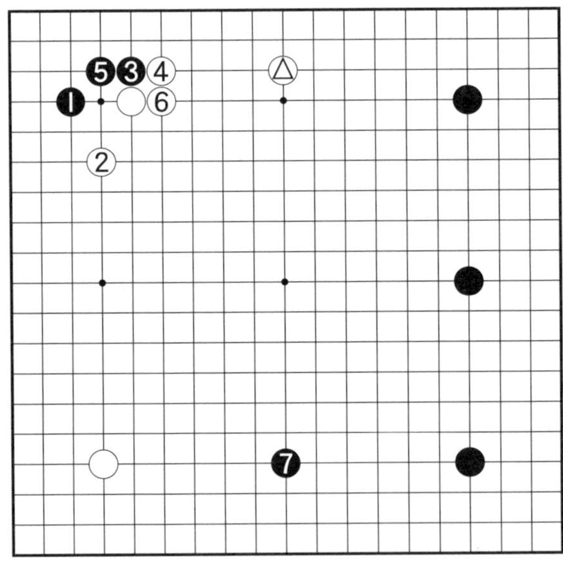

2도

2도 (흑의 환상)

백2의 날일자 씌움은 고목 특유의 고압전술. 그러면 흑은 3으로 붙이는 것이 보통 가장 간명한 응수법. 이때 백4로 젖혀만 준다면 흑5로 끌어 선수로 실리를 차지한 다음 큰 곳으로 향해 문제가 전혀 없다. 그러나 이것은 △가 없을 때의 정석일 뿐 지금은 이야기가 다르다.

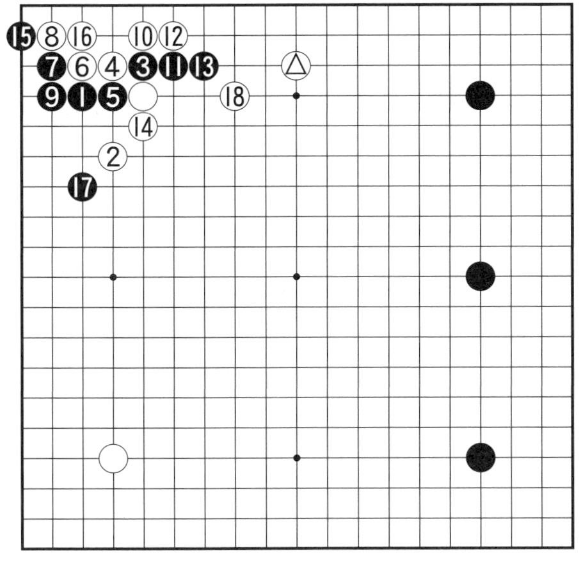

3도

3도 (백의 함정 2)

흑3에는 백4, 6으로 되젖혀 막는 강수가 있는 것. 이것도 역시 고목정석의 하나지만, △의 원군이 있는 지금 상황에서는 백18의 독수가 성립하여 흑이 곤경에 빠진 모습. 바로 이것이 백이 노리던 함정의 하나. 따라서 △가 미리 있을 때는 흑1의 소목걸침이 적절치 못하다.

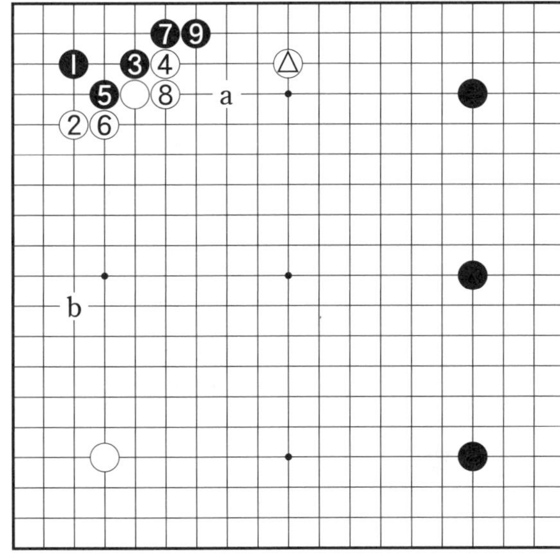

4도

4도 (함정타파의 3·三)

이때는 흑1로 3·三에 들어가는 것이 좋은 방법이다. 다음 백2의 씌움에는 흑3~9가 행마의 요령이다.

이로써 흑은 △를 무력화시키며 실리를 차지하여 성공한 모습. 백으로선 △의 위치가 어정쩡해진데다 흑a의 돌파와 b의 갈라침이 맞보기로 남아 실패한 결과이다.

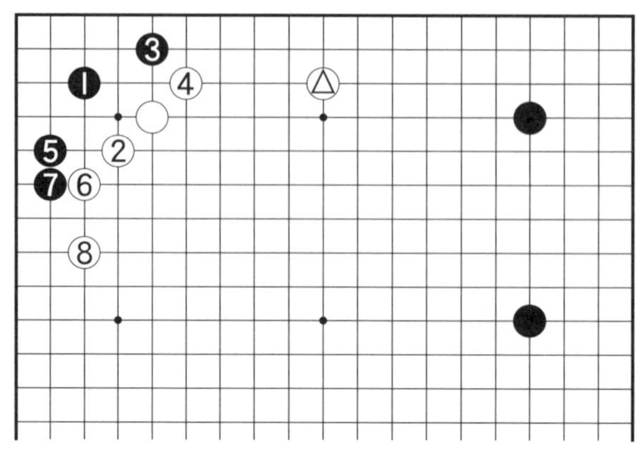

5도

5도 (흑, 만족)

백2의 씌움도 일책이지만, 이때 역시 흑3~7로 실리를 차지하며 가뿐히 안정하고 선수마저 잡아 흑 성공. 역시 △가 어색한 위치여서 백은 불만이다.

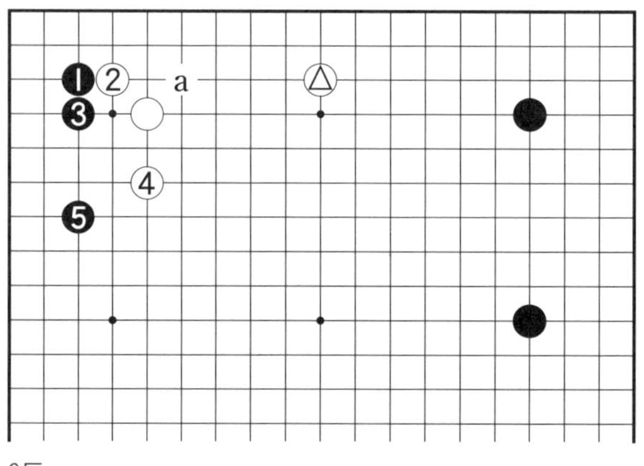

6도

6도 (백의 변화구)

△의 가치를 살리기 위해서는 백2, 4의 변칙수단을 써야 하는데, 흑은 3, 5로 챙긴 실리가 커서 불만이 없다. 백진에는 아직 a의 약점이 남아있다.

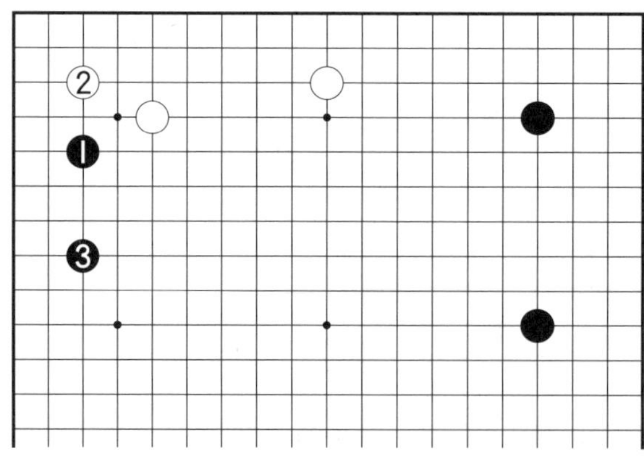

7도

7도 (특수한 걸침)

상황에 따라 흑1로 바깥쪽에서 걸쳐가는 수도 있기는 하지만, 실속이 없어 잘 쓰이지 않는다.

고목 정석 ②－세력을 살리는 역습

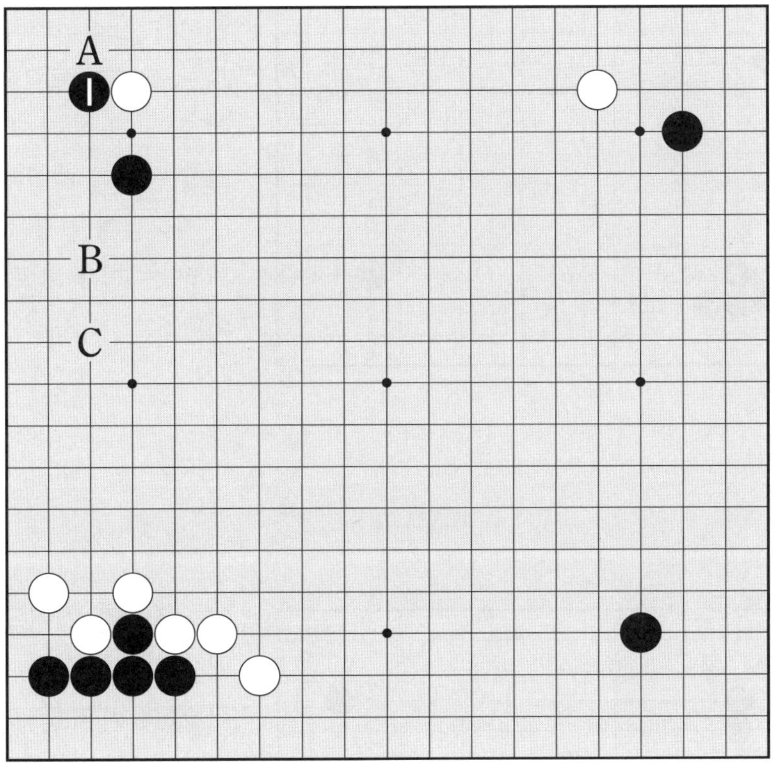

고목에서 흑1로 붙여간 장면인데, 백은 A∼C 가운데 어떻게
응수하는 것이 좌하에 쌓아놓은 세력을 살리는 길일까?
상황에 따른 신축성이 필요한 장면이다.

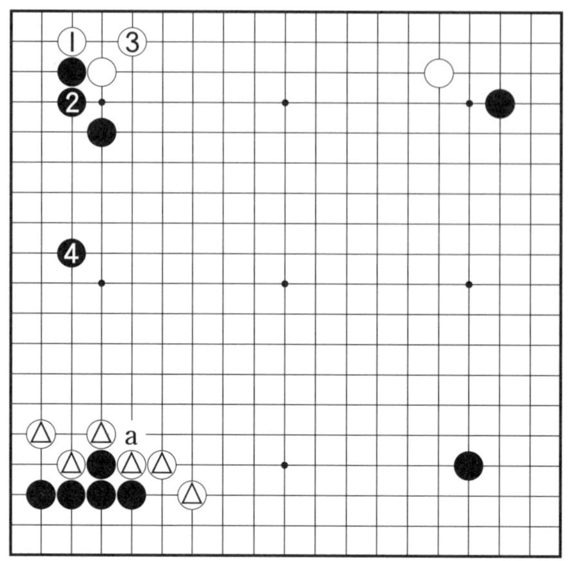

1도

1도 (백, 무책)

상식대로 백1에 젖히는 것은 너무 무감각하다. 흑2, 백3 다음 흑4로 전개하니 △의 위력이 저절로 소멸된 모습. a의 단점도 크게 부각되어 이 그림은 백의 대실패.

기착점의 가치를 떨어뜨리는 수가 바로 악수이다.

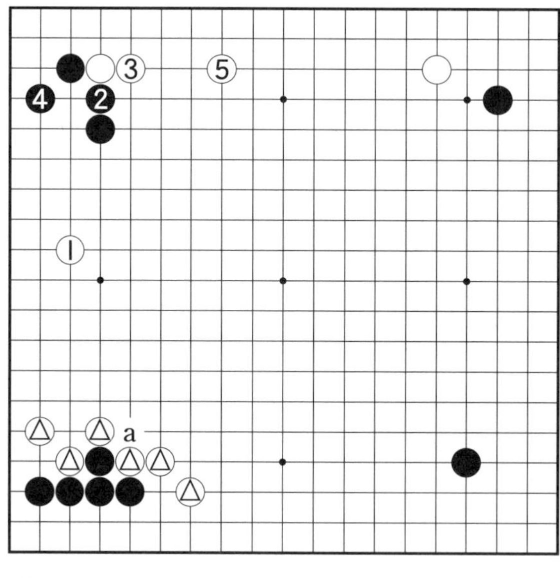

2도

2도 (적절한 임기응변)

백1쯤으로 협공하는 것이 △의 가치를 제대로 살리는 적절한 임기응변이다.

다음 흑2에는 백5까지 처리해 백은 양쪽을 둔 모습이다. 좌변의 백진의 간격이 적당해 불만이 없다.

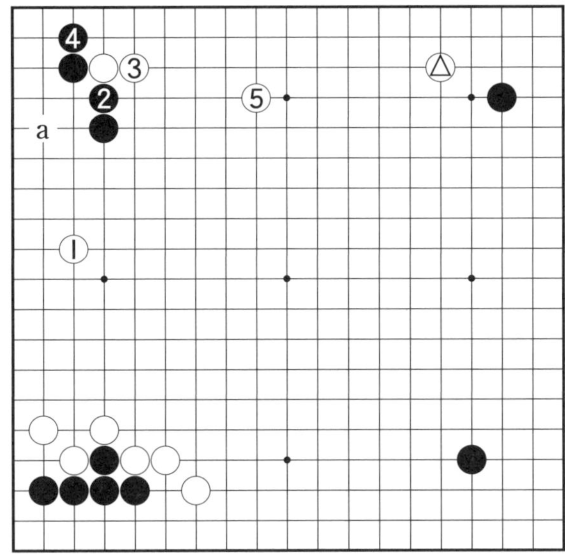

3도

3도 (백, 충분)

백3 때 흑4로 강렬하게 뻗는다면 백도 두점을 가볍게 보면서 5로 경쾌하게 구축하는 것이 행마법이다.

△와 고저장단을 잘 이루고 있는 모습이다. 차후 백a가 거의 선수인 점이 백의 자랑.

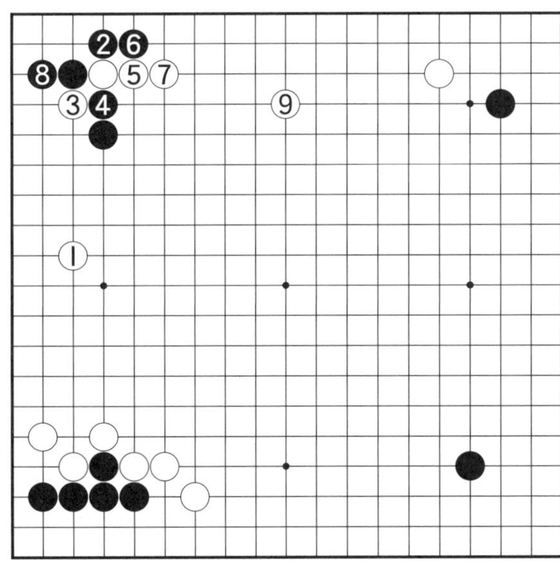

4도

4도 (백, 활발)

백1 때 흑2로 안쪽에서 젖히는 수도 가능한 수법. 그러면 이하 흑8까지 흑 실리 대 백 세력의 양상으로 일단락된다.

그러나 이 모양은 백돌들이 활발하게 움직이고 있는 반면, 흑돌들은 너무 저위로 흐르고 있어 흑의 입장에서는 그다지 바람직하지 않다.

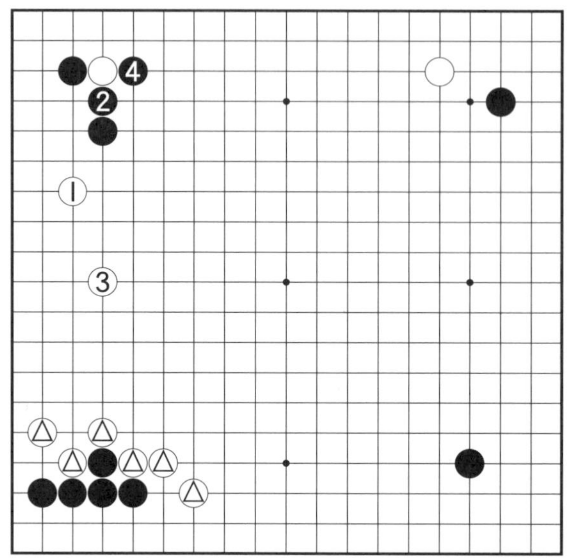

5도

5도 (너무 넓다)

백1로 협공하는 것도 △를 배경 삼은 유력한 협공이다. 그런데, 이 수는 △와의 간격이 너무 넓은 것이 흠. 백3의 가일수가 필요하여 다소 발이 느리다.

흑4로 제압한 흑 실리도 워낙 커서 백이 불충분한 결과이다.

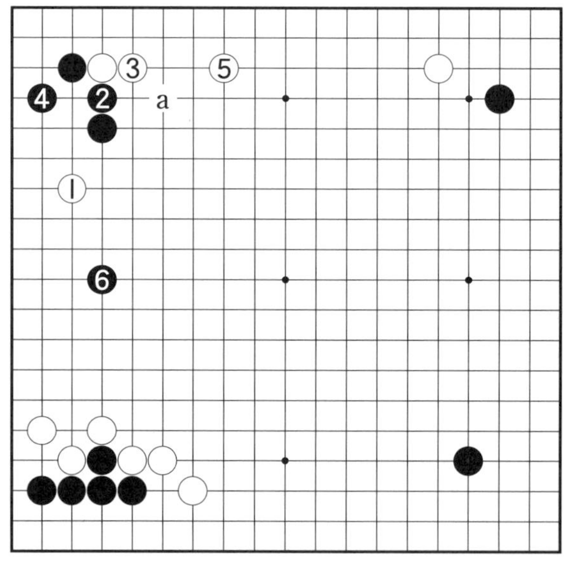

6도

6도 (혼전의 양상)

흑2 때 백3, 5로 버티는 것은 흑6의 반격이 제법 강렬해 좌변이 깨지며 혼전의 양상이 된다.

흑a가 선수로 듣고 있어 이 싸움은 흑도 충분히 해볼 만하다. 2도와 같은 유연한 발상이 바람직하다.

3·三 정석 — 걸침과 어깨짚기의 배합

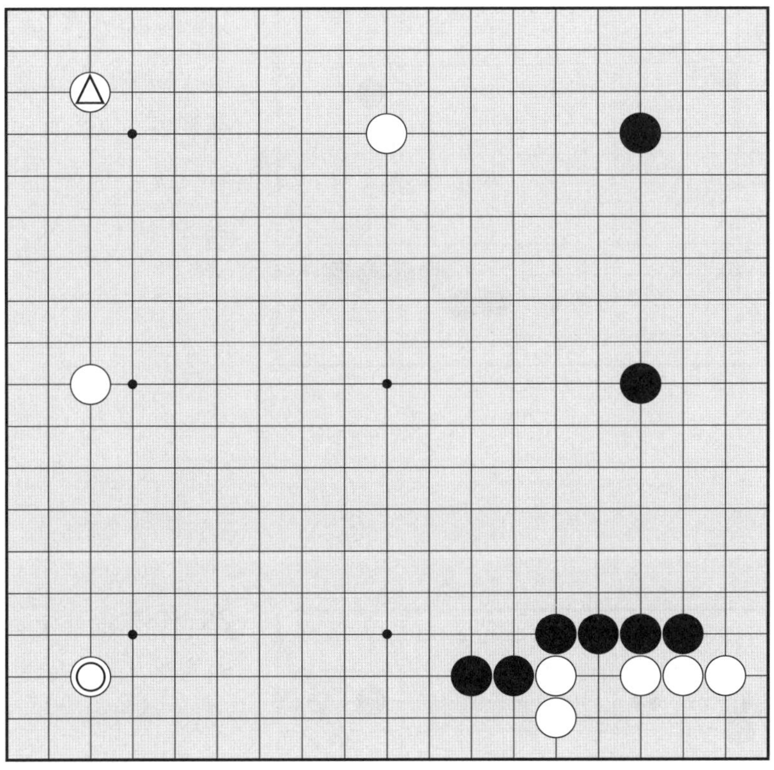

　좌변 쪽에 ⊿와 ◎ 두 곳의 3·三이 있는데, 흑의 입장에서 이 두 곳을 효율적으로 모두 처리하는 방법은 없을까?

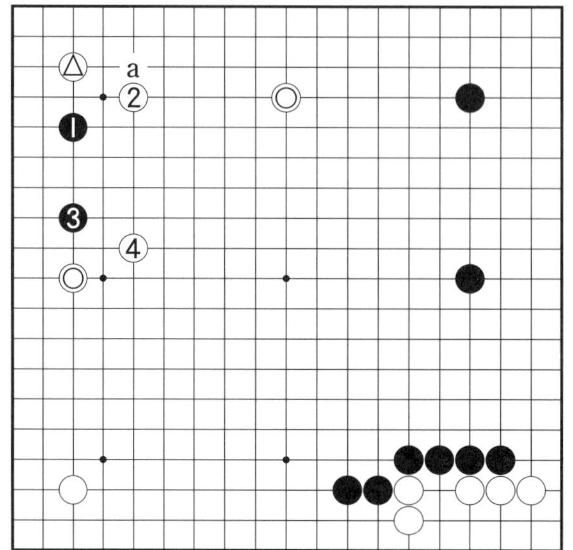

1도

1도 (잘못된 걸침)

먼저 좌상귀 △에 대한 접근 방법을 살펴본다.

　여기서 흑1로 걸치는 것은 이상감각. 백2, 4로 맹공을 당해 고전을 자초한다. ◎의 배석을 도외시했기 때문이다. 흑a 의 걸침도 역시 대동소이.

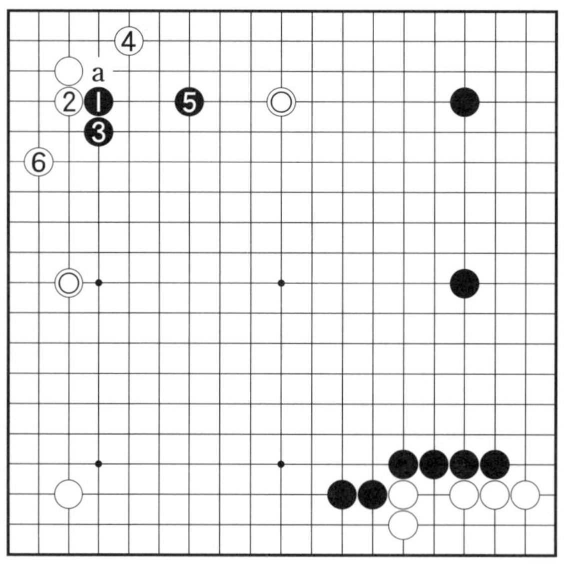

2도

2도 (어깨짚기가 급소)

이렇게 ◎의 양날개가 있는 상황에서는 흑1로 어깨 짚어가는 것이 3· 三의 취약점을 제대로 찌르는 모양의 급소가 된다. 이하 백6까지 백을 저위로 굴복시키며 가볍게 삭감에 성공한 모습. 백2로 a에 밀어도 비슷하다.

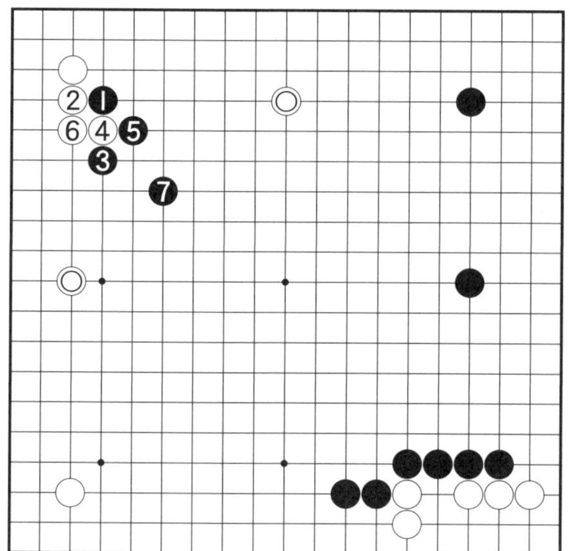

3도

3도 (경쾌한 수법)

백2로 밀 때 흑3으로 한 칸 뛰는 것도 유력하다.

　이하 흑7까지 경쾌한 모양으로 ◎의 양날개를 무색하게 만들며 백진의 발전 가능성을 제한한 모습이다.

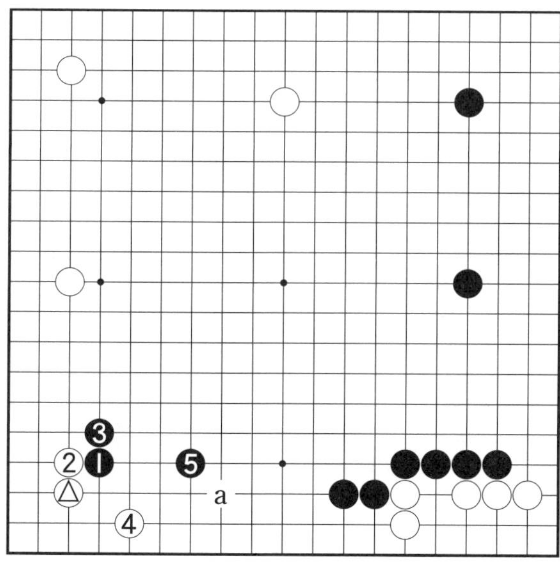

4도

4도 (부적절한 어깨짚기)

그러면 시선을 좌하귀 △로 돌려보자. 그런데, 여기서는 흑1이 이상감각. 흑5까지 되고 나면 오른쪽과 연관지어 흑의 자세가 어색하지 않은가. 백a가 남아 흑이 실속 없는 모습이다.

　어깨짚기는 삭감할 때 어울리지, 이처럼 집을 짓는 데는 적절치 않다.

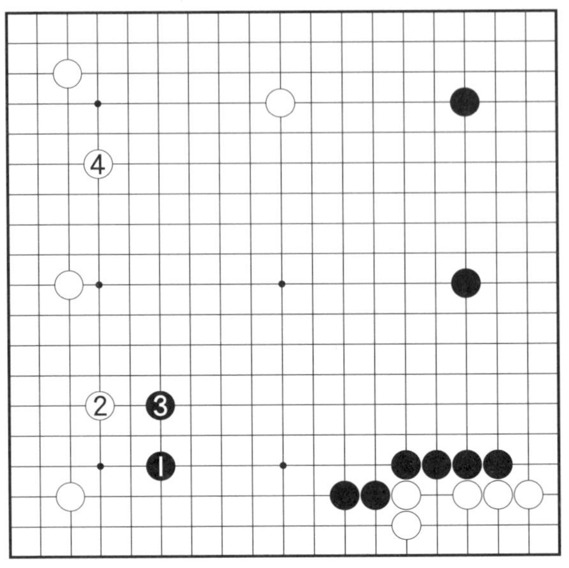

5도

5도 (올바른 걸침)

이때는 흑1로 걸쳐가는 것이 올바른 감각. 백2에 흑3으로 하변을 지역화해 부분적으로는 만족스러운 모습이다.

그러나 후수를 잡아 백4를 빼앗기면 좌상 일대의 백진이 입체화되므로 전국적으로는 성공한 것이 아니다. 뭔가 수순의 묘가 필요한 장면이다.

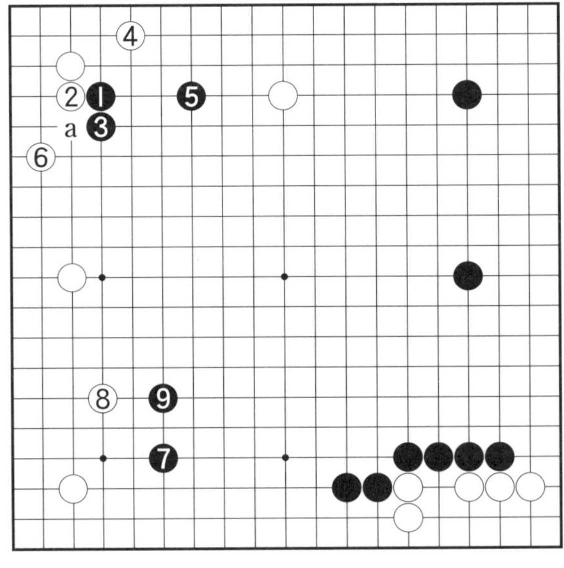

6도

6도 (양쪽을 모두 처리)

먼저 좌상쪽에 흑1로 어깨 짚어 백6까지 백 모양의 팽창을 저지시키는 미봉책을 거친 다음 좌하쪽에 돌아와 흑7로 걸쳐 하변을 키우는 것이 능동적인 구상이다(백6을 손빼면 흑a가 아프다). 이처럼 3·三에는 걸침과 어깨짚기를 적절히 배합하여 구사하는 것이 정석 선택의 포인트이다.

탈정석 – 배석을 살리는 임기응변

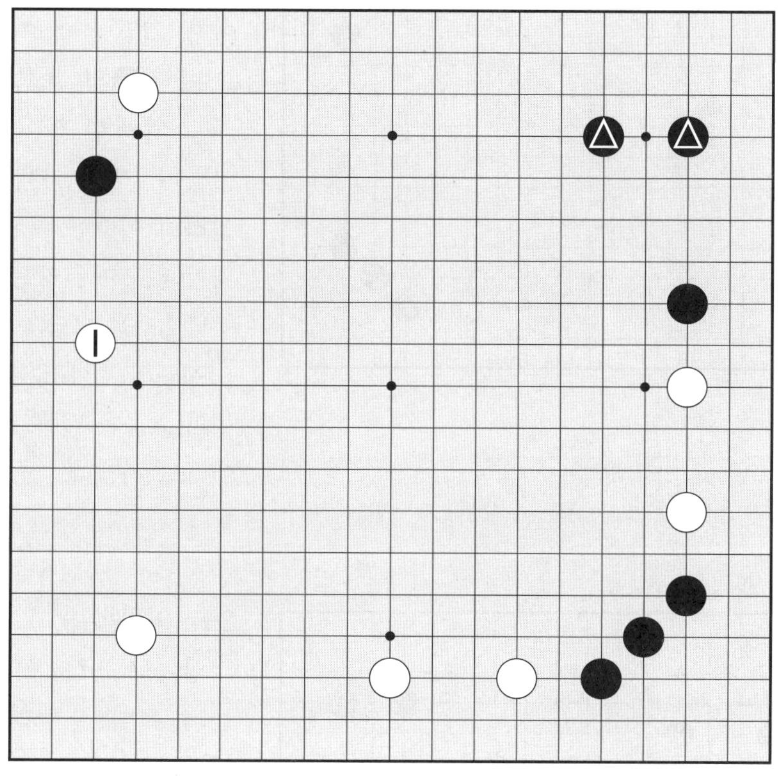

지나치게 정석에 얽매이다 보면 때로는 정석이 '독'이 되는 경우도 없지 않다. 중요한 것은 일정한 틀에 얽매이지 않는 '발상의 자유'와 창의력이다.

백1로 협공해온 장면인데, 흑은 이곳을 곧이곧대로 응수하기보다는 우상귀 굳힘(▲)의 가치를 최대한 살리는 운석을 하고 싶다. 그것은 무엇일까?

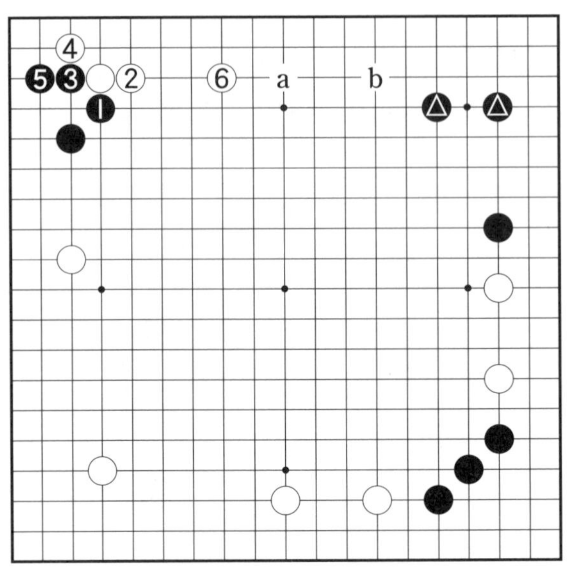

1도

1도 (정석에 얽매이다)

흑1로 붙이는 것이 맥점. 이하 백6까지 부분적으로 나무랄 데 없는 정석이다. 그러나 백6이 놓임으로써 ▲의 위력이 저절로 퇴색한 점이 너무 아쉽다. 백의 자세가 견실하여 이제는 흑a가 위력이 없으며 b의 뒷문만 부담스러운 모습.

정석의 틀에 얽매이다 돌의 효용을 떨어뜨린 격이라고 하겠다.

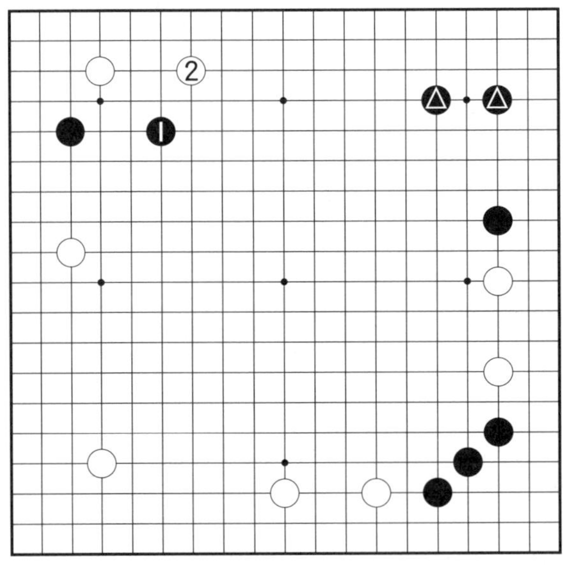

2도

2도 (이적행위)

그렇다고 흑1로 그냥 뛰는 것도 백2를 불러 이적행위에 가깝다.

▲의 가치를 살리기 위해서는 되도록 백돌이 상변 쪽에 흐르지 않게 하는 발상이 필요하다.

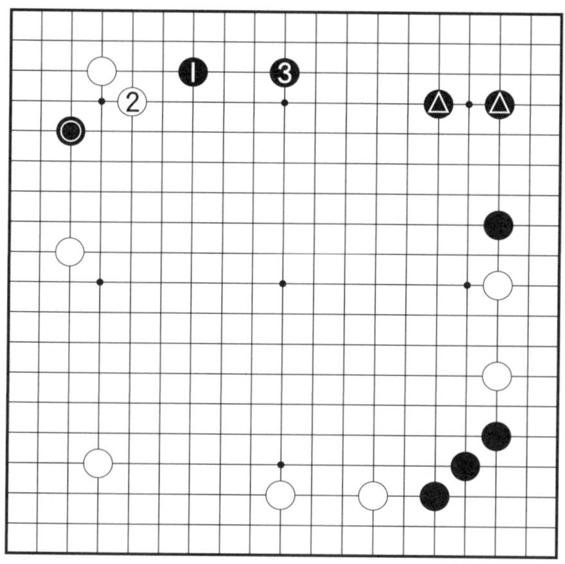

3도

3도 (능동적 임기응변)

흑1의 되협공이 이 상황에 걸맞는 대응이다. 이어 백2에는 ●를 가볍게 보며 흑3으로 변신하는 것이 순발력 넘치는 임기응변. 이로써 ▲에서 양날개를 펼친 이상형을 구축하는 데 성공했다.

유불리를 떠나 틀에 구애받지 않는 흑의 능동적 구상이 돋보인다.

4도

4도 (백, 무리)

흑1 때 백2로 뛰어들어 반발하는 것은 흑3의 봉쇄가 너무 쓰라려 백이 견디기 힘들다. 백4~10으로 쌈지뜨고 사는 사이 외곽을 철벽으로 만든 다음 흑11로 협공해 흑이 주도권을 휘어잡은 모습. 장차 흑a면 △도 곤마 신세.

백으로선 공연히 흑의 발걸음만 쫓아다니다 전판이 엷어진 형국이다.

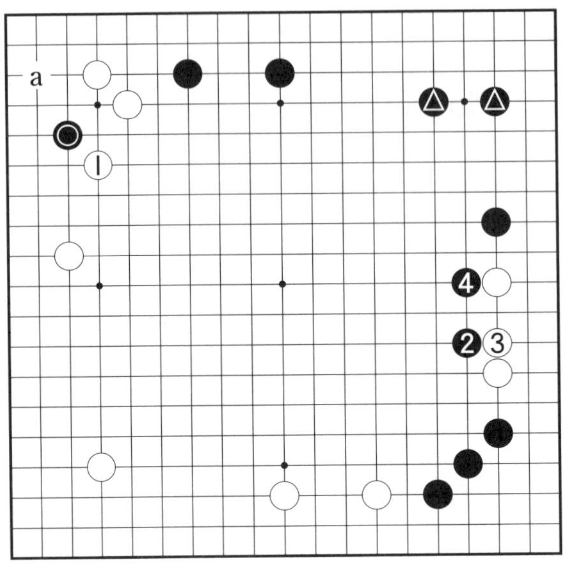

5도

5도 (흑의 후속수단)

3도에 계속해서~, 다음 백1의 가일수가 불가피할 때 흑2, 4가 안성맞춤. 이로써 흑은 ▲의 가치를 극대화하면서 우상 일대에 입체적인 대모양을 건설하는 데 성공, 대세를 리드하게 되었다.

◉는 아직 a로 달려 사는 맛이 남아있어 좌상귀는 완전한 백집이 아니다.

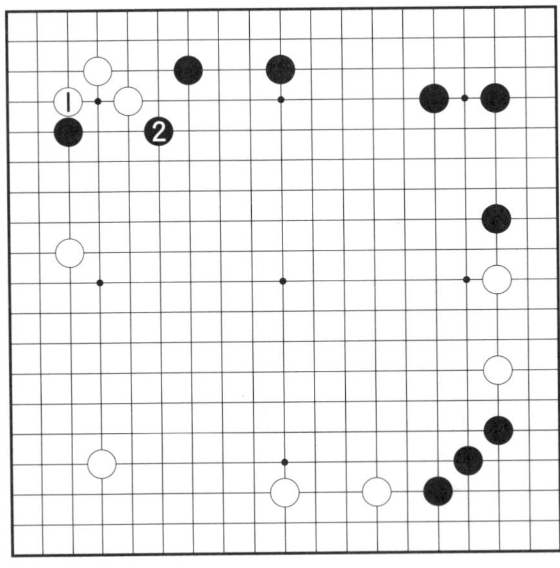

6도

6도 (흑, 입체적 구도)

그러므로 백1로는 이렇게 귀를 지키는 것이 현실적인데, 이때는 흑2의 씌움이 제격이 되어 역시 흑이 활발한 국면이다.

이처럼 정석의 틀에서 자유롭게 벗어날 수 있으려면 그만큼 정석의 변화에 능통해야 할 것이다.

3장

확장, 수비, 삭감의 급소

굳힘과 벌림 등을 통해 귀와 변의 포석과정이 진행되고 나면 다가오는 것이 집모양의 확장과 수비, 그리고 삭감을 둘러싼 쌍방의 모색이다.

특히 이 과정에서는 쌍방의 경계선을 둘러싼 대세점 쟁탈전과 돌의 능률을 둘러싼 치열한 공방이 벌어지기 때문에 바로 이 대목에서 포석의 우열이 갈린다.

이 장에서는 실전에서 가장 흔히 등장하는 포석의 모델을 예로 들어 집모양 확장, 수비, 삭감의 기본요령을 살펴보았다.

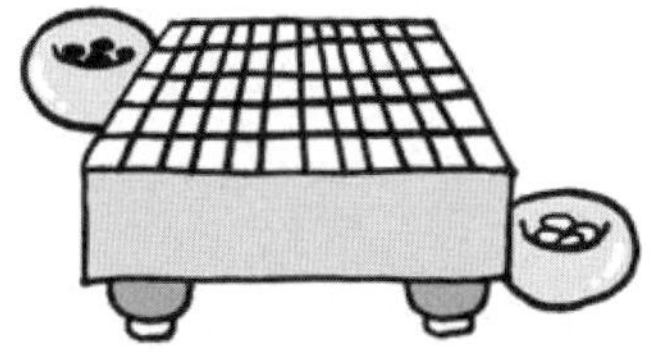

모양 확장의 감각

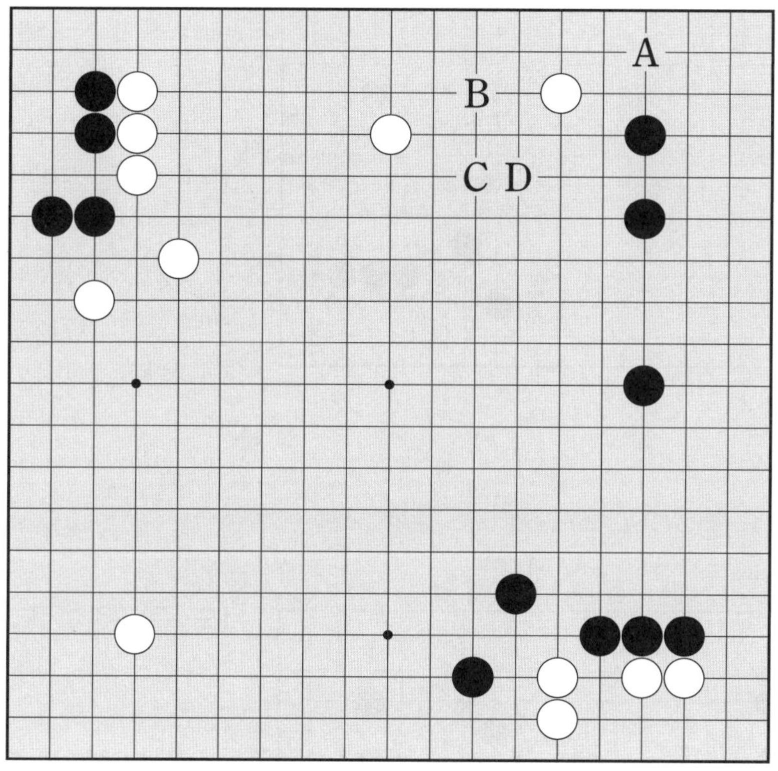

눈길이 우상 일대로 쏠리고 있는 국면.

우변의 흑진과 상변의 백진을 의식한 호방한 다음 한수는 흑A ~D 가운데 어디일까?

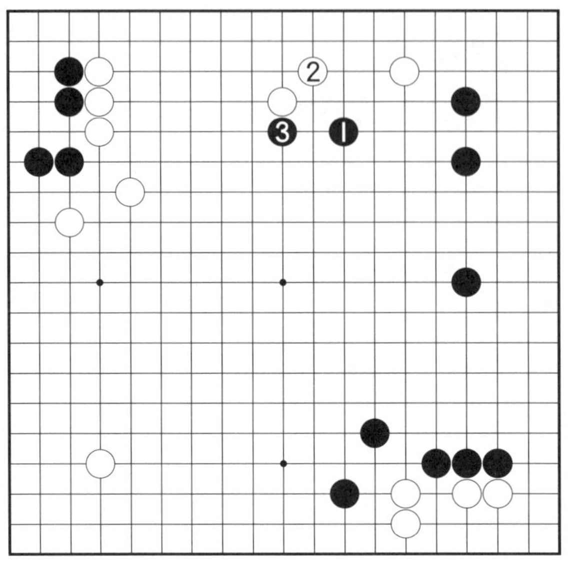

정해도

정해도 (대모양 입체화)

지금 국면은 우변 흑진과 상변 백진의 모양대결 양상. 따라서 우변의 팽창과 상변의 축소를 겸할 수 있는 발상이 필요하다. 흑1이 상변을 제한하면서 우변을 최대한 넓히는 화려한 비상이다. 다음 백2로 넘어갈 때 흑3으로 붙여가는 것이 흑1과 관련된 컴비네이션.

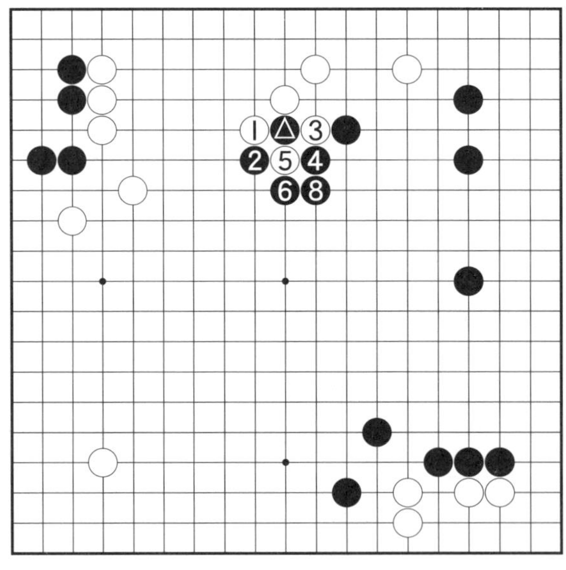

1도   ⑦…△

1도 (두터운 마무리)

계속해서 백1, 3에는 흑2, 4로 되젖히고 되모는 것이 기억해야 할 맥점 연타. 백7을 기다려 흑8로 꽉 이어 상중앙의 경계선을 마무리한다.

이로써 우중앙 일대에 모양을 두텁게 형성시켜 흑의 호조이다.

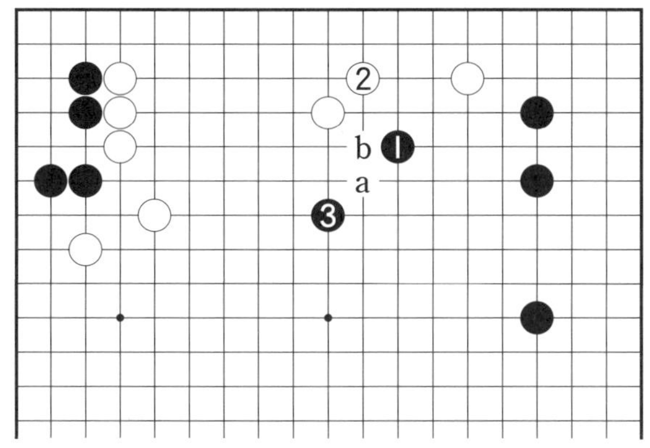

2도

2도 (경쾌한 수법)

흑1 다음 흑3으로 뛰는 것도 우변을 확장하는 경쾌한 일책이다. 이때 백a로 밭전자의 허점을 찌르고 나오는 것은 흑b로 뚫고나가 백 무리.

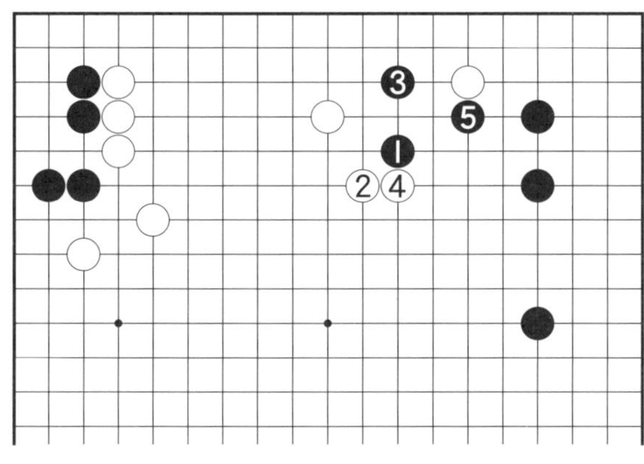

3도

3도 (기세의 바꿔치기)

정해도는 아무래도 흑이 기분 좋으므로 백도 중앙을 의식하여 백2로 반발해올 가능성도 있다. 그러나 그때는 흑3, 5로 우상귀를 제압해 불만이 없다.

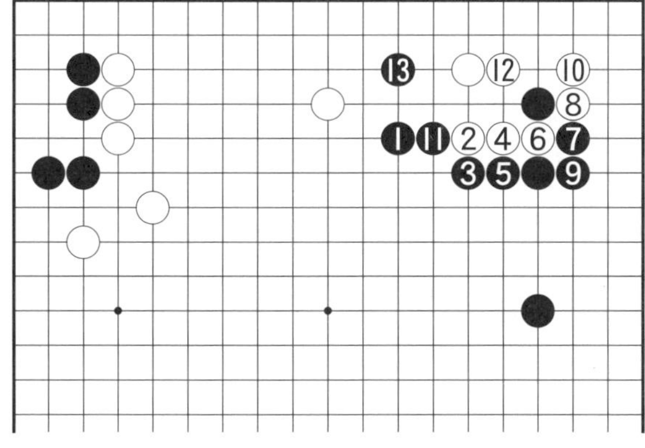

4도

4도 (백, 속수)

흑1 때 백2, 4로 뚫고 나오려는 것은 속수. 흑3, 5로 꽉꽉 틀어막혀 좋은 결과가 없다. 이하 백12까지 우상귀를 손에 넣을 수 있지만, 중앙을 완벽하게 도배 당하는데다 흑13마저 당해 백 손해.

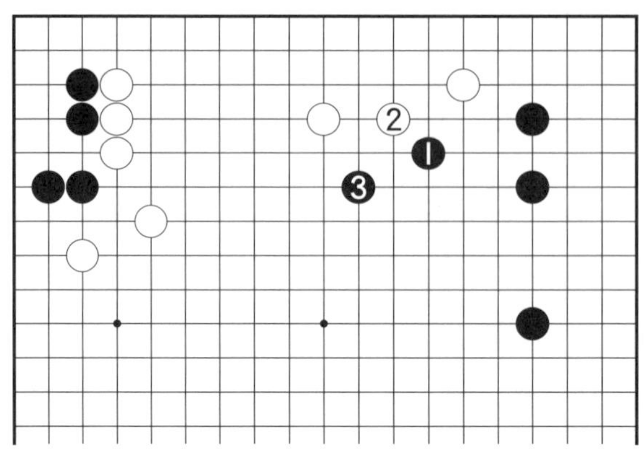

5도

5도 (차선의 눈목자)

흑1로 눈목자한 뒤 3으로 비상하는 것도 유력한 수법. 그런데 이 모양은 상변 백진도 이상적인데다 중앙 경계선 쪽이 다소 엷어 정해도보다는 미흡하다.

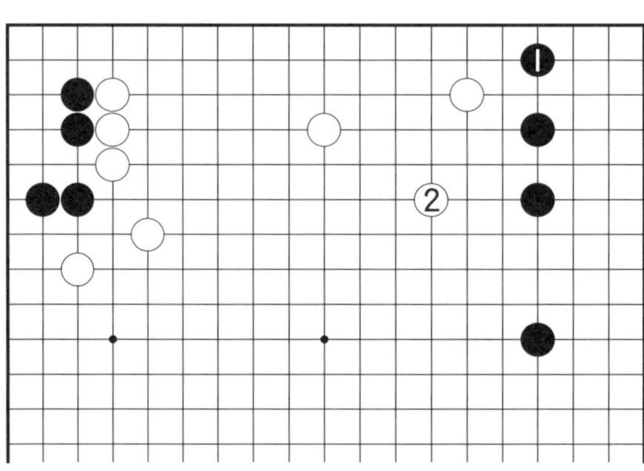

6도

6도 (실리에 집착)

흑1로 귀를 지키는 것도 부분적으로는 나무랄 데 없는 큰 곳이지만, 전체적으로 볼 때는 초점에서 벗어난 완착이다. 모양의 분계선인 백2를 선점당해 모양대결에서 한 발 뒤지게 된다.

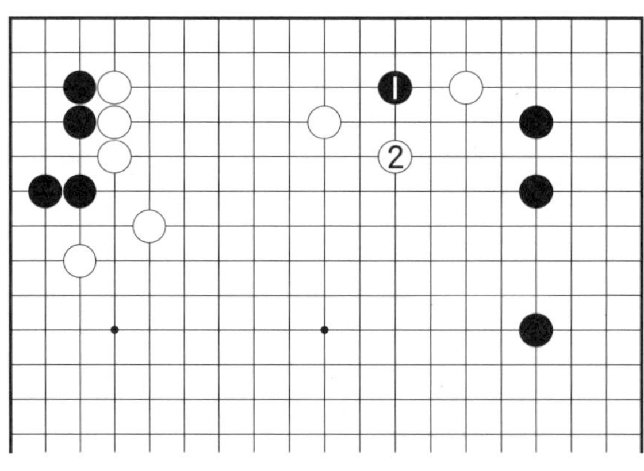

7도

7도 (이상감각)

흑1로 뛰어드는 것은 강인한 수법이지만, 남의 집을 크게 보는 소아적 발상으로 역시 국면의 포인트에서 벗어나고 있다. 백2로 응수하면 우중앙의 제공권이 백에게 넘어갈 가능성이 있다.

벌림의 간격과 높낮이

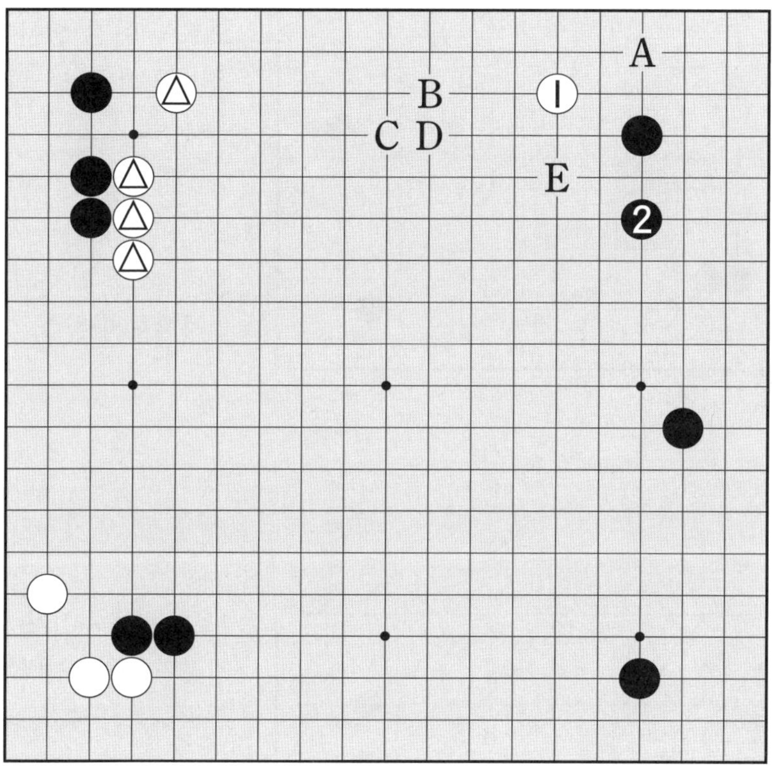

좌상귀에서 흑에게 상당한 실리를 내준 백으로서는 그 대가를 얻는 △의 세력을 어떻게 살리느냐가 이 포석의 관건이다.

백1로 걸쳐 흑2로 받은 장면에서 다음 백의 한수는 A∼E 가운데 어디가 가장 좋을까?

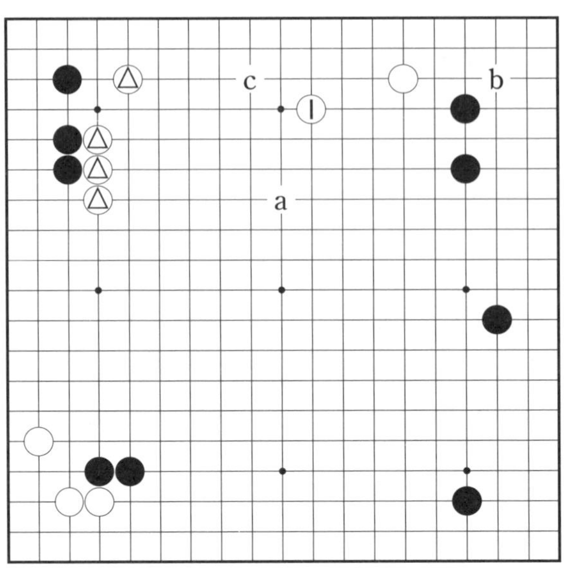

정해도

정해도 (적당한 구축)

백1로 높게 벌리는 것이 △와 호응하는 적정선. 이로써 상변은 거의 집으로 굳어진 셈이며, 다음 a의 확장과 b의 침입을 노릴 수 있다.

c의 허점이 있기는 하지만, △가 워낙 강력하므로 흑도 섣부르게 침입하기가 어렵다.

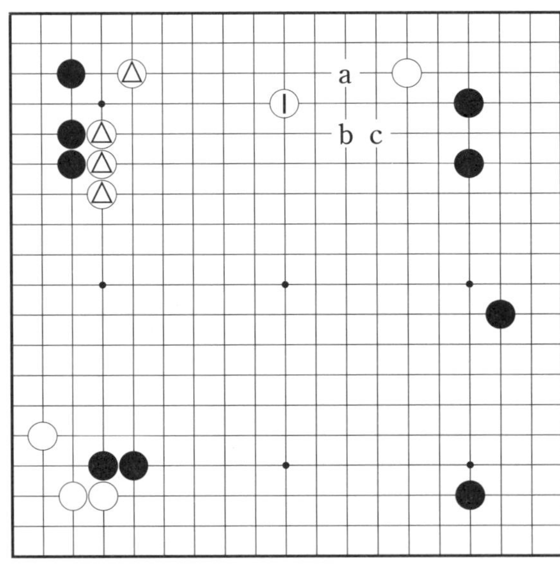

1도

1도 (한줄 차이가 크다)

같은 전개라도 백1은 미흡하다. 이 수는 왼쪽으로는 △들과 중복의 의미가 있으며, 오른쪽으로는 a의 침입여지를 제공하고 있어 양쪽으로 손해. 또 여차하면 흑b, c 등을 선수로 당해 우변 흑진 확장에 도움을 줄 소지도 있다.

포석에서는 한 줄 차이가 이렇게 큰 것이다.

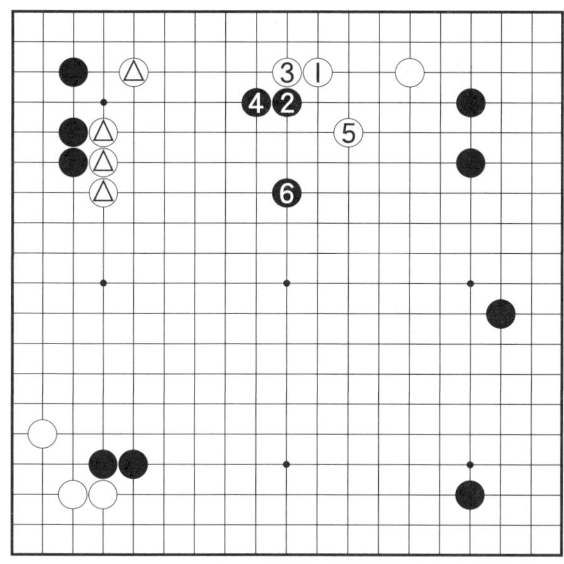

2도

2도 (삭감의 안내판)

백1의 낮은 벌림은 흑2의 어깨짚음이 한눈에 보여 불가. 이하 흑6까지 너무나 쉽게 백 모양이 무너져 △들이 거의 쓸모를 잃은 모습이다.

마치 상대에게 삭감의 길잡이가 되어준다고 할까.

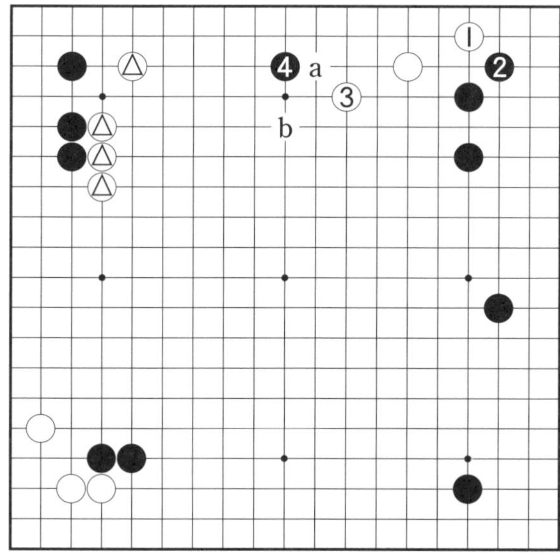

3도

3도 (침입의 안내판)

백1, 흑2를 교환한 뒤 백3으로 높게 구축하는 것도 상용수법이지만, 치명적인 허점(4의 곳)을 노골적으로 노출시켜 정해도에 미치지 못한다. 흑은 당장 4로 뛰어들 수도 있는데, △와의 거리가 멀어 공격이 잘 먹히지 않는다(다음 백a에는 흑b로 가볍게 탈출). 그렇다고 백3으로 a에 두는 것은 2도와 대동소이.

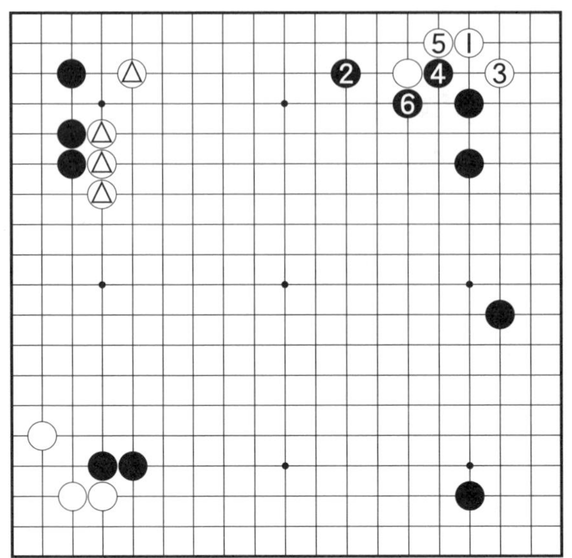

4도

4도 (유력한 흑의 반발)

게다가 백1에는 흑2로 협공해 가는 수도 유력하다. 백3이면 흑4, 6으로 두텁게 틀어막아 △의 위력이 자동 소멸되는 형상이어서 말할 것도 없이 백의 불만이다.

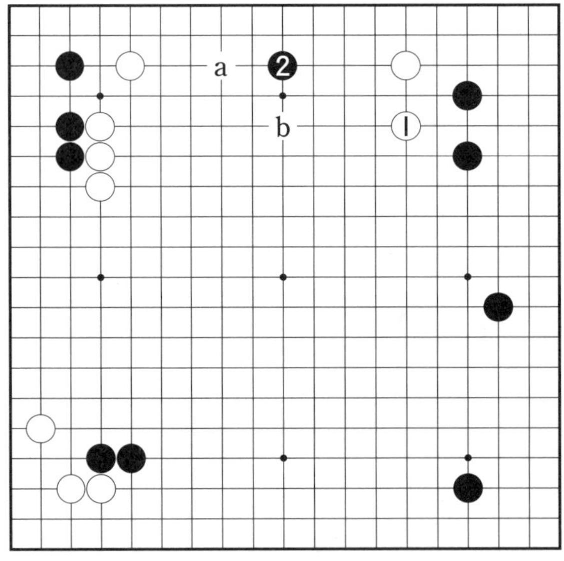

5도

5도 (공허한 확장)

백1로 한껏 품을 넓히는 것은 포부는 좋지만, 너무 공허해 논외의 대상. 흑2 정도로 갈라치면 상변이 일시에 초토화되는 모습.

다음 백a에는 흑b로 흑백의 곤마가 동행하는 모습이어서 흑은 전혀 걱정이 없다.

벌림의 가치

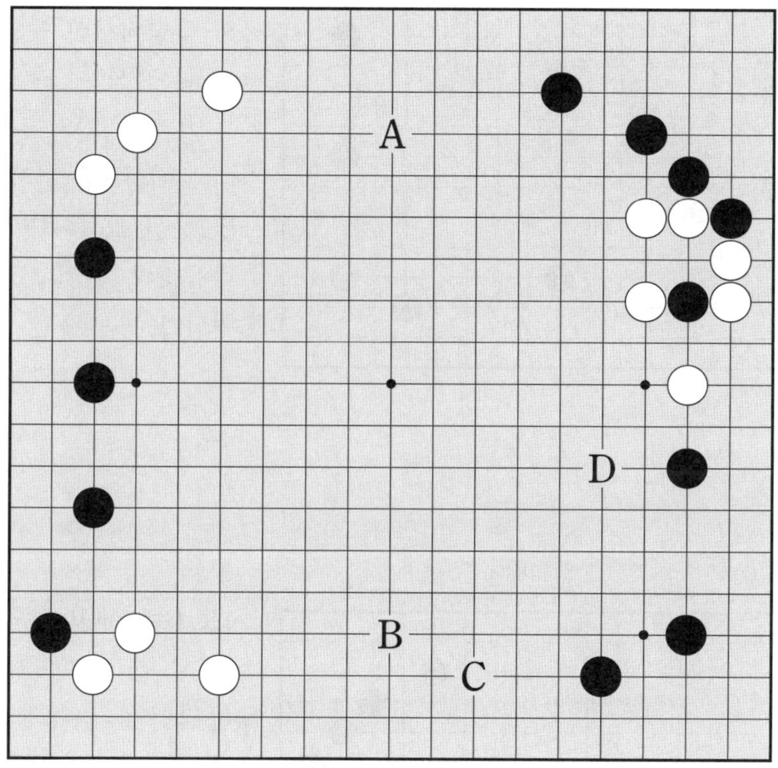

사방이 어느 정도 결정되어 가는 포석의 막바지.
마지막 남은 대세상의 요처는 A~D 가운데 어디일까?

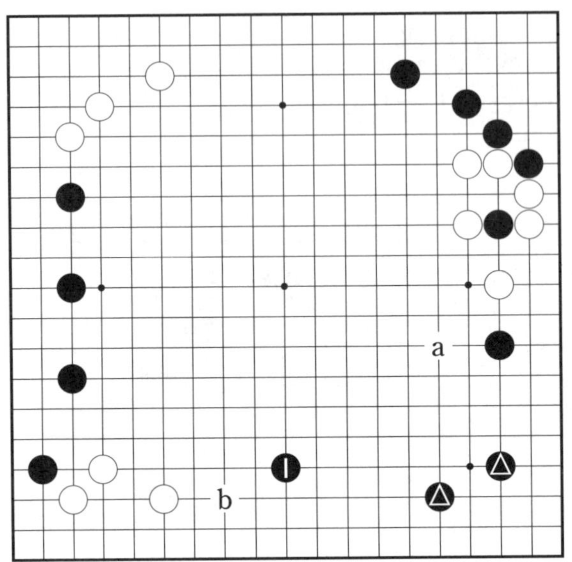

정해도

정해도 (마주보는 중앙)

'마주보는 곳의 중앙'~, 흑1이 두말할 것 없이 요소이다. 특히 이 수는 ▲의 굳힘에서의 양날개를 겸하는 1석2조.

이로써 흑은 우하 일대에 이상형을 펼치며 한 발 앞선 포석이 되었다. 다음 a의 확장과 b의 다가섬이 후속 수단.

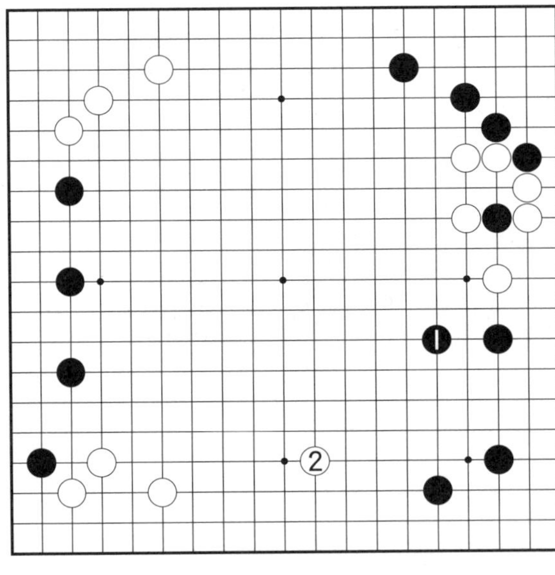

1도

1도 (우변에만 치중)

흑1로 한칸 뛰는 것도 우하귀만을 놓고 볼 때는 좋은 곳이지만, 백2를 허용해 의미가 반감된다.

우상쪽 백말이 견고하므로 이 수는 집을 넓히는 의미 외에 전략적 가치가 별로 없다.

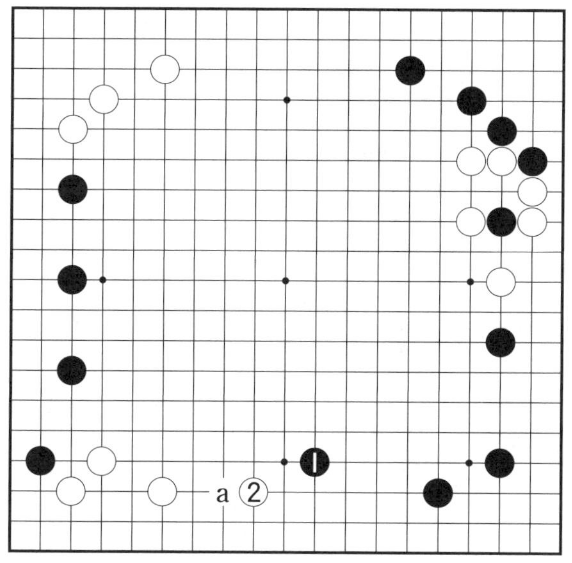

2도

2도 (절호점 제공)

같은 벌림이라도 흑1로 좁히는 것은 백2의 다가섬이 제격이어서 불만. 백에게 박자를 맞추어준 듯한 인상이다.

백의 입장에서도 백2는 만사를 제쳐놓고 갈 시급한 자리. 이를 게을리 하다가는 거꾸로 흑a의 육박이 통렬해 흑1을 좋은 수로 만들어준다.

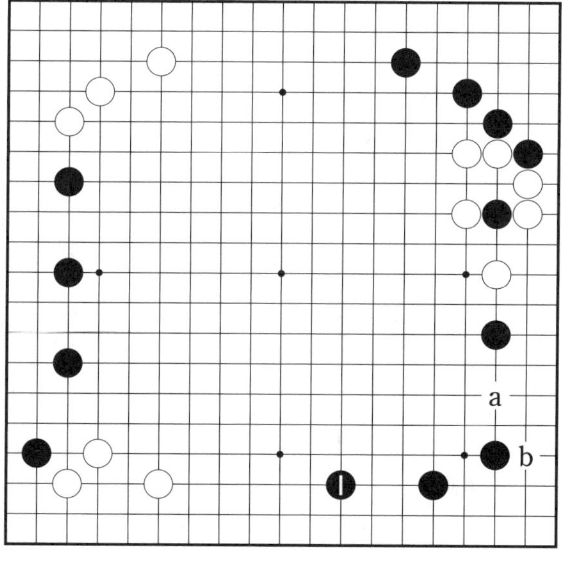

3도

3도 (꿈이 없다)

또한 확실하게 둔다고 흑1로 두칸만 벌리는 것은 너무 옹졸한 태도로 발전성도, 백에 대한 영향력도 없다.

그리고 이렇게 폭을 좁혀도 우하귀 쪽은 백a나 b 등의 수단이 있어 아직 완전한 집이 아니다.

확장, 수비, 삭감의 급소 177

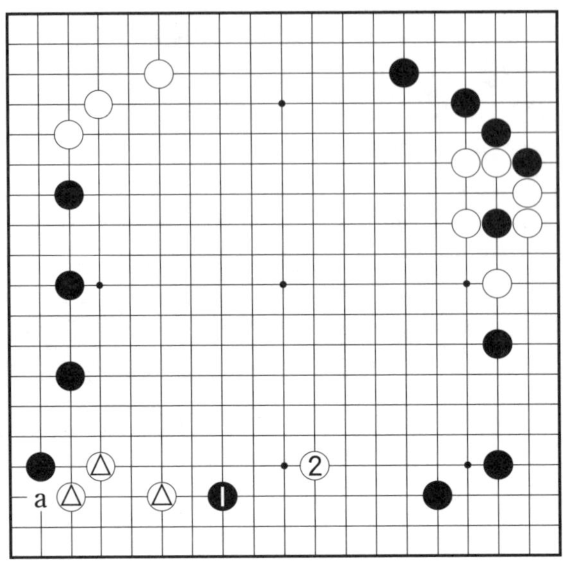

4도

4도 (공허한 다가섬)

그렇다고 흑1로 한껏 다가서는 것은 너무 공허하다. 만약 백a로 막아준다면 흑2로 지켜 이상적이겠지만, △들은 아직 여유가 있으므로 백은 2로 협공할 것이 뻔하다. 이래서는 흑이 선착의 효를 잃고 혼전의 양상이 될 가능성이 있다. 흑1은 2나 a의 곳에 흑돌이 미리 있을 때 효과적이다.

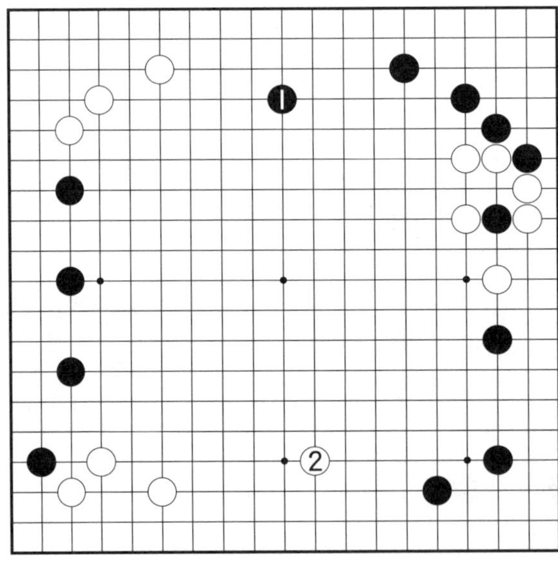

5도

5도 (방향착오)

일견 흑1로 상변 쪽에 벌려가는 것도 마주보는 곳의 중앙이어서 커 보인다. 그러나 이곳은 좌우 흑백이 모두 견고한 자세를 하고 있어 의외로 전략적 가치가 별로 없다.

지금 전략적 가치가 높은 곳은 변화의 여지가 많은 하변 쪽이다.

효과적 수비

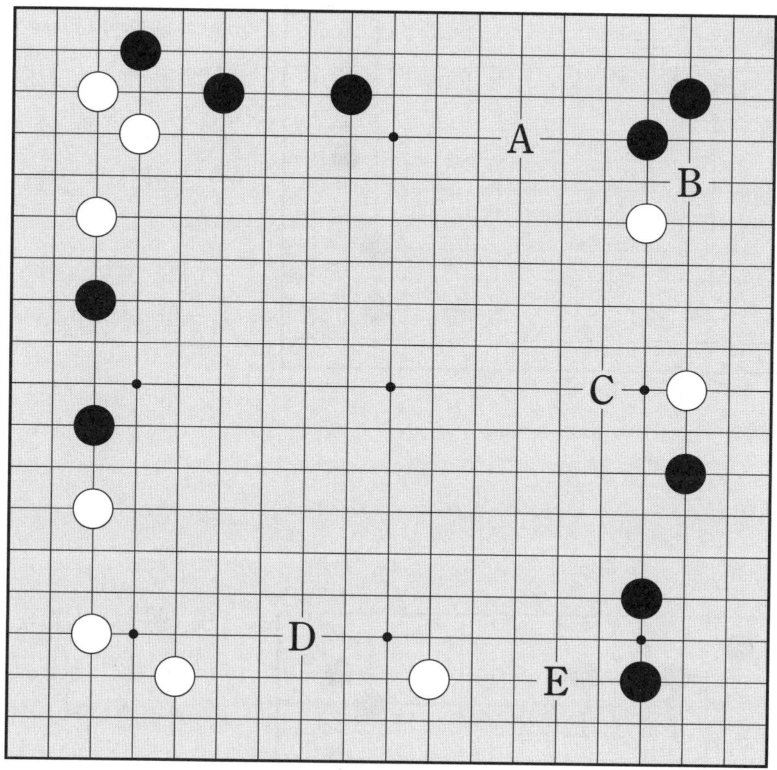

상변과 우변, 그리고 하변 쪽에 요소가 몇 군데 눈에 뜨이는데, 그 경중을 가리기가 그다지 쉽지 않다.

공수의 요소이자 1석3조의 의미를 담고 있는 백의 다음 한수는 A～E 가운데 어디일까?

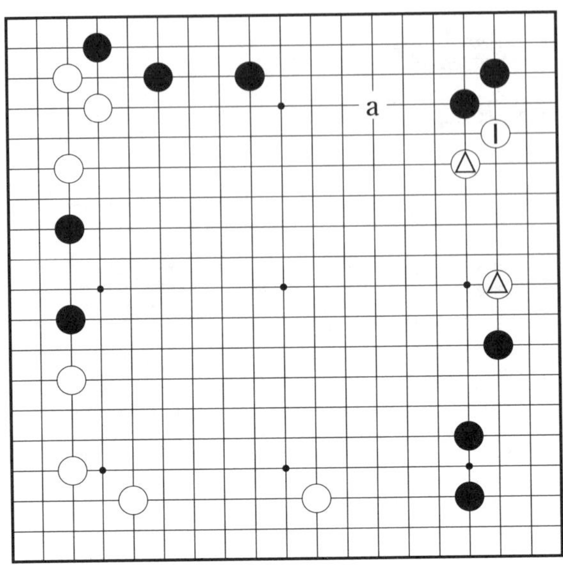

정해도

정해도 (공수의 요소)

백1이 놓칠 수 없는 공수의 요소이다. 이 수는 △들의 근거와 실리를 동시에 확보하면서 우상 흑에 대한 공격도 노리고 있는 1석3조. 자체 크기로도 20집 이상은 되는 큰 곳이다.

　이제 흑도 a의 수비가 시급해졌다.

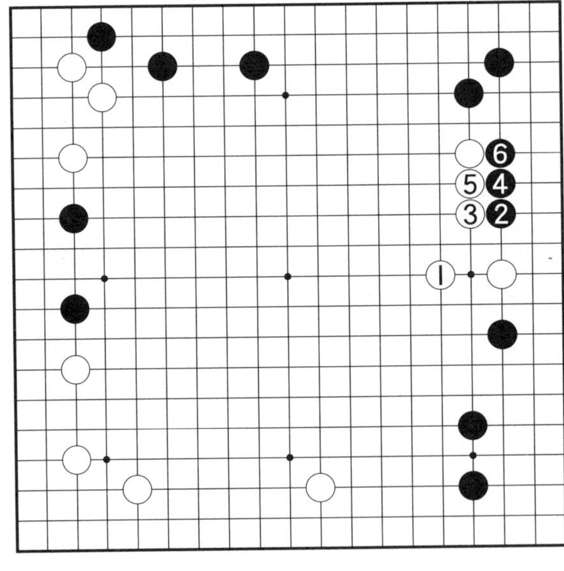

1도

1도 (실속이 없다)

백1의 한칸 뜀도 정해도와 맥락을 같이 하는 호착. 그러나 실리 상 다소 허술한 것이 흠이다. 아마도 흑은 당장 흑2로 뛰어들어올 것이다.

　이하 흑6까지 실리와 근거를 모조리 빼앗기고 나면 백은 여전히 미생마여서 상변 쪽으로 침입하기가 어려워진다.

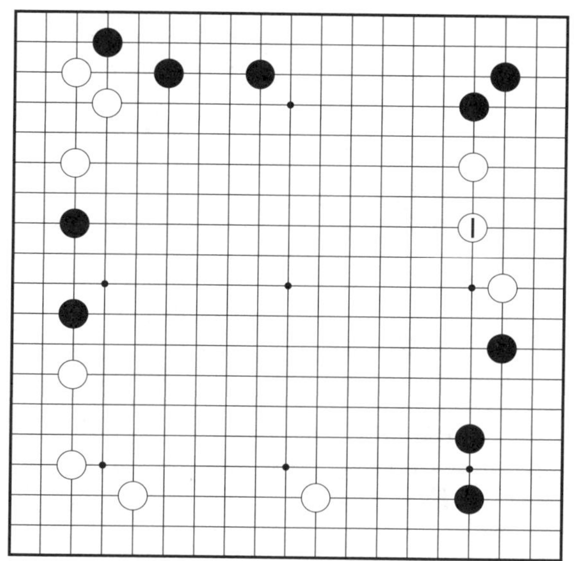

2도

2도 (옹졸한 낙제점)

안전하게 둔다고 백1로 지키는 것은 너무나 옹졸한 모양이어서 낙제점을 면치 못한다.

이런 수는 중반전 이후에나 두는 것이다.

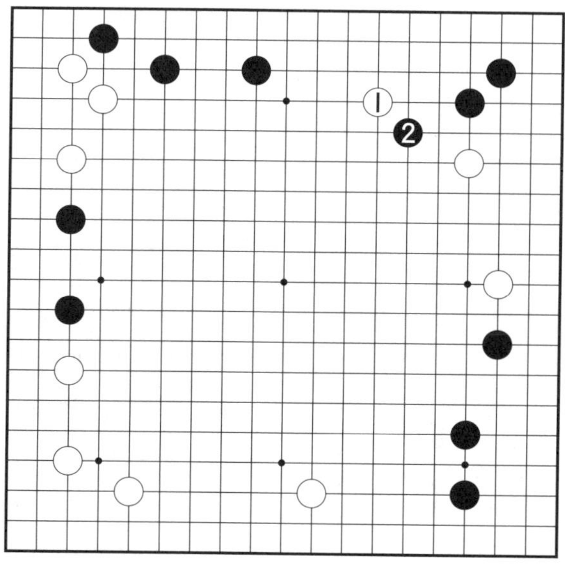

3도

3도 (무모한 돌격)

백1로 뛰어드는 것은 무모한 돌격. 흑2로 가르고 나오면 상하의 백말이 양곤마로 옭혀 백은 자칫 대세에서 일방적으로 밀려버릴 우려가 높다.

'미생마 근처에서는 싸우지 말라'라는 격언을 상기하자.

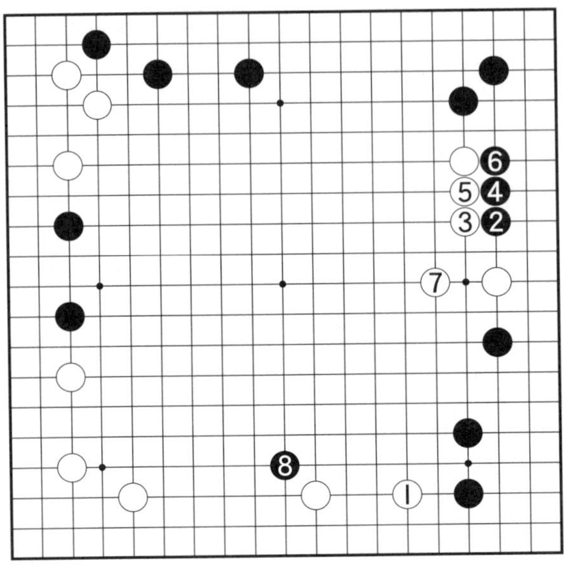

4도

4도 (단순한 큰 곳)

사실 크기로만 따진다면 백1도 정해도에 못지않다. 우하귀 굳힘의 발전성을 가로막으며 백진의 폭을 넓히는 1석2조이기 때문. 그러나 전략적 가치가 매우 높은 정해도의 1석3조에는 미치지 못한다. 흑2로 침입해 백말을 허공으로 띄운 다음 흑8로 짚어가면 단연 흑의 페이스.

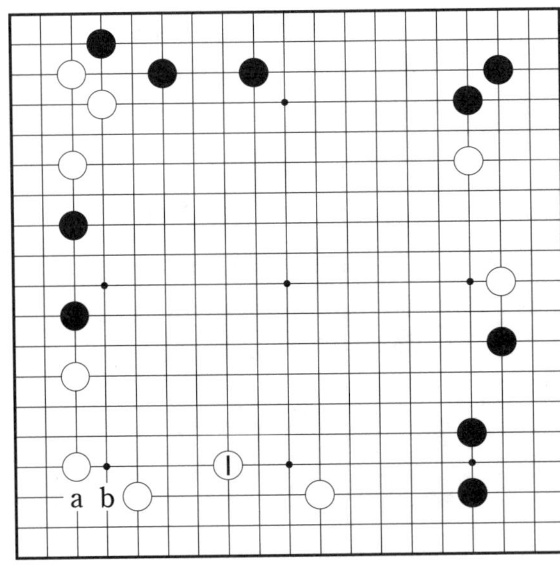

5도

5도 (한가한 자작가)

백1은 하변을 집으로 완성하는 큰 수 같지만, 우상쪽이 시급한 지금은 한가한 완착에 불과하다. 더욱이 이렇게 자작가를 짓는 소극적 태도는 포석 단계에서는 지양해야 한다. 그리고 이렇게 굳히고도 좌하귀에는 아직 a, b 등으로 수단을 부릴 여지가 남아 완전한 집이라 볼 수 없다.

돌의 안정과 세력견제

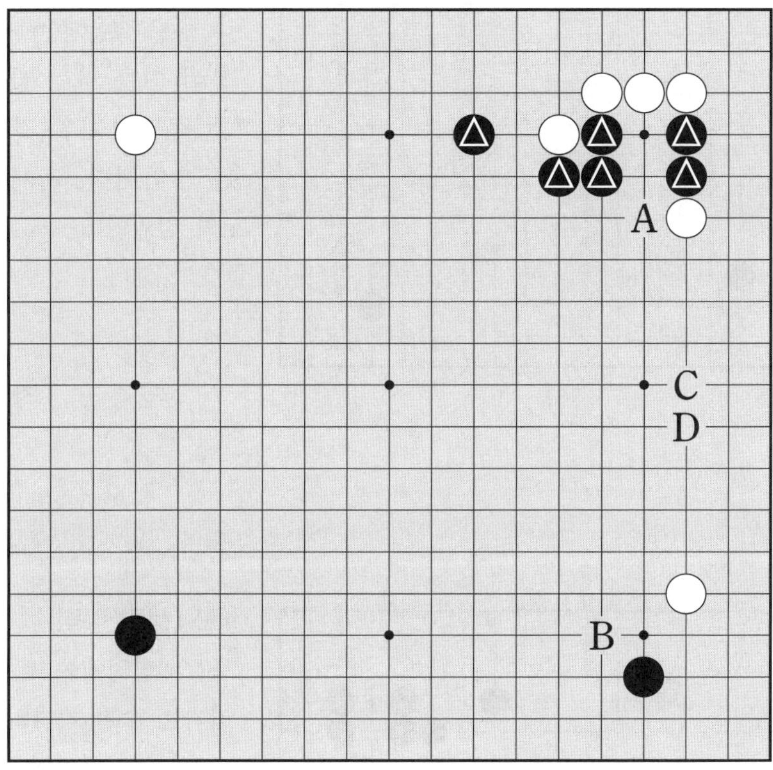

우상귀에서 흑이 백에게 실리를 허용하면서 두터움을 쌓은 장면.

초점은 당연히 우변으로 쏠리고 있는데, ⬤의 두터움을 적절히 견제하는 지점은 A∼D 가운데 어디일까?

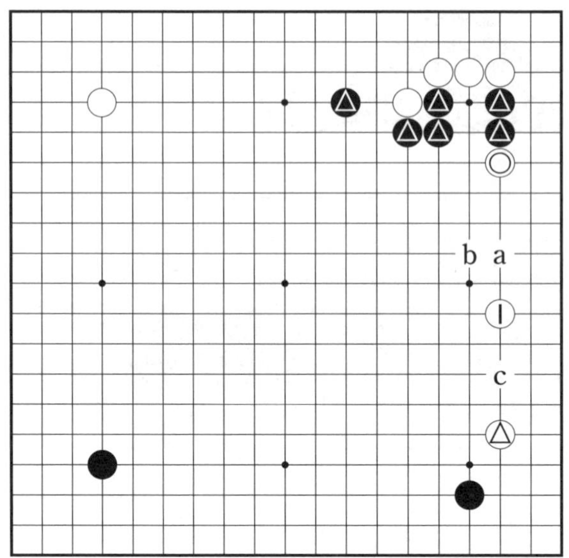

정해도

정해도 (적정한 세칸)

백1의 세칸 벌림이 △의 안정과 흑세 견제를 겸하는 적당한 벌림이다.

다음 흑a에는 백b로 붙여 ◎를 사석 삼아 △를 중복시키는 것이 좋은 수법이다. 문제는 흑c의 침입인데~

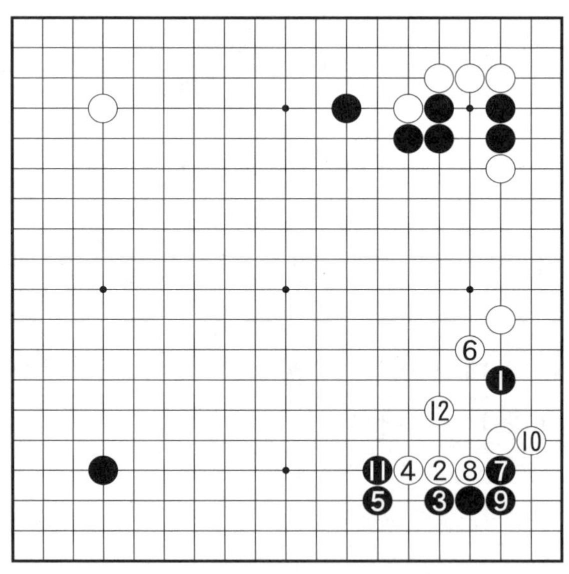

1도

1도 (생략된 벽)

흑1의 침입에는 백2로 눌러가는 수가 기다리고 있어 전혀 걱정이 없다.

즉, 백이 아껴만 놓았을 뿐 백2, 4는 미리 놓여있는 것이나 마찬가지여서 흑1의 침입은 무리라는 것이다.

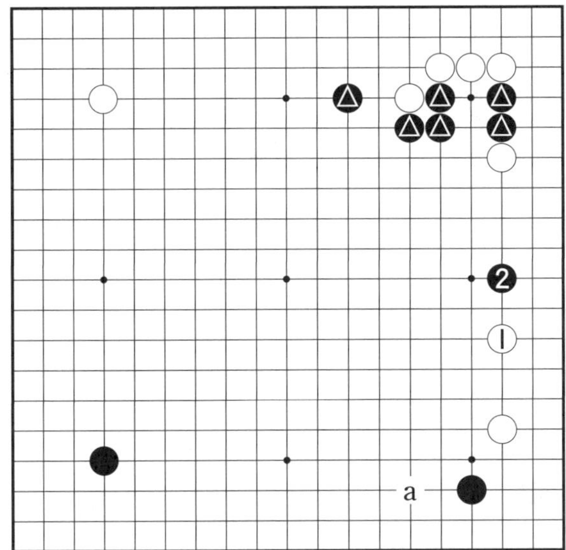

2도

2도 (옹졸한 태도)

그럼에도 침입이 두려워 백1로 좁히는 것은 흑2 의 육박을 당해 스스로 운신의 폭을 좁히는 격 이 된다.

▲들이 워낙 철벽이므 로 백은 a 따위로 협공하 기도 어렵다.

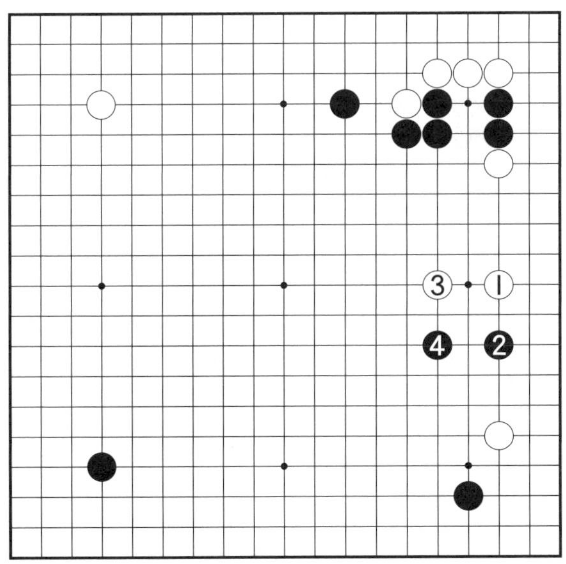

3도

3도 (너무 넓다)

반면 백1은 너무 넓어서 무리. 즉각 흑2로 가르고 나서면 백은 졸지에 흑 세 속에서 양곤마가 되 어 곤경에 처한다.

상대 강한 곳에 가까 이 간 대가이다.

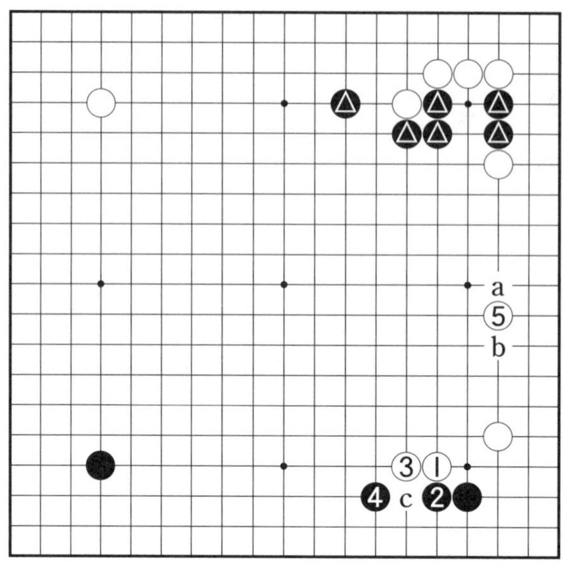

4도

4도 (묘미가 없다)

백1로 씌워가는 것은 지나치게 노골적인 수법이어서 찬성할 수 없다. 이렇게 벽을 만들고도 고작 5까지 밖에 벌리지 못한다면 중복 아닌가. 그렇다고 a까지 가는 것은 흑 b를 당한다(▲가 워낙 강하므로 위험).

이럴 바에는 백1, 3은 생략해두었다 훗날 c쪽에서 협공하는 수를 노리는 것이 훨씬 묘미 있는 수법이다.

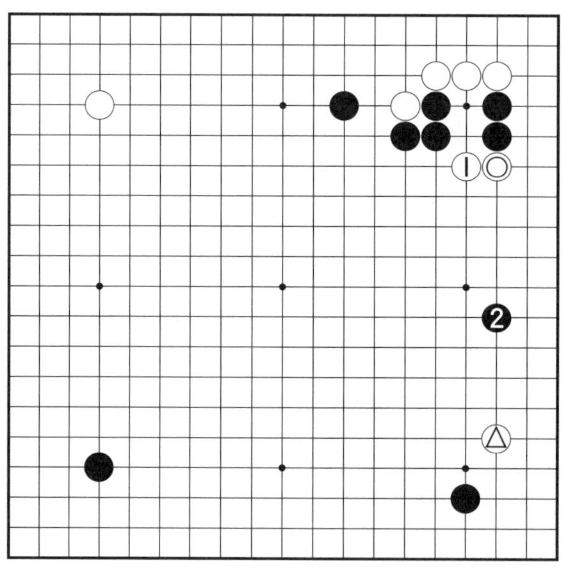

5도

5도 (폐석을 움직이다)

백1은 논외의 대상. 흡사 '고목나무의 매미' 같은 폐석 ◎를 공연히 움직이다 고난을 자초할 이유가 없지 않은가.

이제 △도 위험해질 형국이다.

유연한 세력 분산책

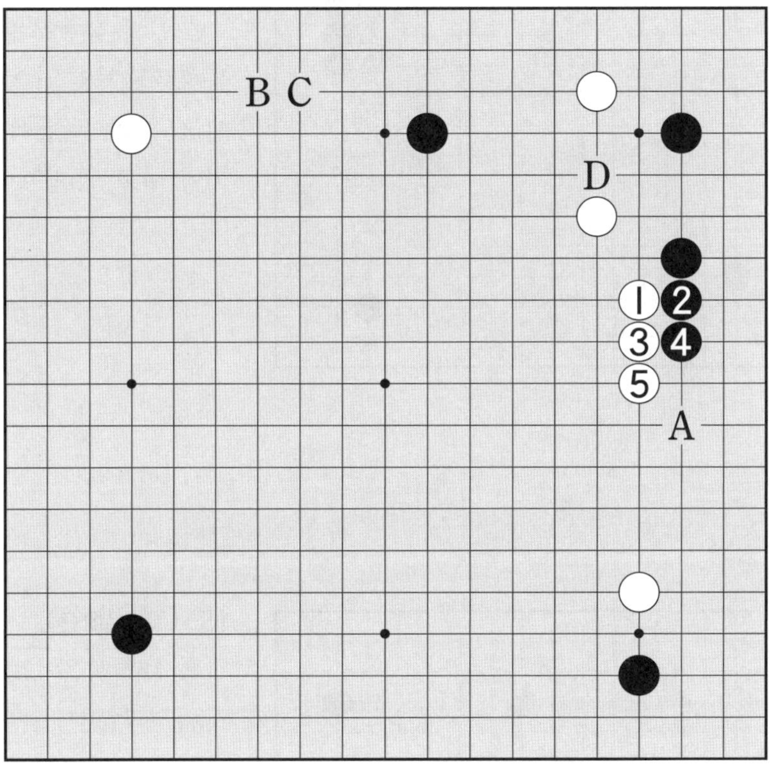

백1로 씌우자 흑2 이하로 밀어 백5까지 진행된 장면. 이 백 세력의 위력 여부가 초반 공방의 관건이 될 것 같다.

여기서 백세를 무력화시키는 응수는 A~D 가운데 어디일까?

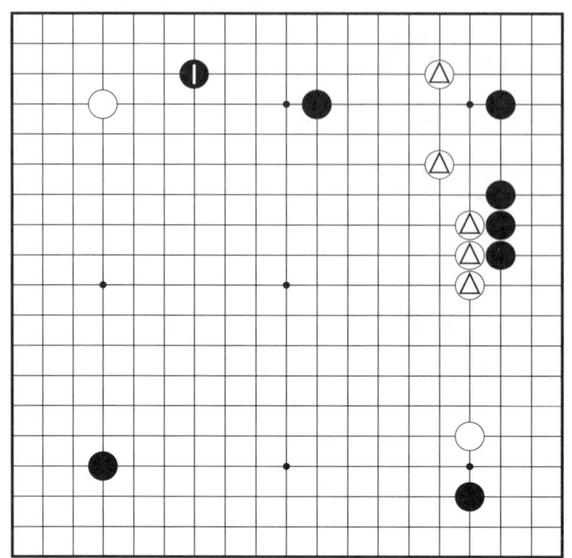

정해도

정해도 (유연한 태도)

흑1이 벌림과 걸침, 그
리고 백세(△)의 견제를
겸하는 1석3조의 요소.

　이렇게 유연하게 백세
를 분산시켜 놓으니 흑
의 실리가 돋보이는 포
석이 되고 있다.

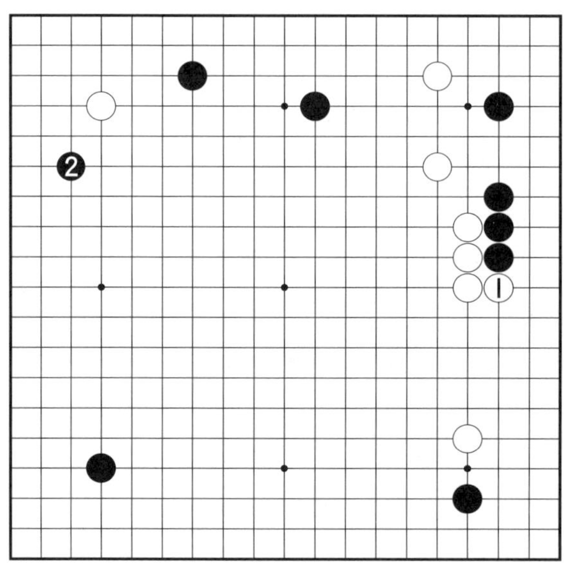

1도

1도 (흑, 발빠름)

계속해서 백은 1로 막는
것이 기세인데, 발빠르
게 흑2로 양걸침하여 흑
이 주도권을 잡은 모습.

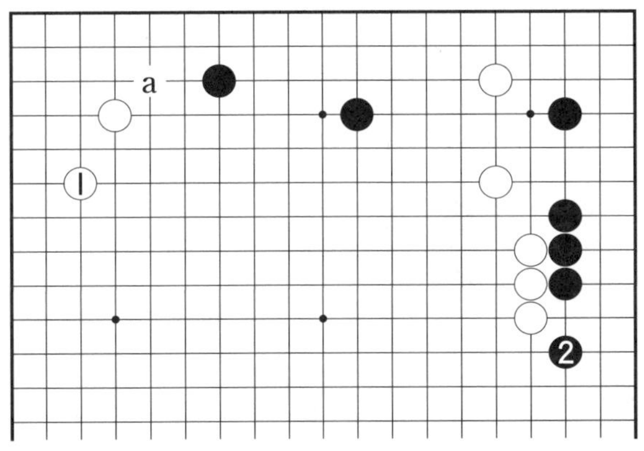

2도

2도 (흑, 양쪽을 두다)

그렇다고 백1(혹은 a)로 받은 것은 손따라 다니는 무책. 이런 느린 발걸음으로는 포석을 리드할 수 없다. 흑2로 넘어가 흑이 양쪽을 독차지한 결과이다.

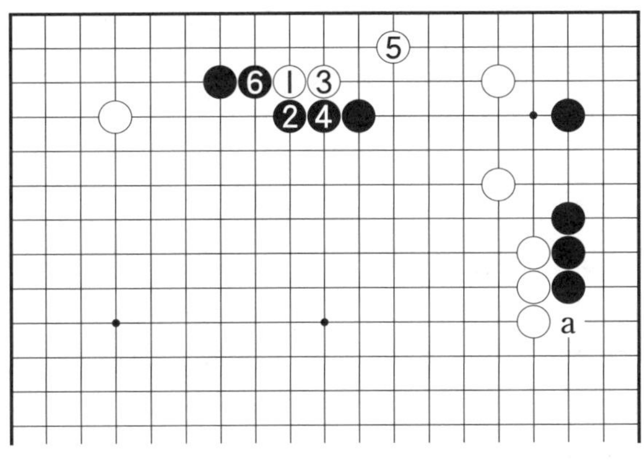

3도

3도 (흑, 두터움)

또한 백1로 즉각 침입하는 것은 흑2~6으로 두텁게 처리해 흑은 불만이 없다. 백은 이제 좌상귀 응수가 시급해져 a쪽으로 손을 돌릴 수가 없다.

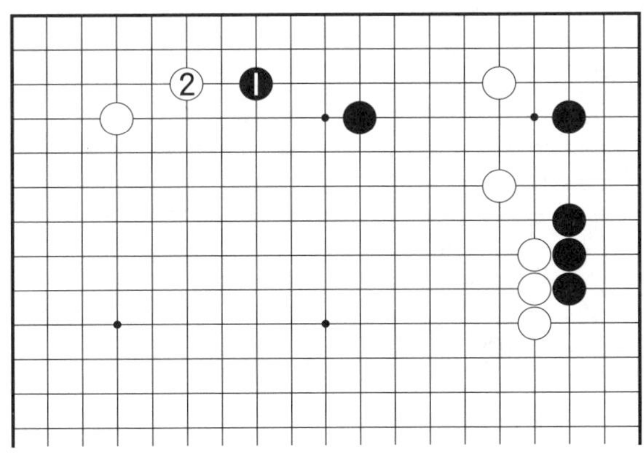

4도

4도 (미흡한 벌림)

같은 벌림이라도 흑1로 좁히는 것은 백2의 절호점을 제공하여 미흡하다. 안전하게 두려다 도리어 더 궁색해진 결과이다.

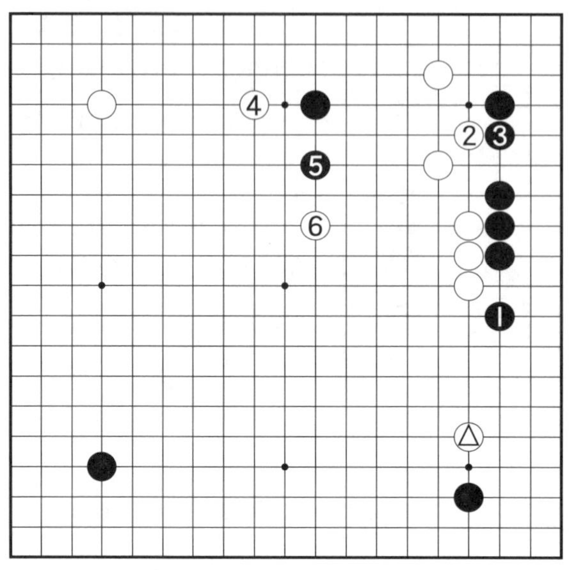

5도

5도 (백, 주도권 장악)

보통의 정석대로 흑1로 넘어가는 것은 다소 무책. 백4, 6으로 공격당해 주도권이 백에게 넘어간다.

유불리를 떠나 이렇게 상대의 의도대로 따라주며 주도권을 빼앗긴다는 사실이 내키지 않는다. △가 기다리고 있어 흑1은 별로 가치가 없다.

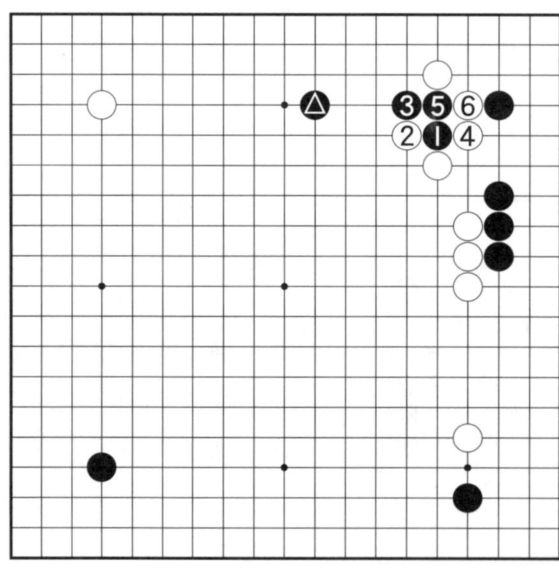

6도

6도 (성급한 도발)

그렇다고 흑1, 3으로 도발하는 것은 과격한 발상. 백4, 6으로 어딘가 뚫릴 지경이 되어 손실이 크다.

흑1, 3은 ▲가 위기에 몰렸을 때나 쓰는 비상수단인 것이다.

임기응변의 역걸침

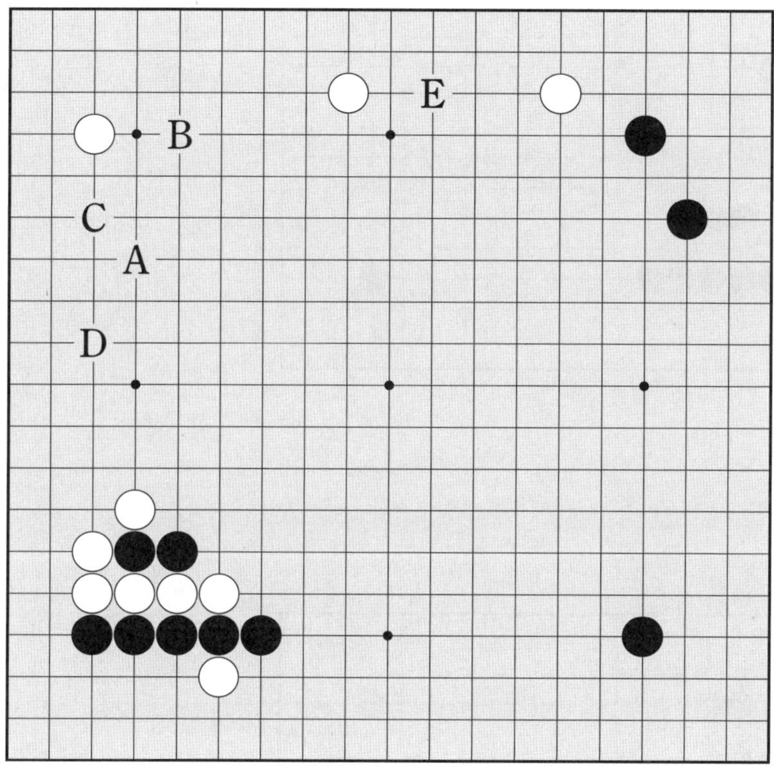

백이 좌하에서 손해정석을 감수하면서 세력을 쌓은 장면. 이제 A 정도로 지키면 상변~좌중앙 일대가 크게 지역화되어 흑은 손을 쓸 수 없는 지경이 된다.

백의 세력권을 적절히 분산시키려면 B~E 가운데 어디쯤이 좋을까?

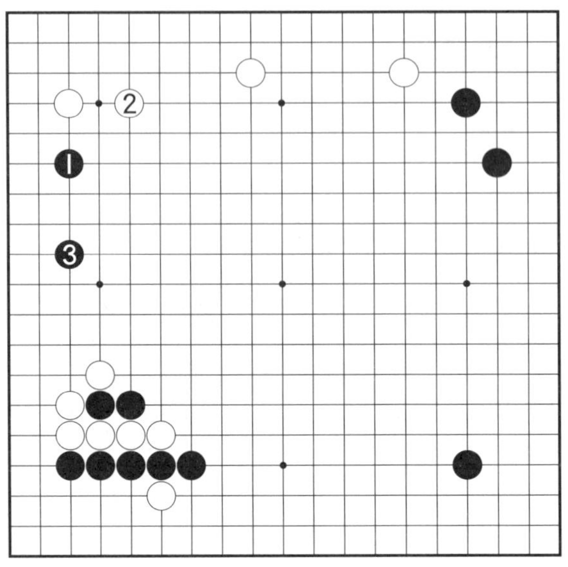

정해도

정해도 (적절한 역걸침)

흑1로 역걸침해 가는 것이 의외의 호착이다. 백2를 강요한 뒤 흑3으로 자리를 잡으며 좌변 백 모양을 쉽게 분산시키는 데 성공했다. 보통 소목에 역으로 걸치는 것은 백2의 굳힘을 불러 이적수로 지적되는데, 이같은 특수상황에서는 때로 유력한 수법이 될 수도 있는 것이다.

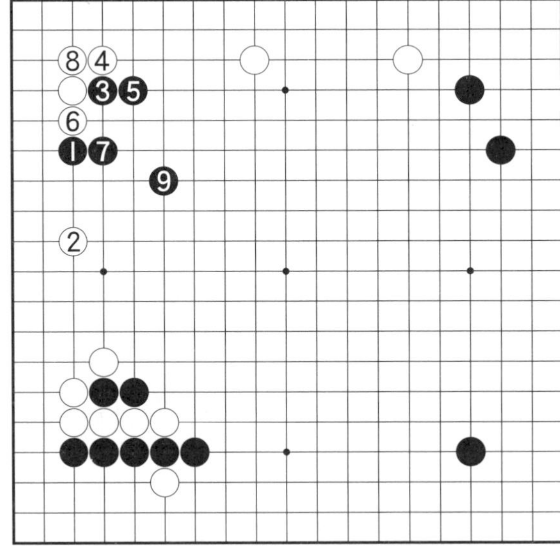

1도

1도 (손쉬운 타개)

흑1 때 백2로 협공하며 반발하는 것은 약간 무리. 흑3, 5로 붙여늘어 어렵지 않게 타개할 수 있어 걱정할 것이 없다.

흑9까지 백을 납작하게 만들며 늘씬하게 수습에 성공한 모습이다.

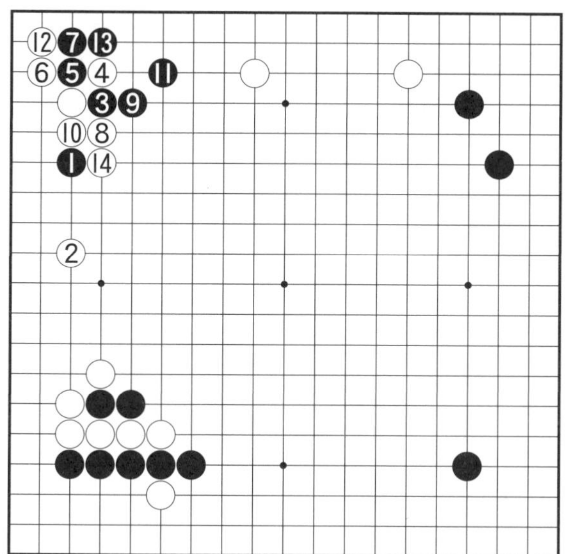

2도

2도 (타개의 맥점)

흑3, 5도 이런 경우 쓰이는 상용의 맥점이다.

이하 흑13까지 귀를 도려내면서 손쉽게 타개할 수 있다.

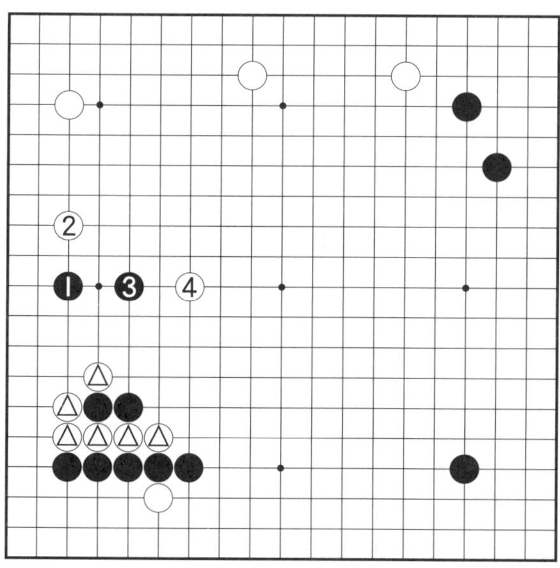

3도

3도 (무거운 갈라침)

흑1로 갈라치는 것이 일견 세력분산의 제일감 같지만, 여기서는 약간 무거운 느낌.

백2를 당하면 △가 워낙 두터운 탓에 벌릴 자리가 마땅치 않아 곤혹스럽다. 백4까지 백이 주도권을 휘어잡은 모습이다.

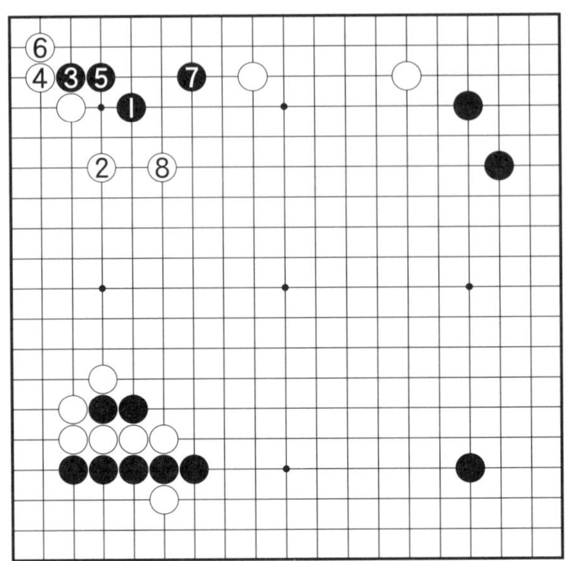

4도

좌상쪽만을 본다면 굳힘을 막는 흑1의 걸침도 크다. 그러나 여기서는 너무 국부적인 데 치우친 완착.

흑이 삶에 급급하는 사이 백8을 얻어맞아 좌변의 골이 깊어짐으로써 삭감이 더욱 어려워졌기 때문이다.

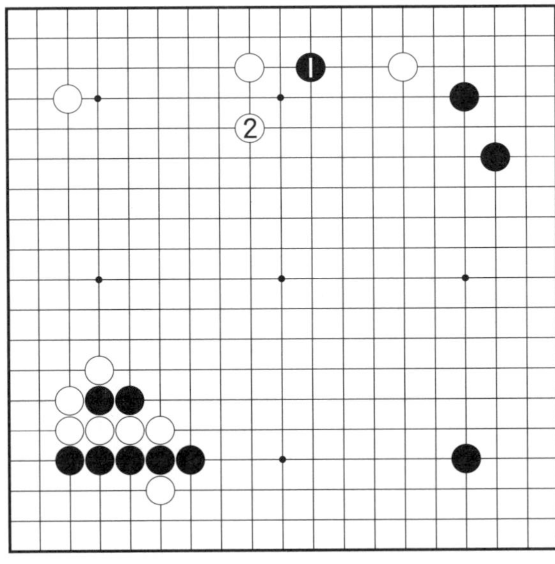

5도

흑1로 뛰어드는 것은 국면의 초점을 벗어난 방향착오. 백2를 허용해 오히려 이적수가 된다.

귀 수비의 기본 수법

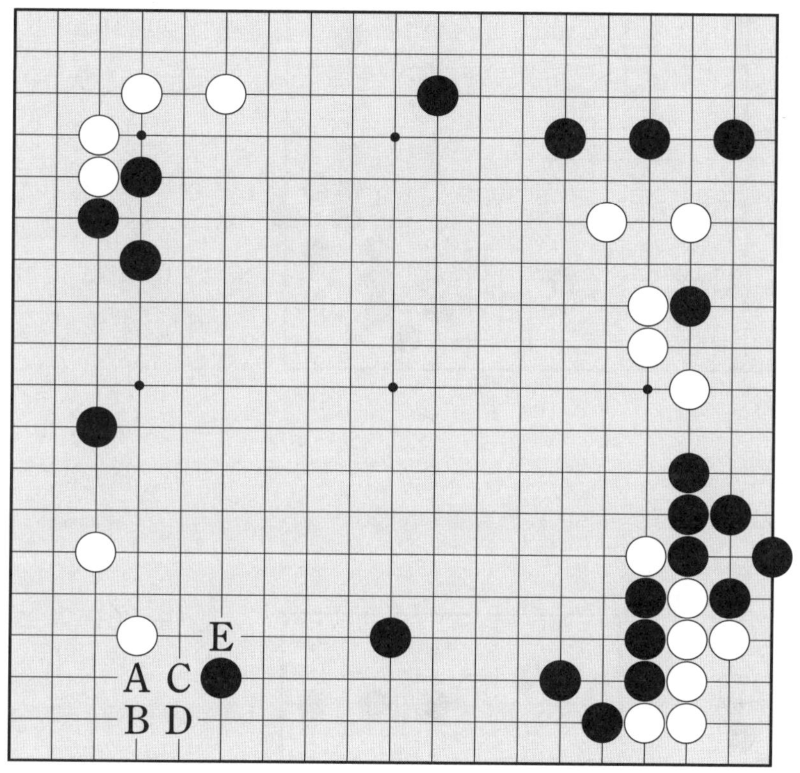

이번에는 화점에서의 귀 수비방법을 살펴보자.

사방이 어느 정도 정리되고 이제 남은 곳은 좌하귀 쪽. 백은 A ~E 가운데 어떻게 수비하는 것이 최선일까?

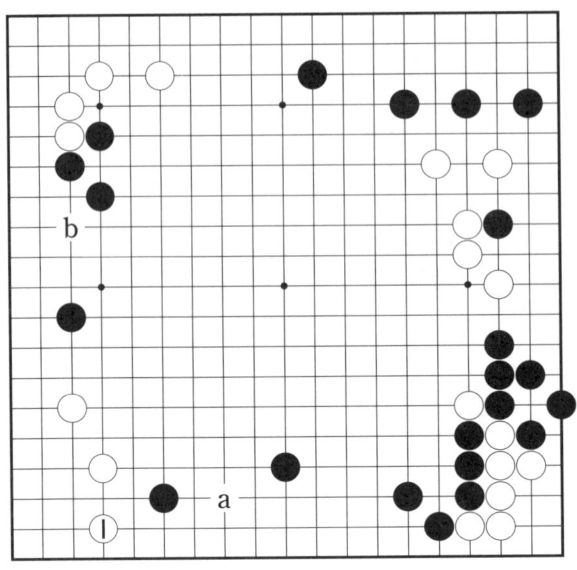

정해도

정해도 (1석2조의 의미)

백1로 한칸 뛰는 것이 침착하면서도 가장 효율적인 수비. 좌하귀를 완전히 지키면서 훗날 a로 침입하는 교두보를 마련하고 있는 1석2조의 의미가 있다. 또한 은근히 b의 허점을 엿보고 있기도 하다. 이처럼 자신을 견실하게 지킨 뒤 상대 모양의 허점을 노리는 것이 2보 전진을 위한 1보 후퇴의 발상이다.

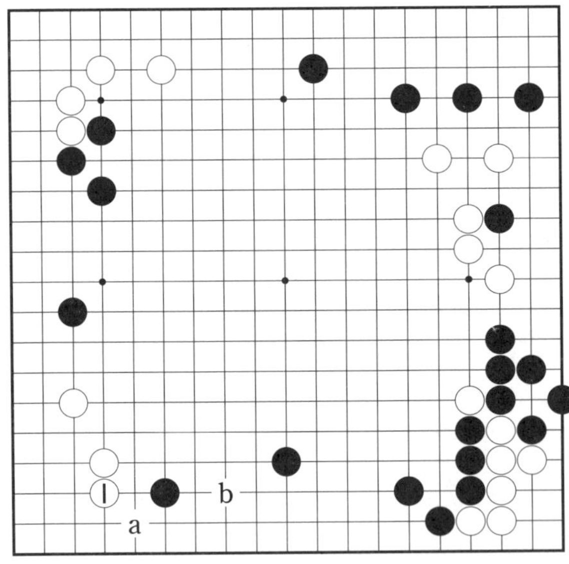

1도

1도 (노림이 약하다)

백1로 철주를 내리는 것도 침착, 냉정한 일책.

그러나 이 형태는 흑a가 절대선수여서 집으로도 약한데다 장차 b의 침입하는 노림이 약해 **정해도**에는 다소 못 미친다.

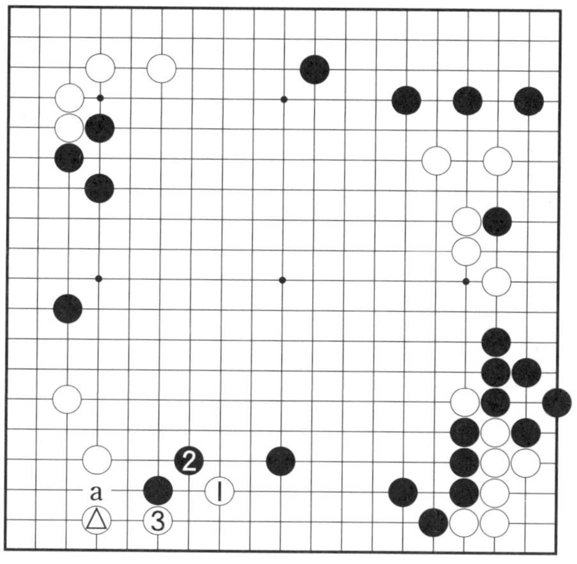

2도

2도 (침입의 후속수단)

즉, 정해도에서는 차후 백1의 침입 때 흑2에는 △를 연결고리삼아 백3으로 가뿐하게 넘어갈 수 있는 데 비해 a에 놓여 있는 1도에서는 그것이 불가능한 것이다.

이러한 뒷맛의 차이가 하변 흑진의 크기와 직결되기 때문에 이것은 결코 작지 않은 차이이다.

3도

3도 (흑을 굳혀주다)

백1, 3으로 붙여막는 것도 귀를 지키는 일책이지만, 허술한 하변 흑진을 두텁게 굳혀주었다는 점에서 좋은 수법이라고는 할 수 없다. 또한 흑a로 젖혀잇는 것이 귀의 뒷맛을 노리는 선수로 작용하므로 정해도에 비해 실리상 이득이 없다.

백1, 3은 흑이 △ 자리에 양걸침 해왔을 때나 어울리는 수법이다.

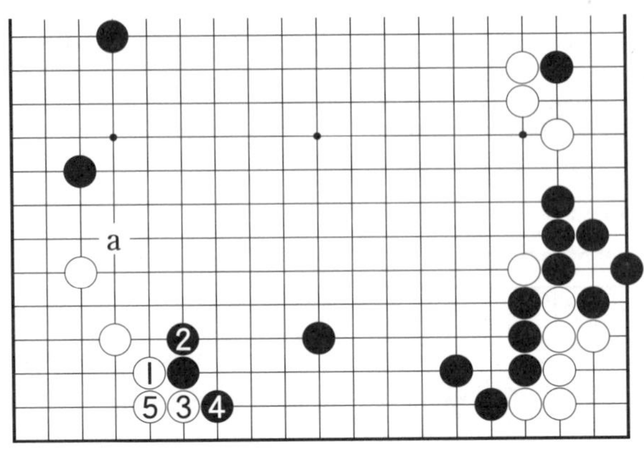

4도

4도 (이적수)

백1로 마늘모붙인 뒤 3, 5로 젖혀잇는 것은 흑을 튼튼하게 해주는 이적수의 성격이 짙어 찬성할 수 없다.

　장차 흑a의 봉쇄도 남아 흑이 두터운 모습이다.

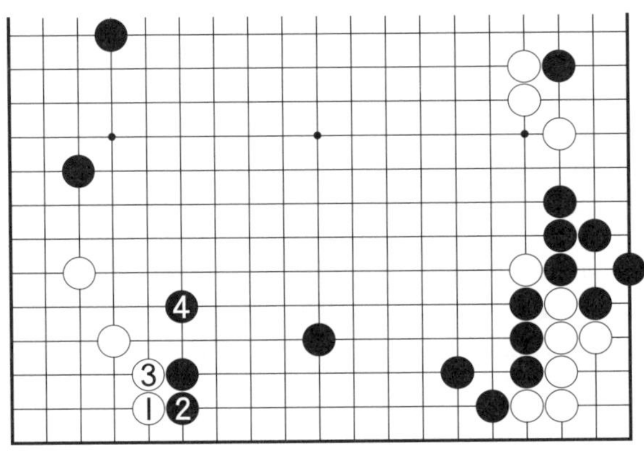

5도

5도 (두텁게 해주다)

마늘모붙임보다는 차라리 백1의 처진 날일자가 조금 낫다.

　그러나 이 역시 흑을 두텁게 해준다는 점에서 최선과는 거리가 있다. 그런데~

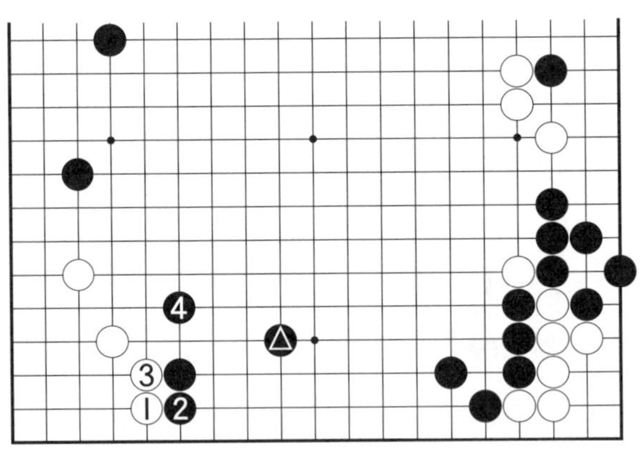

6도

6도 (배석에 따라)

지금처럼 ▲로 좁게 전개된 경우라면 백1이 정답이 된다. 하변은 어차피 폭이 좁아 중복의 자세인 만큼 굳혀주어도 아까울 것이 없다는 판단에 따른 것이다.

중앙 삭감의 깊이

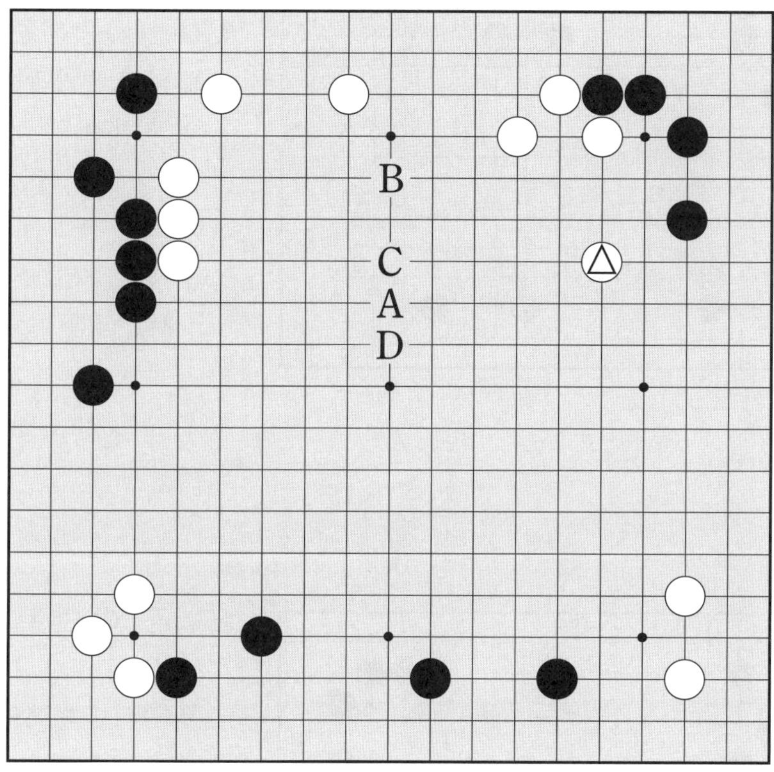

△로 중앙을 확장해온 장면. 이제 이곳을 게을리 하면 백A 쯤으로 지켜 중앙에 무량대가가 날 형국이므로 흑은 당연히 이곳 삭감에 나서야 할 때이다.

A~D 가운데 어디쯤이 유연한 삭감선일까?

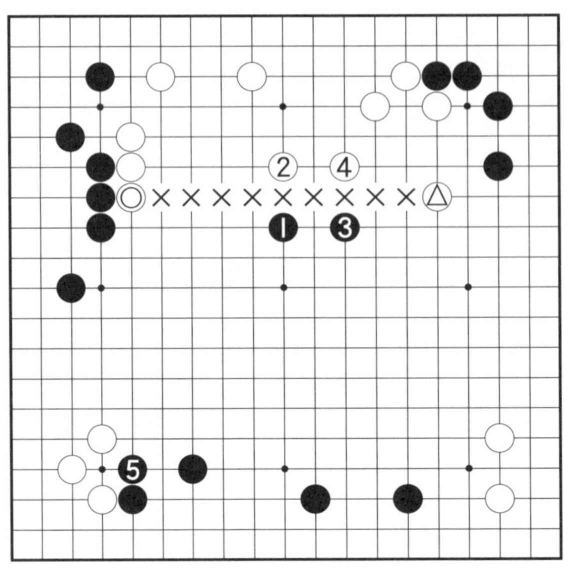

정해도

정해도 (적정한 깊이)

흑1 정도로 낙하산을 띄우는 것이 적당한 삭감선이다. 이 수는 △와 ◎의 연결선(x)을 기준으로 하고 있다. 백2에는 흑3을 선수하여 백 모양의 팽창가능성을 선수로 제한하고 큰 곳으로 손을 돌려 흑이 충분한 국면이다. 세력 삭감에는 상대의 경계선 주변을 넘어서지 않는 것이 유연한 태도이다.

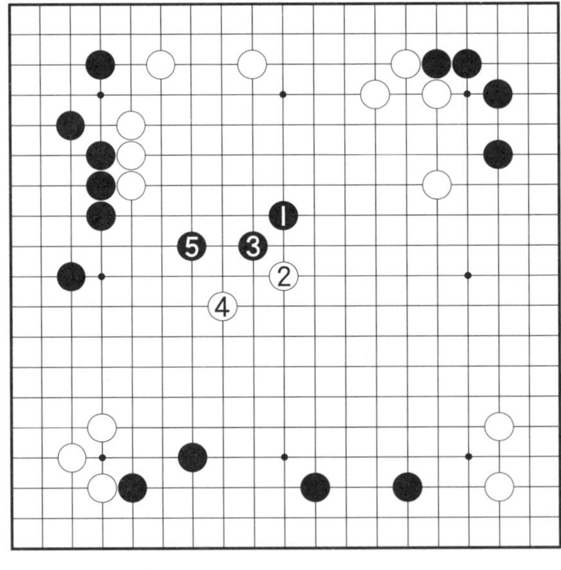

1도

1도 (공격이 안 된다)

흑1에 백2로 모자 씌워 공격하려 해도 흑3, 5면 손쉽게 탈출 가능한 모습이다.

삭감에 착수할 때는 이 같은 탈출구를 미리 확인해 두는 것이 전제조건이다.

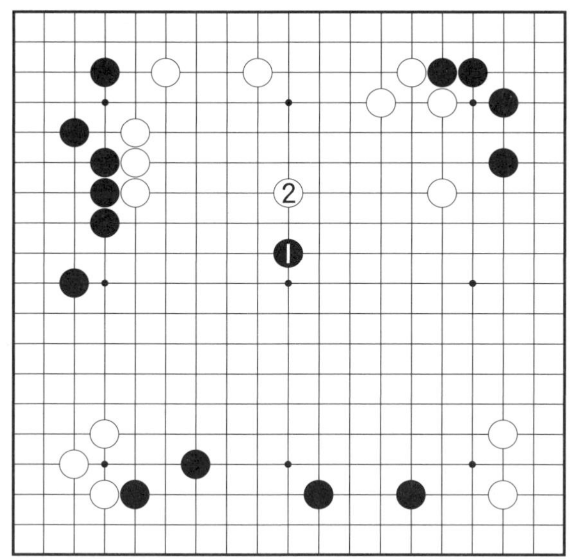

2도

2도 (너무 얕다)

흑1까지만 들어가는 것
은 너무 얕아 미흡하다.
이제는 백2로 지켜도 백
은 충분하다.

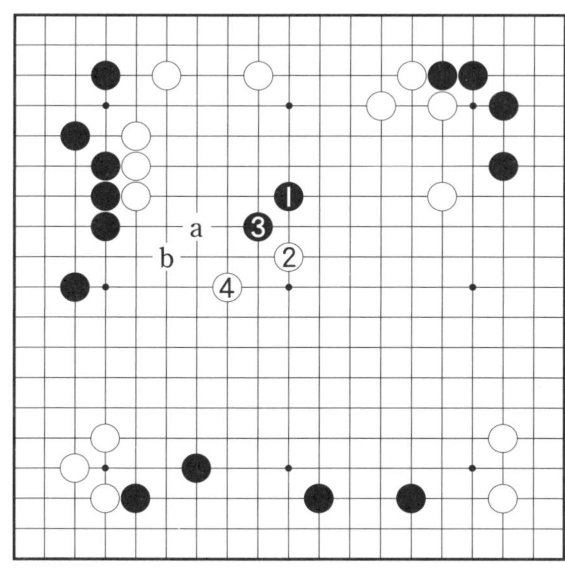

3도

3도 (다소 깊다)

경계선상인 흑1까지 들
어가는 것은 백2의 반격
을 당해 다소 모험을 수
반한다. 이하 백4까지 흑
과의 연결이 불투명해(흑
a에는 백b) 자칫 크게 몰
려 대세를 그르칠 가능성
이 있다. 형세가 좋지 않
다면 여기까지도 들어갈
수 있겠지만, 지금은 굳
이 이렇게 승부수를 던질
필요가 없다.

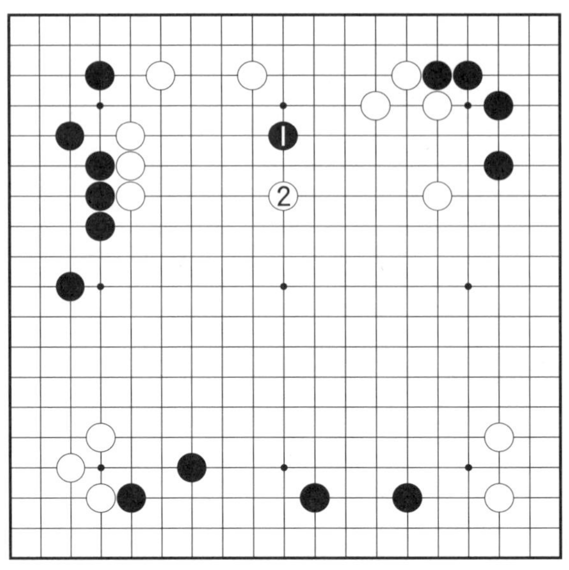

4도

4도 (무모한 돌입)

흑1은 위기십결의 '입계
의완(入界宜緩, 삭감 들어
갈 때는 의연하고 완만하
게)'이라는 기리를 외면
한 대무리수. 백2를 얻
어맞아 단번에 무너진다.
설령 이 흑이 기적적으
로 산다 하더라도 엄청
난 대가를 지불해 대세
를 그르친다.

이처럼 상대의 모양에
깊숙이 뛰어들어 초토화
시키려는 태도는 가장 위
험한 발상이다.

5도

5도 (백의 주문대로)

흑1로 받는 것은 부분적
으로는 정수지만, 여기서
는 한가한 완착이자 중앙
백을 두텁게 해주는 이적
수에 가깝다. 백2를 선수
하고 4로 지켜 백 만족.

이렇게 손따라 다니다
가는 능동적인 포석을 펼
칠 수 없다.

모양의 완성과 파괴

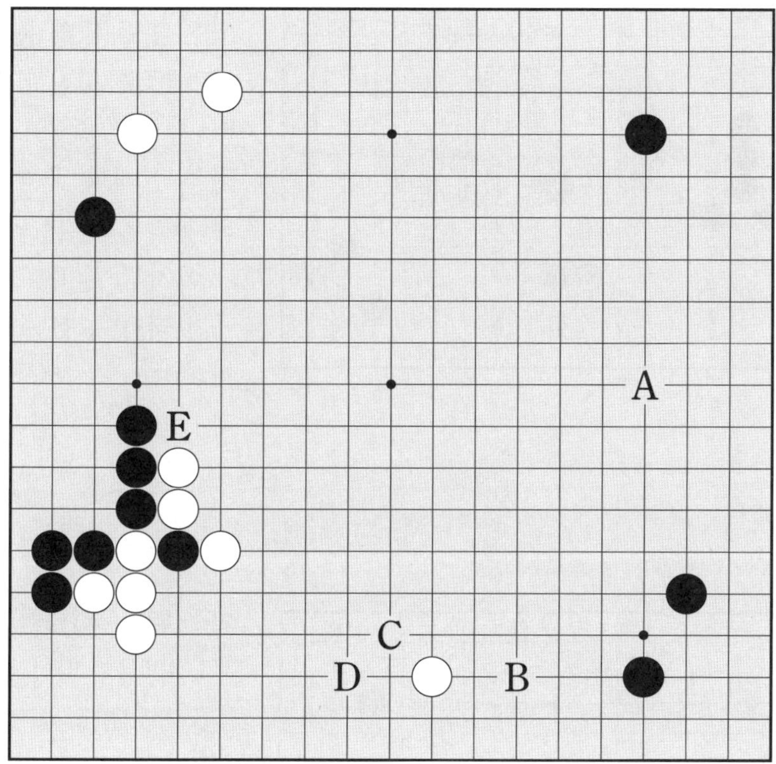

두고 싶은 곳이 많은 초반이지만, 눈길이 쏠리는 곳은 하변 일 대.

흑은 A~E 가운데 어떤 작전을 펼쳐야 할까?

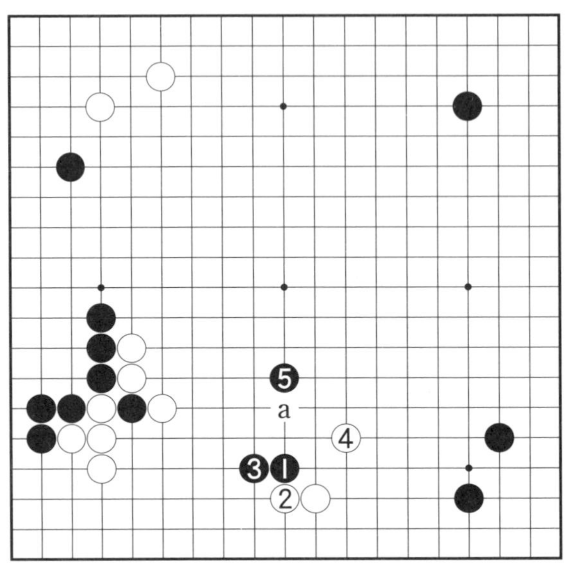

정해도

정해도 (삭감의 급소)

흑1로 어깨짚어가는 것이 '오직 이 한수'의 급소이다. 이하 5까지 쉽게 백진을 유린해 흑의 호조. 이곳을 방치하다가는 백a가 안성맞춤이 되어 좌하 일대가 물경 40집의 통집으로 완성된다.

이처럼 한 수로 확정가가 되거나, 한 수로 파괴되는 곳은 만사를 제치고 선점해야 한다.

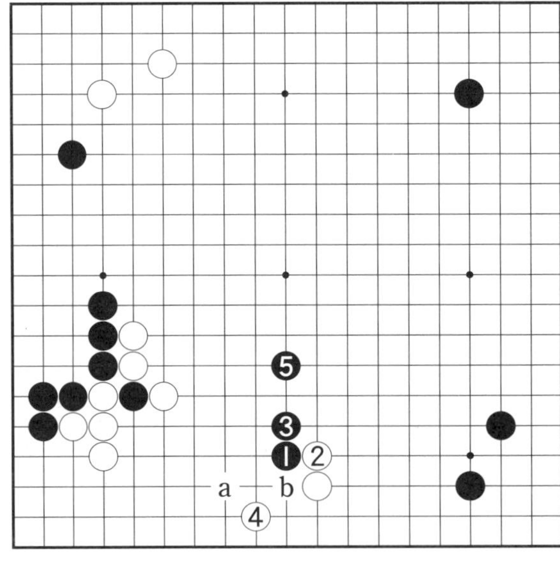

1도

1도 (역시 흑 성공)

흑1에 백2로 밀어 올리면 흑3, 5로 가볍게 탈출한 뒤 a를 노려 역시 흑 만족이다.

백4를 생략하면 흑b로 막혀 백이 견딜 수 없다.

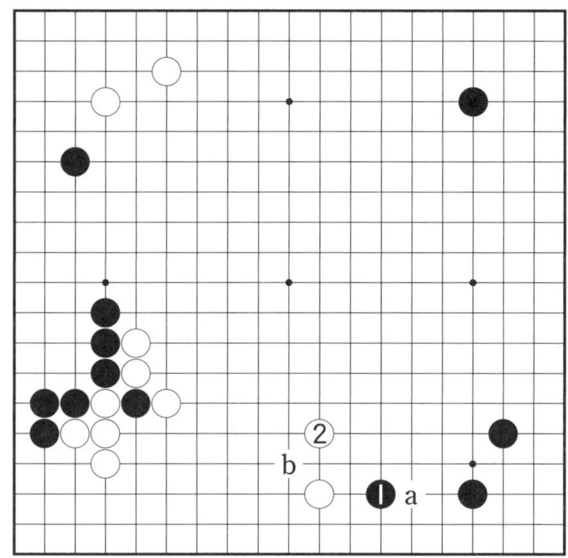

2도

2도 (두어주다)

일견 흑1의 벌림이 큰 곳 같지만, 여기서는 백2를 두게 해주어 이적수의 성격이 짙다.

이곳은 백a로 다가서와도 흑b로 짚어가는 것이 삭감의 급소가 되므로 흑이 서두를 필요가 없다.

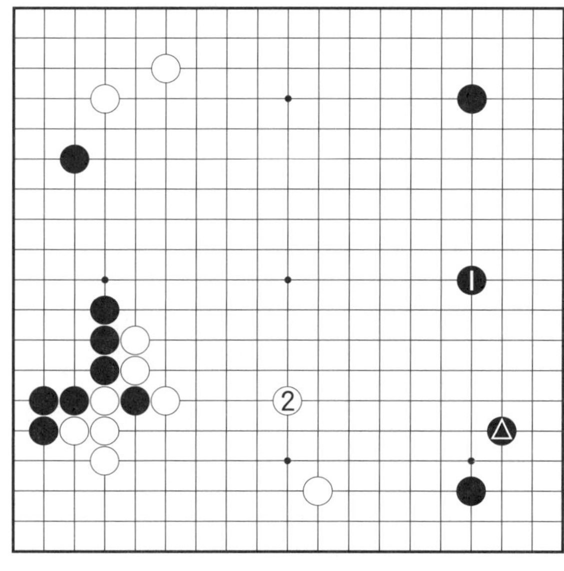

3도

3도 (방향착오)

흑1은 우변을 입체화하려는 의도지만, ⓐ의 자세가 낮아 의문.

백은 불문곡직, 2로 지켜야 한다. 백2는 '한 수로 통집'이 완성되는 곳이므로.

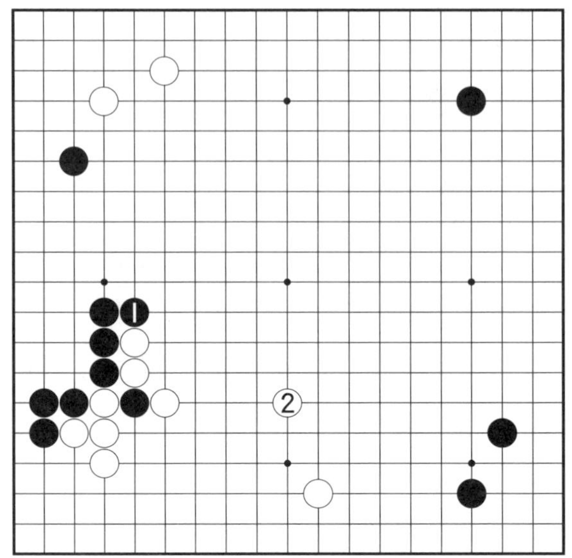

4도

4도 (완착)

흑1은 두터운 수법으로 한수의 가치가 충분한 곳이지만, 여기서는 한가한 완착임이 분명하다.

역시 백2를 허용해서는 흑이 뒤진 포석.

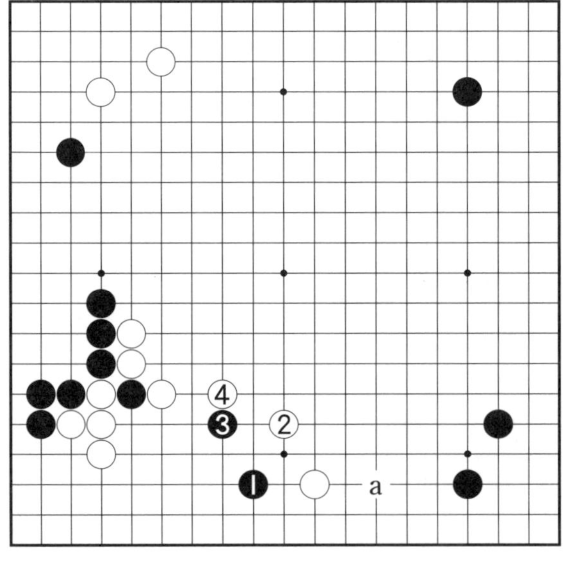

5도

5도 (과격한 발상)

흑1의 단도직입적 침입은 과격한 발상이다. 백4까지 완전히 봉쇄되어 매우 답답하다.

설사 이곳에서 쌈지뜨고 산다 하더라도 백에게 엄청난 두터움을 제공해 득보다 실이 많을 것이다. 흑1은 흑a의 원군이 있을 때 유력한 침입이다.

공수겸용의 대세점

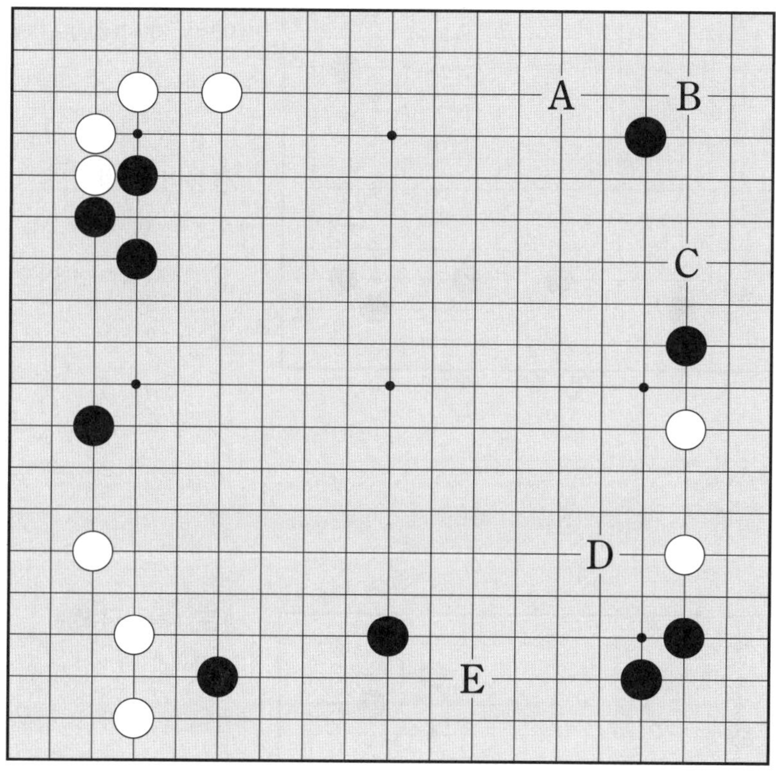

역시 두고 싶은 곳이 많은 초반. 백은 실리를 택할 것이냐 두터움을 택할 것이냐 기로에 섰다.

A~E 가운데 게을리 할 수 없는 대세상의 요소는 어디일까?

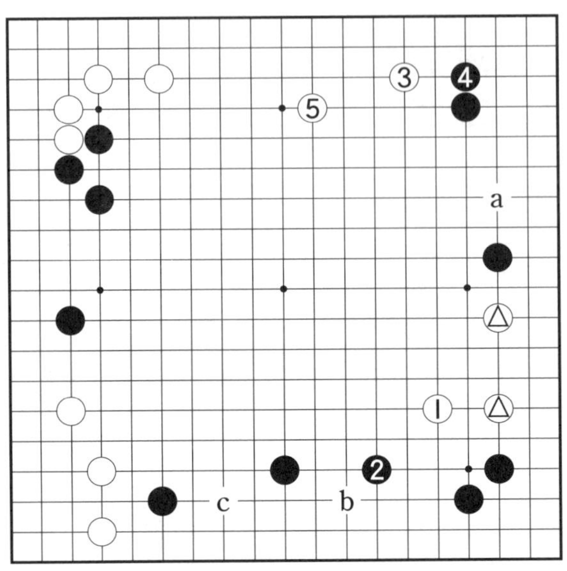

정해도

정해도 (공수의 요소)

백1의 한칸 뜀이 눈에 잘 뜨이지 않는 대세점. 일견 한가해 보이지만, 허약한 자신(△)을 보강하면서 좌우 흑진의 허(a, b, c 등)를 노리는 공수 겸용의 호착이다. 순순히 흑2로 받아준다면 다시 선수를 잡아 백3으로 향한다.

이렇게 보신을 해놓아야 장차 a~c 등의 허를 마음 놓고 추궁할 수 있다.

1도 (흑, 굴복)

백1 때 흑이 주문을 거부하고 2의 요처를 선점한다면 백3의 한방으로 흑진을 깨면서 굴복시켜 기분 좋다. 그런 다음 다시 a, b 등을 두어나가면 백이 충분한 모습.

1도

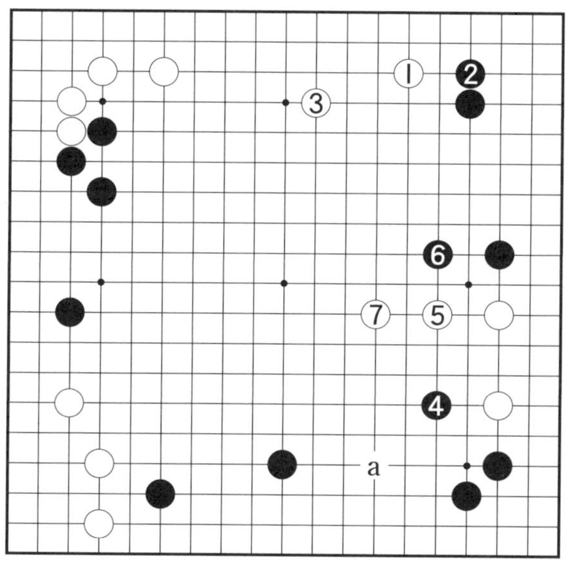

2도

2도 (수순을 빠뜨리다)

크기 자체로는 당연히 백 1의 걸침이다. 그러나 백 3까지 후수를 잡아 흑4를 당하는 날이면 대세를 잃게 되는 것이다. 백7까지 백은 공배를 두며 달아나기에 바쁜 반면, 흑은 상하에서 실속을 챙기며 신명나게 추격해 일방적인 형국이다. 백1은 정해도처럼 백4, 흑a 다음 두어도 늦지 않다.

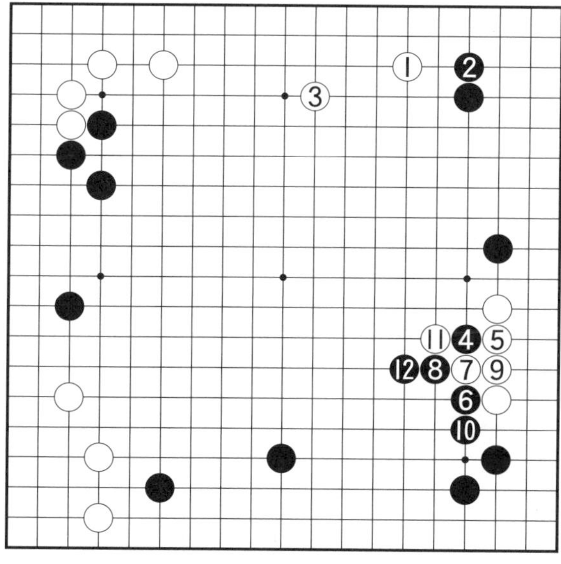

3도

3도 (흑의 별책)

흑으로선 흑4, 6으로 짚어 봉쇄하는 것도 유력한 수법이다.

이하 12까지 백을 압박하며 하변 일대를 두텁게 지역화해 역시 흑이 우세하다.

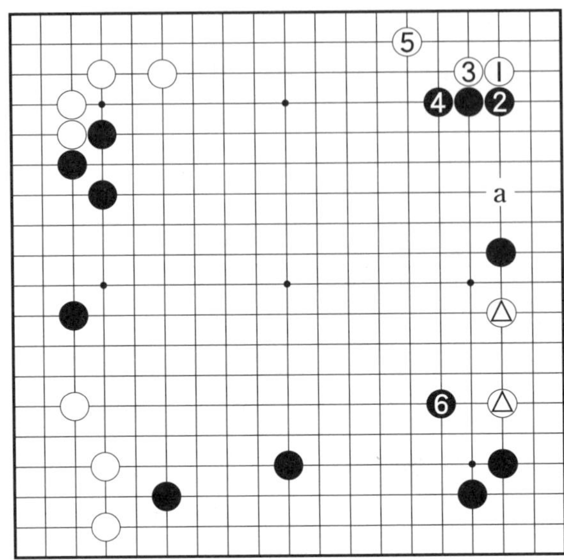

4도

4도 (소탐대실)

백1의 3·三 침입은 소탐
대실의 표본. 우상변 흑
진의 약점(a)을 없애주
면서 등을 두텁게 해주
어 △들을 더욱 허약하
게 만든 죄가 크다.

다음 흑6이면 일거에
대세가 기울 형상이다.

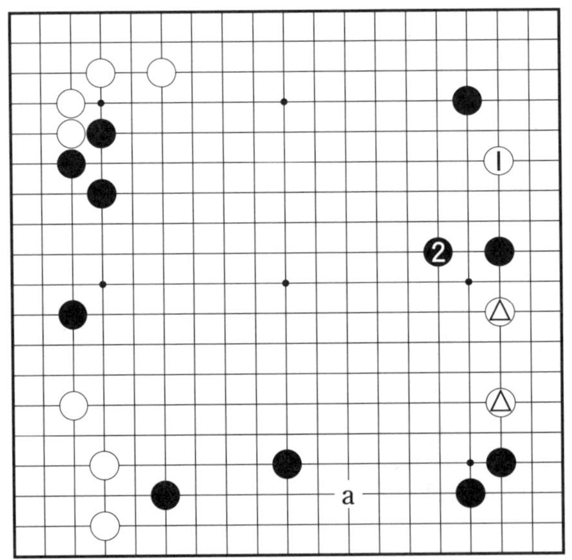

5도

5도 (양곤마 자초)

백1의 돌입은 흑2를 불
러 양곤마를 자초하는 무
리수. 이제 △와 백1, 둘
중의 하나는 무사하지 못
할 것 같다. 백a의 침입
도 마찬가지 이치.

이렇게 자신의 미생마
가 있음에도 상대의 집을
깨거나 실리를 탐할 생각
을 하는 것은 금기해야
할 위험한 발상이다.

곤마냐 두터움이냐

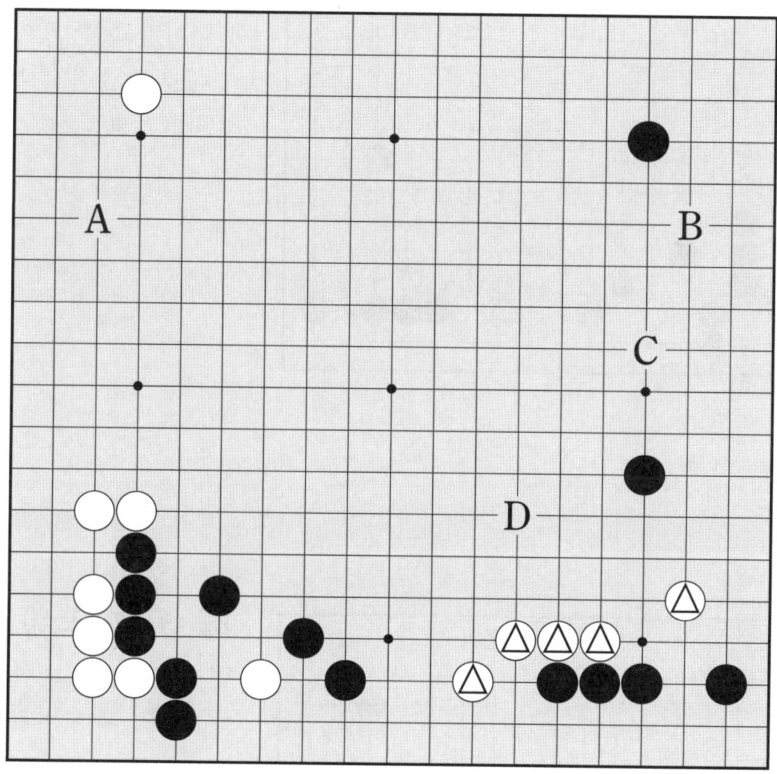

이번에는 약간 어려운 '두터움'의 문제를 살펴본다. 국면의 초점은 △들의 본질이다. 이 돌들이 과연 세력의 구실을 하느냐, 곤마로 몰리느냐가 초반 우열의 관건이라는 것이다.

자, 백의 다음 한수는 A∼D 가운데 어디가 좋을까?

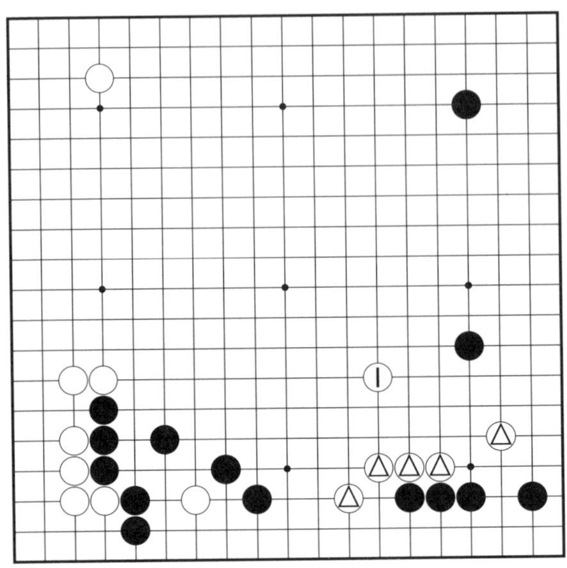

정해도

정해도 (두터운 요소)

백1이 눈에 잘 뜨이지 않는 요소이다. 이곳을 단번에 찾아냈다면 대단한 실력이라고 할 것이다.

이로써 △들은 두터움을 지닌 세력의 구색을 갖추게 되었다. 계속해서~

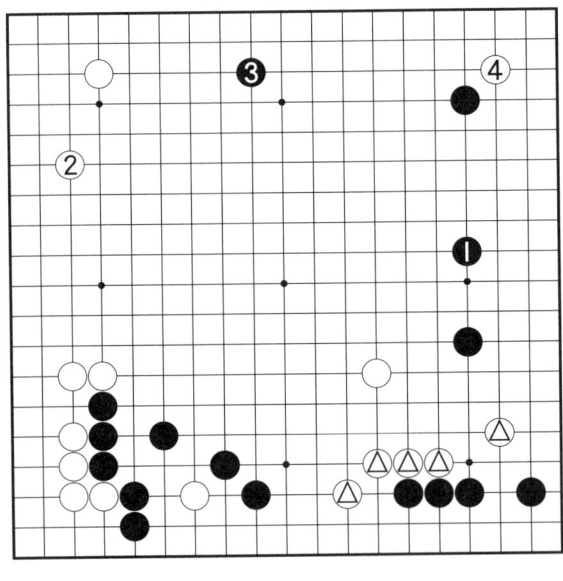

1도

1도 (유연한 포석)

이제 △들이 세력이 된만큼 흑1의 수비가 시급하다.

그러면, 이하 백4까지 쌍방 물 흐르는 듯한 유연한 포석. 그런데~

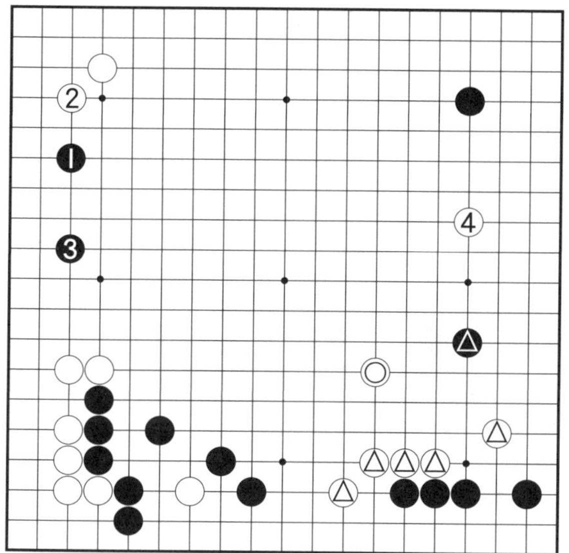

2도

2도 (흑, 고전)

우변 수비를 소홀히 한 채 발빠르게 흑1을 선점하는 것은 지나친 실리 지향. 이윽고 백4를 얻어맞아 ▲가 곤마신세로 변하며 흑이 일시에 엷어진다.

이것이 바로 ▲를 두터움으로 승화시킨 ◎의 위력이다.

3도

3도 (곤마로 전락)

사실 실리적 크기로는 백1의 굳힘이 제일이다. 그러나 그 순간 흑2, 4를 얻어맞고 나면 ▲가 어느새 무거운 곤마로 전락하면서 고전에 빠지게 되는 것이다.

'급한 곳'을 외면한 채 '큰 곳'을 탐하다 대세를 잃은 전형이다.

확장, 수비, 삭감의 급소 213

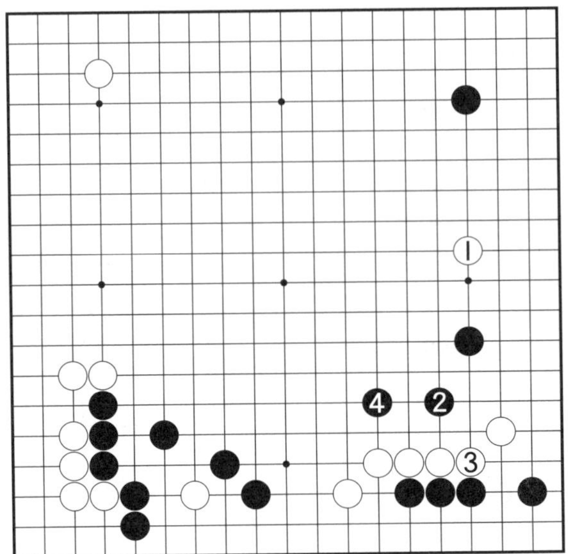

4도

4도 (무리한 전투)

백1의 협공은 무리한 발상으로 두터움과 엷음을 구분 못하는 무지의 소치이다.

　자연스럽게 흑2, 4를 선수하며 빠져 나오면 백으로선 공격은커녕 안위를 걱정해야 하는 신세가 되고 만다.

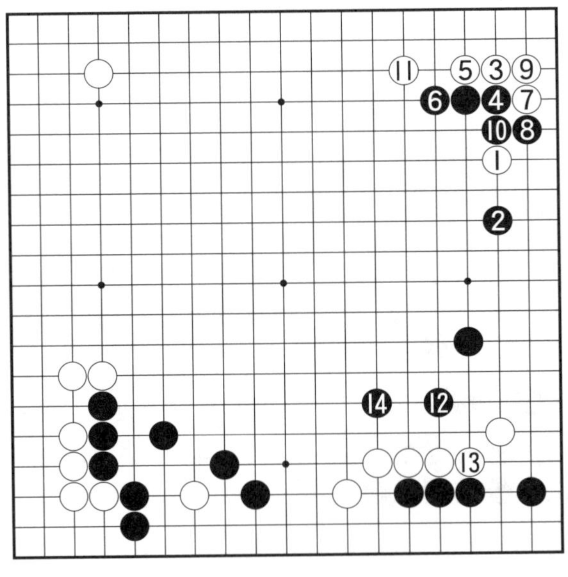

5도

5도 (풍전등화 자초)

백1의 걸침도 마찬가지 이치. 그렇지 않아도 허약한 백 대마를 더욱 약하게 했다는 점에서 낙제점을 면키 어렵다.

　이제 좌우 흑세 속에서 백 대마는 풍전등화 신세가 되었다.

봉쇄의 상용수법

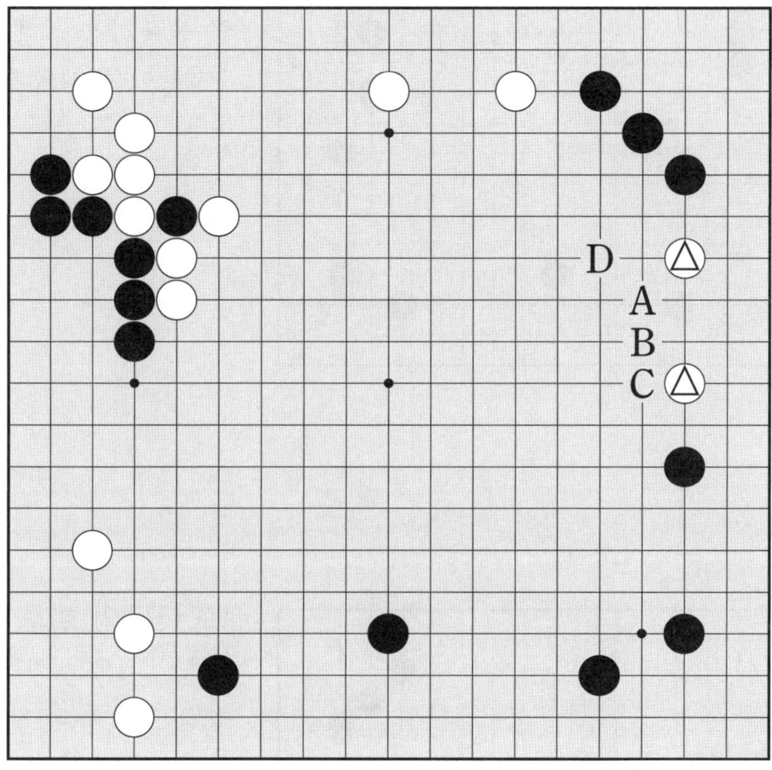

　공격을 통해 이득을 취하는 문제이다. 우변 △들은 두칸만 벌렸을 뿐이지 아직 안정하지 못한 미생마.

　이 백말을 압박하며 최선의 이득을 취하는 수는 A～D 가운데 어디일까?

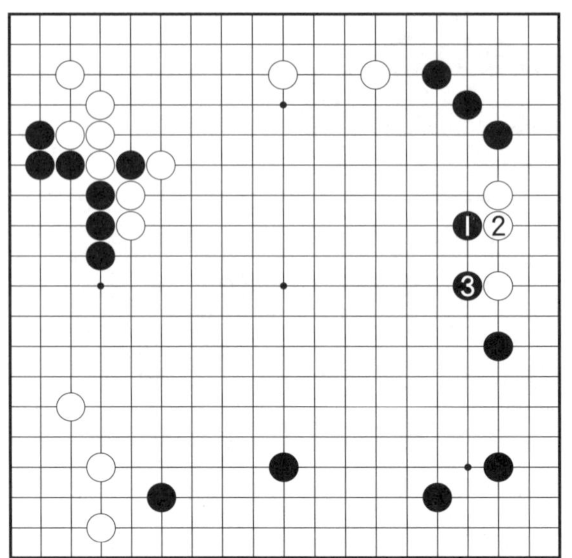

정해도

정해도 (절호의 봉쇄점)

흑1로 어깨짚는 수가 멋진 감각.

이어 백2에는 흑3으로 봉쇄하는 자세가 안성맞춤이다. 계속해서~

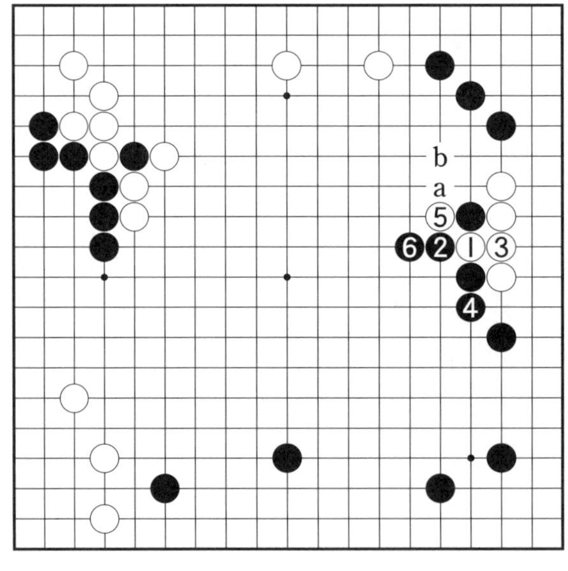

1도

1도 (공격의 효과)

백은 1, 3으로 끼워잇는 정도인데, 흑6까지 백을 압박하며 자연스럽게 하중앙 일대를 입체화하는 데 성공했다. 차후 흑a 나 b를 활용하는 즐거움도 있어 흑 호조의 국면.

공격의 효과를 집으로 연결시킨 모범형이라고 할 수 있다.

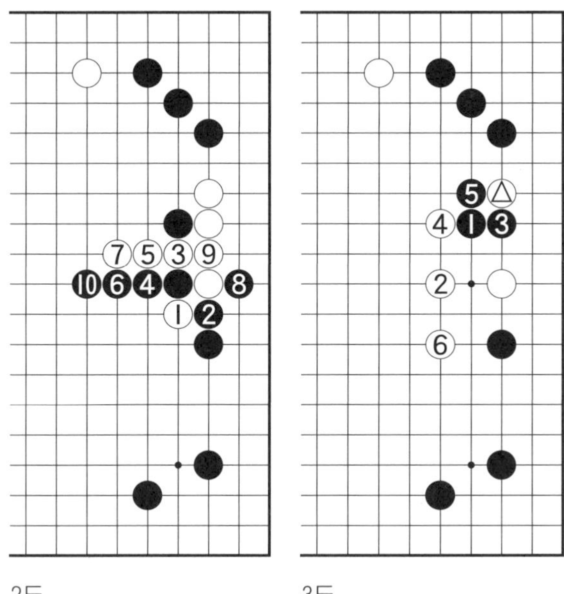

2도   3도

2도 (백, 속수)

그렇다고 백1로 젖혀 반발하는 것은 속수. 흑10까지 흑을 한없이 두텁게 해주어 손해를 가중시킨다.

3도 (흑, 만족)

1도가 꺼려진다면 흑1 때 백2로 비껴 받아 △ 한점을 사석 처리할 수는 있다. 그러나 실리가 큰데다 우상귀의 뒷맛이 깨끗이 사라져 역시 흑 만족.

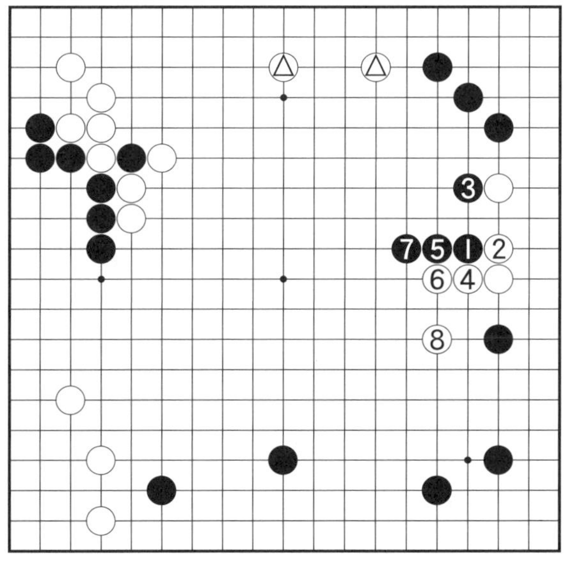

4도

4도 (방향착오)

같은 어깨짚음이라도 흑1은 지점이 틀렸다. 백8까지를 예상할 때 흑이 방향을 잘못 잡았음을 한눈에 알 수 있다.

△들이 견고하게 버티고 있는 상변 쪽에 세력을 쌓아 무엇을 하겠다는 것인가.

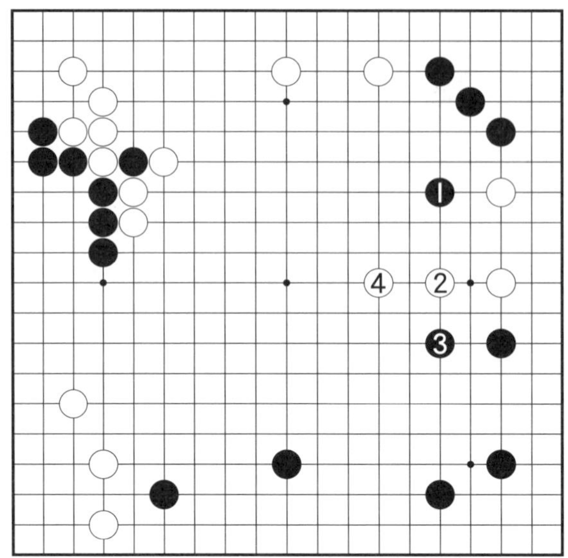

5도

5도 (어설픈 공격)

흑1의 모자씌움도 이런 형태에서 상용의 공격수 지만, 지금은 적절치 않 다. 백4까지 훨훨 달아 나고 나니 흑은 공포탄 을 쏜 격.

흑3을 차지한 정도로 는 양에 차지 않는다.

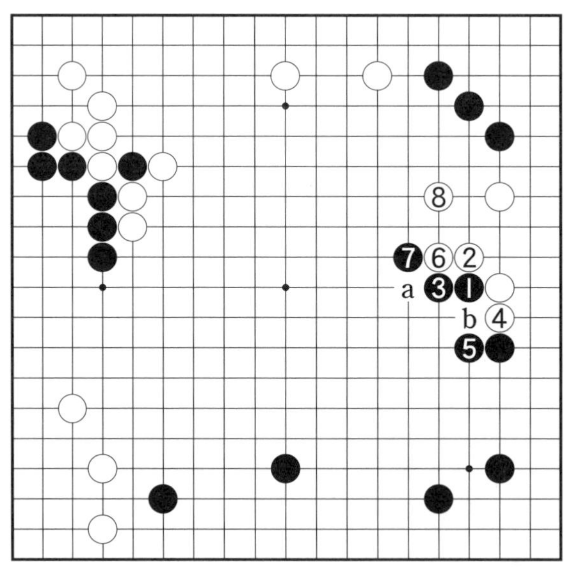

6도

6도 (최악의 속수)

흑1의 붙임은 금기해야 할 속수로 백에게 삶의 길을 인도하는 것과 다를 바 없다. 백8까지 깨끗하 게 안정하고 나니 흑에게 는 a와 b의 약점만 남은 모습.

이처럼 공격하고자 하 는 돌에 섣불리 붙이는 것은 상대의 타개를 거 들어주는 이적수가 되기 때문에 지양해야 한다.

막는 방향이 관건

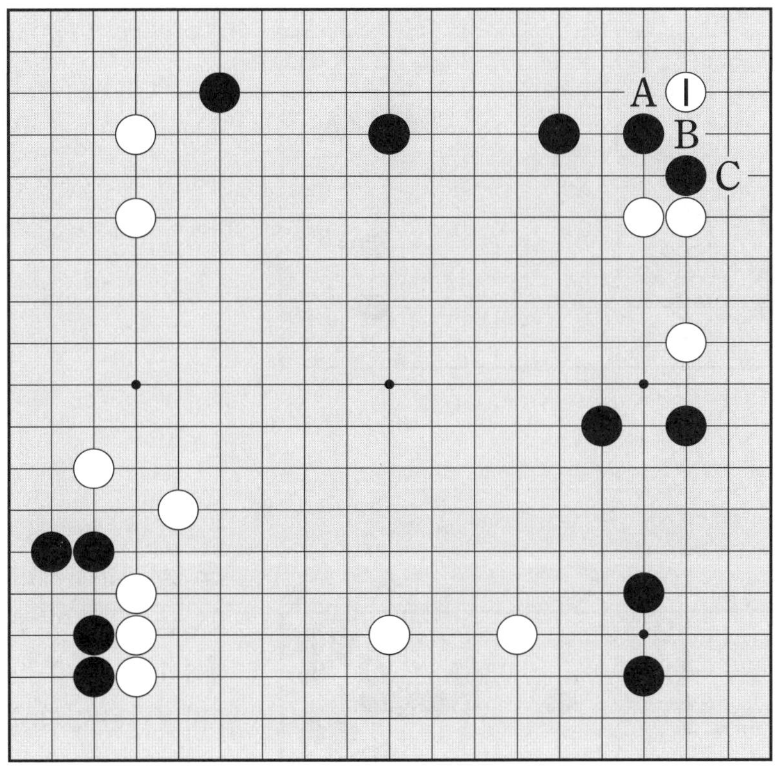

3·三 침입은 포석 막바지나 중반 초기에 한두번 쯤은 꼭 등장하는 통과의례. 그러므로 적절한 대응책을 필히 익혀둘 필요가 있다. 백1에 흑은 A~C 가운데 어떤 태도를 취해야 할까?

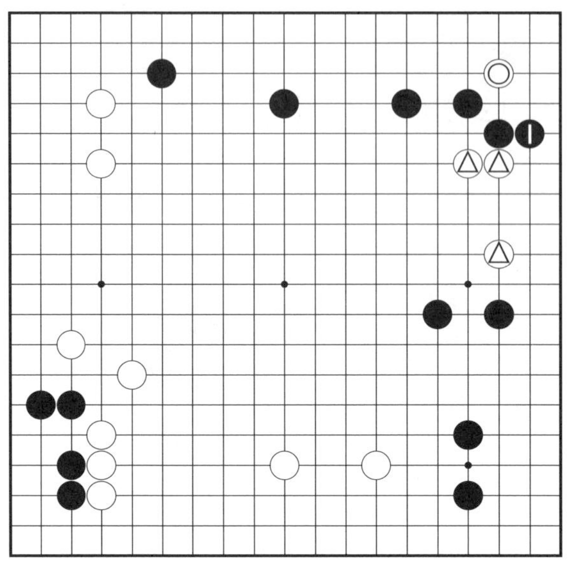

정해도

정해도 (강력한 차단)

△들이 허약한 상태에서 침입해온 ◎는 분명히 무리수.

따라서 흑1로 내려서 차단하는 것이 기백 넘치는 강수이자 이 장면에서의 '오직 이 한수'이다. 계속해서~

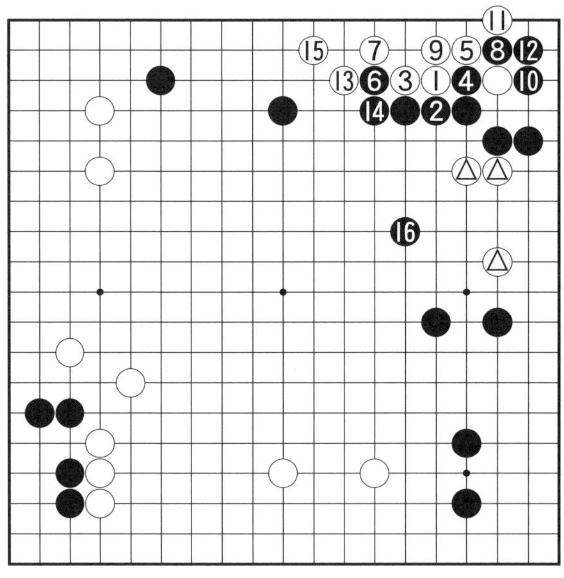

1도

1도 (흑, 대세 제압)

침입군은 백1 이하로 움직여 15까지, 흑진을 초토화시키는 상당한 성과를 이루며 살 수 있다.

그러나 선수로 철벽을 쌓은 흑이 16 정도로 울타리를 치면 △는 거의 고사한 상태. 흑은 우상귀 실리의 손실을 만회하고도 남는다.

이처럼 상대가 약할 때는 강인한 자세를 보여야 이득을 얻을 수 있다.

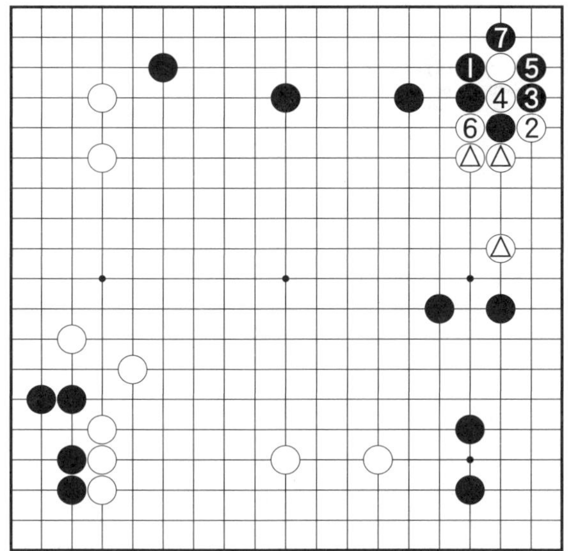

2도

2도 (나약한 태도)

흑1은 너무 나약한 태도. 이하 흑7까지 실리의 손실이 클 뿐더러 무엇보다도 허약하던 △들을 선수로 안정시켜 주었다는 점에서 낙제점을 받을 수밖에 없다.

흑1~7은 자신이 약해 안정을 도모해야 할 때 쓰는 수세적 수법이다.

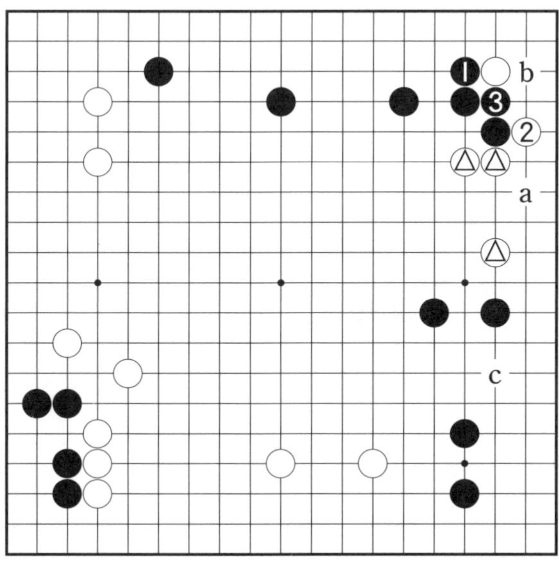

3도

3도 (손해가 크다)

흑3으로 치받는 수 역시 2도와 대동소이한 선택. 다음 백a가 b를 엿보는 선수로 작용해 △들은 거의 안정되었다. 이렇게 백돌이 안정되면 c의 허점도 부각된다.

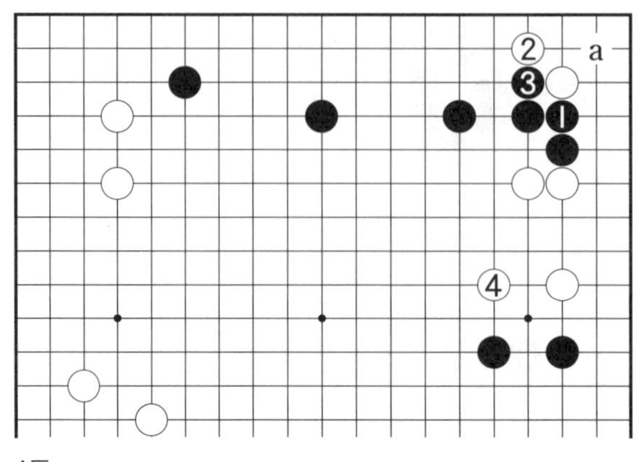

4도

4도 (잽을 맞다)

흑1도 종종 쓰이는 응수법으로 2도, 3도보다는 좀 나은 편이다.

그러나 역시 완착. 백2, 흑3을 교환해 사는 뒷맛(차후 백a면 쉽게 완생)을 남겨둔 뒤 백4로 손을 돌려 백 호조.

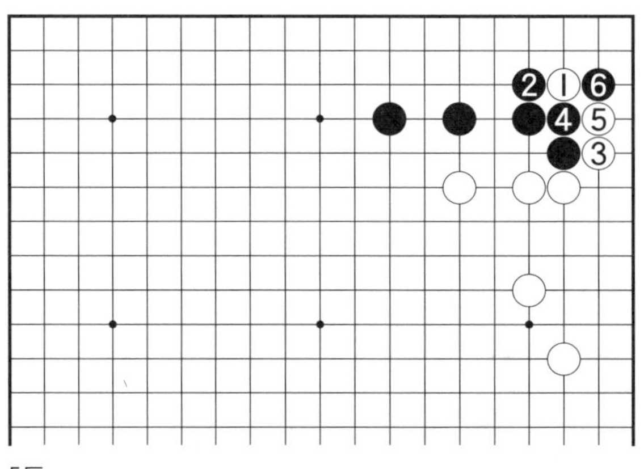

5도

5도 (넘겨주어야 할 때)

본도처럼 쌍방의 집이 견고할 때는 백1에 흑2로 막아 넘겨주는 것이 현명하다. 이때도 차단을 고집하다가는 대가도 없이 상변만 깨지는 손해를 입게 될 것이므로.

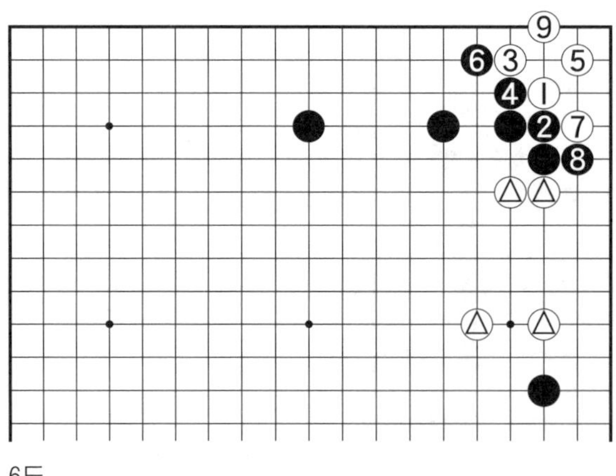

6도

6도 (애매할 때)

또한 △가 어느 정도 근거를 갖추고 있어 차단하자니 겁나고, 넘겨주자니 아까울 때는 흑2가 중용의 방어수단이다. 그러면 9까지 피해를 최소화하면서 △에 대한 공격을 계속 엿볼 수 있다.

공격적 감각

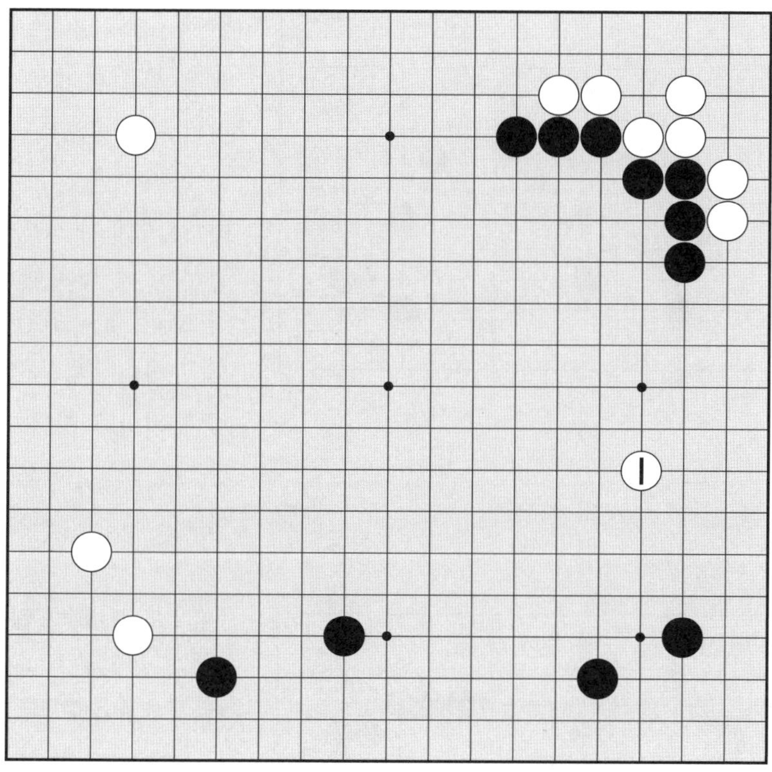

흑이 우상귀에서 백에게 적지 않은 실리를 제공하며 두터운 세력을 쌓은 장면인데, 백은 다소 어정쩡하게 1로 갈라침 겸 삭감을 시도해왔다.

자, 여기서 한눈에 보이는 공격의 제일감은 어디일까?

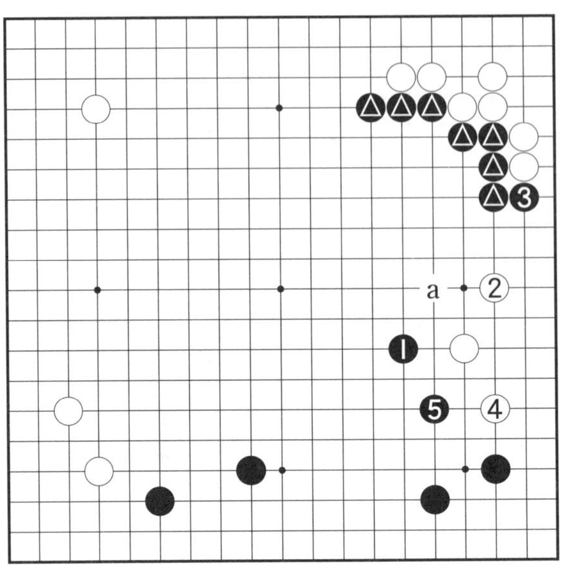

정해도

정해도 (빛나는 모자)

흑1의 모자씌움이 ▲의 철벽을 배경 삼은 빛나는 감각이다. 백2에는 흑3, 백4에는 흑5로 봉쇄, 백을 쌈지뜨게 만드는 것이 무난하면서도 현명한 공격수순. 이로써 하변 일대에 대모양을 형성하는 데 성공했다. ▲가 워낙 철벽이므로 백은 a 방면으로 진출하는 것이 여의치 않다.

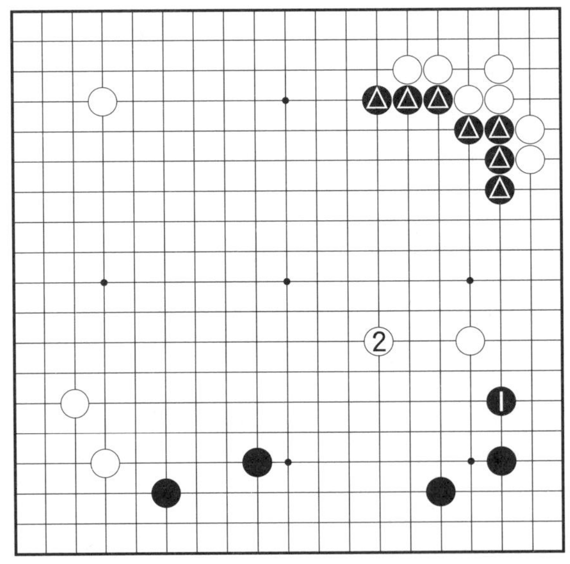

1도

1도 (백, 경쾌한 탈출)

흑1의 다가섬은 백의 근거 박탈이라는 점에서 일리 있는 공격수지만, 우선 자세가 옹졸하여 그다지 내키지 않는다.

백2로 가볍게 벗어나면 ▲의 가치가 크게 퇴색하고 만다.

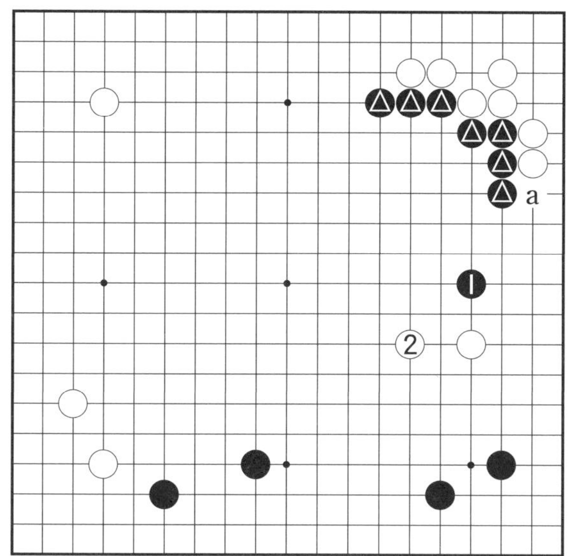

2도

2도 (중복+뒷문)

흑1쪽에서 다가서는 것은 중대한 방향착오.

백2로 뛰고 나니 더 이상의 뚜렷한 공격수단이 보이지 않는 반면, 흑 자신은 ▲들과 심하게 중복된 데다 a의 뒷문마저 열려있어 크게 불만이다.

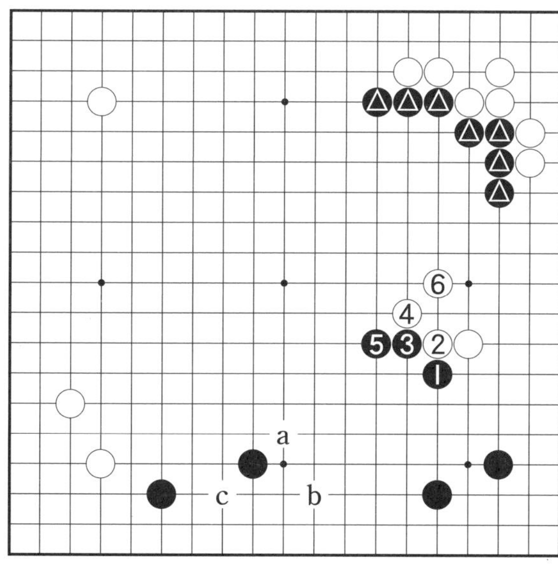

3도

3도 (간단한 안방살이)

흑1로 덮어가는 것은 지나치게 직선적인 공격방법이라 바람직하지 않다. 백6으로 가뿐하게 틀을 잡고 안정하고 나니 ▲가 저절로 무용지물이 되지 않았는가.

하변은 아직 a, b, c 등의 수단이 있어 완전한 집이 아니다. 흑1은 상대 말을 확실히 가둘 수 있을 때나 양곤마를 몰 때 어울리는 수법이다.

실전편

1장

아마의
포석 맹점

무조건 넓은 곳이라고 해서 반드시 가치가 큰 것은 아니며, 강한 곳이라고 협공이 능사는 아니다. 전략적 가치와 돌의 능률성을 두루 고려해야 하는 것이 포석의 핵심 포인트이자 바로 아마추어들이 겪는 어려움일 것이다.

이 장에서는 아마추어 중고급자들의 실전에서 등장한 포석상의 문제점들을 집중 해부해 보았다.

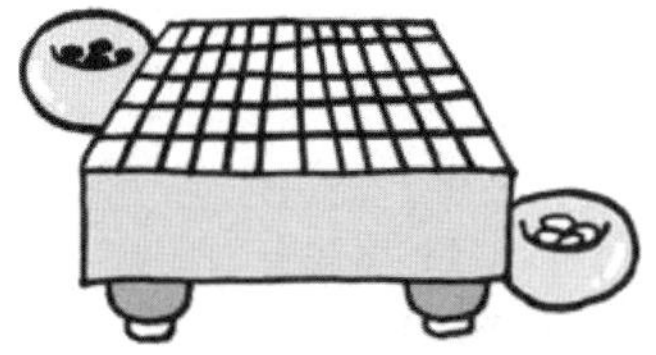

스스로 망가뜨린 중국식

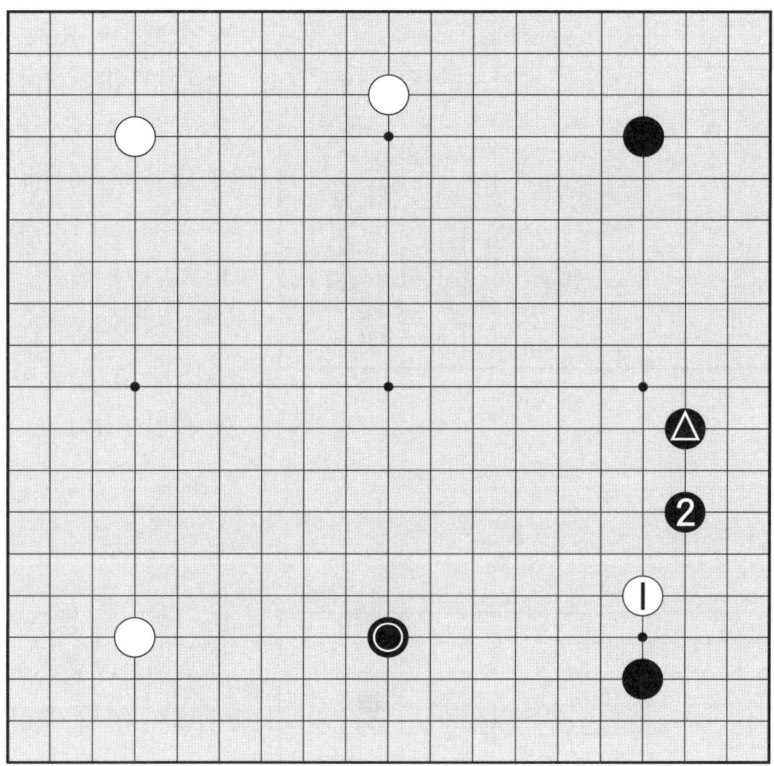

문제의 장면

흑◬의 중국식에 ◉로 날개를 펼친 장면에서 백1의 걸침은 당연. 그런데, 이때 흑2로 협공한 것이 중국식 포진의 위력을 스스로 퇴색시킨 문제수이자 포석을 뒤지게 한 일대 방향착오이다.

언뜻 보기에도 흑2는 ◬의 기착점과 중복되어 어색해 보이지 않은가. 이 수로는 과연 어떻게 두어야 했을까?

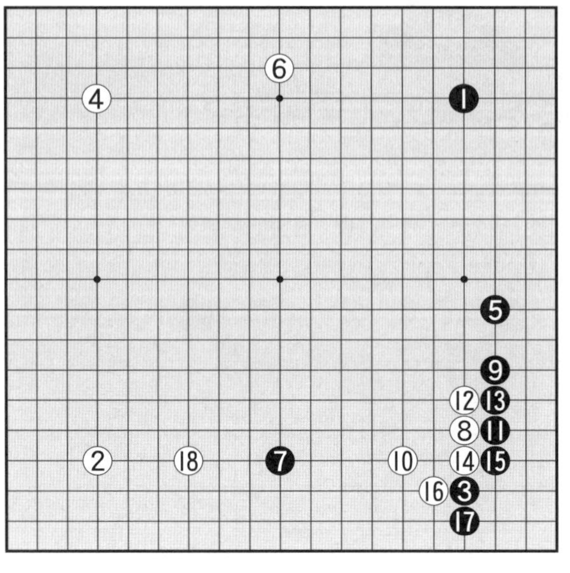

〈1보〉

1보(1~18)

1급과 2급이 통신대국으로 벌인 실전.

흑1, 3, 5의 중국식에 이어 백6과 흑7은 거의 맞보기. 백8의 걸침은 시급한 한수인데, 이때 흑9가 대완착. 백10이 경쾌한 응수로 이하 17까지 흑진을 우변에 잔뜩 편재시키며 세력을 쌓은 다음 백18로 협공해 아연 백이 활발해졌다.

1도 (올바른 응수 1)

지금은 이미 ▲의 기착점이 백이 벌릴 자리를 방해하고 있는 만큼 흑으로선 변쪽으로 협공할 것이 아니라 흑1로 받아두어야 했다. 이어 백2, 4에는 흑5가 강력한 응수. ▲에 가로막혀 백6으로 옹색하게 자리잡을 때 흑9(혹은 a)로 뛰면 흑은 양쪽에서 큰 이득을 챙길 수 있어 만족이다.

1도

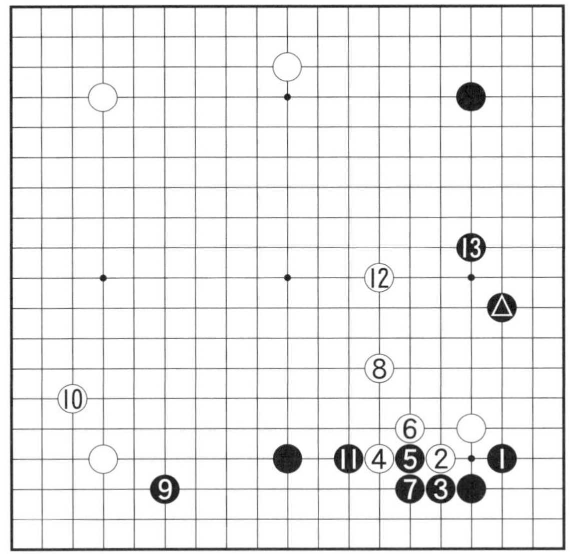

2도

2도 (올바른 응수 2)

흑1로는 이렇게 백말의 근거를 위협하는 수도 유력하다. 그러면 이하 흑 13까지가 정형인데, 역시 하변과 우변에서 실속을 차려 충분한 모습이다. 아무튼 흑으로선 ●가 백의 전개를 미리 방해하고 있다는 점을 이용하는 것이 중국식의 특성을 제대로 살리는 올바른 착상이다.

3도

3도 (백, 무책)

1보 백10은 가볍고도 현명한 대응. 곧이곧대로 백1, 3에 붙여끄는 것은 무책. 흑●들이 강렬하게 버티고 있어 근거를 잡을 곳이 없음에도 공연히 백말의 덩치만 무겁게 키워놓은 꼴이 되는 것이다. 백1로 a에 차단하는 것도 마찬가지 이치. 강한 적진에서는 가벼운 행마가 필요하다.

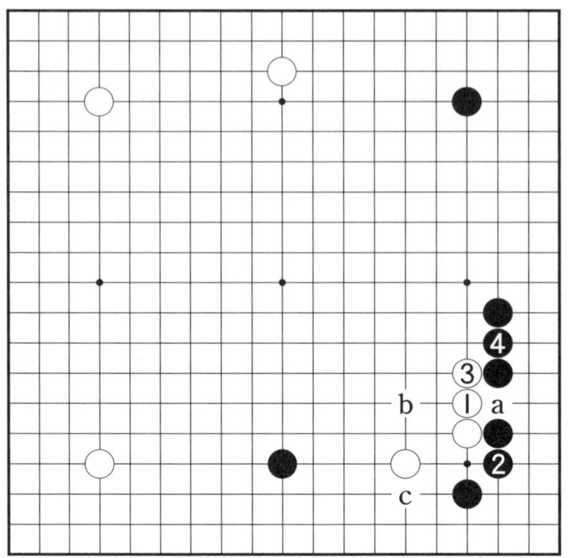

4도

4도 (흑의 차선책)

백1(1보 백12)로 늘었을 때도 흑은 손따라 a에 이을 것이 아니라 흑2쪽으로 늘어두어야 했다.

그러면 백에게도 b의 급소가 남는데다 여차하면 흑c로 건너가는 수단이 남아 백에게 두터운 세력을 허용한 실전에 비해 한결 나았던 것이다.

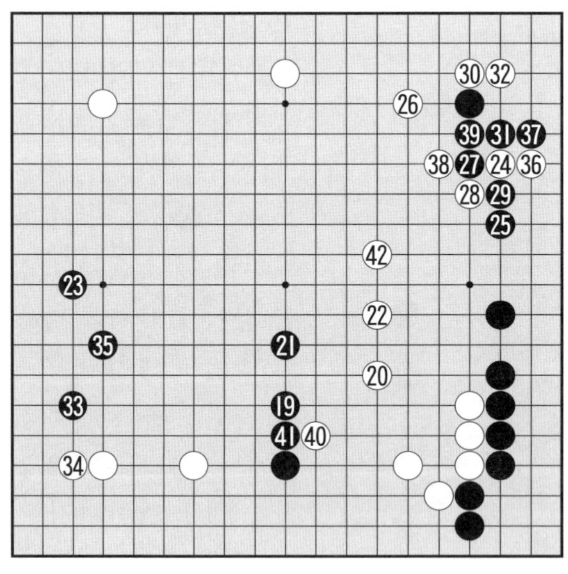

〈2보〉

2보(19~42)

백22까지 한발 앞서 진출해서는 백이 활발한 모습. 그런데, 흑은 또 한번 방향착오(흑25)를 범해 완전히 그르친다.

백38까지 되고 나니 흑은 완전히 우변에 편재, 중복된 꼴 아닌가. 게다가 좌변 쪽 흑33, 35의 선택도 이상했다. 백42에 선착하여 백이 단연 앞서는 포석이 되었다.

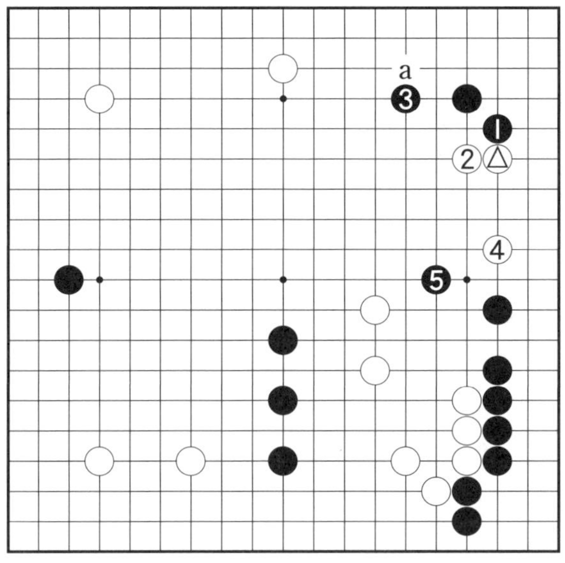

5도

5도 (올바른 대응)

사실 △(2보 백24)는 a로 걸치는 것이 맞는 방향이 다. 흑1, 3이 백의 무리를 꾸짖는 올바른 대응. 이어 백4에는 흑5로 가르고 나 가 백을 양곤마로 몰았으 면, 흑도 아직 해볼 만한 국면이었던 것이다. 그럼 에도 실전에서는 흑이 지 나치게 우변 쪽을 집으로 만들려다 중복, 편재를 자 초한 격이 되었다.

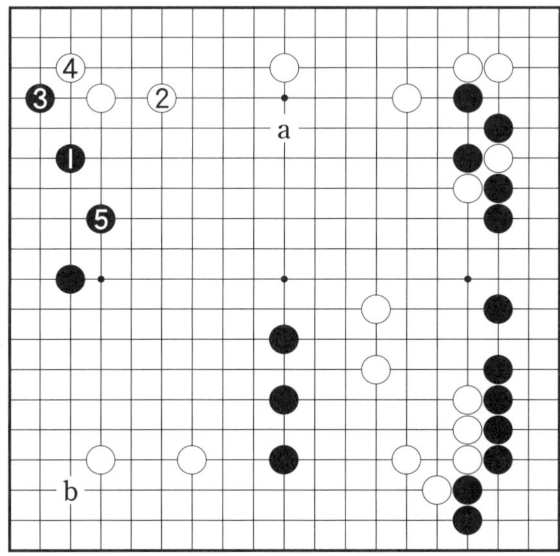

6도

6도 (올바른 방향)

2보 흑33도 방향착오. 이 수로는 흑1쪽으로 걸쳐 가는 것이 바람직했다. 이하 흑5까지 견실하게 해놓고 차후 a의 삭감과 b의 침입을 맞보기로 삼 는 것이 현명한 발상이 다. 실전은 백에게 좌하 귀를 굳혀주며 후수를 잡 게 되어 실패.

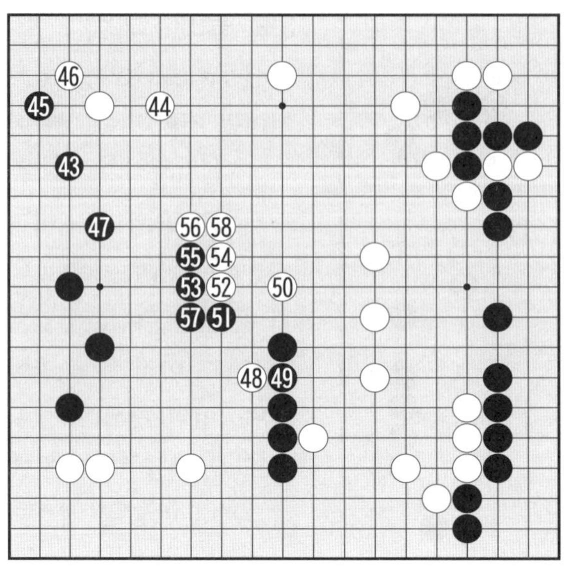

〈3보〉

3보(43~58)

흑43~47은 부분적으로 정석이지만, 지금은 발 느린 무책. 결국 흑은 좌변에서 중복된 꼴을 면치 못했다. 그 사이 백은 50의 대세점에 선착한 데 이어 58까지 무량대가를 완성하여 압도적 우위를 구축했다.

기착점을 활용하지 못한 채 계속 편재, 중복을 자초한 발 느린 운석이 흑의 패인이라고 하겠다.

7도

7도 (침투의 기회)

좌변은 이미 ▲들이 견고한 자세를 하고 있는 만큼 3보 흑43으로는 마땅히 흑1(혹은 a)쪽으로 뛰어들어 상변 백진이 팽창하는 것을 저지해야 했다. 이것이 흑의 마지막 기회였다.

소화불량이 된 유행정석

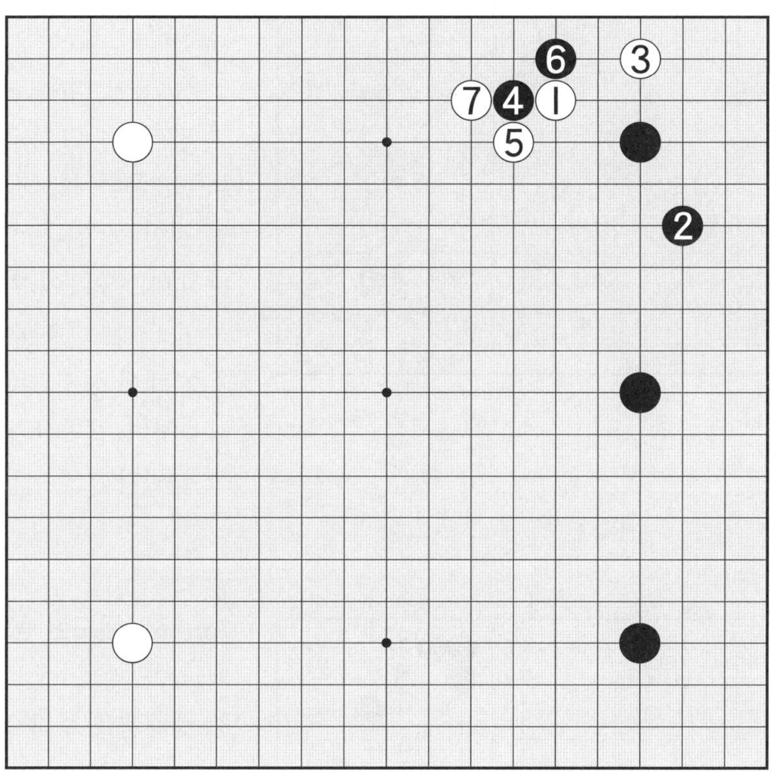

▨ 문제의 장면

수순의 필연성을 제대로 소화하지 못한 채 고급정석을 어설프게 흉내
내다 망하는 웃지 못할 해프닝이 중급자들의 바둑에서는 종종 등장한다.

백3 때 흑4로 옆구리에 붙여간 것까지는 좋은데, 그 다음 순간 흑6이
'정석의 소화불량'. 백7로 정수리를 얻어맞자 응수두절이 되고 말았다.

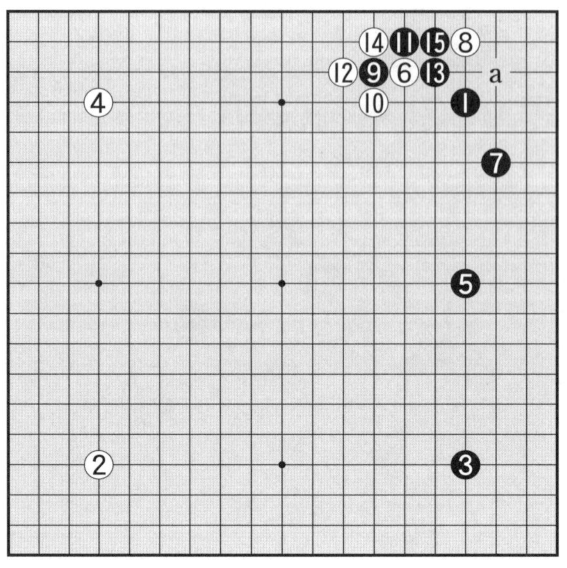

〈1보〉

1보(1~15)

이번에는 3급들 간의 실전. 백8에 흑a로 받지 않고 9로 붙여간 것은 최근 유행하는 고급정석.

사실 이 정석은 난해한 변화를 내포하고 있어 초중급자들에겐 권할 만한 것이 못 된다. 아니나 다를까, 흑11이 치명적인 수순착오. 결국 14까지 백에게 선수 빵때림을 허용하여 일찌감치 망조가 들었다.

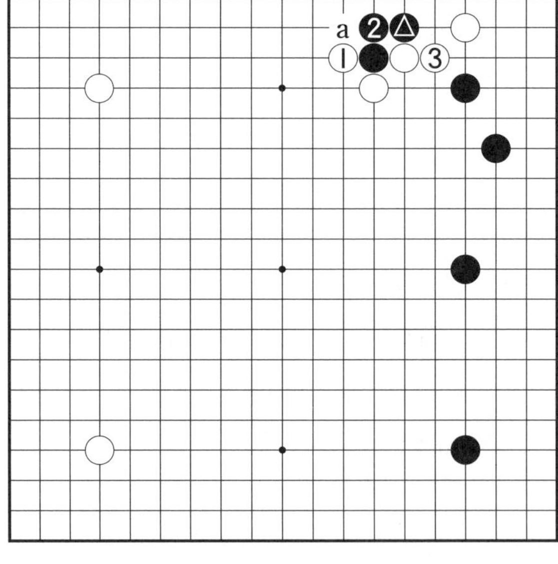

1도

1도 (흑, 무모한 몸부림)

백1(1보 백12)에 실전처럼 빵때림을 주기 싫다고 흑2로 이어 버티는 것은 무모. 백3을 당해 더 크게 망한다.

이 석점을 살리려면 a 이하로 2선을 6번 더 기어야 한다는 말이니 어불성설. 결국 섣불리 ▲로 젖힌 데 '원죄'가 있는 셈이다.

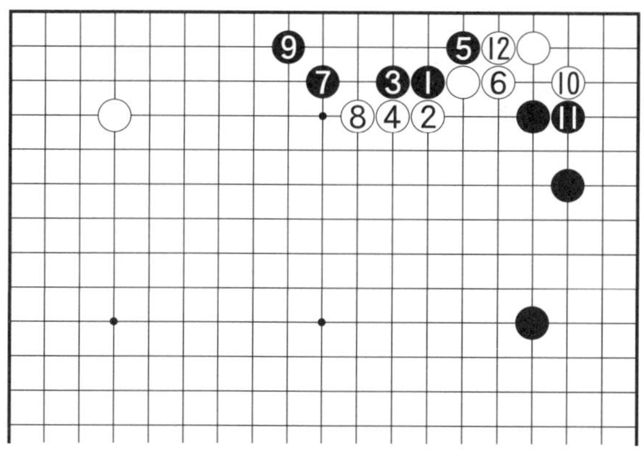

2도

2도 (올바른 정석수순)

따라서 백2 때 흑3으로 느는 것이 정수. 백4 때 흑5로 젖히는 것이 백말의 근거를 선수로 빼앗는 좋은 수이며, 백12까지가 올바른 정석수순이다. 이 같은 수순의 필연성을 모른다면 이 정석을 쓸 자격이 없다.

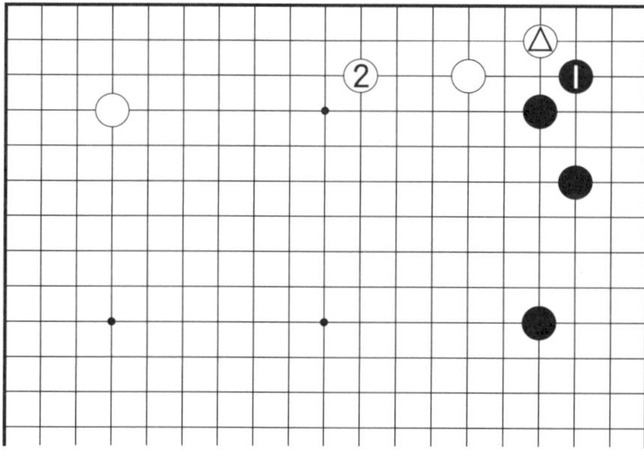

3도

3도 (간명한 정석)

따라서 애당초 △로 달렸을 때 흑으로선 그냥 1로 받는 것이 무난하다. 고급정석의 변화를 자세히 모를 때는 이렇게 간명하게 처리하는 것이 현명하고 유연한 태도이다.

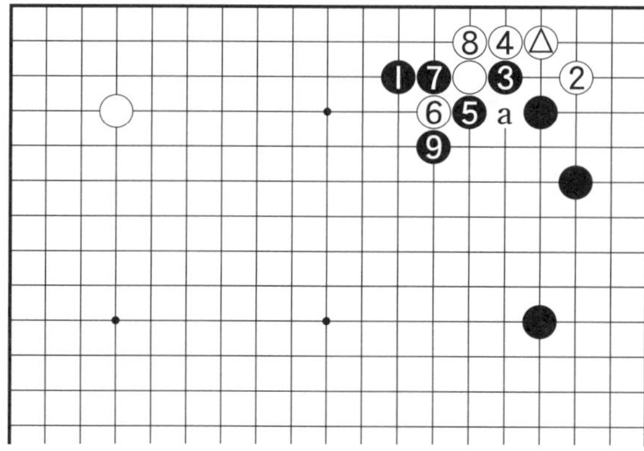

4도

4도 (세력을 펴고 싶다면)

△ 때 흑이 세력을 취하고 싶다면 흑1로 협공하는 수가 바람직하다. 그러면 이하 9까지가 정석. 그런데 흑3 때 백이 a로 찝어오는 변화구가 있어 그다지 쉽지 않다는 점에 유의해야 한다.

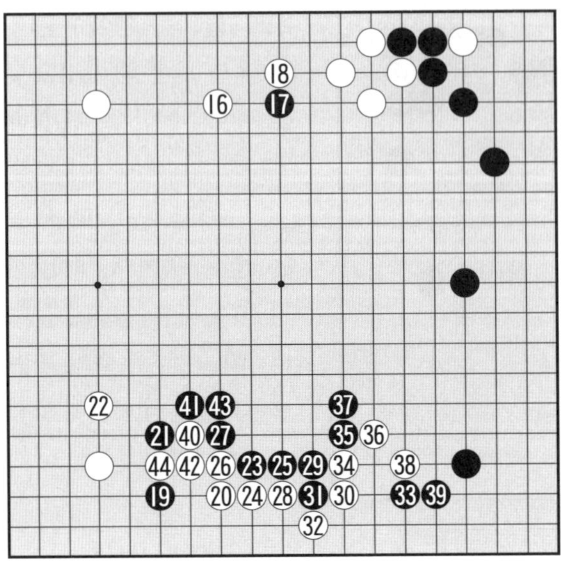

<2보>

백16, 18은 빵때림의 위력을 살리지 못한 대완착. 좌하귀에서 백20의 협공에 흑21, 23으로 반발해 또 다른 유행정석 수순이 펼쳐졌는데, 또 다시 흑의 '소화불량' 증세가 나타났다.

흑31의 악수에 이어 33이 큰 방향착오. 백38까지 중앙이 터지고 백40~44로 좌하귀도 뚫려 흑이 망한 모습이다.

5도

5도 (빵때림을 살린다)

2보 백16으로는 당연히 백1로 넓게 구축할 자리. 이래야 빵때림(△)의 위력을 최대한 살리면서 a쪽의 허점도 효과적으로 커버할 수 있다(흑b 따위로 침입하는 것은 △의 배경이 막강하므로 무리).

실전의 백c는 △들과도 너무 중복인데다 d의 허점까지 남겨 너무 비능률적.

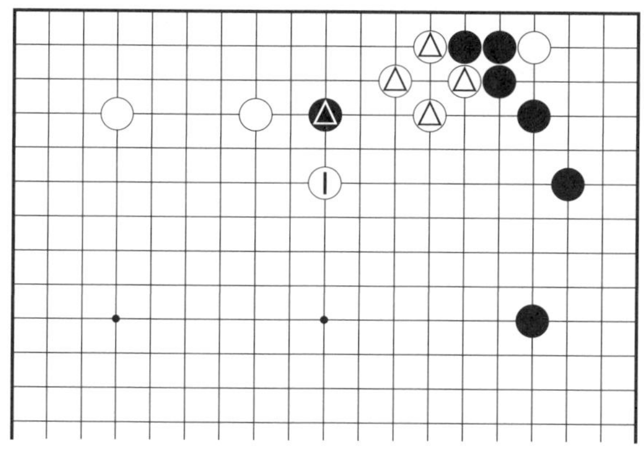

6도

6도 (강력한 반격)

그런 점에서 ▲(2보 흑17)는 무리수. 이때 백1로 반격했으면 흑은 매우 곤란했다. ▲의 위력이 워낙 막강하므로 이곳에서의 전투는 흑의 입장에서는 '달걀로 바위치기'이다.

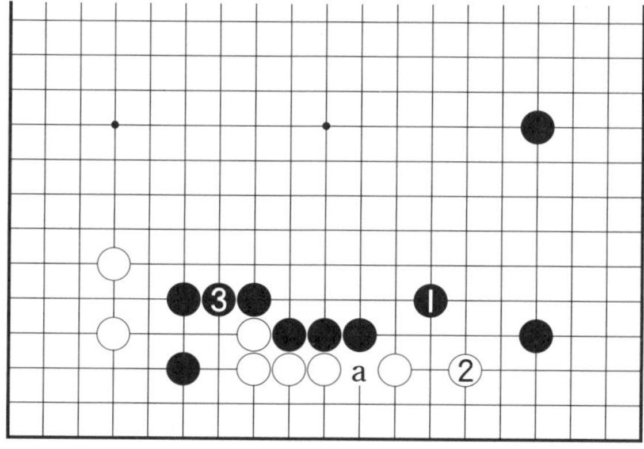

7도

7도 (흑의 정수)

2보 흑31로는 흑1의 날일자 씌움이 정수이다. 이렇게 봉쇄하면 우중앙 일대가 입체화되어 흑도 충분하다. 실전처럼 흑a로 찌르는 것은 자충을 자초하는 속수의 표본이므로 절대 금기시해야 한다.

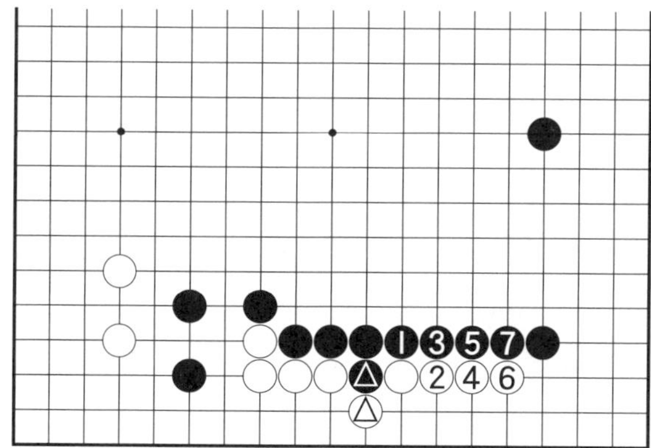

8도

8도 (차선책)

그리고 손버릇을 못 이겨 실전처럼 ▲로 찔러 △와 교환시켰을 때는 자충의 약점을 없애기 위해 지체없이 흑1 이하 7까지 두텁게 막아두는 것이 피해를 줄이는 길이다.

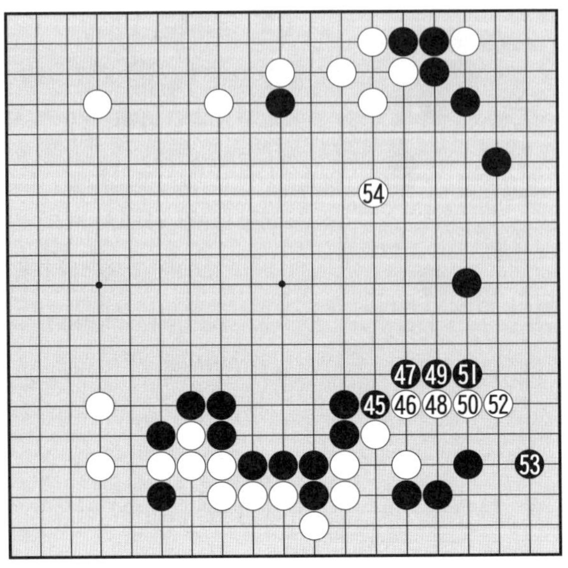

〈3보〉

3보(45~54)

흑은 뒤늦게 45 이하로 중앙을 틀어막으려 하지만, 흡사 터진 봇물을 손바닥으로 막으려는 형상이다. 알기 쉽게 백52까지 슬슬 늘어두니 흑은 사방이 바쁜 형국. 흑53이 불가피할 때 백54에 선착하니 흑은 실리와 세력을 모조리 빼앗겨 절망적인 국면이 되었다.

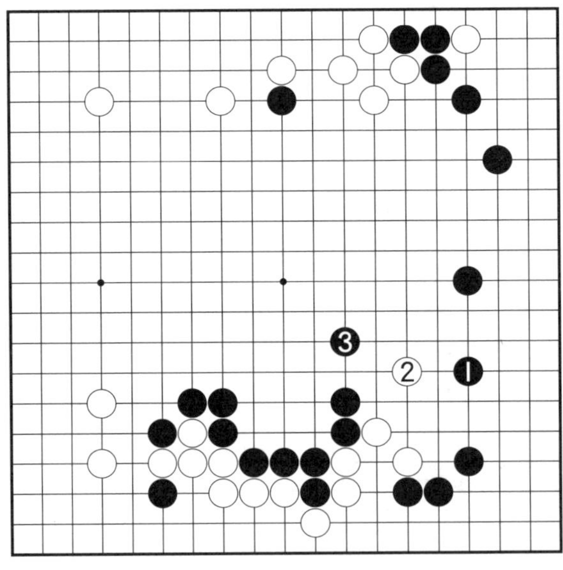

9도

9도 (억지 막기는 금기)

3보 흑45로는 흑1로 지키고 후일을 기약하는 것이 현명했다. 다음 백2에는 흑3으로 중앙을 지켜두면서 참는 것이 억지로 틀어막으려다 크게 터진 실전보다는 훨씬 낫다.

막히지 않는 곳을 억지로 막으려는 것보다 어리석은 짓은 없지 않은가.

방향착오가 부른 비극

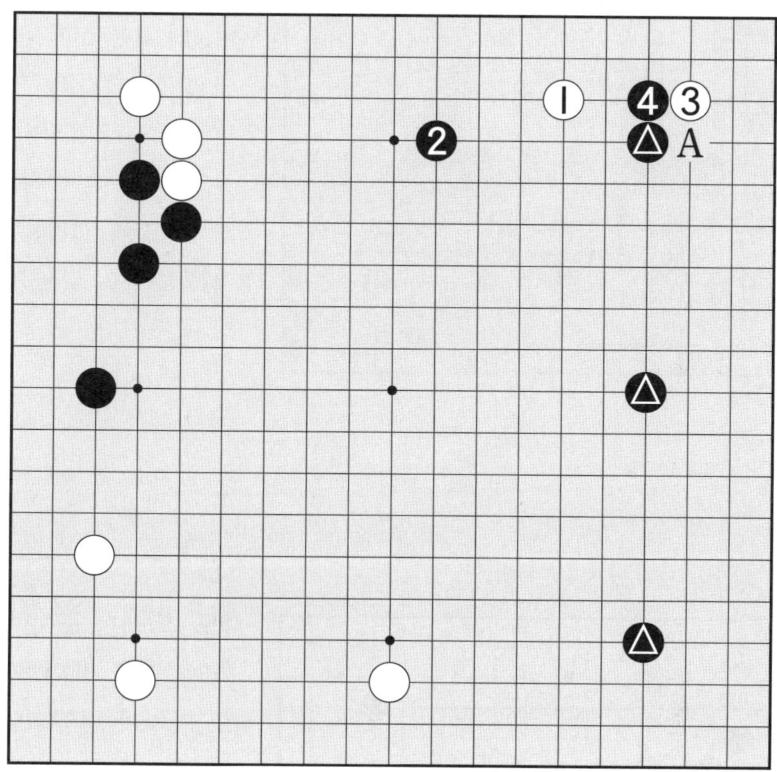

문제의 장면

상대가 3·三으로 침입해올 때 대응수단의 관건은 '막는 방향'이다. 때로는 그 막는 방향 하나가 포석상의 열세를 초래하기도 할 정도이다.

현재 흑의 주무대는 ▲들로 3연성을 편 우변임에도 백3에 흑4로 막은 것은 치명적인 방향착오. 당연히 A로 막아야 하지 않은가.

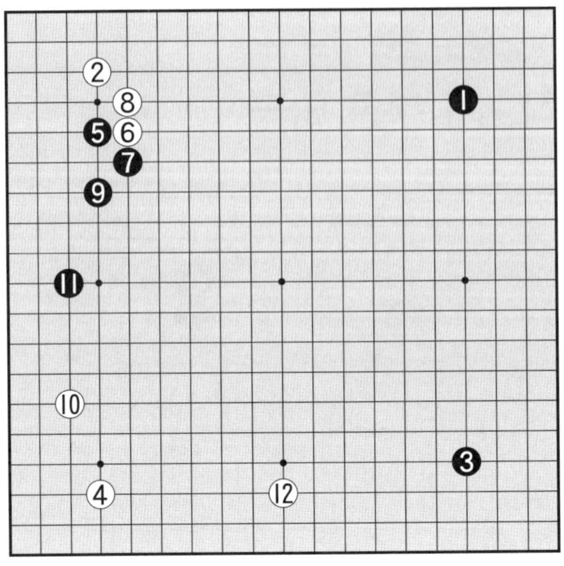

〈1보〉

1보(1~12)

1급과 2급의 실전대국.

　백6, 8은 선수를 잡기 위한 간명한 정석선택이며, 백10은 굳힘과 흑세의 발전성 견제를 겸한 1석2조의 절호점이다.

　그런데, 이때 흑11이 레이더망에 걸리는 완착. 백12로 벌려 일찌감치 백의 호조이다.

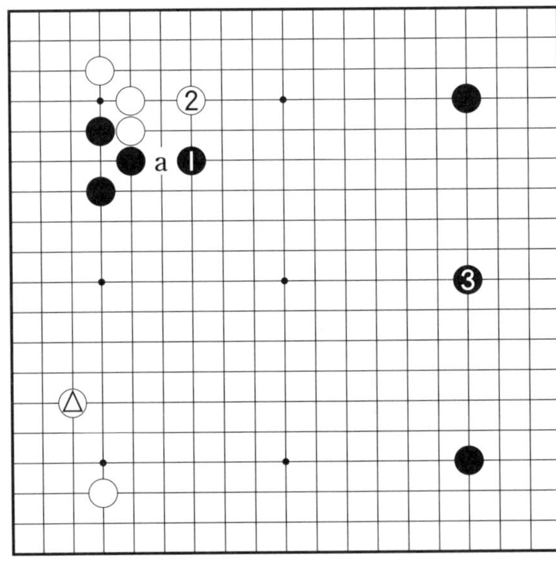

1도

1도 (발빠른 포석)

△에 의해 좌변은 이미 그 가치가 반감되었으므로 흑으로서는 1보 흑11로 흑1, 백2를 교환한 뒤 흑3으로 선회하여 신천지를 개척하는 것이 대승적인 발상이다.

　흑1은 백a의 젖힘을 방비하면서 흑말을 선수로 안정시켜 놓는다는 뜻.

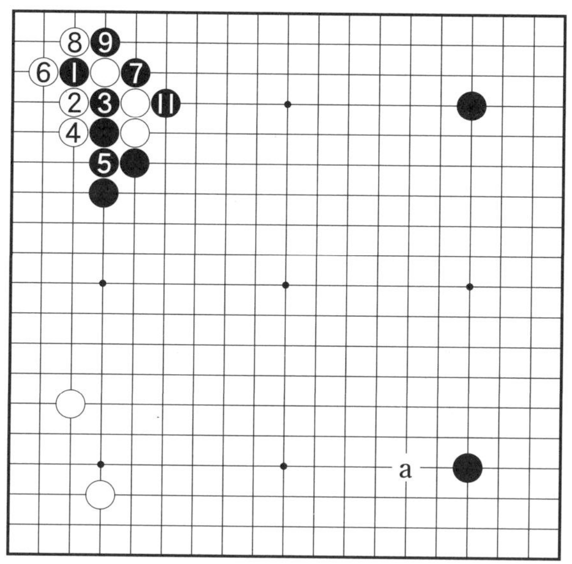

2도

2도 (흑의 별책)

또한 흑은 백이 좌상귀를 손뺀 데 대해 흑1로 붙여 추궁해 가는 것도 유력하다. 그러면 이하 흑11까지 두점을 축으로 두텁게 잡아 소기의 성과를 거둘 수 있다.

다만 백에게 a쪽의 축 머리 이용을 당하는 수가 남아있어 1도와는 일장일단이 있다.

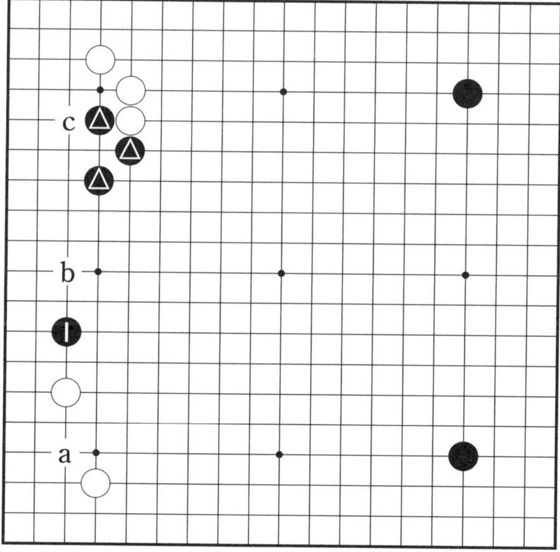

3도

3도 (중복을 피해야)

그리고 좌변 쪽에 벌리고 싶다면 a의 허점을 노리며 흑1로 한껏 벌려가는 것이 견고하고 강력한 ▲의 위력을 십분 살리는 길이다.

그런데 실전 b는 ▲들과 너무나 중복된 데다 훗날 백c를 당하고 나면 전혀 실속이 없어 불만이다.

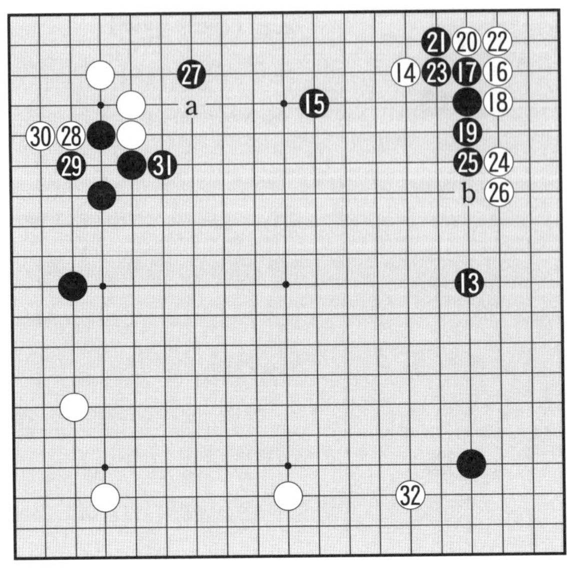

〈2보〉

2보(13~32)

백16 때 흑17이 치명적인 방향착오. 백24까지 부분적으로는 정석이지만, 흑의 본진인 우변을 스스로 망가뜨린 결과가 되어 흑이 크게 불리하다. 설상가상 흑25의 악수에 31도 완착이어서 32까지 백은 꿩 먹고 알 먹은 형국. 이제 흑집이라곤 상변 쪽밖에 없는데, 백a, b로 나오는 수가 남아 볼품이 없다.

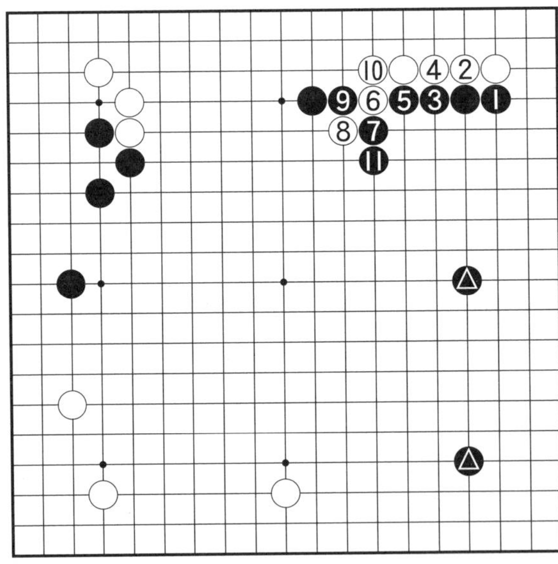

4도

4도 (주무대는 우변)

2보 흑17로는 당연히 흑1쪽으로 막아야 했다. 이하 11까지 백에게 귀를 내주는 것은 마찬가지이지만, ▲들과 호응하는 웅대한 모양을 형성하여 흑도 당당한 모습이다.

　이처럼 3·三 침입에는 주변 배경을 고려하여 막는 방향을 잘 선택해야 한다.

246 **실전편**

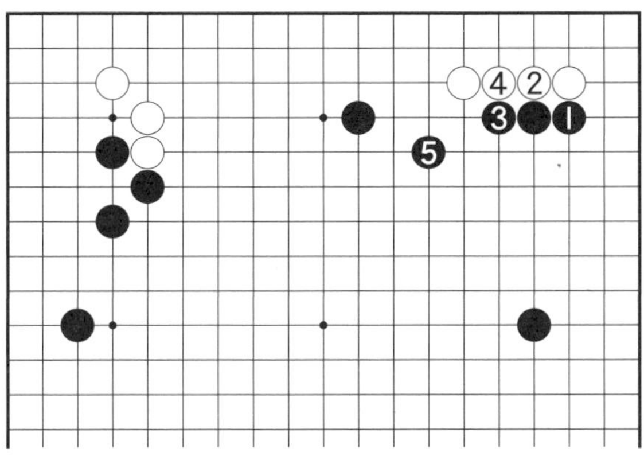

5도

5도 (간명한 처리)

4도가 어렵다면 백4 때 흑5로 날일자 씌워 봉쇄하는 수도 가능하다.

　어쨌든 지금 흑의 희망이자 주무대는 우변인 만큼 흑1로 막아 우변을 중시해야 한다.

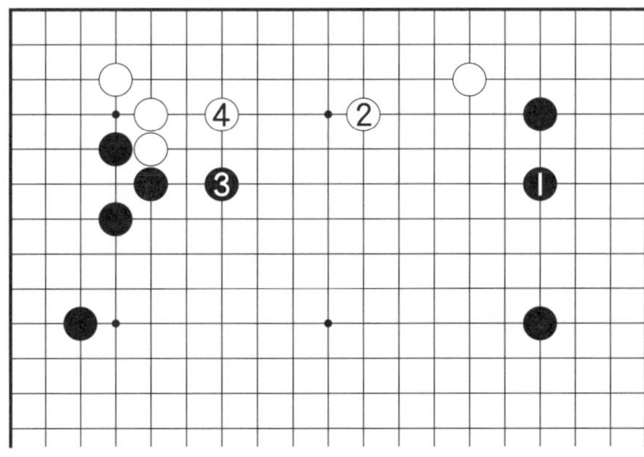

6도

6도 (백의 변화구)

흑3에 백4로 밀고 올라오는 수가 약간 어려운 변화구지만, 흑5 이하 19까지의 수순만 제대로 알고 있다면 걱정할 필요가 없다. 이 정석은 장차 a∼g가 모조리 선수로 듣는 만큼 오히려 흑이 재미있는 형태.

7도 (유연한 발상)

만약 6도의 정석수순을 몰라 백의 반발에 자신이 없다면, 그래도 방법은 있다. 이때는 협공할 생각을 하지 말고 그냥 흑1로 받아두고 백2 때 선수를 뽑아 큰 곳으로 향하는 것이다.

7도

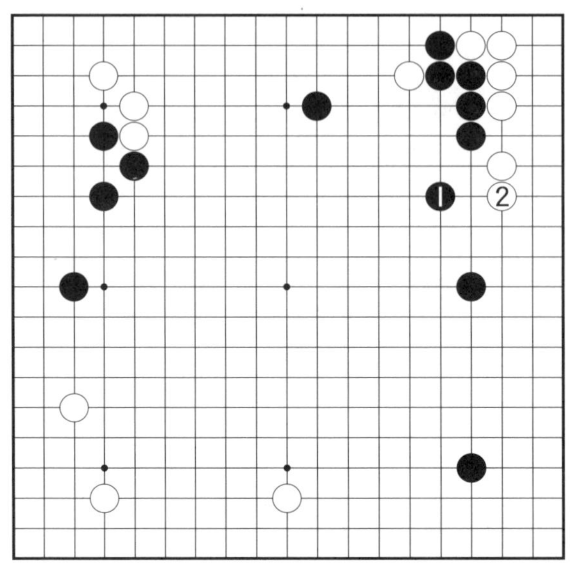

8도

8도 (날일자가 정수)

2보 흑25는 백을 굳혀주며 자신에게는 여전히 약점을 남기는 속수의 표본이다.

이 수로는 흑1로 씌우는 것이 행마법. 그러면 이곳은 거의 선수로 봉쇄되어 있지 않은가. 백2를 생략하면 흑2의 선수 한방이 쓰라리다.

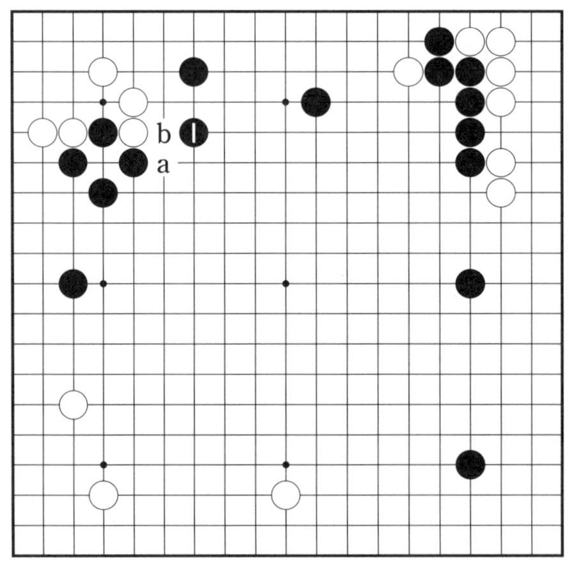

9도

9도 (올바른 봉쇄)

2보 흑31은 당연히 흑1로 씌워 봉쇄할 자리. 백a로 젖히는 것은 흑b로 단호하게 절단. 상변 쪽은 흑세가 강한 곳이므로 이 전투는 물론 흑의 대환영이다. 세력을 쌓는 방향이 틀린데다 그 두터움마저 올바로 활용하지 못한 흑의 거듭된 완착이 포석을 크게 뒤지게 만든 바둑이다.

가려운 곳을 긁어주다

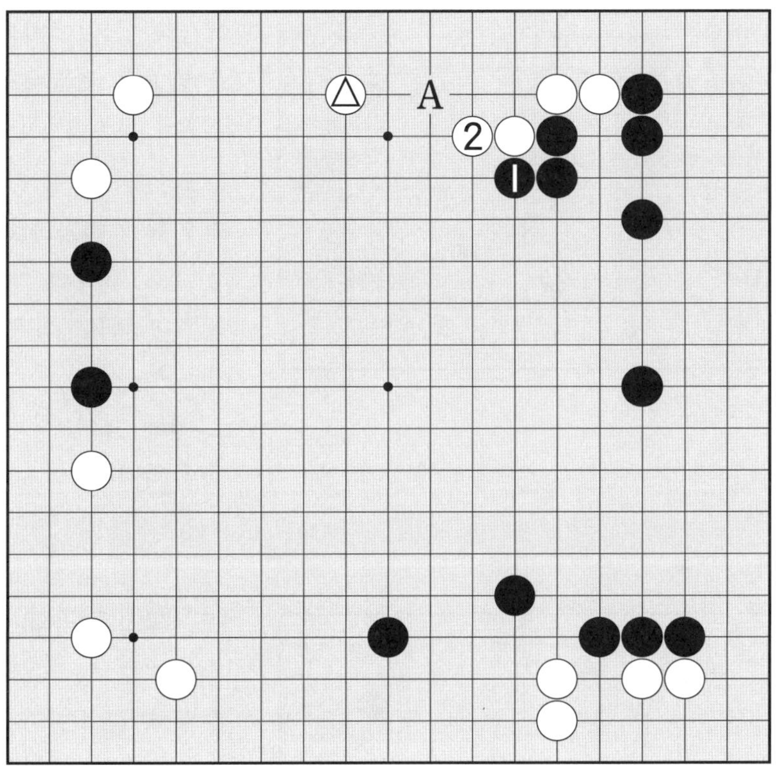

▨ 문제의 장면

상대의 가려운 곳을 긁어주는 것만큼 미련한 이적행위는 없다.

흑1로 밀어 백2로 늘게 해주는 것이 바로 그것. A의 치명적인 약점 때문에 찜찜해서 안절부절 못하던 ⚠를 활짝 웃게 만들어준 이적수의 표본이다. 이런 수를 두고 절대 포석에서 앞설 수 없는 것은 자명한 이치.

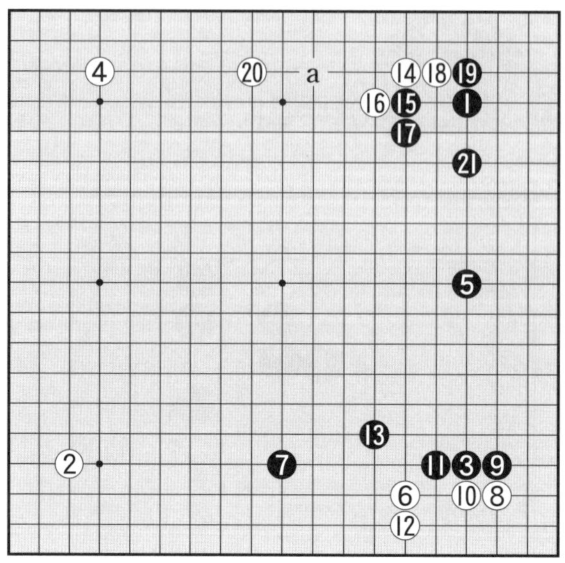

〈1보〉

1보(1~21)

이 바둑은 한·일 학생교류전에서 여중생 대표들이 벌인 실전이다. 1급의 실력임에도 기본정석 과정에서 크고 작은 실수들이 연발되고 있다.

백12와 20이 기본기를 의심케 하는 실착들이다. 특히 너무 넓게 벌린 백20은 a의 약점을 남겨 매우 불안하다. 이 두 수로 인해 백이 불리한 포진이 되었다.

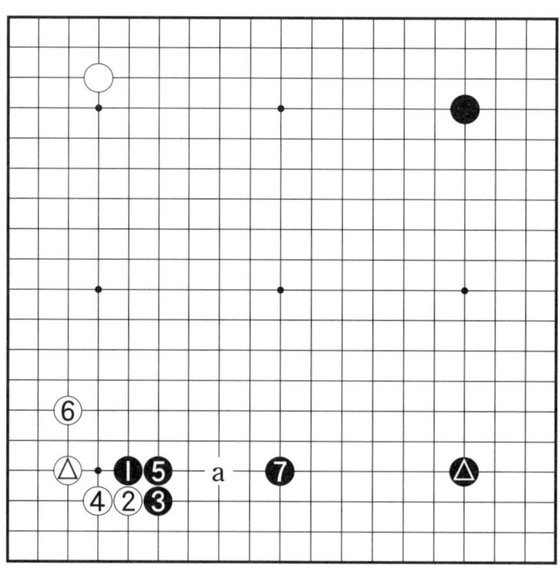

1도

1도 (흑의 적극책)

백이 마주보는 소목(△)을 둔 만큼 1보 흑5로는 1로 걸쳐가는 것이 당당한 자세이다. 그러면 이하 흑7까지 ▲와 호응한 좋은 모양을 구축할 수 있다.

참고로 백2로 a 따위로 협공하는 것은 ▲가 있는 지금 상황에서는 다소 무리.

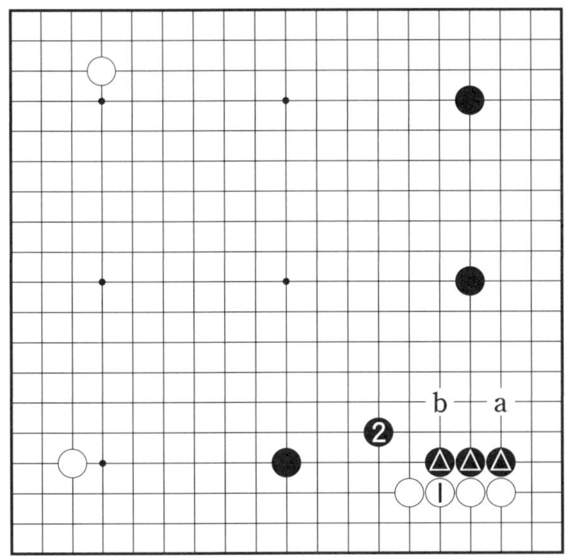

2도

2도 (올바른 정석)

1보 백12는 백1로 꽉 이을 자리이다. 이렇게 ▲ 석점의 뒷공배를 채워놓아야 훗날 백a, b 등으로 교란하는 수단이 강력해져 우변에 큰 흑집을 허용하지 않게 되는 것이다. 사실 실전 백12에는 웃지 못할 착각이 담겨 있을 것이다. 그것은~

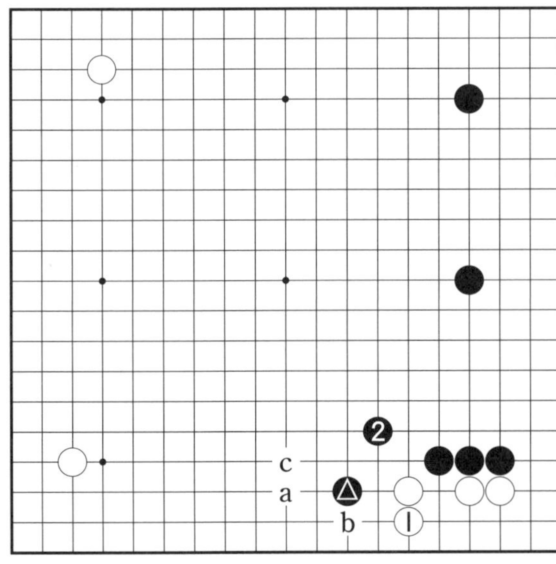

3도

3도 (백의 착각)

백1은 흑의 협공이 지금처럼 ▲에 낮게 있을 때 어울리는 수법이다. 이때는 이렇게 두어야 a의 침입과 b의 끝내기를 노릴 수 있으니 능률적이다.

　백으로선 흑의 협공이 ▲인지, c인지에 대해 혼동한 것이다. 이처럼 돌의 위치에 따라 대응수단과 뒷맛이 달라지는데 주목하자.

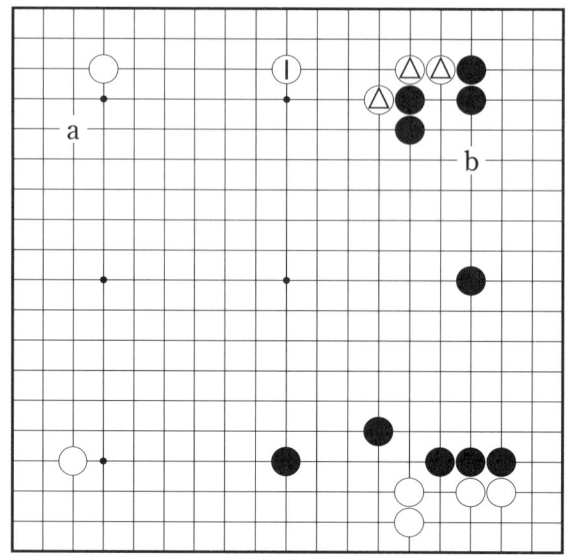

4도

4도 (올바른 벌림)

1보 백20으로는 의당 백 1까지만 벌려야 할 곳이다. 이것이 △들과 가장 알맞은 간격이며, 차후 백a의 굳힘과도 어울리는 자세가 된다.

그러면 흑은 b로 지키거나 a쪽으로 걸쳐가는 것이 자연스런 흐름.

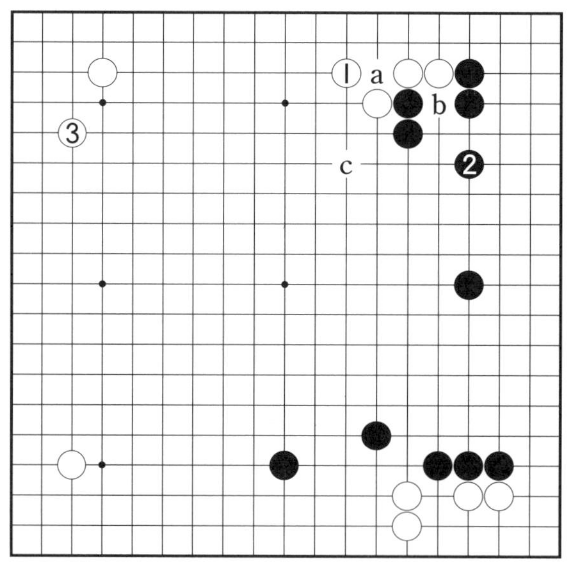

5도

5도 (선수 뽑는 작전)

4도 백1로는 이렇게 호구치는 수도 유력하다.

이제는 a쪽의 약점이 없어 백b로 나가는 수가 강력하므로 흑2를 생략할 수 없는데, 그때 백3으로 굳힌 뒤 장차 c의 대세점을 기약하는 것도 좋은 발상이다.

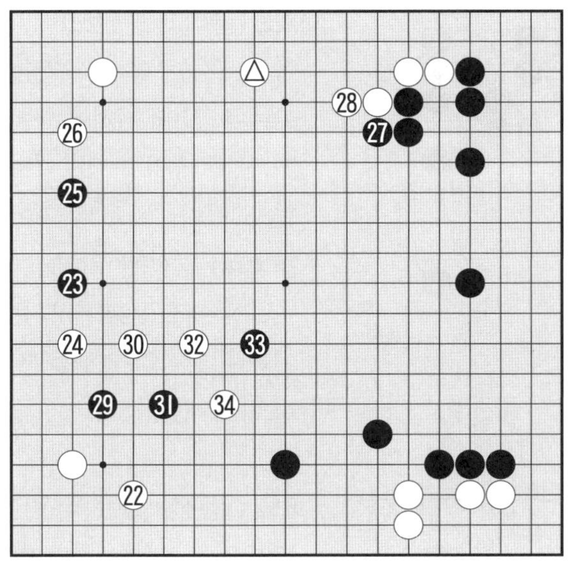

<2보>

2보(22~34)

본보에 들어 흑의 난조가 이어져 급전직하, 판세가 백에게 기울고 만다. 흑27이 대악수. 앞서 실착으로 지적된 △를 오히려 호착으로 둔갑시켰다. 이어 흑29~33이 납득하기 힘든 행마의 연속. 백34를 얻어맞아 일거에 흑이 곤경에 빠져들었다. 특히 흑33으로는 절대 34의 곳에 뛰어야 하지 않은가.

6도

6도 (치명적인 약점)

상변 백진은 흑1로 뛰어들면 속수무책으로 붕괴하는 약점을 안고 있다. 백2에는 흑3~7로 간단히 파괴되며 백이 곤마로 뜨는 것이다. 그렇다고 백4의 수로 5 자리에 막는 것은 흑4로 끊기며 두점이 크게 떨어져 손실이 너무 크다. 이 모두 턱없이 허황되게 욕심을 부린 △ 탓이다.

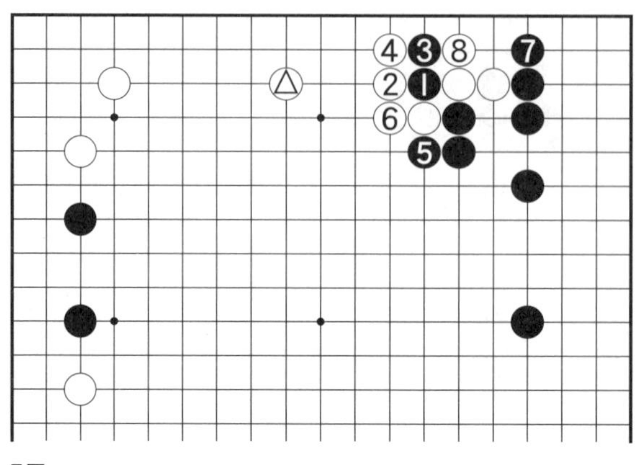

7도

7도 (끝내기 수단도)

흑으로서는 침입하지 않고 1로 끊어 이하 7까지 선수 끝내기를 하는 수단도 있다. 이렇게 되어도 △가 중복된 위치.

그럼에도 2보 흑27은 이런 치명적인 약점을 저절로 없애준 것이다.

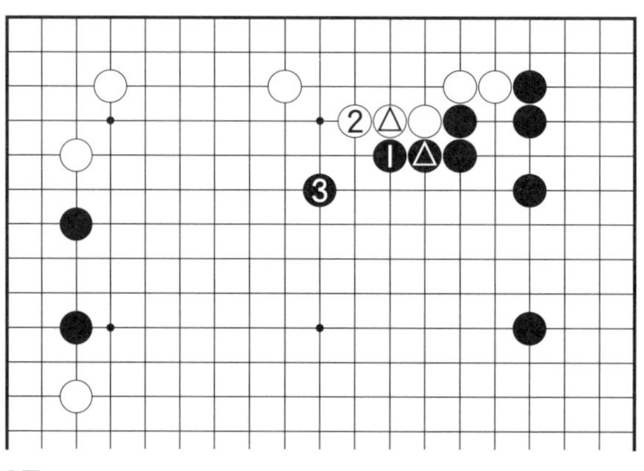

8도

8도 (일관성 있는 작전)

또한 흑으로서는 기왕 ▲와 △를 교환시켰다면 딴전을 피울 것이 아니라 당연히 흑1, 3으로 우변을 키워가는 것이 일관성 있는 작전이었다.

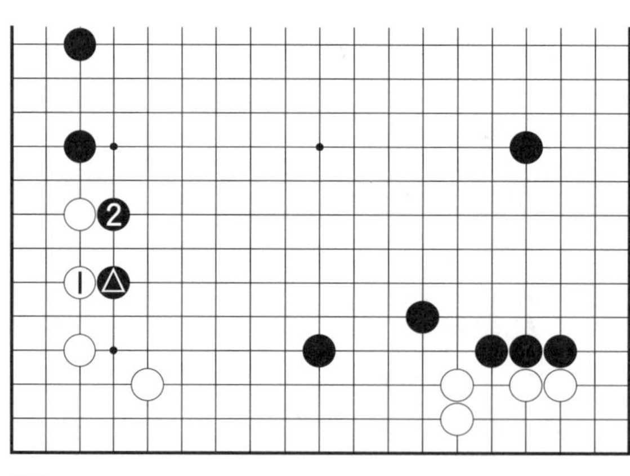

9도

9도 (흑의 아전인수)

▲(2보 흑29)의 주문은 백1로 받아달라는 뜻. 그러면 흑2로 봉쇄하는 자세가 안성맞춤이 된다.

그러나 이것은 흑 혼자만의 환상일 뿐, 강력한 반격을 받아 고전을 자초한 것이다.

고분고분 받다 밀리다

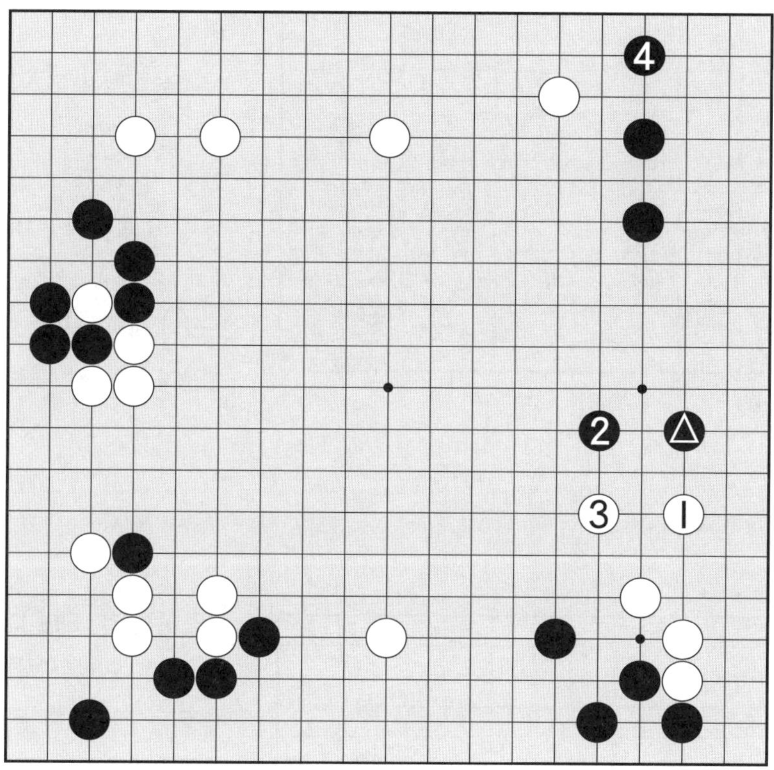

문제의 장면

　상대의 위협에 매번 순순히 응해주다 알게 모르게 스르르 밀려버리는 경우가 아마추어 바둑에서는 흔한 일.

　△탓에 백1까지 밖에 벌릴 수 없는 것은 그렇다 치더라도 흑2에 제꺽 백3으로 받은 것은 너무나 고분고분한 굴복. 돌 5개를 투자하여 고작 10집도 못 지은 꼴이니 포석에서 뒤지는 것은 지극히 당연한 셈이다.

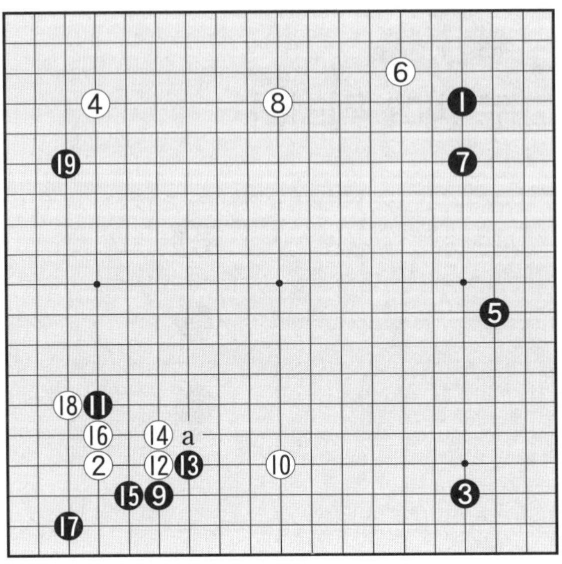

〈1보〉

1보(1~19)

이 바둑은 97년 벌어진 제1회 문인바둑대회 결승전으로 1급들의 실전이다.

흑9에 백10의 기세 넘치는 협공인데, 백18에서 크게 빗나갔다. 이로 인해 장차 흑a의 수단이 백에게는 큰 부담으로 남아 포석에서 뒤지는 근본적 원인이 되었기 때문이다.

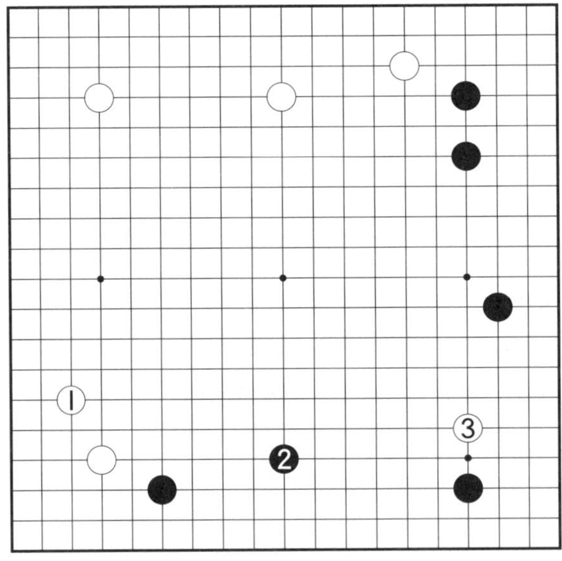

1도

1도 (유연한 태도)

1보 백10으로는 백1로 받아두는 것이 보통. 이하 흑2 때 백3으로 걸쳐가는 것이 자연스러운 흐름이다. 이처럼 상대에게 줄 것은 주고 얻을 것은 얻는다는 생각을 하는 것이 유연한 포석을 하는 지름길이다.

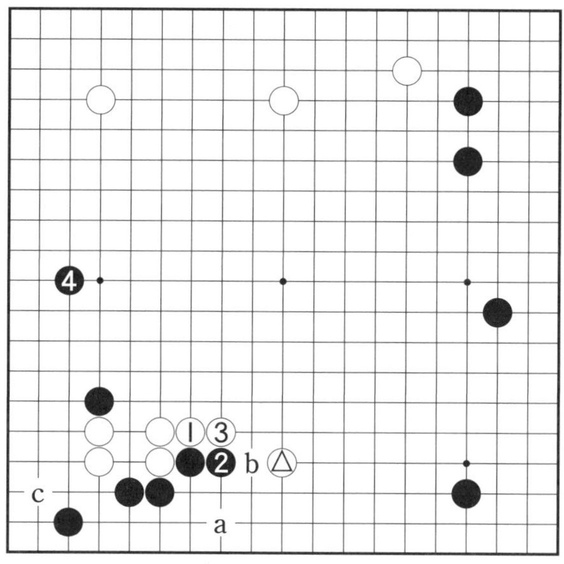

2도

2도 (기착점을 고려)

1보 백18은 부분적으로 정석이지만, 기착점을 고려하지 않은 무책. 이 수로는 △의 기착점을 활용하여 백1, 3으로 틀어막는 것이 좋았다. 이렇게 해놓으면 차후 백a의 급소를 알린 뒤 b로 두텁게 봉쇄하는 후속수단이 있는 데다 c도 준 선수여서 전판을 두텁게 꾸려나갈 수 있는 것이다.

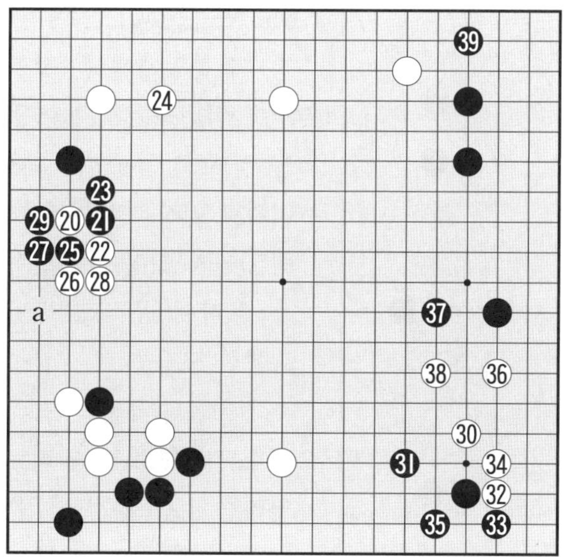

〈2보〉

2보(20~39)

백20의 협공과 흑21의 반발은 기세인데, 덥석 백22로 젖힌 것이 의문수. 흑29까지 흑은 쉽게 안정된 반면, 백은 좌변이 중복된 데다 a의 뒷문도 열려 불만이다.

　백38이 책략부족이다. 흑39에 선착해 흑의 독무대. 백은 책략 없이 흑의 뒤꽁무니만 쫓아다니다 밀려버린 포석이다.

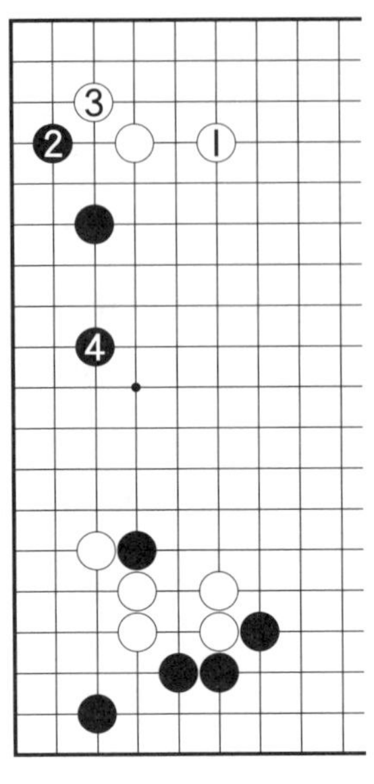

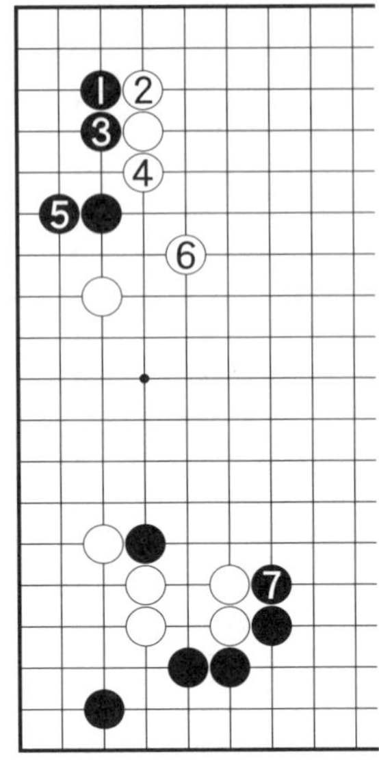

3도

4도

3도 (백, 무책)

2보 백20은 좋은 감각. 평범하게 백1, 3으로 받는 것은 흑2, 4로 견실하게 자리 잡으며 좌변 백 세가 무력화되어 백이 크게 불만.

4도 (흑, 간명한 처리)

2보 흑21로는 흑1로 들어가는 것이 보다 간명했다. 이하 6까지 선수로 귀를 도려낸 다음 흑7을 선점하면 흑이 알기 쉬운 포석이다.

5도 (느는 것이 정수)

흑1의 붙임에 백은 젖힐 것이 아니라 2로 늘어두는 것이 침착했다. 흑3 이하로 안정을 서두를 때 백10까지 양쪽에서 실속을 챙기며 공격해 백도 충분한 모습.

참고로 흑7은 근거의 급소. 이 수로 10 자리로 달리는 것은 당장 백7을 당해 흑의 형태가 무너진다.

5도

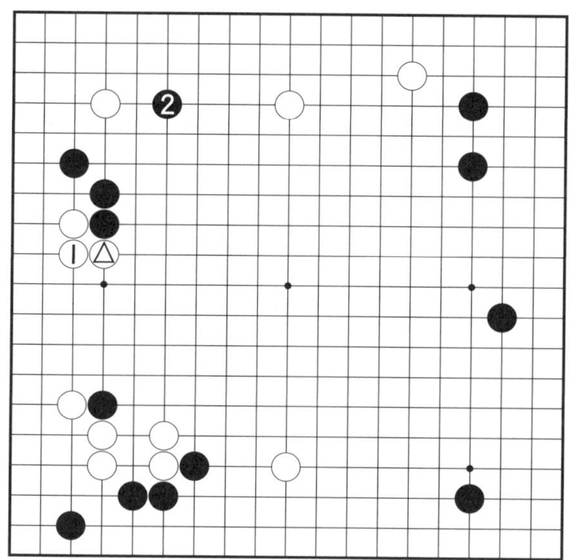

6도

6도 (백, 곤란)

그럼에도 백은 공연히 △
로 젖혔다가 양쪽을 급하
게 만든 셈이다.

2보 백24로 백1에 잇
는 것은 흑2를 당해 곤란.
실전보다 나은 결과를 기
대할 수 없다.

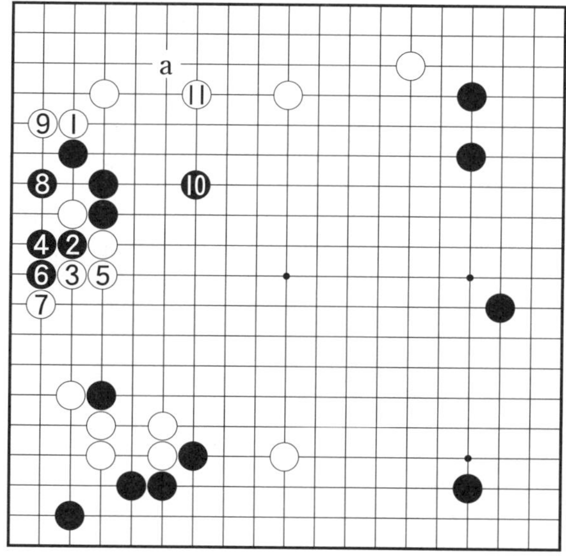

7도

7도 (적극적 자세)

2보 백24로는 백1로 마
늘모붙임 하는 것이 좀
더 적극적인 자세였다.
백11까지를 상정해볼 때
백이 실전보다 월등한 결
과이다.

그렇다고 흑10으로 a
쪽에 뛰어드는 것은 자
칫 양곤마를 만들 우려
가 있으므로 흑 무리.

8도 (순발력 있는 처리)

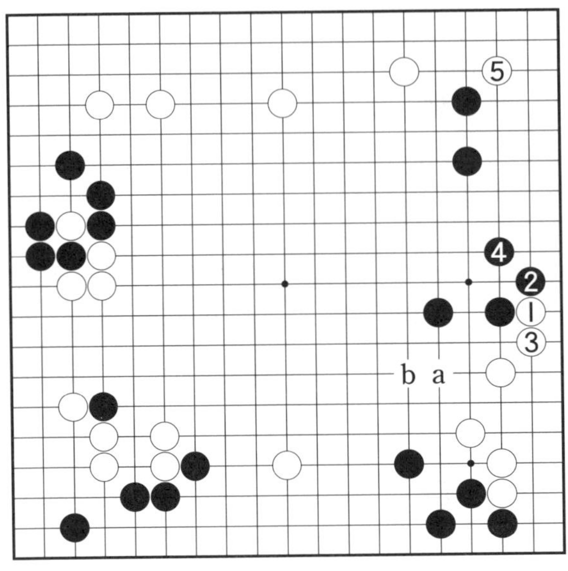

8도

2보 백38은 거의 패착성의 대완착. 이 수로는 1, 3으로 붙여끄는 순발력이 필요했다. 이렇게 선수로 안정시킨 다음 백5의 큰 곳을 선점해야 실리의 균형이 유지된다.

또한 이쪽을 응수할 바에는 a가 아니라 b로 두칸 뛰어 한발이라도 앞서 나가는 활달한 발상이 절실했다.

9도 (이후의 예상진행)

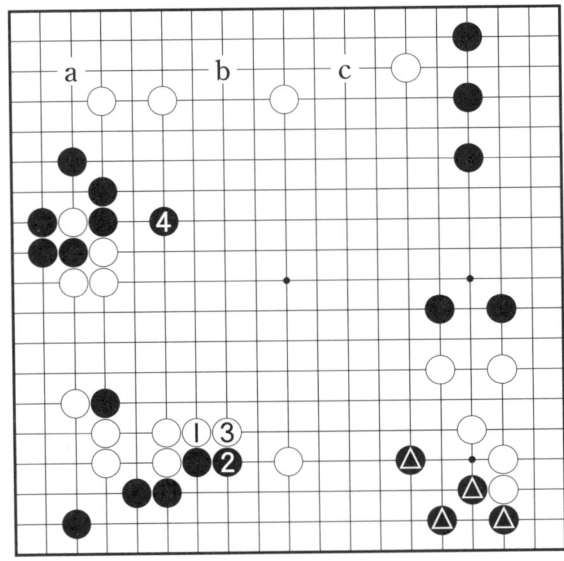

9도

▲들이 견고해졌으므로 백은 1, 3으로 막는 것이 거의 절대인데, 이때 흑4로 유유하게 뛰어놓으면 전체적으로 흑의 실리가 월등해 흑이 단연 앞선 포석이다.

상변 백진은 a, b, c 등이 모두 열려있어 큰 집이 될 수 없다.

공허한 멋부림

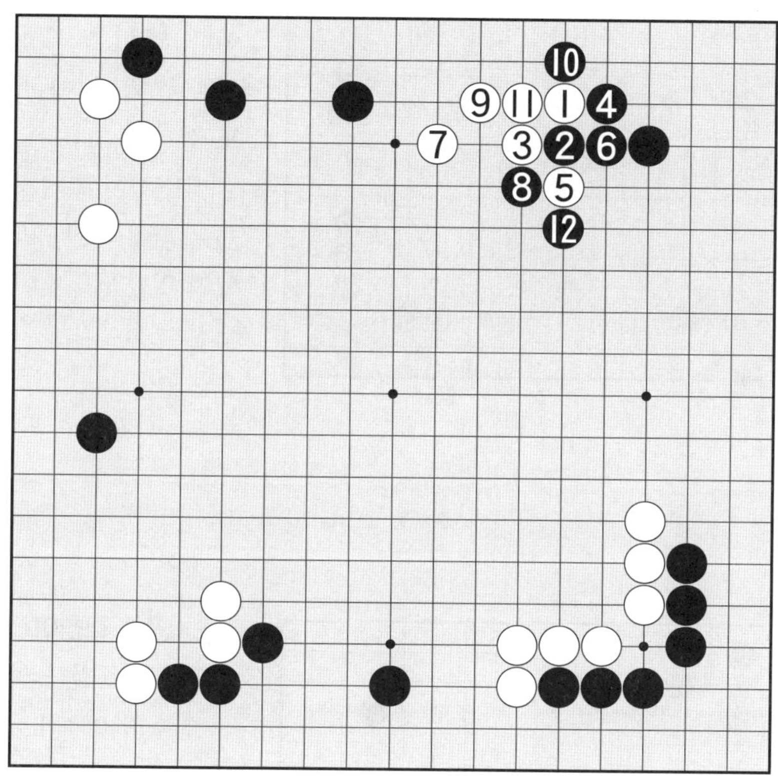

문제의 장면

늘씬한 행마를 한답시고 어정쩡한 행마를 늘어놓다 덜미를 잡혀 실속 없이 허공을 맴도는 경우도 비일비재하다.

흑2, 4로 붙여 막았을 때 백7이 이해할 수 없는 '허공에의 외침'. 흑10, 12를 당하자 백7은 공연히 겉멋만 부리다 패망을 자초한 자가당착이 되고 말았다.

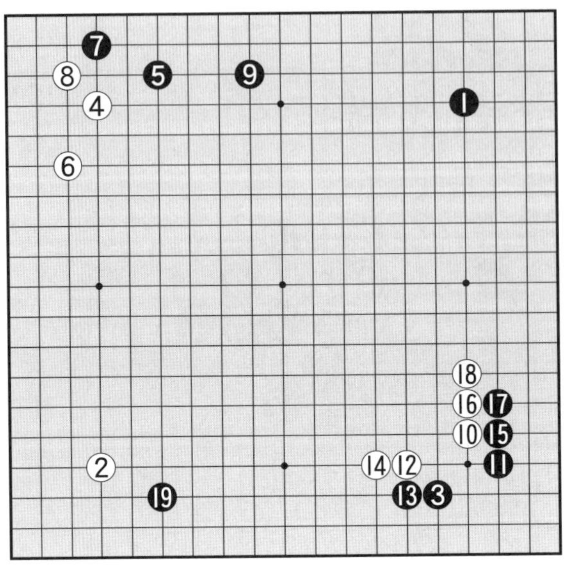

〈1보〉

1보(1~19)

3급들 간의 실전. 흑3의 외목이 눈길을 끄는데, 백10의 걸침이 이상감각이다. 흑11을 허용해 상당한 손해. 뒤이어 백12도 실착.

백18까지 흑에게 막대한 실리에다 선수마저 빼앗겨 일찌감치 백이 한발 뒤진 포석이다.

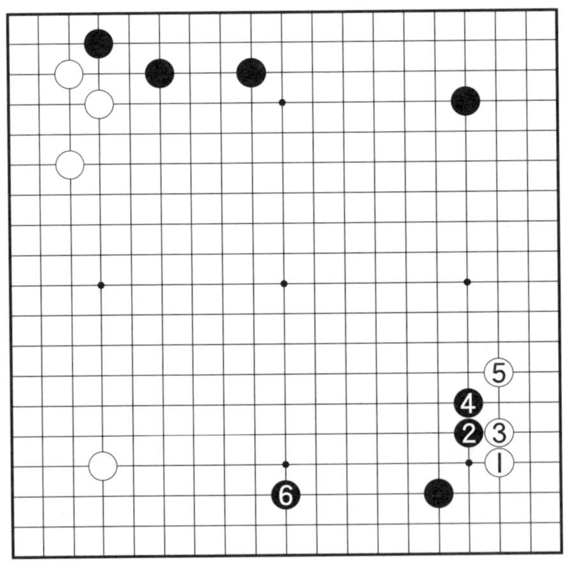

1도

1도 (안쪽 걸침이 정수)

외목에는 특별한 일이 없는 한 당연히 백1로 걸쳐가는 것이 법수(法手)이다. 이때 흑2로 대뜸 씌우는 것은 백5까지 실리가 착실한 데다 선수마저 백이 쥐게 되어 흑이 싱거운 결과.

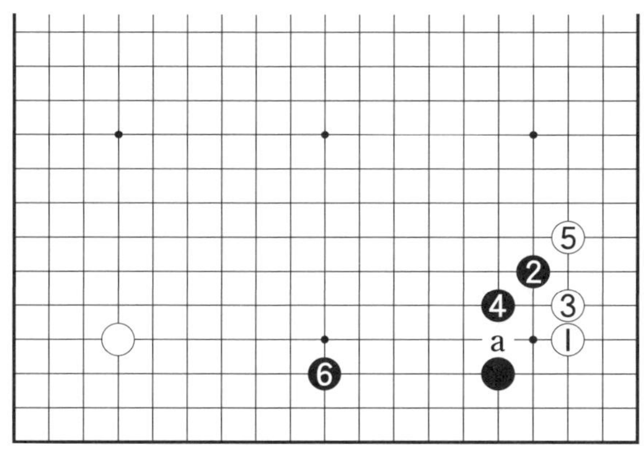

2도

2도 (간명한 대응)

백이 신경 쓰이는 것은 흑2의 눈목자씌움인데, 만약 백a로 건너붙이는 대사정석에 자신이 없다면 백3, 5로 간명하게 처리하면 되므로 걱정할 것이 없다. 1도와 대동소이한 모습.

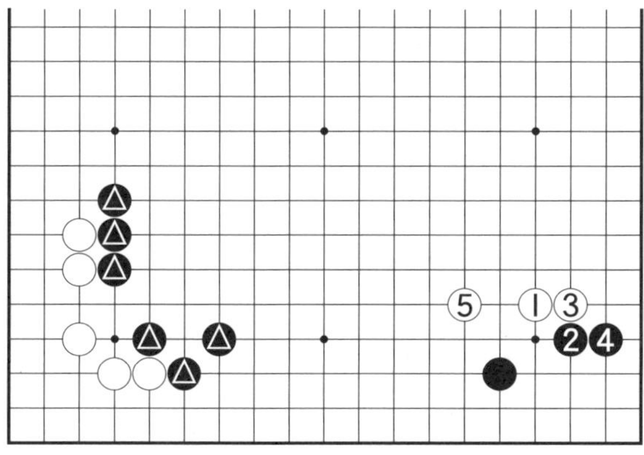

3도

3도 (특수한 경우)

외목에 바깥걸침을 해야 할 때는 이와 같이 왼쪽에 흑세(△)가 있을 때이다. 백이 2 자리로 걸치는 것은 흑1로 눌려 흑에게 방대한 대모양을 제공하므로 이때는 백1로 바깥 걸침을 하는 것이 현명하다.

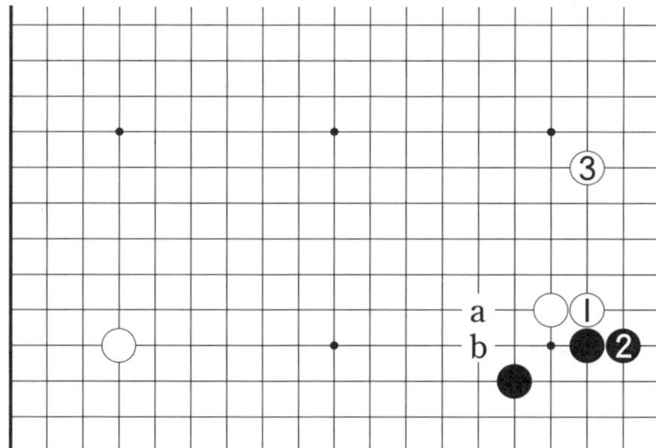

4도

4도 (빠뜨린 선수)

1보 백12는 반드시 백1을 선수해 두어야 했다. 그런 다음 3으로 벌리거나 a 혹은 b로 씌워가는 것이 올바른 수순이다. 실전은 이 선수를 빠뜨리는 바람에 이곳을 밀려 실리를 크게 허용했다.

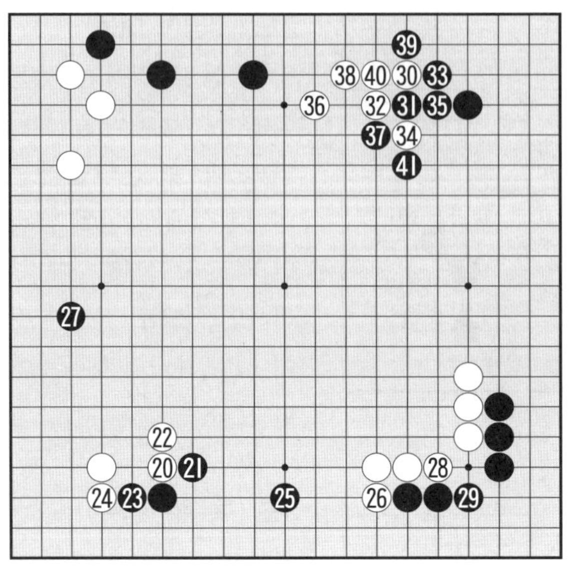

<2보>

2보(20~41)

백20, 22의 정석선택은 세력을 무력화시키는 이상감각이다. 게다가 백26이 방향착오여서 흑27의 절호점을 당해 백이 두 발 뒤진 포석. 설상가상, 백36이 허황된 실착이어서 흑41까지 백이 회복 불능의 비세에 빠지고 말았다.

흑은 사방에 실리가 쏠쏠한 반면, 백은 이렇다 할 집이 없지 않은가.

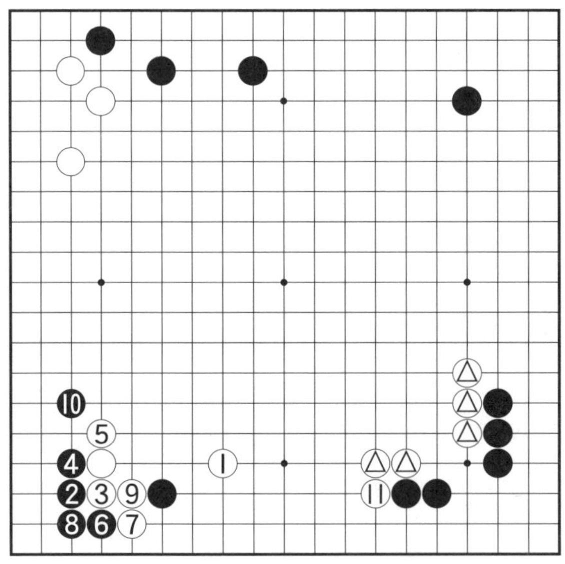

5도

5도 (세력을 살리는 길 1)

2보 백20으로는 백1로 협공하는 것이 △의 가치를 살리는 길이다.

흑2로 3·三을 판다면 두 세력을 연결시켜 집으로 만들어 가는 것이 올바른 착상이다.

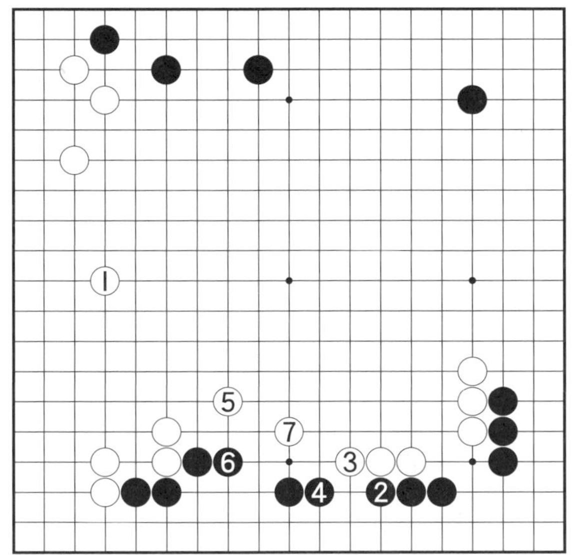

6도

6도 (세력을 살리는 길 2)

2보 백26은 소탐대실. 이 수로는 백1로 좌변을 구축해야 했다.

이때 만약 흑2로 넘어간다면 백3, 5로 좌중앙을 키워 대모양작전으로 흑의 실리에 대항해야 백도 희망을 가질 수 있다.

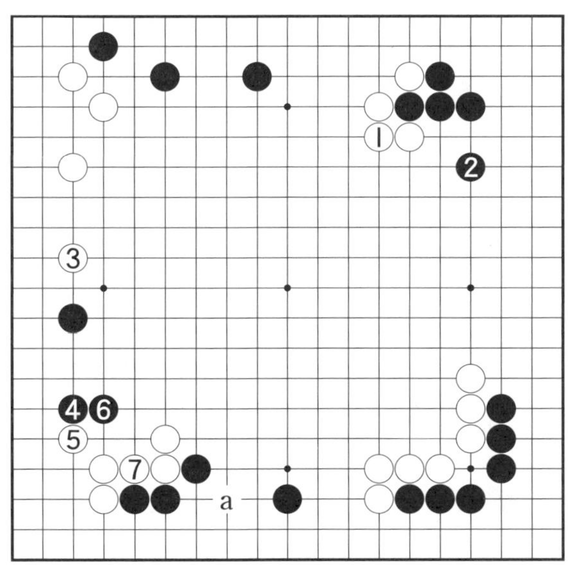

7도

7도 (백의 정수)

2보 백36으로는 당연히 백1로 잇는 것이 정수. 흑2를 기다려 좌변 쪽을 손보는 것이 급선무.

백3~7로 정비하면서 a의 약점을 노리는 것이 국면을 장기전으로 이끄는 길이었다.

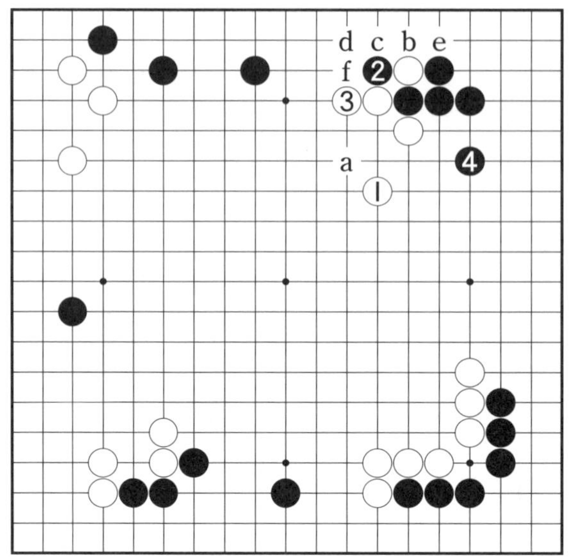

8도

8도 (가벼운 행마)

또한 상변 쪽에서 가볍게 두려면 백1(혹은 a)이 올바른 행마. 다음 흑2에는 백3이 요령이다.

이 형태는 장차 백b로 뻗어 이하 부호순으로 조여 붙이는 즐거움이 남아 있다.

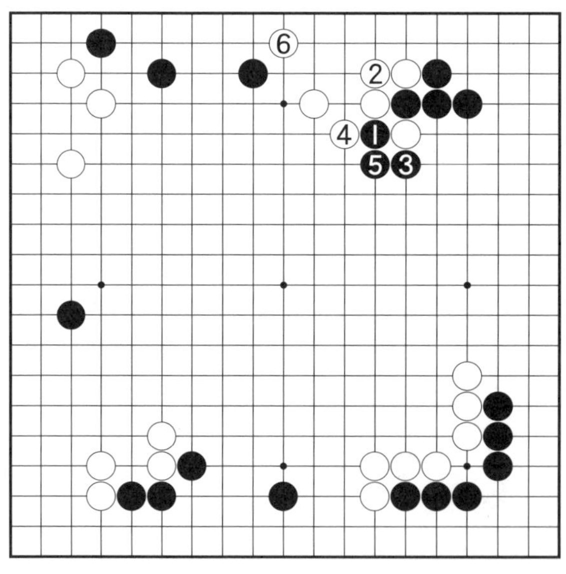

9도

9도 (피해 최소화)

흑1로 끊긴 뒤에도 백은 쓸데없이 멋을 부릴 것이 아니라 그냥 백2로 이어 이하 6까지 집을 장만하며 안정하는 것이 그나마 피해를 최소화하며 후일을 기약할 수 있는 길이었다. 실전은 백이 행마의 기본 요령조차 터득하지 못한 상태에서 겉멋만 잔뜩 부리다 실속을 모조리 빼앗겨 자멸한 포석이다.

우형의 맞대결

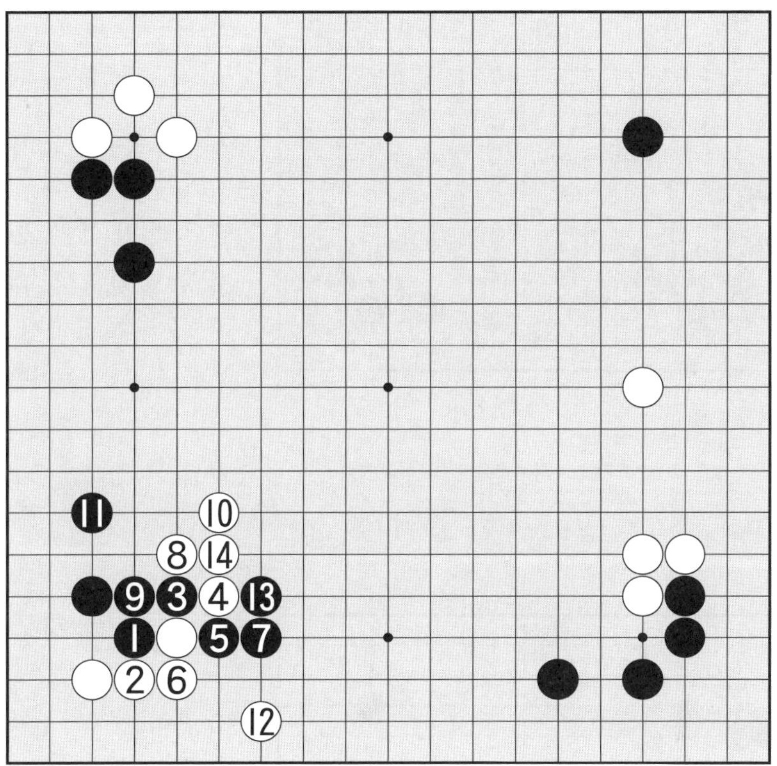

문제의 장면

돌들이 똘똘 뭉치는 우형을 자초하는 행마는 특히 돌의 능률이 절대시 되는 포석단계에서는 금기의 하나.

넓디넓은 곳을 방치한 채, 또한 늘씬한 행마를 외면한 채 서로 삿갓형의 맞대결을 벌이고 있는 흑1~백14까지의 공방이 바로 그 전형이다.

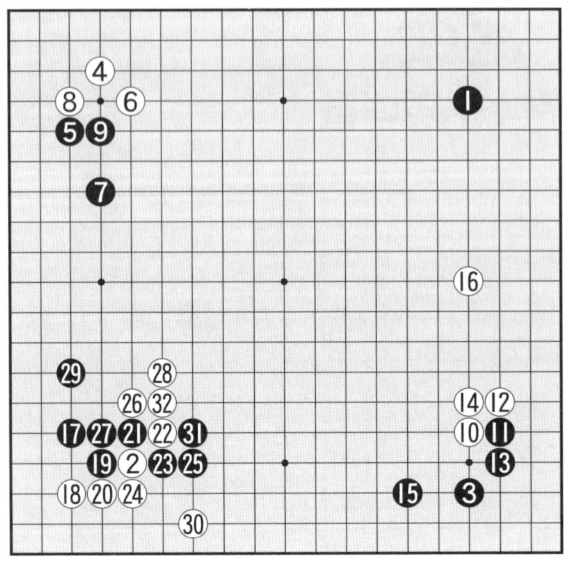

〈1보〉

1보(1~32)

2급들의 실전보. 백16까지는 평온한 흐름인데, 백18 때 난데없이 흑19~23으로 이어지는 속수가 변조의 시작. 백26을 얻어맞아 뭉쳐서는 흑의 행마가 어불성설. 그런데 이에 질세라 백28도 흑31을 맞아 역시 삿갓형이 되어 피장파장. 초반부터 섣부른 몸싸움을 벌이며 우형을 주고받은 형상이 가히 목불인견이다.

1도 (두 곳을 차지)

1보 백10으로는 백1로 먼저 굳히는 것이 올바른 수순이다. 흑2를 강요한 뒤 백3이면 백은 두 귀를 모두 둘 수 있지 않은가.

그렇다고 흑2로 우하귀를 굳히는 것은 좌하귀 굳힘의 위력을 등에 업은 백a의 다가섬이 통렬해 흑이 견딜 수 없다.

1도

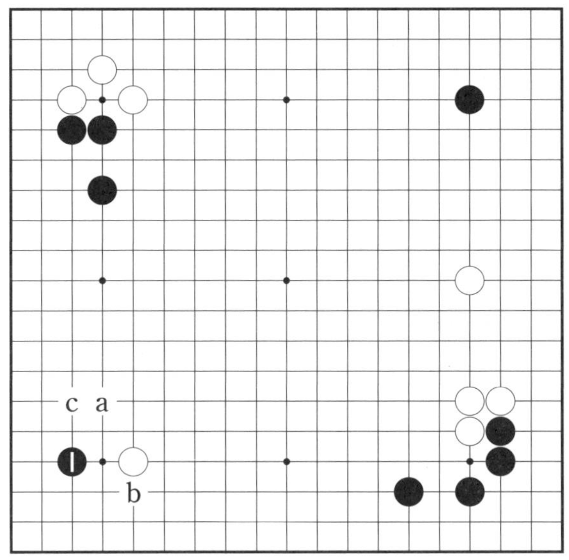

2도

2도 (안쪽 걸침이 정수)

1보 흑17로도 흑1의 소목으로 걸쳐가는 것이 올바르다. 다음 백a에는 흑b나 c로 붙여 선수로 실리를 차지해 만족.

　좌상귀에도, 우하귀에도 흑돌이 있는 만큼 흑은 하등 '아웃복싱'을 할 이유가 없다. 실전의 바깥걸침은 백에게 귀를 내주어 실리 상 손해인데다 근거지를 빼앗겨 전투 상으로도 불리하다.

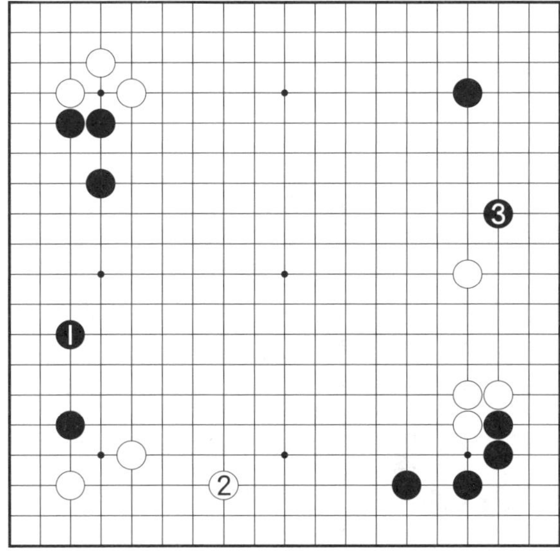

3도

3도 (자연스런 흐름)

1보 흑19, 23은 납득할 수 없는 과격한 발상이자 속수. 이 수로는 흑1로 차분히 벌려놓은 다음 백2를 기다려 흑3을 차지하는 것이 유유하고도 자연스러운 흐름이다.

　실전은 억지로 싸움을 걸어 평지풍파를 일으키는 자가당착을 보여준다.

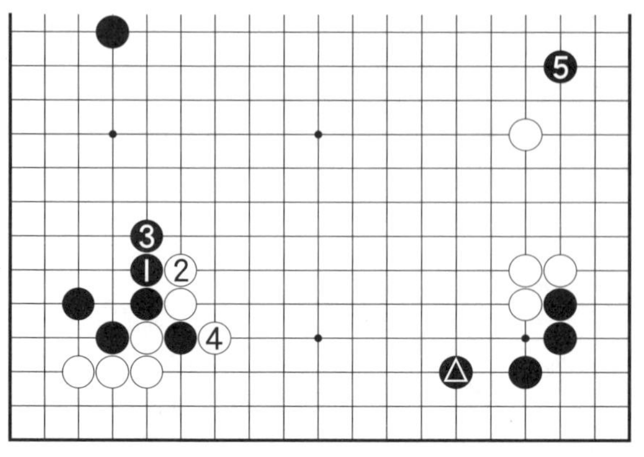

4도

4도 (유연한 자세)

1보 흑25로도 흑1로 가만히 뻗는 것이 정수. 자연스럽게 좌변에 큰 집을 장만할 수 있다. 백4로 한점을 잡으면 선수를 잡아 흑5에 선착한다. 하변 쪽은 ▲가 강하게 머리를 내밀고 있어 가치가 작다.

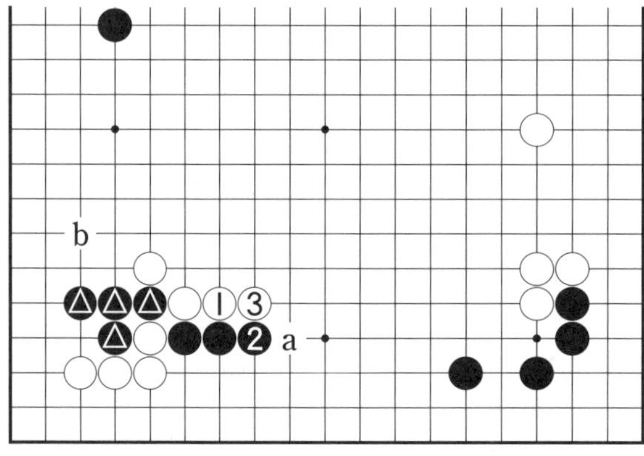

5도

5도 (백의 기회)

1보 백28로는 1, 3으로 밀어갈 자리. 그런 다음 a와 b를 맞보기 했으면 흑이 매우 곤란할 뻔했다. 이것이 흑이 자초한 삿갓형(▲)의 우형을 꾸짖는 현명한 응징법이었다.

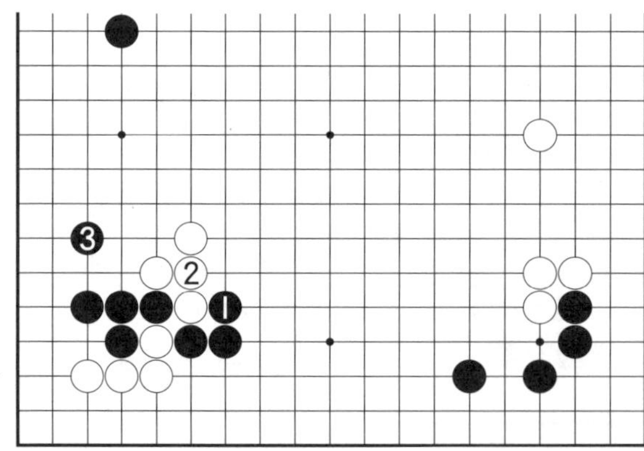

6도

6도 (흑의 기회)

1보 흑29로는 먼저 흑1로 몰아 백을 뭉치게 한 다음 3으로 벌리는 것이 올바른 행마법. 이랬으면 백이 허공에서 뭉쳐 곤마로 뜬 몰골이어서 흑이 유리하다.

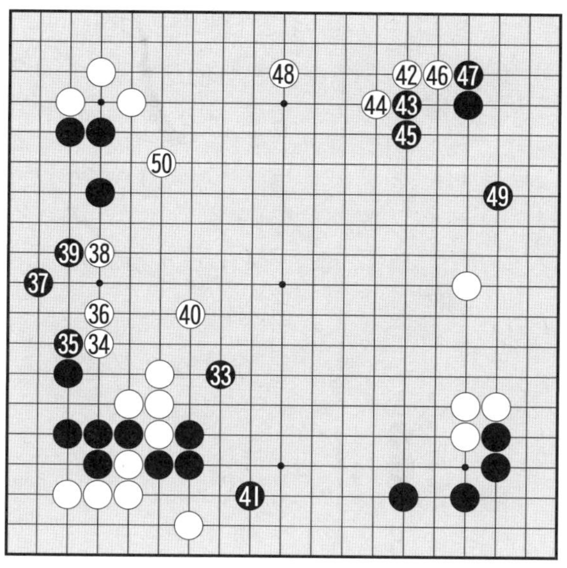

〈2보〉

2보(33~50)

흑33으로 씌워 일단 흑이 제공권을 장악한 모습. 이때 백34, 36도 무거운 행마이다. 흑39까지 좌변 흑을 깨끗하게 연결시켜 준데다 흑41까지 빼앗겨 백이 불만스럽다. 흑43~49의 정석선택도 이상감각. 선수를 빼앗겨 백50의 절호점을 허용해서는 흑도 만족 못하는 포석이다.

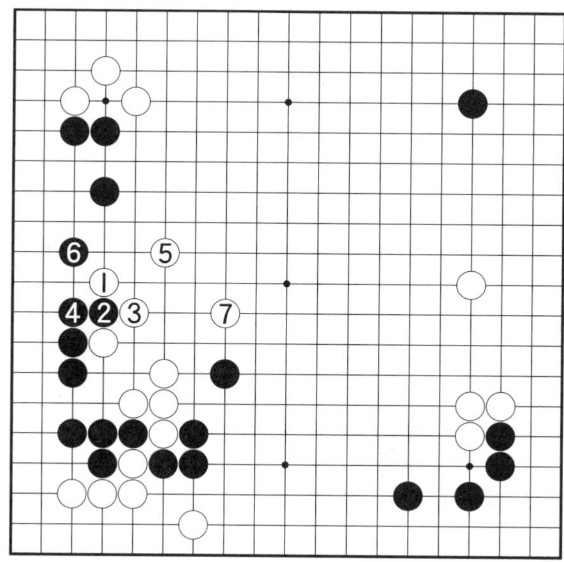

7도

7도 (경쾌한 행마)

2보 백36으로는 백1로 한 칸 뛰는 것이 경쾌한 행마이다.

이하 백7까지면 실전에 비해 한결 활발한 모습으로 한발 앞서 나갈 수 있지 않은가.

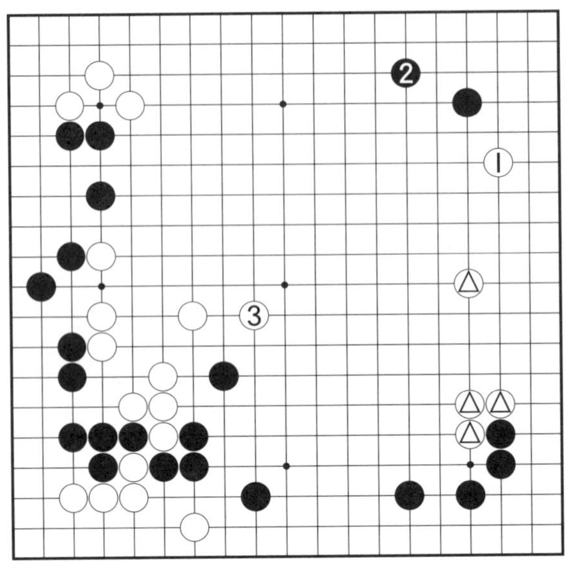

8도

8도 (올바른 걸침)

2보 백42로는 △의 기착점을 살려 백1쪽에서 걸쳐 가는 것이 올바른 방향이다.

흑2를 응수시킨 다음 백3의 대세점에 선착하는 것이 좋은 수순이다.

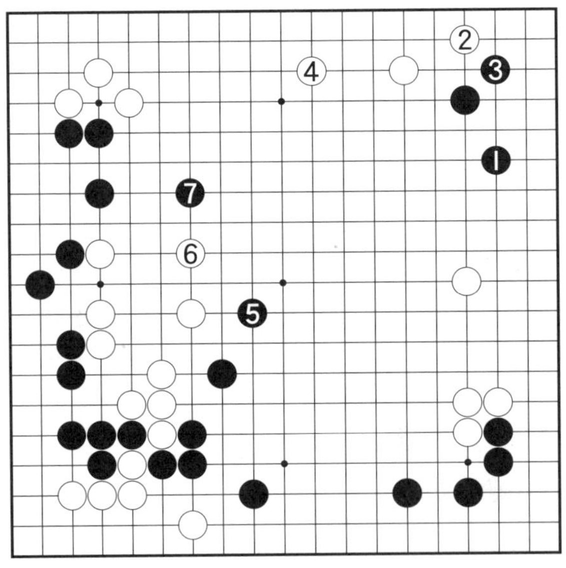

9도

9도 (선수가 중요하다)

그런 점에서 2보 흑43으로도 그냥 흑1, 3으로 받아 두는 것이 좋다. 백4 때 선수를 잡아 흑5, 7로 선제공격해 흑이 활발하다. 중앙 백이 몰리다보면 상변과 우변 백진은 자동으로 깨질 가능성이 많다.

쓸데없는 이단젖힘 손바람

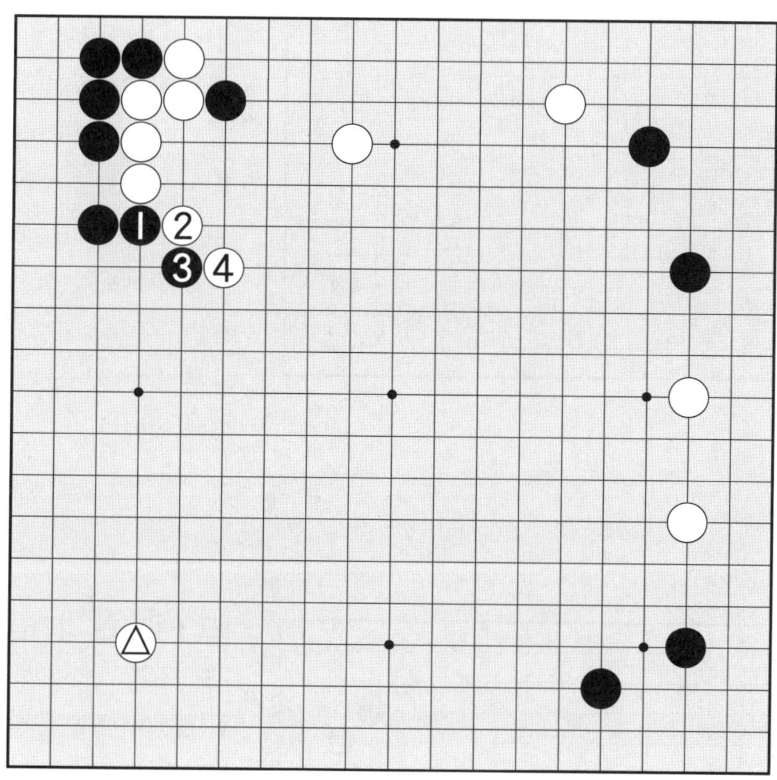

🟦 문제의 장면

이단젖힘은 바둑에서 가장 기세 넘치는 장면이다. 그런데, 그 쾌감에 사로잡힌 나머지 아무 때나 손바람을 내다 이적행위를 범하는 아마추어들도 적지 않다.

좌하귀에 백의 기착점(△)이 버티고 있는 상황에서 흑1로 밀어올린 것은 이상감각. 그런데 한술 더 뜬 것이 백4의 이단젖힘이다. 이후 흑백은 자존심 싸움을 벌이듯 이곳에서 이단젖힘을 주고받는데~. 실은 국면의 초점에 어긋나는 방향착오의 행진이었다.

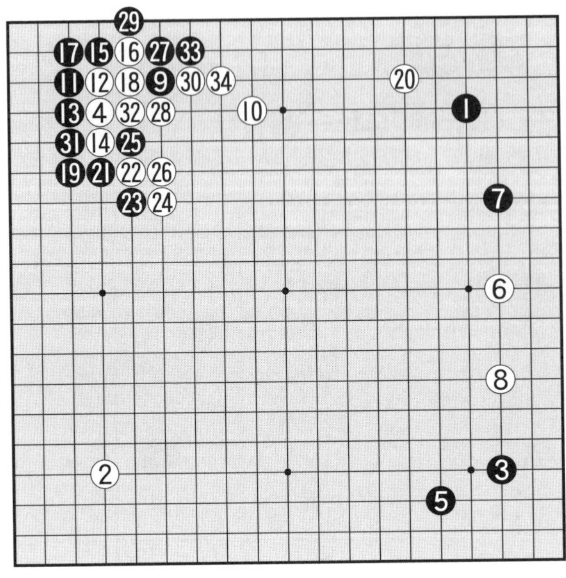

<1보>

1보(1~34)

2급들 간의 실전이다.

　백6의 갈라침에 흑7, 9로 상변을 키우려 하자 백10으로 협공한다. 그런데 백20 때 돌연 흑21쪽을 밀어올린 것이나 이에 맞받아 백24로 이단젖힌 것은 주위 배석을 도외시한 방향착오들이다. 특히 백은 공연히 이단젖히다 이하 34까지 상당한 손실을 입었다.

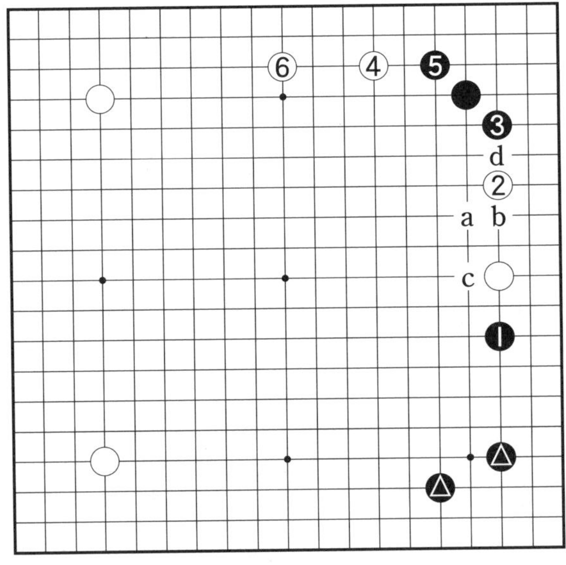

1도

1도 (올바른 다가섬)

1보 흑7로는 우하귀 굳힘(▲)의 배경을 살려 흑1쪽에서 바짝 다가서는 것도 생각할 수 있다.

　만일 백6까지 되면 흑은 차후 흑a, 백b, 흑c로 봉쇄하는 수도 남아있어 충분하다. 그래서 최근에는 흑1에 백d로 걸치는 경우가 많다.

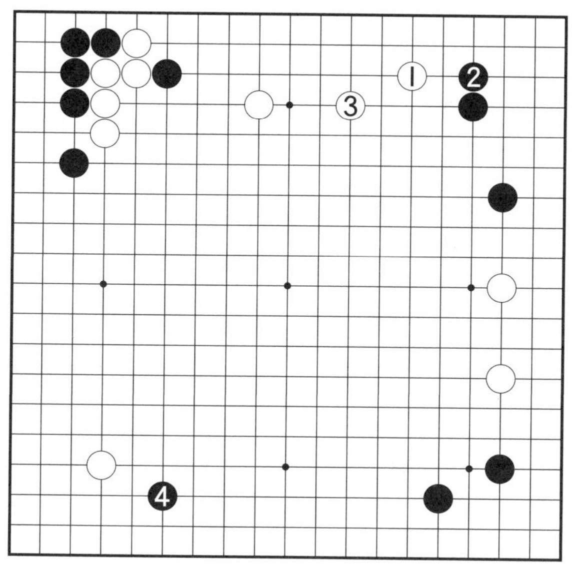

2도

2도 (올바른 감각)

백1의 걸침에는 흑2로 받아두는 것이 정수. 실리상으로도 매우 클 뿐더러 선수이다. 백3을 강요한 뒤 좌하귀 쪽으로 향하는 것이 유연한 흐름이다.

이때도 우하귀 배경을 감안해 흑4쪽에서 걸쳐 가는 것이 올바른 방향이라 할 수 있다.

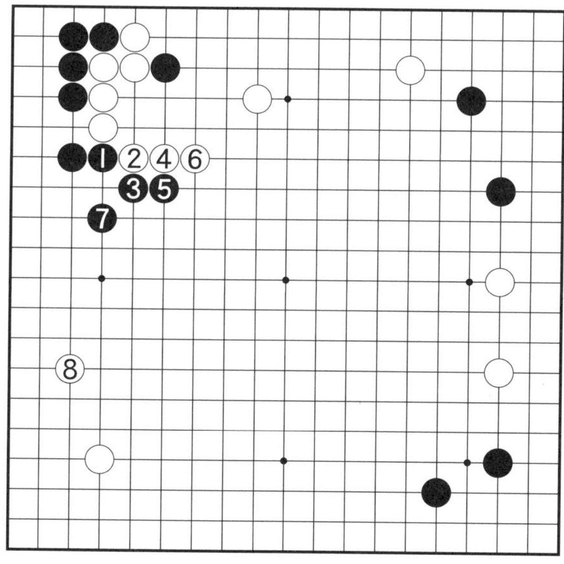

3도

3도 (백, 양쪽을 두다)

1보 백24로는 그냥 백4, 6으로 늘어두는 것이 정수. 그러면 흑은 7의 보강이 불가피한데, 그때 백8로 굳히고 나면 백이 양쪽을 다 둔 모습이다.

이랬으면 흑1, 3의 이상감각을 가볍게 꾸짖을 수 있었다.

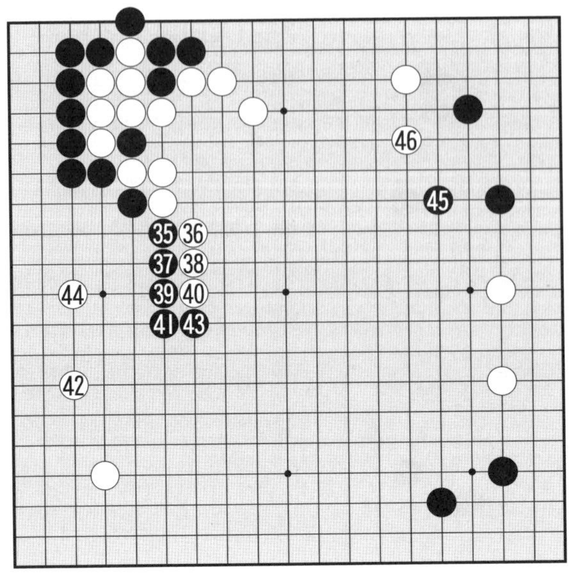

〈2보〉

2보(35~46)

흑은 다시 흑35로 이단 젖혀 갔는데, 이 역시 문제수이다. 백의 중앙을 두텁게 해준 데다 후수마저 잡아 백42, 46의 요소를 잇달아 허용하고 나니 그동안 무엇을 했는지 모르게 되었다.

흑으로선 기분에 치우쳐 손바람만 내다 허장성세에 그친 꼴이다.

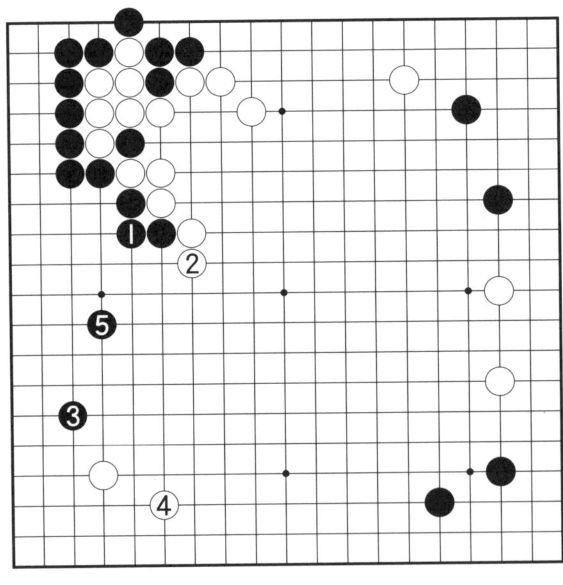

4도

4도 (선수를 잡는 비결)

2보 흑37로는 1로 잇는 것이 선수를 잡는 비결이다. 백2를 기다려 흑3, 5면 좌변을 집으로 만들 수 있지 않은가.

그렇다고 백2로 좌하귀에 두면 이번에는 흑2의 젖힘이 힘차 중앙 백이 형편없이 줄어든다.

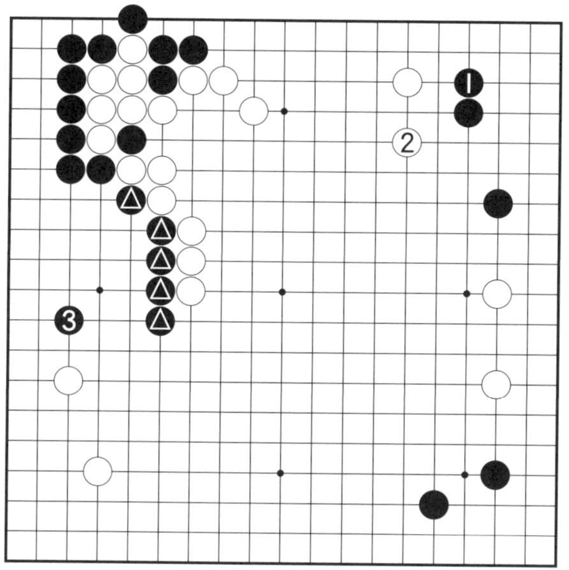

5도

5도 (흑의 마지막 기회)

2보 흑43 때가 흑으로선 냉정해질 마지막 기회였다. 이 수로는 흑1로 철주를 내려 백2를 강요한 다음 3으로 벌려 좌변을 집으로 만드는 것이 애써 쌓은 ▲의 가치를 그나마 살릴 수 있는 길이었다. 좌하귀 쪽은 다음의 하변 전개와 3·三 침입이 맞보기이다.

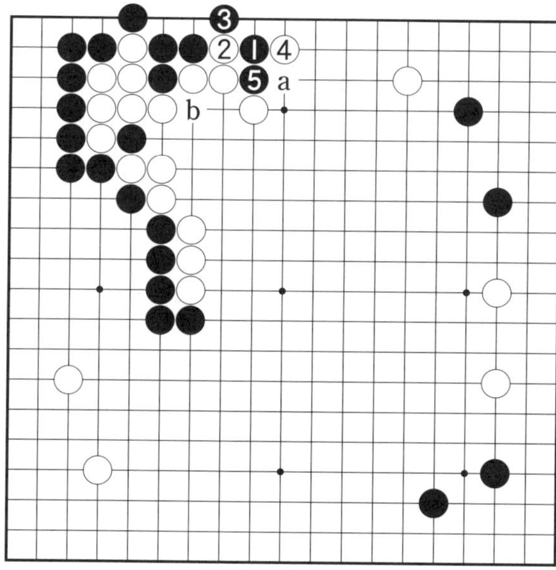

6도

6도 (뒷문 열린 상변)

상변 쪽은 사실 흑1로 뛰어들어가는 수단 때문에 뒷문이 열린 곳이어서 보기보다 가치가 작다.

백4로 봉쇄하려 해도 흑5로 안 된다. 다음 흑a와 b가 맞보기.

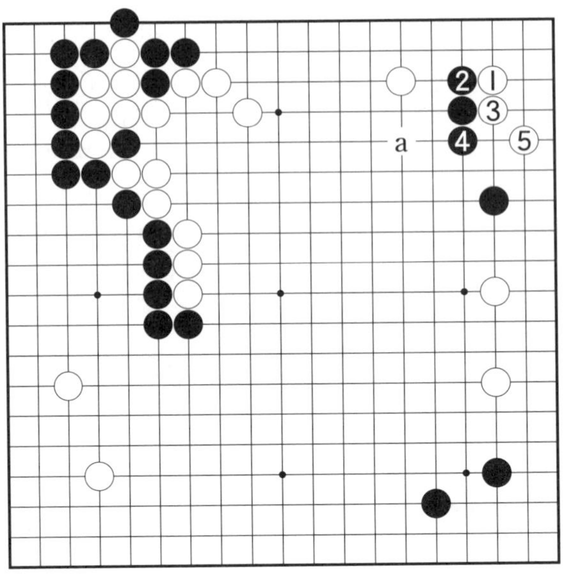

7도

7도 (백의 올바른 착상)

따라서 백으로서도 2보 44로는 실전처럼 a로 뛰어 뒷문 열린 상변을 키우려 할 것이 아니라 백1로 3·三에 뛰어들 기회이다. 이하 5까지 실리와 근거를 훑으며 흑말을 미생마로 띄웠으면 백이 우위에 설 수 있었다.

중앙 백세가 강해 흑의 다음 행보가 쉽지 않은 모습이다.

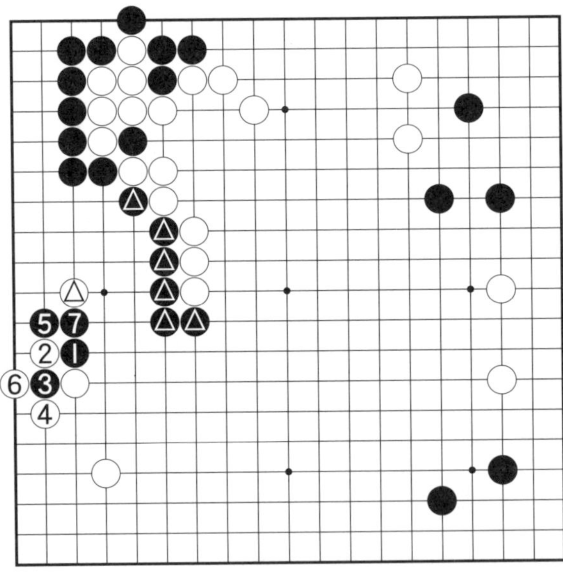

8도

8도 (백, 속도 위반)

△(2보 백44)는 강한 흑세(△)에 너무 가까이 다가간 과속행마이다. 흑1, 3의 응징을 당해 이하 7까지 속절없이 분단되는 수단을 남겼기 때문.

따라서 △로는 이 경우 흑세를 의식해 한칸 좁혀 7의 곳에 벌리는 것이 정수.

잘못된 세력작전

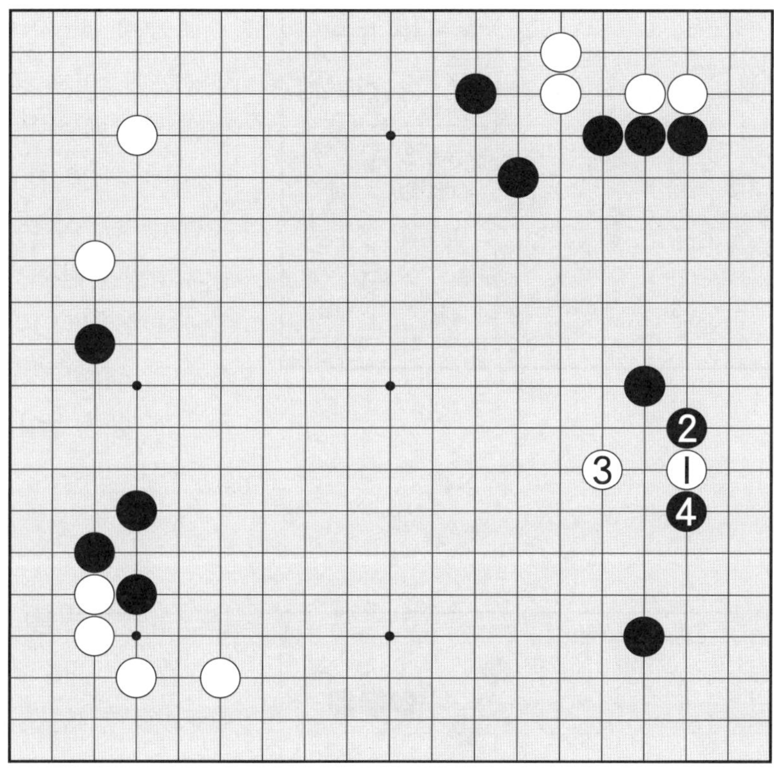

문제의 장면

상대 돌의 양쪽에 붙여가는 행마는 곤경에 처했을 때나 타개의 수단으로 쓰는 궁여지책. 초반에는 상대를 강하게 해주므로 이적행위가 될 가능성이 높다. 그래서 '하수의 양붙임'이라는 말도 있다.

백3에 돌연 흑4로 붙여간 것이 바로 그런 속수의 표본이다.

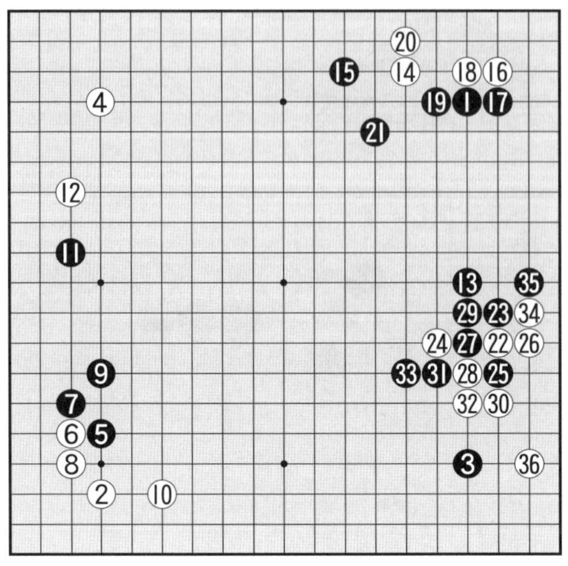

1보(1~36)

1급들의 실전으로 흑21
까지는 그림 같은 모범
포석.

백22의 침입은 다소
성급한데, 이때 흑25가
눈을 의심케 하는 대악
수. 이하 백36까지 우변
흑진이 쑥밭이 되었다.
공격의 칼을 휘둘러야 할
곳에서 소극적으로 넘어
가자고 구걸하다 넘지도
못한 채 망한 꼴이다.

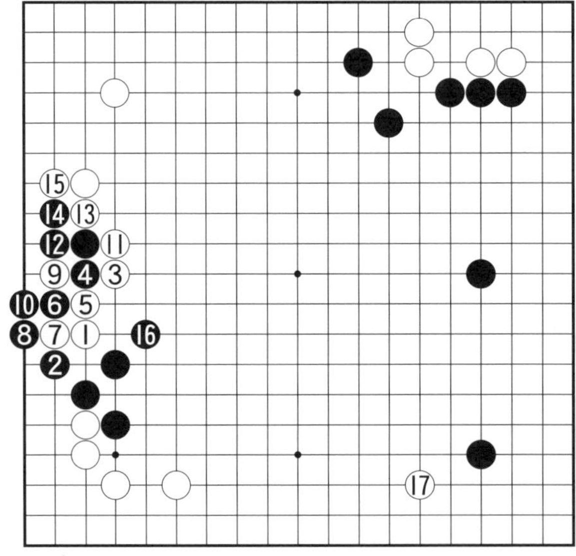

1도 (유연한 흐름)

1보 백22는 다소 성급한
침입. 이 수로는 먼저 좌
변 쪽에 백1로 흑의 허를
찌를 타이밍이다. 이하
16까지 이득을 보며 등
을 두텁게 한 다음 백17
쪽에서 걸쳐가는 것이 유
연한 진행이 된다.

백1로는 우하귀 17의
곳에 그냥 걸쳐가는 것
도 좋다.

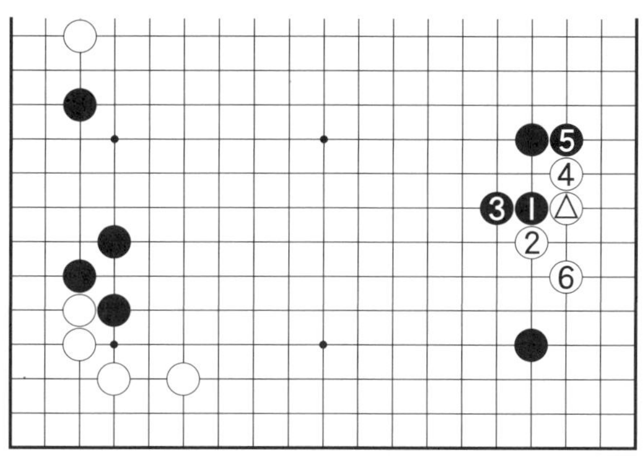

2도

2도 (살려주는 이적수)

참고로 ◬의 침입 때 흑 1로 붙이는 것은 '공격할 돌에 붙이지 말라'라는 기훈에 어긋나는 속수. 백에게 2로 젖히는 리듬을 제공하면서 쉽게 안정시켜 주는 이적행위가 되는 것이다.

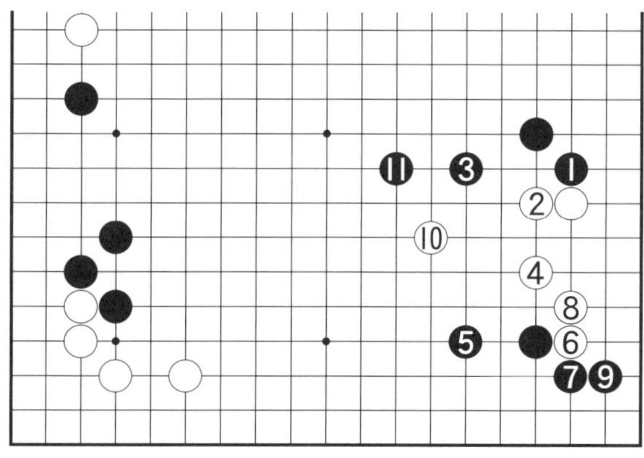

3도

3도 (백, 무거운 행마)

따라서 흑1로 마늘모붙임해 백의 근거를 박탈하는 것이 올바른 공격감각이다. 이때 곧이곧대로 백2로 서는 것은 다소 무거운 행마. 흑11까지 흑에게 실속을 모조리 제공하며 일방적으로 쫓겨 백 고전.

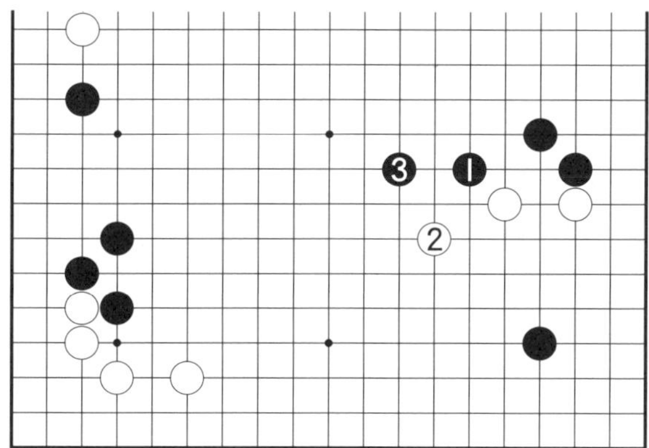

4도

4도 (호쾌한 공격 찬스)

1보 흑25로는 당연히 흑1로 씌워가며 호쾌한 공격을 펼칠 곳이었다. 백2에는 흑3으로 추격하며 우중앙을 키워 흑 호조의 흐름. 실전은 흑이 이런 호기를 스스로 박차버린 결과가 되었다.

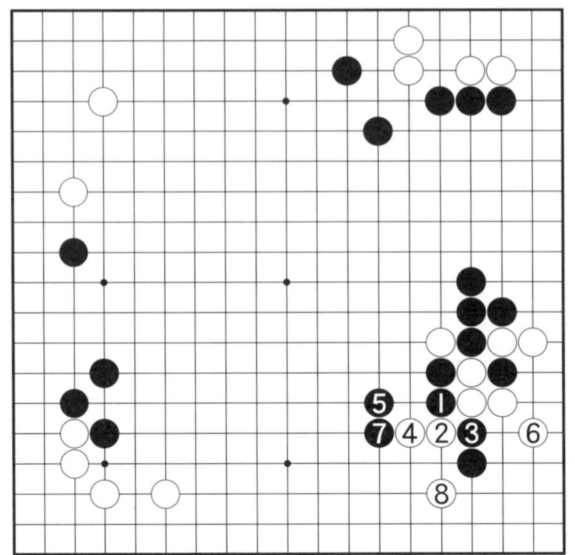

5도 (무모한 틀어막기)

1보 흑33으로 물러선 것은 어쩔 수 없다.

이 수로 흑1로 틀어막으려는 것은 무리. 이하 백8까지 흑의 피해만 가중될 뿐이다.

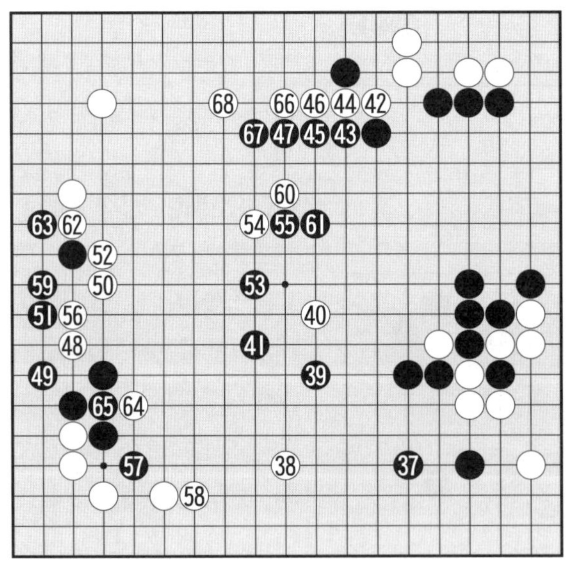

2보(37~68)

우변에서 큰 피해를 본데다 흑37로 후수마저 잡아서는 흑의 때이른 비세. 백40은 적절한 삭감이었는데, 백42가 소탐대실로 흑을 두텁데 해준 이적수의 성격이 짙다.

그런데 백48 때 흑49, 51이 무책. 흑59까지 저 위를 기는 사이 백은 등을 두텁게 한 뒤 54로 삭감하고 68마저 차지해 백 우세가 확립.

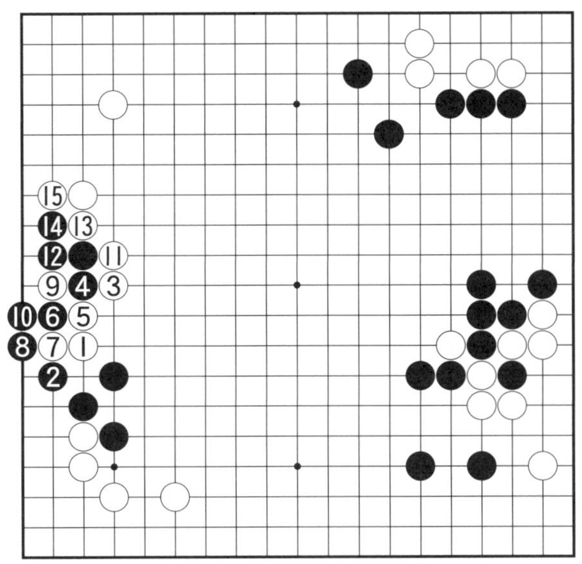

6도

6도 (고급 세력 삭감책)

2보 백38로는 백1로 뛰어들어 이하 15까지 결정할 타이밍이다. 이렇게 이득을 보면서 등을 두텁게 하여 상대 세력의 발전성을 저절로 퇴색시키는 것이 좀 더 고급스러운 전략이다.

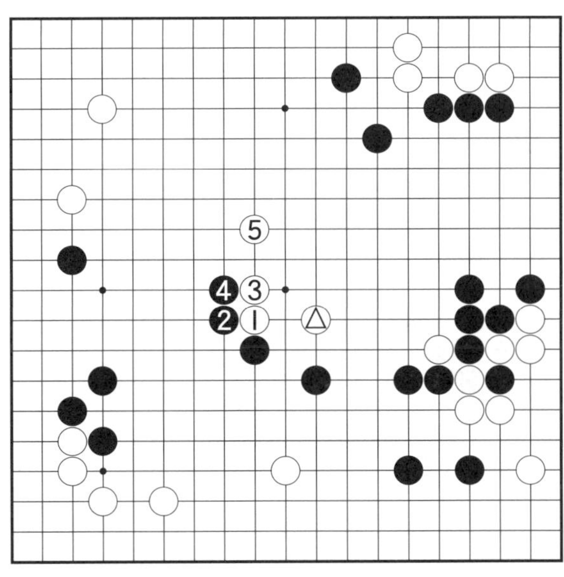

7도

7도 (한 눈 팔면 안 된다)

그리고 기왕 △로 뛰어들었다면 백은 2보 백42 따위로 한 눈을 팔 것이 아니라 의당 백1로 붙여 움직여 나가야 한다. 그러면 이하 백5까지 어렵지 않게 수습할 수 있는 모양. 실전은 사소한 상변 실리를 밝히다 중앙 흑을 강화시켜 △를 고사시킴으로써 흑에게 호기를 제공할 뻔했다.

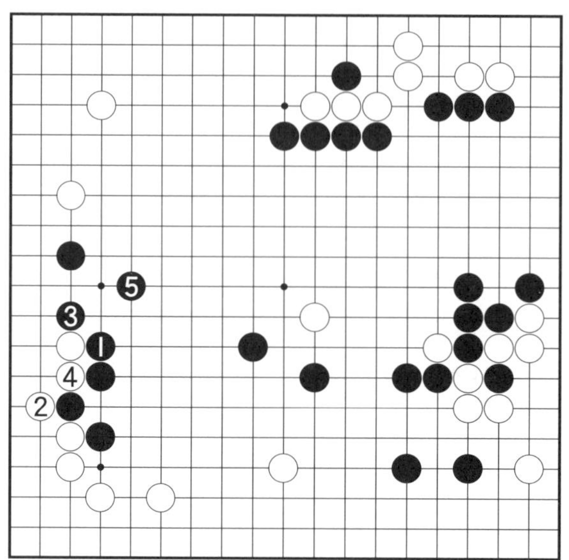

8도

8도 (유력한 임기응변)

2보 흑49 때가 어쩌면 흑으로선 절호의 찬스였다. 이 수로는 흑1로 막아 이하 5까지 중앙을 강화하는 것이 지금 상황에 걸맞은 멋진 임기응변이었다.

이렇게 되면 중앙 흑 모양이 걷잡을 수 없이 부풀어 백도 겁나는 상황이 될 뻔했다.

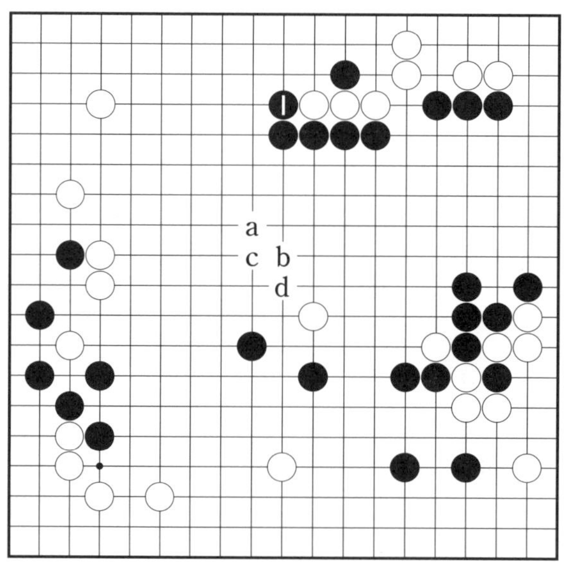

9도

9도 (흑의 마지막 기회)

2보 흑53도 형세판단 미숙이 부른 완착. 일단 흑1로 막아야 실리의 균형을 유지하며 후일을 기약할 수 있다. 다음 백a에는 흑b, 백c에는 흑d로 받아 중앙 저지선에는 별 이상이 없다. 실전은 흑이 너무 책략 없는 중앙작전을 펼치다 대가를 짓고도 대세에 밀려버린 결과가 되었다.

이삭줍기와 대세점

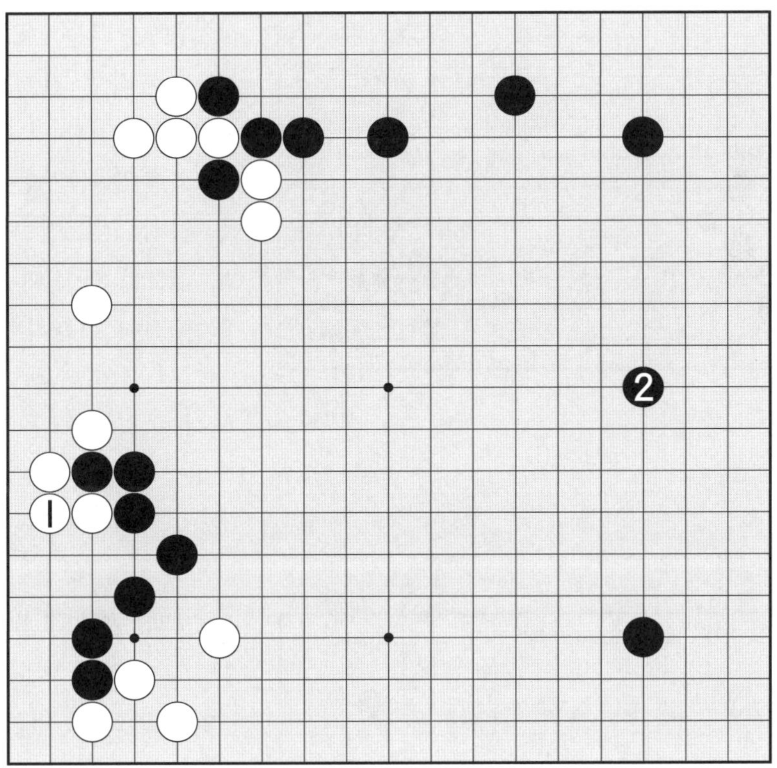

문제의 장면

　초반에는 무엇보다도 판을 넓게 보는 대세관이 가장 중요하다. 사소한 실리에 매달리다 대세점을 허용한다면 대마를 하나 죽인 것만큼이나 치명적인 손상을 입기 십상인 것이다.

　백1과 흑2의 교환은 누가 보아도 백의 소탐대실. 이 한번의 판단미스로 백은 포석에서 크게 밀리는 형국이 되었다.

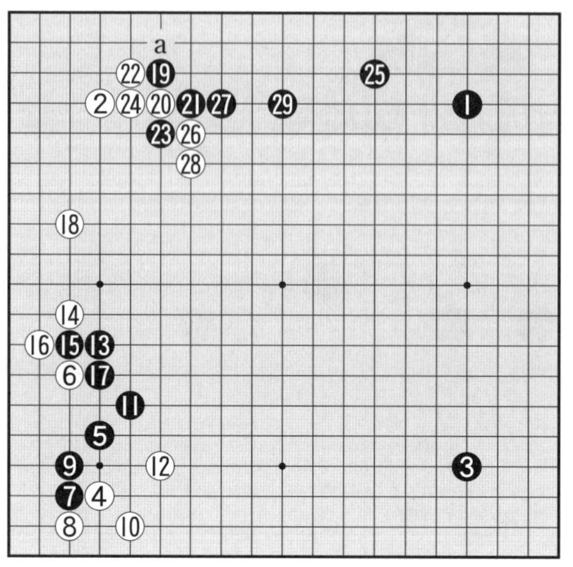

〈1보〉

1보(1~29)

4급의 초등학생들이 벌인 어린이 바둑대회 을조 결승전이다.

　흑19까지는 1급 수준의 모범적인 진행인데, 백20부터 약간 빗나갔다. 특히 흑25와 29는 상당한 완착. a로 뻗는 실리의 급소를 계속 외면하고 있는 점이 미흡하다. 자, 여기서 백의 다음 한수는 어디여야 할까?

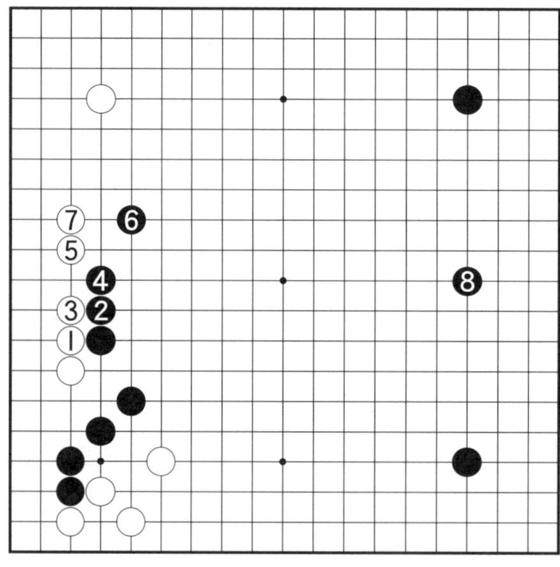

1도

1도 (백, 편재되다)

1보의 수순 중 백14는 정수. 백1, 3으로 미는 것은 전형적인 '등따라 밀기'의 속수이다.

　이하 7까지 백은 좌변에 편재된 반면, 흑은 선수로 세력을 쌓고 8을 차지하여 단연 흑이 활발한 포진이 된다.

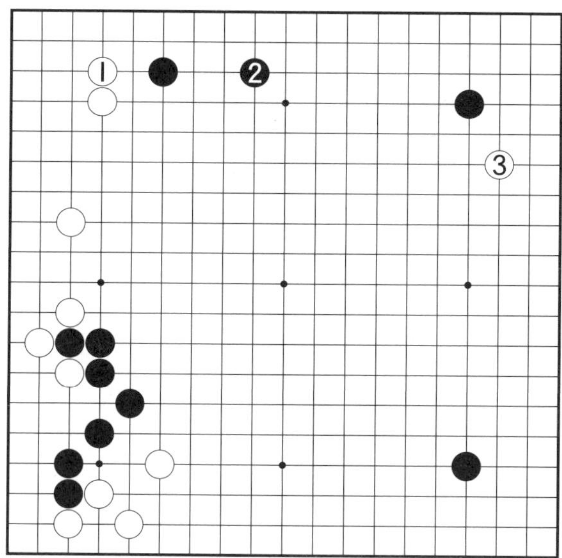

2도

2도 (자연스런 흐름)

1보 백20으로는 백1로 철주를 내리는 것이 최선이다. 이 수는 좌상귀 실리를 선수로 완성 짓는 좋은 수법이다. 다음 흑2를 기다려 백3으로 걸쳐 가는 것이 자연스런 흐름이다.

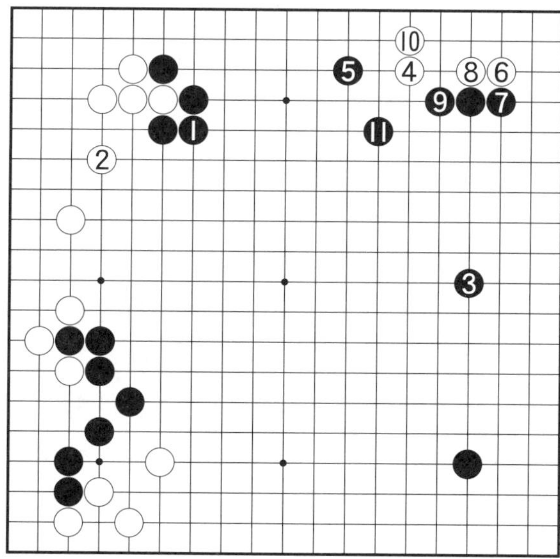

3도

3도 (흑의 정수)

1보 흑25는 발빠르게 두겠다는 심산이지만, 백26으로 끊겨 엷어져서 불만이다.

이 수로는 흑1로 잇는 것이 두텁다. 백2를 강요한 뒤 흑3으로 3연성을 펼치는 것이 올바른 발상이다. 다음 백4에는 흑5의 협공이 제격이어서 흑이 충분한 구도.

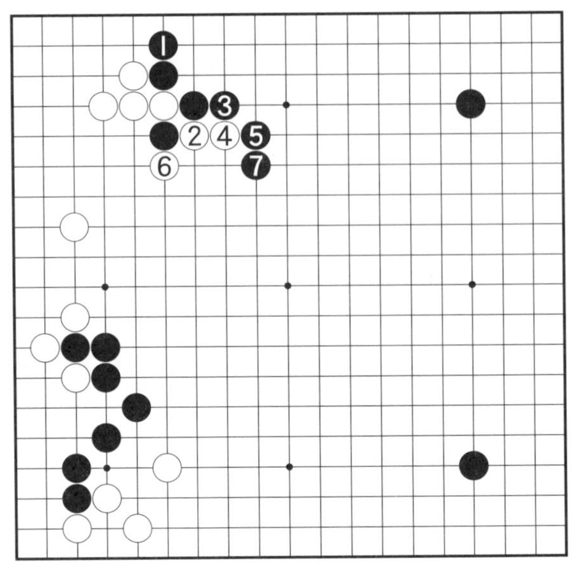

4도

4도 (흑의 별책)

또는 흑1쪽으로 뻗는 것
도 정석의 일종이다. 백2
에는 흑7까지 처리해 역
시 당당한 모습이다.

실전은 흑이 급한 곳
보다 큰 곳을 먼저 두다
엷음을 자초한 꼴이다.

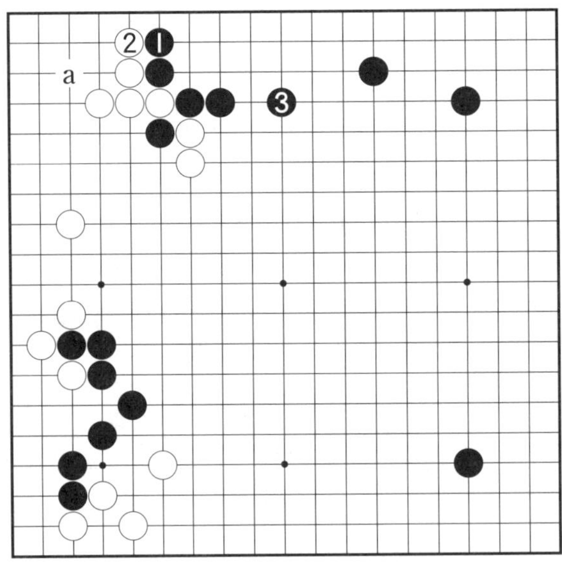

5도

5도 (실리의 급소)

1보 흑29로는 1로 뻗을
곳. 백2 때 흑3으로 가도
늦지 않다. 이곳은 실리
상 20집이 넘는 큰 곳이
자 흑말의 근거와 관련하
여 전략적으로도 가치가
매우 높다. 백도 a의 허
점 때문에 2로 막는 것은
거의 절대. 실전은 반대
로 상변 흑진의 뒷문이
열려 발빠르게 둔 의미가
반감되었다.

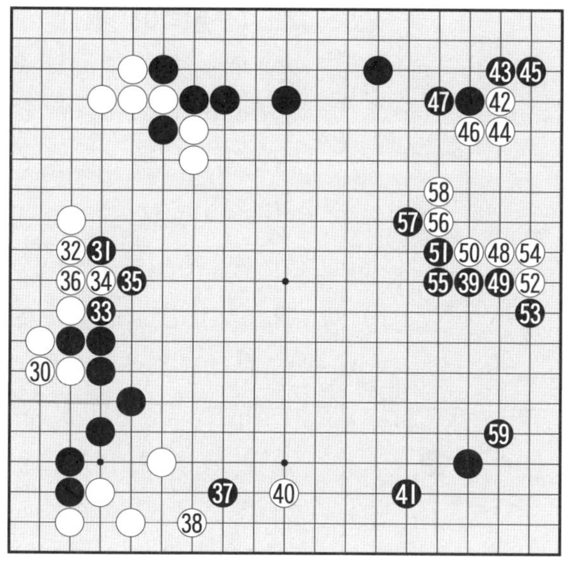

〈2보〉

2보(30~59)

백30이 열세를 자초한 소탐대실. 흑31~35로 등을 두텁게 한 다음 39, 41에 선착해 아연 흑이 활발해졌다. 백38, 40도 대완착.

　뒤늦게 백42 이하로 흑진 파괴에 나섰으나, 58까지 알기 쉽게 처리하고 흑59의 마지막 큰 곳마저 손이 돌아가 흑이 상당히 앞선 포석이다.

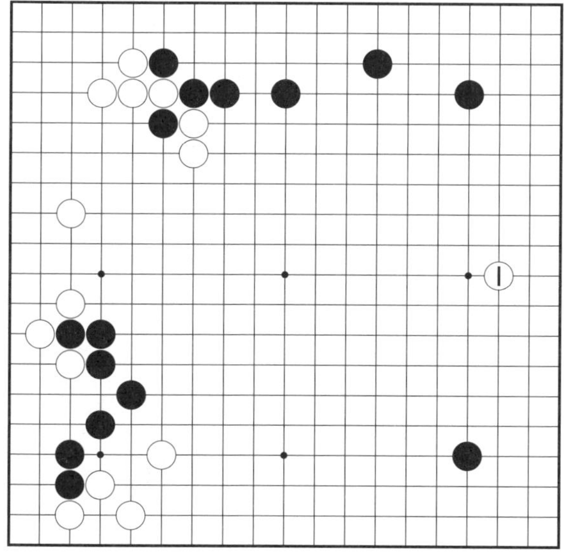

6도

6도 (오직 이 한수)

2보 백30으로는 백1로 우변을 갈라치는 것이 절대점이자 놓칠 수 없는 대세의 요처였다.

　이렇게 우변 흑진의 입체화를 방지해 놓으면 좌변 일대의 백 실리가 상대적으로 돋보여 오히려 백이 유망한 포석이 될 수 있었을 것이다.

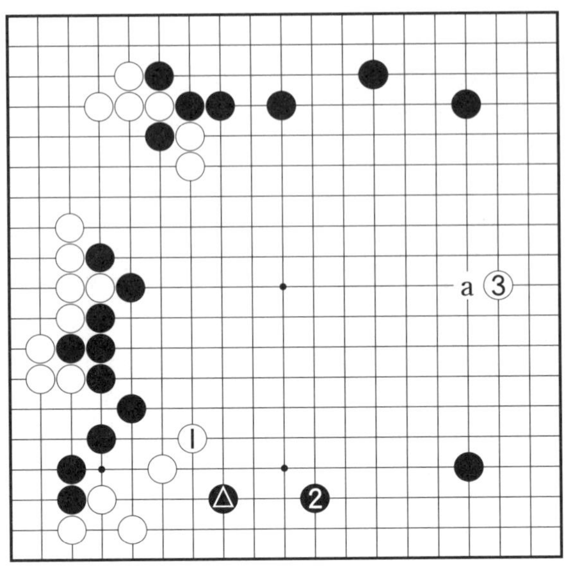

7도

7도 (순발력이 필요)

2보 백38도 너무 책략 부족. 이 수로는 백1로 마늘모하여 흑2를 강요한 다음 백3으로 향하는 것이 순발력 있는 대응이었다. 그런 점에서 흑도 ⓐ로 다가선 것은 쓸데없는 손찌검. 그냥 a로 3연성을 펼칠 곳이었다. 그런데 실전은 백이 순순히 응해주는 바람에 멋진 잽으로 둔갑했다.

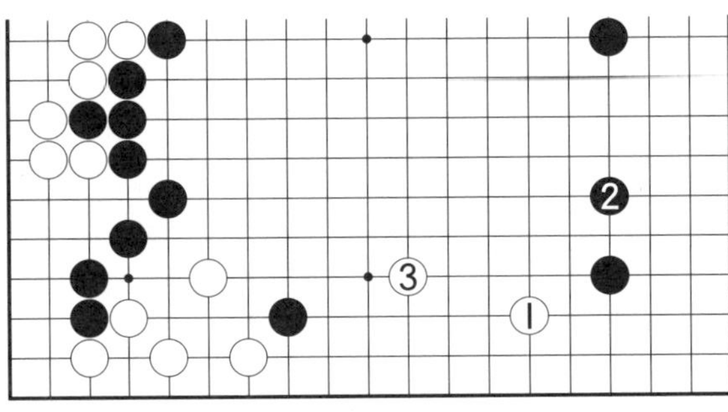

8도

8도 (백의 차선책)

그런 점에서 2보 백40도 너무 한가한 수. 이 수로는 적극적으로 백1로 걸치면서 하변 백진을 최대한 확장해가야 했다.

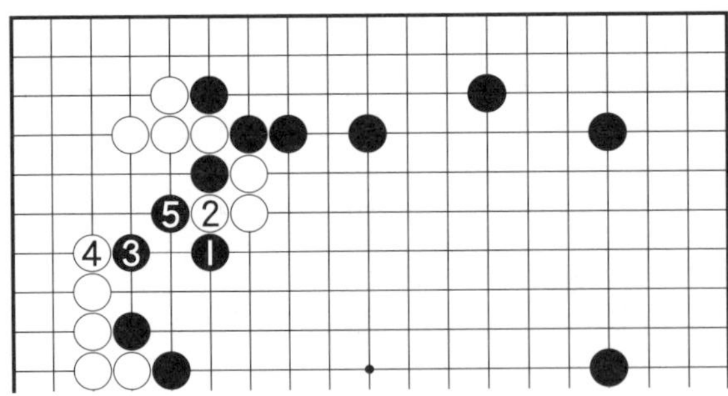

9도

9도 (고약한 뒷맛)

좌변 백진에는 많은 투자에도 불구하고 아직 흑1, 3의 맥점이 남아있어 불완전하다.

이런 수단이 남아있는 만큼 흑이 유리하다.

2장

프로의 포석

⛵ 들어가기 전에

전문기사들은 대국 시 제한시간의 절반 이상을 초반에 투자하고 있을 정도로 포석에 공을 들인다. 그만큼 포석이 어려운 것이라는 반증이기도 하지만, 그보다는 포석에서는 상당한 '전략'이 필요하기 때문이다.

이 장에서는 실전 장면을 예로 들어 포석상의 주요 쟁점과 급소, 그리고 전략을 트레이닝 해본다.

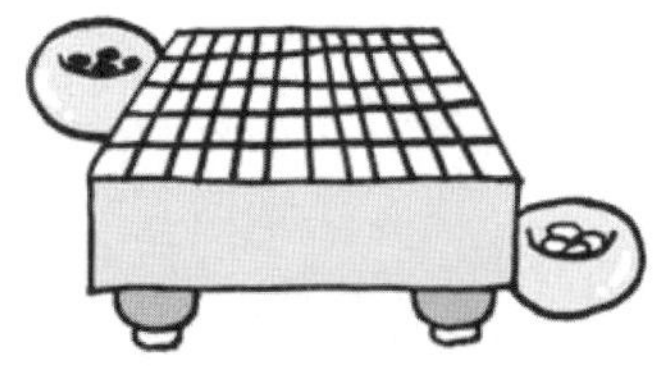

능률적 벌림의 모색

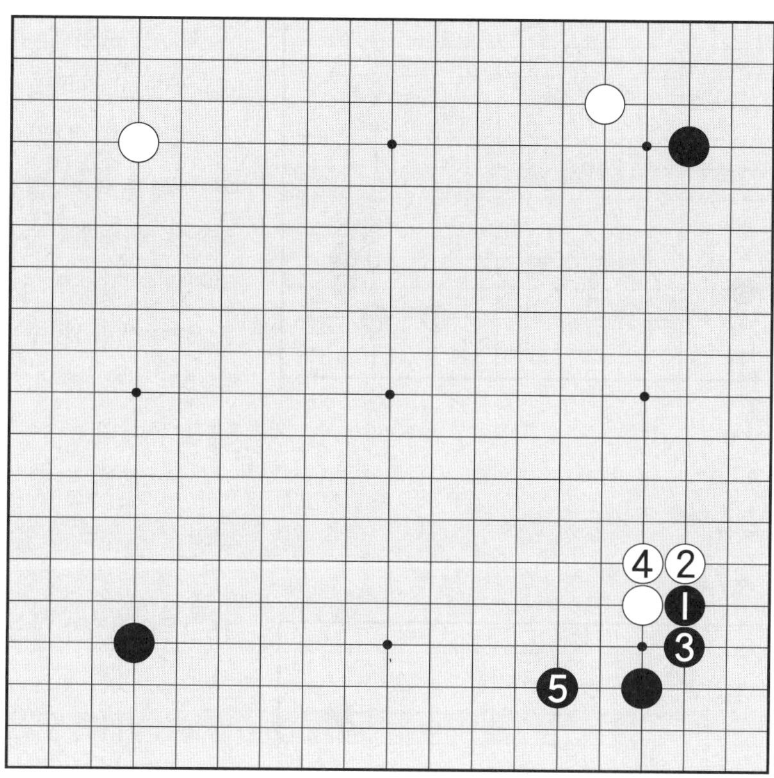

선택의 기로

흑1, 3으로 붙여끈 것은 가장 평범하고도 간명한 수법. 흑5 다음 백으로서는 평범한 응수보다 뭔가 능동적인 구상을 하고 싶다.

우상귀 배석과 연관하여 돌의 능률을 극대화시키는 수는 없을까?

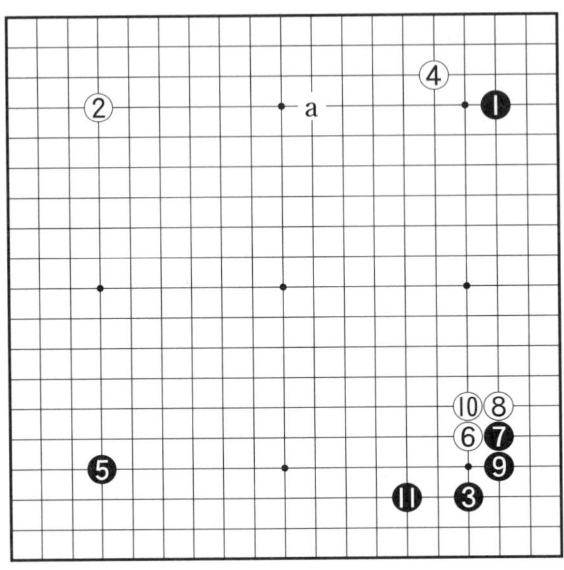

〈경과도〉

경과도(1~11)

36기 국수전 도전2국으로 이창호 당시 6단(흑)과 조훈현 9단과의 대국.

흑1, 3, 5의 슈사쿠(秀策)류 포진에 백4, 6으로 걸쳐간 것은 흑에게 안정된 자세를 주지 않겠다는 의도로 변화를 즐기는 조9단의 단골수법이다. 흑7, 9가 간명한 수법. 이 수로는 a로 협공하는 것이 보통이다.

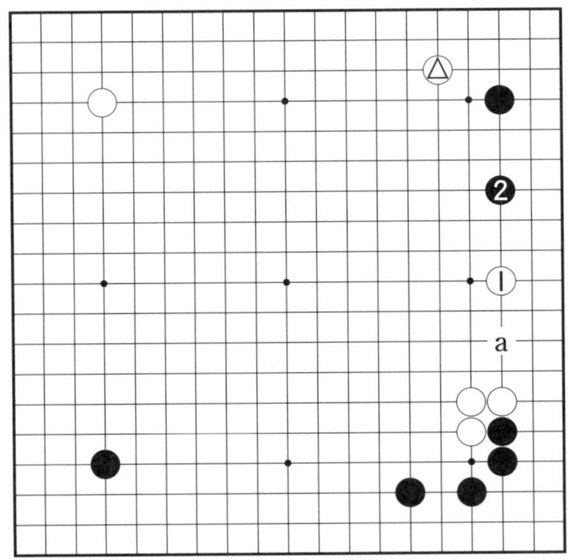

1도

1도 (무미건조한 단순 벌림)

보통의 정석대로 단순히 백1로 벌리는 것은 너무 무미건조하다.

흑2로 귀를 안정시키고 나면 백은 △도 약해지는 데다 a의 약점도 남아 뭔가 미흡하다.

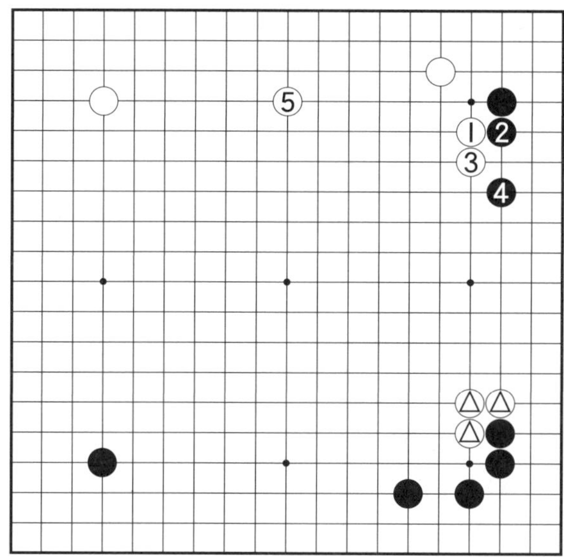

2도

2도 (백, 이상감각)

백1로 씌우는 것은 낙제
점. 흑의 실리가 착실한
데다 흑4로 머리를 내밀
게 해주어 이적행위의 인
상이 짙다.

   우하에 자리잡은 △의
위치가 어색해지지 않았
는가.

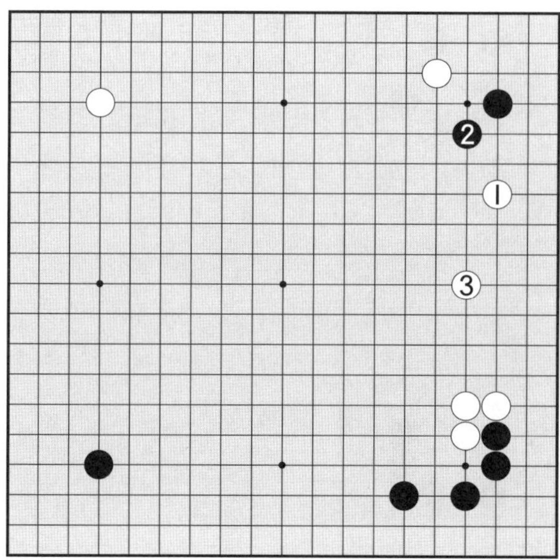

〈실전도〉

실전도 (능동적 구상)

여기서는 백1로 먼저 우
상귀를 위협하는 것이 재
미있는 발상이다. 흑2를
기다려 자연스럽게 백3
으로 벌려가는 흐름이 자
연스럽다.

   고저장단을 조화시키
며 이상형을 구축해 백
이 흡족스러운 모습이다.

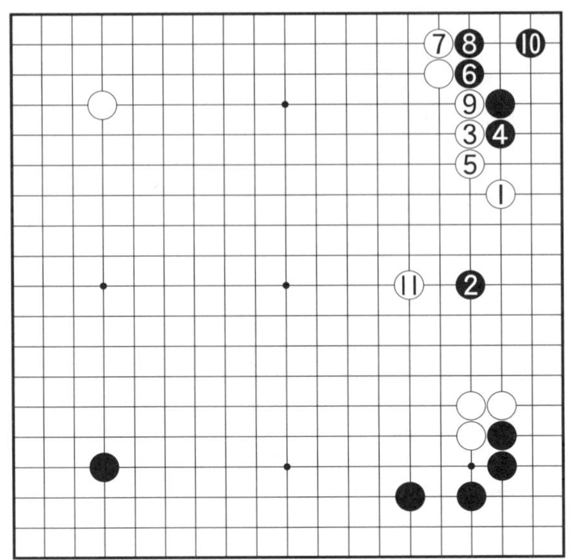

3도

3도 (흑, 무모한 반발)

백1에 흑2를 차지하고 버티는 것은 무모한 발상. 백3으로 봉쇄당하는 것이 아픈데다 흑10으로 쌈지뜨고 도생하는 자세가 너무 굴욕적이다.

게다가 백11의 선제공격을 당하고 나면 일방적인 백의 페이스.

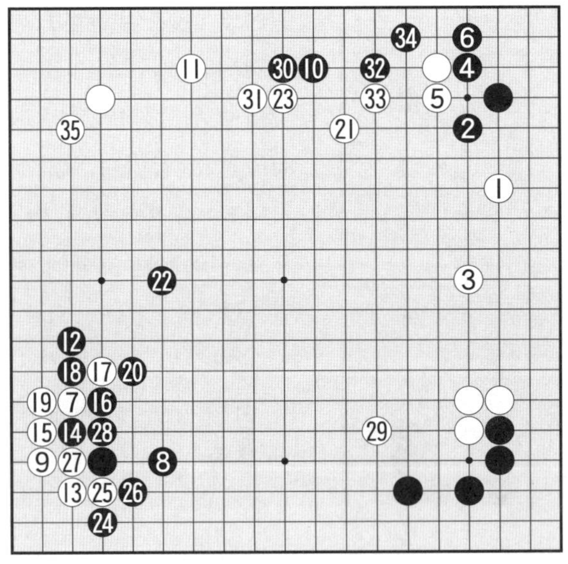

〈실전진행〉

실전진행 (백, 우위 확립)

이후 실전진행이다. 백1, 3에 흑4, 6으로 안정을 서두른 것은 당연하다.

백은 선수를 뽑아가며 발빠른 행마를 계속해 7, 11, 29, 35 등의 요소를 모두 차지하여 우위를 확립했다.

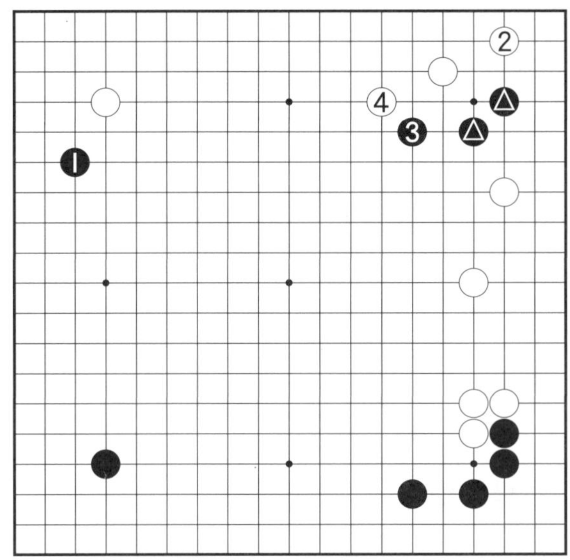

4도

4도 (근거 박탈)

실전진행 흑4는 실리도 실리려니와 근거 관계상 절대점이다.

이 수로 흑1 따위로 딴전을 피우는 것은 백2를 당해 곤란해진다. ▲들이 졸지에 근거를 잃은 채 일방적으로 몰리게 되는 것이다.

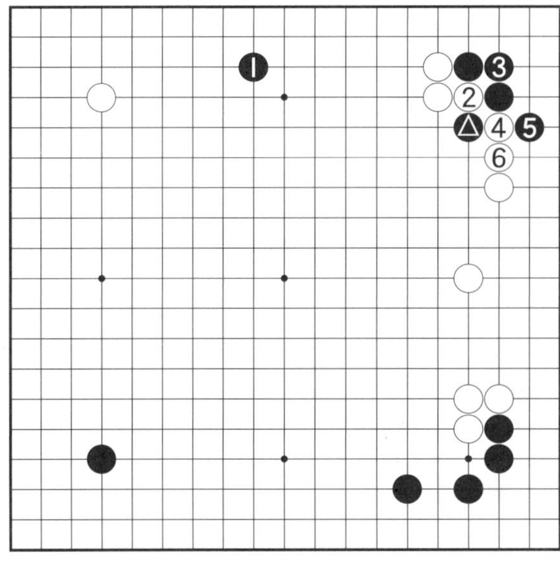

5도

5도 (흑, 무리)

실전진행 흑6으로는 흑1로 갈라치고 싶지만 백2, 4를 당해 안 된다.

이처럼 요석(▲)이 분단되며 백을 두텁게 해주어서는 견딜 수 없다. 그렇다고 흑3으로 4에 잇는 것도 백3으로 끊겨 실리의 손실이 크다.

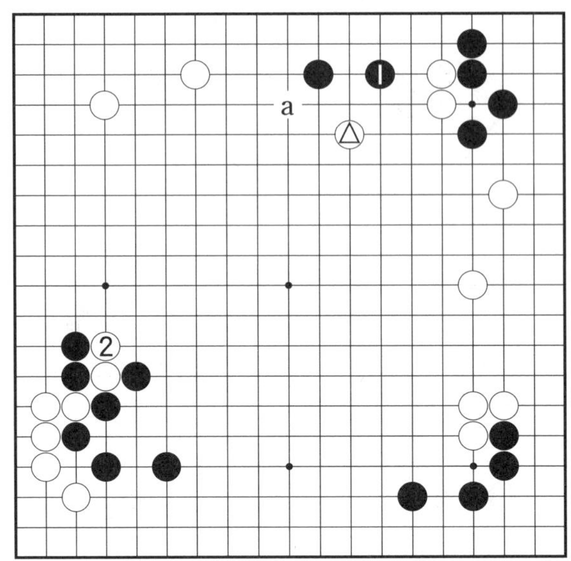

6도

6도 (축머리의 묘수)

△(실전진행 백21)는 백 두점의 수습과 좌하귀의 축머리를 겸하는 경묘한 행마. 실전처럼 a의 봉쇄를 보고 있기도 하다.

이때 흑1 따위로 응수하는 것은 백2로 나와 흑이 쉽게 걸려들고 만다.

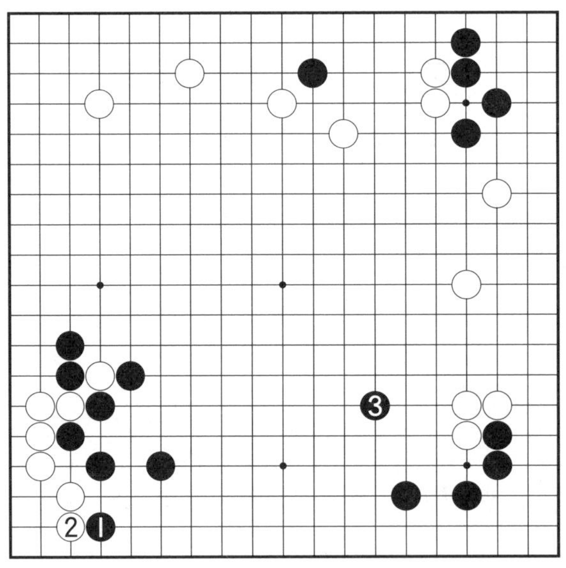

7도

7도 (대세점을 뺏기다)

실전진행 백25가 눈여겨보아야 할 수로 선수를 잡아 29의 대세점을 차지하기 위한 임기응변이다. 즉 흑1 때 무심코 백2로 받는 것은 무책. 흑3의 빛나는 대세점을 빼앗겨 불만이다.

효과적인 세력 분산책

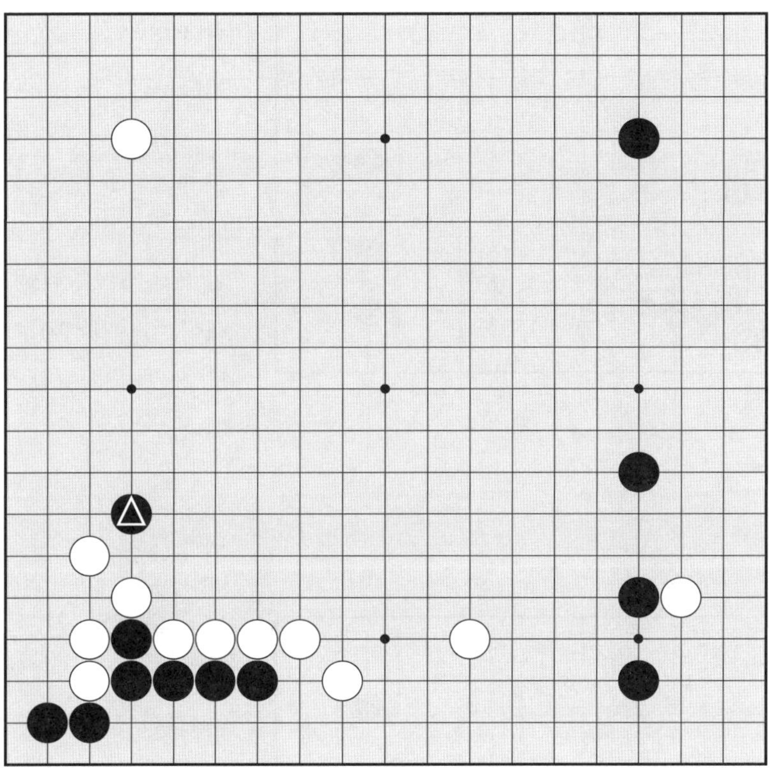

▨ 선택의 기로

관심의 초점이 좌변 쪽으로 쏠리고 있다.

막강한 백세에 폐석처럼 떠있는 ⓐ 한점을 적절히 이용하면서 백 모양의 팽창을 저지하는 효과적인 행마는 무엇일까?

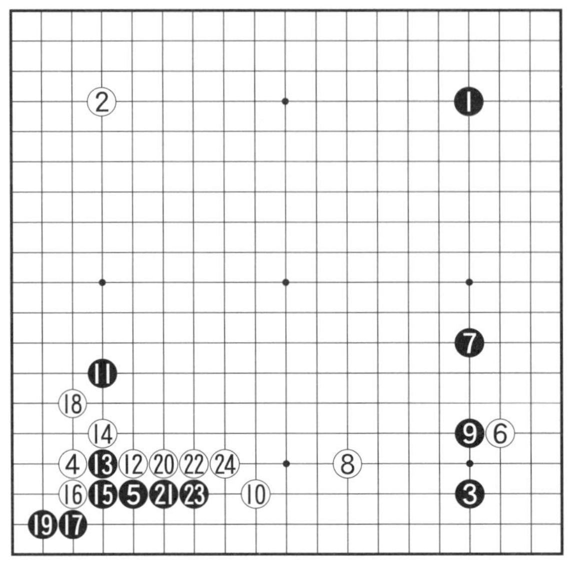

<경과도>

경과도(1~24)

조훈현 9단(흑)과 고바야시 고이치(小林光一) 9단이 벌인 1회 응씨배 세계선수권 8강전 대국이다.

　백6, 8, 10은 중국식 견제책. 흑11은 기세의 되협공으로 이하 백24까지 신형이 출현했는데, 백이 두터워 보이지만 흑도 선수여서 호각의 갈림이다.

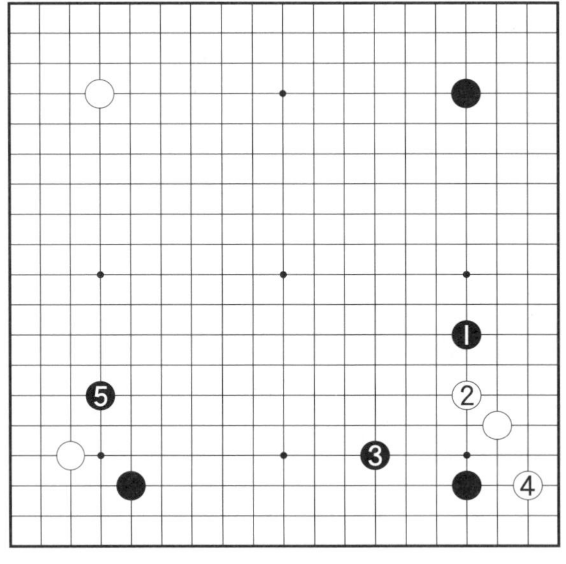

1도

1도 (흑, 주도권)

중국식 포진 견제책에 대해 잠시 살펴보자.

　먼저 흑1의 협공에 평범하게 백2로 받는 것은 다소 무책이다. 흑3, 5로 주도권이 흑에게 넘어갈 가능성이 높다.

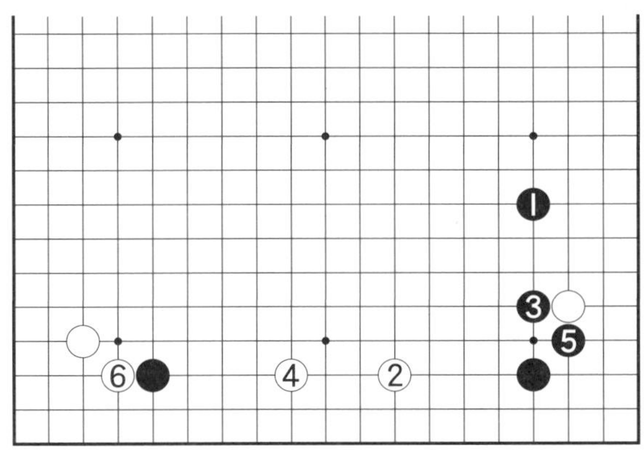

2도

2도 (중국식 견제책)

그러므로 백2로 되협공하는 것이 좋은 작전이다. 다음 흑3, 5를 당하면 우하귀는 흑의 수중에 들어가지만, 대신 백4, 6으로 선제공격하면 그 대가를 충분히 찾아낼 수 있다.

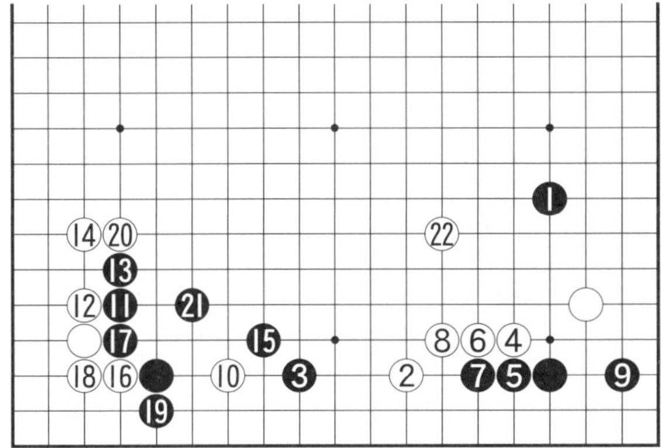

3도

3도 (흑의 반발)

따라서 백2에는 흑도 3으로 반발하는 수가 연구되었다. 그러면 이하 백22까지 정석화된 절충으로 흑도 실속 있는 모습인데다 선수여서 충분히 둘 만하다.

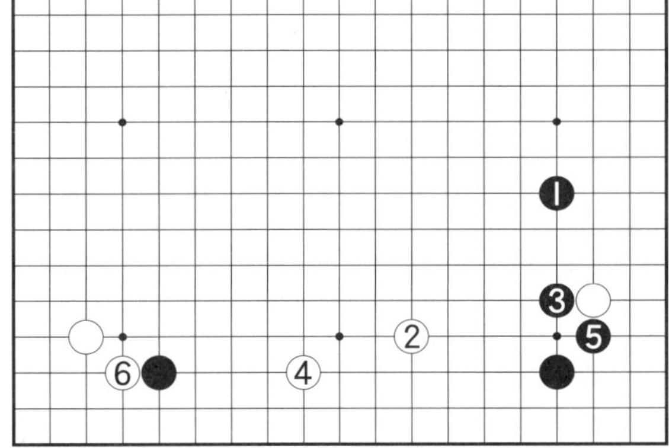

4도

4도 (백의 변화구)

백2(경과도 백8)로 높게 협공한 것이 백의 새로운 변화구. 3도의 반발을 피해 기필코 2도를 관철하겠다는 의지의 산물이다. 이때 흑3, 5로 응수하는 것은 백6을 허용해 2도로 환원.

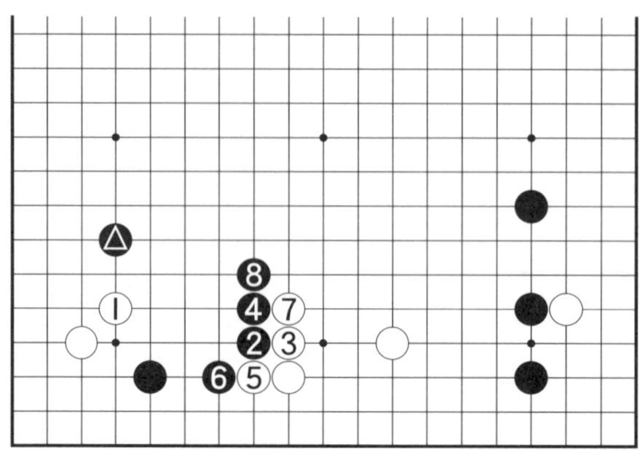

5도

5도 (흑의 주문)

●(경과도 흑11)는 백의 변화구에 맞선 기세의 협공이다.

이때 백1로 받는 것은 흑2~8까지로 흑이 두텁게 정비되므로 백 불만. 바로 흑의 주문이다.

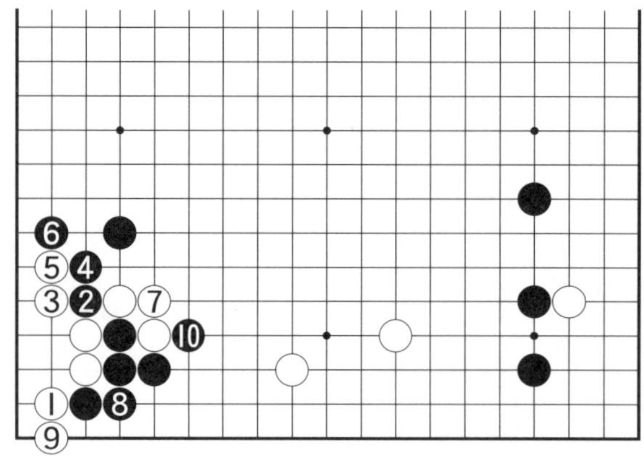

6도

6도 (백의 주문)

따라서 △(경과도 백12)로 붙여 반발한 것은 당연하다. 이때 손따라 흑1로 젖히는 것은 무책. 백2로 늘어 흑이 양분되면서 고전에 빠지게 된다. 흑이 벌릴 곳에는 이미 ◎가 와있지 않은가.

7도

7도 (백, 곤란)

경과도 백18은 정수. 이 수로 덥석 백1에 젖히다가는 흑2로 끊겨 일시에 곤란해진다. 이하 흑10까지 백 석점이 들떠 백이 불리하다.

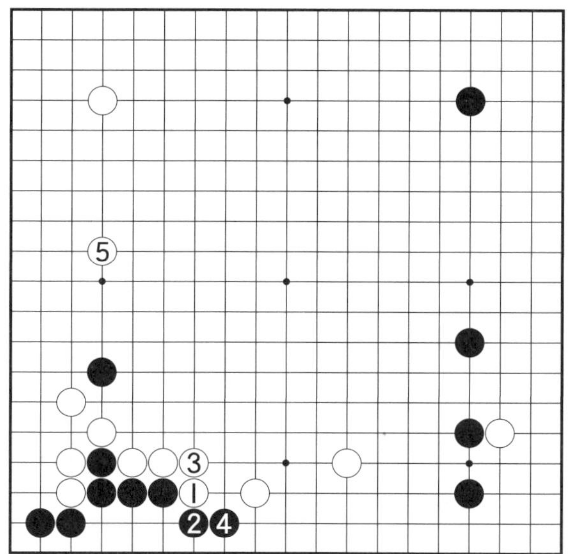

8도

8도 (백의 별책)

경과도 백22로는 백1, 3으로 젖혀잇는 것도 유력한 일책이었다. 흑4가 불가피할 때 선수를 취해 대망의 백5에 선착할 수 있다는 것이 매력이다. 선수를 중요시한다면 아마 이 수법을 택했을 것이다.

9도

9도 (흑, 무책)

본론으로 들어가서~

먼저 흑1로 막는 것은 백2를 당해 논외. 막강한 백세 속에서 근거도 없이 일방적으로 몰려 대세를 일거에 그르치게 된다.

△는 폐석이므로 살리려 둘 것이 아니라 적절히 이용하자는 발상을 해야 한다.

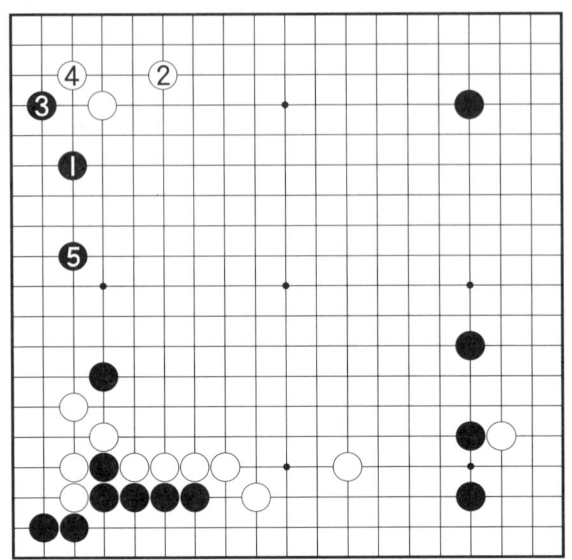

10도

10도 (흑의 아전인수)

그렇다면 흑1로 걸쳐가는 것은 어떨까? 만약 이때 백2, 4로 순순히 응해준다면 흑3, 5로 견실하게 자리 잡으며 백세를 무력화시켜 흑의 대성공이다.

그러나 이것은 백의 무책이자, 흑의 아전인수에 불과하다.

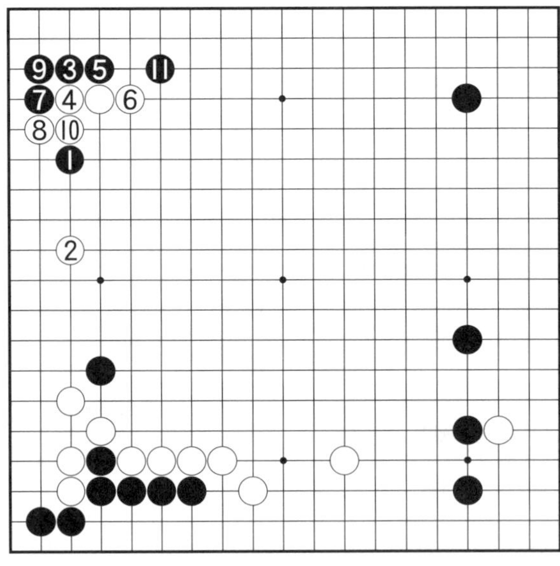

11도

11도 (백, 활발)

흑1의 걸침에는 당연히 백2 부근으로 협공할 것이 뻔하다.

그러면 이하 11까지 좌변 백진이 입체화되어 단연 백이 활발한 모습. 따라서 흑1의 걸침은 부적절한 선택이다.

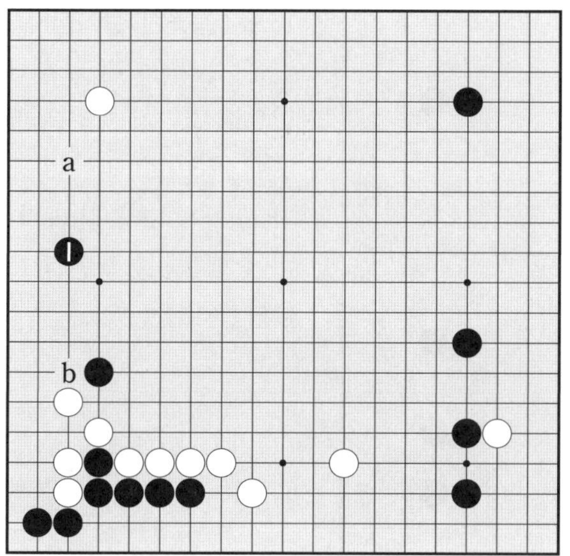

〈실전도〉

실전도 (적절한 분산책)

여기서는 흑1로 갈라치
는 것이 좌변 백의 잠재
성을 효과적으로 분산시
키는 적절한 행마이다.

다음 a의 벌림과 b의
막음을 맞보기로 하고
있음은 물론이다.

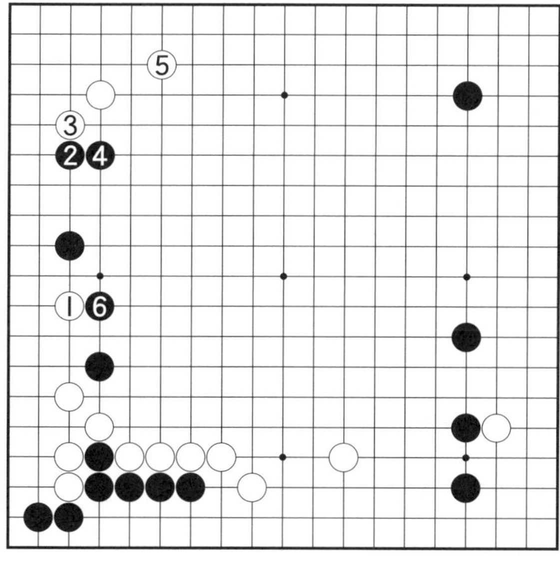

12도

12도 (백, 방향착오)

이때 흑1로 다가서는 것
은 방향착오.

백5를 기다려 흑6을
붙여가는 수가 백세를 중
복시키는 절호점이 되므
로 백의 불만이다.

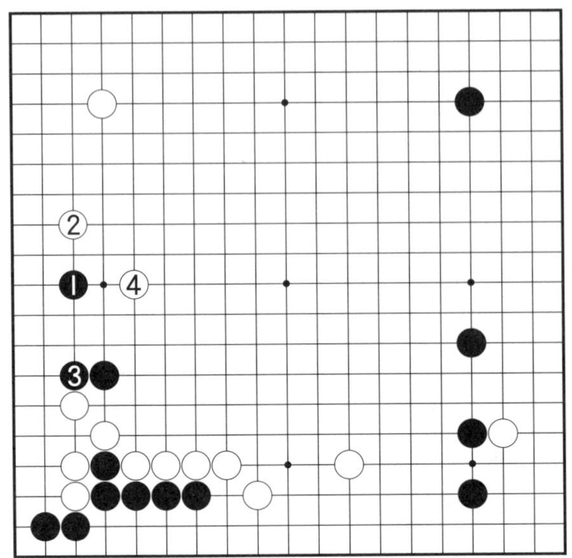

13도

13도 (잘못된 갈라침)

같은 갈라침이라도 한칸 밑으로 갈라치는 것은 백2 때 흑3으로 막는 자세가 옹졸해 불충분하다. 이어 백4를 당하면 흑이 답답한 모습.

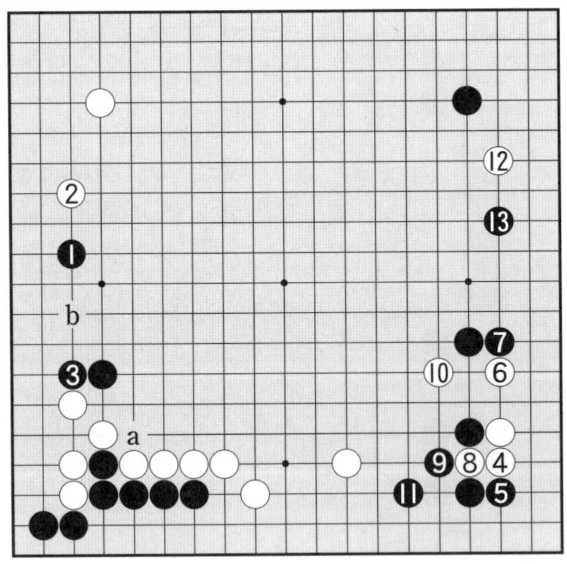

〈실전진행〉

실전진행 (유연한 진행)

백2로 다가서는 것이 올바른 방향. 흑3으로 막아 2립3전의 자세를 갖추면서 백세를 견제하고 훗날 a의 약점도 노릴 수 있게 되어 성공적으로 수습한 모습이다.

그러나 백도 선수인데다 훗날 b의 침입을 노릴 수 있어 불만이 없다. 이하 13까지 피차 유연한 진행이 이어졌다.

빠뜨릴 수 없는 수순

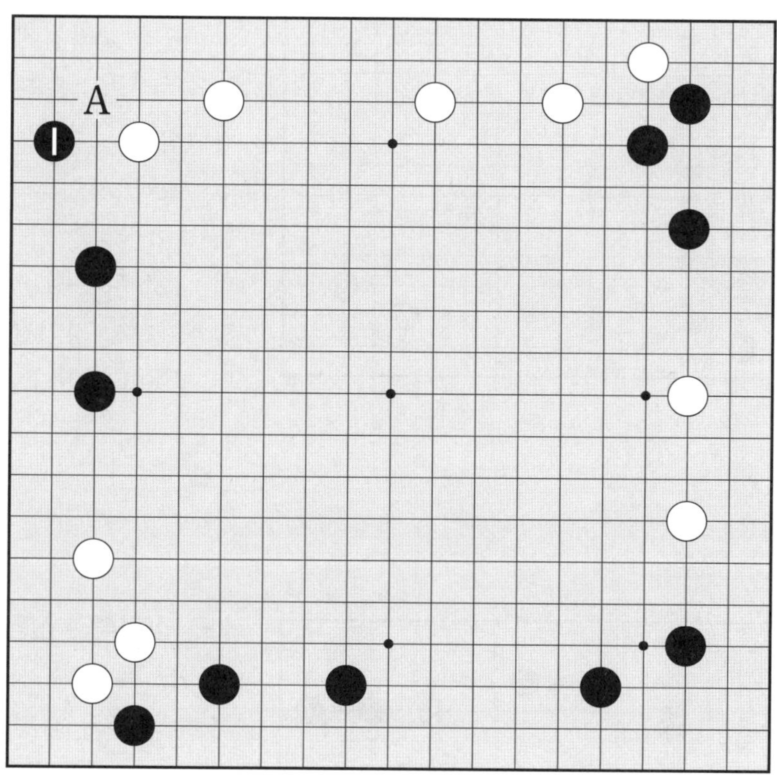

▧ 선택의 기로

흑1의 눈목자 달림은 근거와 실리의 요충이 되는 큰 곳.

다음 백은 A로 받는 것이 보통인데, 그에 앞서 먼저 해둘 일이 있다.
그것은 무엇일까?

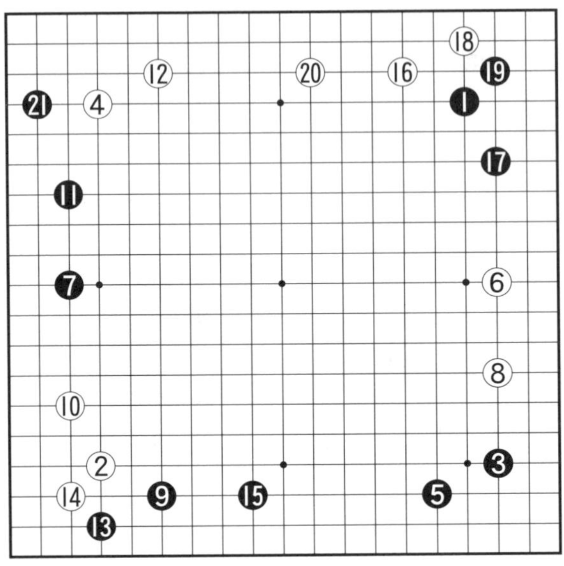

<경과도>

경과도(1~21)

이창호 9단(흑)과 조훈현 9단이 벌인 15기 대왕전 도전3국이다.

백6의 갈라침에 흑도 7로 갈라친 것은 피차 모양대결을 피하고 유연하고 무난한 포진으로 가자는 뜻이다. 결국 흑21까지 서로 차분히 벌리고 걸쳐가면서 장기전 포석의 전형이 되었다.

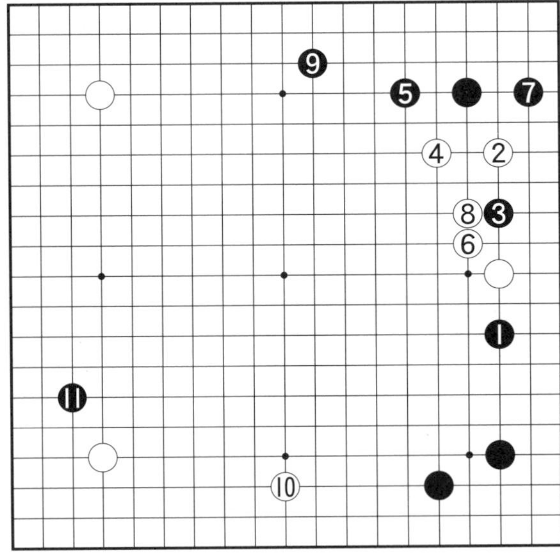

1도 (상식적인 진행)

경과도 흑7로는 사실 우하귀 굳힘의 배경을 살려 흑1로 다가서는 것이 상식적이다.

그러면 이하 11까지 프로의 바둑에서는 너무나 자주 등장한 평이한 포석이 된다.

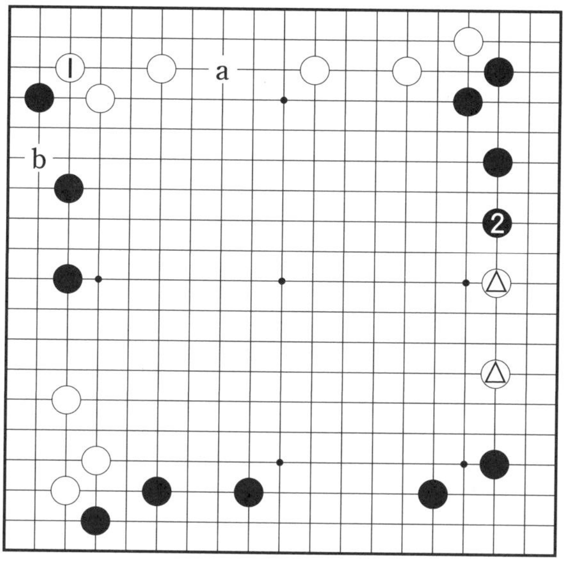

2도

2도 (백, 수순 누락)

백1은 9급도 알 수 있는 기본적인 응수. 흑a의 침입을 간접 방비하면서 장차 b의 치중 수단을 엿보고 있어 그 가치가 20집을 호가한다. 그런데 그냥 백1로 받는 것은 흑2를 허용해 다소 미흡하다. 흑2는 우상귀 흑진을 견고하게 하면서 △들의 근거를 위협하는 공수겸용의 요소이다.

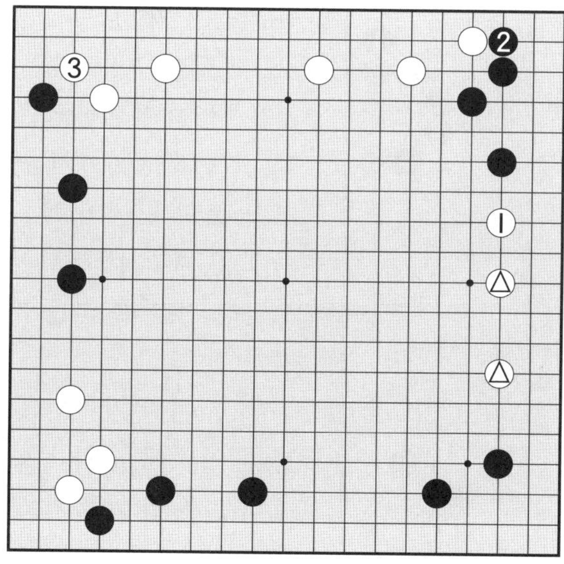

〈실전도〉

실전도 (선수 행사)

지금 백의 유일한 걱정거리는 우변의 미생마(△). 따라서 백은 먼저 백1로 다가서 흑2를 응수시킨 다음 좌상귀 백3에 손을 돌리는 것이 빠뜨릴 수 없는 중요한 수순이다.

즉, 선수로 △들의 안정에 만전을 기해 놓는다는 취지인 것이다.

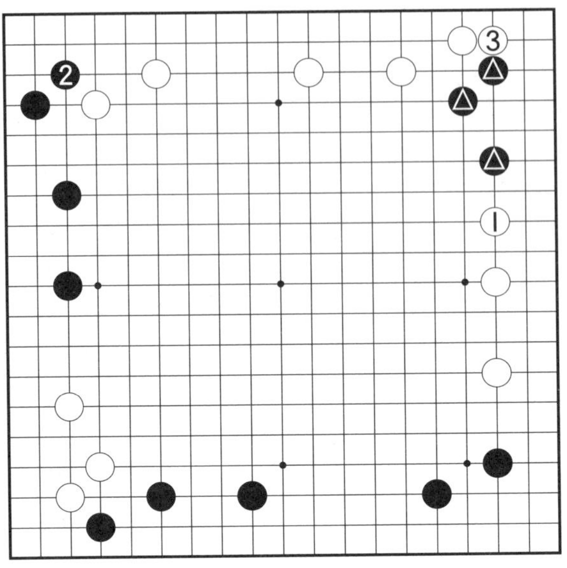

3도

3도 (흑, 곤란)

백1 때 흑은 손을 빼 좌상귀 흑2를 차지하며 버티고 싶지만, 실리와 근거의 포인트인 백3을 당해 응수가 막힌다. △들이 이처럼 근거를 잃고 공격을 받게 되면 애써 큰 곳을 차지한 효과가 전혀 없다.

역시 큰 곳보다는 급한 곳이 우선이다.

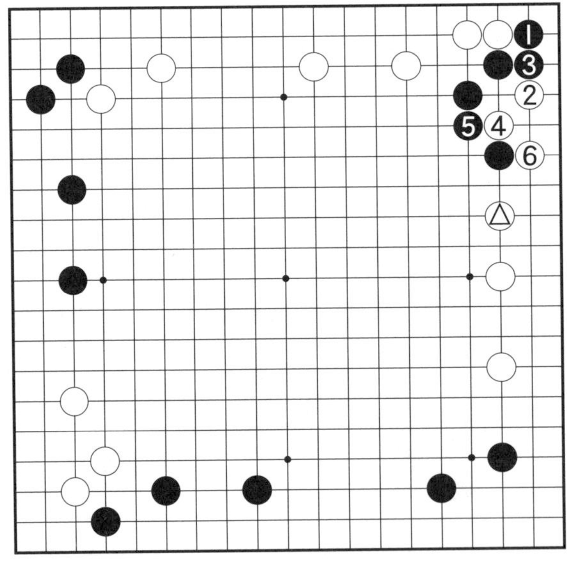

4도

4도 (근거 박탈)

3도에 이어 흑1로 막는 것은 백2가 통렬한 급소일침. 이하 백6까지 근거를 훑고 넘어가고 나면 흑은 뿌리를 완전히 상실해 견딜 수 없는 지경이 된다.

바로 이런 강력한 수단이 있기에 △가 보기보다는 훨씬 가치가 높다는 것이다.

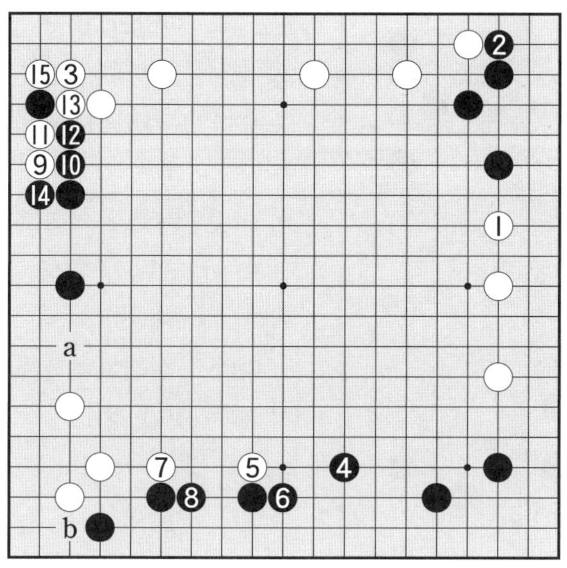

〈실전진행〉

실전진행 (백, 기선 제압)

백1, 흑2 다음 백3을 차지하자 흑은 4로 하변을 굳혔는데, 이 수가 완착이었다. 백5, 7이 흑의 완착을 적시에 추궁한 예리한 잽 연타. 선수로 좌하 백을 안정시킨 다음(이제는 흑a에도 백b로 받을 필요가 없음), 힘차게 손을 돌려 백9~15로 이득을 보며 좌변 흑말을 미생마로 만들어 백이 기선을 제압했다.

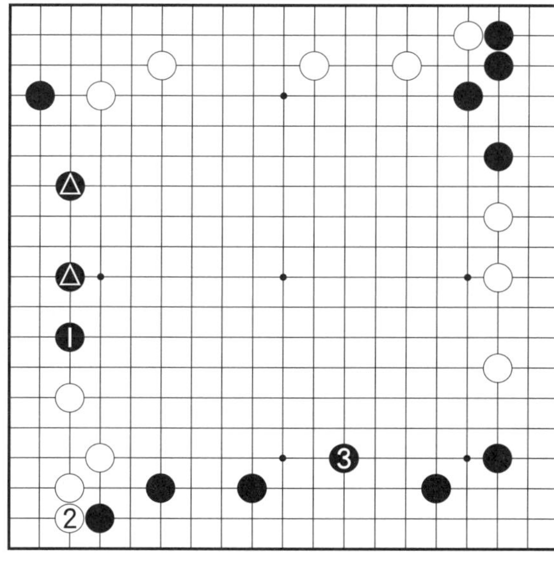

5도

5도 (흑의 빠뜨린 수순)

실전진행 흑4에 앞서 흑은 앞서 우상귀에서처럼 흑1, 백2를 교환해 두어야 했다. 이랬으면 흑1이 이미 ▲들의 근거를 담보하고 있으므로 마음 놓고 운석을 해나갈 수 있는 것이다. 그런데 실전은 이것을 게을리 하다 ▲들이 미생마가 되어 흑의 국면 운명에 많은 제약이 생긴 것이다.

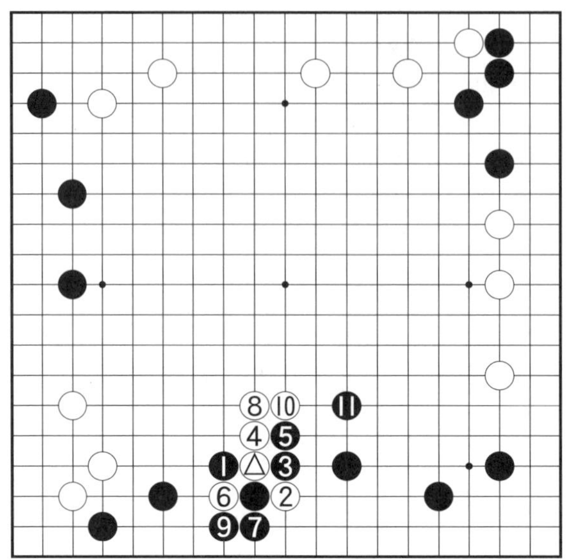

6도

6도 (흑, 싸발리다)

△(실전진행 백5)에 흑은 응수가 고약하다. 가령 흑1로 젖히는 것은 백2 의 되젖힘이 상용의 맥점 으로 이하 11까지 중앙 백이 두터워진다.

따라서 실전처럼 늘어 서 참는 것이 정수.

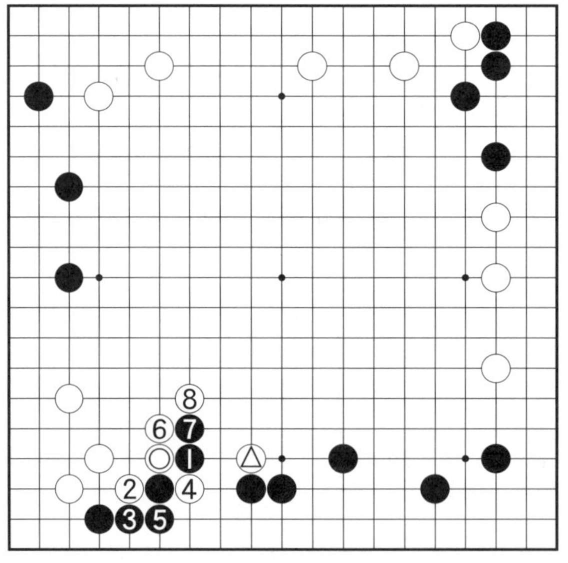

7도

7도 (흑, 궁색)

○(실전진행 백7) 때도 흑은 굴복할 수밖에 없 다. 흑1로 젖히는 것은 백2~6의 멋진 수순으로 흑을 응고시키며 외곽을 완전 도배해 백의 대성 공이다.

미리 던져놓은 △가 어느새 형태의 급소자리 에 와 있다.

2선 포복을 강요한 순발력

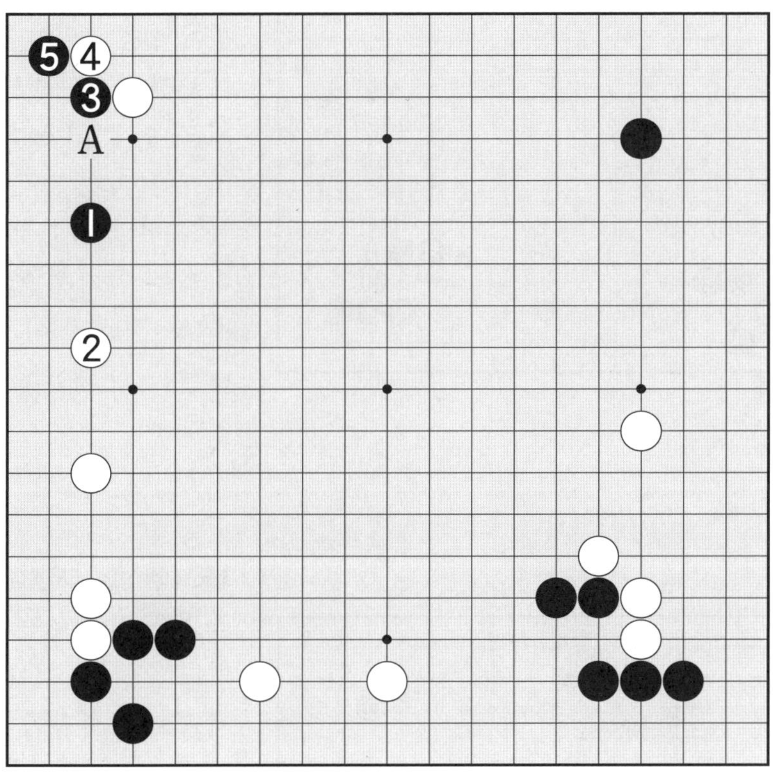

▨ 선택의 기로

백2의 협공에 흑3의 붙임은 상용의 타개수법인데, A로 젖히지 않고 백
4로 슬쩍 비낀 수가 재미있다. 이때 흑5가 발을 헛디딘 과잉 액션.

이 실착을 슬며시 꾸짖으며 포석의 우위를 점유할 다음 수는 무엇일까?

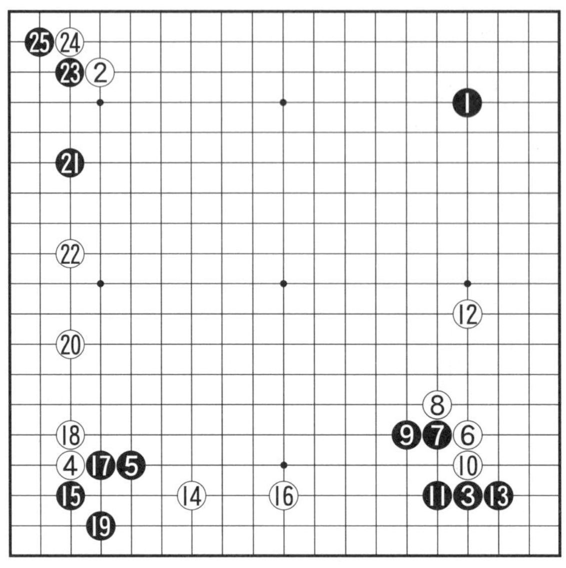

〈경과도〉

경과도(1~25)

86년 이벤트 행사로 벌어진 '탐험대결'에서 유창혁 당시 3단(흑)과 조훈현 9단이 벌인 대국이다.

난전을 유인한 흑7, 9의 강수에 13까지 간명하게 처리한 것은 선수를 뽑아 좌하귀로 선행하려는 임기응변이다. 백14~20에 이어 22~, 빠른 백의 행보가 돋보인다.

1도 (난전형 대형정석)

경과도 백12로는 사실 백1로 젖히는 것이 부분적으로는 최강이다. 그러면 이하 백31까지 복잡다단한 난전형 대형정적이 이루어지는데, 좌하귀(▲)와 우상귀(◉)의 배석관계상 백이 유리한 전투는 아니다.

그리고 무엇보다도 이런 대형정석으로 판을 단순화시키는 것은 보통 내키지 않는다.

1도

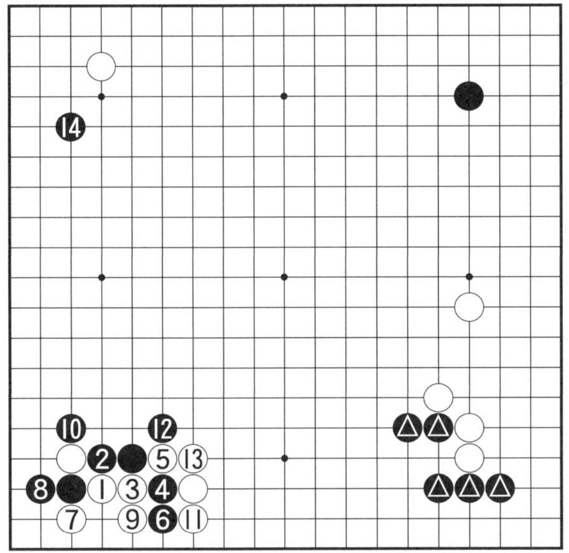

2도

2도 (정석선택 미스 1)

경과도 백16으로는 백1
이 보통. 그러면 백13까
지가 일반적인 정석이다.

그러나 여기서는 오른
쪽에서 머리를 내밀고 있
는 흑의 기착점(▲) 때문
에 백의 두터움이 빛을
잃고 있는데다 후수여서
백의 불만이다. 적절치
못한 정석선택이라고 하
겠다.

3도

3도 (정석선택 미스 2)

또한 백1로 안에서 젖히
는 것도 좋지 않다. 흑6
의 협공이 절호점이 되
어 ▲의 위력이 한껏 살
아나는 포진이 되는 것
이다.

따라서 경과도 백16
은 유연하면서도 적절한
임기응변이다.

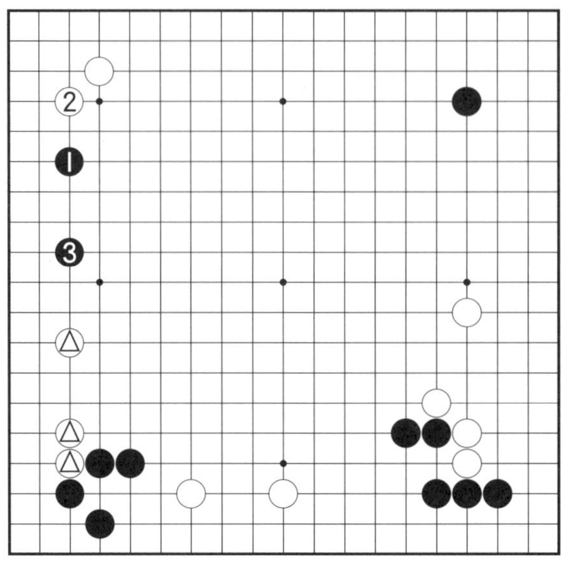

4도

4도 (흑의 주문)

흑1의 눈목자 걸침은 좌하쪽 백의 배경(△)을 의식해 백의 협공을 피하려는 완만한 걸침이다. 즉, 백2로 받아주면 흑3으로 벌려 좌변 백세를 분산시키며 쉽게 터를 잡겠다는 의도. 좋고 나쁨을 떠나 이런 흑의 주문에 고분고분 응해주는 점이 내키지 않는다. 그래서 경과도의 백22로 협공한 것이다.

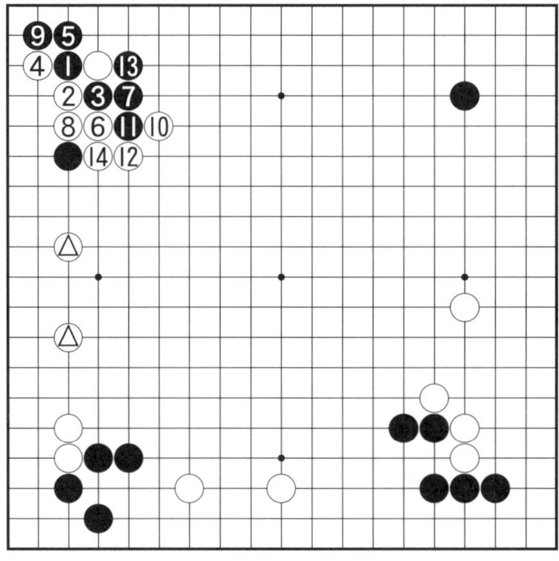

5도

5도 (백, 편재)

흑1의 붙임에는 백2로 되젖히는 것이 보통이다. 그러면 이하 14까지가 최근에 유행하는 정석으로 백도 좌변을 키워가며 충분히 둘 수 있다.

그러나 좌변 백돌들(△)의 자세가 모두 3선에 낮게 치우친 점이 마음에 걸려 변화를 구한 것이다.

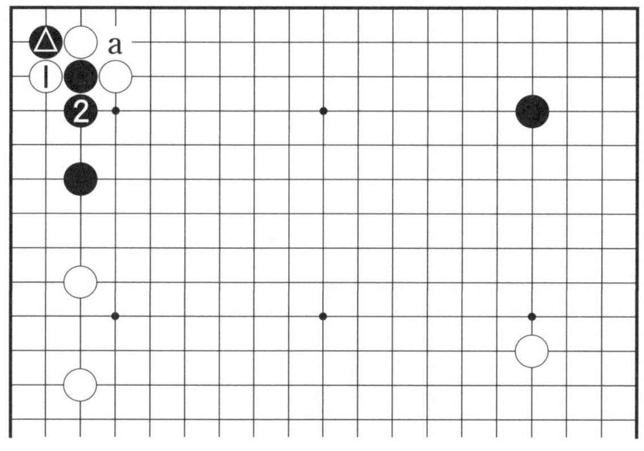

6도

6도 (논외의 대상)

본론으로 들어가서~

△의 이단젖힘에 덥석 백1의 단수는 속수의 표본. 흑2로 나가는 순간 응수가 두절되고 만다. 그렇다고 백1로 a에 잇는 것도 지나친 굴복이라 역시 생각할 수 없다.

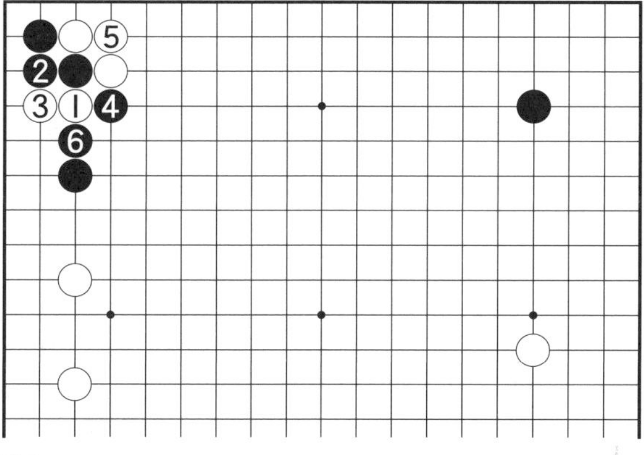

7도

7도 (백, 무리)

그렇다면 당연히 백1쪽에서 몰아야 하는데, 그다음 백3으로 막는 것은 무리. 흑4, 6으로 두점이 속절없이 잡혀서는 백이 망한 꼴이다.

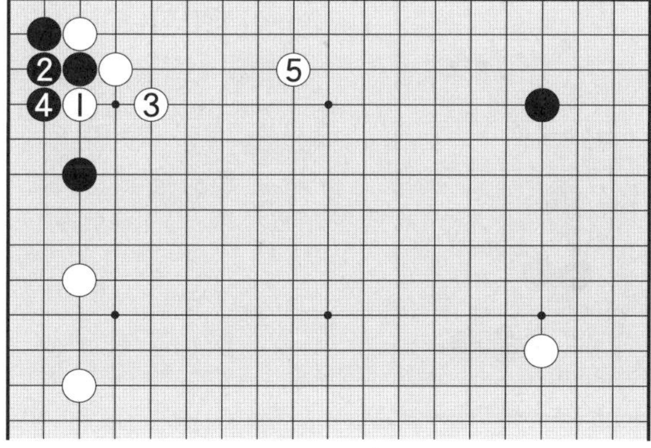

〈실전도〉

실전도 (굴복시키다)

여기서는 백1 다음 3으로 호구치는 것이 탄력 만점의 멋진 대응이다.

흑4로 넘어갈 수밖에 없을 때 백5로 벌리는 자세가 좋아 백 만족. 반면 흑은 2선을 세 번이나 긴 굴욕적 자세다.

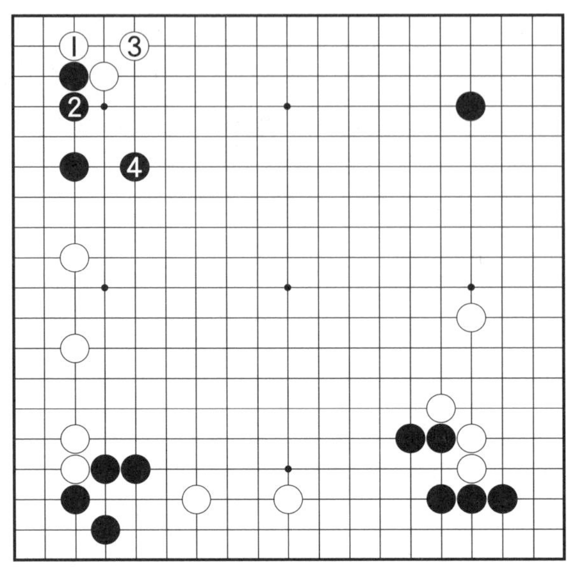

8도

8도 (흑의 정수)

그러므로 흑으로서도 당초 백1 때 흑2로 늘어두는 것이 정수였다. 다음 백3에는 흑4로 뛰어두면 무난한 진행이다.

이 결과는 오히려 백을 2선 방향으로 납작하게 만들어 흑도 충분한 자세이다.

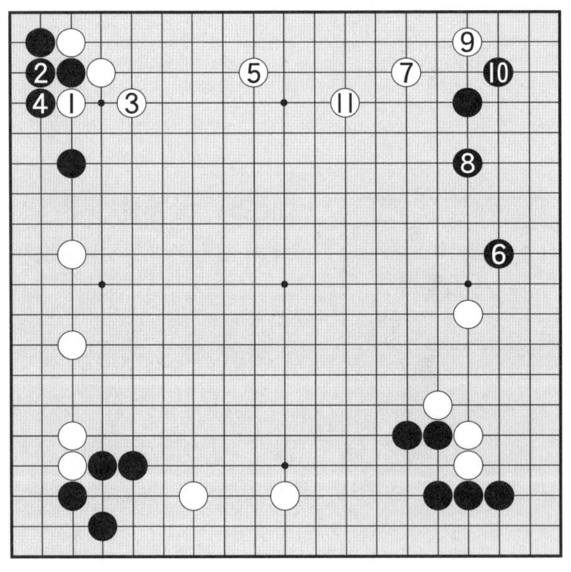

〈실전진행〉

실전진행 (이상형 구축)

흑6은 반상 최대의 벌림. 그러나 백7∼11의 자세가 좌상쪽과 호응하여 더 없이 이상적이다.

이처럼 이상형을 구축해서는 백이 한 발 앞선 포석이 되었다.

능률적인 자리잡기

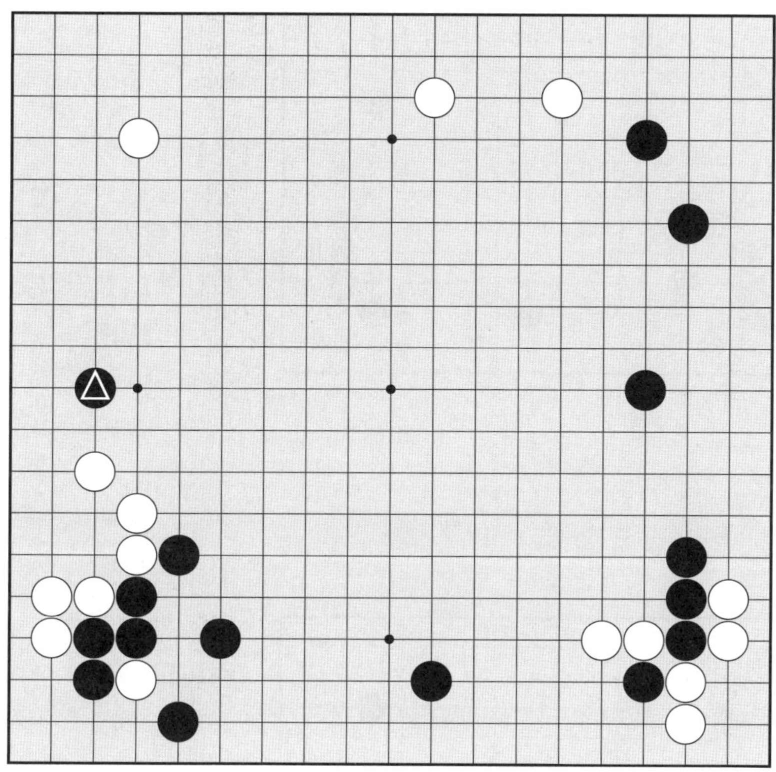

▨ 선택의 기로

반상이 대충 정리되고 이제 시선이 좌변 쪽에 쏠리고 있는 장면.

△의 존재가치를 살리며 좌변에 능률적으로 터를 잡을 수 있는 멋진 수순은 무엇일까?

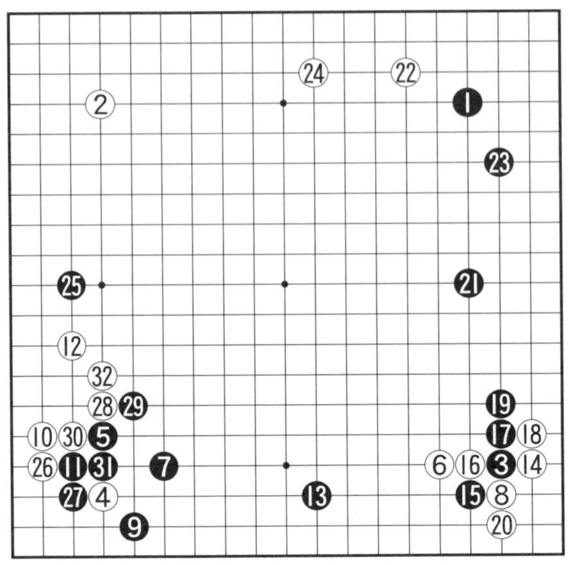

〈경과도〉

경과도(1~32)

조훈현 9단(흑)과 이창호 9단이 벌인 29기 명인전 도전4국이다.

흑7과 백8은 기세의 '마이웨이'이며, 흑13은 대진하는 중앙의 큰 곳이다. 기세가 충돌하여 서로 상대가 선착한 귀를 제압하는 재미있는 형태가 출현했다. 흑25는 좌변에 교두보를 마련하려는 임기응변의 강수.

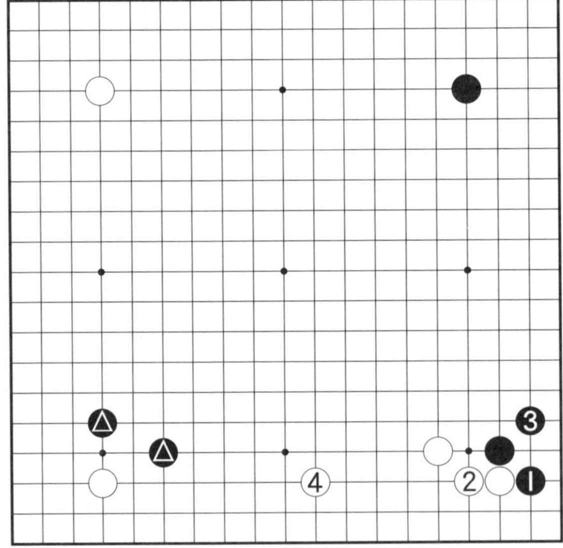

1도

1도 (백의 주문)

경과도 흑9로 상식대로 흑1로 젖히는 것은 백의 주문. 백4로 벌리고 나면 좌하쪽 ▲들의 자세가 어색해져 흑의 불만이다.

흑은 다음 좌하귀 쪽을 효과적으로 제압하는 수단이 마땅치 않다.

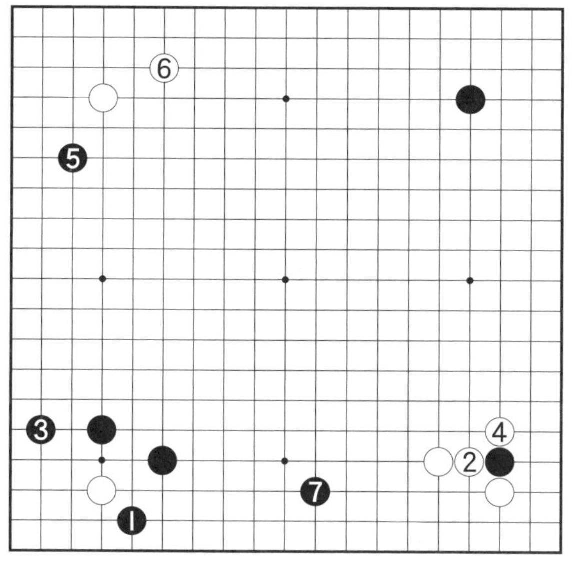

2도

2도 (백, 성급)

그러므로 손을 빼 흑1로 좌하귀를 먼저 제압하는 것이 기세이자 백의 주문에 말려들지 않는 최선책이다.

그런데, 이때 백2, 4로 우하귀를 제압하는 것은 흑에게 7의 요소를 빼앗겨 크게 불만이다. 마주 보는 곳의 중앙을 차지한 만큼 흑이 유리한 결과이다.

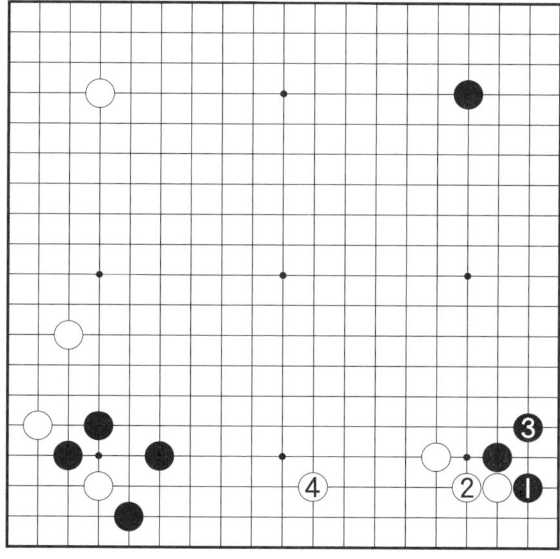

3도

3도 (흑, 이적행위)

경과도 흑13으로 흑1로 젖히는 것은 부분적으로는 정석이지만, 이 경우에는 이적행위가 된다는 점을 유의해야 한다.

그렇지 않아도 백이 두고 싶었던 백4를 유발해 좌하 흑세의 발전성을 스스로 퇴색시키고 있지 않은가.

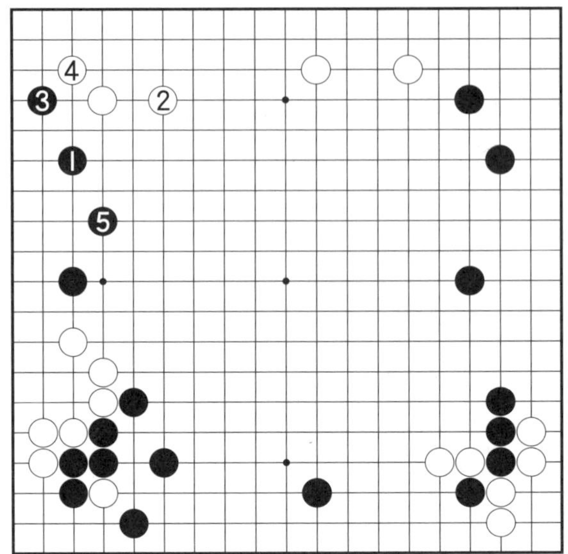

4도

4도 (흑의 아전인수)

본론으로 들어가서~

먼저 흑1로 걸쳐가는 것이 제일감이다. 만약 이때 평범하게 백2로 받아만 준다면 흑3, 5로 견실하게 터전을 잡아 흑 만족. 그러나 이것은 흑의 아전인수이다.

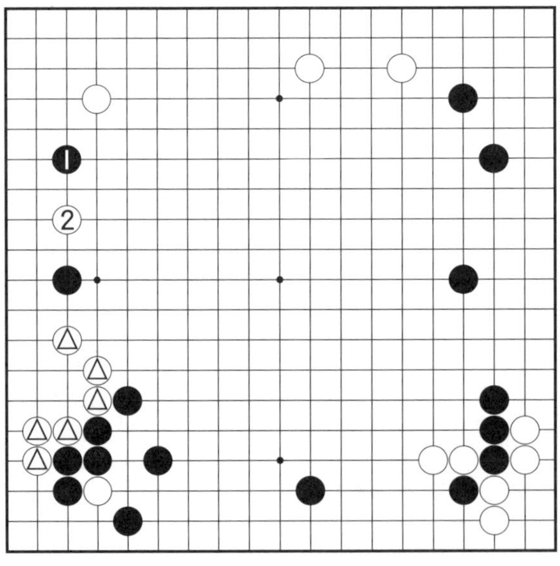

5도

5도 (백의 반격)

흑1에는 견고한 △의 배경을 등에 업고 백2로 뛰어들어올 것이 뻔하다. 이곳에서 급전이 벌어지면 아무래도 수적인 열세를 안고 있는 흑의 고전양상이 될 가능성이 높다.

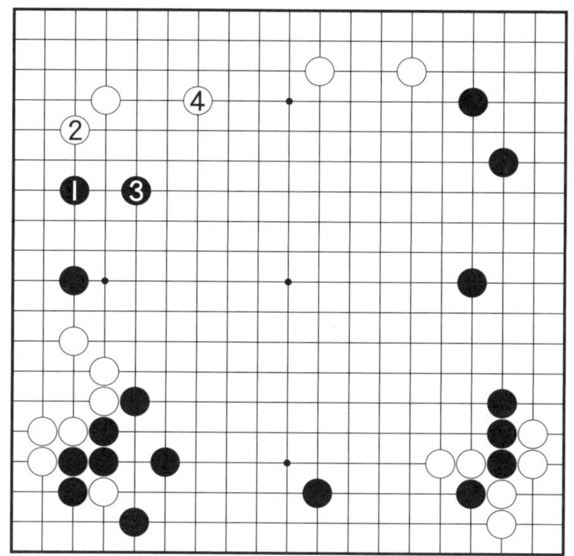

6도

6도 (흑, 소극적)

그렇다고 5도가 겁나 흑 1로 두칸만 벌리는 것은 너무 소극적이다. 백2, 4로 좌상과 상변 백진이 이상적으로 완성되어 흑이 불만스러운 국면.

흑으로서는 급전을 피하면서도 뭔가 적극적인 운석을 강구해야 할 시점이다.

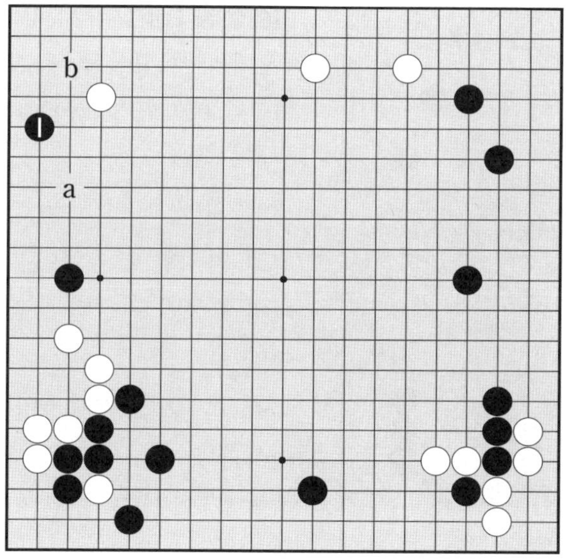

〈실전도〉

실전도 (저공비행)

여기서는 흑1의 저공비행이 재미있는 수법이다. 이 수는 다음 a로 변에 자리 잡는 것과 b의 귀살이를 맞보기 하는 발상이다. 자, 다음 백의 응수가 쉽지 않다.

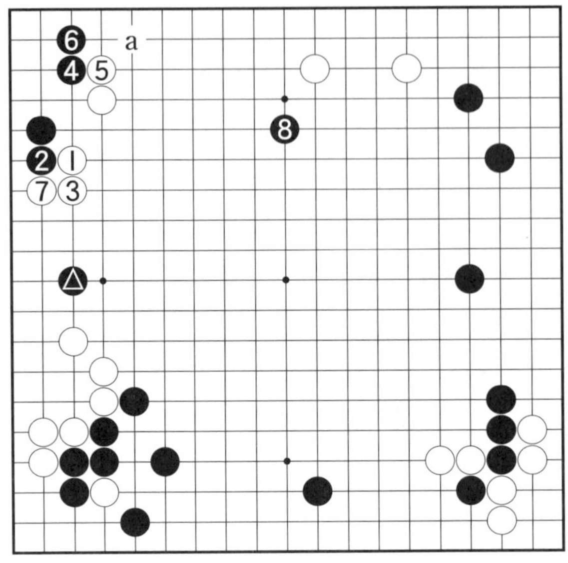

7도

7도 (흑, 만족)

흑의 저공비행에 대해 백은 1로 차단을 시도하고 싶지만, 이때는 ▲ 한점을 가볍게 보면서 흑2~6으로 알뜰하게 귀살이를 해낸 다음, 선수를 잡아 흑8의 삭감에 선착하여 흑이 양쪽을 다 둔 셈이다. 상변은 a의 뒷문도 열려있는데다 ▲도 아직 활력이 붙어있어 백 별무신통의 결과.

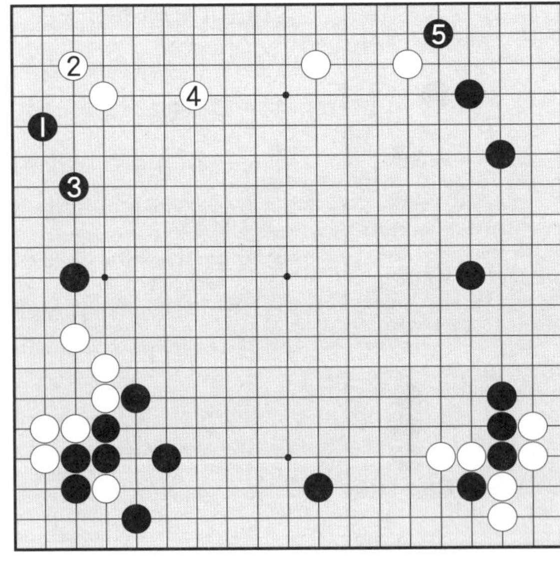

〈실전진행〉

실전진행 (안정적 자세)

흑1에 백은 고심 끝에 결국 2로 받아 참고 말았다. 그러나 막상 흑3으로 자세를 잡자 좌변 흑말이 쉽게 안정한 모습이어서 흑의 주문이 관철된 느낌이다.

더구나 선수까지 뽑아 반상최대인 곳 흑5로 향하게 되어서는 흑의 선착의 효가 생생히 살아있는 포석이 되었다.

근거의 급소

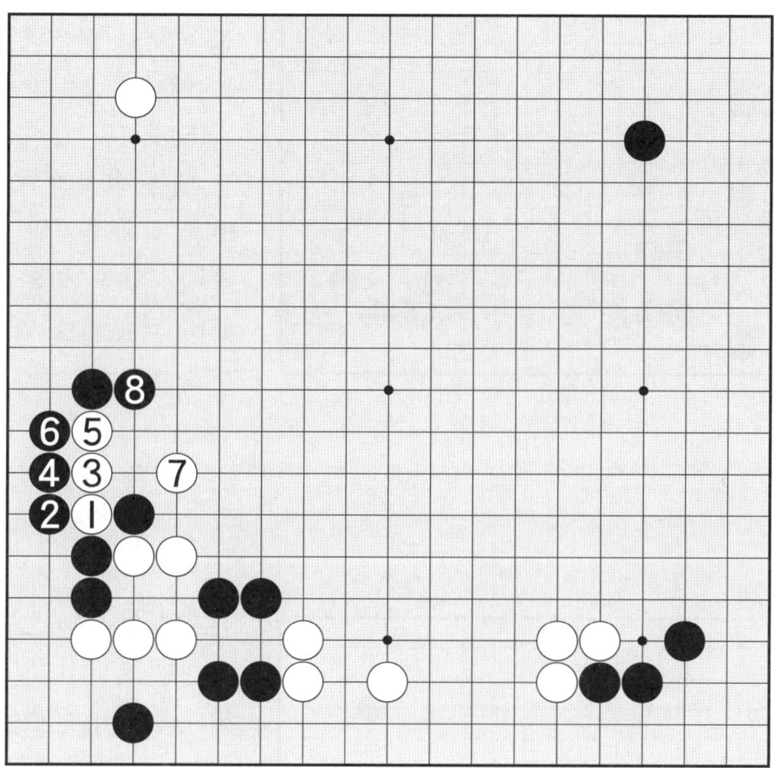

▒ 선택의 기로

일찌감치 좌하귀에서 백병전의 양상이 전개되고 있다. 백1의 절단은 상대의 응수를 보아 백말의 수습을 기하겠다는 고등전술. 흑6까지는 외길수순인데, 무심코 선수하려던 흑8이 대실착.

자, 이 실착을 응징하며 기선을 제압하는 대세의 급소는 어디일까?

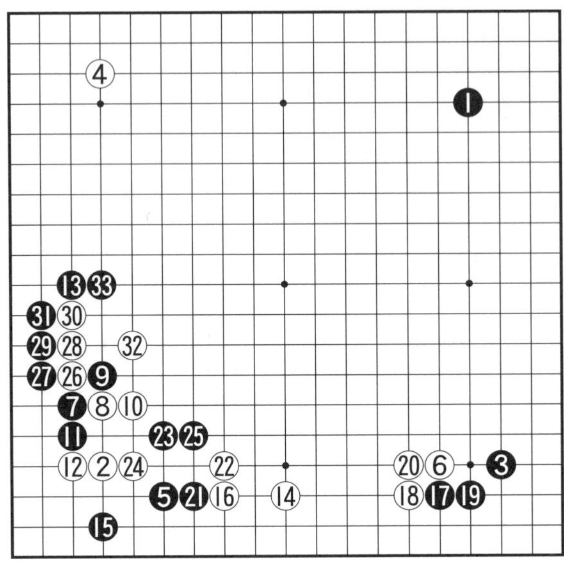

〈경과도〉

1회 응씨배 세계선수권에서 중국의 당시 일인자 녜웨이핑 9단(흑)과 조훈현 9단이 벌인 결승 1국이다.

흑11, 13, 17이 8집의 큰 덤을 의식한 흑의 발빠른 취향이지만 백16, 20이 두터운 대응이어서 백이 주도권을 잡고 있는 국면이다.

1도 (흑이 피한 그림)

경과도 흑13으로는 흑1이 보통이지만, 백2로 받아 백은 귀가 안정되는 반면, 흑은 양쪽이 급해 별무신통.

특히 대국 직전 벌어진 린하이펑(林海峰) 9단과 조훈현 9단의 준결승에서 조 9단이 터뜨린 백6의 강타를 의식해 흑은 이 그림을 피했던 것 같다.

1도

326 **실전편**

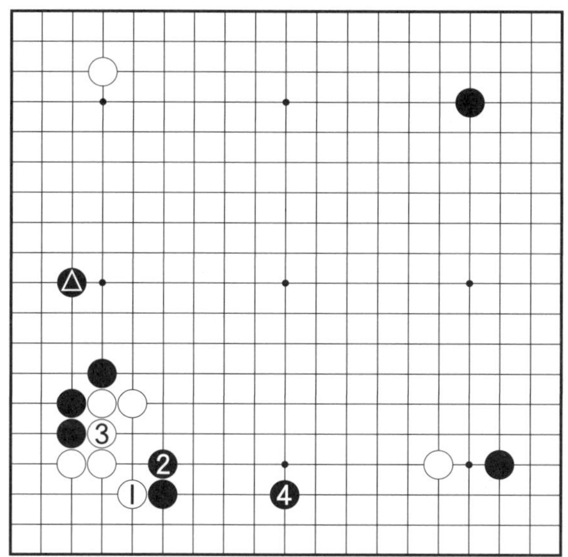

2도

2도 (백, 말려들다)

경과도 백14로 백이 1, 3으로 안정을 서두르는 것은 패기부족. 흑2, 4의 이상형을 허용해 불만스럽다.

이 그림은 ●의 변화구에 그대로 말려들어 헛스윙한 꼴이다.

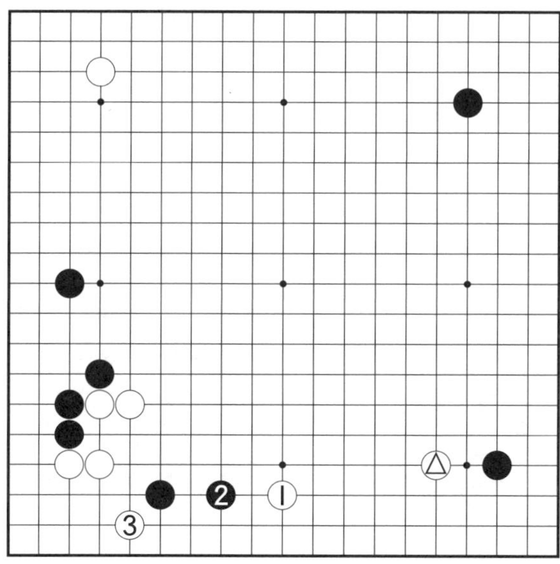

3도

3도 (근거박탈)

따라서 백1의 협공은 기세이자 정수이다. 이때 흑2로 받는 것은 흑의 무책. 백3을 당해 일시에 흑이 곤란해진다.

△의 배경까지 있는 점을 감안할 때 백의 일방적인 흐름이 될 공산이 높다.

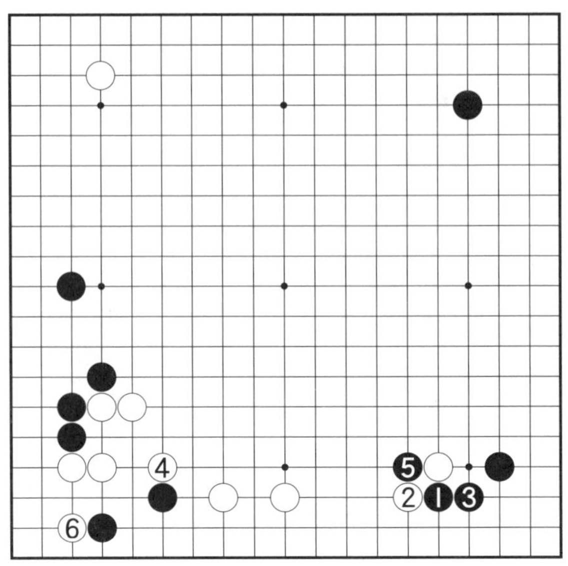

4도

4도 (놓친 찬스)

우하귀에서 서둘러 흑1, 3으로 붙여끈 것은 사실 위험한 수였다. 이때 백이 과감히 손을 빼 4, 6으로 좌하쪽을 제압했으면 바둑은 싱겁게 끝났을지도 모른다.

그런데 실전에서는 5의 곳을 이어도 하변이 두터워져서 괜찮다고 느낀 데다 대형 바꿔치기의 결단이 쉽지 않아 무난하게 처리하고 말았다.

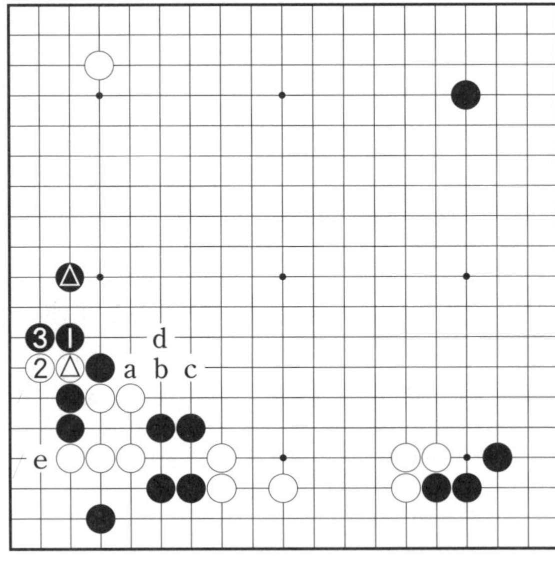

5도

5도 (미끼를 물다)

△의 절단에 흑1로 잡는 것은 미끼를 무는 격.

백2로 키워 죽이는 맥점에 의해 백a부터 e까지가 모조리 선수로 들어 하변 흑 대마가 위험해진다. 반면, 흑은 △가 중복의 위치 아닌가.

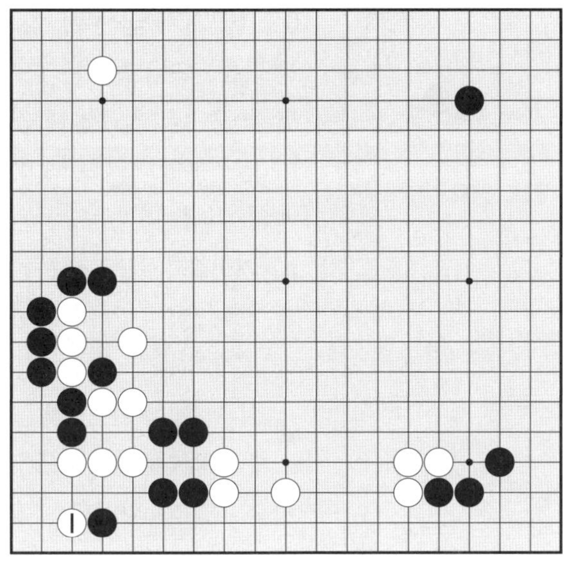

〈실전도〉

실전도 (근거의 급소)

백1이 대세를 휘어잡는 근거의 급소이다. 이 수로 백말은 거의 안정된 반면, 흑은 뿌리를 잃은 채 허공을 유랑하는 신세가 되어 초반의 우열이 쉽게 갈린 모습이다.

이처럼 공방전에서는 근거의 요소를 먼저 차지한 쪽이 주도권을 장악하게 된다.

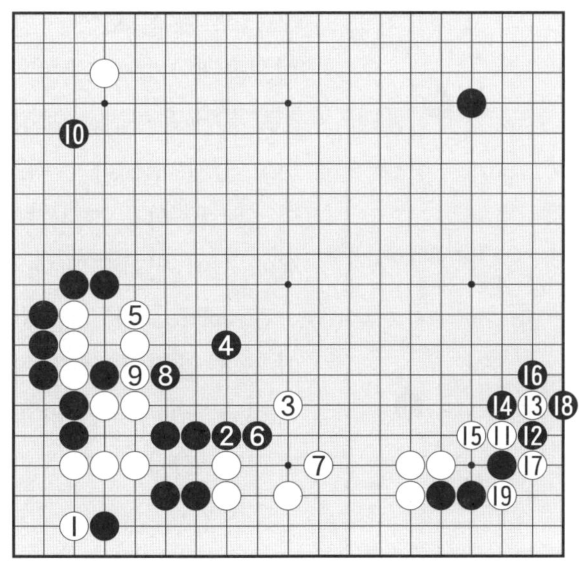

〈실전진행〉

실전진행 (백, 우위 확립)

백1을 당하자 흑은 2, 4로 공배탈출이 불가피한데, 그 사품에 백은 3, 5로 양쪽에서 실속을 차린 다음 11, 13의 강타를 터뜨려 기선을 제압했다.

백19까지 큰 성과를 올리며 백이 포석상의 우세를 장악했다.

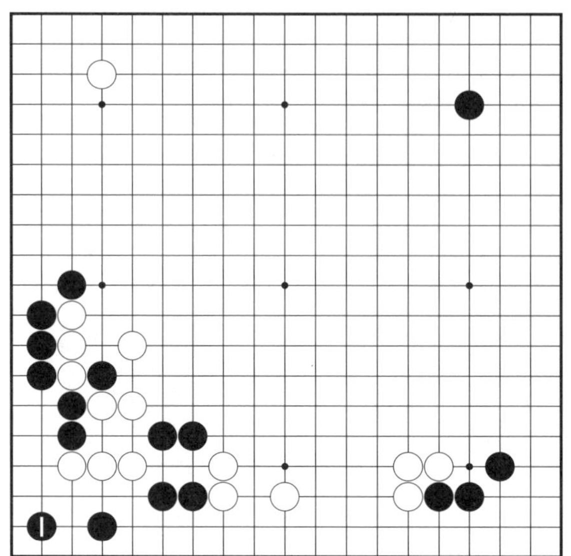

6도

6도 (근거가 급선무)

경과도 흑33으로는 1로 달려 근거를 취해놓는 것이 급선무였다. 그랬으면 백의 미생마와 동행하는 모습이어서 흑도 충분히 싸워볼 만한 전투가 되었을 것.

실전은 흑이 근거를 소홀히 하다 일방적으로 밀린 결과가 되었다.

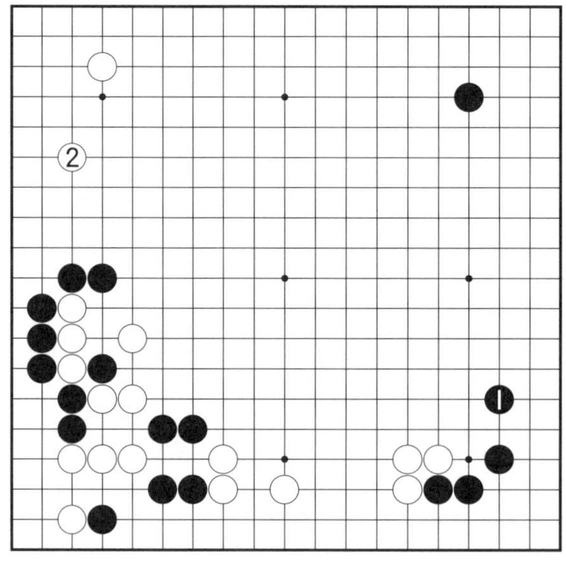

7도

7도 (흑, 뒤진 포석)

실전진행 흑10으로는 흑1로 뛰어 우하귀를 보강하고 싶지만, 그때는 백2의 요소를 허용, 역시 대세에 쉽게 밀리고 만다.

그러므로 흑은 세상없어도 좌상귀를 먼저 차지해 놓고 버틸 도리밖에 없는 것이다.

‘조훈현 포진’을 둘러싸고

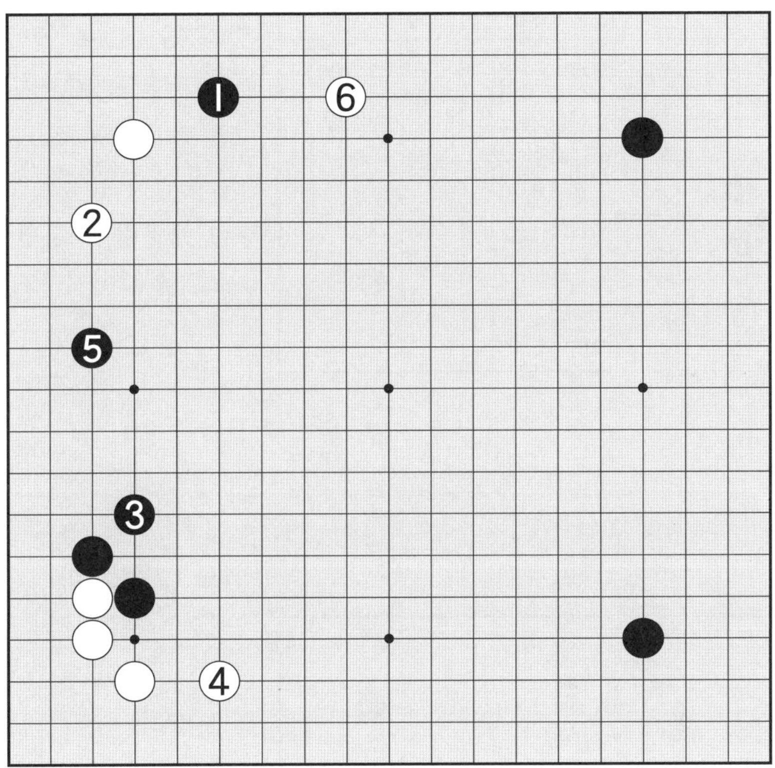

▨ 선택의 기로

좌하 소목의 붙여끌기 정석에서 그냥 흑3으로 호구치지 않고 먼저 흑1,
백2를 교환하는 수순의 묘에 주목하자.

흑5에 백6으로 협공해온 장면인데, 이때 흑은 과연 어떤 응수가 좋을
까?

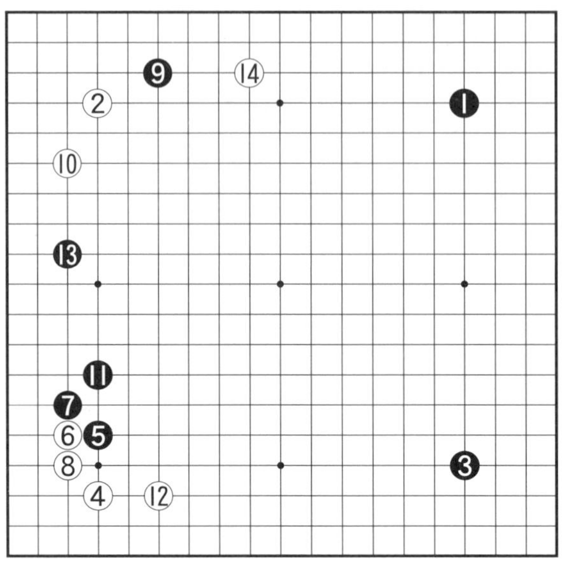

경과도(1~14)

10기 박카스배 8강전에서 조훈현 9단(흑)과 장수영 9단이 겨룬 실전이다.

흑9~13이 돌의 능률을 극대화하기 위한 발빠른 수법이다. 조 9단이 애용하면서 유행의 물결을 타 이른바 '조훈현 포진'으로 일컬어지기도 한다.

1도 (기본정석)

백2, 4 때 종래의 기본정석은 흑5로 호구치고 7로 벌리는 것이다. 그런데 백8의 절호점을 허용하는 점이 걸린다. 다음 흑a로 보강하자니 발이 느리고, 손을 빼자니 b의 약점이 눈에 거슬리는 것. 그래서 흑의 입장에서 이 약점을 효과적으로 커버하는 방법이 다각적으로 강구되기 시작한 것이다.

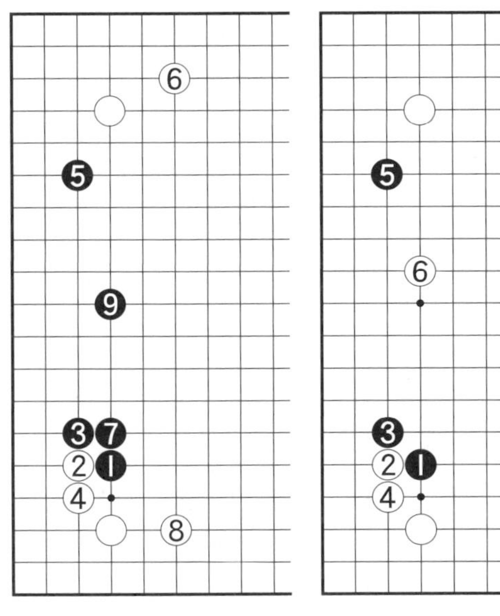

2도   3도

2도 (흑의 주문)

먼저 흑5로 걸치는 방법이 등장했다. 백6으로 받아주면 흑7, 9로 이상형으로 구축하겠다는 뜻. 그러나~

3도 (백의 반발)

흑5에는 백도 6으로 반발하는 수단이 강력해 자칫 초반부터 급전이 벌어질 가능성이 높다. 백의 주무대에서 싸우는 것은 흑이 내키지 않는다. 그래서~

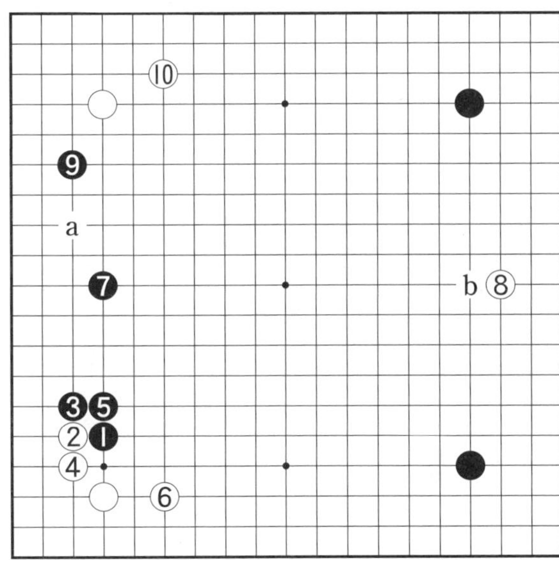

4도

4도 (다케미야 포진)

흑5로 잇고 7로 높게 벌리는 수법이 등장하기도 했다. 이 수는 짐짓 백a의 다가섬을 유인하여 흑b로 3연성을 펼치겠다는 발빠른 수법.

만약 백8로 갈라치면 그때 흑9로 2도의 이상형을 관철한다. 그러나 이 포진은 흑이 기분만 좋을 뿐 a의 약점이 있어 의외로 실속이 적다.

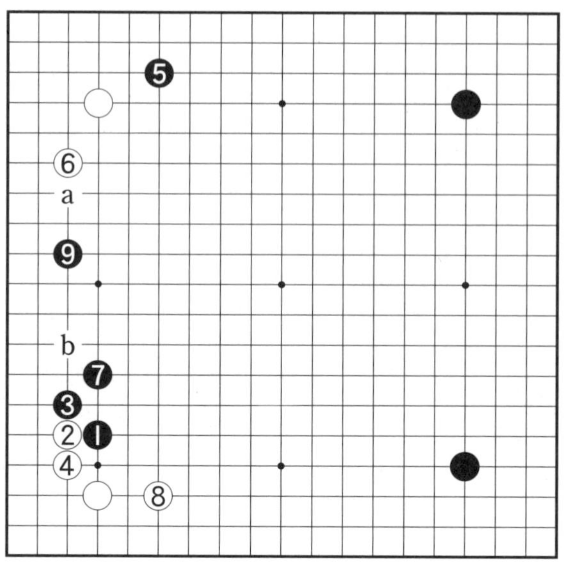

5도

5도 (조훈현 포진의 특징)

백4 때 흑5로 먼저 걸치는 의도는 백의 응수를 6으로 제한시켜 놓자는 뜻이다. 즉, 흑9까지를 가정할 때 백a로 바짝 다가와 b의 허점이 노출되는 1도를 사전에 방지하는 의미가 있는 것이다.

대신 실전처럼 흑5에 대한 백의 선제공격을 감당해낼 대책이 뒷받침되어야 함은 물론이다.

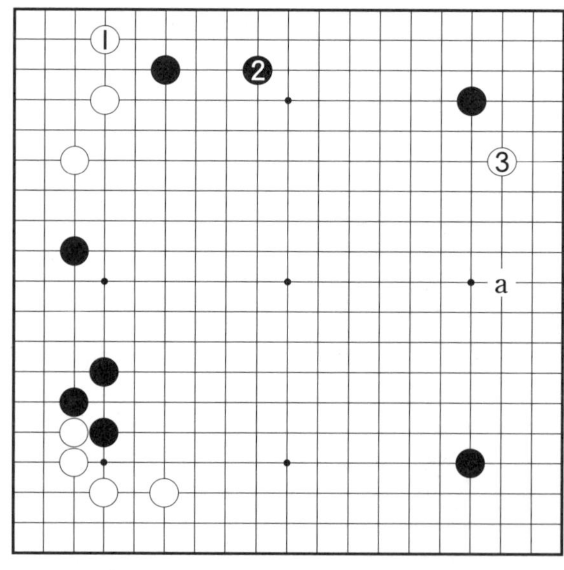

6도

6도 (백의 별책)

경과도 백14의 협공으로는 사실 백1로 지키는 것이 가장 착실한 수법이다. 이어 흑2를 기다려 백3으로 향하면 매우 부드러운 흐름.

백1로는 이외에도 a로 갈라치는 것도 유연하다. 실전은 백이 가장 강한 태도를 보인 것이다.

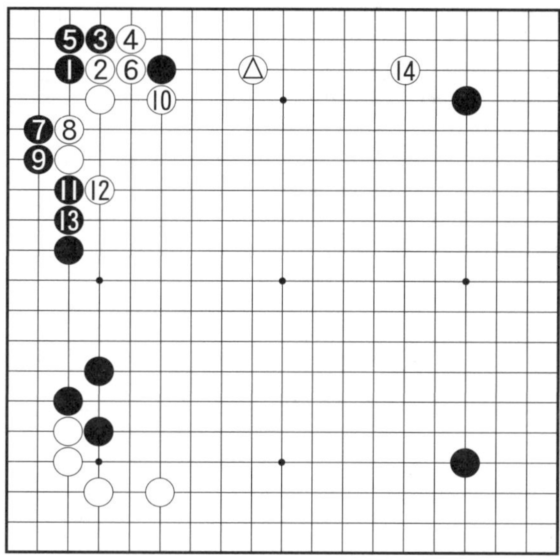

7도

7도 (흑, 시기상조)

본론으로 들어가서~

△의 협공에 즉각 흑1
로 뛰어드는 것은 좋지
않다. 이하 백14까지가
예상되는데, 편재된 좌
변 흑 실리에 비해 상변
백진이 훨씬 폭넓어 보
이지 않는가.

이것은 바로 △의 주
문이기도 하다.

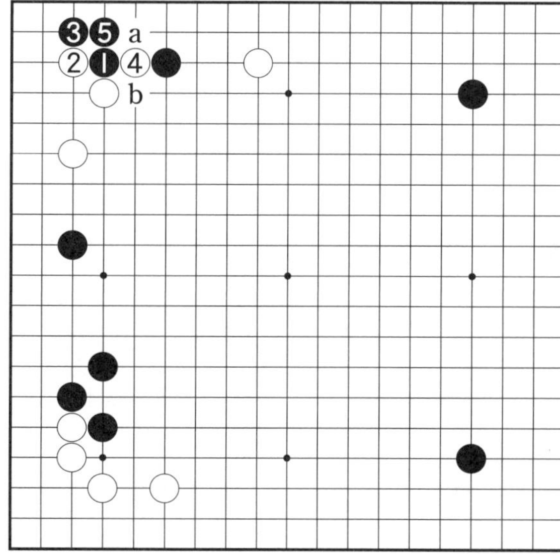

8도

8도 (백, 주도권)

좌상쪽을 두려면 흑1, 3
이 좀 더 나은 수법이다.
백4 다음 백으로서는 a
와 b의 두 가지 선택이
있는데, 흑은 타개에 어
려움은 없다.

그러나 이것은 좋고
나쁨을 떠나 백에게 초반
의 주도권을 넘겨줄 가능
성이 많아 그리 바람직한
행마라고 할 수는 없다.

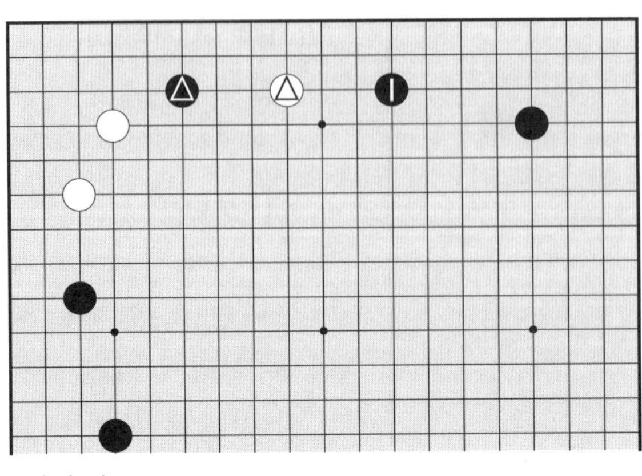

〈실전도〉

실전도 (요소를 선점)

역시 ▲를 섣불리 움직이는 것은 백의 주문이므로 일단 흑1로 요처를 차지한 뒤 상대의 응수를 보는 것이 고등 전술이다. 이제 백도 △가 약해 함부로 공세를 취하기가 어렵지 않은가.

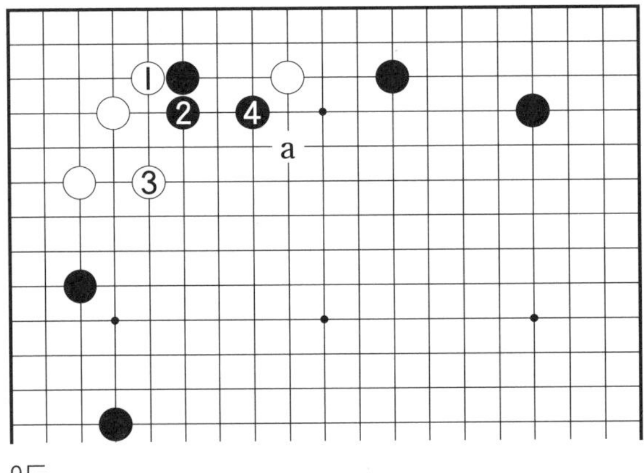

9도

9도 (백, 무리한 공격)

기세상으로는 백1, 3으로 선제공격에 나서고 싶지만, 흑4를 당해 오히려 수세에 몰리므로 무리.

그렇다고 백3으로 a에 뛰어나가면 흑도 3으로 뛰어 귀의 허점을 노리며 빠져나가 역시 백의 별무신통이다.

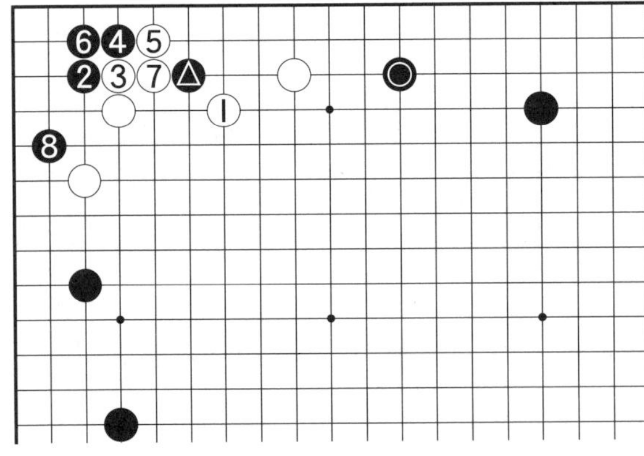

10도

10도 (백, 중복)

그렇다고 백1로 씌워 ▲를 제압하려는 것은 흑2의 변신이 좋다. 이하 8까지를 가정할 때 흑 실리에 비해 백은 중복. 더구나 백세가 발전할 자리에 ◉가 버티고 있어 백의 불만이 역력하다.

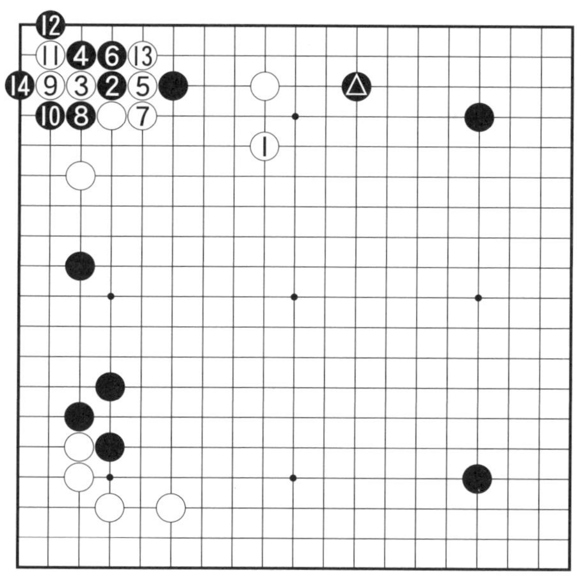

11도

11도 (백, 실속 없음)

백1로 뛰는 것이 그래도 10도보다는 나은 의연한 태도. 그러나 이때는 흑 2, 4로 움직이는 것이 적시타.

이하 흑14까지 귀의 실리를 도려내고 나면 백은 역시 실속이 없는 데다 ▲에 발전성이 가로막혀 불만스러운 모습이다.

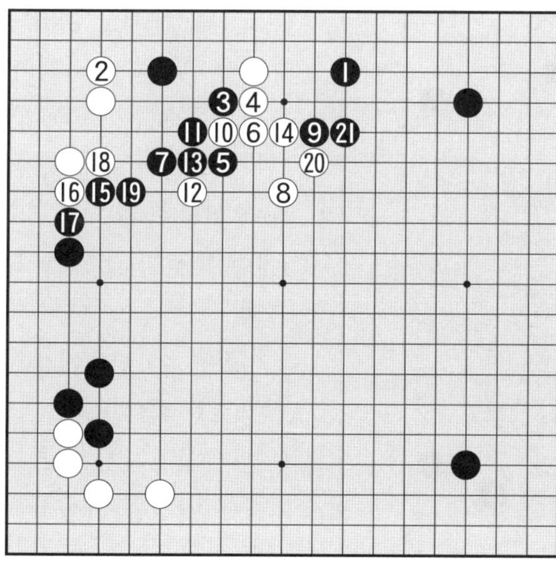

〈실전진행〉

실전진행 (양쪽을 두다)

흑1에 백2로 철주를 내린 것은 일단 실리를 확보하면서 흑의 근거를 빼앗아 크게 공격하자는 의도이다.

그러나 흑3, 5의 행마가 경쾌하여 이하 흑21까지 성공적으로 양쪽을 처리하여 흑이 다소 만족스러운 결과가 되었다.

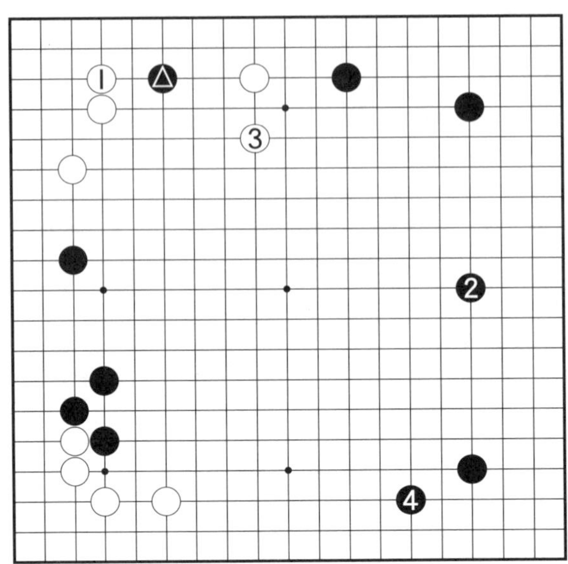

12도

12도 (흑의 별책)

실전진행의 흑3으로는 ▲한점을 가볍게 보고 흑2의 대세점으로 손을 돌리는 수도 유력하다.

이어 백3에는 또다시 흑4로 큰 곳을 차지하면서 대세를 리드해 충분하다.

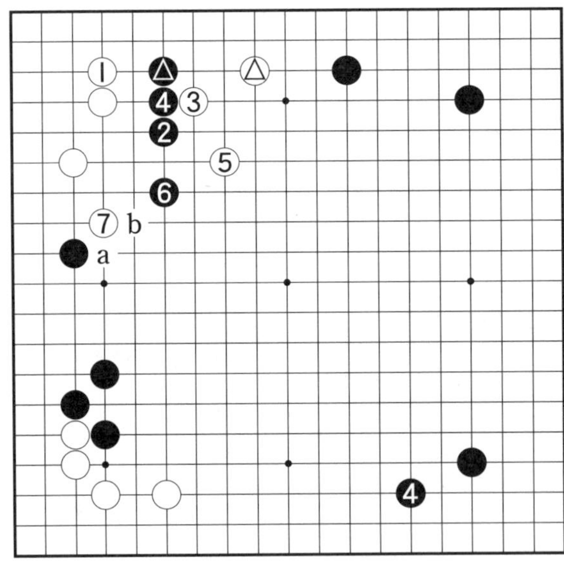

13도

13도 (흑, 무거운 행마)

백1 때 흑2로 우직하게 움직이는 것은 무책. 백7까지 무거운 자세로 공세에 시달린다. 다음 흑a에는 백b로 갈라져 흑 고전.

아무튼 이 장면에서의 포인트는 ▲한점을 너무 아까워하다가는 △의 의도에 말려들기 십상이라는 점이다.

사소취대의 날일자 씌움

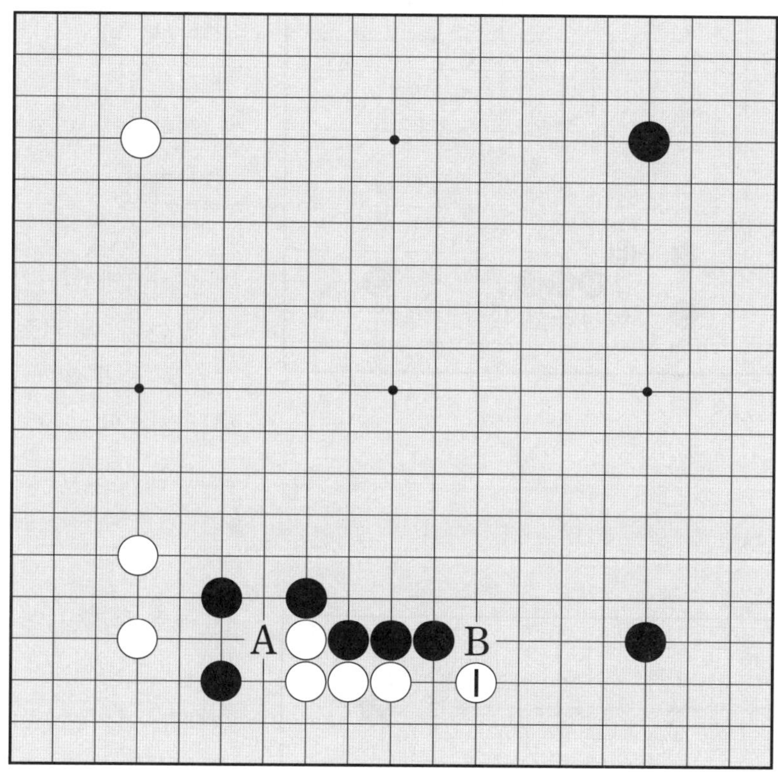

선택의 기로

백1로 뛰자 흑으로선 급한 데가 두 곳이 생겼다. A쪽의 약점도 돌보아야 할 것 같고, B쪽이 열려서도 안 될 것 같은데~

자, 여기서 두 곳을 모두 처리하는 효과적인 방법은 무엇일까?

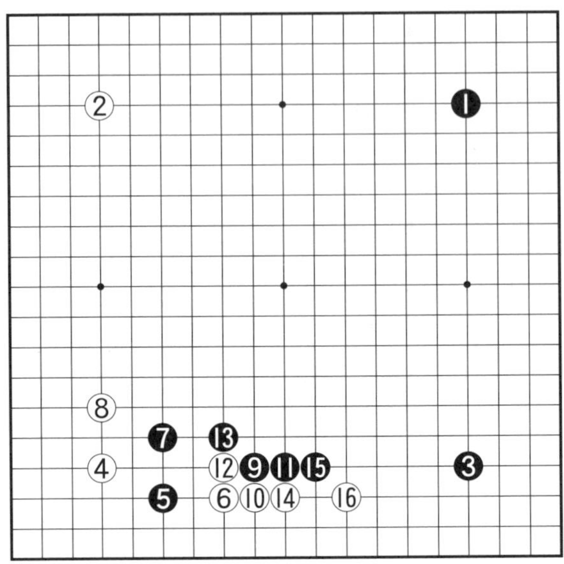

〈경과도〉

1회 LG배 세계기왕전에서 조훈현 9단(흑)과 조치훈 9단이 벌인 대국.

흑7로 뛰고 9로 덮어간 것은 3·三에 들어오라는 백의 주문을 거스르는 세력 작전.

이 수는 특히 아마추어들 사이에서 인기를 끌고 있는데, 의외로 이후 수순을 몰라 허장성세가 되는 경우가 많아 공부재료로 삼아 보았다.

1도

1도 (흑 손해의 옛 정석)

사실 흑1, 3의 수법은 종전에도 있기는 했다. 이하 백12까지가 구정석인데, 백의 실리가 돋보이는 데다 흑에게는 a와 b의 두 군데 허점이 남아 '흑 손해'라고 규정되면서 정석사전에서 사장되어 있었던 것.

특히 백4의 선수 한방이 흑으로선 무척 쓰라리다. 그런데~

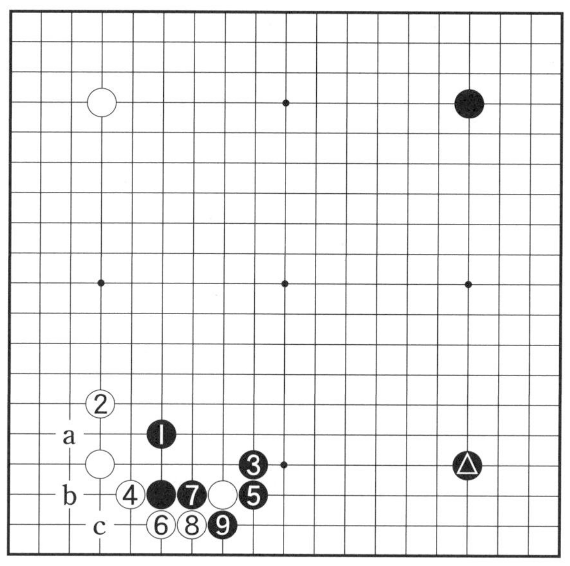

2도

2도 (유력한 변신)

백4 때 손따라 받지 않고 흑5로 눌러가는 유력한 대응책이 개발된 것이다.

흑9까지, ▲와 호응하는 막강한 두터움을 갖추어 백 실리에 충분히 대항할 수 있는 모습. 좌하귀 실리는 차후 흑a, b, c 등으로 수단을 부리는 뒷맛이 남아있어 생각보다 크지 않다.

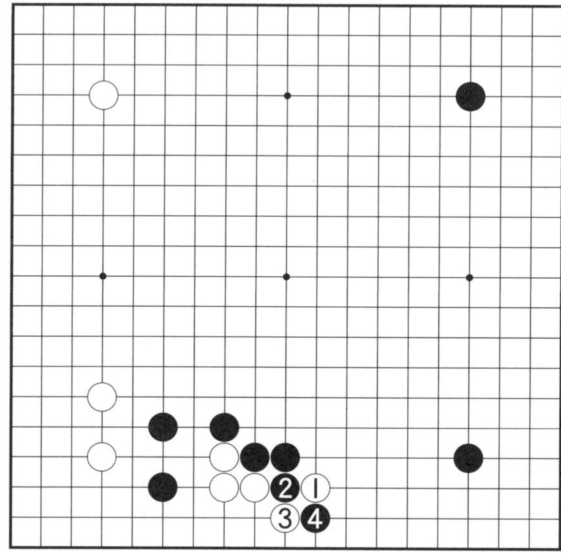

3도

3도 (백, 수순 누락)

경과도의 수순 도중 백14로 한번 더 밀어둔 데 유의해야 한다. 이 수로 그냥 백1에 한칸 뛰는 것은 흑2, 4의 절단을 당해 백이 망한다.

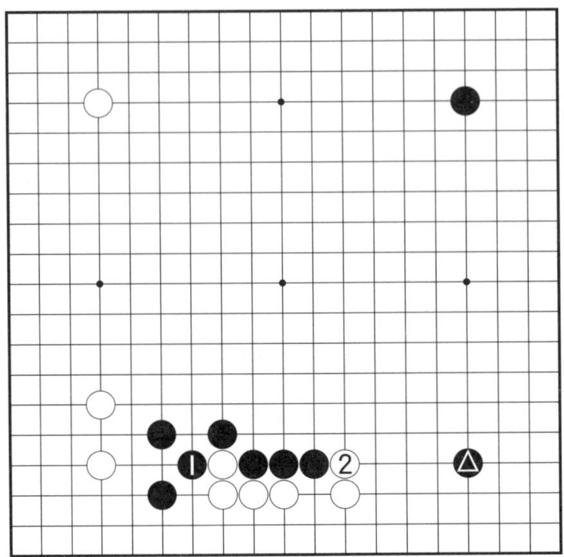

4도

4도 (흑, 불리)

본론으로 들어가서~

   종래의 옛 정석은 흑1 로 약점을 지키는 것이었 다. 그러나 이때는 백2로 밀어올리는 수가 ▲의 가 치를 퇴색시키는 절호점 이 되어 흑 불만. 그래서 이 정석이 쓰이지 않았던 것이다.

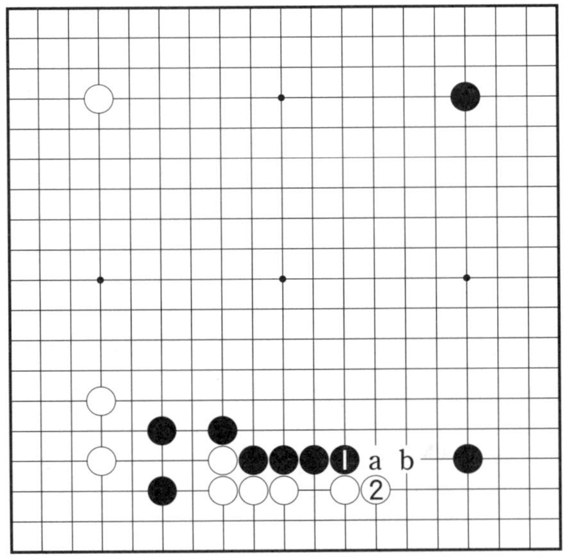

5도

5도 (흑, 속수)

그렇다고 흑1로 노골적 으로 눌러 막으려는 것 은 속수의 표본.

   백2로 머리를 내밀고 나면 흑은 a, b로 계속 밀 수밖에 없는데, 이렇게 상대의 등 뒤를 따라 미 는 행마로는 실리의 손해 를 키울 뿐이다.

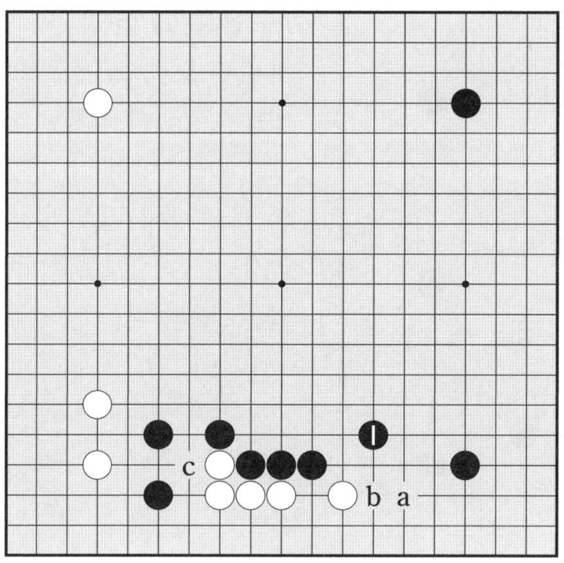

〈실전도〉

실전도 (멋진 날일자)

흑1의 날일자 씌움이 멋진 행마. 우변의 양화점과 호응해 중앙을 도모하며 차후 a, b 등의 후속수단을 엿보고 있다.

바로 이 수가 있기에 이 형태가 유력한 신정석으로 재규명된 것이다. 문제는 c의 약점인데~

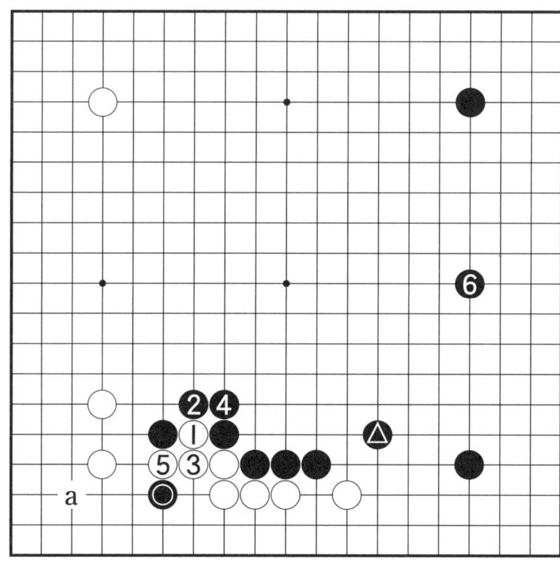

6도

6도 (백, 소탐대실)

즉각 백1로 약점을 추궁하고 나서는 것은 성급하다. 흑4까지 두텁게 처리한 다음 대망의 6을 향해 단연 흑이 활발한 포진. 백은 ◉ 한점을 잡으려다 소탐대실을 범한 꼴이다. 흑a의 침입수까지 남아 있지 않은가. 즉, ▲는 ◉ 한점을 가볍게 보는 사소취대의 발상이다.

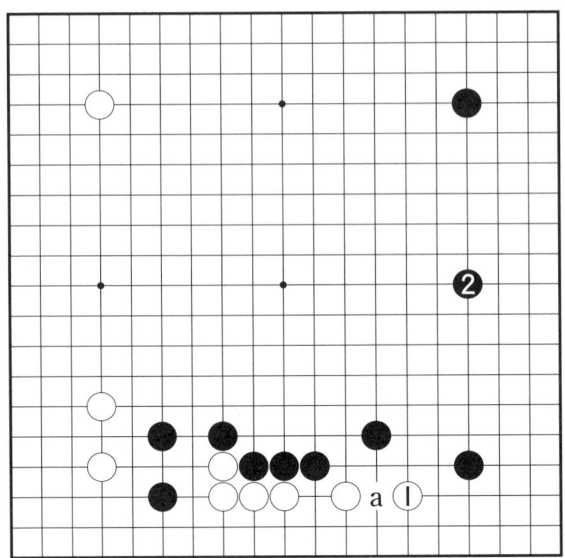

7도

7도 (부분에 집착)

하변만을 놓고 볼 때는 백1(혹은 a)이 침착한 정수. 그러나 여기서는 흑2의 대세점이 너무 빛나 역시 전국적으로 흑이 폭 넓은 포석이다.

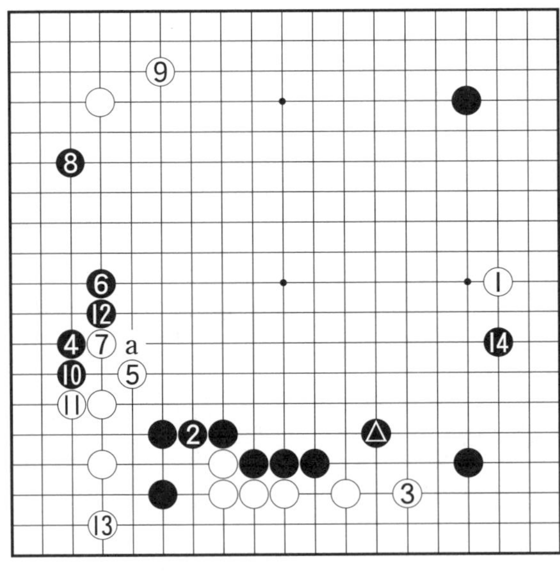

8도

8도 (절대의 갈라침)

따라서 ▲에는 백1의 갈라침이 대세상의 절대점이다. 그러면 흑은 비로소 흑2로 잇고 백3을 강요한 다음 흑4로 협공하는 데까지가 올바른 수순. 이어 흑14까지 쌍방 유연한 포석으로 선착의 효가 살아있다. 수순 중 흑10으로는 12로 젖히고 백10 때 흑a로 모는 강인한 수법도 유력하다.

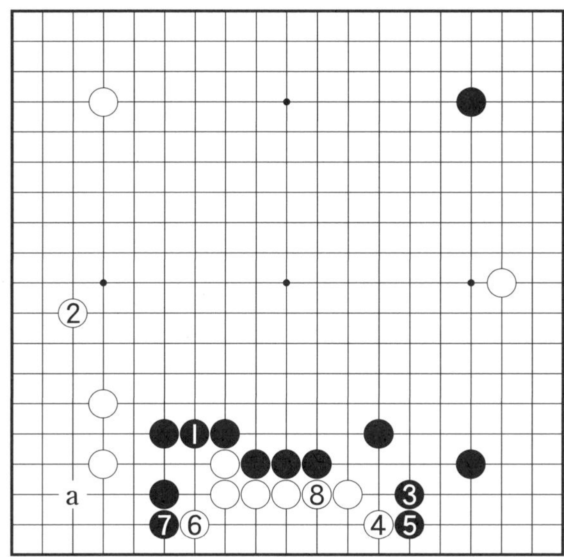

9도

9도 (백, 쌈지뜨다)

흑1 때 백2로 요소를 차지하고 버티는 것은 흑3의 봉쇄 한방이 너무 통렬해 백이 견딜 수 없다.

꼼짝없이 쌈지 뜬 백은 4~8로 궁색하게 살아야 하는데, 그 사이 흑의 좌우를 너무 두텁게 해주어 생불여사. a도 열려있다.

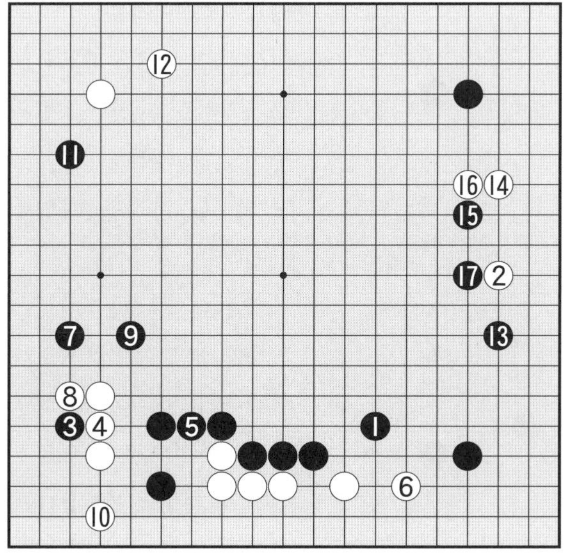

〈실전진행〉

실전진행 (흑, 대세 장악)

흑1, 백2에 이어 흑5로 잇기 전에 3으로 들여다본 것이 좋은 타이밍. 그 효과가 흑7, 9의 선수 봉쇄로 나타났다.

이어 흑13에 선착하면서 우중앙에 대모양을 형성해 흑이 대세를 리드하기 시작하였다.

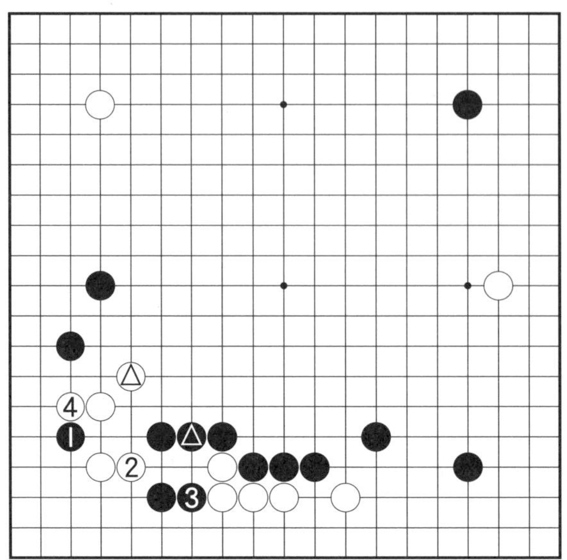

10도

10도 (뒤늦은 타이밍)

실전진행 흑3은 귀에 뒷맛을 남기는 적시의 타이밍이다.

만약 8도처럼 ●와 △가 미리 교환되어 있는 상황에서 흑1로 들여다보는 것은 백2, 4로 응수가 좋아 때가 늦다.

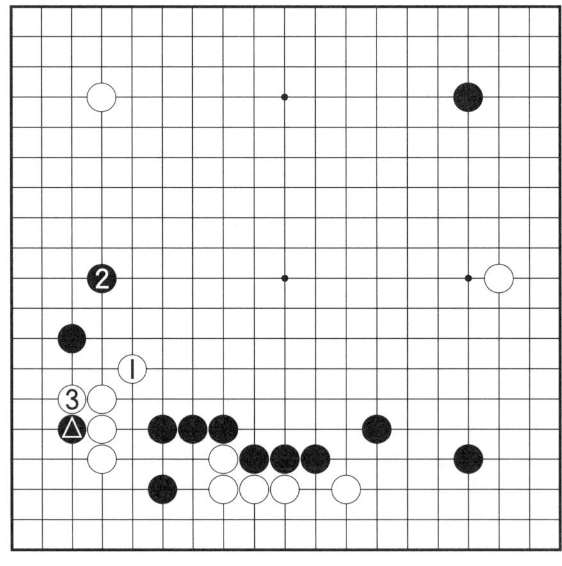

11도

11도 (백의 정수)

실전진행 백8은 ●의 존재에 너무 신경을 쓴 완착이었다. 이 수로는 일단 백1로 머리를 내밀어야 했다.

그런데 실전은 이곳을 흑에게 완전 봉쇄당해 대세에 뒤지는 원인이 되었다. 결과적으로 흑으로선 미리 던져놓은 ●가 대세 장악의 희생타가 된 셈.

기선을 제압한 강타

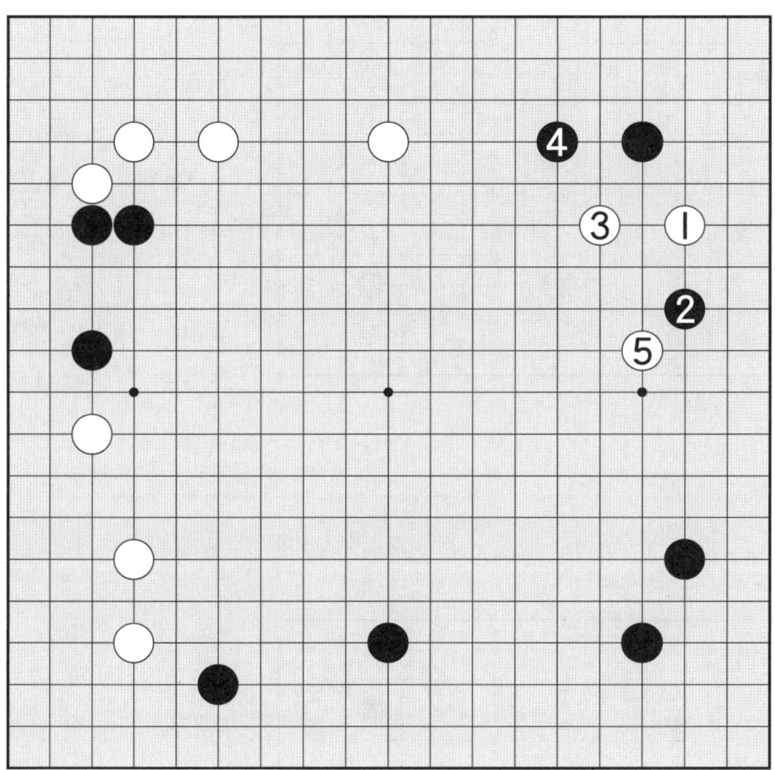

▨ 선택의 기로

흑2로 협공하자 백이 평범하게 응수하지 않고 3, 5로 반발해온 장면.

주변 배경이 유리한 흑으로서는 평범한 응수보다는 뭔가 강력한 수단을 찾고 싶다.

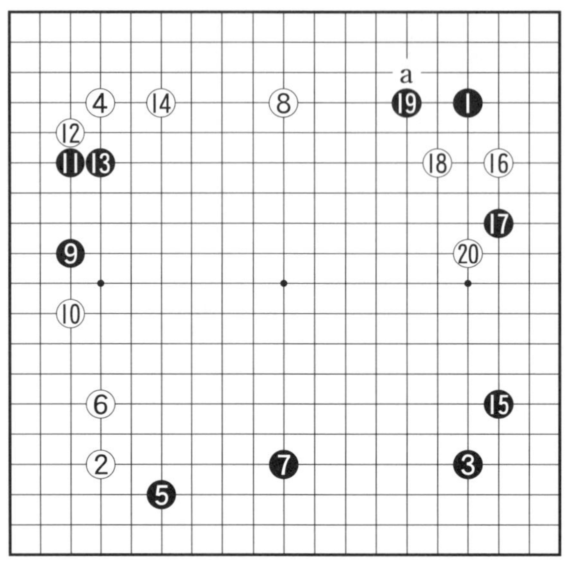

<경과도>

경과도(1~20)

조훈현 9단(흑)과 가토(加藤正夫) 9단이 벌인 7회 후지쯔배 8강전.

흑15까지는 쌍방 무난한 모범포석의 흐름인데, 백이 평범한 a쪽을 마다한 채 백16으로 걸쳐온 것이 변화의 도화선.

그러나 흑의 배경이 유리한 지금 상황에서 백18, 20은 무리의 성격이 짙다.

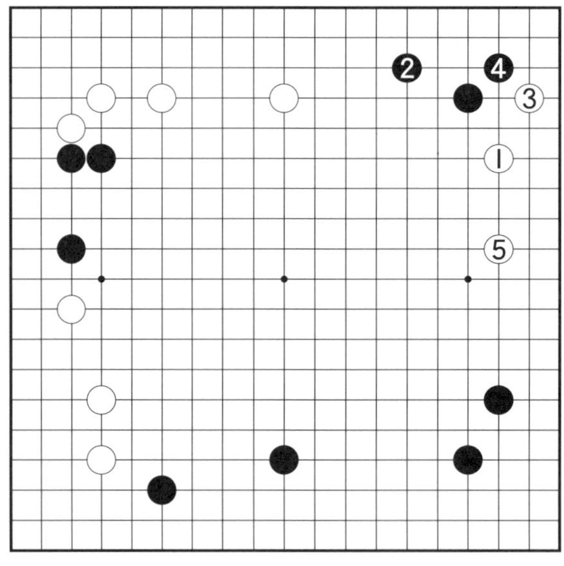

1도

1도 (백의 주문)

백1의 걸침에 평범하게 흑2로 받는 것은 무책.

백5까지 우변에서 견실하게 자리를 잡고 나면 우변 흑진이 저절로 분산되어 흑이 싱겁다.

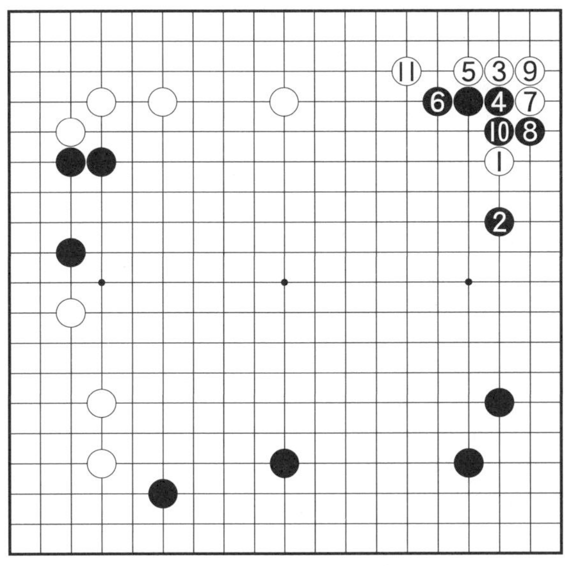

2도

2도 (백, 편재)

따라서 흑2의 협공은 기세이자 당연한 선택이다. 이때 정석대로 백3으로 침입하는 것은 이하 11까지 우변 흑진이 입체화되는 반면 상변 백진은 편재된 모습이라서 백이 불만스럽다.

경과도 백18, 20의 반발은 이런 점을 고려한 임기응변이다.

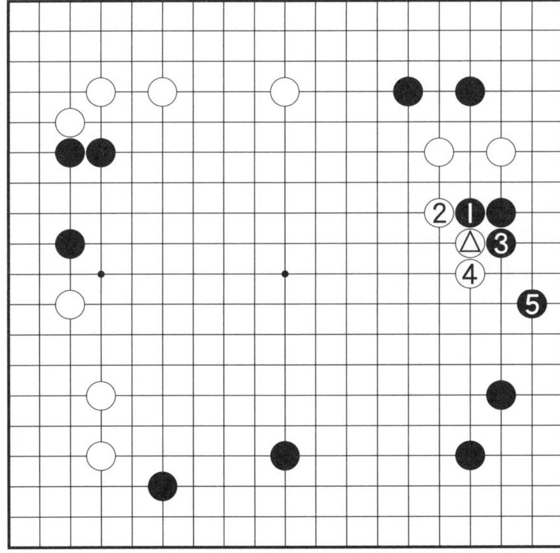

3도

3도 (기세에 눌리다)

△의 씌움에 흑의 상식적인 응수는 1~5로 넘어가는 것. 물론 이렇게 두어도 실리가 좋아 손해는 아니다.

하지만, 일단 기세 상 눌린 느낌인데다 중앙 백을 두텁게 해주어 내키지 않는다. 이곳 백이 두터워지면 좌변 흑말이 저절로 약해지는 점도 흑의 불만사항.

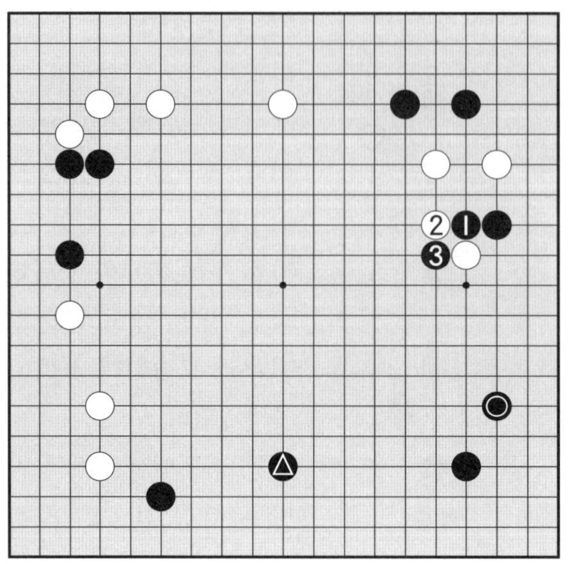

〈실전도〉

실전도 (준엄한 강타)

흑1, 3이 의표를 찌른 회심의 강타.

특히 이 역습은 ▲(축머리)와 ◉의 배경이 있는 지금 상황에서는 매우 준엄한 강타여서 백의 응수가 궁해졌다.

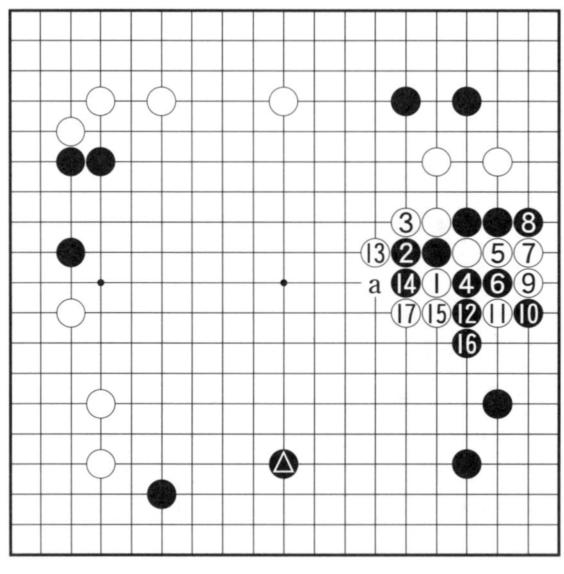

4도

4도 (축 관계)

실전도 흑1, 3의 강습은 '축 유리'라는 전제조건이 있어야 한다. 즉 백1, 3의 반발수단에 의해 이하 17까지를 가정했을 때 a의 축이 관건인데, ▲가 있는 지금은 백의 파탄.

따라서 백1, 3의 반발은 성립하지 않는다.

5도 (맥빠진 굴복)

백1로 느는 것은 너무나 맥빠진 굴복이므로 논외. 흑2로 잡혀 손해가 너무 크다.

6도 (백, 무리)

그렇다고 백1, 3으로 막아 버티는 것은 무리.

흑2, 4 다음 a, b 두 곳의 약점을 한꺼번에 커버할 길이 없어 백은 응수두절이다.

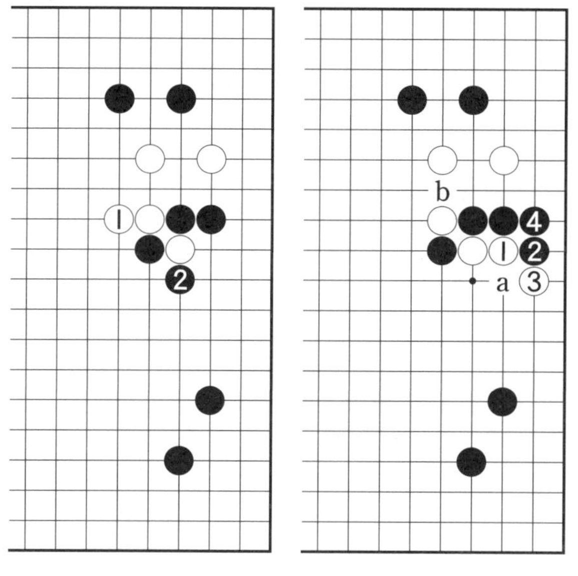

5도

6도

7도 (백, 고전)

이런 경우에는 백3으로 끊어 5, 7로 회돌이치는 것이 상용의 맥점이긴 하다. 그러나 우상과 우하에 흑돌들이 있는 여기서는 역시 무리. ◉에 의해 양분된 두 미생마를 모두 타개해 나가기가 무척 힘겨운 형상이다. 우변 흑말은 흑16과 ▲를 연결고리 삼아 안전하다(a와 b가 맞보기).

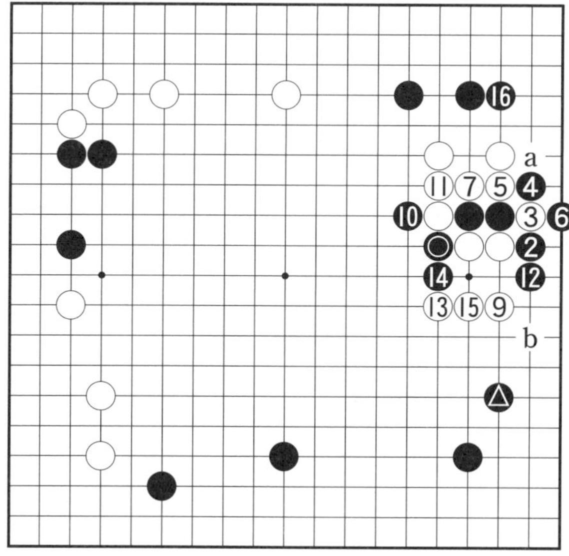

7도

⑧…③

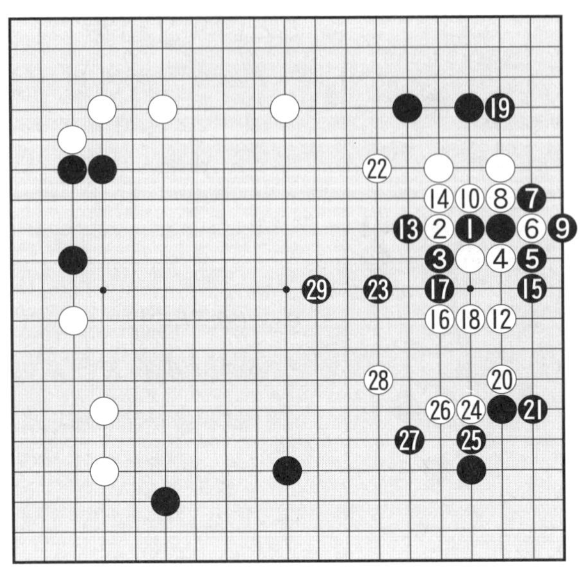

〈실전진행〉

⓫‥⑥

실전진행 (흑, 기선 제압)

흑1, 3에 백은 4～10의 맥점을 구사하며 수습을 모색했지만, 역시 흑19 까지 되고 보니 고전의 빛이 역력하다.

이하 29까지 흑은 백의 양곤마를 호령하면서 양쪽에서 실속을 독차지 해 단단히 기선을 제압 한 결과이다.

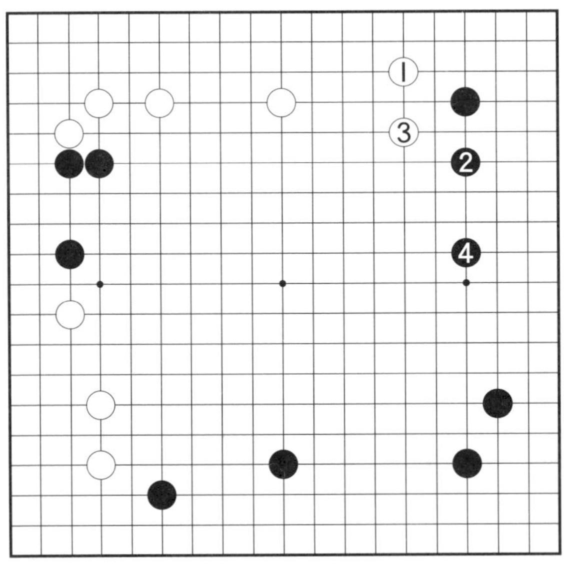

8도

8도 (백의 정수)

따라서 백으로서는 당초 경과도 백16으로 역시 백 1쪽으로 걸쳐가는 것이 무난했다. 흑4까지 쌍방 유연한 포석.

이처럼 장면도 백3, 5 의 수법은 앞서 [8형]의 경우에서나 유력하지 아 무 때나 통하는 수가 아 니라는 데 유념하자.

대세의 급소

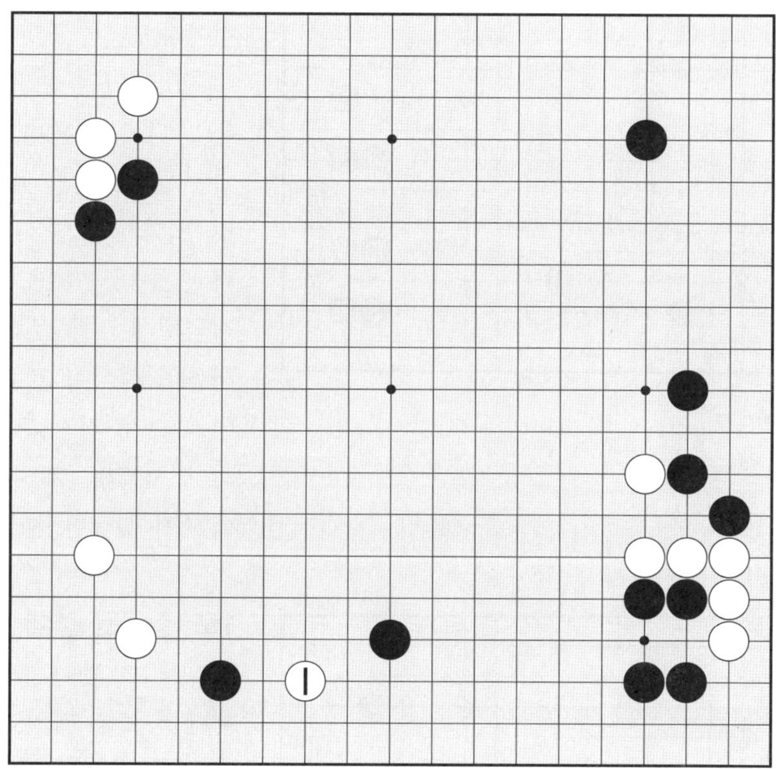

선택의 기로

우하귀의 정석이 채 마무리되지 않은 상황에서 백은 돌연 손길을 돌려 1로 뛰어들어 왔다.

우하귀를 손뺀 백의 성급한 실착을 응징하면서 대세를 휘어잡는 대세상의 급소 일발이 있는데~. 과연 어디일까?

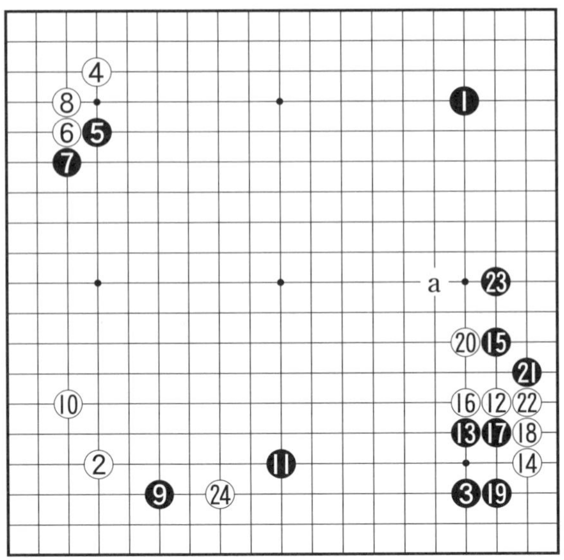

<경과도>

경과도(1~24)

86년 열린 '탐험대결'에서 조훈현 9단(흑)과 양재호 당시 5단이 벌인 실전이다.

흑5, 7만 활용해둔 뒤 흑9, 11로 이른바 '고바야시류' 포진을 구축한 것은 대세를 중시한 발빠른 수법. 흑13, 15의 적극책에 의해 우하귀에서 대형정석이 펼쳐졌는데, 백a로 정석을 일단락 짓지 않은 채 뛰어든 백24가 성급한 실착.

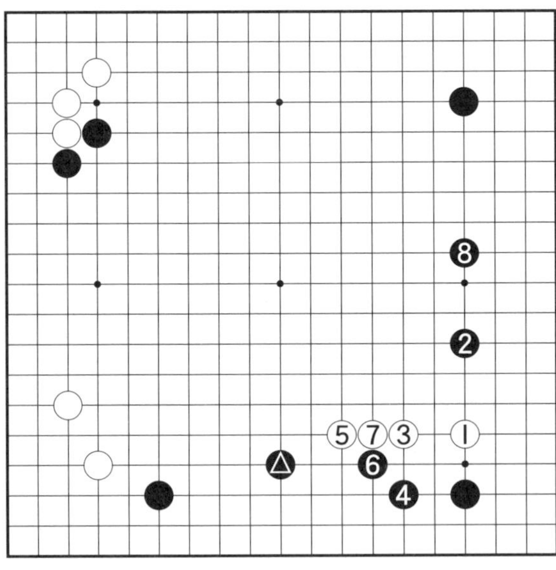

1도

1도 (잘못된 걸침)

▲의 기착점이 있는 상황에서 보통 때처럼 백1로 걸쳐가는 것은 배경을 도외시한 이상감각이다. 흑2의 협공이 강력하며 흑6이 효과적인 응수. 흑8까지 흑은 양쪽을 둔 반면, 백은 장대말로 몰리는 형국이어서 누가 보기에도 흑이 좋다.

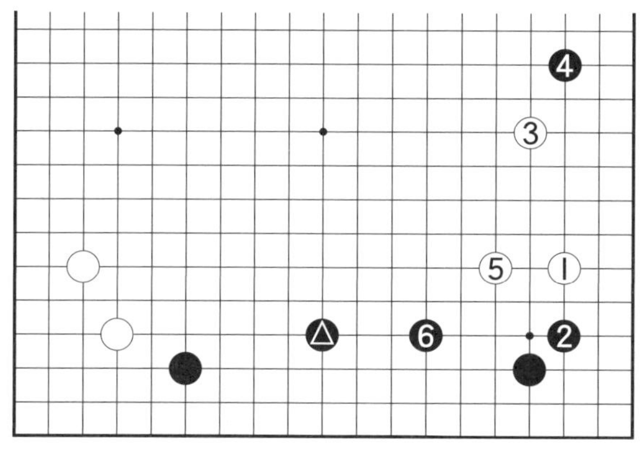

2도

2도 (무난한 응수)

따라서 ▲가 버티고 있을 때는 백1로 완만하게 걸쳐가는 것은 흑의 예봉을 피해가는 현명한 태도. 그러면 흑은 2로 받는 것이 보통이며, 이하 6까지 무난한 진행이다.

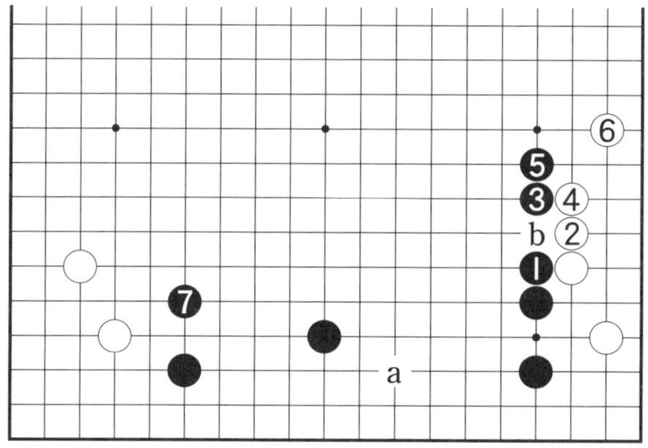

3도

3도 (또 다른 정석)

경과도 흑15로는 흑1로 눌러가는 수도 있다.

그러면 이하 백6까지 또 다른 정석의 하나. 하변 흑진이 커 보이지만, a, b 등에 허점이 있어 백도 나쁘지 않다.

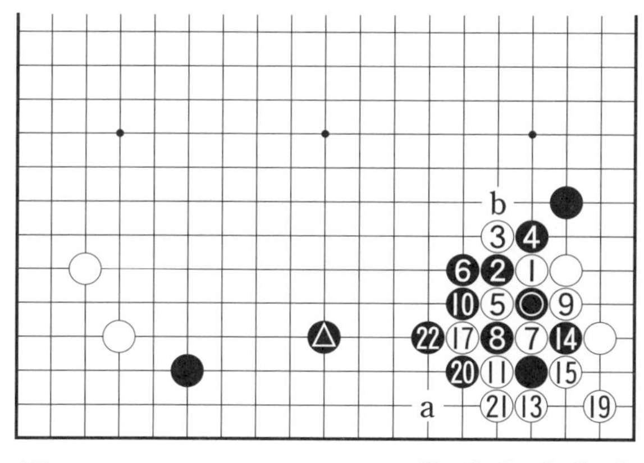

4도

4도 (흑, 중복)

백1(경과도 백16)에 흑2로 젖히는 것은? 흑22까지 옛 정석의 일종이지만, 결과는 흑이 똘똘 뭉쳐 ▲와 중복된 데다 a의 뒷문, b의 준동이 남아 흑 불만. 그래서 요즘은 거의 쓰이지 않는다.

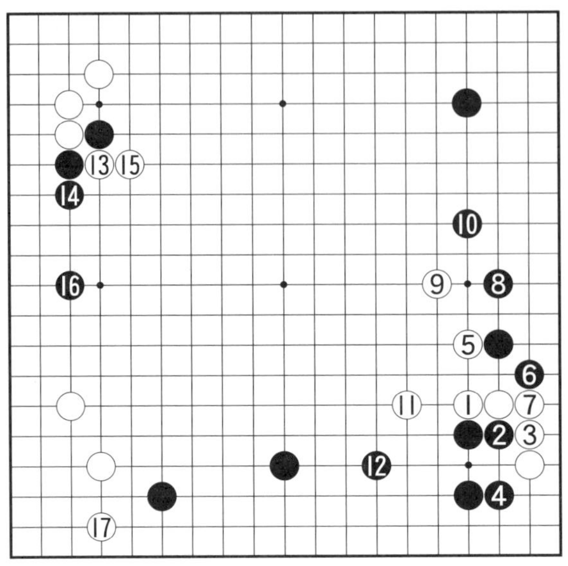

5도

5도 (무난한 포석)

백1에는 흑2, 4의 응수가 현대적 수법. 흑12까지는 정석으로 백17까지 무난한 포석이 예상된다.

　다만 우변 쪽에서 백은 아직 미생인 데 비해 흑은 양쪽을 처리해 흑이 다소 기분 좋아 보인다. 특히 백으로서는 백9, 흑10의 교환이 실리상 손해라는 판단 때문에 실전에서는 이를 생략했던 것 같다.

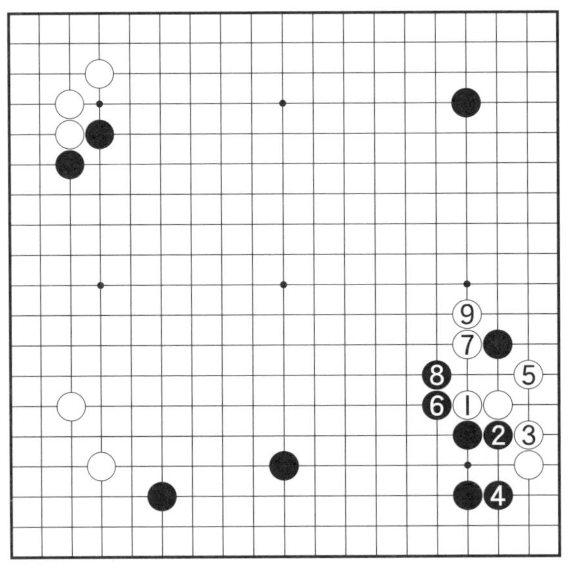

6도

6도 (최신 정석)

5도가 '흑 유리'라는 진단에 따라 최근에는 흑4 때 백5로 호구쳐 아예 완생의 형태를 갖추는 수법이 애용된다.

　하변 쪽 흑진이 웅장하지만, 백도 두터운 자세로 안정하여 불만이 없다는 분석이다.

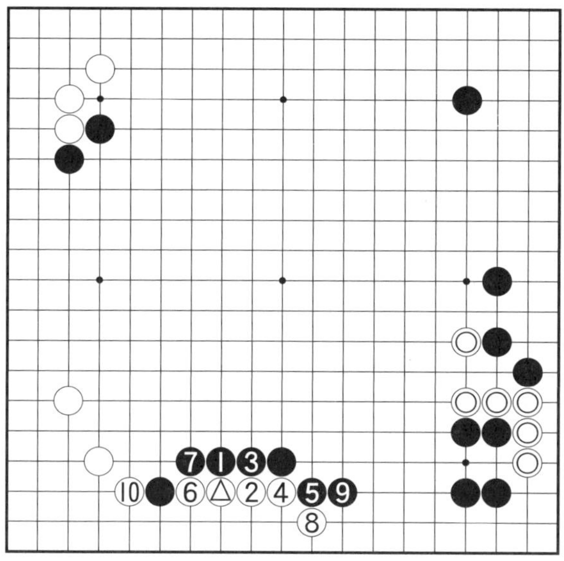

7도

7도 (손따라 두기)

본론에 들어가서~

△의 침투에 흑1로 직접 응수하는 것은 손따라 두는 인상이 짙다. 백2~10으로 실리를 훑으며 넘어가면 흑은 일단 실리상의 손해가 크다. 두터움을 이용해 ◯들에 대한 공격에 나서겠지만, 이 백말은 중앙 활로가 열려 있는 데다 탄력이 풍부해 쉽사리 공격되지 않는 것이 흑의 고민.

〈실전도〉

실전도 (공수의 급소)

여기서는 △에 대한 응수를 보류한 채 가만히 흑1로 한칸 뛰는 것이 백의 손뺌을 추궁하는 대세의 급소이다.

이 수는 우상 일대를 한껏 키우면서 우변 백말을 은근히 위협해 △의 침입군까지 간접 공격하는 공수겸용의 의미를 담고 있다.

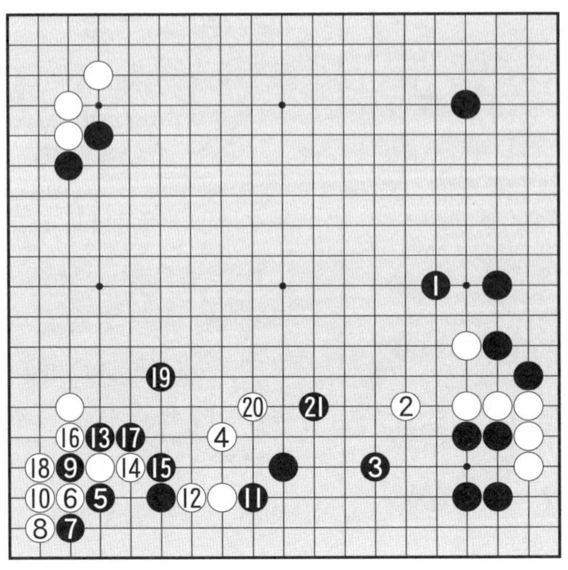

〈실전진행〉

실전진행 (흑, 기선 제압)

백4의 움직임에 흑5, 7과 흑13, 15로 이어지는 맥점을 발판삼아 중앙 진출에 성공한 데 이어 흑21의 대세점을 차지해서는 흑이 기선을 제압한 모습이다.

백으로서는 실리에 너무 신경을 쓴 나머지 대세점을 거꾸로 허용하면서 양곤마를 자초해 밀려버린 형국이다.

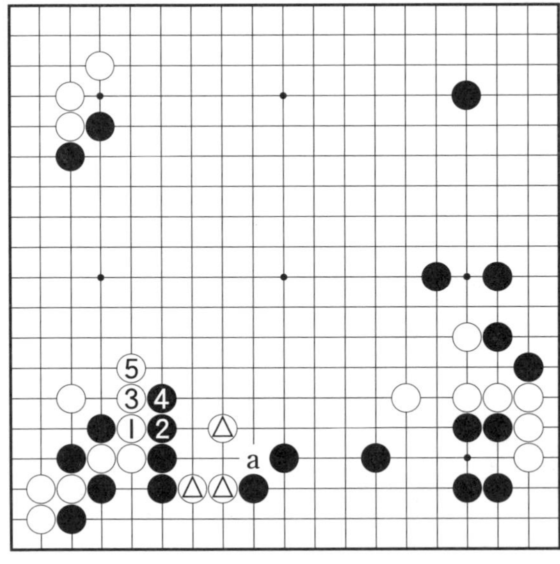

8도

8도 (백의 기회)

실전진행 백16으로는 백1, 3으로 빠져나가 실리를 최대한 벌면서 버텨야 했다. △석점은 백a가 선수이므로 충분히 타개가 가능한 부분이다.

그럼에도 실전은 백이 이 백말의 안위를 걱정하다 흑에게 1의 곳 머리를 얻어맞아 오히려 더욱 형세를 악화시킨 결과가 되었다.

허를 찌른 저공비행

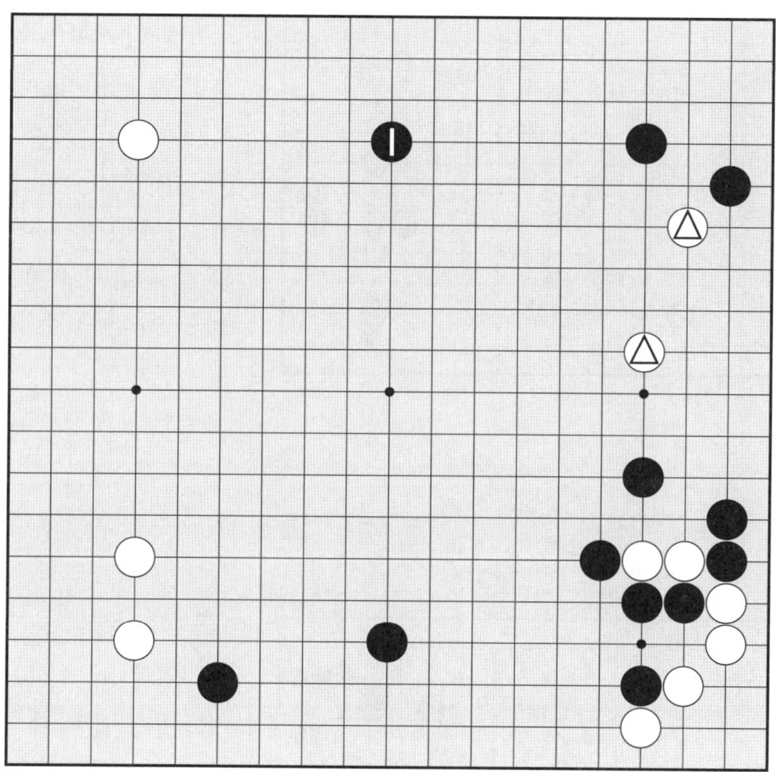

선택의 기로

흑1로 날개를 펼치자 상변 흑진이 초점으로 떠올랐다. 그런데 백은 허약한 △들이 걱정된다.

△들에 악영향을 미치지 않으면서 상변 흑진을 효과적으로 잠식하는 수단은 없을까?

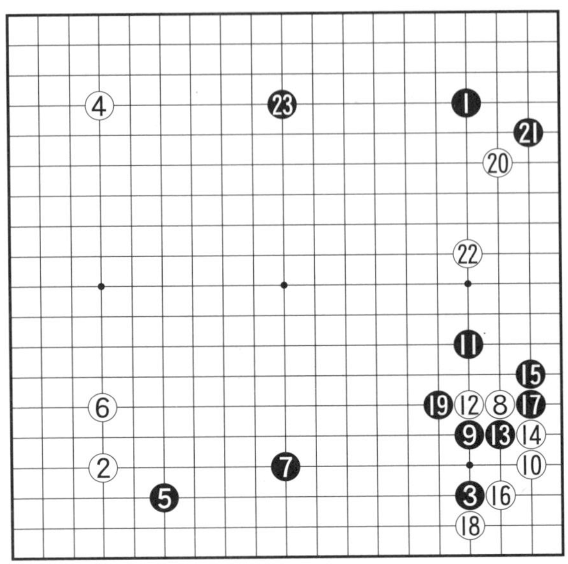

〈경과도〉

경과도(1~23)

이창호 9단(흑)과 조훈현 9단이 벌인 5기 배달왕전 도전3국이다.

우하귀 백8의 눈목자 걸침 때 흑9, 11에 이어 흑13, 15가 강수이다. 백16, 18은 기세의 반발이며, 이하 19까지 백 실리 대 흑 두터움의 최신정석이 이루어졌다.

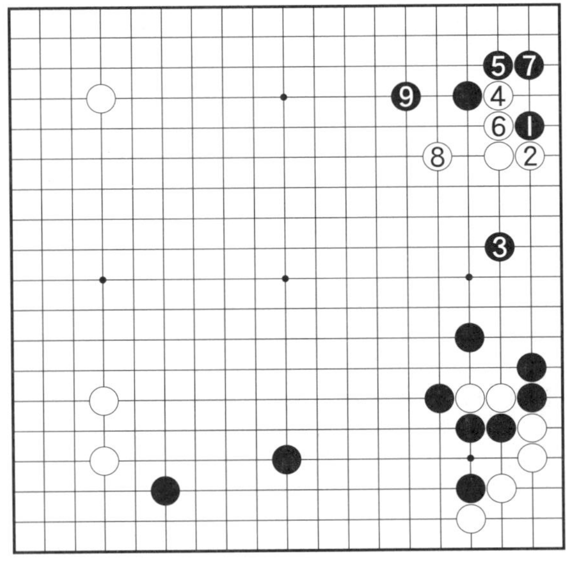

1도

1도 (백, 무책)

흑1(경과도 흑21)은 근거를 위협해 아래쪽 두터움을 살리는 최강의 공격수이다. 이때 손따라 백2로 받는 것은 무책. 흑3이 좋은 수로 이하 9까지 백은 공배를 두며 달아나기 바쁜 사이 흑은 양쪽에서 실속을 챙겨 흑이 우세하다.

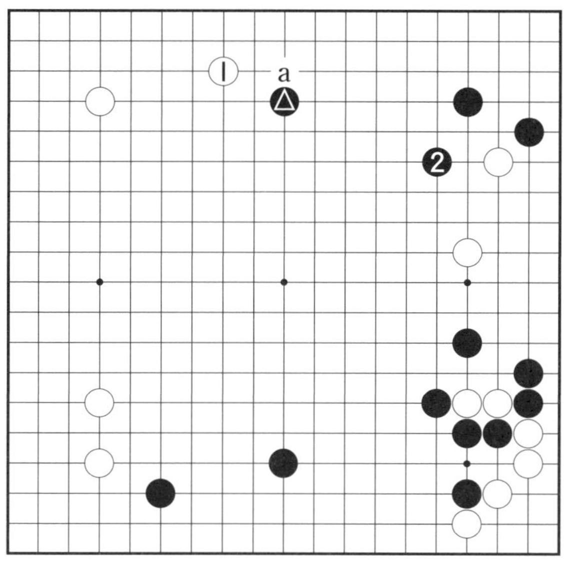

2도

2도 (백, 방향착오)

본론으로 들어가서~

▲의 벌림(경과도 흑 23) 때 백1로 다가서는 것은 방향착오. 흑2를 얻어맞아 백이 견디기 힘들다. 이 백말이 간신히 수습하는 사품에 흑이 선수를 잡아 a 부근에 말뚝을 쳐버리면 우상변 일대가 일당백의 큰 집으로 굳어질 가능성이 높다.

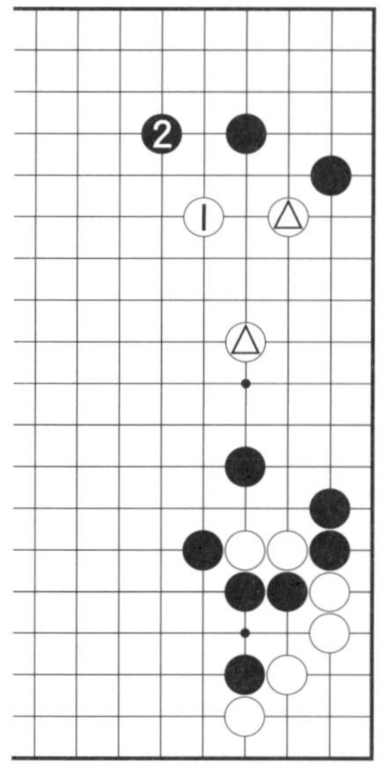

3도　　　　　4도

3도 (백, 패기부족)

△들의 안위를 염려한 나머지 백1로 지키는 데 급급하는 것은 패기부족. 흑2로 받아주어 흑은 불만이 없다.

4도 (무리한 침입 1)

침투의 제일감은 백1. 그러나 △들이 허약한 지금은 무모한 발상이다. 흑2, 4로 갈라지고 나면 꼼짝없이 양곤마.

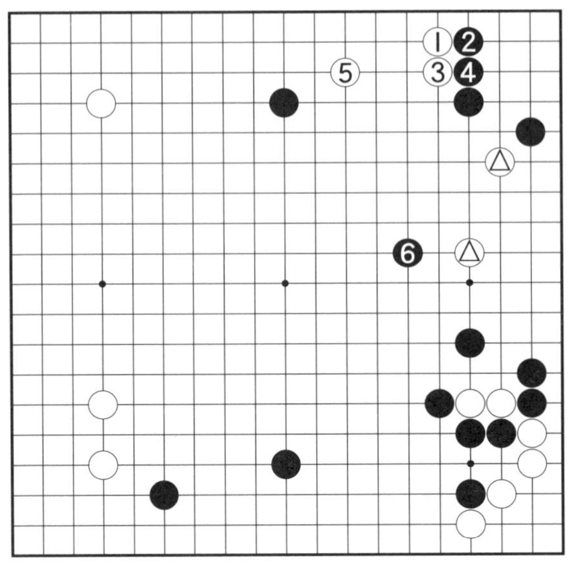

5도

5도 (무리한 침입 2)

그렇다면 백1의 무릎걸이는 어떨까? 물론 이 수도 곧 잘 쓰이는 상용의 수법이지만, 여기서는 흑2로 막는 응수가 좋아 부적절하다.

백5로 근근이 자리를 잡고자 할 때 흑6을 당하면 백이 매우 답답한 모습. 역시 △들과 양곤마로 엮여 매우 위험하다.

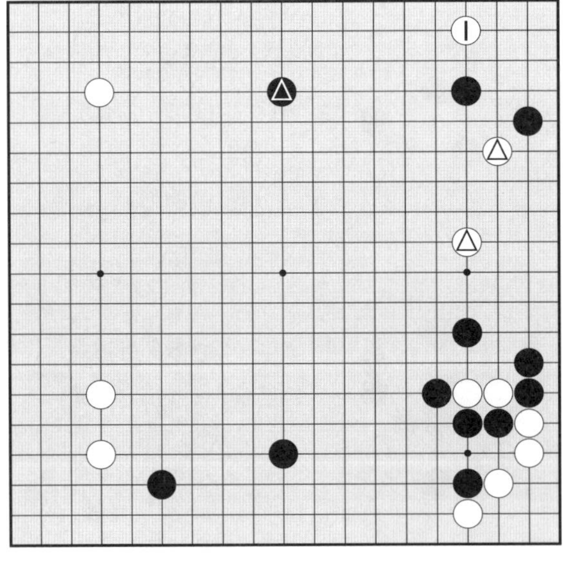

〈실전도〉

실전도 (저공비행)

여기서는 백1의 저공비행이 △에 미치는 영향을 최소화하면서 넓은 상변 흑진의 허를 찌르는 적절한 침입이다.

바로 이 수가 통렬하여 ▲의 전개는 역시 약간 공허했음이 입증되었다.

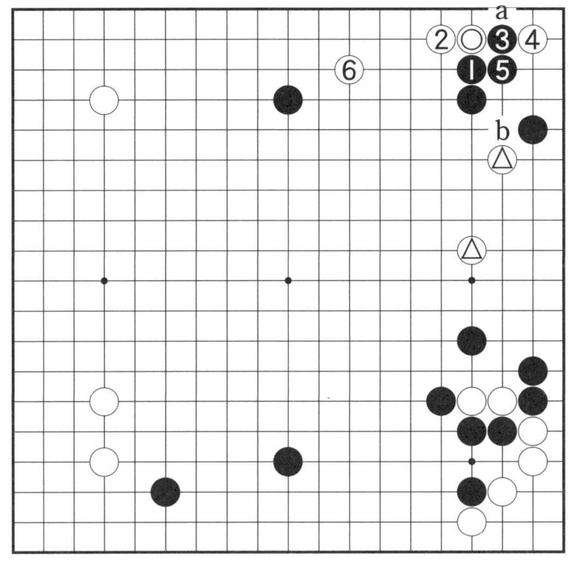

6도

6도 (쉽게 안정)

◎에 흑은 응수가 마땅치 않다. 흑1의 치받음이 상용의 응수지만, 여기서는 백4를 활용해둔 다음 백6으로 가뿐하게 자리를 잡아 백 성공. 이곳이 쉽게 안정되면 △들도 큰 위협을 받지 않게 되므로 백이 편한 국면. 참고로 백4 때 흑a로 차단하는 것은 백b로 찌를 때 응수가 고약하다.

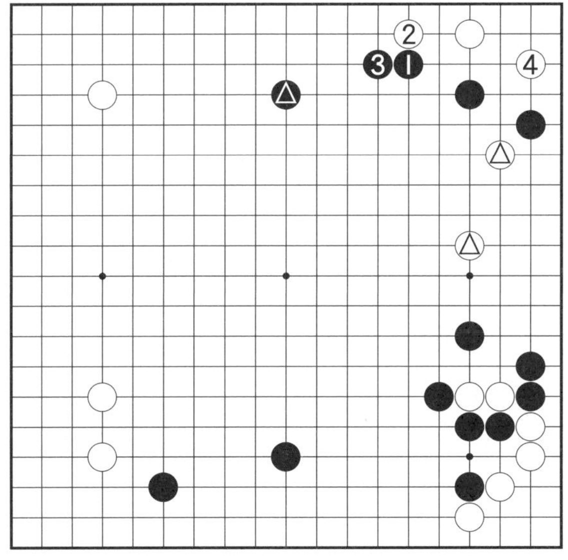

7도

7도 (만족스런 귀살이)

그렇다고 흑1로 바깥쪽을 막으면 백2, 흑3을 교환한 뒤 백4로 간단히 귀살이하여 역시 백 만족.

흑은 △가 어정쩡한 위치인데다 다음 △들에 치명타를 가하는 강력한 공격수가 보이지 않아 실속이 없는 모습이다.

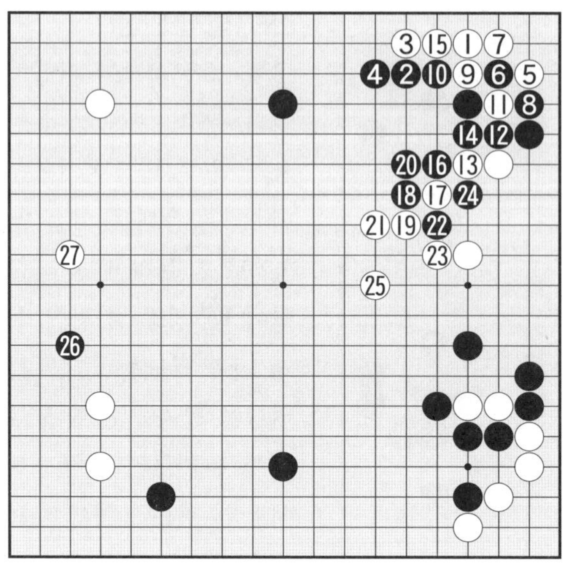

〈실전진행〉

실전진행 (백, 수습 성공)

백1에 흑은 고심 끝에 흑 2로 받아 두터움을 쌓고자 했으나, 백15까지 우상 일대가 초토화되어서는 역시 흑이 당한 꼴.

이후 흑16, 18로 우변 백말에 대한 파상공세에 나섰으나, 백17 이하 25까지 손쉽게 틀을 잡아 사정권에서 가볍게 벗어난 모습. 순식간에 백이 리드를 잡게 되었다.

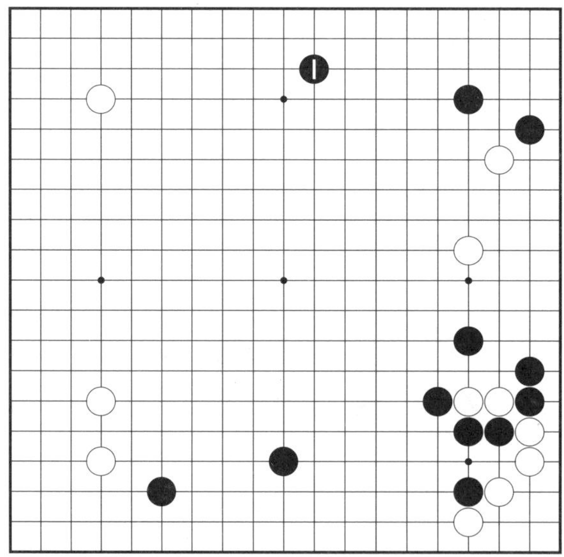

8도

8도 (적당한 벌림)

따라서 흑은 애당초 1 정도로 폭을 좁혀 전개하는 것이 백에게 교란수단을 제공하지 않는 현실적인 간격이었다.

한칸 넓게 벌린 허점을 비집고 들어가 상대의 보고를 초토화시킨 타이밍과 순발력이 돋보인 장면이었다.

최신정석의 행마 공방

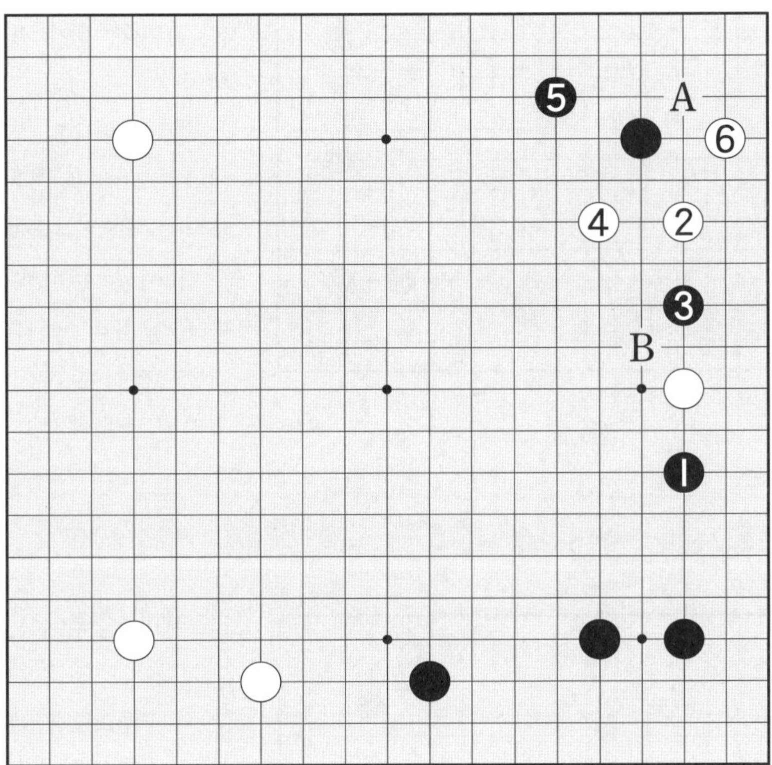

선택의 기로

혹1부터 백6까지는 당시 대유행하고 있던 최신정석의 과정. 이제 그 수순의 필연성을 살펴보고자 한다.

흑의 다음 한수는 A와 B 가운데 어디일까?

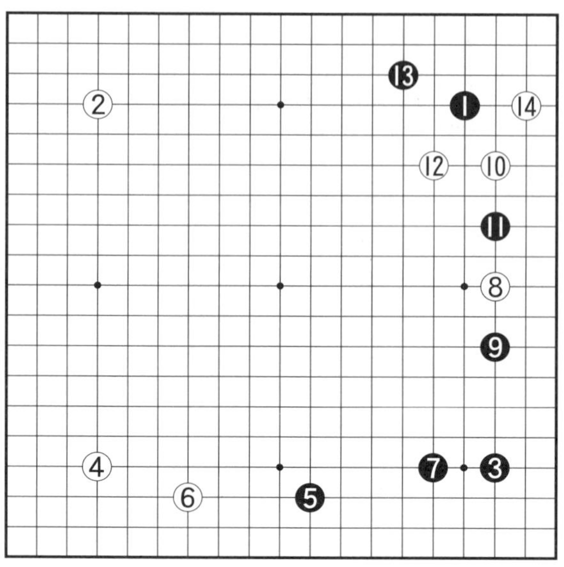

〈경과도〉

8기 동양증권배 세계선수권에서 조훈현 9단(흑)과 고바야시 사토루(小林覺) 9단이 벌인 결승3국이다.

흑5에 백6은 흑의 미니중국식을 무산시키려는 뜻. 백8의 갈라침은 오직 이 한수이며, 흑9도 당연하다. 백10의 벌림 겸 걸침에 흑11은 적극적인 취향이다.

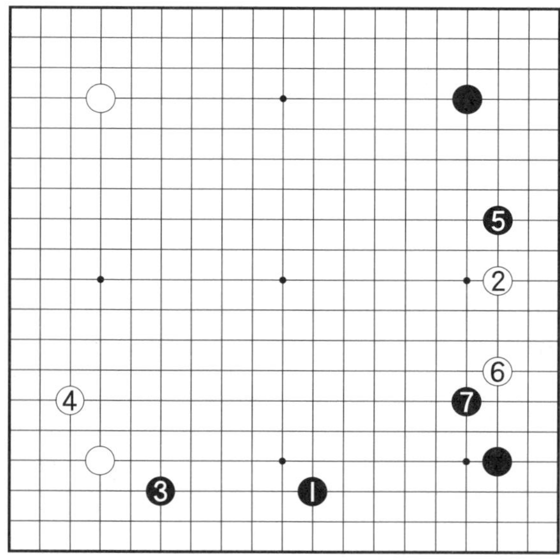

1도

1도 (미니중국식 관철)

3의 곳에 먼저 걸치지 않고 흑1(경과도 흑5)로 벌려간 것은 백의 협공을 피해 미니중국식 포진을 관철시키겠다는 뜻.

즉, 이 그림은 3 자리에 먼저 걸친 다음 백4로 받을 때 흑1로 전개한 것과 마찬가지. 경과도 백6은 이에 대한 반발이다.

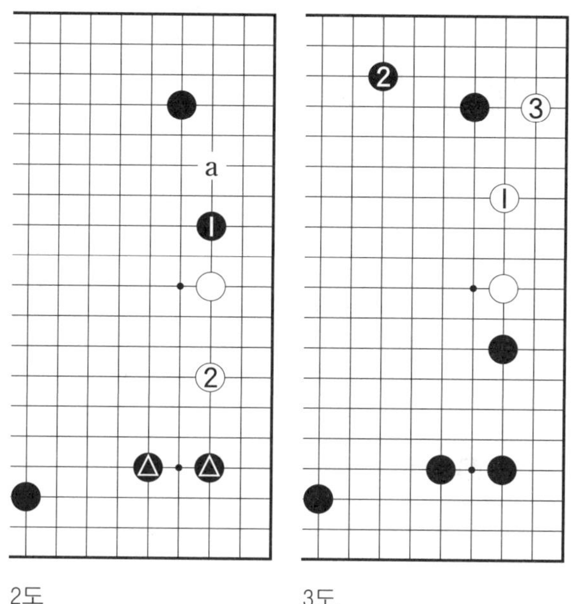

2도   3도

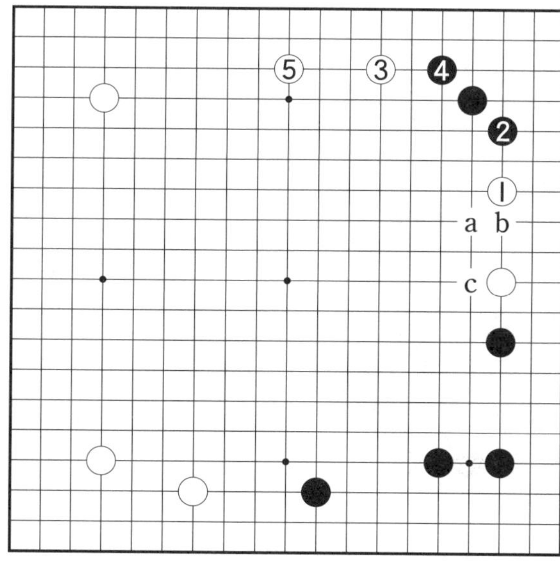

4도

2도 (잘못된 다가섬)

경과도 흑9로 흑1쪽에서 다가서는 것은 백2를 불러 우하귀 굳힘(▲)의 발전성을 스스로 퇴색시키는 이적행위가 된다. a의 허점까지 남아있다.

3도 (무난한 흐름)

경과도 백10으로는 백1로 두칸 벌리는 것이 사실 무난하다. 흑2로 받아준다면 백3으로 달려 아주 유연한 흐름인데~

4도 (흑, 기분 좋은 포진)

백1에는 흑2의 마늘모로 받는 것이 실리에 민감한 응수. 그러면 백5까지가 예상되는데, 장차 흑a, 백b, 흑c로 봉쇄하며 우하 일대를 키우는 기분 좋은 수단이 남은 만큼 흑이 약간 즐거운 포진이다.

그래서 최근에는 백1의 완만한 벌림이 잘 쓰이지 않는 것이다.

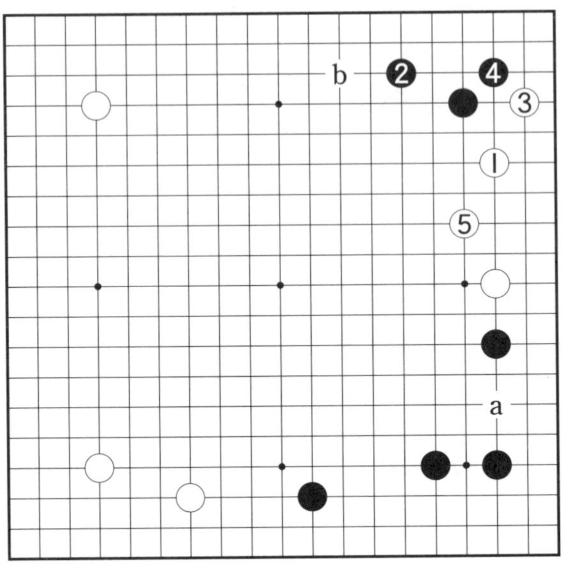

5도

5도 (백, 만족)

이때는 백1로 걸쳐가며 최대한 벌리는 것이 현대적인 적극수법이다. 이때 흑2, 4로 고분고분 받아주는 것은 백3, 5로 이상형을 갖추며 견실하게 안정하여 백의 만족이다.

허약했던 백진이 이렇게 견실해지면 a의 허점과 b의 다가섬이 강렬하게 부각되므로 흑 실패.

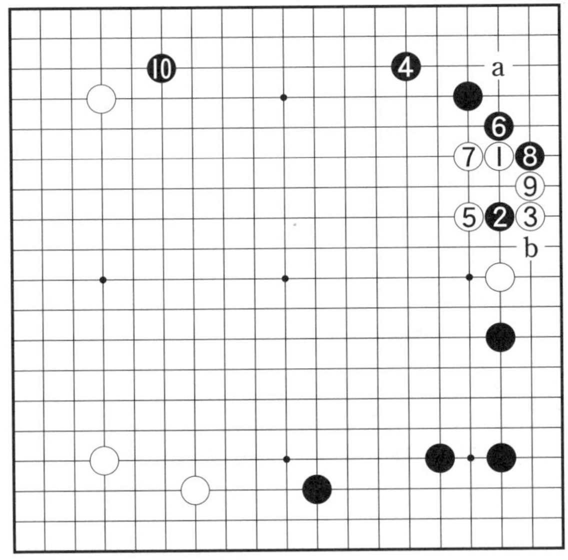

6도

6도 (옛 정석)

백1에는 일단 흑2로 뛰어드는 것이 기세. 이때 백3으로 붙이면 9까지 옛 정석(흑8은 선수로 a의 약점을 완화시키려는 뜻).

이 결과는 백이 좀 중복되고 발 느린 자세여서 요즘엔 잘 쓰지 않는다. 그렇다고 백5를 손빼고 다른 곳에 향하는 것은 흑9나 b의 준동이 강력해 백이 엷은 모습.

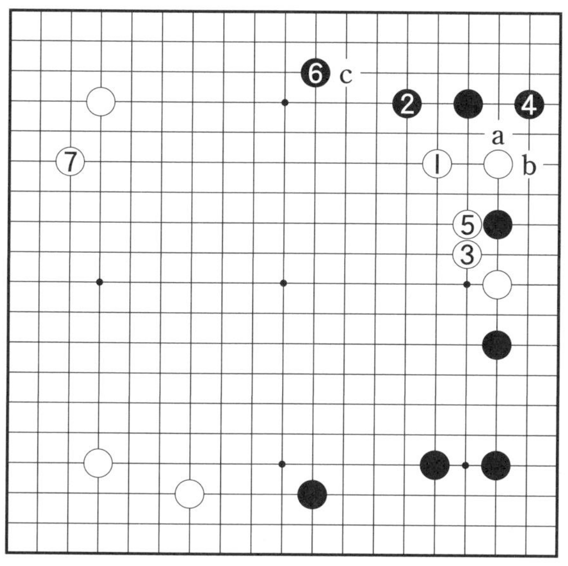

7도

7도 (흑, 후수)

백1로 뛰는 수가 많이 쓰인다. 이때 흑2의 한칸으로 받으면 백3으로 제압하고 이하 흑6까지가 정석. 흑의 실리도 크지만, 백도 두터운 자세여서 호각(흑4로 a에 선수하고 백 b 때 흑6으로 벌리는 수도 있다). 그런데 흑 후수가 마음에 걸린다. 흑6을 손 빼면 백c의 다가섬이 통렬하다.

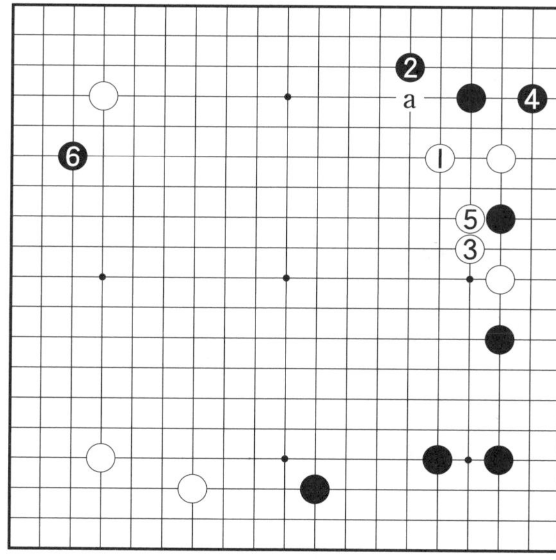

8도

8도 (흑, 선수를 뽑다)

그래서 흑은 a가 아니라 2의 날일자로 받는 수가 개발되었다. 이때도 만약 백3으로 제압한다면 흑4, 백5로 정석을 마무리 짓고 다른 큰 곳에 선착한다.

즉, 여기서는 흑이 선수로 우상귀를 튼실하게 마무리 지었다는 점이 7도와는 다른 점이다. 따라서 흑 만족.

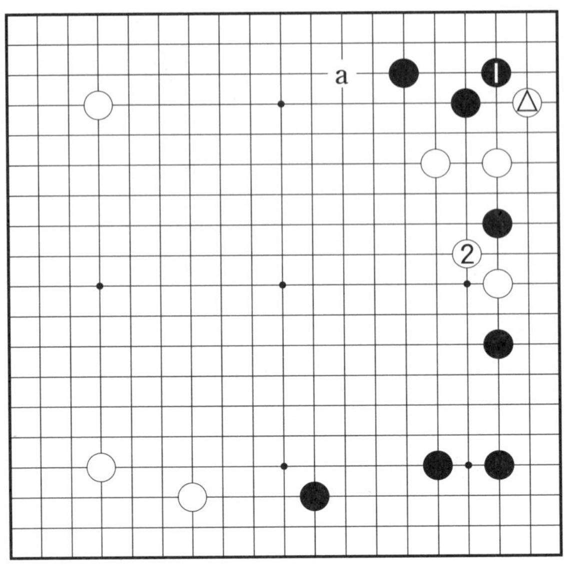

9도

9도 (백, 만족)

그래서 백도 2로 그냥 잡지 않고 △(장면도 백6)로 반발하는 수가 등장했다.

　이때 순순히 흑1로 응해준다면 백2로 잡아 이것은 백이 실리로도 이득이며, 장차 a의 다가섬이 위력적이어서 백이 만족스럽다. 즉, 흑1은 백의 주문에 따르는 패기부족이다.

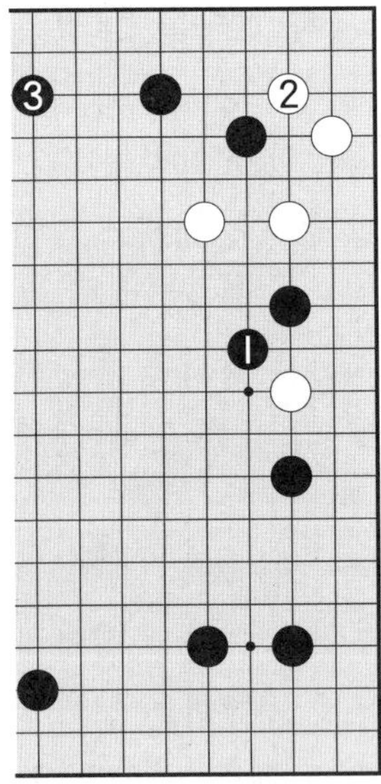

〈실전도〉

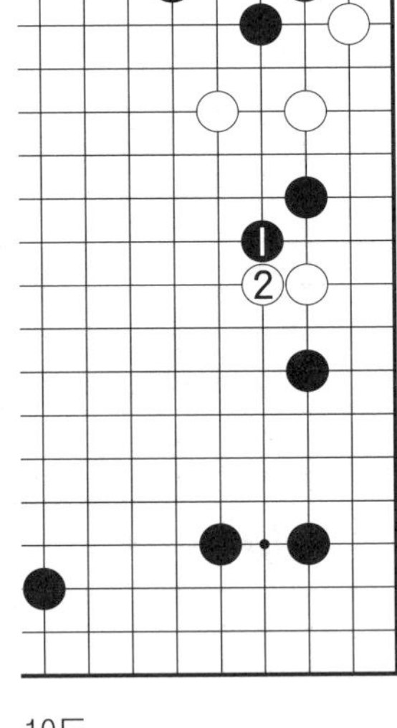

10도

실전도 (필연의 반발)

따라서 흑1로 돌출하여 백을 갈라놓은 것이 기세. 백2로 반발하는 것은 당연하며 흑3도 정수.

10도 (백, 손따라 받기)

흑1 때 백2로 덥석 받는 것은 대책 없는 손따라 받기로 흑3을 당해 일순 백이 곤경에 처한다. 흑1, 백2의 교환자체로 이미 백은 양분되어 있지 않은가.

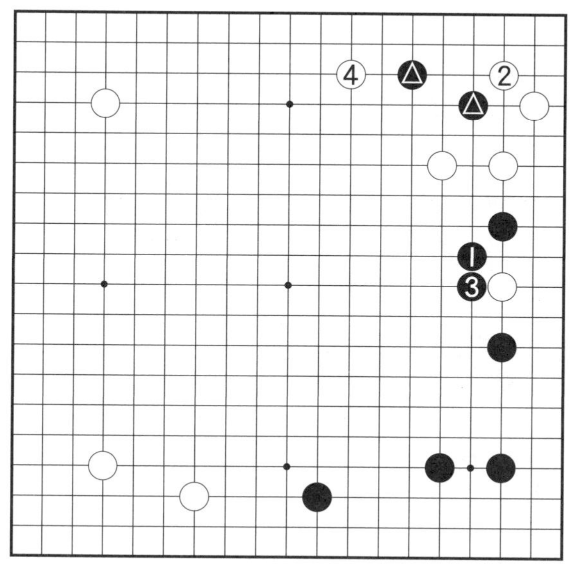

11도

11도 (흑, 성급)

또한 백2 때 흑3으로 제압하는 것은 우변 쪽만을 놓고 볼 때는 개운하기 그지없다.

하지만, 백4를 허용하면서 ▲들이 심하게 핍박당해 대세를 그르칠 우려가 높다.

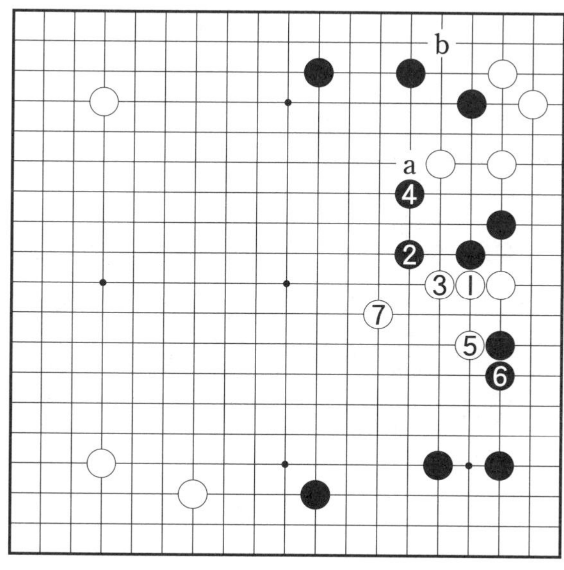

12도

12도 (최신정석 완결)

실전도 이후 백은 1로 움직여 나오는 것이 보통. 그러면 이하 백7까지가 거의 필연이다.

상대에게 능률적인 자세를 허용치 않겠다는 쌍방의 필연적 반발수순이 거듭 이어진 끝에 뜻밖의 최신정석이 탄생한 셈이다. 향후 a와 b가 쌍방 쟁탈의 요소로 부각된다.

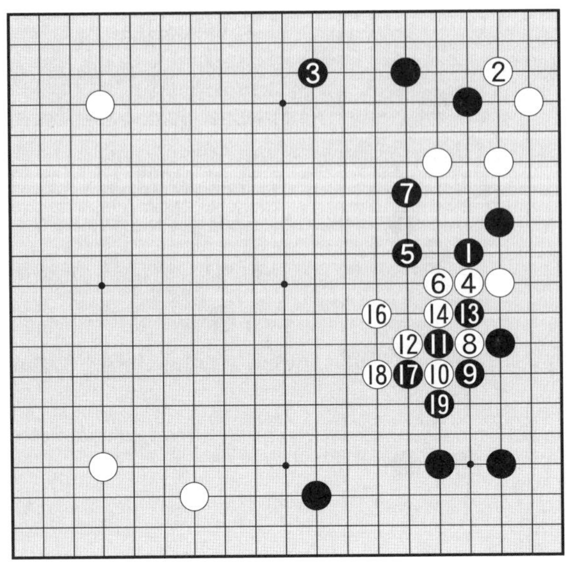

<실전진행>

15··**8**

실전진행 (기세의 맞대결)

흑1로 머리를 내밀자 이
하 7까지 순식간에 외길
수순이 이어졌다.

이후 백8로 준동하여
흑19까지 쌍방 기세의 맞
대결이 펼쳐졌는데, 백도
두텁게 수습에 성공했으
며, 흑도 우하귀 일대에
큰 집을 굳혀 불만이 없
다. 호각의 절충이라고
하겠다.

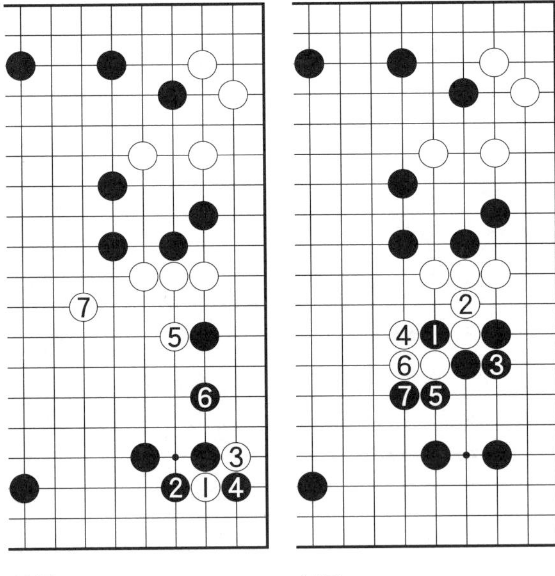

13도

14도

13도 (백의 별책)

실전진행 백8로는 먼저
백1, 3으로 우하귀에 뒷
맛을 남긴 다음 백5, 7로
수습해 가는 것이 좀 더
묘미 있는 수법이었다.

14도 (빈삼각의 속수)

흑1(실전진행 흑11)로 몰
때 백2로 잇는 것은 빈삼
각의 우형을 자초하는 속
수이다. 흑7까지 미생마
로 심하게 몰려 대세를
그르친다.

효율적인 3·三 처리

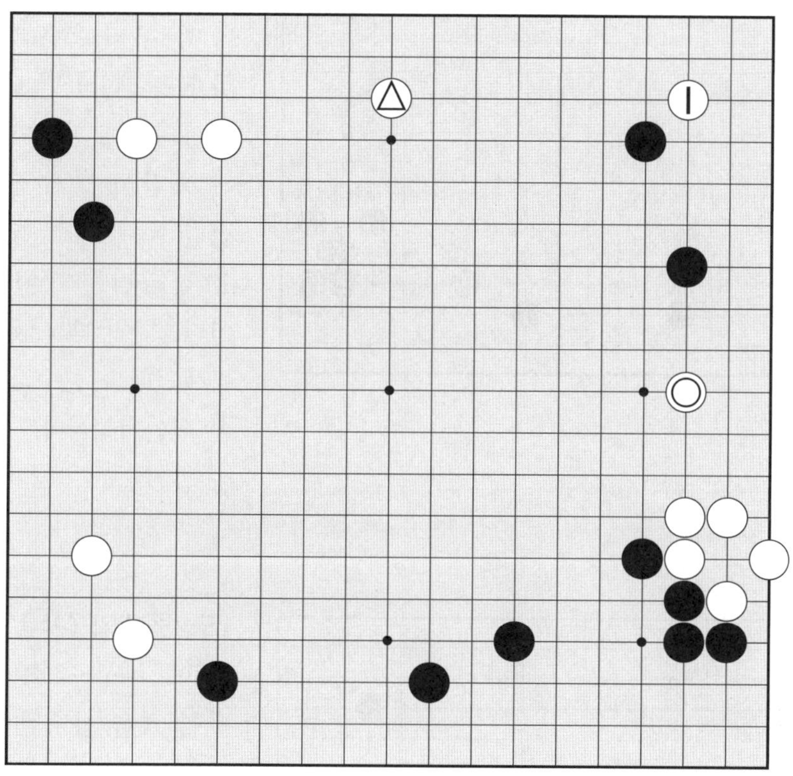

선택의 기로

우하귀의 정석이 일단락되고 백1로 3·三 침입해온 장면.

주변에 △와 ◎가 버티고 있어 흑의 응수가 쉽지 않은데, 가장 효율적인 처리방법을 생각해보자.

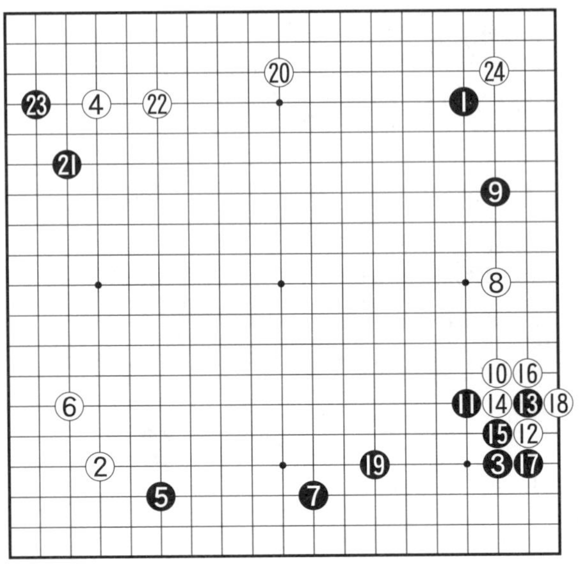

〈경과도〉

경과도(1~24)

32기 왕위전 도전1국으로 조훈현 9단(흑)과 이창호 9단의 실전이다.

　백8부터 흑19까지는 한때 각광받았던 미니중국식의 새로운 수법. 우하 흑집이 크게 굳어진 만큼 흑이 다소 기분 좋은 결과라는 것이 정설이다. 다만 백도 두터운 자세인데다 선수라는 점이 위안거리이다.

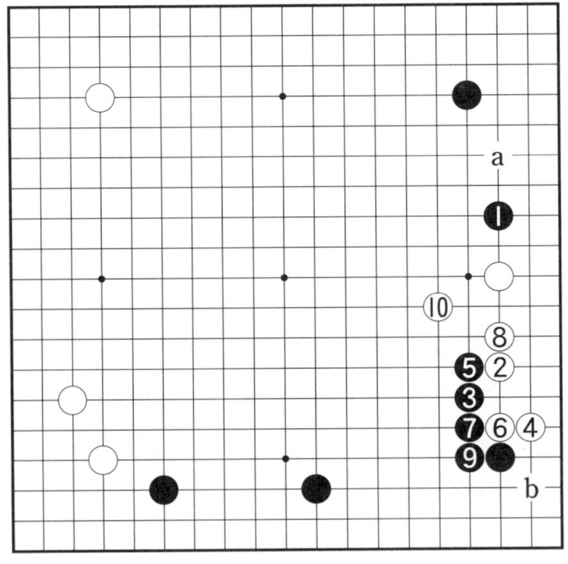

1도

1도 (종래의 정석)

경과도 흑9~13은 조 9단이 처음 시도한 신수. 얼마 전까지는 흑1로 바짝 다가선 다음 흑5로 눌러 이하 백10까지 진행되는 것이 한동안 유행하던 정석이었다.

　그런데 이 모습은 a의 허점과 b의 뒷문이 열려 있어 흑이 실리 면에서 허술한 것이 취약점이다.

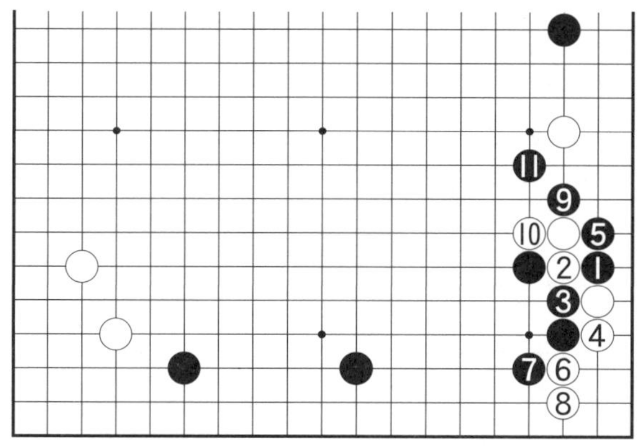

2도

2도 (백, 무모한 반발)

흑1(경과도 흑13)의 건너붙임에 백2, 4로 반발하는 것은 무리. 이하 11까지 우변이 모두 흑의 수중에 들어가 일거에 대세가 기울어버린다.

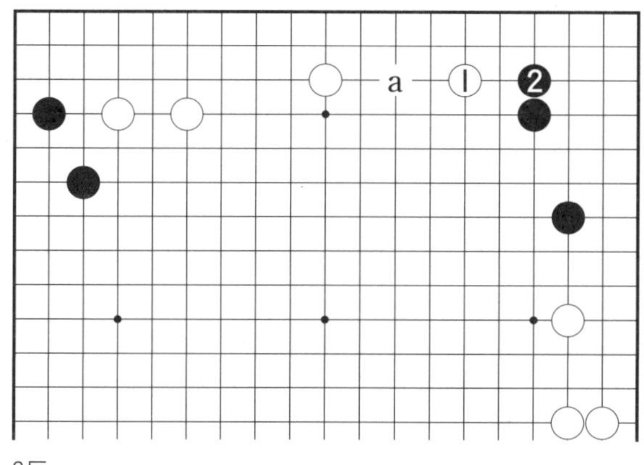

3도

3도 (백, 이상감각)

경과도 백24의 3·三 침입은 최선이다. 이 수로 백1로 걸치는 것은 이상감각. 흑2로 견실하게 받아두면 귀의 흑 실리가 큰데다 백은 a의 약점이 남아 불만이다.

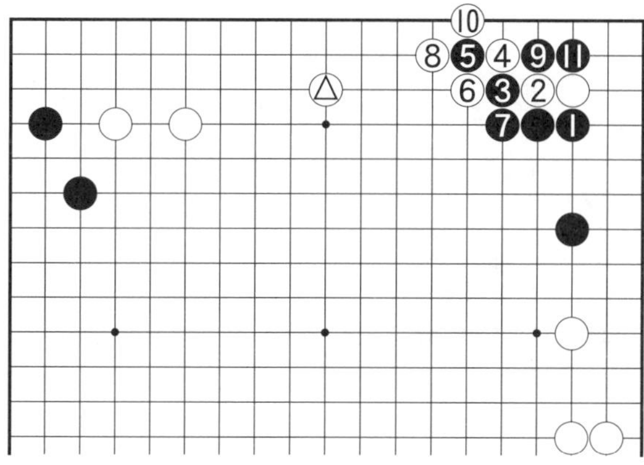

4도

4도 (간명한 처리)

백의 3·三 침입에 가장 간명한 상용의 처리법은 흑1로 막아 3, 5로 이단 젖히는 것. 흑11까지 짭짤한 실리를 차지할 수 있다. 그러나 이 결과는 백도 △와 호응한 이상적인 자세여서 불만 없다.

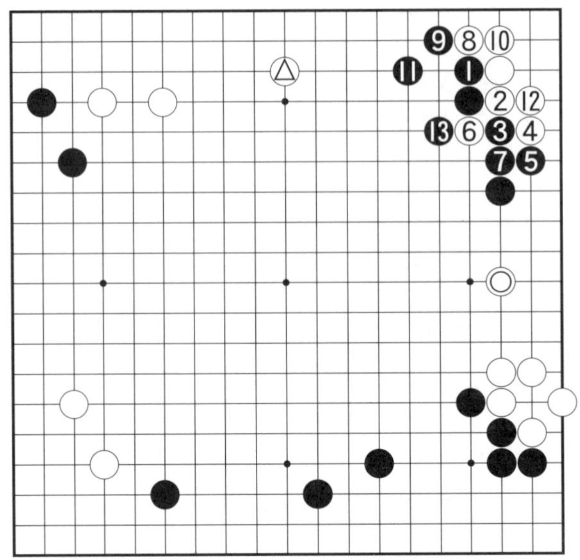

5도

5도 (흑, 최악의 선택)

흑1쪽으로 막는 것을 생각해 보자. 그런데 백2 때 흑3으로 젖히는 것은 배경을 도외시한 무책.

이하 13까지 되고나면 흑은 후수를 뽑은 데다 애써 쌓은 두터움이 △와 ◎에 막혀 빛을 잃어 크게 불만이다.

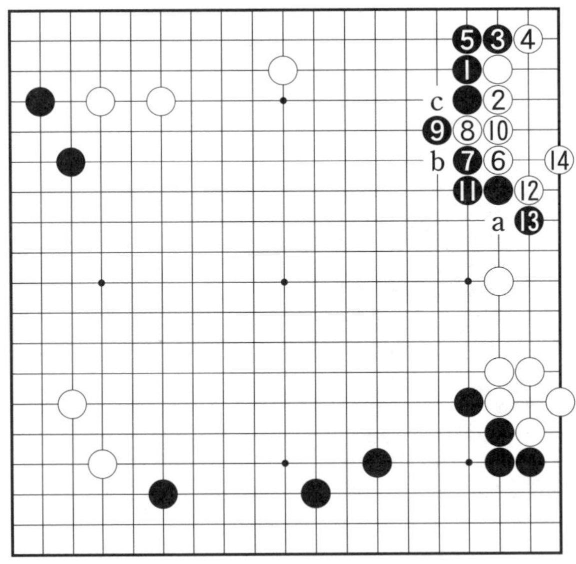

6도

6도 (흑, 엷다)

그렇다면 흑3, 5로 젖혀 잇는 것은 어떨까?

그러면 이하 백14까지가 필연인데, 흑의 외곽에 a, b, c 등 매듭이 많이 남아 엷은 모습. 따라서 흑이 미흡하다.

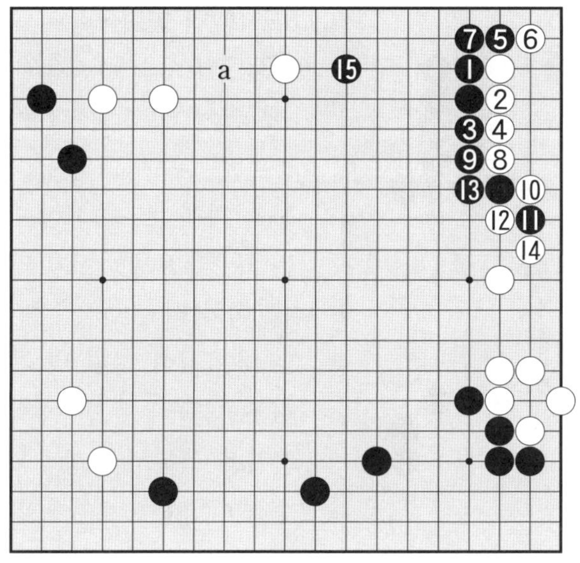

〈실전도〉

실전도 (두터움+선수)

여기서는 흑3으로 하나 늘어둔 다음 백4를 기다려 흑5, 7로 젖혀잇는 것이 좋은 수법이다. 이어 백8, 10에는 흑11, 13의 이단젖힘의 후속 맥점으로 선수로 등을 두텁게 한 뒤 흑15로 벌려 갈 수 있다.

다음 a의 약점까지 노려 흑이 능률적으로 처리한 결과. 게다가~

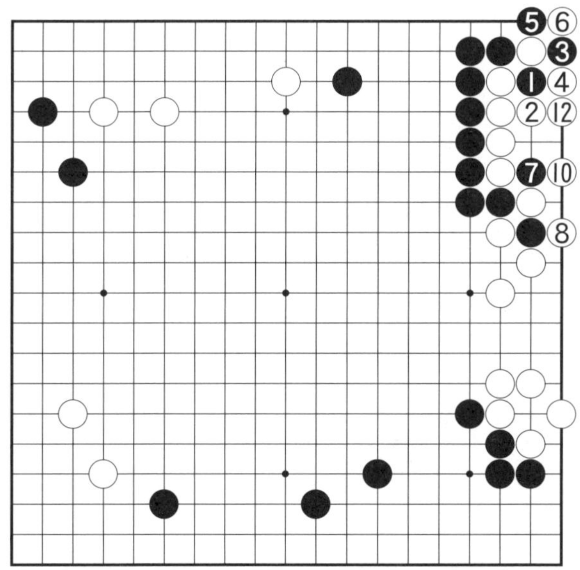

7도

7도 (끝내기 보너스)

실전도의 우상 백진에는 훗날 흑1로 끊어가는 뒷맛이 남아있는 것도 흑의 자랑이다. 이하 12까지 흑은 적지 않은 끝내기 부수입을 올릴 수 있다.

수순 중 백4로 5의 곳에 빠져 버티는 것은 흑7, 백8 교환 뒤 흑12로 젖혀 백 전체가 걸린 꽃놀이패가 되므로 백 무리이다.

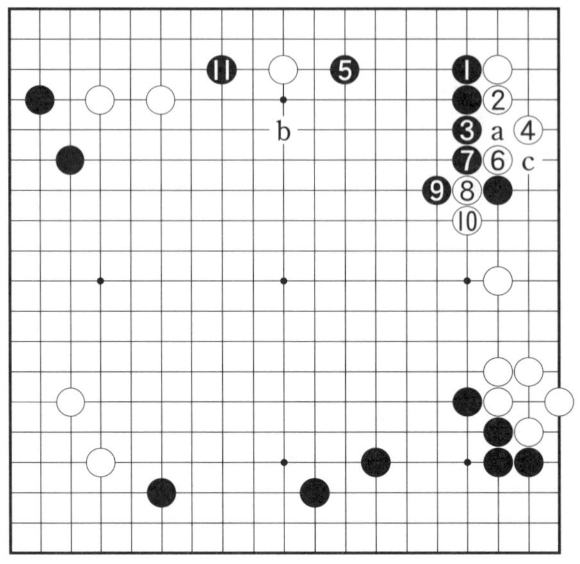

8도

8도 (백의 변화구)

실전도의 수순 중 흑3 때 a로 밀지 않고 백4로 마늘모하는 수가 백의 유력한 변화구. 그러나 이때는 흑5로 벌려 나쁘지 않다. 이어 백6, 8에는 흑9로 아낌없이 버린 뒤 흑11로 침공해 우변 쪽의 손실을 충분히 보상받을 수 있다. 백6으로 b에 뛰어 지키면 흑c로 우상쪽을 두텁게 한다.

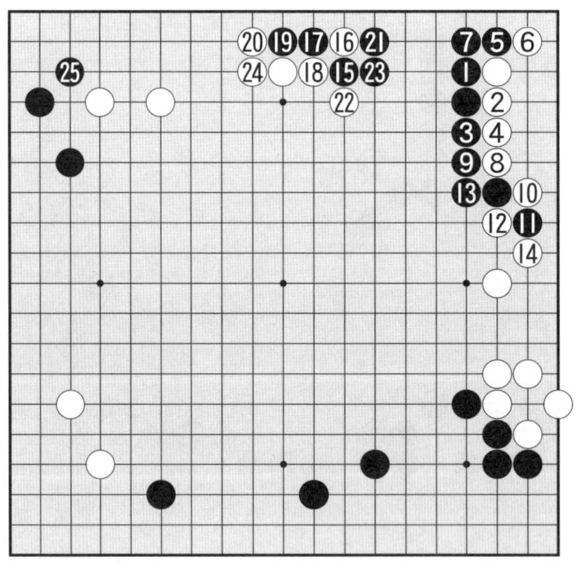

〈실전진행〉

실전진행 (흑, 리드)

흑1로 막아 이하 15까지는 일사천리의 진행.

백은 16으로 붙여 상변의 약점을 효과적으로 커버하려 했지만, 흑19의 반발이 성립해 24까지 선수로 이득을 취하고 25에 선착해 흑이 발빠른 포석이다.

다가섬을 유혹하는 손짓

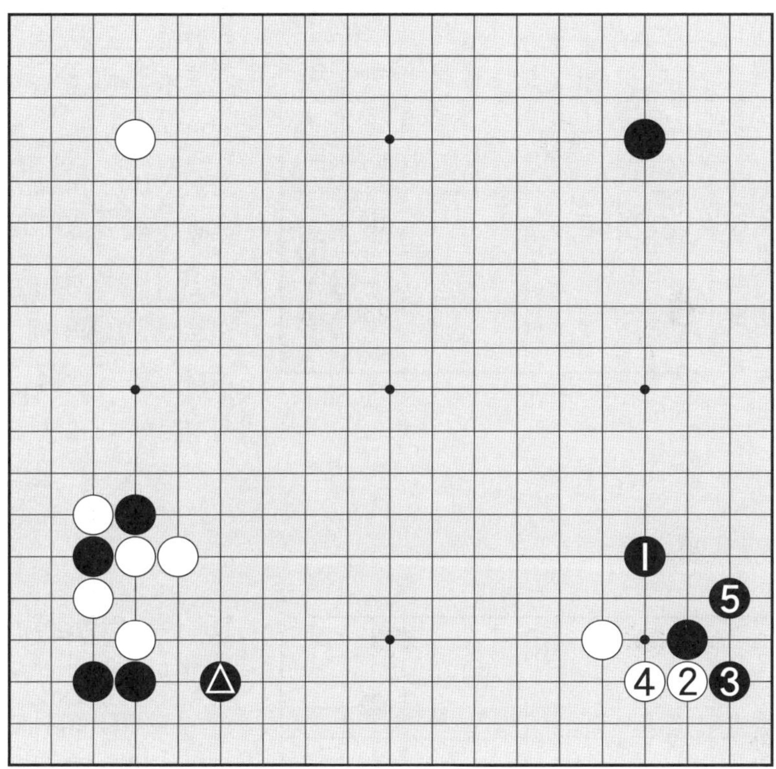

선택의 기로

흑1부터 5까지는 지극히 평범한 기본정석의 수순. 그런데 이때가 백으로서는 책략이 좀 필요한 순간이다.

◆가 머리를 내밀고 있는 하변 쪽에 평범하게 전개하는 것은 내키지 않으며, 무엇보다도 한시바삐 좌변 쪽을 두고 싶은데~, 뭔가 좋은 방법이 없을까?

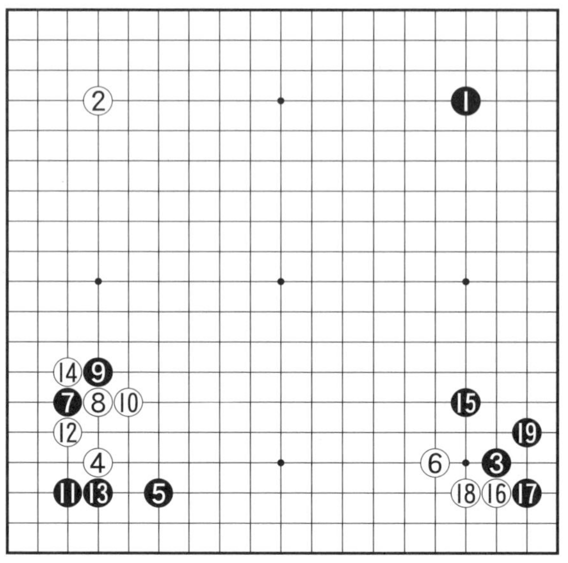

<경과도>

경과도(1~19)

중국의 첸위핑(錢宇平) 9단(흑)과 조훈현 9단이 벌인 6기 동양증권배 세계선수권 8강전이다.

흑5에 백6으로 맞걸침해 간 것은 하변 쪽에서 흑이 미니중국식 등으로 주도권을 행사할 소지를 미연에 방지하는 적극책으로 조 9단의 애용수법이다. 흑7~백14는 양걸침정석의 대표형.

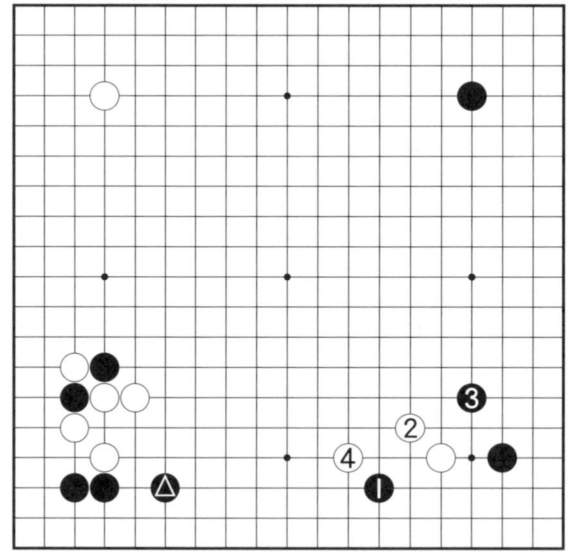

1도

1도 (흑, 이상감각)

경과도 흑15에 주목하자. 이 수로 흑1 따위로 협공하는 것은 왼쪽에서 낮게 머리를 내밀고 있는 ▲를 도외시한 이상감각. 백4를 당하고 나면 흑은 저위 편재를 자초한 격이다. 따라서 지금은 오히려 가치가 작은 하변 쪽으로 백돌이 흐르도록 유도하는 것이 올바른 발상이다.

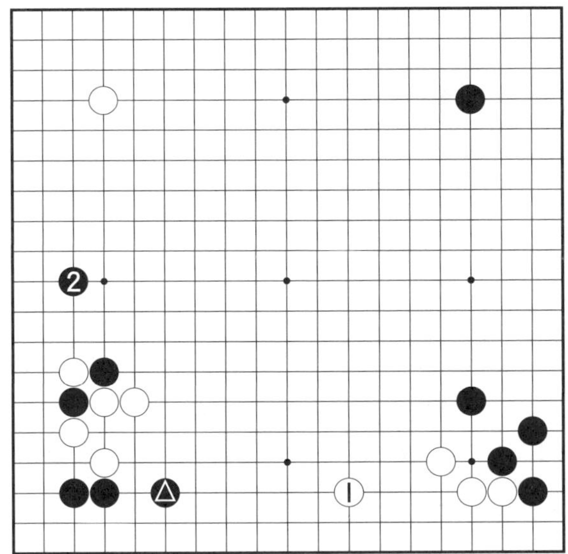

2도

2도 (너무 밋밋하다)

장면도 다음 정석을 마무리 짓는 수는 당연히 백1이다. 그러나 여기서는 너무 밋밋해 책략부족.

앞서 지적했듯 하변은 ▲ 때문에 가치가 떨어진다. 이제 흑에게 좌변을 선점당하면 백 불만.

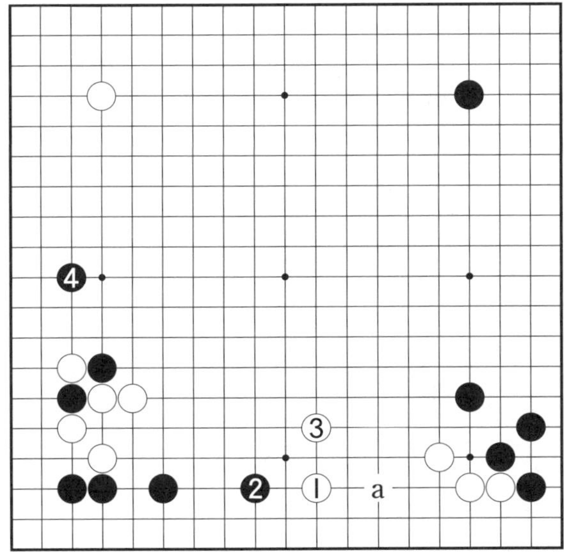

3도

3도 (백, 무책)

백1로 세칸 벌리는 것은 흑2의 다가섬이 안성맞춤이어서 2도보다도 더 나쁘다. 백3의 보강이 불가피할 때(생략하면 흑a의 침공이 너무 통렬) 흑4면 흑이 양쪽을 다 둔 모습.

백은 가치가 작은 하변에서 머뭇거리다 대세에 뒤진 꼴이다.

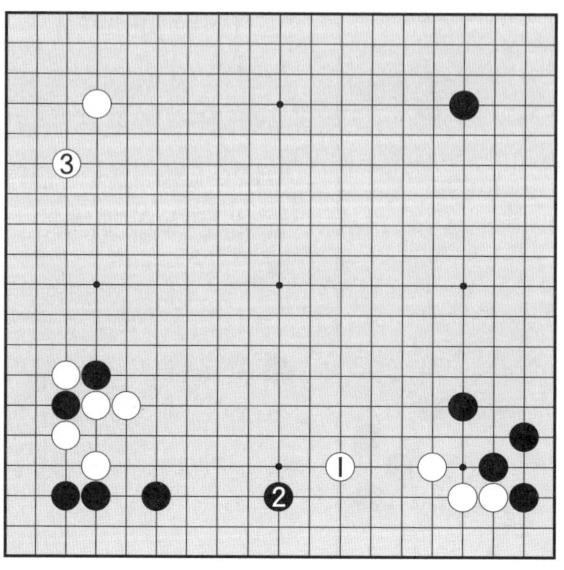

〈실전도〉

실전도 (멋진 유인책)

여기서는 백1로 높게 벌리는 수가 재미있는 수. 이 수는 짐짓 턱밑의 급소(흑2의 곳)를 노출시켜 흑2의 다가섬을 유인한 뒤 좌변의 요소로 선행하겠다는 책략이 담긴 임기응변이다.

흡사 가드를 내리고 유혹하는 무하마드 알리의 수법이라고 할까.

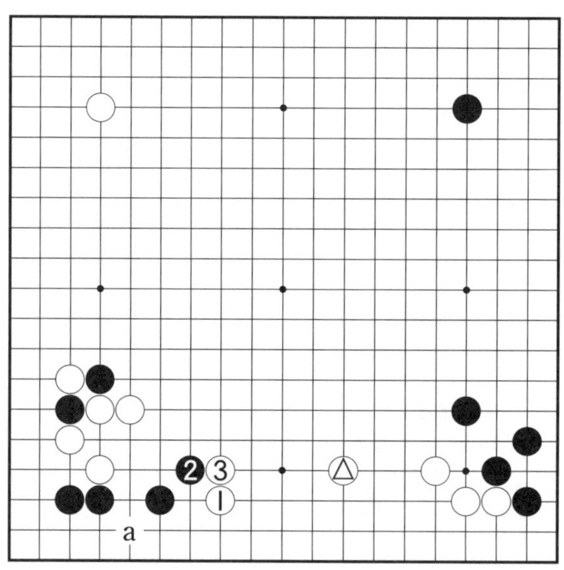

4도

4도 (백, 이상형 구축)

△는 다음 백1의 다가섬이 좌하 흑에 선수로 듣는다는 사실을 고려해 고저의 균형을 맞춘 점이다. 흑2로 방어(손빼면 백a의 치중이 통렬)하면 백3으로 밀어올려 하변을 이상형으로 구축하는 것이 멋진 후속타.

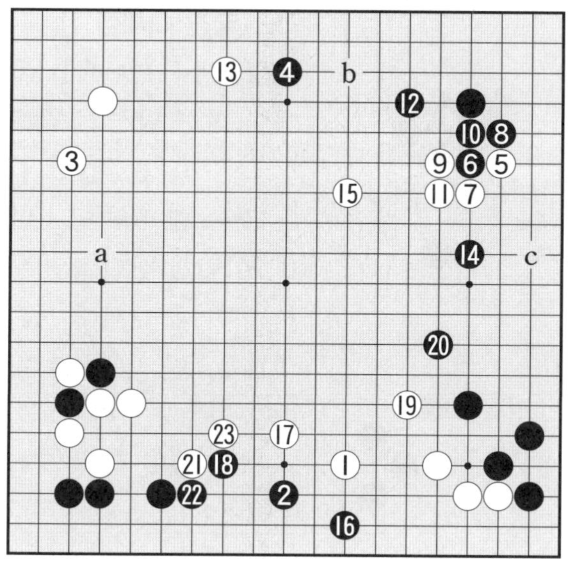

〈실전진행〉

실전진행 (백, 대세 리드)

백1에 흑은 2로 다가왔다. 덕분에 백3의 요소를 차지한 백은 이후에도 흑16의 완착을 틈타 백17~23으로 하중앙을 두텁게 봉쇄하여 일찌감치 우위에 섰다. 다음 a의 구축, b의 침입이 거의 맞보기여서 백이 재미있는 포석. 우변 흑진은 c쪽의 뒷문이 열려있어 보기보다 크지 않다.

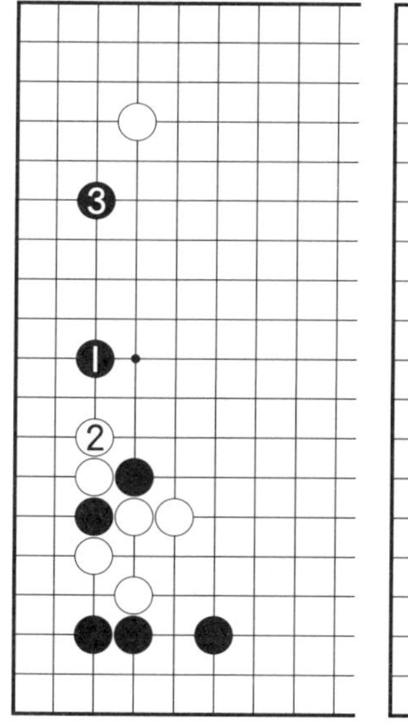

5도

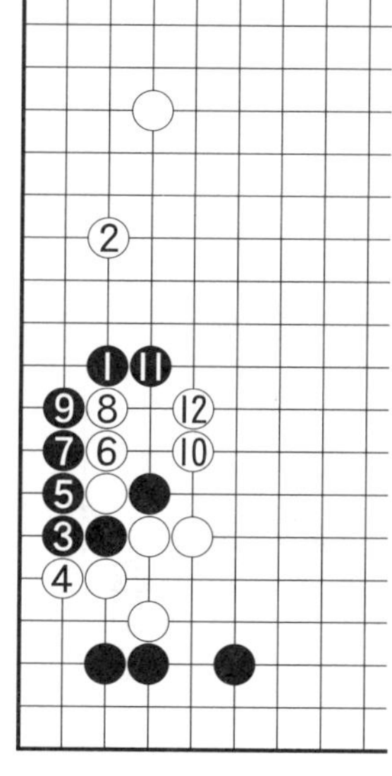

6도

5도 (흑의 최선)

실전진행 흑2로는 4도를 당하는 한이 있어도 일단 흑1로 갈라치는 것이 냉정한 태도였다. 다음 백2에는 흑3의 걸침 겸 전개가 제격.

6도 (흑, 만족)

흑1 때 백2쪽에서 다가서는 것은 흑3이 통렬한 맥점으로 이하 11까지 가볍게 수습해 만족스럽다.

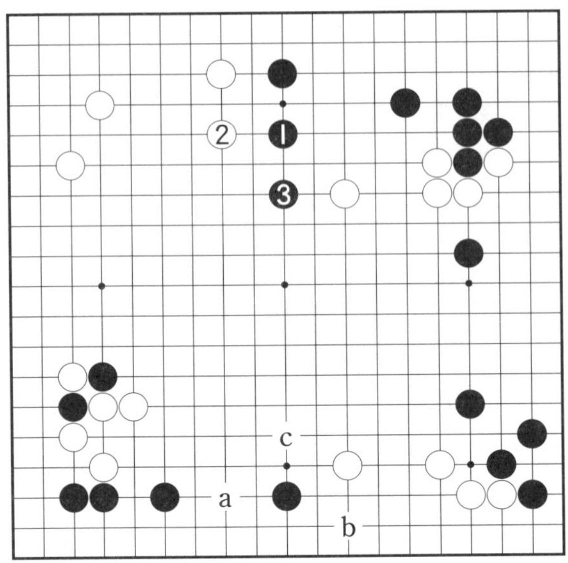

7도

7도 (놓친 대세점 1)

실전진행 흑16은 지나치게 실리를 밝힌 소탐대실. 이 수로는 흑1로 뛰는 것이 대세의 급소였다. 이렇게 상변을 키우며 우변 백 대마 공격을 엿보았으면 백은 a로 뛰어들 여유가 없다.

또한 흑이 하변 쪽을 두려면 b로 길 것이 아니라 차라리 c로 뛰어두는 것이 의연한 자세였다.

8도 (놓친 대세점 2)

실전진행 흑18은 손따라 둔 무책. 먼저 흑1, 백2를 교환해둘 찬스(백2를 손빼면 흑a가 성립). 그랬으면 우변 흑진의 규모가 다르고 백 대마도 미생이어서 실전과는 큰 차이가 난다. 흑은 △의 변칙수에 현혹되어 하변 쪽에 너무 집착하다 대세를 그르친 셈이니 역설적으로 △는 우세 장악의 견인차가 된 셈이다.

8도

세력을 파괴한 임기응변

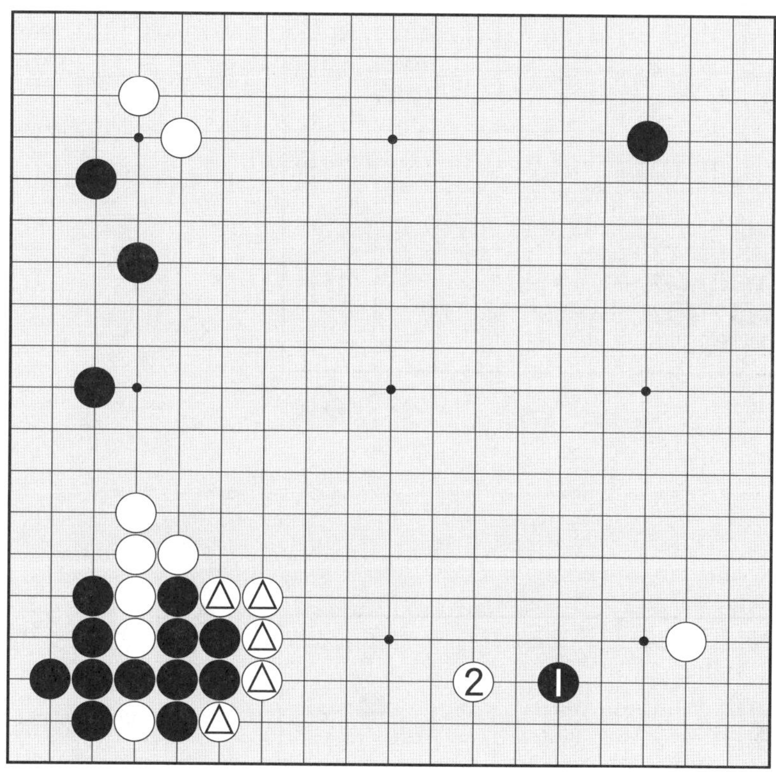

▨ 선택의 기로

국면의 초점은 하변. 실리가 충분한 흑은 △의 막강 세력을 적절히 견제하는 것이 지상과제이다.

백2로 협공해온 장면에서 그 소기의 목적을 달성시키는 응수는 무엇일까?

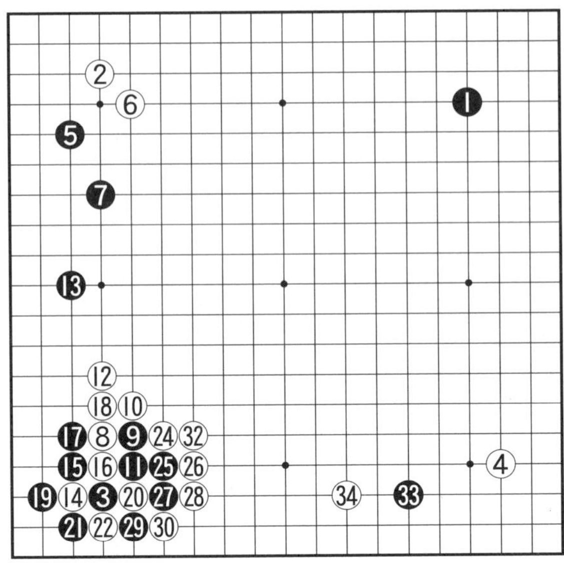

〈경과도〉

㉓…⑭ ㉛…⑳

경과도(1~34)

33기 국수전 도전1국으로 조훈현 9단(흑)과 이창호 당시 4단의 실전이다.

백8과 14가 주변 상황에 걸맞지 않은 이상감각으로 이하 32까지의 결과는 흑이 유리한 절충이다.

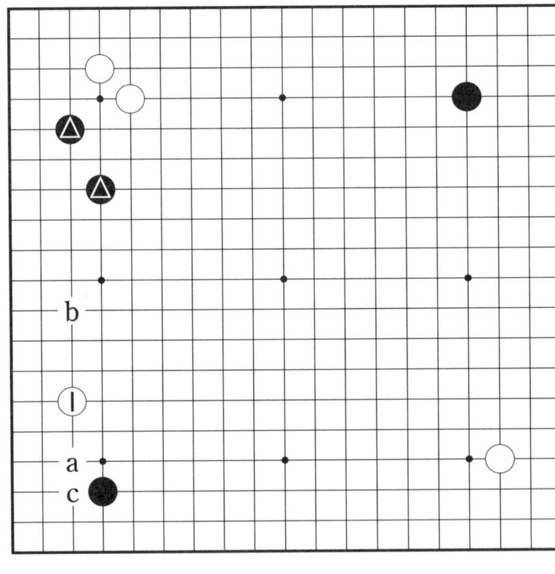

1도

1도 (눈목자가 적절)

경과도 백8로는 좌상쪽의 배석관계상 백1의 눈목자 걸침이 좋았다.

다음 흑a로 받아주면 백b로 벌려 쉽게 안정하며 ▲들을 무색하게 만들고, 흑b로 협공하면 백c로 붙여 가볍게 수습할 수 있다.

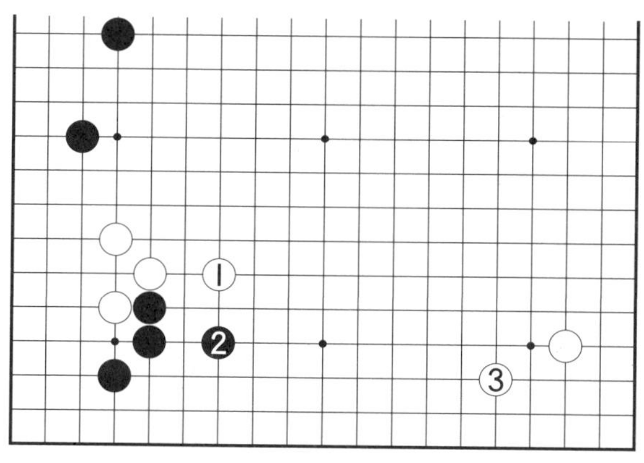

2도

2도 (적절한 선택)

축이 불리한 상황에서 경과도 백14로 붙여간 것은 방향착오로 실리의 손실이 컸다. 따라서 이 수로는 그냥 백1로 뛰어두고 선수를 잡아 백3의 큰 곳으로 달려가는 발빠른 운석이 좋았다.

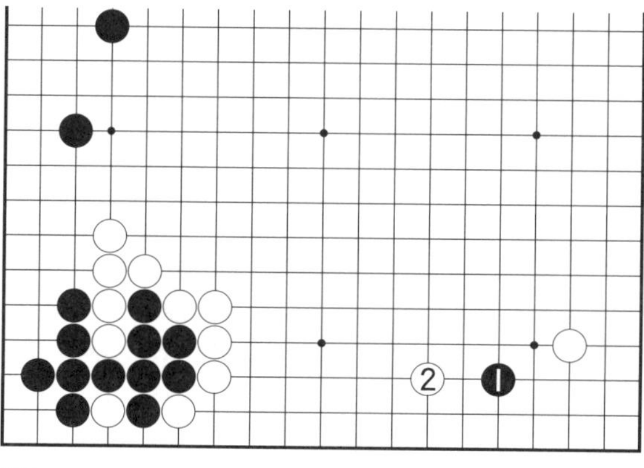

3도

3도 (잘못된 걸침)

경과도 흑33의 눈목자 걸침은 왼쪽 백 세력을 의식한 수. 평범하게 흑1로 날일자 걸침을 하는 것은 백2의 협공이 빛난다.

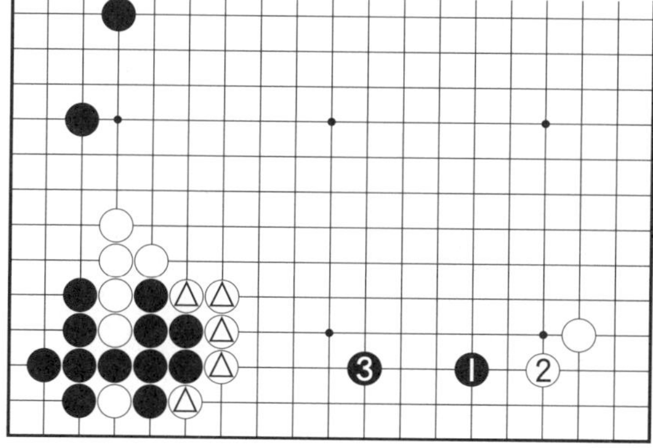

4도

4도 (흑의 주문)

따라서 흑1의 완만한 걸침이 백세의 위력을 완화시키는 최선책. 이때 백2로 받아주는 것은 흑3으로 쉽게 안정하며 △가 무색하게 되어 백 불만. 따라서 경과도 백34의 협공 또한 당연하다.

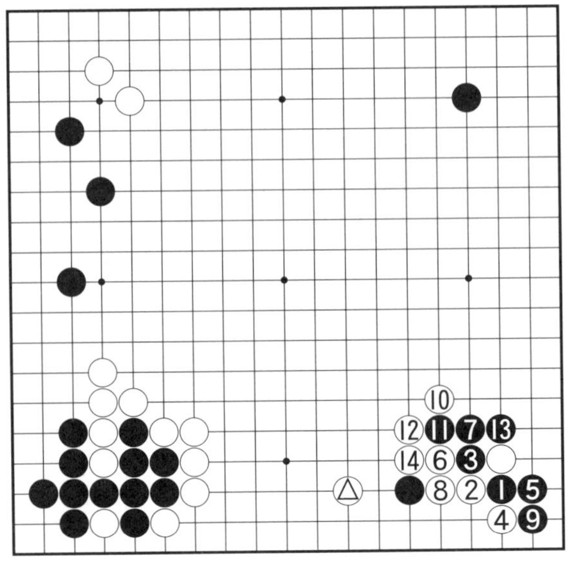

5도

5도 (백, 이상형 구축)

본론으로 들어가서~

△의 협공에 상식적인 응수는 흑1의 붙임. 그런데, 여기서는 백10의 씌움이 빛나 하변에 백진이 입체화된다.

흑도 실리가 충실한데다 선수여서 못 둘 바는 아니지만, 어쨌든 백에게 이상형을 제공한다는 점에서 피하고 싶다.

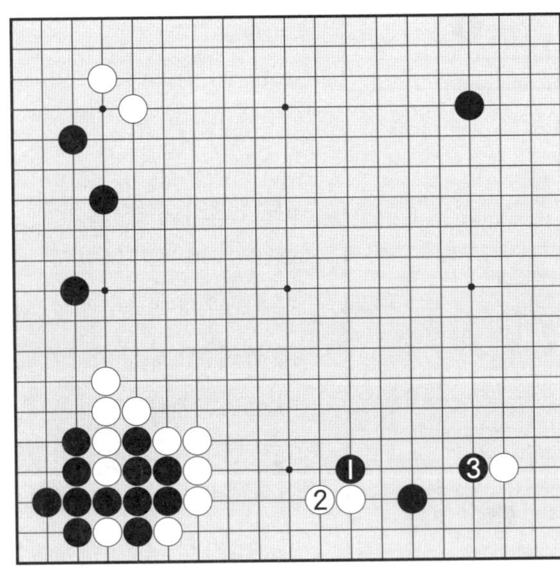

〈실전도〉

실전도 (임기응변)

여기서는 흑1, 백2를 교환한 뒤 흑3으로 붙여가는 것이 순발력 넘치는 임기응변이다.

이 수는 흑말을 자체 수습하며 5도를 피하겠다는 뜻으로 특히 미리 활용해둔 흑1이 백진의 규모를 제한하며 흑말의 안형에 큰 도움을 주고 있는 데 주목하자. 계속해서~

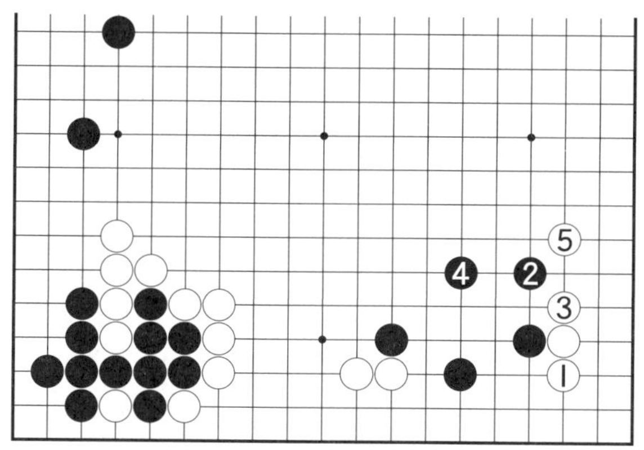

6도

6도 (가벼운 수습)

백1로 늘어받으면 흑2, 4가 행마의 틀. 이로써 탄력을 갖추며 가볍게 수습하는 모양이다.

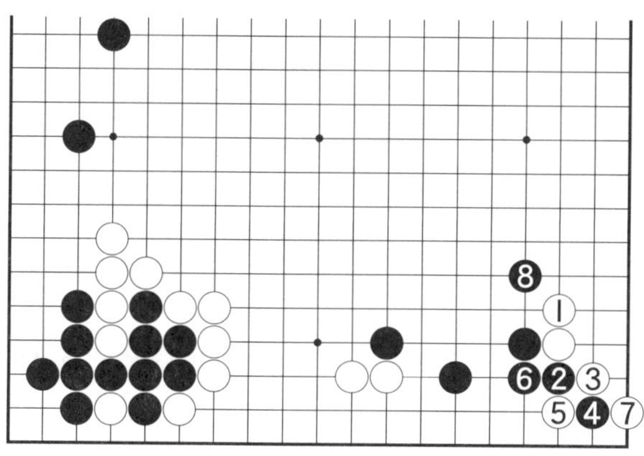

7도

7도 (타개의 맥점)

또한 백1쪽으로 는다면 이때는 흑2, 4의 이단젖힘이 상용의 맥점으로 역시 가볍게 타개할 수 있다.

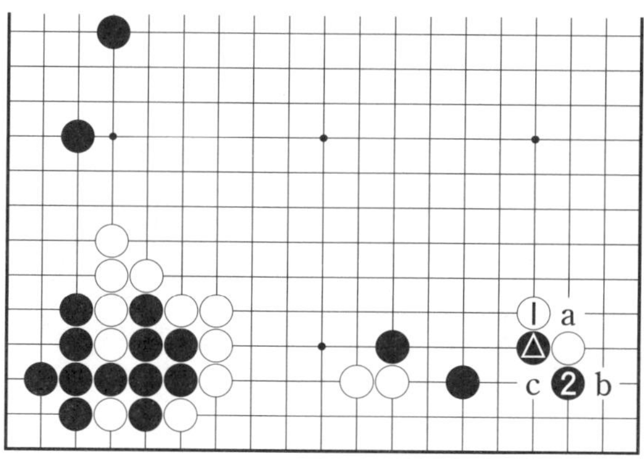

8도

8도 (되젖힘의 맥)

백1의 젖힘에는 흑2의 되젖힘이 맥으로 역시 쉽게 수습한다. 다음 백a나 b에는 흑c로 가뿐히 안정. 결국 ▲의 맥점에 백은 뚜렷한 반발수단이 없다는 결론이다.

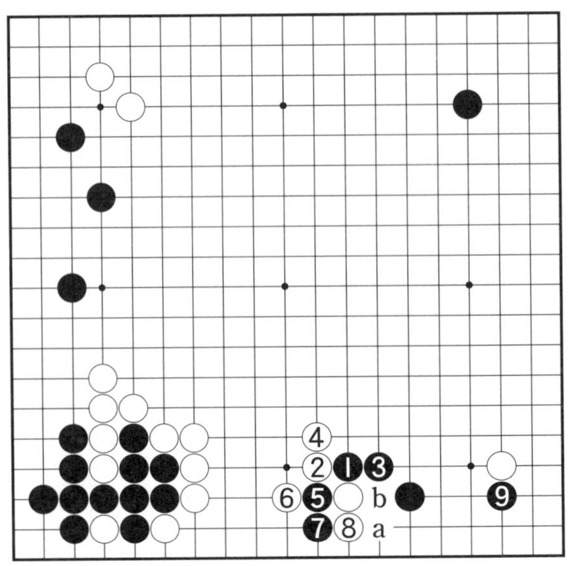

9도

9도 (더욱 손쉬운 타개)

거슬러 올라가 흑1로 붙일 때 백2, 4로 받는 것은 흑을 거들어주는 악수. 흑5로 끊을 때 백6, 8이면 두점은 잡을 수 있지만, 대신 흑a와 b가 모두 선수여서 흑9로 6~8도보다도 흑의 수습이 더욱 용이해진다. 그렇다고 흑3 때 백5로 잇는 것은 왼쪽 백세와 심한 중복이라 역시 백 불만.

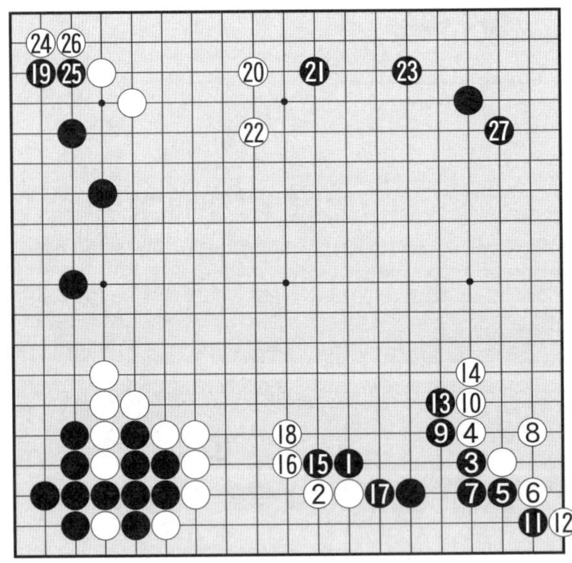

〈실전진행〉

실전진행 (흑, 우위 확립)

흑3에 백은 4, 6으로 맞섰으나, 흑5~17로 크게 살아버리니 하변 백진이 심하게 중복된 모습.

선수마저 잡아 흑19에 선착해서는 일찌감치 흑 우세. 이어 흑21, 23, 27의 요소를 거푸 차지하여 흑의 일방적인 포석이 되었다.

3·三의 취약부를 찌르다

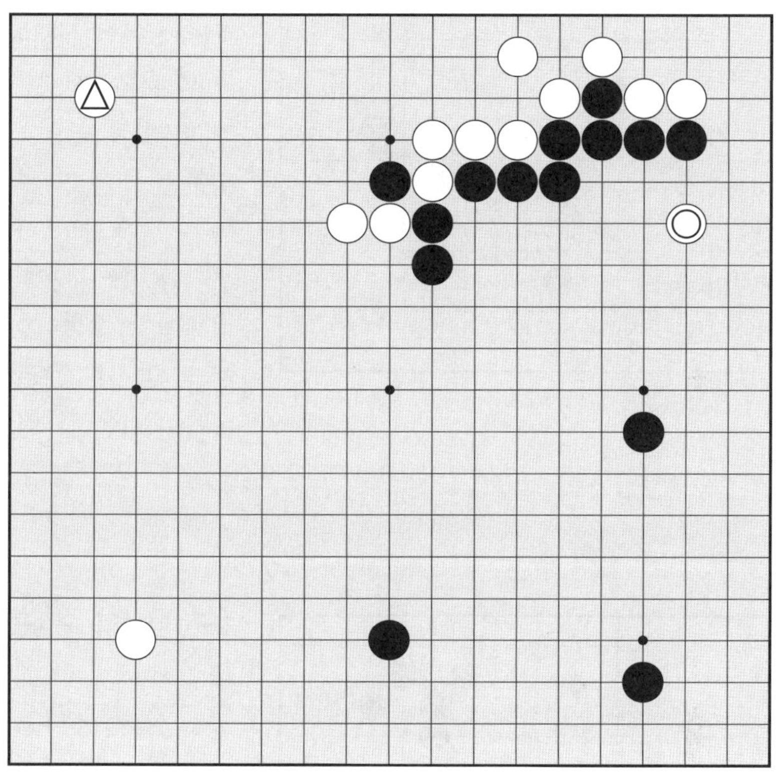

▨ 선택의 기로

우변 흑진과 상변 백진의 모양대결 양상. 우변 흑진은 ◎의 준동여지가 남아 아직 집이 아니다.

자, 여기서 흑은 과연 어떤 작전을 펼 것인가? 확장인가, 삭감인가가 고민스러운 장면이다. 힌트라면 좌상귀(△)가 3·三이라는 점이다.

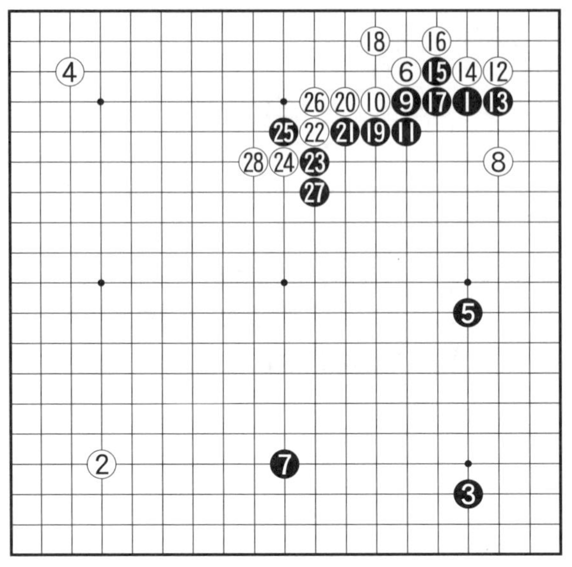

〈경과도〉

경과도(1~28)

78년 한·일 정상 특별대국으로 벌어진 조훈현 9단(흑)과 후지사와(藤澤秀行) 9단의 실전이다.

후지사와 선생은 알려진 바대로 조 9단이 존경하는 실전 스승. 이 바둑은 보은의 일국이 된 셈이다. 백8~28은 기호지세의 외길수순으로 국면은 어느새 모양대결의 골격이 되었다.

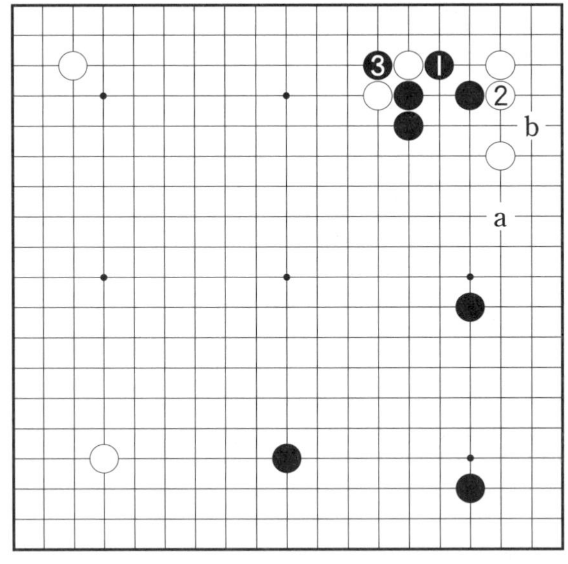

1도

1도 (정석의 수정판)

경과도 흑13은 옛 정석으로 실리 상 다소 손해. 이 수로는 흑1로 막는 것이 무난한 선택이다. 흑은 다음 a에 다가서는 것이 b의 치중을 보는 선수여서 두터운 모습이다.

당시 부분적인 손해를 무릅쓰고 2의 곳으로 막는 수를 선택한 것은 우변을 입체화하기 위한 취향이었다.

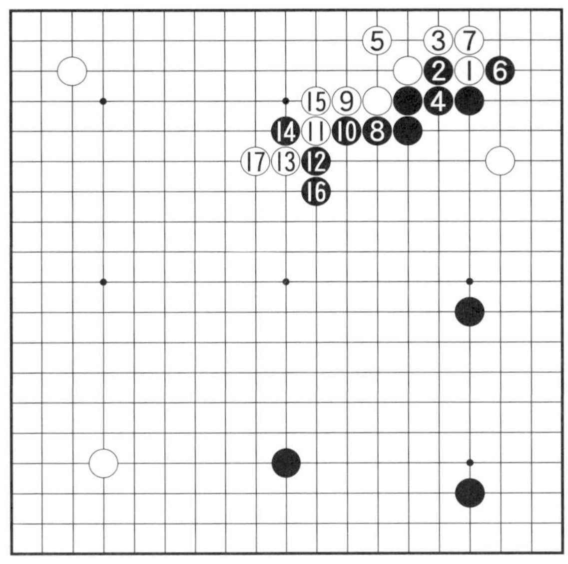

2도

2도 (현대정석)

따라서 요즘에는 백의 입장에서는 경과도 백12로는 실전처럼 3·三에 뛰어들지 않고 백1로 붙여가는 수가 보편화되었다. 그러면 이하 백17까지 일사천리의 외길코스.

그런데 이 형태는 실전에 비해 우상귀 실리 관계상 흑이 다소 이득인 점을 알 수 있다.

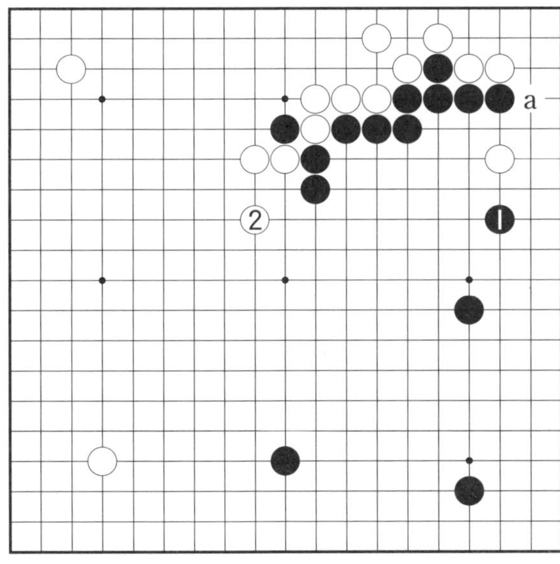

3도

3도 (소심한 웅크림)

본론으로 들어가서~

우변을 집으로 만들고자 서둘러 흑1로 지키는 것은 우변의 무한한 잠재성을 스스로 제한시키는 자가당착. 백2의 대세점을 당해 대세가 백에게 넘어간다.

우변 흑진은 백a로 젖혀잇는 것이 선수여서 심하게 중복된 모습.

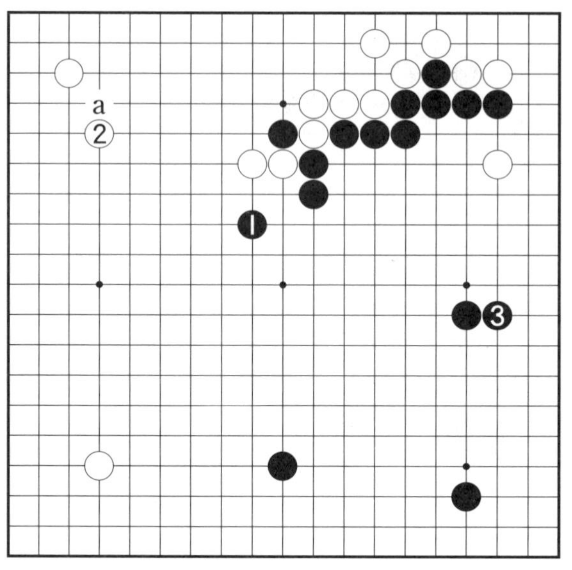

4도

4도 (백, 통집 완성)

흑1이 백마고지의 대세점. 이것으로 모양대결에서 앞설 수는 있다. 그런데 백2로 지키면 좌상 일대가 통집으로 굳어져 막상 실속 면에서는 백도 꿀리지 않은 자세.

만약 좌상귀가 a의 화점이라면 한 수를 지키고도 3·三 침입여지가 남게 되므로 당연히 흑1을 택했을 것이다.

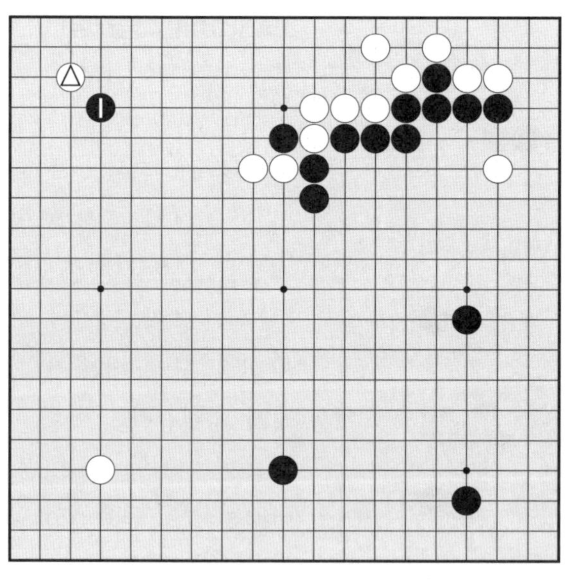

〈실전도〉

실전도 (3·三의 취약점)

여기서는 흑1로 눌러가는 수가 대세의 급소. 이한수로 흑은 좌상 일대의 백 모양을 단번에 무너뜨릴 수 있다.

△의 3·三은 바로 이곳이 취약점이어서 대모양을 펼치기가 어려운 것이다.

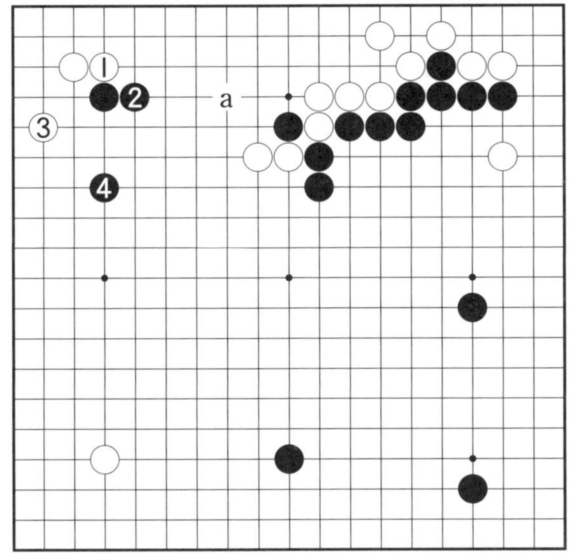

5도

5도 (삭감 성공)

계속해서 백1에는 흑2, 4가 행마의 틀로 가볍게 백 모양을 유린한다.

다음 백이 상변으로 넘어가려는 것은 저위여서 내키지 않은데다 a 언 저리가 흑의 선수로 들어 막상 잘 넘어가 지지도 않는다.

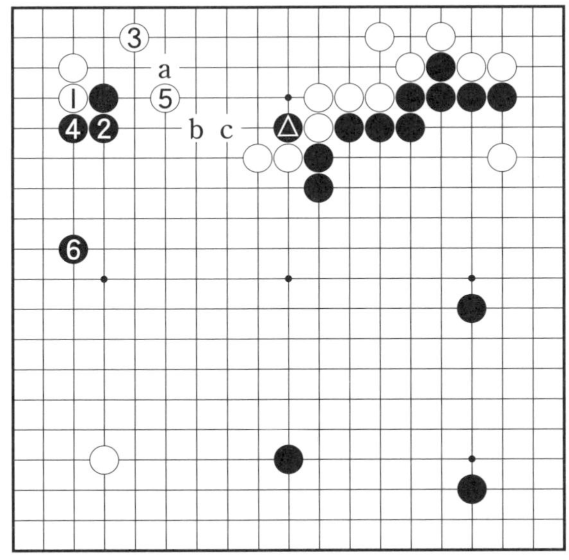

6도

6도 (백, 불만)

그렇다고 백1쪽으로 미 는 것은 백3 다음 흑4로 막는 수가 두터워 흑이 더욱 만족스럽다.

다음 흑a를 피해 백5 가 불가피할 때 흑6으로 전개하면 좌변에서 멋지 게 자리 잡은 모습. 게다 가 ⬤를 빌미삼아 흑b나 c로 가르는 수도 남아 백이 불만스럽다.

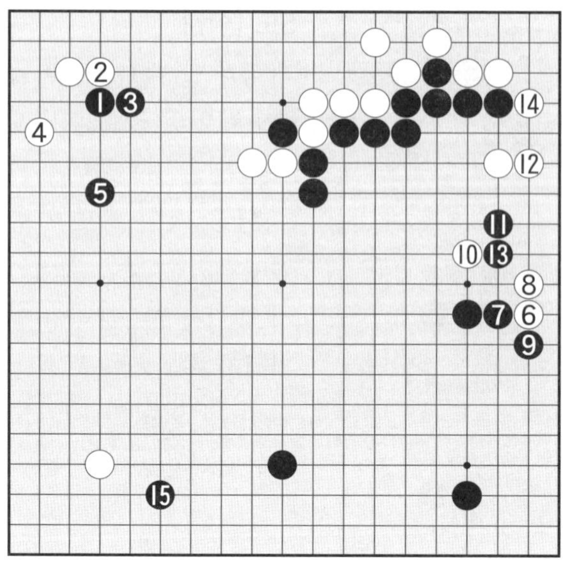

〈실전진행〉

실전진행 (흑, 기선 제압)

흑1에는 역시 백2로 미는 것이 정수. 흑5까지 가볍게 삭감에 성공했다.

백은 그 보복수단으로 6 이하로 준동했으나 백 10이 치명적인 실착. 흑 11이 통렬한 일침으로 이하 15까지 흑이 기선을 제압한 초반이 되었다.

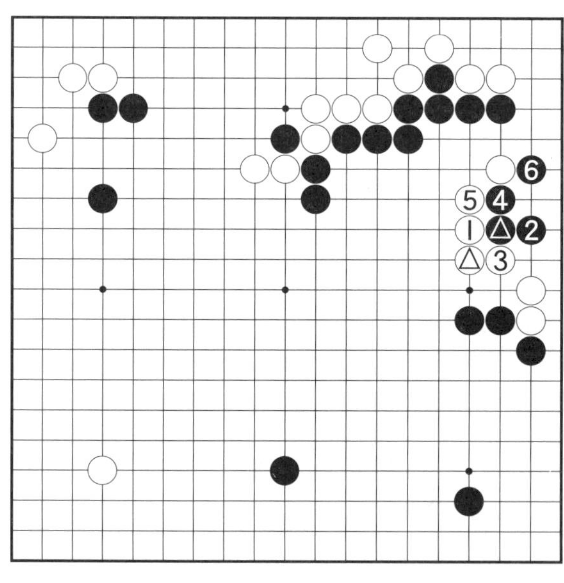

7도

7도 (백, 곤란)

●(실전진행 흑11)는 준엄한 급소 일발. 이때 백 1로 막는 것은 무책. 흑2 가 백의 뿌리를 뽑는 강력한 응징으로 이하 흑6 까지 백이 빈사상태에 처한다.

따라서 애당초 △(실전진행 백10)로는 ●의 곳에 지켜두는 것이 온당했다.

어깨 삭감의 모델형

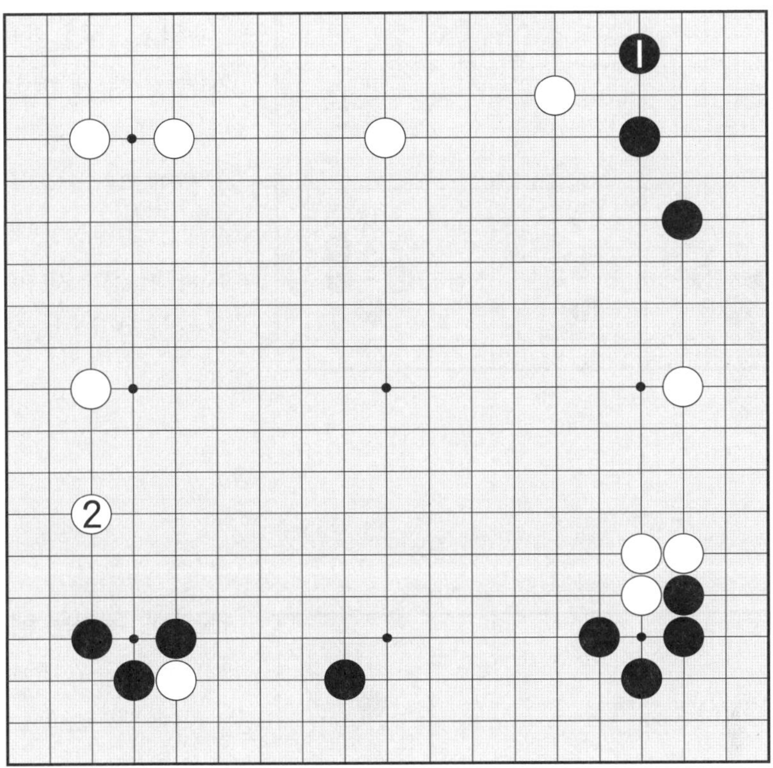

선택의 기로

흑1로 지켜 확정가로는 흑이 꽤 앞선 국면. 그러나 백2로 벌려오자 막상 좌상 일대의 백 모양도 매우 웅장하다.

자, 여기서 흑은 간명하게 대세를 리드할 수 있는 절호점이 있는데~

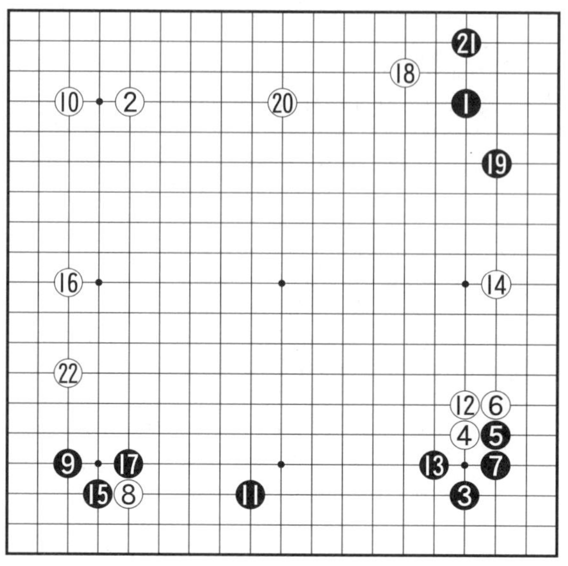

<경과도>

조훈현 9단(흑)과 김인
당시 8단이 벌인 20기 국
수전 본선대국이다.

　흑11, 15에 좌하귀를
계속 손뺀 채 백12, 16
에 선착한 것은 상대의
공세에 따라 다니지 않
겠다는 발빠른 행마이다.
이하 백22까지 아주 유
연한 포석이 이루어졌다.

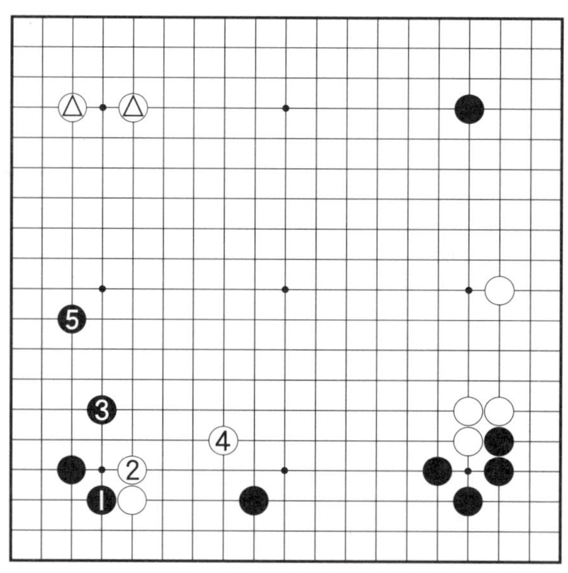

1도

1도 (백, 무거운 행마)

흑1(경과도 흑15) 때 평
범하게 백2로 받는 것은
무기운 행마. 백말을 공
격하면서 흑3, 5로 자연
스럽게 좌변 쪽으로 돌이
흘러가면 좌상 굳힘(△)
이 저절로 위력을 잃게
되므로 백 불만.

　백으로선 지금 좌상
일대를 최대한 키우는 것
이 지상과제이다.

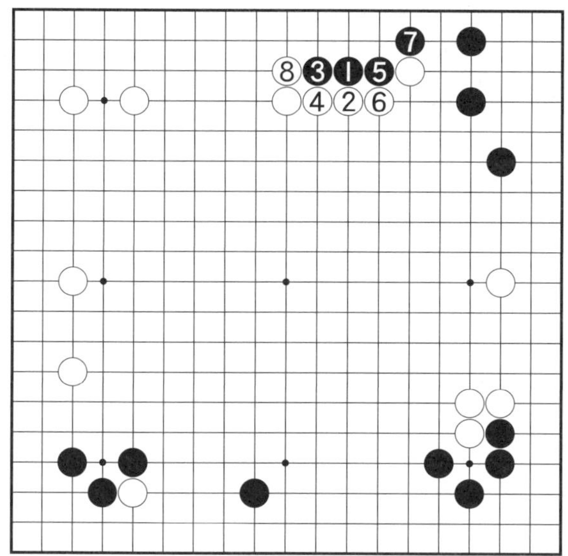

2도

2도 (소탐대실)

장면도 이후 흑1로 뛰어
드는 것은 엉뚱하다. 이
하 8까지 다소의 실리 이
득은 볼 수 있겠지만, 대
신 상중앙 백을 강화시켜
주어 이적수의 의미가 짙
다. 방향착오이자 소탐대
실의 전형.

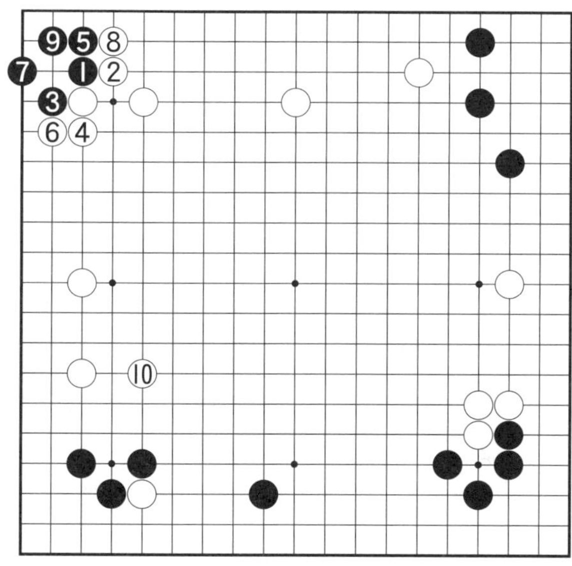

3도

3도 (귀살이는 시기상조)

사실 좌상귀 굳힘에는 흑
1로 붙여가는 유력한 교
란전술이 있다. 백2에는
흑3, 5로 어렵지 않게 살
수 있는 것.

그러나 지금 곧장 이
수단을 해치우는 것은
외곽을 매우 두텁게 해
주는 데다 선수마저 빼
앗겨 백10을 당해 소탐
대실. 살고도 망하는 길
이다.

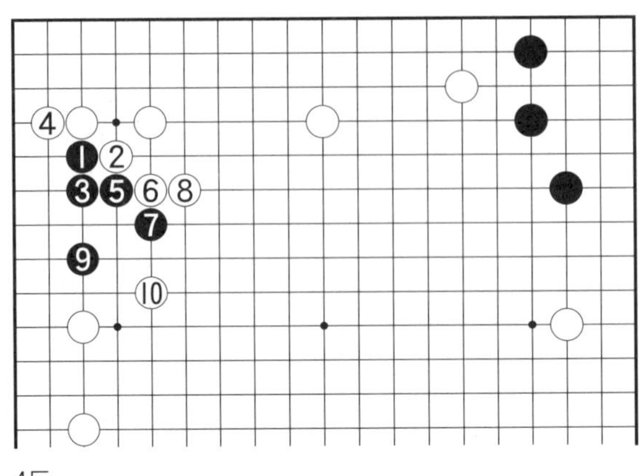

4도

4도 (무리한 침입)

흑1로 붙여 좌변에 깊숙이 뛰어드는 수도 있지만, 백10까지 맹공당해 바람직하지 않다. 물론 살 수는 있겠지만, 그 사이 상변과 중앙에 큰 백집을 허용할 것이다. 좀 더 유연한 발상이 필요.

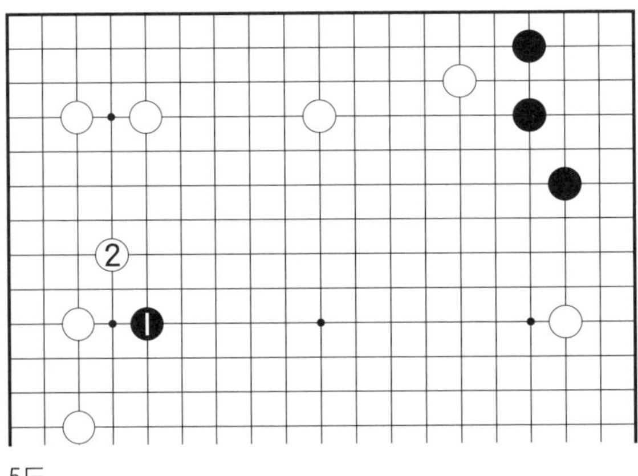

5도

5도 (싱거운 모자)

그렇다면 흑1로 모자 삭감은 어떨까?

그러나 이것은 너무 여유를 부린 수. 백2가 안성맞춤이어서 흑이 너무 싱겁다. 착상은 맞았으나 감각이 틀렸다.

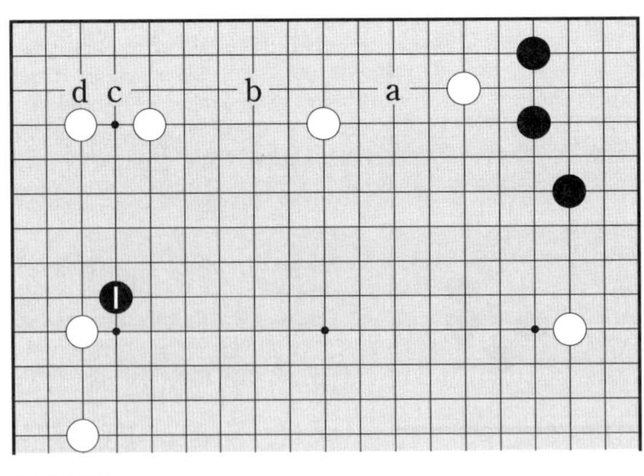

〈실전도〉

실전도 (삭감의 급소)

여기서는 흑1의 어깨짚음이 모양 삭감의 급소이다. 상변 쪽은 a~d 등의 허점이 많으므로 우선 이곳 상중앙을 삭감하면서 백 모양의 규모팽창을 줄여놓는 것으로 충분하다.

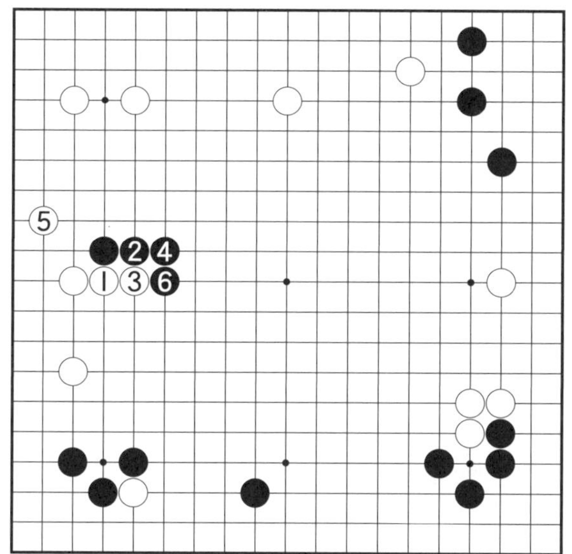

6도

6도 (두터운 수습)

계속해서 백1로 밀어올리면 흑6까지 등을 두텁게 하여 만족이다.

상변 백진은 다음 한 수로 모두 집이 되지 않는 만큼 백이 맥 빠지는 진행이다.

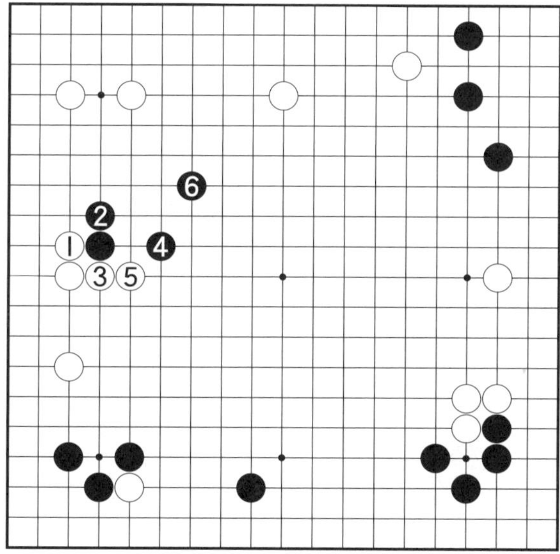

7도

7도 (가벼운 틀)

백1, 3으로 응수할 때는 흑2, 4, 6이 멋진 행마.

가볍게 틀을 잡으며 백진 삭감에 성공하고 있다.

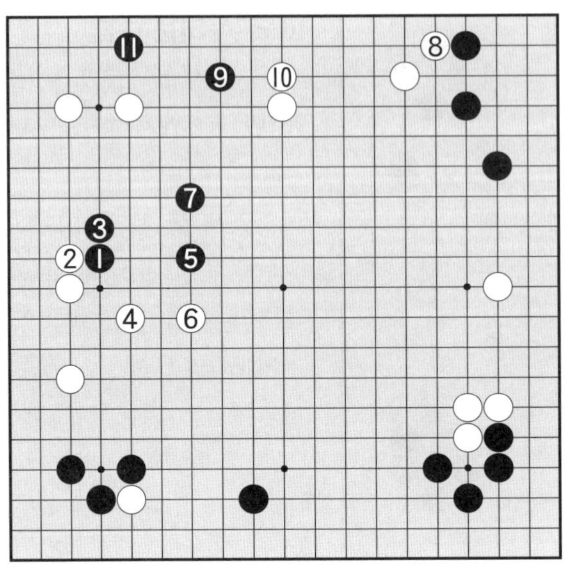

〈실전진행〉

실전진행 (흑, 호조)

흑1에 백은 2, 4, 6으로 공격에 나섰으나 흑5, 7로 가볍게 틀을 잡아 더 이상의 호된 공격이 어려운 모습이다.

백은 할 수 없이 백8로 전환했으나, 흑9가 통렬한 침입이어서 11까지 흑 호조의 국면이다.

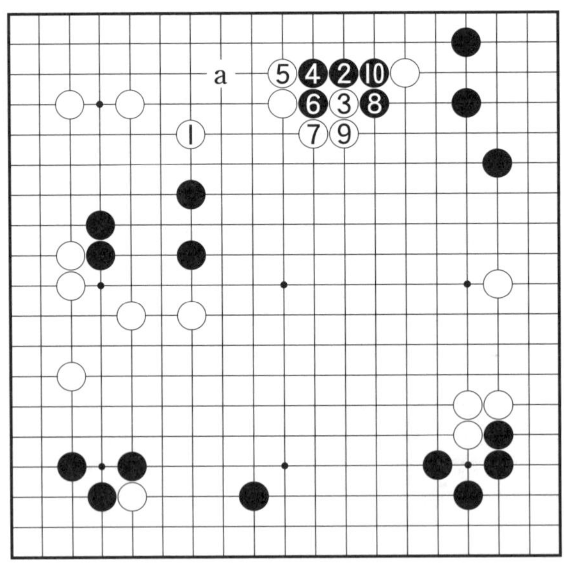

8도

8도 (맞보기의 침입)

실전진행 백8로는 백1로 상변을 지킬 수도 있다. 그러나 이때는 흑2의 침입수가 남아있어 역시 상변을 모두 집으로 만들기는 어렵다. 즉, 흑2의 곳과 a는 맞보기인 셈이다.

깊지 않은 삭감에 이은 2차 침투로 포석의 초반 우위를 확보한 삭감의 모범국이었다.

철벽을 무력화시킨 경쾌한 비상

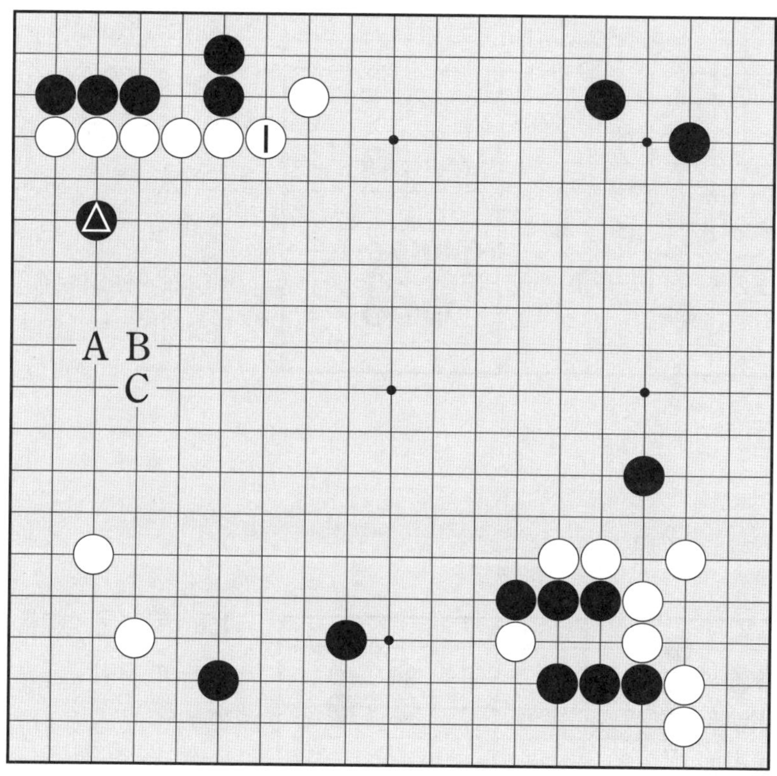

선택의 기로

백1로 늘자 흡사 콘크리트 같은 세력이 형성되었다.

△를 이용해 이 백세를 적절히 견제하는 다음 한수는 A~C 가운데 어디쯤이 좋을까?

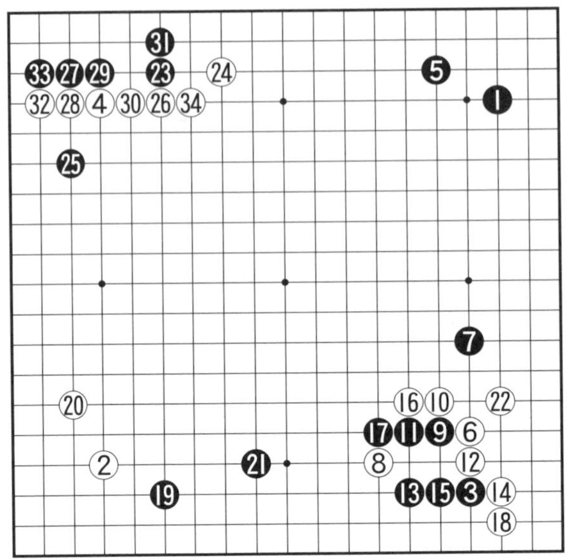

<경과도>

경과도(1~34)

2기 배달왕전 도전1국으로 조훈현 9단(흑)과 이창호 9단의 실전이다.

백8 이하 흑21까지는 현대정석의 대표격으로 꼽히는 '요도(妖刀)정석'.

백26 때 흑34로 젖히지 않고 그냥 흑27로 들어가자 이하 백34까지 신형정석이 출현했다.

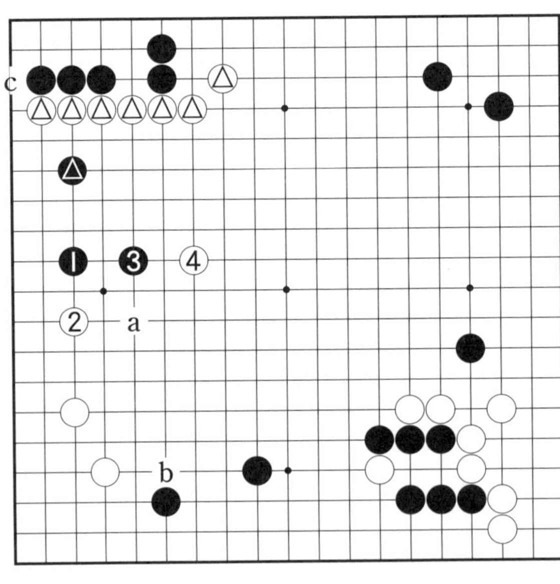

1도

1도 (무거운 행마)

보통 때처럼 흑1로 1립2전하는 것은 두터움에 너무 가까이 가는 무거운 행마. 백2, 4로 맹공당해 매우 답답해진다. 다음 흑a에는 백b로 양동작전. 백c로 젖혀잇는 것이 절대선수라는 점을 감안할 때 △의 위력은 보기보다는 훨씬 크다. ▲ 한점을 살리려다가는 전체가 무겁게 몰린다.

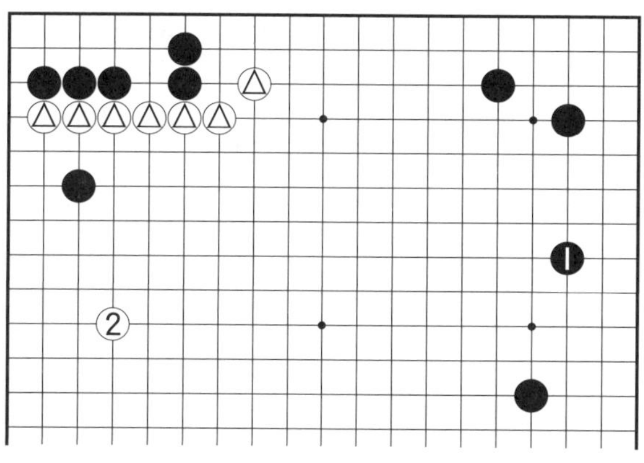

2도

2도 (한가한 외면)

그렇다고 손을 빼고 우변 쪽으로 선회하는 것은 한가한 수. 백2 정도로 구축해 좌변 백진이 손쓸 수 없는 정도로 부풀어 오른다. 역시 △들이 힘을 발휘하기 전에 좌변 쪽에 손을 써야 한다.

실전도 (경묘한 갈라침)

여기서는 흑1로 높고 넓게 벌려가는 것이 경묘한 행마. 벌림이라기보다는 차라리 갈라침에 가깝다. △의 철벽에서 되도록 멀게 자리하면서 다음 a의 다가섬을 준비하고 있다.

〈실전도〉

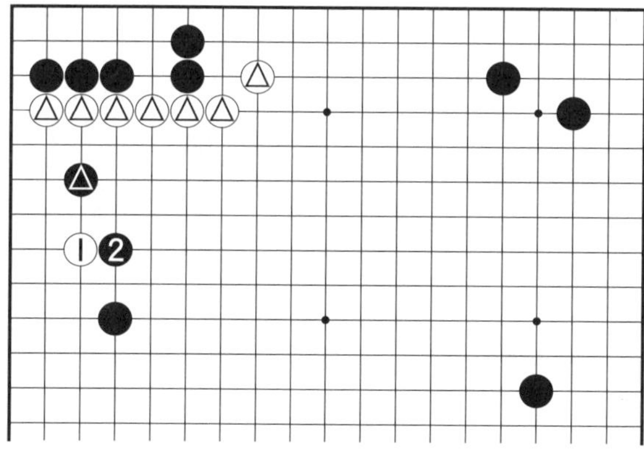

3도

3도 (중복시키다)

계속해서 백1로 뛰어들 때는 ● 한점을 가볍게 보며 흑2로 붙이는 것이 안성맞춤. 백으로서는 ● 한점을 잡더라도 △들과 너무 중복된 모습이라 불만이다.

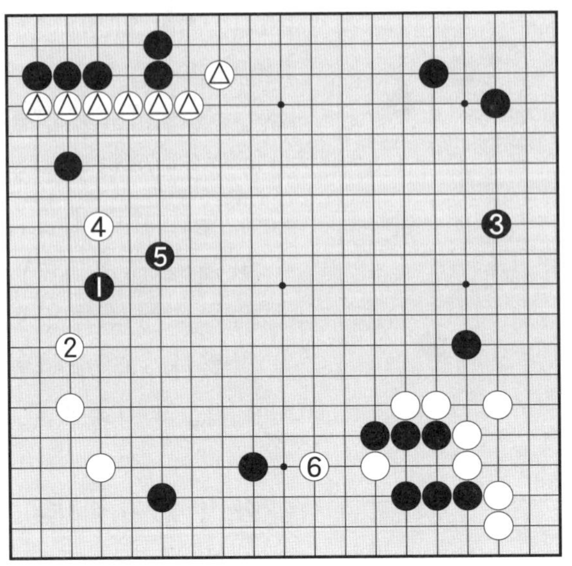

〈실전진행〉

실전진행 (가벼운 처리)

흑1에 백2로 다가선 점은 좁지만 공수의 요소. 그러나 흑은 3의 큰 곳에 선착하여 불만이 없다.

다음 백4에 흑5가 경묘한 행마 2탄. 이로써 △의 두터움의 발전성을 최소한으로 억지시켜 좌변 쪽은 흑의 뜻대로 성공적으로 마무리되었다.

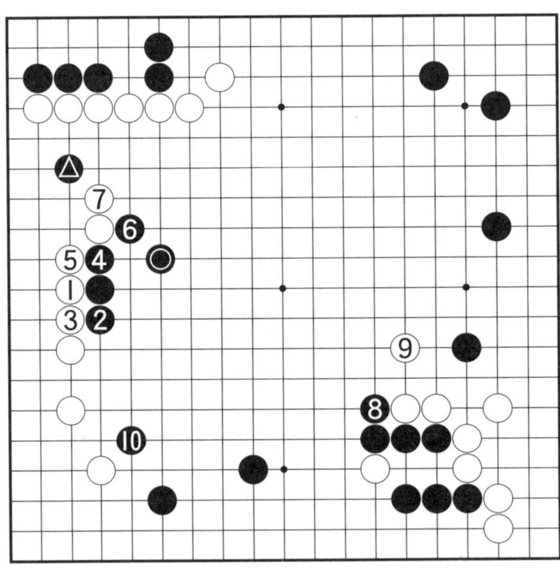

4도

4도 (준비된 사석작전)

◉(실전진행 흑5) 다음 백1로 붙여 넘자고 하는 것은 흑의 주문이다.

이하 7까지 △를 사석 삼아 백을 중복시키면서 등을 두텁게 한 다음 흑 8, 10에 선착해 흑이 활발한 국면이다.

2보 전진을 위한 보신책

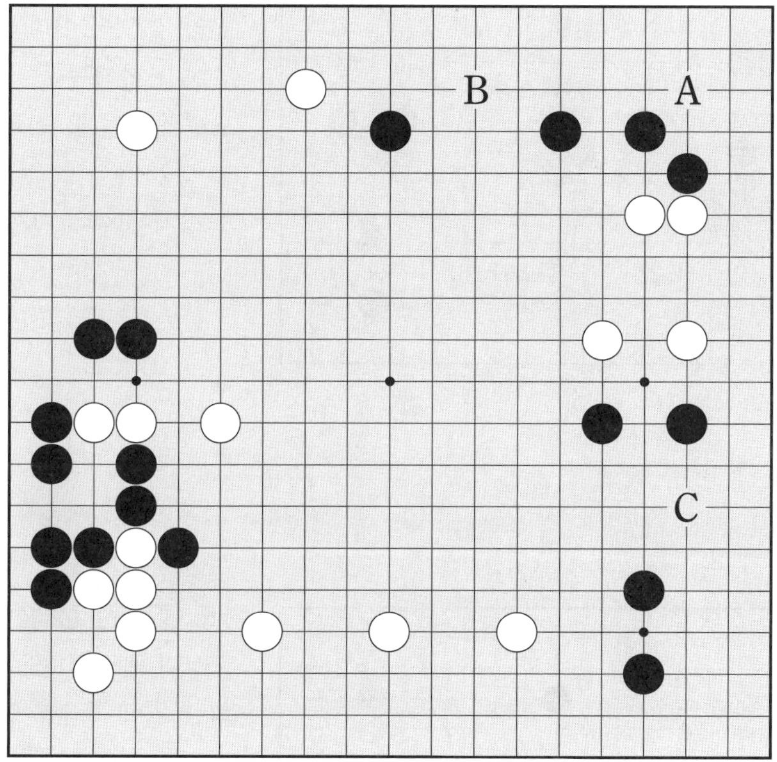

▨ 선택의 기로

포석이 어느 정도 끝나고 이제 막 중반으로 넘어가려는 찰나. 시선은 우변과 상변 쪽 흑진으로 쏠리고 있다. 일견 A, B, C 등의 허점이 보이는데~

이곳들을 두루 통찰하는 포석상의 마지막 대세점 한방은 어디일까?

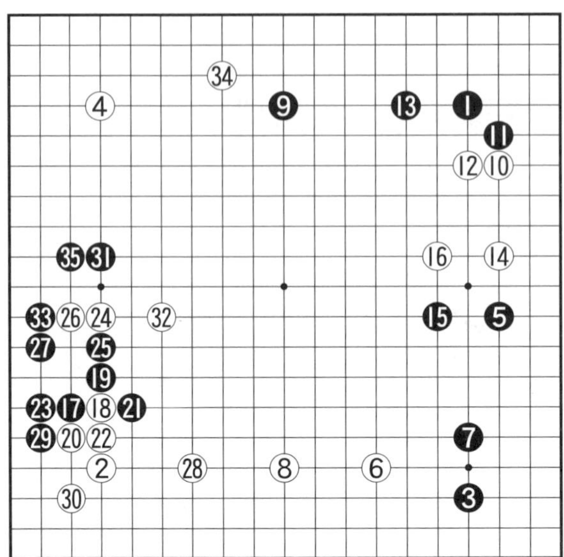

〈경과도〉

경과도(1~35)

5기 동양증권배 세계선수권에서 요다(依田紀基) 9단(흑)과 조훈현 9단이 벌인 결승3국이다.

　백16까지는 중국식의 모범포진인데, 좌하귀에서 백24가 신수. 이하 흑 35까지 신형이 탄생했다.

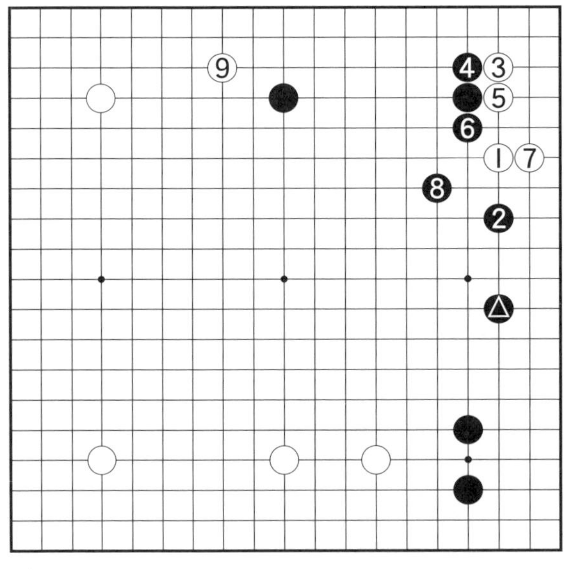

1도

1도 (잘못된 정석선택)

우상귀 백1(경과도 백10)의 걸침에 흑2로 협공하는 것은 하수의 제일감으로 이상감각이다.

　이하 8까지를 예상해 볼 때 ▲의 위치가 어색하여 흑 불만. 게다가 후수이다.

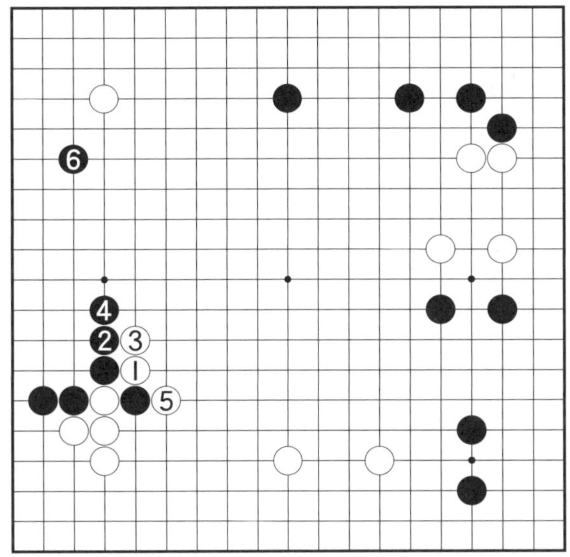

2도

2도 (보통의 정석)

경과도 백24는 파격적인 변칙수. 이 수로는 사실 백1로 끊는 것이 무난한 수로 그러면 이하 5까지가 정석이다.

그러나 흑6의 절호점을 허용하는 것이 내키지 않아 한번 비틀어보았다.

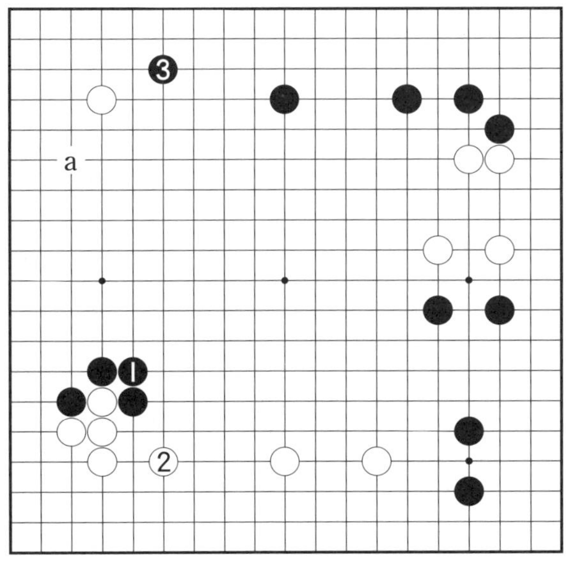

3도

3도 (흑, 무난한 선택)

그런 점에서 경과도 흑23으로는 흑1로 이어두는 것이 무난했다.

백2를 강요한 뒤 선수를 잡아 흑3(혹은 a)으로 걸쳐가면 흑이 발빠른 포석이다.

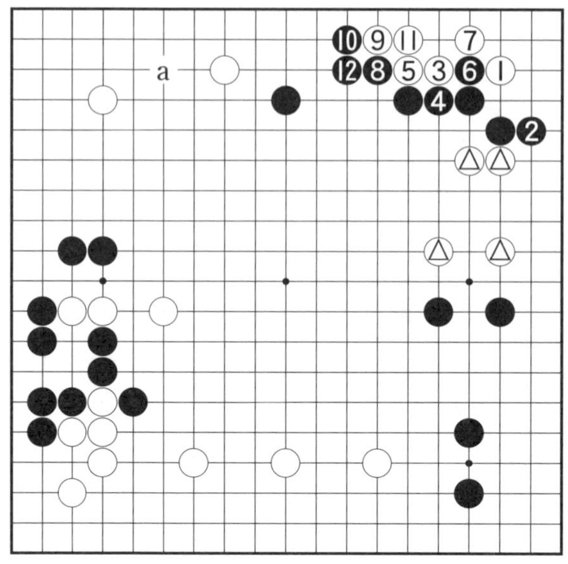

4도

4도 (소탐대실 1)

본론으로 들어가서~

다짜고짜 백1로 뛰어 드는 것은 흑2의 차단이 강력해 무리. 이하 12까 지 귀살이는 할 수 있지 만, 흑에게 막강한 두터 움을 허용하여 △들이 약해지면서 대세를 그르 칠 우려가 높다. 이제 a 의 허점도 크게 부각되 고 있다.

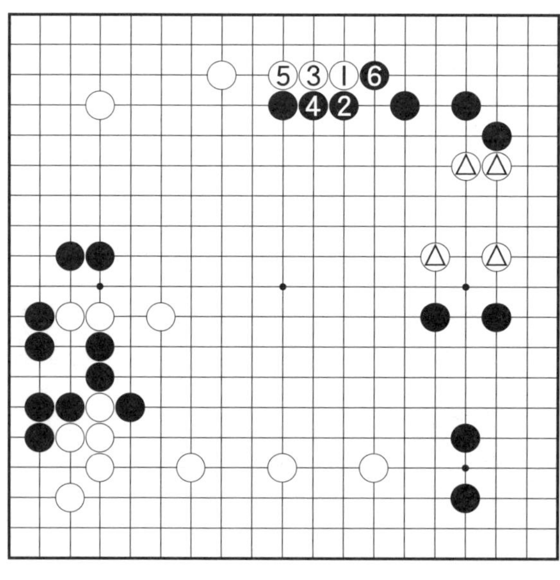

5도

5도 (소탐대실 2)

백1쪽으로 침입하는 것 도 이하 6까지 흑에게 두 터움을 제공해 별무신통.

역시 △들이 허약해져 백은 다음 운신이 매우 어렵게 된다.

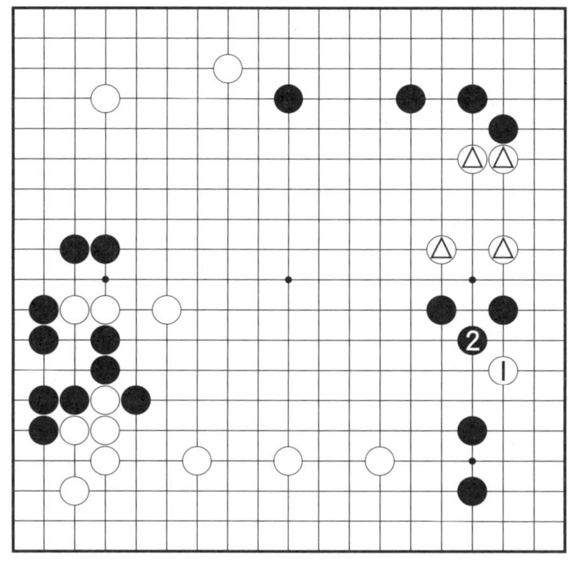

6도

6도 (성급한 침입)

그렇다고 백1쪽으로 뛰어드는 것도 시기상조. 흑2로 차단하고 나면 우하쪽에서 쌈지뜨고 살아야 하는데, 그때 흑이 두 터움을 배경삼아 △들을 선공해 가면 백이 심하게 수세에 몰려 괴롭다.

역시 함부로 흑진에 뛰어드는 것은 △들을 허약하게 만들어 대세에 뒤지게 된다는 결론이다.

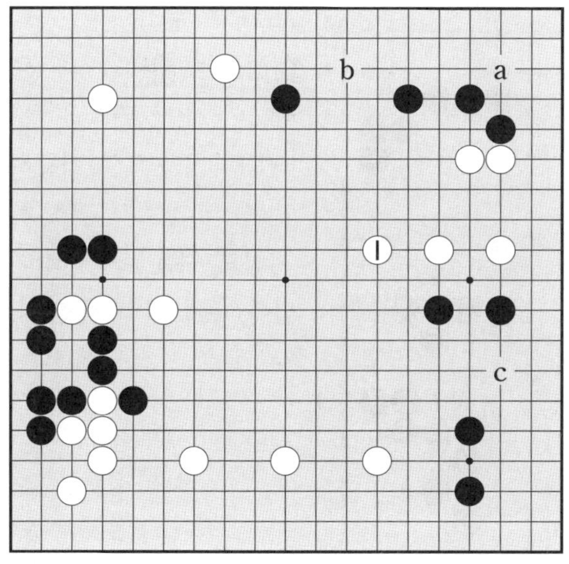

〈실전도〉

실전도 (유연한 보강)

여기서는 유유히 백1로 한칸 뛰는 것이 급소이다. 이 수는 백 대마를 자체 보강하면서 a, b, c 등의 허점을 강력하게 엿보는 공수겸용의 요소이다.

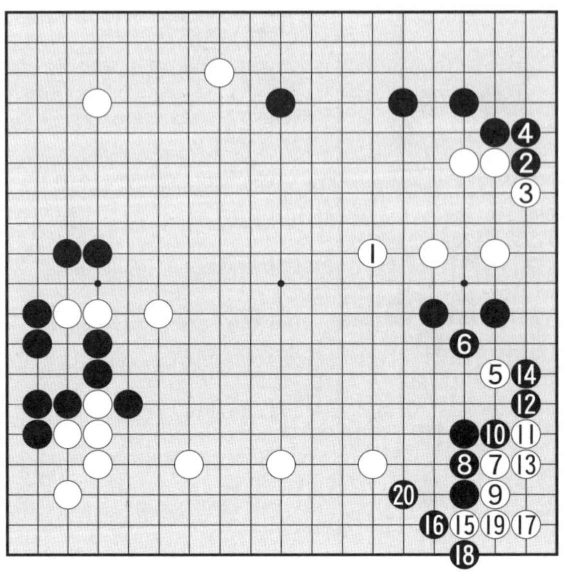

<실전진행>

실전진행 (흑진 유린 성공)

백1에 흑2, 4로 젖혀이은 것은 우상귀 실리를 보존하면서 백말의 근거를 위협하는 수로 반상 최대이다.

그러나 이번에는 백5, 7의 연관된 2중 침투로 인해 이하 20까지 선수로 우하귀를 유린하여 백이 성공한 모습이다. 우변 백 대마는 백1 덕분에 아무런 걱정이 없다.

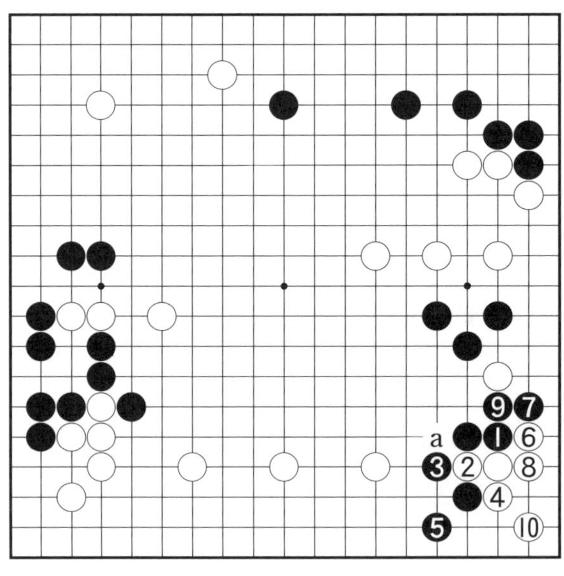

7도

7도 (흑, 무리)

실전진행 흑8로는 흑1로 막고 싶지만, 그러면 백2~10의 수순으로 거뜬히 살 수 있어 흑 별무신통.

이 그림은 a의 단점이 남아 흑이 더 좋지 않다.

대세점이 된 유연한 벌림

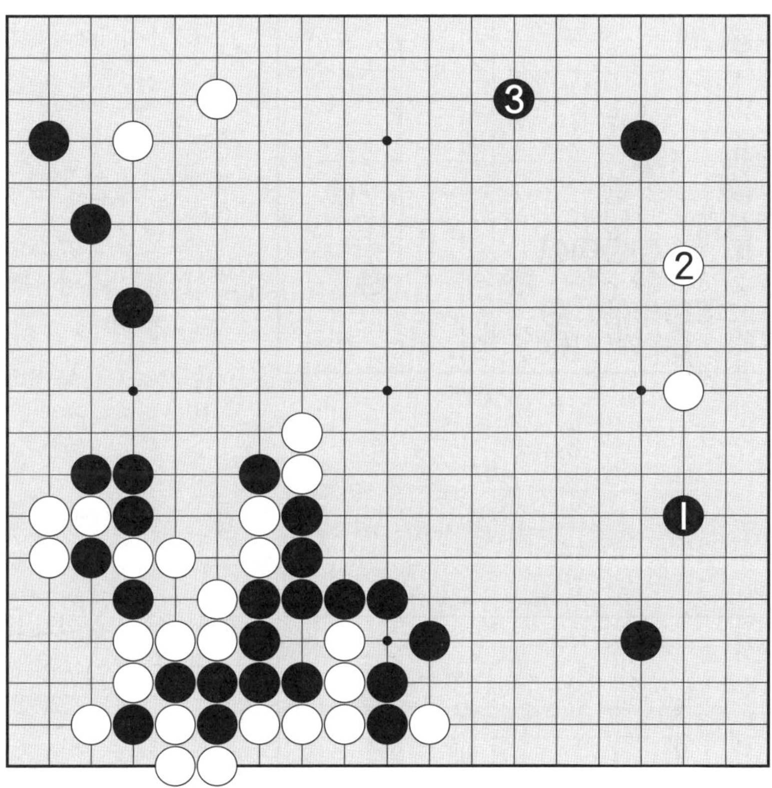

▨ 선택의 기로

전체적으로 흑의 두터움과 백 실리의 대결 양상.

흑1~3은 당연한데, 그 다음 백의 한수가 그다지 쉽지 않다. 흑의 두터움을 적절히 견제하며 국면을 백의 페이스로 이끄는 유연한 한수는 어디일까?

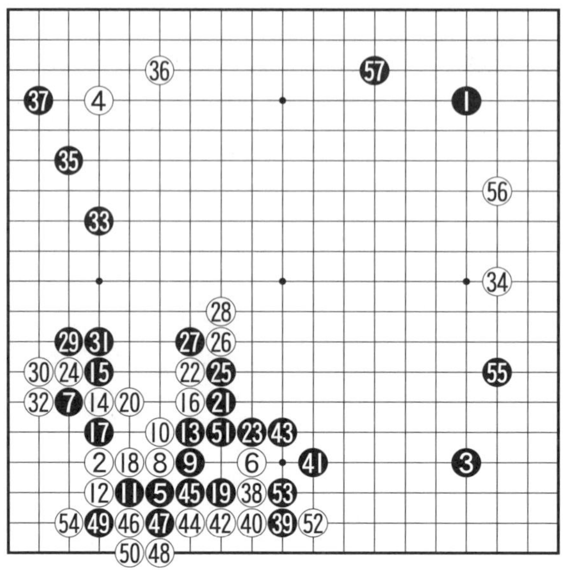

〈경과도〉

경과도(1~57)

2기 배달왕전에서 이창호 당시 6단(흑)과 조훈현 9단이 벌인 도전2국.

좌하귀에서 흑23, 25의 신수가 등장하여 이하 백54까지 대형 접전이 이어졌다. 백이 성과를 올려 실리로는 꽤 리드했으나, 흑의 두터움도 상당해 다음 운석이 쉽지만은 않은 국면이다.

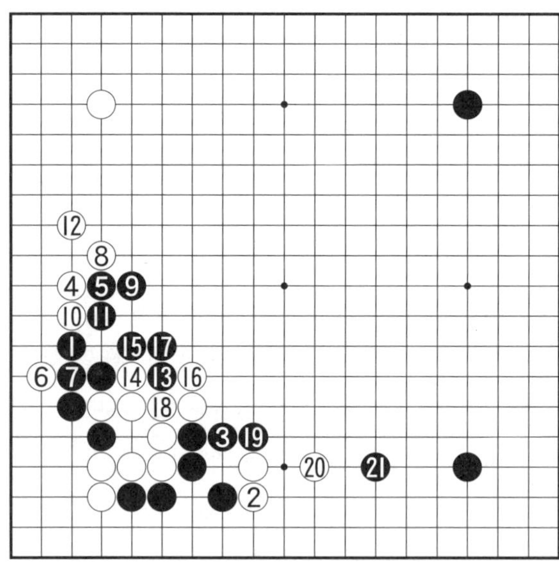

1도

1도 (조-이 정석의 대표형)

경과도 흑21로는 흑1이 보통. 그러면 이하 흑21까지가 거의 필연으로 대형정석이 완료된다.

이 정석은 특히 조 9단과 이 9단의 사제대결에서 등장하면서 대유행해 일명 '조-이 정석'으로 불리기도 한다.

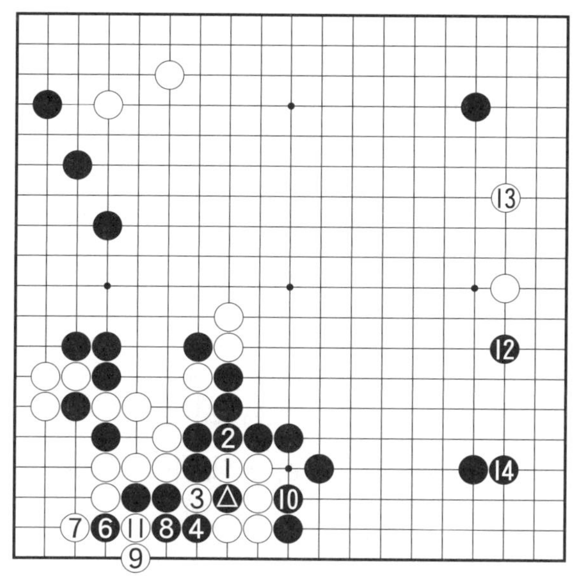

2도

2도 (백, 잡고도 망한다)

경과도 백44는 정수. 이 수로 백1, 3이면 흑 대마를 끊어잡을 수는 있지만 이하 흑10까지 꽁꽁 싸발려 잡고도 망한 격이 된다.

선수마저 빼앗겨 흑12, 14를 허용하면 오히려 대세에 뒤진다.

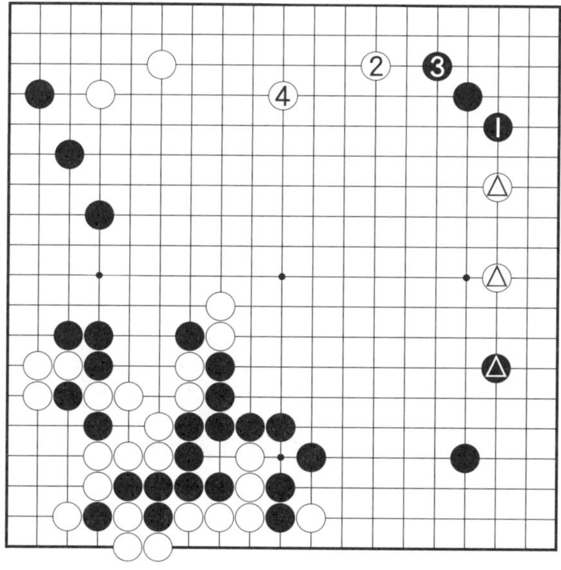

3도

3도 (백, 만족)

경과도 흑57로는 흑1의 받음이 실리로 이득. 그러나 백2, 4로 상변 구축이 좋다. 우변 백말(△)은 ⬤의 위치가 멀어 아직 여유가 있다.

확정가가 부족한 흑이 이런 무난한 흐름으로는 덤이 부담스러운 형세가 된다. 즉, 경과도 흑57은 선수를 잡아 좌상쪽에 선착하자는 의도이다.

프로의 포석 415

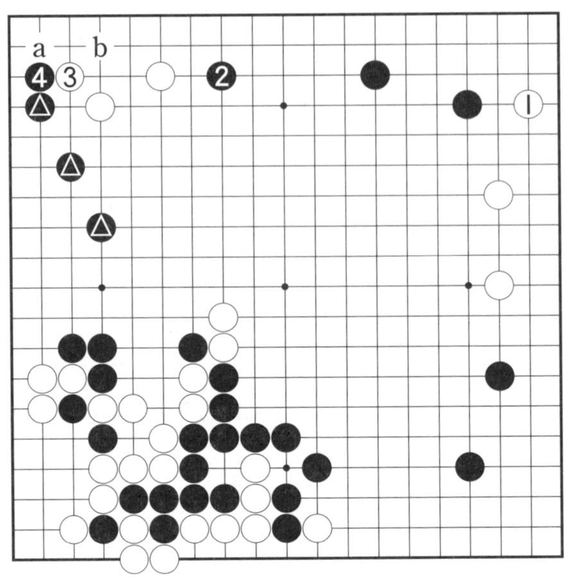

4도

4도 (백, 무리)

장면도 다음 백은 1의 달림이 부분으로는 가장 크다. 그러나 흑2의 다가섬이 통렬한 일격. 백3에는 흑4로 백의 응수가 곤란하다(다음 백a는 흑b가 성립).

▲들이 견고한 자세여서 백의 타개가 그리 쉽지 않으며, 이래서는 단번에 흑의 두터움에 휘말릴 우려가 높다.

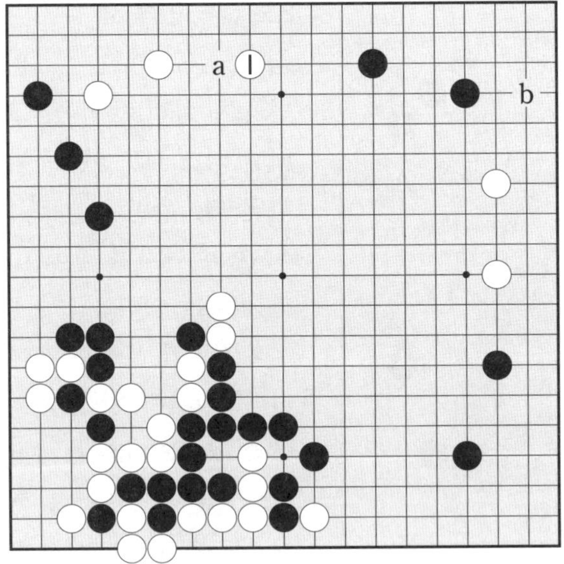

〈실전도〉

실전도 (유연한 태도)

여기서는 백1로 두칸 벌리는 것이 국면을 백의 페이스로 이끄는 유연한 태도이다. 흑a의 다가섬을 방지하면서 국면을 세분화시키고 있다. 다음 백b로 달리는 것과 우하귀 침입을 맞보기로 삼는다는 발상이다.

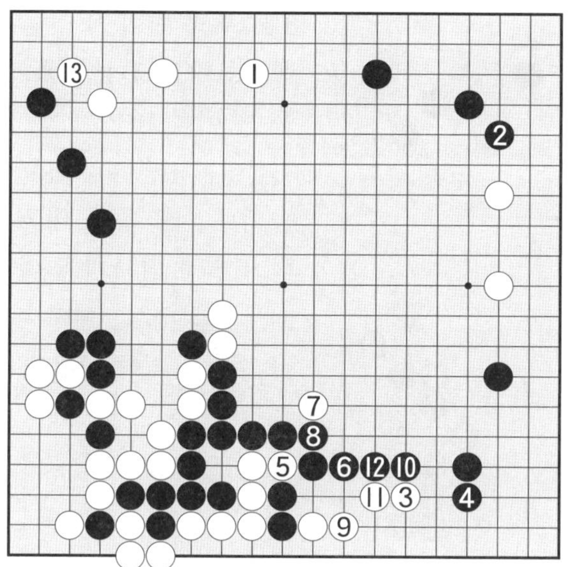

〈실전진행〉

실전진행 (백, 우세 확립)

백1로 벌리자 흑은 역시 반상 최대의 곳인 2를 차지하였다. 그러나 백3이 왼쪽 흑말의 허를 노리는 예리한 침입이 되어 백이 기선을 제압했다.

흑6이 궁여지책의 방어수단이었으나, 이하 백11까지 상당한 이득을 취한 다음 마지막 큰 곳 백13에 선착해 백이 우세한 포석이 되었다.

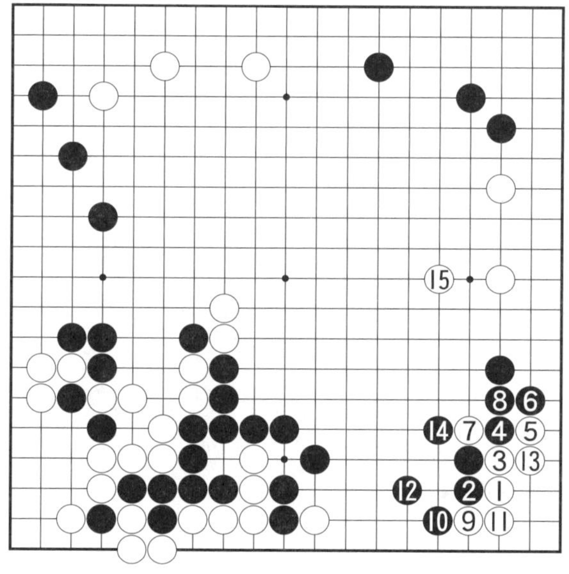

5도

5도 (상식적인 3·三 침입)

실전진행 백3으로는 사실 백1로 3·三에 뛰어드는 것이 상식적이다.

만약 이때 흑2, 4로 응해준다면 이하 14까지 선수로 귀살이한 다음 백15로 우변까지 돌보아 백의 대만족. 이렇게 두어서는 흑은 무난히 지게 된다. 그러나~

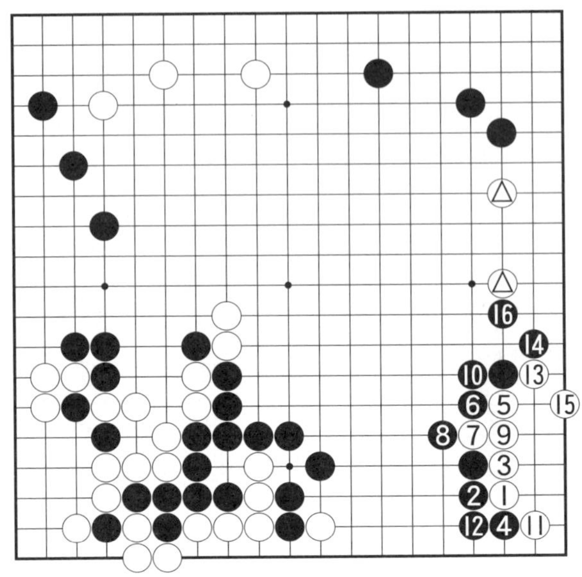

6도

6도 (흑의 변화구)

백1, 3에는 흑4가 좋은 응수. 이하 16까지 백이 귀살이는 가능하지만, △들에게 악영향을 미쳐 백이 별로 탐탁지 않다. 실전진행 백3은 바로 이런 수법을 꺼린 것이다.

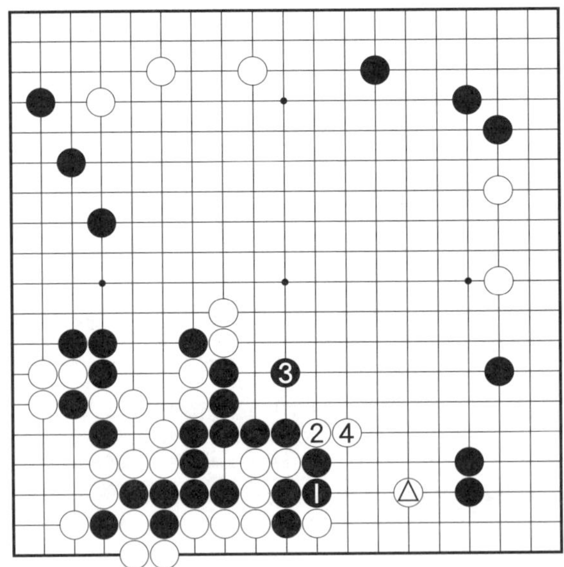

7도

7도 (흑, 무리)

실전진행 흑6으로는 흑1에 잇고 싶지만, 그러면 백2의 절단이 성립해 흑이 무너진다.

흑3에는 백4로 흑이 곤경에 처하는 것. 미리 선수해둔 △가 절묘한 역할을 하고 있다.

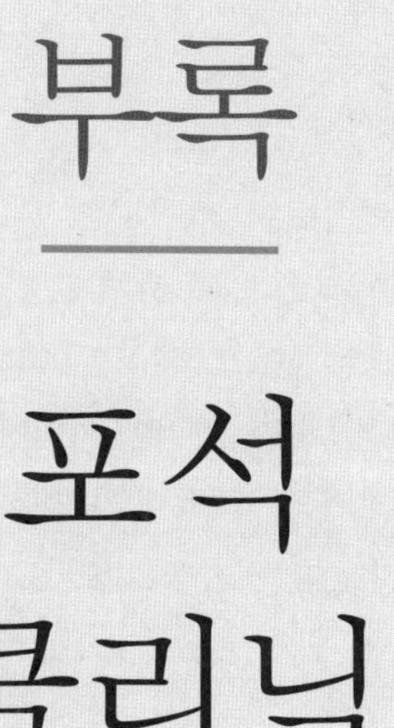

부록

포석 클리닉

포석 클리닉의 주인공은 우리의 김선생이다.
나름 호기롭게 때로는 신중하게 그만의 바둑을 두고 있지만
매번 포석을 망쳐 눈물을 삼켜야 했다. 우리의 김선생이 비련의
하수로 등장하고 있지만 어쩌면 주변에 많은 나의 모습일지도
모른다. 내가 둔 바둑이라고 한번 생각해보면서
진단과 처방을 받아보기 바란다.

쌈지 뜨지 말고 대해로!

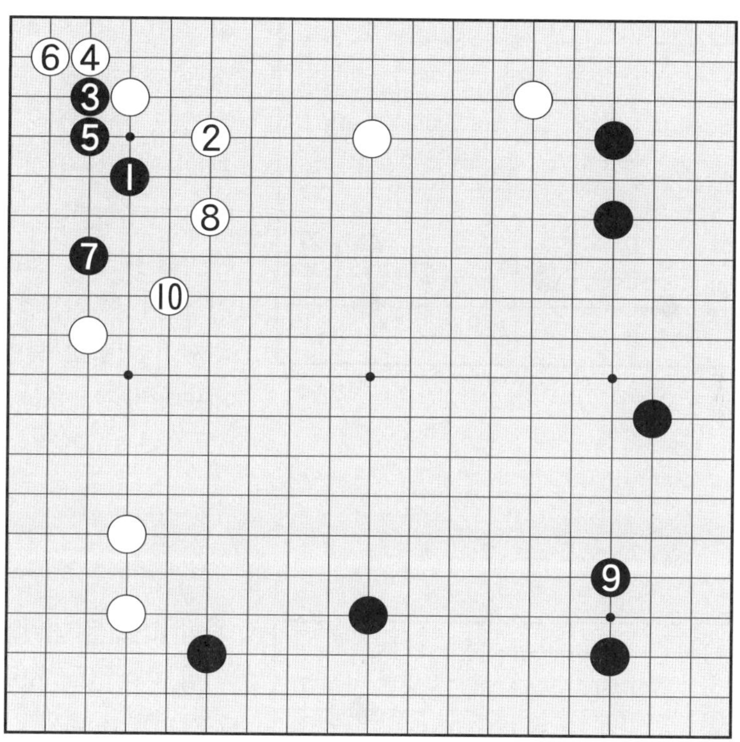

▨ 장면 (완전히 갇히다)

상대의 포위망에 갇혔을 때 유불리에 앞서 얼마나 답답한가? 바로 이런 경우를 바둑 속어로 '쌈지떴다'라고 일컫는데, 특히 포석과정에서 쌈지를 뜨게 되면 상대에게 엄청난 두터움을 제공하므로 대세를 그르치기 십상이다.

백의 중국식 포진에 흑1로 걸쳐 이하 7까지는 정형화된 무난한 진행. 그런데 백8 때 우리의 김선생은 과감히 손을 돌려 흑9의 큰 곳을 차지하고 보았는데~. 바로 이 수가 대세관 결핍의 표출이다. 우하귀 실리는 굳혔지만, 백10을 당하니 완전히 갇혀버리지 않았는가?

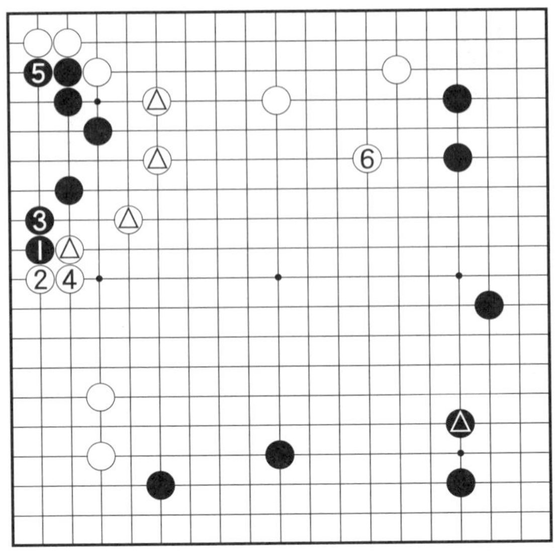

〈진단도〉

진단 (철벽 허용)

물론 흑이 죽을 돌은 아니다. 흑5까지 비교적 쉽게 살 수 있다. 그러나 그 사이 흑1, 3 같은 이적수로 백을 튼튼하게 해준 데다 △들도 이어지는 철벽 외곽을 제공하여 가히 생불여사(生不如死)의 전형. 선수마저 빼앗겨 백6의 대세점을 허용하자 일찌감치 대세가 기울고 말았다. 쌈지뜨다 생긴 비극이다.

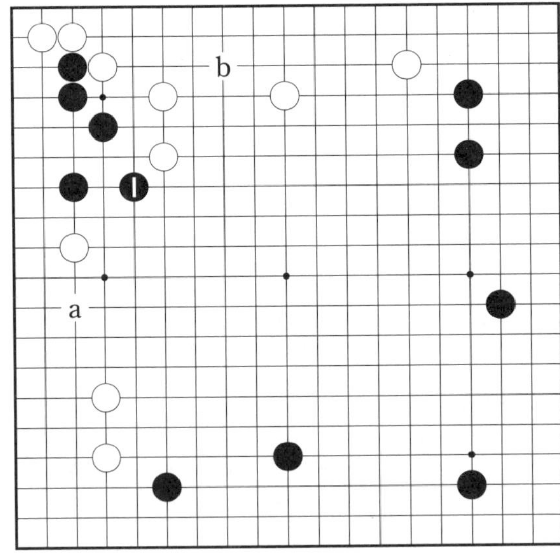

〈처방도〉

처방 (머리를 내밀어야)

따라서 장면도 흑9로는 흑1로 머리를 내밀고 보아야 한다. 흑1은 일견 공배 같아 보이지만, 백의 포위망을 무너뜨리며 상하 백진의 허점(a, b 등)까지 엿볼 수 있지 않는가?

　초반에는 단 한수로 완전봉쇄 당하는 일은 절대 피하도록 하라.

강한 곳에서는 넓게

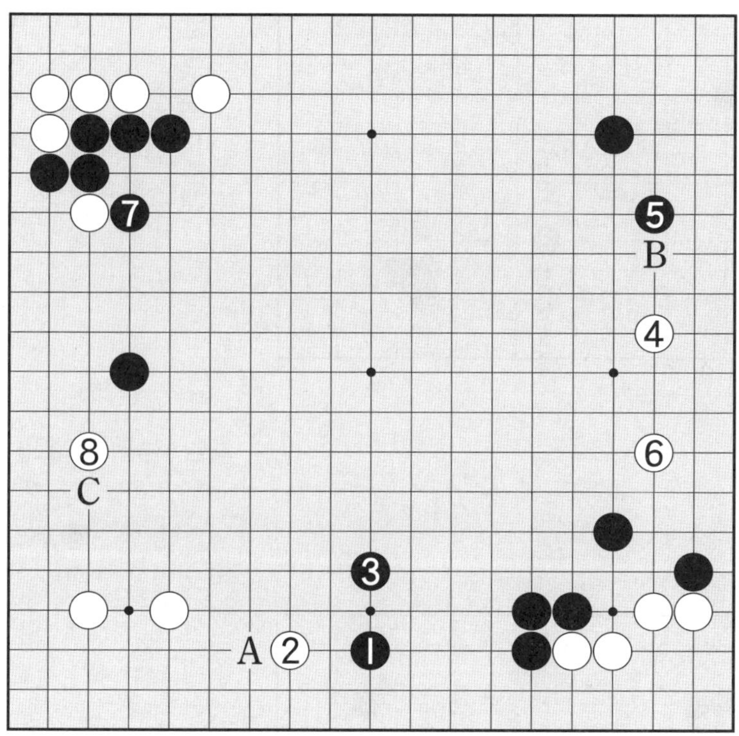

장면 (오그라들다 밀린 포석)

포석단계에서는 호방한 기세가 매우 중요하다. 자신이 강한 곳에서도 자신감을 갖지 못하고 위축된 행마를 계속하다가 자기도 모르는 사이에 비능률적인 모양이 되어 힘 한번 못 써본 채 밀려버린 일이 많지는 않은가? 흑1부터 백7까지의 진행을 보고 뭔가 이상한 느낌이 들지는 않은지?

우리의 김선생이 강한 세력에도 불구하고 흑1, 5, 7로 보폭을 좁히며 지나치게 몸조심으로 일관하고 있다. 결국 백8까지 많이 뒤진 포석이 되고 말았다. 흑1은 A, 흑5는 B, 흑7은 C로 각각 품을 넓히는 것이 두터움을 살리는 길이었다. 특히 흑1은 공연히 품을 좁혔다가 약점을 남겨 치명적이다.

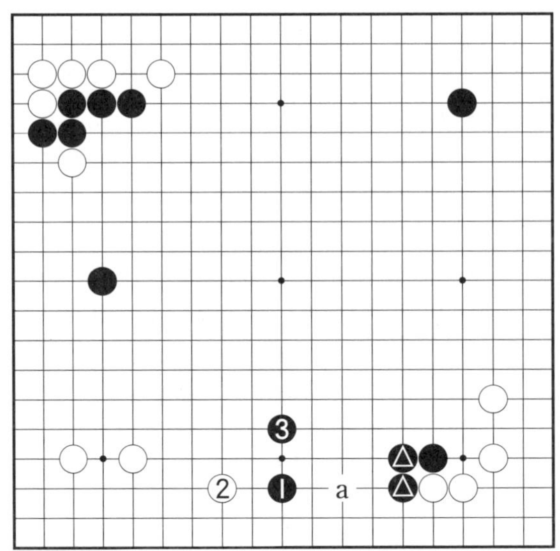

〈진단도〉

진단 (배석을 혼동하다)

흑이 혼동한 것은 우하귀 배석일 것이다.

가령 본도와 같은 배석이라면 흑은 2립(△)에 걸맞게 1까지만 벌리는 것이 정수이다. 그리고 백2에는 a의 허점 때문에 흑3의 가일수가 필요하다.

그러나~

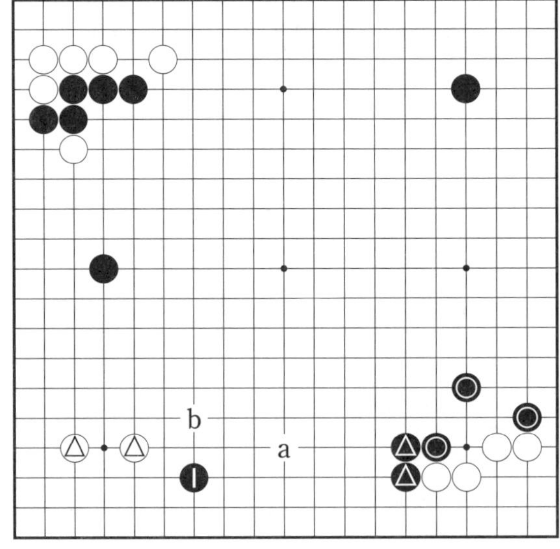

〈처방도〉

처방 (능률 극대화)

우하귀 흑돌은 일견 2립(△) 같지만, 실은 ●들이 뒤를 받치고 있어 그 위력이 훨씬 막강하다. 따라서 흑1까지 한껏 벌리며 △들을 위협하는 것이 기세이다. 백a의 협공이 신경 쓰일지 모르나 그것은 기우. 흑b로 가르고 나오면 오른쪽 흑세가 워낙 강한데다 △들도 약해 이 싸움은 흑이 대환영이다. 좌변 쪽에도 흑세가 기다리고 있지 않는가?

자신이 강한 곳에서는 품을 한껏 넓히는 것이 돌의 능률을 살리는 길이다.

약한 곳에서는 좁게

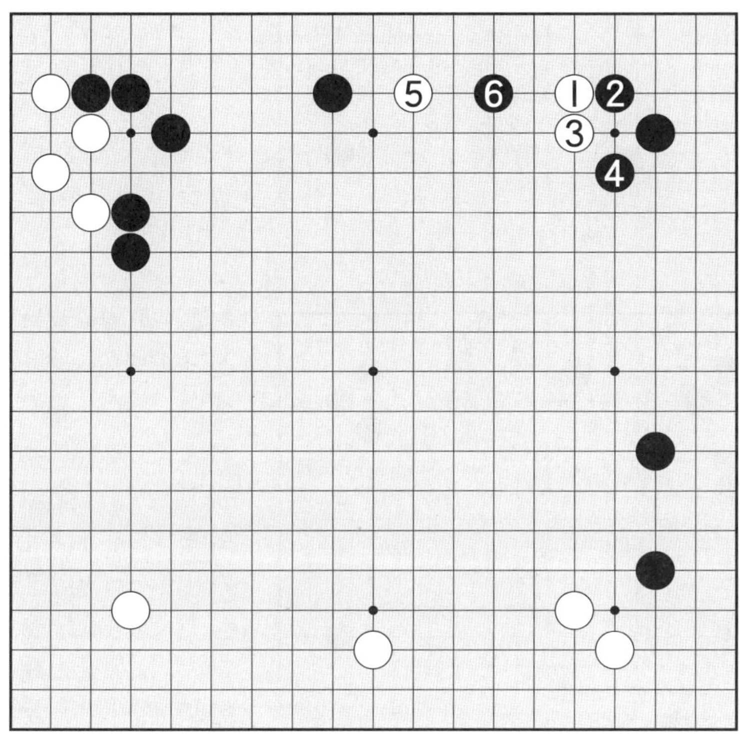

장면 (가랑이가 찢어지다)

자신이 약한 곳에서는 정상적인 간격보다 보폭을 좁히는 것이 '사고'를 당하지 않는 비결이다.

이번에는 우리의 김선생이 모처럼 백을 잡았다. 백1로 걸쳐 이하 백5로 벌린 데까지~. 언뜻 아무런 문제가 없는 수순 같은데, 실은 김선생이 간과한 것이 있다. 바로 주변에서 노려보고 있는 흑돌들을 무시한 것이다.

이윽고 흑6으로 '즉결처분'하자 백은 이곳에서 일찌감치 사고를 당하고 말았다.

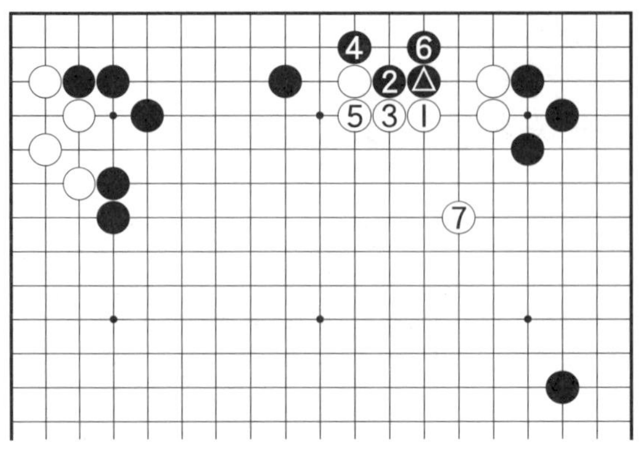

〈진단도〉

진단 (뿌리를 잃다)

△로 심장부를 강타당한 김선생은 고육지책으로 백1로 붙여 이하 흑6까지 넘겨주고 말았다. 그러나 이렇게 흑에게 실속과 근거를 모조리 박탈당한 채 뿌리 없는 부평초 신세가 돼서는 일찌감치 열세에 봉착했다.

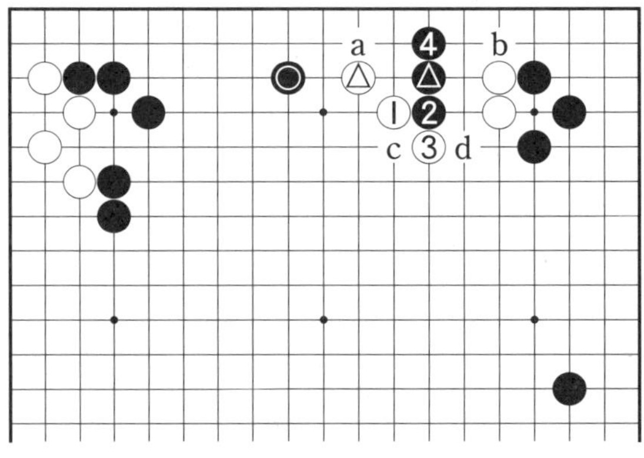

〈참고도〉

참고 (백, 수습불능)

진단의 백1은 그나마 정수. 백1로 가두어 △를 잡으려는 것은 흑4의 맥점을 당해 더욱 낭패가 되기 때문이다. 다음 흑a와 b가 맞보기인데다 c, d의 약점이 남아 백은 수습불능에 빠지고 만다. 애당초 ◉를 무시한 △에 원죄가 있었다.

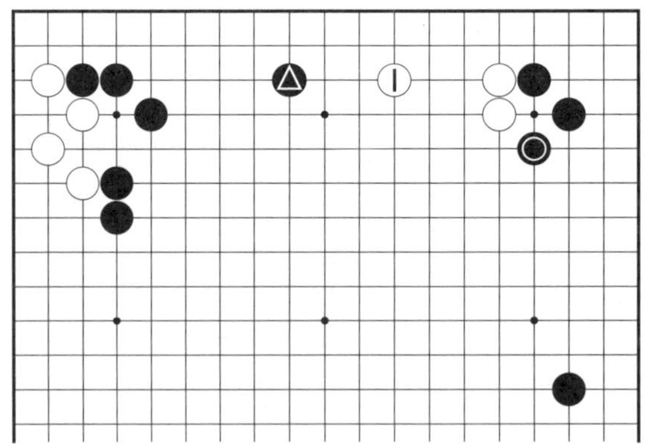

〈처방도〉

처방 (한발 좁힘이 정수)

따라서 지금처럼 △와 ◉가 서슬 퍼렇게 버티고 있을 때는 백1로 한발 좁혀 근신하는 것이 현명한 정수이다.

　다소 옹졸하지만, 대신 흑세를 삭감했다는 점을 위안 삼으면 될 것이다.

아무리 말뚝을 박아도~

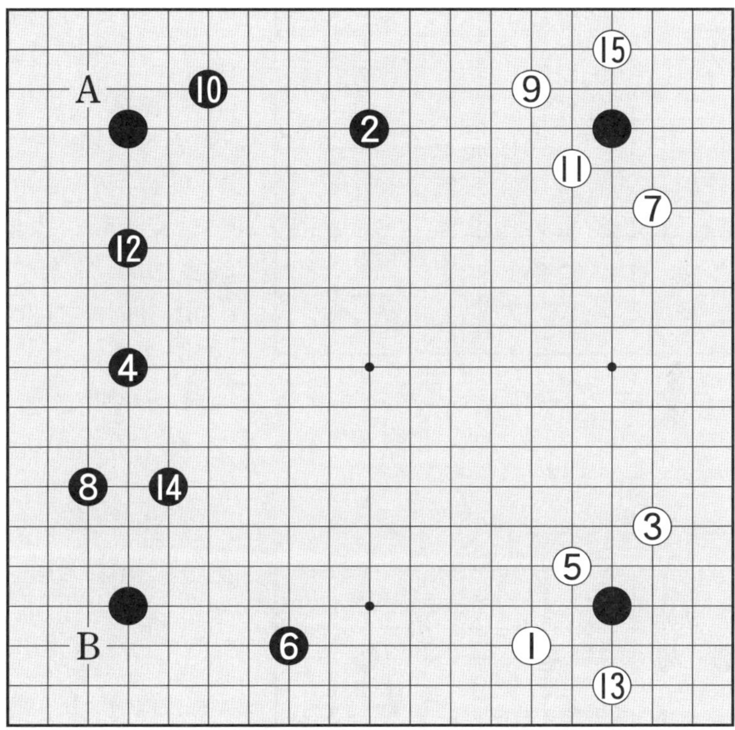

▨ 장면 (비능률 모양 퍼레이드)

　모처럼 1급 고수를 만나 넉점을 접히게 된 우리의 김선생이 흑2부터 득의의 '말뚝작전'을 펴고 있다. 이렇게 지키기 작전으로 나가면 백의 권도에 휘말리지 않고 치석의 효를 잘 지켜낼 수 있다는 신념 아닌 신념으로~. 그러나 백15까지 진행된 결과를 보니 오히려 알기 쉽게 치석의 효과를 모두 상실한 포석이니 어찌할까?

　오른쪽 백진은 거의 완전한 집인 반면, 왼쪽 흑진은 A와 B의 치명적인 허점이 있어 아직 완전한 집이 아니다. 김선생이 그토록 말뚝을 박았음에도 완벽한 집모양을 만들지 못함은 돌의 능률에 대해 무감각했기 때문이다.

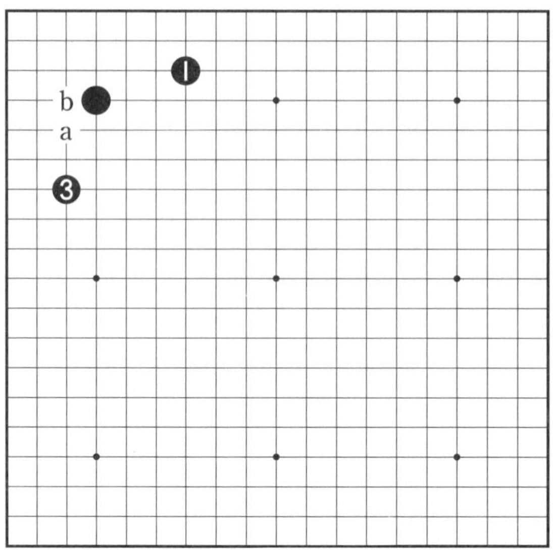

〈진단도〉

진단 (바보군힘)

이렇게 흑1, 3의 양눈목자로 굳혀진 형태는 비능률의 표본으로 일명 '바보군힘'으로 일컬어진다. 백a로 들어가면 크게 살려주므로 전혀 실속이 없기 때문이다. 실전의 좌상귀, 좌하귀가 바로 이런 형태이다.

그러므로 흑3으로는 a의 마늘모나 b의 철주로 굳혀 15집 정도의 실리를 확정 짓는 것이 능률적이다. 한 두칸 더 간다고 큰 집이 되는 것이 결코 아니다.

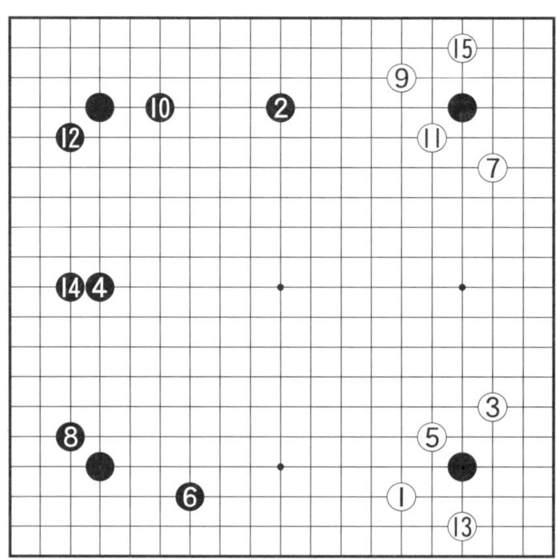

〈처방도〉

처방 (올바른 말뚝)

흑이 제대로 말뚝 작전을 펼치려면 이렇게 두어야 했다. 그러면 이하 흑14까지 좌변 일대에 물경 100집이 넘는 일당백의 확정가를 만들고 발전성까지 풍부해 그야말로 손쉽게 이길 수 있다(물론 백이 이렇게 내버려 둘 리는 없지만).

돌은 적재적소에 놓여야지, 대충 아무데나 에워싼다고 모두 집이 되는 것이 아니라는 사실을 깨달아야 포석의 눈이 뜨인다.

세워주는 것은 금물

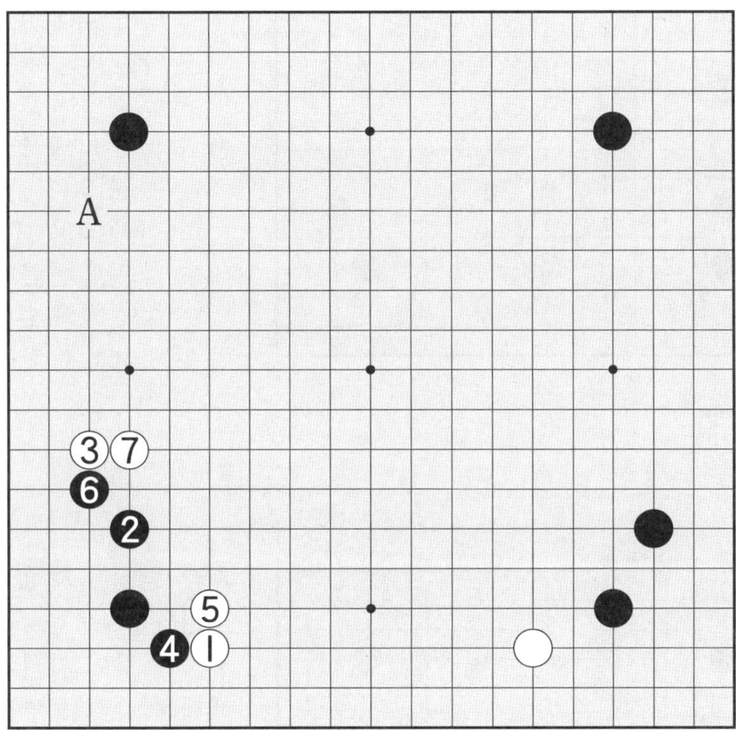

▨ **장면 (마늘모붙임 악수의 행진)**

　'말뚝작전'의 실패로 참패한 김선생은 '견실류'로 작전을 바꾸어 설욕전에 임했다.

　백1에 이어 3의 양걸침은 접바둑에서 흔히 등장하는 상수의 권도일 것이다. 그런데 이때 견실하게 둔다고 흑4, 6으로 연거푸 마늘모붙인 것이 또다시 포석을 그르치는 원인이 되고 말았다.

　흑A로 손을 돌리려던 김선생은 좌하귀를 한참 쳐다보더니 한숨을 내쉬고는 이내~

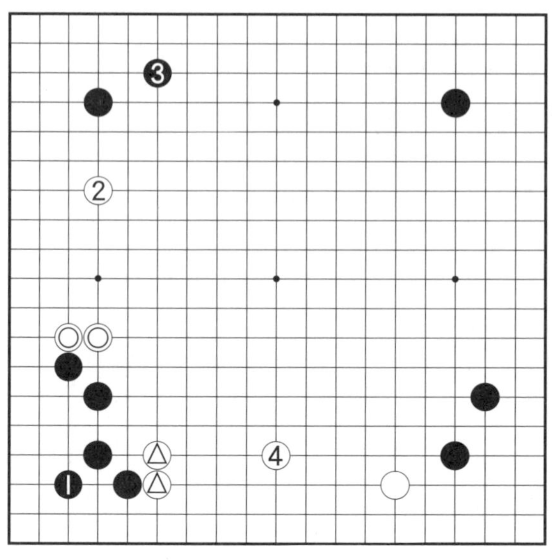

〈진단도〉

진단 (이적수의 표본)

흑1로 보강하고 말았다. 열심히 마늘모 붙여 상대를 튼튼하게 만들어주는 이적수를 남발하고도 후수를 잡아 흑1로 지킬 수밖에 없다면 흑은 이미 이곳에서 두 점 정도의 위력은 상실한 것이나 다름없다.

백4까지 되고 보니 흑의 악수 덕분에 튼튼하게 서 있는 △와 ◎의 위력이 전판을 호령하는 형국이 되고 말았다.

〈처방도〉

처방 (당당한 자세)

장면도 흑4로는 흑1로 협공하는 것이 치석의 효를 제대로 살리는 당당한 자세이다. 이하 5까지 흑은 아래 위에서 실속을 모두 차려 단연 우세하다.

만약 흑1의 협공에 자신이 없다면 차라리 a로 머리를 내밀고 좌우 백에 대한 공격을 엿보는 것이 **장면도**보다는 월등하다. 상대를 튼튼하게 만들어주는 수는 포석의 금기라는 점을 유념하기 바란다.

430

홈링에서는 강하게!

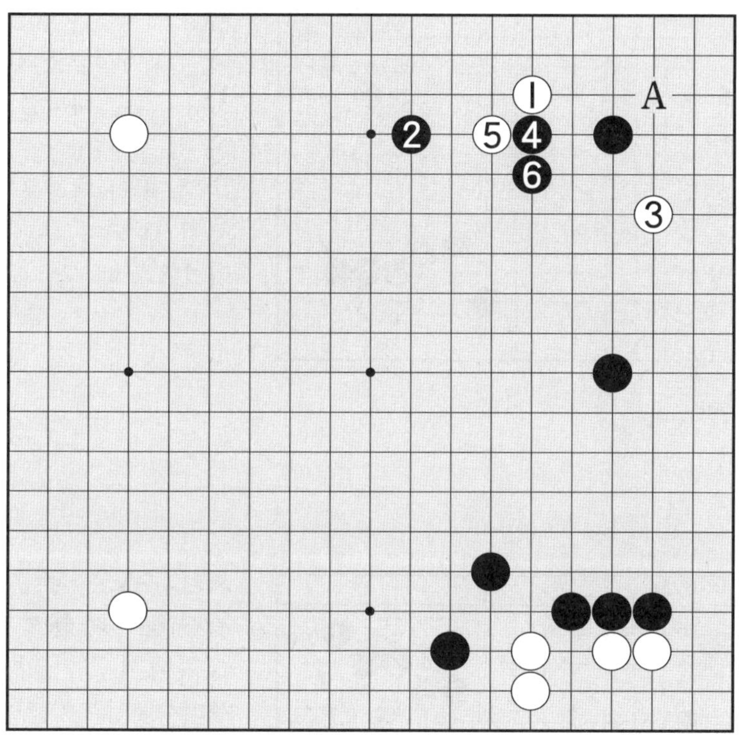

장면 (정석이 완착이라니?)

최신의 화점 유행정석을 열심히 공부한 우리의 김선생이 회심의 3연성을 펼쳤다. 우하귀에서 그림 같은 정석을 마무리 짓고 백1의 걸침에 다시 흑2로 협공해 대세력작전을 고수한다. 그런데 순순히 A로 들어오지 않고 3으로 양걸침하는 백 선수.

"문제없지, 이것도 아는 정석이야!"라며 자신 있게 흑4, 6으로 붙여 뻗었는데~. 실은 이 수가 좋은 기회를 놓친 완착이어서 백에게 리드를 빼앗기고 말았다.

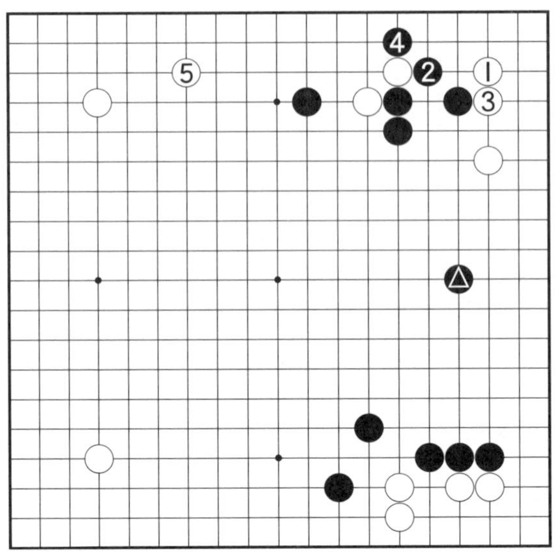

〈진단도〉

진단 (배경을 못살리다)

흑4까지가 김선생이 '외운' 유행정석의 일단락. 그러나 이 결과는 ▲의 위치가 약간 어색해 비능률적인데다 후수여서 백5의 요소를 허용, 흑이 재미없는 포석이 된 것이다.

　'홈링'의 이점을 살리지 못한 채 너무 무난하게만 처리했기 때문이다.

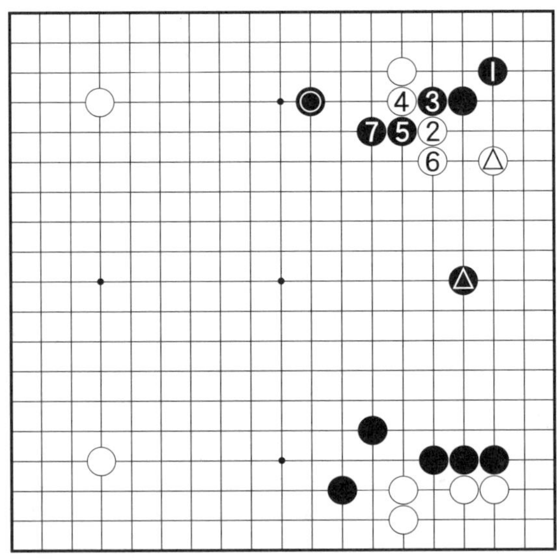

〈처방도〉

처방 (주도권 장악)

사실 ▲에다 ●까지 있는 상황에서 ▲의 양걸침은 무리수. 흑은 마땅히 흑1로 근거의 포인트를 확보한 뒤 백2에는 흑3, 5로 나가 끊는 것이 홈링의 이점을 십분 이용하는 길이었다. 흑7까지 백의 고전이 역력하지 않는가?

　이처럼 자신이 압도적으로 우세한 지역에서는 배석의 이점을 살려 과감하게 두는 것이 초반 기선을 제압하는 지름길이다.

새털처럼 가볍게~

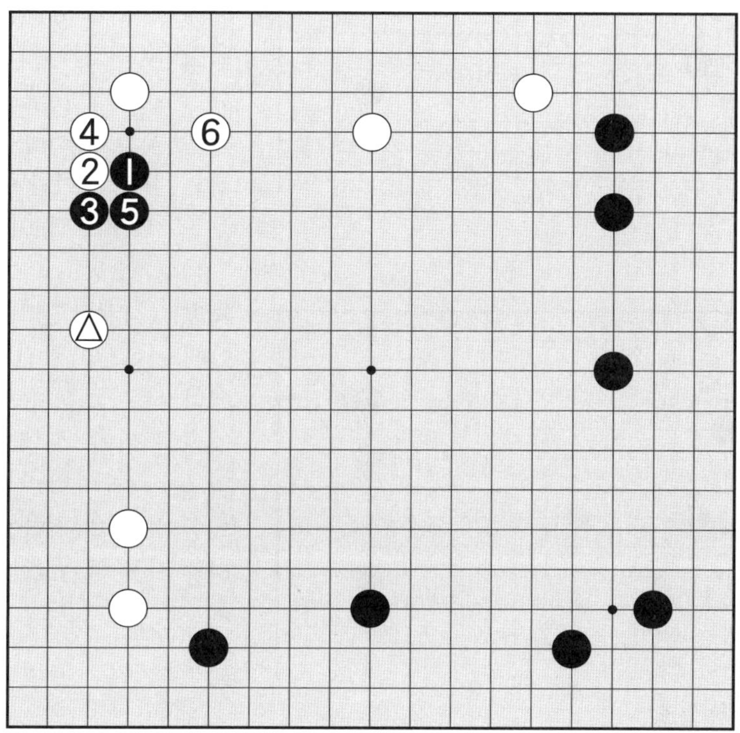

▨ 장면 (무거운 발걸음)

상대인 백의 중국식에 흑1로 걸쳐 들어가자 백2, 4로 붙여 끈 장면이다. 자, 여기서 우리의 김선생은 너무나 당연하다는 듯 0.5초 만에 흑5로 꽉 이었는데, 이번에는 바로 이 수가 지탄받을 문제수.

끊길 곳을 이었는데, 무슨 말이냐고? 그러나 바로 이것이 무거운 행마의 표본이자 중국식 포석에 말려든 전형이다. 막상 백6을 당하고 보니 △에 가로막혀 흑이 다리 뻗을 곳이 없지 않는가?

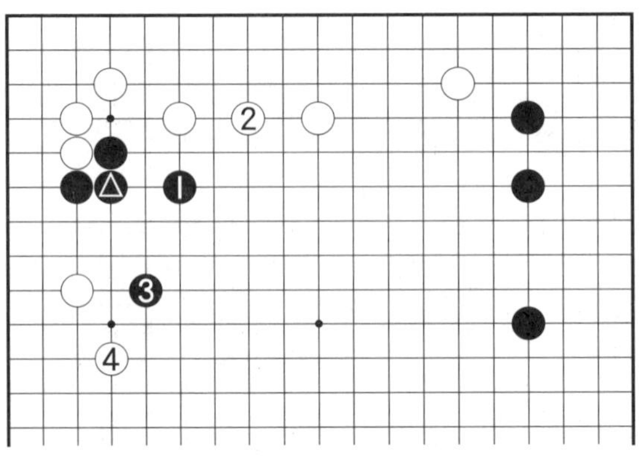

〈진단도〉

진단 (무거운 탈출)

하릴없이 흑1, 3으로 뛰어 나오고 말았는데, 백은 2, 4로 상변과 좌변을 자연스럽게 완전한 집으로 굳혀 대만족. 이렇게 자신은 영양가 없는 탈출에 그치면서 실속을 모조리 헌상한데는 무심코 이은 ▲가 너무 무거웠기 때문이다.

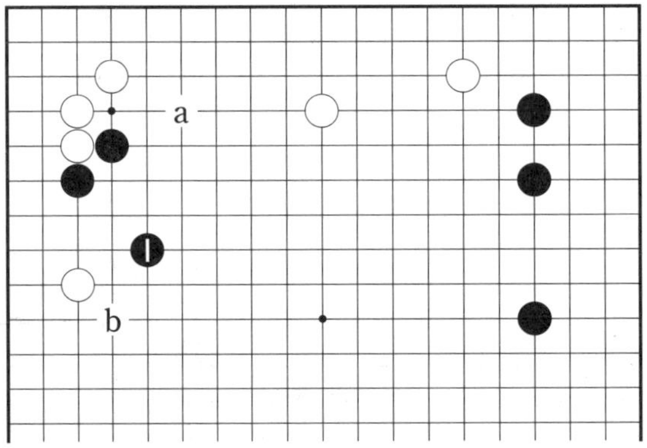

〈처방 1도〉

처방1 (경쾌한 행마)

이때는 흑1의 밭전자로 뛰어나가는 것이 허허실실의 경쾌한 행마. 중앙으로 한 발 앞서 뛰어나간 다음 a와 b의 반격을 맞보기 한다는 착상이다.

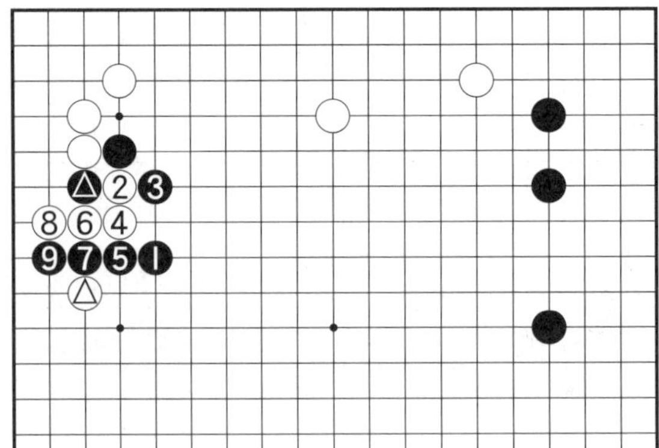

〈처방 2도〉

처방2 (백, 소탐대실)

만약 백이 2로 끊어 밭전 자의 허를 찔러온다면 흑 3, 5가 맥. 이것은 백이 꼬리(▲)를 떼어먹느라 좌변이 뚫리며 ▲가 다쳐 크게 소탐대실한 형상.

상대가 강한 지역에서는 '새털'처럼 가벼운 행마를 하는 것이 파상공세에 휘말리지 않는 비결이다.

습관성 '패 기피증'

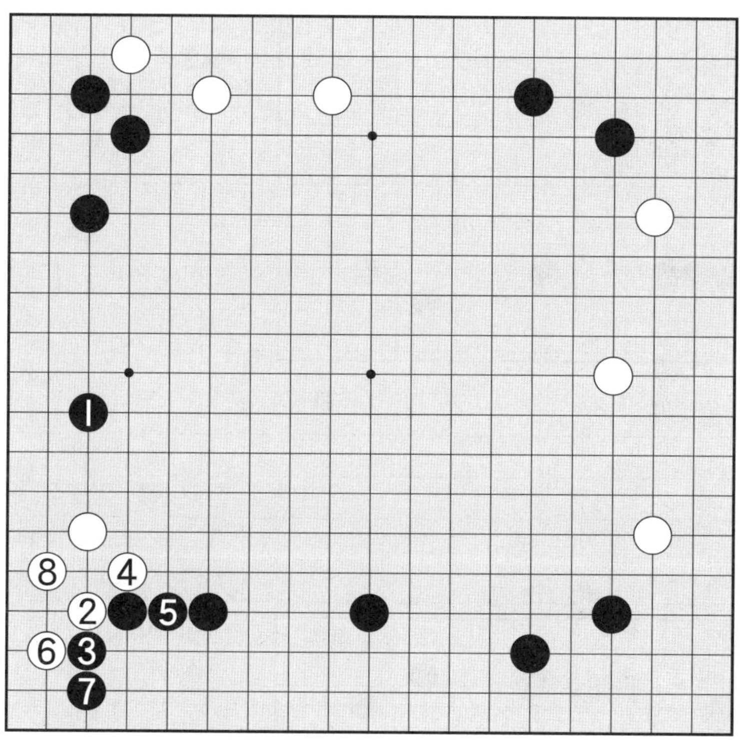

▨ 장면 (패를 피하다 당하다)

이번에는 우리의 김선생이 임자를 만났다. 강1급에게 다시 넉점을 깔고 두게 된 것이다.

좌하귀에서 흑1의 협공에 백2, 4, 6은 특히 상수들이 즐겨 쓰는 교란작전의 하나이다. 아! 그런데, 여기서 맥없이 5, 7로 물러서다니~. 이윽고 백8로 안정해버리니 흑으로선 실리의 손해가 큰데다 흑1의 협공도 무색해져 단단히 한방 먹고 말았다.

지나치게 패를 두려워하다가 포석을 일찌감치 그르친 것이다.

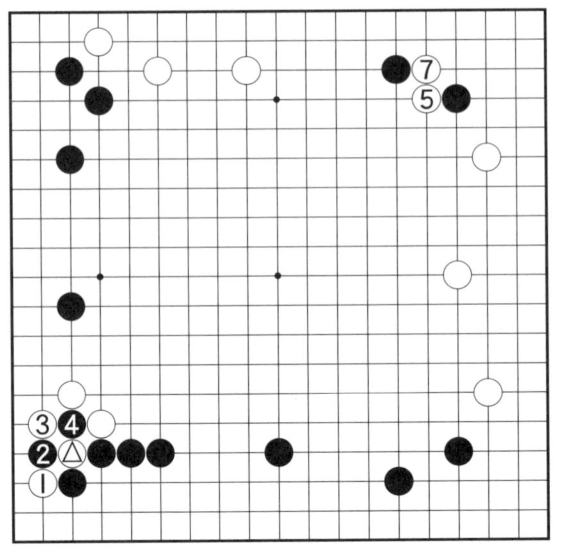

〈진단도〉

6‥△

처방 (유리한 패싸움)

백1 때 흑은 당연히 2로 몰아야 한다. 백은 준비한 대로 3으로 버티겠지만, 이 패는 흑이 먼저 딸 차례인데다 초반이라 전혀 걱정할 것이 없다.

고작 백5, 7 정도인데 흑6으로 해소해버리면 이쪽이 온통 흑 천지로 변해 흑이 단연 좋다. 믿어지지 않는가?

〈참고도〉

참고 (흑, 압도적 우세)

△들을 모조리 폐석화시킨 좌하 흑진은 ×선을 경계로 무려 50집에 가까운 반면, 우상귀는 흑a나 b로 움직이면 둘 중 하나는 살 수 있는 모습이다. 비교가 안 될 것이다.

이처럼 이렇다 할 패감이 없는 초반에 큰 패싸움이 벌어지면 먼저 따내는 쪽이 단연 유리하므로 상수의 패 도발을 전혀 두려워할 필요가 없는 것이다. 패싸움은 패감 많은 사람이 이기지, 상수가 이기는 것이 아니다.

436

축은 미리미리 따내라

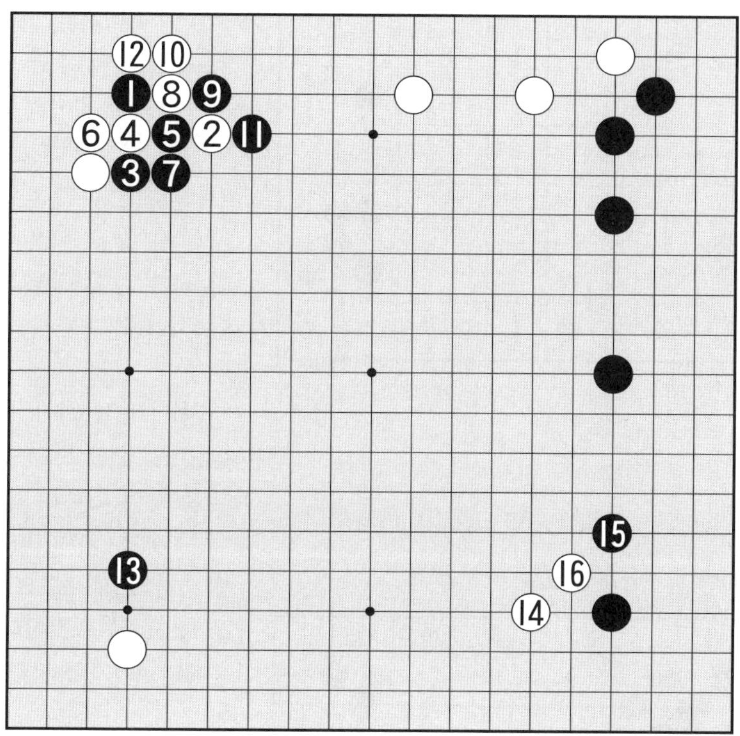

장면 (축으로 잡고도 망하다)

축으로 요석을 잡고도 거꾸로 망하는 것이 하수의 바둑이다.

백2의 눈목자 씌움에 흑7로 이은 것은 대사정석의 함정에 말려들지 않겠다는 간명한 처리법. 이어 흑11로 두텁게 한점을 잡고 우리의 김선생은 한숨 놓았다는 듯한 표정이다.

그리고는 발빠르게 흑13. 백14로 걸쳐오자 축머리가 아니라는 점을 확인하고 흑15로 받아두었다. 다음 순간 백16이 떨어지자 김선생은 외마디 비명을 지르고 말았다.

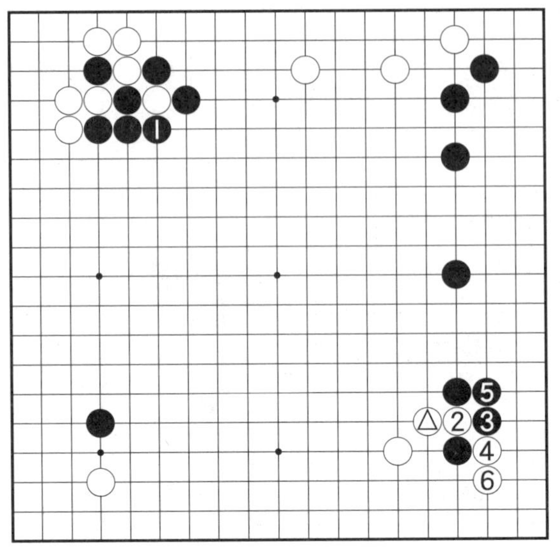

〈진단도〉

진단 (축의 함정에 걸리다)

김선생은 한숨을 내쉬며 장고하더니 입맛을 다시며 흑1로 따내고 말았다(△가 교묘한 축머리). 그러나 백2∼6으로 뚫리고 나니 귀를 하나 날려버리는 엄청난 손실을 입었다. 축머리가 유리한 것만 믿고 미리 따내지 않고 버티다 교묘한 축머리 공작에 녹아버린 것이다.

처방1 (미리 따내라 1)

장면도 흑13으로는 딴전을 피울 것이 아니라 흑1로 따내는 것이 정수이다. 백2로 받으면 그때 흑3으로 걸쳐도 늦지 않은 것이다(백2를 손빼면 흑a가 통렬).

처방2 (미리 따내라 2)

또한 백1로 걸쳐왔을 때도 얼른 흑2로 좌상 백 한점을 따낼 자리이다. 우하귀는 백3을 당해도 흑10까지 처리해 큰 피해가 없다.

　이처럼 초반에 축으로 몰아 잡은 돌은 시간 날 때 빨리 따내두어야 후일 축머리를 이용당하는 소지를 원천봉쇄하는 길이다.

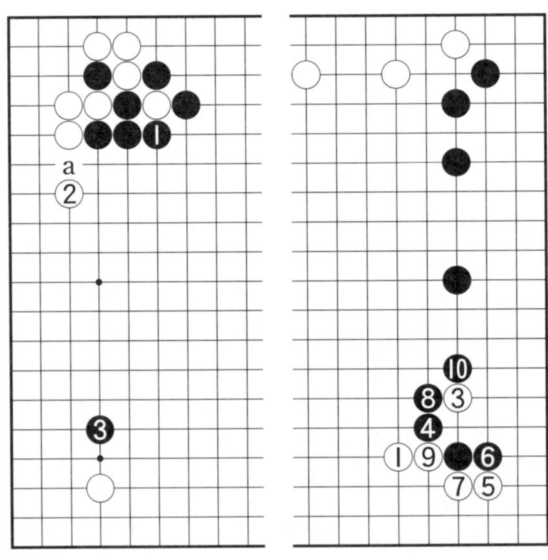

〈처방 1도〉　　〈처방 2도〉

초반부터 웬 끝내기?

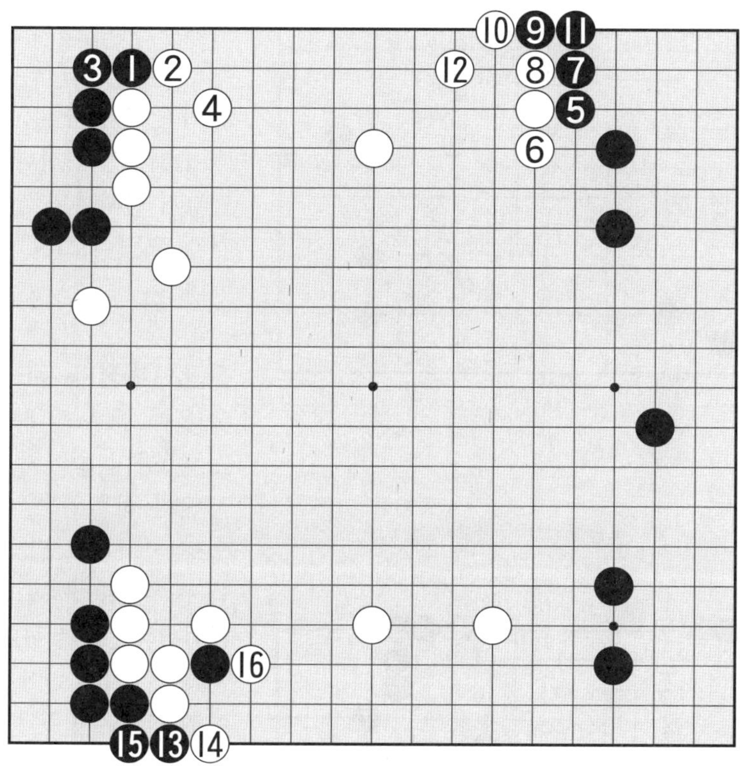

▨ 장면 (때 이른 끝내기는 이적행위)

아직 포석도 끝나지 않았는데, 돌연 우리의 김선생이 끝내기를 서두르고 있다. 흑1~백4에 이어 흑5~백12. 그리고 심지어 흑13에서 백16까지 모두 다 1~2선의 끝내기를 해치우고 있다.

이래놓고 만약 선수끝내기를 모두 독차지했다고 뿌듯해한다면 김선생은 엄청난 오산에 빠져있음이 분명하다. 흑1에서 15에 이르는 수순이 초반인 현재로선 모조리 대악수이기 때문이다.

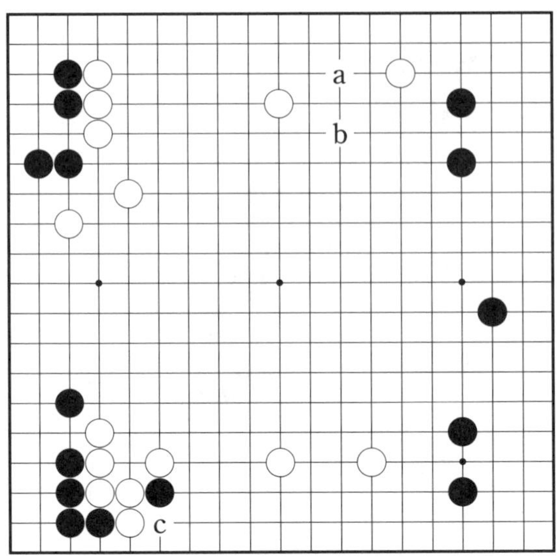

〈진단 1도〉

진단1 (불완전한 집모양)

끝내기 이전의 장면이다.

상변 백진과 하변 백진은 아직 '집모양'일 뿐 아직 집이 아니다. a의 침입, b의 삭감, c의 준동 등 무수한 수단이 남아있기 때문에 백이 이곳을 완전한 집으로 만들기 위해서는 상당한 시간과 노력이 필요하다. 그런데~

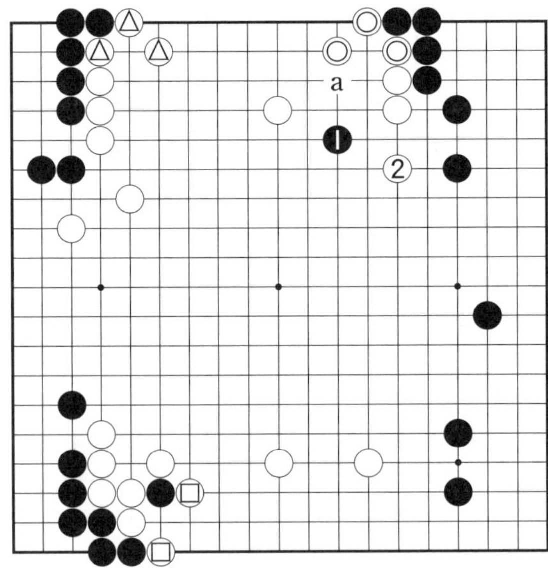

〈진단 2도〉

진단2 (확정가+두터움)

흑의 때 이른 끝내기로 ⓐ, ⬜, ○들이 놓여지고 보니 상변과 하변은 완벽한 집으로 굳어지고 말았다. 더욱 큰 문제는 백이 크게 두터워졌다는 사실이다. 예를 들어 흑1의 삭감에는 보통처럼 백a로 받는 것이 아니라 백2로 반격할 수 있게 된 것이다.

불완전한 모양을 때 이르게 굳혀주며 막강한 두터움까지 헌상했으니 악수 치고는 엄청난 악수일 것이다. 그러므로 포석단계에선 되도록 사소한 끝내기 이득에 매달리지 않고 좀 더 큰 이득을 도모하는 것이 대승적 자세이다.

모양이 좋아야 좋은 포석

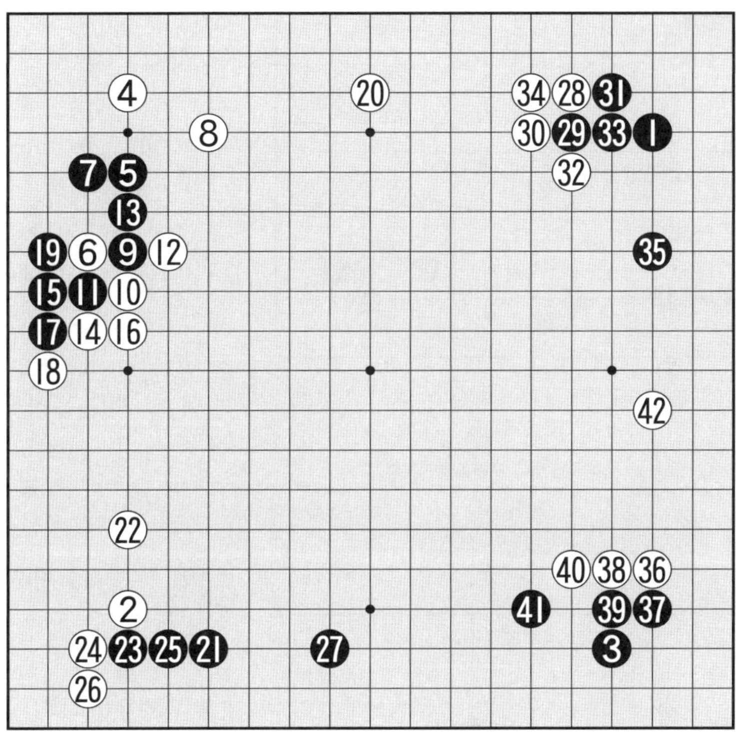

▓ 장면 (우형 퍼레이드)

능률이 중요시되는 초반에는 특히 돌의 모양 여부가 우열을 가르는 경우가 대부분이다.

우리의 김선생이 선으로 두는 바둑인데, 곳곳에서 우형(愚形)을 연출해 내고 있다. 흑7이 둔탁한 행마의 시발점. 흑11로는 당연히 12 자리에 뻗을 곳이다. 또한 흑25는 무슨 제자리걸음인가? 뿐만 아니라 흑29, 31도 우형을 자초하며 상중앙 백 모양을 활짝 피게 해준 이적수이다. 흑37, 39에 이르러 흑의 속수 퍼레이드는 절정을 이루고 있다. 백을 튼튼하게 해주면서 자신은 빈삼각을 자초한 악수의 표본 아닌가.

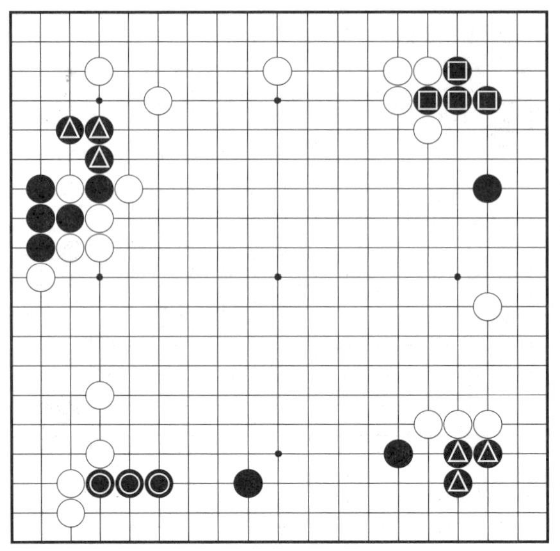

〈진단도〉

진단 (비능률의 극치)

장면도의 결과인데, 흑돌들의 모양이 가히 목불인견이다. 우하귀와 좌상귀의 빈삼각(▲)에 이어 우상귀는 삿갓형(■), 게다가 좌하귀는 오목행마의 제자리 걸음(◉)으로 비능률의 극치를 이루고 있다.

그에 비해 백돌들은 군더더기 없이 적재적소에 놓여 있다. 이 정도면 형세도 불문가지. 흑은 회복불능의 비세에 봉착했다. 돌의 모양이 나쁘면 결코 좋은 포석을 할 수가 없다.

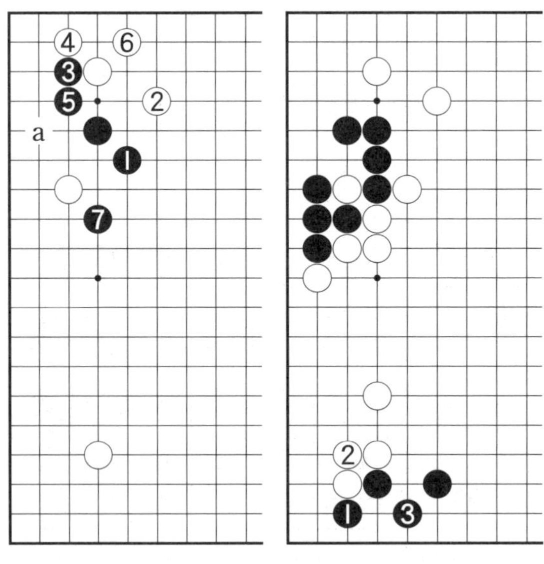

〈처방 1도〉　　〈처방 2도〉

처방1 (모양 좋게)

장면도 흑7로는 노골적으로 차단할 것이 아니라 흑1로 둘 자리이다. 그러면 흑7까지가 모양도 좋은 정석. 또 굳이 차단을 고집한다면 a로 한칸 뛰는 것이 모양도 좋고 능률적이다.

처방2 (호구로 안정)

또한 장면도 흑25로는 흑1로 이단젖히는 것이 행마법. 다음 백2에는 흑3으로 호구쳐 좋은 자세로 안정할 수 있지 않은가?

442

요석은 반드시 살려라

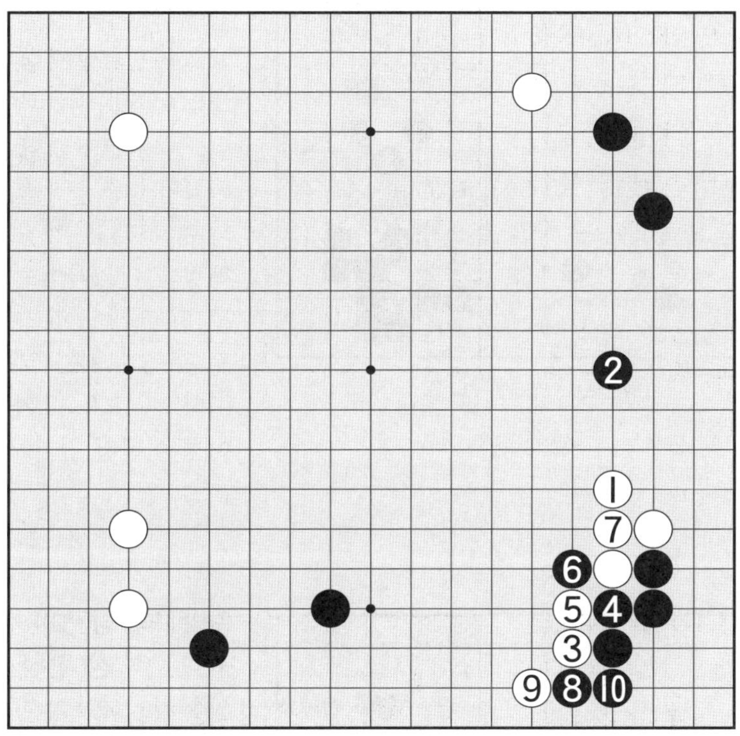

▨ 장면 (기둥말을 포기하다)

상대의 돌을 끊고 있는 기둥말은 그 개수를 떠나 전략적 가치가 매우 높은 요석(要石)이다. 특히 초반에는 이 요석을 살려야 상대의 행마에 부담을 주면서 주도권을 잡을 수 있다.

백1에 우리의 김선생은 흑2로 협공한 데 이어 백3에는 흑4, 6으로 힘차게 절단식을 거행하여 기세를 올리고 있다. 아, 그런데 바로 다음 순간 갑자기 흑8, 10으로 꼬리를 내리다니~. 요석을 죽여버릴 작정인가?

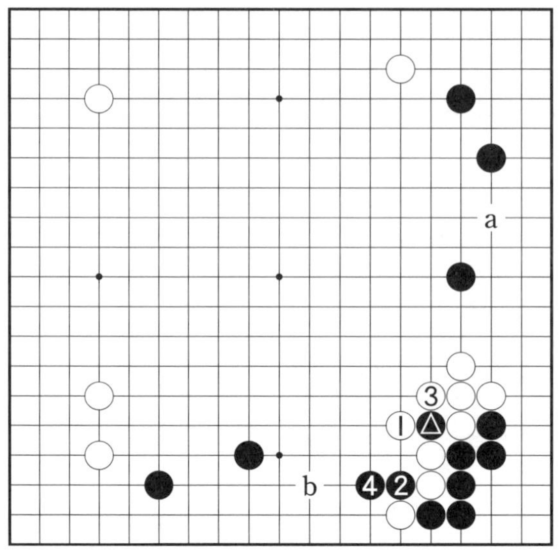

〈진단도〉

진단 (백, 두터움)

백1로 몰아버리니 ❹ 한점이 속절없이 잡혔다. 물론 흑도 그 사이 2, 4로 넘어가며 실리의 이득은 다소 보았지만, 빵때림한 백의 모습이 너무 두터워 전국적으로 백이 편한 바둑이 되었다.

이제 백은 이 두터움을 배경 삼아 a나 b로 마음놓고 뛰어들 수 있으며, 반대로 흑은 도처가 엷어진 것이다. 이 모두 요석을 맥없이 죽여버린 결과이다.

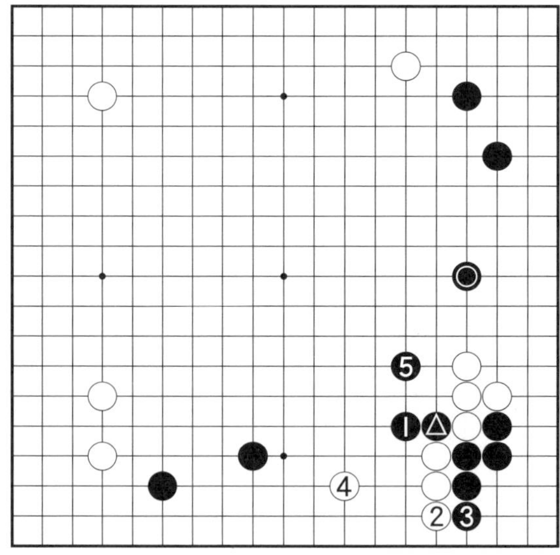

〈처방도〉

처방 (백, 양곤마)

보다시피 ❹ 한점은 백을 양분시키고 있는 기둥말. 따라서 **장면도** 흑8로는 마땅히 흑1로 늘어 ❹를 살려야 한다. 그러면 자연스럽게 백을 양곤마의 궁지로 몰아넣으며 대세를 제압할 수 있다. ◉까지 버티고 있어 백이 양쪽을 모두 타개하려면 상당한 대가를 치러야 할 것 같다. 이처럼 요석을 살려야 초반의 주도권을 잃지 않는다.

폐석을 움직여 망하다

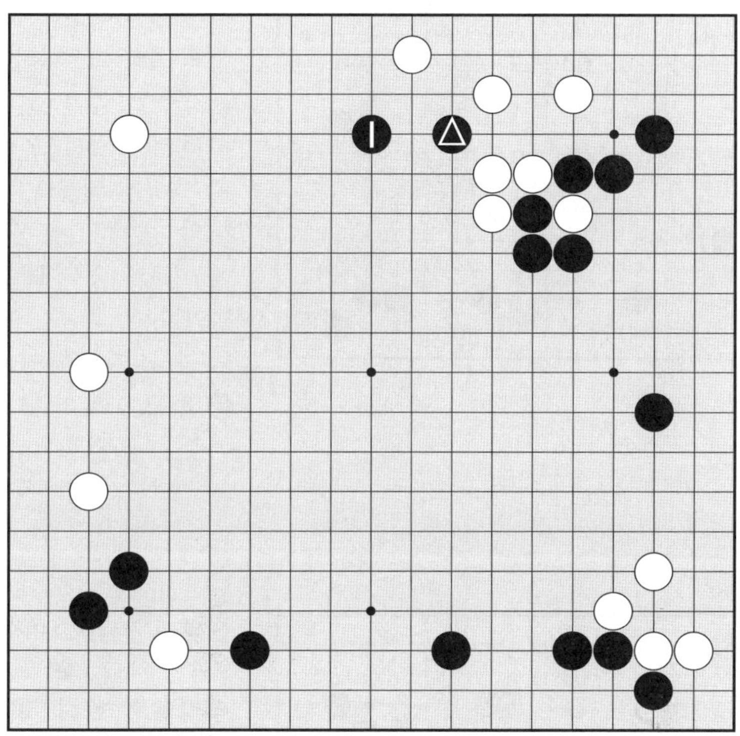

장면 ('강시'를 움직이다)

요석과는 반대로 폐석(廢石)은 아무런 전략적 가치가 없는 돌을 말한다. 그런데 이 폐석을 살리려다 쉽게 대세를 그르치는 경우가 하수님들의 바둑에서는 허다하게 등장한다.

상변 백진에 떨어져 있는 ● 한점은 누가 보아도 '영양가' 없는 폐석이다. 이 돌은 살려도 집이 되는 것도 아니고 백의 공격목표가 되어 손해를 부를 뿐이다. 그런데 우리의 김선생, 난데없이 흑1로 움직이기 시작하지 않는가. 무슨 뜻일까?

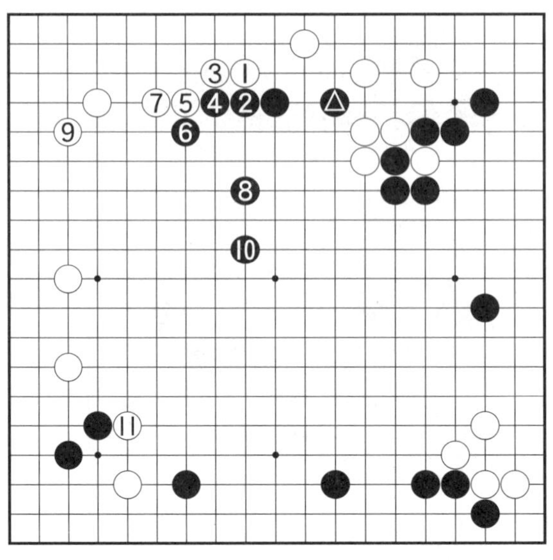

〈진단도〉

진단 (공배 탈출을 자초)

백1에 흑은 내친걸음으로 흑2~6으로 밀어붙였으나 백9까지 되고 보니 흑은 상변 백집을 완전히 굳혀주면서 공연히 미생마만 띄워놓은 꼴. '걸음아 날 살려라' 하면서 흑8, 10으로 탈출할 수밖에 없을 때 반상최대의 곳 백11에 선착하니 때 이르게 승부가 결정되고 말았다.

결국 흑은 영양가 없는 ▲ 한점을 살리려다 집 지어주고 공배만 둔 셈이다.

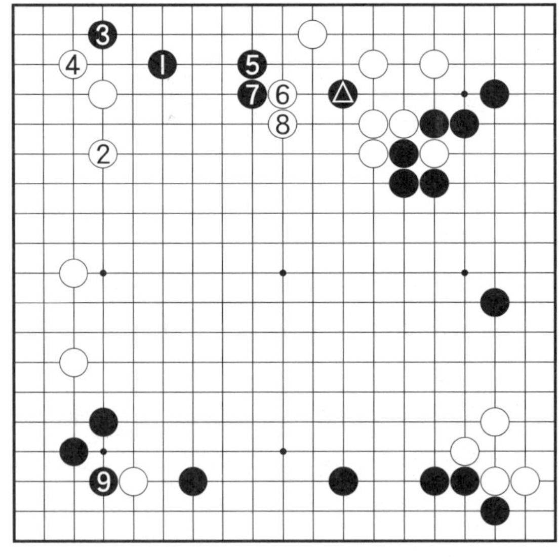

〈처방도〉

처방 (아낌없이 포기해야)

흑은 애당초 ▲는 없다고 생각해야 한다. 흑1로 걸쳐 이하 5까지 정석수순을 밟아 상변 백진의 팽창을 막는 것이 현명한 태도.

만약 백6으로 ▲ 한점을 삼키려 들면 그것을 역이용하며 흑7로 두텁게 하면서 선수를 뽑을 수 있어 오히려 흑이 좋은 결과이다. 초반에 영양가 없는 돌은 절대 살리려 들지 말라.

손따라 두면 당한다

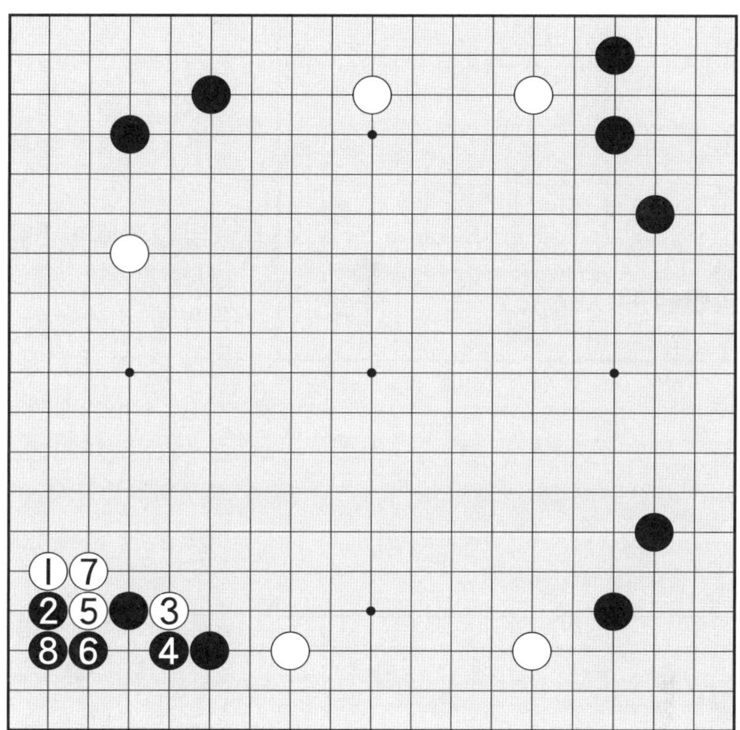

▨ 장면 ('손따라 정석'의 대표형)

바둑에는 자기 주관이 있어야 한다. 특히 전략을 필요로 하는 초반 단계에서는 더욱 그렇다. 그런데 상대의 손바람에 아무런 생각 없이 제꺽제꺽 손따라 받아주다 어느새 망하고 마는 경우가 비일비재하다.

우리의 김선생이 1급을 만나 넉점을 접힌 바둑. 백1의 저공비행에 이어 백3, 5는 하수를 현혹시키는 상수의 단골 꼼수. 아, 그런데 여기서 김선생은 단 1초의 망설임도 없이 흑4, 6, 8로 받아주고 있지 않는가. 지극히 당연해 보이는 이 수순이 알기 쉽게 대세를 그르치는 무책의 전형이다.

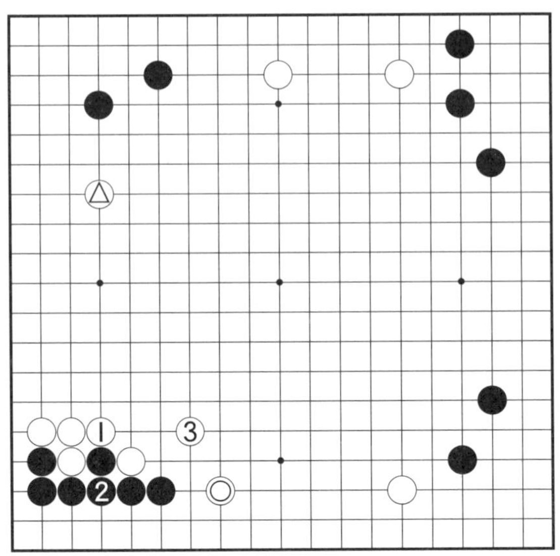

〈진단도〉

〈처방 1도〉　　〈처방 2도〉

진단 (꼼짝없이 당하다)

백1, 3으로 되고 보니 실감이 갈 것이다. 백은 이곳을 깨끗이 봉쇄하면서 당초 어정쩡하게 놓여있던 △, ◎들과 멋지게 호응하는 자세인 반면, 흑은 좌하귀에서 옹졸하게 쌈지 뜬 꼴.

처방1 (기세의 반발 1)

백1로 붙여올 때 흑은 2로 반발하는 기세가 있어야 한다. 그러면 이하 흑10까지가 거의 외길인데, 두텁게 머리를 내밀고 있는 흑의 자세가 앞서 진단과는 비교가 안 되지 않는가?

처방2 (기세의 반발 2)

△ 때 덥석 ●로 받았더라도 아직 기회는 있다. 백1로 끼울 때 귀에 연연하지 말고 2, 4의 반발이 걸려들지 않는 길이다. 이하 흑8까지 중앙에 막강 두터움을 쌓으며 △를 폐석화시켜 오히려 흑의 대만족일 것이다. 이처럼 손따라 두는 버릇을 고치려면 상대의 주문이 무엇인지, 함정이 무엇인지 한번쯤은 생각해보는 자세가 필요하다.

머리를 얻어맞다니요?

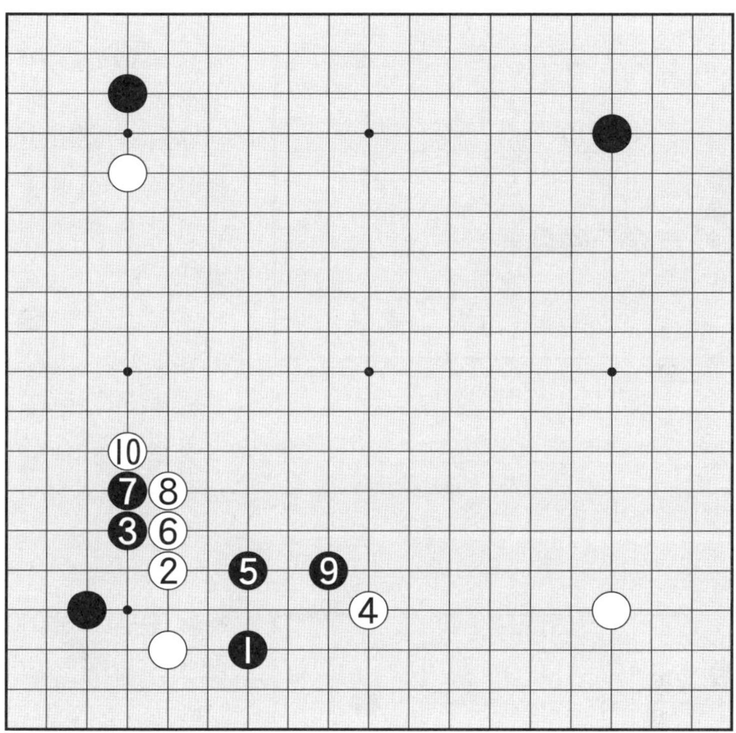

장면 (두점머리를 당하다)

상대로부터 머리를 얻어맞는 자세는 돌의 발전성을 제압당하기 때문에 특히 초반에는 절대 금기이다. 그래서 "대마를 죽이더라도 두점머리는 맞지 말라"는 경구까지 있다.

흑1의 협공에 백4로 되협공한 뒤 6, 8로 힘차게 밀어온 장면인데, 우리의 김선생, 오른쪽 대마에 추위를 탔는지 흑9로 손을 돌리고 만다. 아, 그러나 백10으로 두점머리를 얻어맞는 순간 대세는 백에게 넘어가고 말았다.

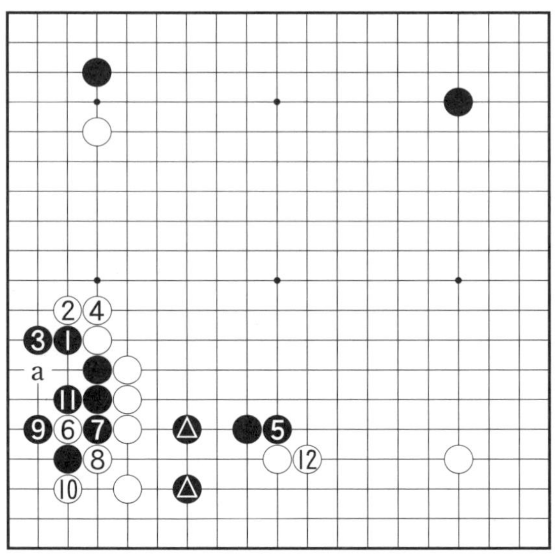

〈진단도〉

진단 (이적수의 표본)

김선생은 당황한 나머지 흑1로 손따라 젖혔는데, 이 수 또한 백2의 이단젖힘을 자초한 무책의 악수(a가 정수). 백10까지 아래위로 처절하게 당한 데 이어 백12에까지 손이 돌아가고 보니 흑은 아직도 미생마. 단번에 대세가 기울고 말았다.

흑으로서는 ▲ 두점에 위협을 느껴 머리 맞는 것을 감수한 것인데, 백에게 엄청난 두터움을 제공해 오히려 더 위험한 결과를 초래하고 만 꼴이다.

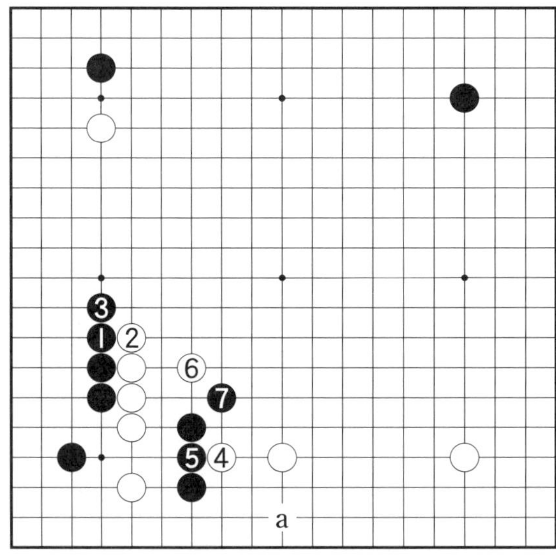

〈처방도〉

처방 (눈감고 늘어야)

장면도 흑9로는 눈감고 흑 1에 늘어야 한다. 이어 백 2에도 역시 흑3. 그런 다음 백4, 6의 공격에는 흑7로 도망쳐도 늦지 않는다. 여차하면 a로 달리는 수도 있기 때문에 이 대마는 그다지 위험하지 않다.

이 결과는 좌변에서 4선을 밀어주며 손해 본 것이 너무 커서 오히려 백이 불리한 모습이다.

450

살려주고 이긴다

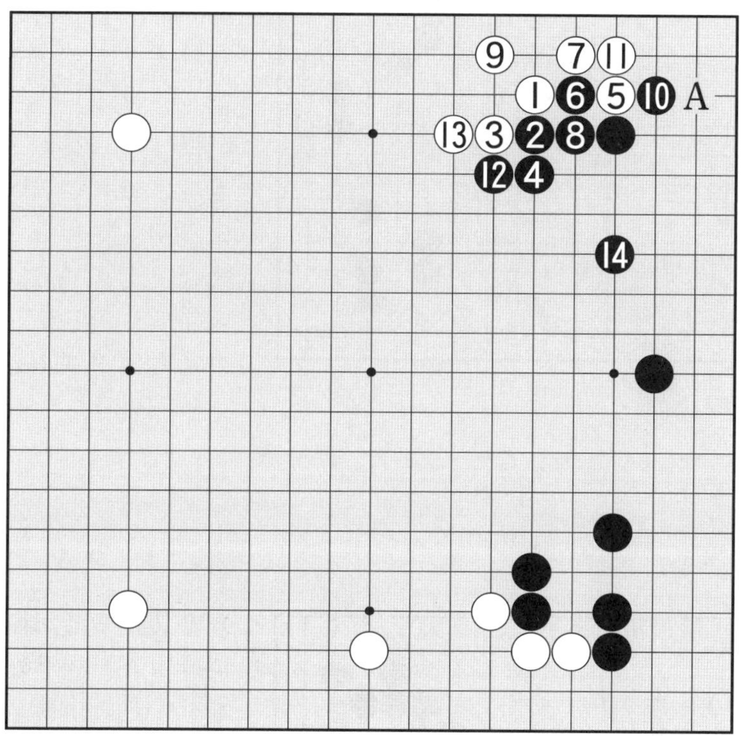

▨ 장면 (발전성을 스스로 위축시키다)

세력 포진에서 가장 신경 쓰이는 것은 물론 상대의 침입수단이다. 그래서 일부 하수님들은 이것을 너무 의식한 나머지 너무 보폭을 좁혀 세력의 발전성을 스스로 위축시키는 우를 범하곤 하는데, 바로 이것이 대세를 뒤지게 하는 중대한 원인이 되는 것이다.

백1～13은 기본정석의 수순. 그런데 우리의 김선생, 여기서 흑14로 좁혀 지키고 만다. 그러나 이것은 발전성이 없는 일방가인 데다 백A의 끝내기 수단도 남아 흑이 크게 불만이다.

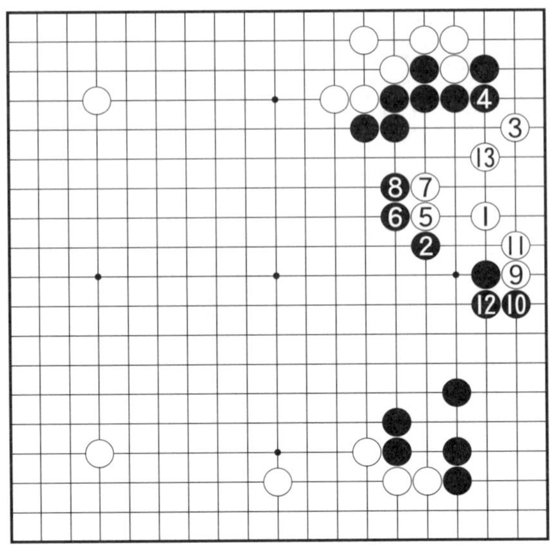

〈진단도〉

진단 (백, 살고도 망하다)

흑이 겁냈던 것은 백1의 침입일 것이다. 가령 흑2로 공격해도 이하 백13까지 어렵지 않게 살 수 있는 모습이어서 일견 흑이 실속 없어 보인다.

그러나 그것은 오판. 이 결과는 오히려 백이 살고도 망한 결과이다. 흑의 외곽을 한없이 두텁게 해준 데다 백3, 9와 같은 이적수까지 두었기 때문. 게다가 후수 아닌가?

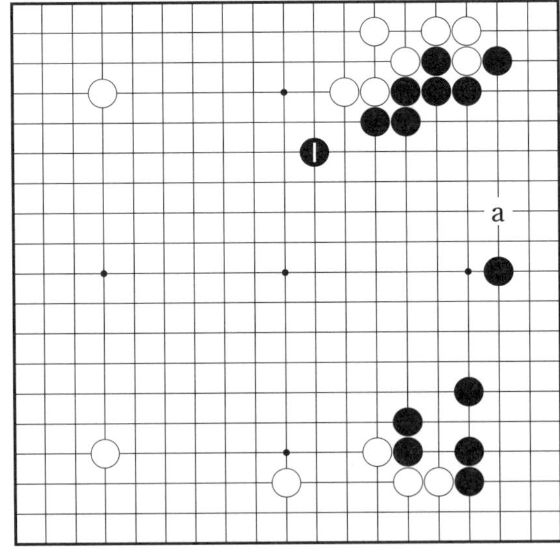

〈처방도〉

처방 (당당히 넓혀야)

따라서 흑은 마땅히 1의 대세점으로 모양을 넓히는 것이 당당한 자세이다.

백a 따위로 침입해오면 설령 진단처럼 살려주더라도 공격의 대가를 충분히 얻을 수 있기 때문에 결코 겁낼 필요가 없는 것이다.

452

잡고도 망한다

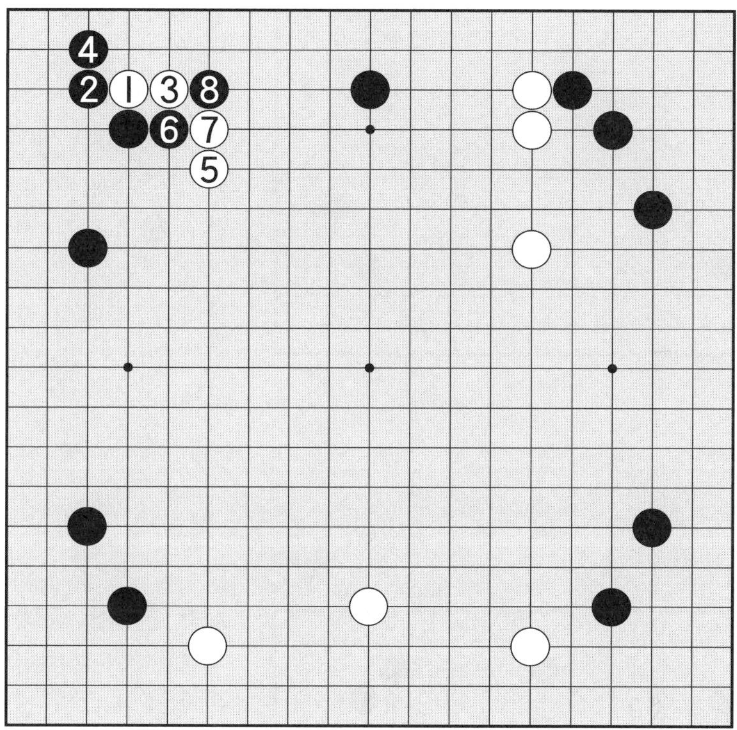

▨ 장면 (미끼를 덥석 물다)

　단점만 보면 일단 끊고 보는 버릇은 별로 좋지 않다. 특히 상대가 사석 작전을 하려는 심산으로 가벼운 행마를 했을 때 이를 즉각 응징하려다 오히려 망하는 경우가 하수님들의 바둑에서는 자주 나타나지 않는가?

　우리의 김선생이 넉점을 깔고 두는 바둑인데, 백5의 날일자로 뛰자 '이게 웬 떡' 하며 즉각 흑6, 8로 나와 끊는다. 바로 이것이 미끼를 물다 망하는 전형인 것이다.

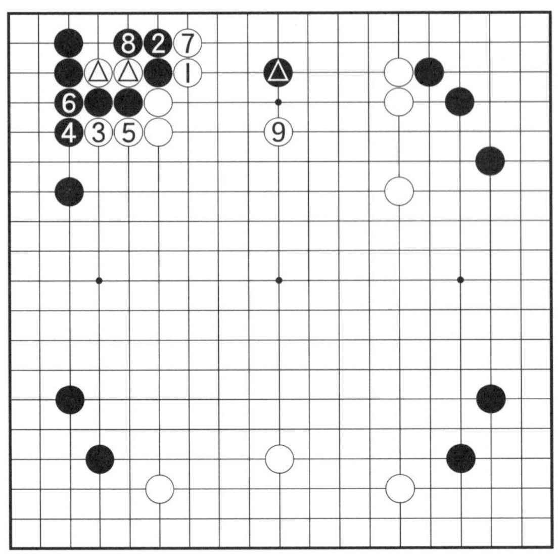

〈진단도〉

진단 (흑, 소탐대실)

백이 애당초 날일자 행마를 한 것은 여차하면 △ 두 점은 버리겠다는 뜻. 즉 △ 는 미끼였던 것이다.

과연 백1~7로 양쪽에서 활용하며 사석작전을 펼친 다음 백9로 씌우니 어느새 상중앙에 흰 눈이 내리면서 ▲도 좌사(座死)하고만다. 흑은 두점 먹고 망한 꼴이다. 상대의 작전을 헤아리지 않은 반사적 속수가 부른 비극이다.

〈처방도〉

처방 (전체를 공격)

이때는 흑1로 자신의 약점을 없애며 백말 전체에 대한 공격을 노리는 것이 대승적인 자세라 할 수 있다. 이어 백2에는 a의 허를 노리며 흑3으로 한발 앞서 뛰어나가면 백을 양곤마로 몰면서 주도권을 휘어잡을 수 있다.

사소한 돌 몇 점을 잡으려는 소심한 발상에서 벗어나 판 전체를 굽어보도록 하라.

집을 지어 드립니다?

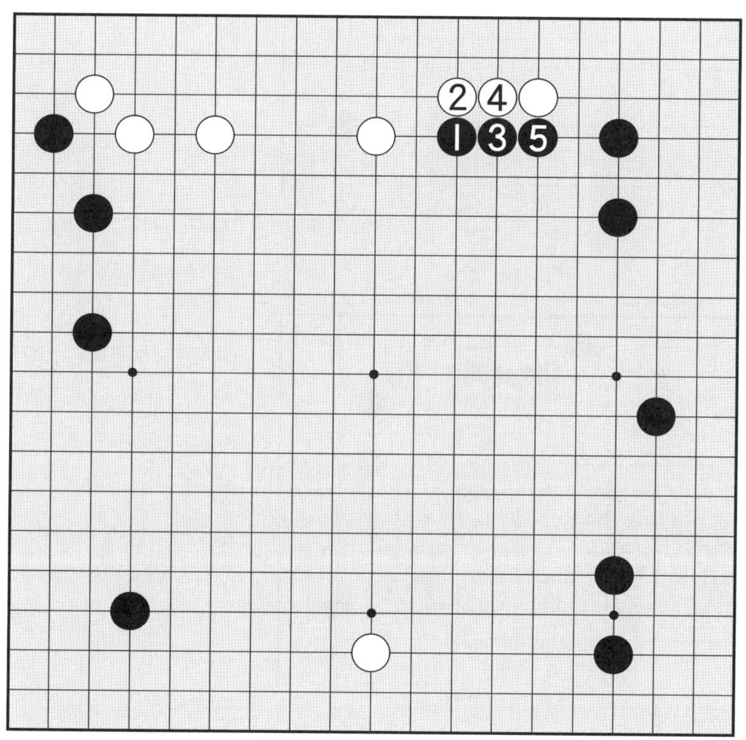

▨ 장면 (이적수의 표본)

모양을 집으로 굳혀나가기란 그리 쉽지 않다. 스스로 자작가를 짓고 앉았다가는 대세에 뒤지기 십상이기 때문일 것이다. 그런데 뜻밖에 상대가 거저 집으로 굳혀줄 때는 얼마나 고마울까?

우리의 김선생이 두점 접히고 두는 바둑인데, 침입도 삭감도 아니고 어정쩡하게 둔 흑1이 이상하다. 이어 백2로 받자 기다렸다는 듯 흑3, 5를 아낌없이 해치우고 있다. 이래놓고 혹시 '선수로 세력을 쌓았다'라고 생각한다면 그것은 터무니없는 오판이다. 흑1~5는 이적수의 전형인 것이다.

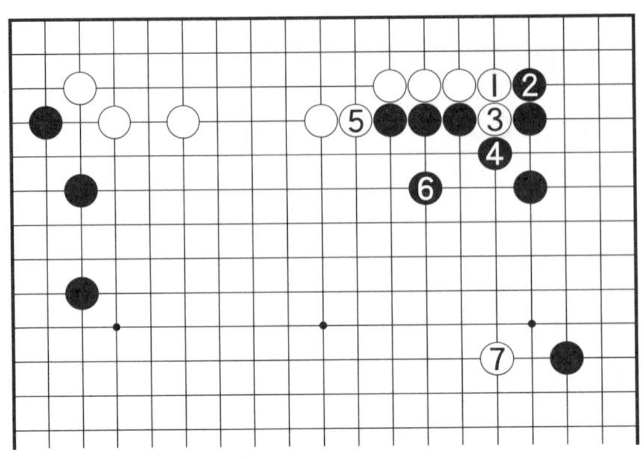

〈진단도〉

진단 (흑, 큰 손해)

장면도에 이어 백5까지 되고 보니 흑이 쌓은 세력에 비해 상변 백집이 크게 굳어진 것이 너무 커서 흑의 손해가 역력하다. 게다가 백의 선수로 7까지 당해 우변 흑진은 볼품이 없다. 결국 장면도 흑1~5는 상대에게 거저 집을 지어준 치명적인 이적수였던 것이다.

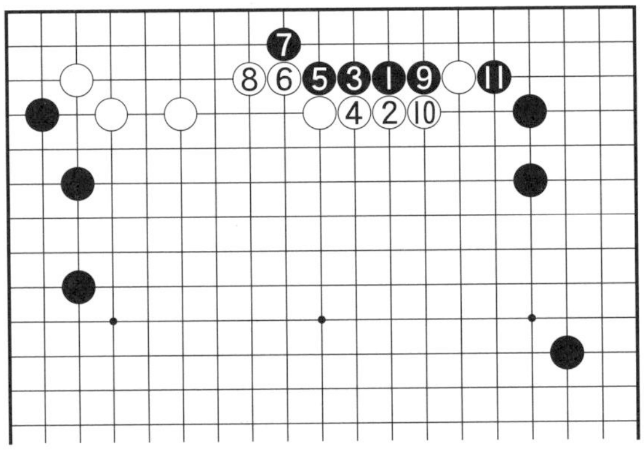

〈처방 1도〉

처방1 (통렬한 침입수단)

상변 백진에는 흑1이라는 통렬한 침입수가 있지 않는가? 백2에는 흑11까지 실리를 온통 훑어 흑 만족. 또한 백이 이쪽을 지키더라도 이번에는 흑8쪽의 침입이 있다. 상변 백진은 한 수로 집이 되기가 어려운 허술한 모양인데, 이곳을 저절로 크게 굳혀주었으니 얼마나 이적행위인가?

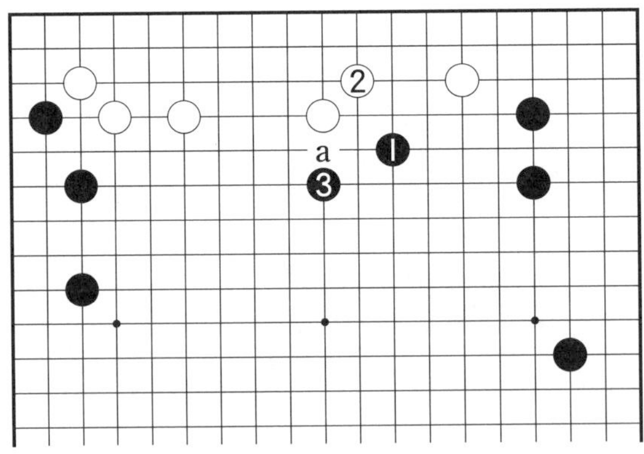

〈처방 2도〉

처방2 (세력을 쌓으려면~)

세력을 쌓고 싶다면 흑1, 3 (혹은 a)이 올바른 행마이다. 백2로 작게 굳어진 상변의 규모와 한껏 넓혀진 우변의 규모가 앞서 진단과는 비교가 안 될 것이다.

할 일 다한 돌은 버려라

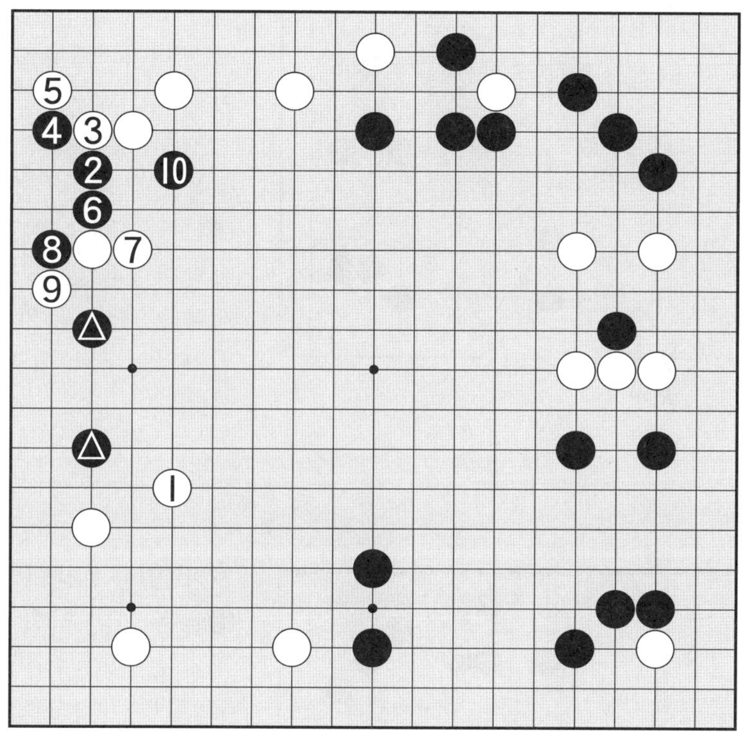

▒ 장면 (무모한 몸부림)

상대의 모양에 뒷맛을 남기며 활용해 놓은 돌은 이미 상대의 모양을 제한시킨 것으로 그 사명을 다했기 때문에 큰 가치가 없다. 그런데 이 돌들을 한사코 살리려다 주력부대를 다치게 하는 짓은 얼마나 미련스러운 일인가?

백1로 공격해오자 우리의 김선생, 흑2, 4로 응수타진한 것까지는 좋았는데, 갑자기 마음이 바뀌었는지 주력부대(▲)를 외면한 채 흑6, 8로 움직여 나간다. 이것이 대세를 그르친 무모한 몸부림이다.

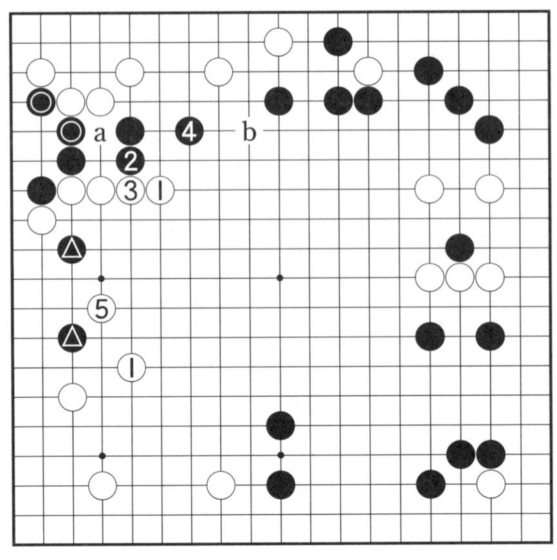

〈진단도〉

진단 (주력군 횡사)

백이 a에 나와서 끊을 수 없기 때문에 좌상 흑말은 물론 죽지는 않는다. 그러나 백이 1로 뛰고 흑2, 4를 기다려 백5로 덮어가니 어떤가?

결국 흑은 정찰병(◉) 두점을 살리려다 주력부대(▲)를 크게 다치게 하는 소탐대실을 범하고 만다. 게다가 아직 백b의 차단도 남아있어 완전히 망한 꼴이다.

〈처방도〉

처방 (멋진 희생타 작전)

◉들은 이미 역할을 다한 폐석들. 따라서 장면도 흑6으로는 흑1, 3으로 처리해야 한다. 이렇게 ◉들을 희생타 삼아 선수로 등을 두텁게 한 다음 흑5로 ▲들을 안정시키면 흑 만족. 이것이 오히려 ◉들의 가치를 최대한 이용해내는 현명한 운석이다.

이와 같이 이 돌 저 돌 모두 살리려다가는 도리어 모두 다치고 만다는 기리를 유념하자.

458

2보 전진을 위한 1보 후퇴

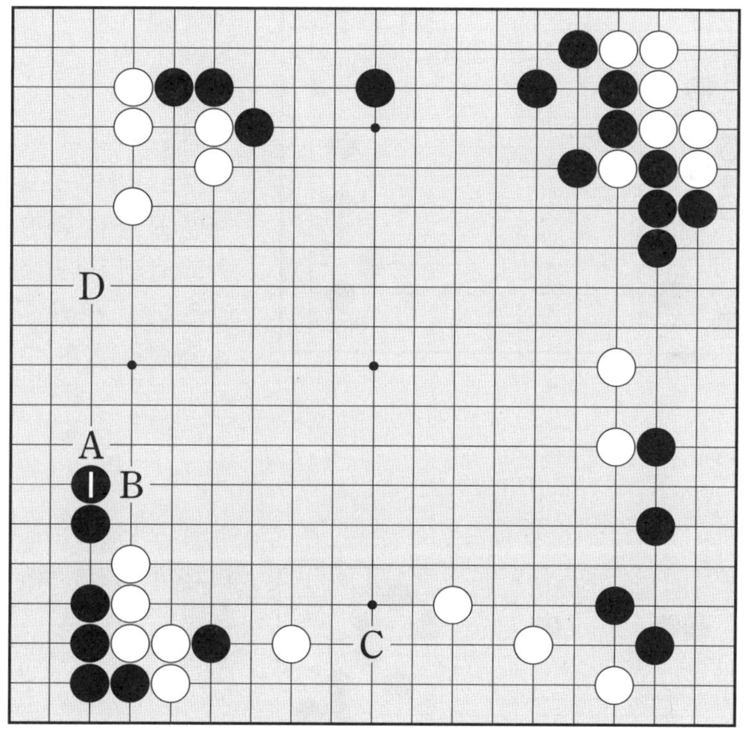

▨ 장면 (침착 냉정한 쌍점)

그동안 어설픈 속수로 포석을 그르치는 모습을 보여주었던 우리의 김선생이 모처럼 멋진 수를 선보였다.

두고 싶은 곳이 많은데, 숱한 유혹을 뿌리친 채 흑1로 쌍점 선 것이 바로 침착 냉정한 호착. 일견 발 느린 완착으로 보이는 이 수가 실은 백A나 B의 압박수단을 방비하면서 장차 C의 침입, D의 다가섬 등을 노리는 1석 3조, 공수 겸용의 호착인 것이다. 이른바 '2보 전진을 위한 1보 후퇴'라고나 할까?

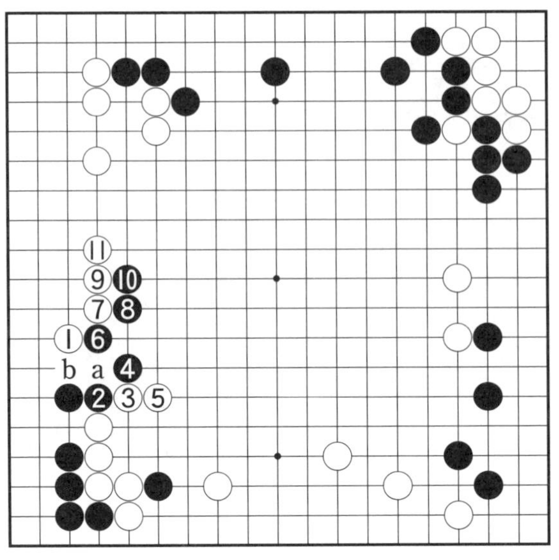

〈참고 1도〉

참고1 (통렬한 백의 압박)

장면도 흑1을 게을리 하면 백1로 다가서는 수가 통렬한 압박이 된다. 이어 흑2에는 백3~11로 백은 양쪽을 두텁게 처리할 수 있어 대만족.

뿐만 아니라 백은 여차하면 a나 4의 곳으로 씌워 하변 모양을 확장해가는 수도 유력하다. 흑b의 쌍점은 이런 백의 압박수단을 없앤 견실한 수비인 것이다.

〈참고 2도〉

참고2 (어설픈 속수)

장면도 흑1로는 일견 흑1로 벌리는 것이 능률적인 것 같지만, 실은 오히려 그 반대이다. 백2~8을 당하고 나면 백에게 이리저리 이용당하며 흑1이 어느새 중복된 것을 알 수 있지 않는가?

이처럼 때로는 견고한 행마가 상대에게 수단의 여지를 제공하지 않으면서 강력한 노림을 엿보는 공수의 요점이 된다는 점을 유념하자.

파워 실전 바둑

❷ 파워 초반 경영법

2판 1쇄 | 2024년 6월 10일
2판 2쇄 | 2025년 10월 13일
감　　수 | 김희중 · 김수장
엮　　음 | 이 수 정
발 행 인 | 김 인 태
발 행 처 | 삼호미디어
등　　록 | 1993년 10월 12일 제21-494호
주　　소 | 서울특별시 서초구 강남대로 545-21 거림빌딩 4층
　　　　　www.samhomedia.com
전　　화 | (02)544-9456
팩　　스 | (02)512-3593

ISBN 978-89-7849-707-7　14690
ISBN 978-89-7849-565-3　14690 (세트)

Copyright 2018 by SAMHO MEDIA PUBLISHING CO.

MEMO

MEMO